Gonglu Kance Shouce

公路勘测手册

黄文元　汪双杰　主　编
党建军　王守彬　副主编

人民交通出版社

内 容 提 要

本书是一本关于公路测量、勘测调查方面的工具书，内容包括公路勘测的一般原理、具体的操作过程、勘测调查的内容与方法、注意事项及相关资料等。

该书由《公路勘测规范》(JTG C10—2007)和《公路勘测细则》(JTG/T C10—2007)编写组的原班人员编写完成，书中所述之规定与要求完全与规范和细则保持一致。

本书可供公路勘测、设计人员使用，也可供有关大专院校师生参考。

图书在版编目（CIP）数据

公路勘测手册/黄文元，汪双杰主编．—北京：人民交通出版社，2007.9
ISBN 978-7-114-06850-8

Ⅰ.公... Ⅱ.①黄...②汪... Ⅲ.道路工程-勘测-手册
Ⅳ.U412.2-62

中国版本图书馆 CIP 数据核字（2007）第 148535 号

书　　名：公路勘测手册
著 作 者：黄文元　汪双杰
责任编辑：郭思涛
出版发行：人民交通出版社
地　　址：(100011)北京市朝阳区安定门外外馆斜街 3 号
网　　址：http://www.ccpress.com.cn
销售电话：(010)85285656，85285838，85285995
总 经 销：北京中交盛世书刊有限公司
经　　销：各地新华书店
印　　刷：北京鑫正大印刷有限公司
开　　本：787×1092　1/16
印　　张：32.5
字　　数：970 千
版　　次：2007 年 9 月　第 1 版
印　　次：2007 年 9 月　第 1 次印刷
书　　号：ISBN 978-7-114-06850-8
印　　数：0001－4000 册
定　　价：68.00 元

《公路勘测手册》编写组

主　编：黄文元　汪双杰

副主编：党建军　王守彬

编　委：彭建国　胡　珊　丁小军　贾康权

严治河　罗满良　赵永国　杨厚波

单永森　王新洲　郭腾峰

序

“经济发展，交通先行”是政府的理念；“要想富，先修路”是百姓的共识。

世纪之交，中华大地上展开了全球最大规模的公路基础设施建设，过去十五年建设了近百万公里新路，未来十五年还将建设新路百万公里。公路大建设不仅给公路勘察设计行业带来了发展的机遇，更对公路勘察设计技术的进步提出了新的挑战。

公路勘测是为满足设计、施工需要而进行的测量和调查工作，涉及测绘和公路设计两个方面的知识的结合。多年来，广大公路勘测技术人员迫切盼望能有一本完整介绍公路勘测各专业技术与实用操作方法的综合类工具书，以指导工程实践。

《公路勘测手册》就是这样一本综合了公路测绘、设计、勘测调查等知识领域的全面、实用的大型工具书。该《手册》是由《公路勘测规范》(JTG C10—2007)和《公路勘测细则》(JTG/T C10—2007)编写组的原班成员进行编写的。他们把紧密结合工程实际和可操作性作为指导原则，前后历时四年，在广泛调查研究与征求意见和认真总结实践经验与参考有关国际标准的基础上编制完成。《手册》内容翔实、资料丰富、图文并茂、深入浅出，不仅结合了《规范》与《细则》中的一般作业规定、精度评价指标及主要推荐作业方法，又包括了近年来新发展的高技术方法。

本《手册》对从事公路勘测设计工作的广大技术人员具有很高的参考价值，特别是对年轻工程技术人员具有指导意义。《手册》的出版将促进公路勘测工作的系统化、规范化、标准化和国际化，有益于进一步提高工程设计的质量，推进资源节约与环境友好的设计思想在公路建设中更好地贯彻落实。以此序表达对作者们辛勤劳作的敬意，并把《手册》推荐给公路勘测设计专业的学生、教师和技术人员学习参考。

交通部专家委员会主任：

2007 年 4 月 26 日　于合肥

前　　言

本手册是公路勘测方面的大型工具书，内容翔实、资料丰富、图文并茂，涵盖了公路测量、勘测调查的各个方面，并包含了近年来发展的高新技术和方法。

编写前和编写过程中，编写组结合《公路勘测规范》(JTG C10—2007)和《公路勘测细则》(JTG/T C10—2007)的修编，进行了认真的调研，收集了大量的资料。该手册包含了公路勘测的一般原理、具体的操作过程、勘测调查内容和方法、注意事项及相关资料等，本书涉及的各种勘测手段的作业规定、精度要求等指标采用了同期修编的《公路勘测规范》(JTG C10—2007)和《公路勘测细则》(JTG/T C10—2007)的规定。

全书共分十一章，第一章绪论由汪双杰、黄文元编写；第二章仪器保养与检验第一、二节由王守彬编写，第三、四、五、六、七节由黄文元编写；第三章测量标志与测量记录由黄文元编写；第四章控制测量由王新洲、黄文元编写；第五章地形图测绘由贾康权编写；第六章摄影测量由王守彬、党建军编写；第七章三维激光扫描技术由黄文元、王守彬、赵永国编写；第八章数字地面模型由党建军、郭腾峰编写；第九章路线测量由彭建国、杨厚波编写；第十章勘测与调查第一、二、四、六、七、十一节由胡珊、严治河编写，第三节由丁小军编写，第五、八、九、十节由黄文元、单永森编写；第十一章勘测资料检查验收与归档由黄文元、罗满良编写。初稿完成后第一、十一章由汪双杰统稿，第六、七章由党建军统稿，第二、三、四、五、八、九、十章由黄文元统稿。

本手册的出版得到了中交第一公路勘察设计研究院科研发展基金的资助，编写时参阅、援引了相近、相关的书刊和资料中的部分内容，编写过程中，得到了交通部公路司的大力支持，全国各公路设计和有关勘测单位提出了很多宝贵意见，何希馥为全书文字录入、插图绘制、校对和编排做了大量的工作。在此特向给予支持、帮助和提供方便的单位和个人表示衷心的感谢。

由于编者水平有限，加之时间仓促，书中难免存在缺陷和错误，希望读者给予批评指正。

编写组

2007 年 6 月 · 西安

目 录

第一章　绪　论

第一节　公路勘测历史、现状和发展前景

现代交通运输方式有铁路、水运、航空、管道和公路等，这些运输方式在技术、经济上各有其特点。铁路运输运距长、运量大；水运在通航地区运价低廉；航空运输则有快捷、速达的优点；管道运输多用于运输液体、气体或散装物品。与其他运输方式相比较，公路运输具有如下特点：

1. 机动灵活性高，能迅速集中和分散客流、货流；

2. 能做到直达运输，不需要中转，节约时间，减少费用，减少了人员中转不便以及货物周转损失；

3. 可伸展到山区和农村、机关学校和工矿企业；

4. 适应性强、服务面广，既适应于小批量运输，也适应于大宗运输；

5. 公路的运输工具多样，是与人们工作和生活关系最为密切的，也是人们在工作和生活中离不开的一种运输形式。

由于公路所具有的明显优势，所以公路建设无论是在过去还是现在、国内还是国外，都处于优先考虑的地位。我国的道路建设具有悠久的历史，早在周、秦时代就有"周道如砥，其直如矢"，"秦为弛道于天下，东穷燕齐，南极吴楚"等记载，以后各代又设置了马驿、水驿，还开创了丝绸之路等国际通道。但由于旧中国时期、解放初期经济落后，公路建设里程短、规模小、等级低，加之技术水平低，因此公路勘测设计的手段十分简单、落后，路线选线、定线一般采用实地插线，距离测量采用钢尺量取，高精度的距离测量则采用非常烦琐的基线测量，计算只能采用珠算和手工计算，工作效率十分低下。

近20年来，我国公路基础设施建设实现了跨越式的发展，取得了举世瞩目的成就。随着电子、信息和空间等技术的迅猛发展，我国国民经济综合实力的不断增强，我国的公路建设已从过去的低等级公路的水平与规模，发展到构建"五纵七横"高速公路运输网络的宏伟体系。据交通部最新发布的统计数据，1989年全社会交通投资仅156亿元，"八五"期间年均投资619亿元，"九五"期间年均已达2062亿元，2002年达3150亿元，"十一五"开局之年的2006年，公路投资更高达6231.05亿元。1989年我国高速公路通车里程仅为271km，到1999年突破1万km，2002年已达2.52万km，跃居世界第二，2006年更高达4.53万km，至2020年，还将重点建设3.5万km高等级公路，组成国道主干线"五纵七横"十二条路线。因此，高速公路的建设投资规模正日益高涨，呈现加速发展的态势。与之相适应，传统勘测手段已远远不能满足高等级公路勘测精度与建设周期的要求，出现了以全球定位系统（GPS）、数字摄影测量（DPS）、遥感（RS）、网络地理信息系统（WebGIS）和智能交通信息系统（ITS）（以下简称"5S"）为代表的

现代高新测量技术体系。它们的应用与集成反映了现代公路测量技术的新特点。公路勘测正在从传统的"低效率、全野外",向"高效率、数字化"的方向迈进。

一、GPS 在公路勘测中的应用

全球卫星定位系统,具有全球性、全天候、连续性、实时性、高精度、高效率、劳动强度低、点间无须通视等优点,在公路勘测中已经广泛应用于路线及其构造物控制网的施测、航空摄影的 GPS 导航、像片主点坐标和飞机飞行姿态的实时测定、像片控制测量等。GPS 和 RTK 技术的广泛应用,改变了控制测量和路线中桩放样的手段。GPS 在公路工程上的应用主要表现在下述几个方面。

(一)建立路线控制测量

传统的公路控制测量主要在路线走廊带内采用三角测量和导线测量等技术来完成,由于新建公路受交通极为不便和地形等因素的影响,勘测效率极其低下,加之需要与国家高等级控制点之间联测,传统的公路控制测量技术一定程度上制约了公路工程建设的规模与水平。随着 GPS 技术的诞生、发展以及在公路工程中的应用,相对于传统测量方法而言,采用 GPS 技术进行路线控制测量具有不可比拟的优越性,因此,适于公路勘测特点的 GPS 测量作业模式、方法以及与传统测量手段的衔接、精度匹配等技术问题的解决,为 GPS 在公路工程中的应用奠定了坚实的基础。

(二)建立高精度施工控制网

随着高等级公路由平原微丘向山岭重丘延伸,我国已成为隧道增长速度最快的国家,在"九五"和"十五"期间,隧道建筑技术一直被列为交通部重大研究课题。对于公路工程中的大型结构物(桥梁与隧道),应在路线控制测量的基础上建立高精度的独立控制网,以满足结构物的勘察、设计与施工。因此,在充分利用 GPS 等现代测绘新技术时,一些学者针对各项工程特点,在控制网优化设计、必要精度以及作业方法等方面都提出了很多颇有见地的观点,并在一些大型工程如秦岭特长隧道(18.020km)、雪峰山特长隧道(7.3km)以及厦门东通道海底隧道等项目中得到了充分的应用。

(三)放样测量与数据采集

采用 GPS - RTK 技术进行公路勘测的三维放样测量,其方法是基准站接收机借助电台将其观测值及坐标信息,发送给流动站接收机,流动站接收机通过电台(数据链)接收来自基准站的数据,并同时采集 GPS 观测数据,在系统内组成差分观测值进行实时处理,求得其三维位置(x、y、z),然后将其坐标值与设计坐标值进行比较,以确定距离与方位的偏差,再逐渐趋近直至点位满足放样精度为止。在数据采集的应用方面,GPS-RTK 与数字测深仪的集成与应用,为水下地形的测绘和勘察提供了先进的手段,尤其是在建立验潮站困难的地方,该方法可实现无验潮模式的水下地形测绘。此外 RTK 技术还可应用于大比例尺地形图的绘制、横断面测量和土石方计算等。近几年,RTK 技术的迅速发展和应用,极大地提高了公路勘测效率,加快了公路勘测技术的发展。

二、DPS 在公路勘测中的应用

传统公路勘测获取地形图是靠投入大量人力、物力进行平板测图,不仅工作量大、周期长、测图规模有限，而且一般来说，平板测制的地形图，其地形、地物表示的合理性、完整性方面要比航空摄影测量成图差。

航空摄影测量自诞生至今已有100余年的历史，随着计算机技术的应用，航空摄影测量得到了迅速的发展，从模拟摄影测量、解析摄影测量发展到现在的数字摄影测量（DPS）。数字摄影测量是解析摄影测量进一步发展的结果和产物，从广义上讲，它指的是从摄影测量和遥感所获取的数据中，采集数字化图形或数字影像，在计算机中进行各种数值、图形和影像处理，研究目标的几何和物理特性，从而获得各种形式的数字和可视化产品，这些数字产品主要包括数字地图、数字高程模型（DEM）、数字正射影像、测量数据库、地理信息系统（GIS）和土地信息系统（LIS）等；可视化产品主要包括地形图、各种专题图、纵横剖面图、透视图、正射影像图、电子地图和三维动画产品等。

摄影测量与计算机技术的有机结合，使得公路勘测与设计所使用的测绘产品不再局限于传统的线画图，而是具有属性特征的海量数据，通过这些数据构建数字地面模型（DTM）、数字高程模型（DEM）和正射影像地形图等产品。数字摄影测量的应用和发展为4D产品和GIS的数据来源提供了有力的保障，改变了传统的勘测设计方法和理念，改变了传统的公路选线、定线模式，与传统的平板测图相比，缩短了勘测周期，降低了劳动强度，提高了公路勘测质量。

三、三维激光扫描技术的应用

三维激光扫描系统是目前一种比较先进的技术，在国外的应用刚刚起步。其原理是以一定的间距测量物体表面所有的点，以大量点（点云）的方式真实再现所测物体的三维立体景观，即扫描仪发出窄束激光脉冲依次扫过被测区域，每个点实时地被存储下来形成电子数据库。

利用三维激光扫描技术，可以深入到任何复杂的现场环境及空间中进行扫描操作，并可以直接实现各种大型的、复杂的、不规则的、标准的或非标准的实体或实景三维数据完整的采集，进而快速重构出实体目标的三维模型，获取目标的线、面、体、空间等各种制图数据。同时，还可对采集的三维激光点云数据进行各种后处理分析，如测绘、计量、分析、模拟、展示、监测、虚拟现实等操作。采集的三维点云数据及三维建模结果可以进行标准格式转换，输出为其他工程软件能识别处理的文件格式。

三维激光扫描系统所拥有的技术优势，可以解决一些传统测量方法不能解决或者处理效果不是十分理想的问题，使得它在许多的领域中备受青睐。该方法测绘物体表面空间坐标的标称精度可以达到毫米级，有望能解决精确地形图的测绘问题。在公路勘测中应用该技术测绘的精确地形图，为实现数字化公路设计提供了广阔的发展前景。中交第一公路勘察设计研究院在该方面的应用研究已经进行了初步的尝试，并获得了比较理想的效果。

四、RS在公路勘测中的应用

遥感（RS）在公路勘察中的应用主要是在工程项目的可行性研究阶段，它主要是利用卫星影像对公路带状范围内的工程地质情况做出客观的评价，以帮助地质选线。其主要方法有常规目视解释法、电子光学解释法和电子计算机解释法等。遥感技术在公路工程地质调查中的应用,其主要内容是利用遥感图像判释公路沿线的地貌、第四纪地质、地层(岩性)、地质构造、水文地质、不良地质、特殊土、地震地质等,为高等级公路选线时避开不良地质提供技术指导,改变了传统的公路勘测方法,使大量复杂、繁重的野外作业移到了室内进行,对减轻勘测人员的劳动强度,提高勘测设计的质量,促进优化设计起到了明显的效果。

五、GIS 在公路勘测中的应用

GIS(Geographic Information System)是能够有效地采集、存储、修改、操作、分析和显示各种形式的地理参考信息的计算机软、硬件及地理数据的集成。自 1963 年加拿大开发了世界上第一套 GIS-CGIS(加拿大地理信息系统)系统以来,随着计算机技术与信息采集技术的发展,GIS 技术已渗透到社会生活的各个领域,并已成为一个巨大的信息产业。我国 GIS 技术的发展始于 20 世纪 80 年代初,较欧美先进国家起步约晚 15 年左右。我国公路交通部门 GIS 的应用始于 20 世纪 80 年代末,目前已应用到公路规划、勘察、设计及工程营运管理等各个领域。

GIS 数据是 GIS 系统的重要组成部分和基本要素。在公路管理系统中,采用点、线、面和栅格、像素与符号代表不同的道路信息,应用 GIS 地图分层管理来实现对路网中的信息进行数据查询和空间查询、分析、预测和决策。因此,对于 GIS 数据的组织与管理,必须在统一的坐标系统下采用统一的编码规则进行实现。在路网规划方面,以 Arcinfo 为平台,运用 GIS 技术实现网络图形数据和属性数据间的存储、查询及相互转换,增强了数据处理过程的可视化、一体化和可操作化,提高了公路路网的工作效率。

纵观 GIS 在公路勘察领域的应用,目前大多数都是以专题系统的形式出现,它们之间相互独立,具有各自的特点,在空间数据的共享等方面比较欠缺。但随着互联网络技术(Web)与智能交通系统(Intelligent Transportation System,ITS)的发展,对于出行信息与物流管理等客观实际的需要,单一的 GIS 系统已不能支撑快捷的综合智能运输体系,因此在较大范围内基于数据采集技术与数据融合技术、GIS 技术、Web 技术、数据库技术以及按交通理论建立智能交通系统(ITS)等技术的综合应用,将会进一步提高现有公路网的营运能力。

GIS 在公路勘察领域的应用,所要解决的问题不是对 GIS 软件进行开发,而是如何将 GIS 技术的理论与方法应用到对公路路线方案、交通量预测、出行行为与路网密度等要素间的空间关联的分析中,以解决实际问题。如针对路线方案选定多目标空间决策问题,将 GIS 技术的理论与方法引入勘察设计,对工程可行性进行分析与评价,从而得出路线的优化方案。

六、4D 产品的应用

随着公路测设技术和计算机技术的发展,设计人员可以利用计算机技术实现路线方案的优化与比选,因此勘测成果与过去相比发生了质的变化。传统的公路勘测进行实地选线或在大比例纸质地形图上完成纸上定线时,需要的测绘产品一般为纸质的。采用计算机辅助设计以及航测、遥感等手段进行室内方案比选时,勘测产品从过去的纸质地形图为主体的形式,发展到以数字产品为主体的形式。数字产品形式主要有公路数字地面模型(DTM)、公路数字高程模型(DEM)、正射影像地形图(DOM)、数字线画地形图(DLG)以及栅格图像。

(一)栅格图像的应用

公路勘测中应用栅格图像最早源于路线方案平面图的制作,其主要目的是直观地阐述路线方案与沿线设施、路网间的关系，说明方案在路网中的作用与可行性。过去，路线方案图的制作通常采用小比例尺地形图拼接，不同的地形、地物及路线方案用不同的色彩表示，达到直观的效果。扫描技术出现以后，在图形处理平台中对位图图像进行平移、旋转、缩放、裁剪与拼接，获得路线方案走廊带的完整图形，然后导入公路 CAD 与路线方案叠加，形成直观、简明的路线方案效果图。除此之外，空间信息矢量点、线、面的不同基本信息单元，构成不同的分类，能表示不同的要素，因此栅格图像目前也多应用于对设计效果的直观判断。

（二）公路 DTM 的应用

数字地面模型（Digital Terrain Model，DTM）就是利用不同的地形数据采集设备，采集大量地形点的三维坐标，按照一定的数字模型分析与联网，使这些空间点按照一定的规律描述地形起伏的状态。DTM 最早的应用领域就是公路勘测，在 1955 ~ 1960 年间，美国麻省理工学院的 Chaires. L. Miller 教授在美国麻省土木工程部门和美国交通部门工作期间，首次将计算机技术与摄影测量技术结合起来，较为成功地解决了道路工程的 CAD 设计问题，并提出了数字地面模型（DTM）的概念。此后，它被广泛应用于铁路、公路、输电线路的设计及各种工程的面积、体积、坡度的计算，任意两点间可视性判断以及绘制任意断面图等。他在利用摄影测图设备建立的光学立体模型上，量取沿待定公路两侧规则分布的大量地面点的三维坐标，输入到计算机中，代替人工进行土石方估算、分析比较和选线等繁重工作，大大地缩短了工时、节约了费用，取得了明显的经济效益。

DTM 数据的采集方法主要有航测方法、已有地形图数字化和地面实测等三种形式。对于采集的地形特征点数据，通常采用附有属性信息的离散数据结构和串状结构两种；在模型建立方面，通常采用矩形构网和三角形构网方法。

随着公路勘测技术的发展，DTM 在勘测与设计中的应用已相当广泛，目前公路行业最具代表性的有中交第一公路勘察设计研究院纬地三维 CAD 系统（Hint CAD）中的 DTM 部分、中交第二公路勘察设计研究院公路数字地面模型系统（BID-LAND）、美国 Geopak 设计软件和德国的 CARD/1 设计软件等，它们都是较为优秀的三维软件系统，在处理地形三维特征信息方面均有很强的能力。在数据粗差探测、三角网模型的优化、增删地形点后构网的更新与结果的更新等方面，国产软件以符合国情且功能不俗得到了更为广泛的应用。现在，DTM 不仅应用于建立地面数字模型，而且还应用于建立设计模型并实现多个模型间的融合，最后生成综合模型，并在综合模型上实现路线的平面、纵面和横断面设计以及排水设计，检查设计模型与地形模型间的景观效果等。图 1-1-1 是某互通立交枢纽区域的数字地面模型、设计模型和融合模型，可以看出其景观比较协调。

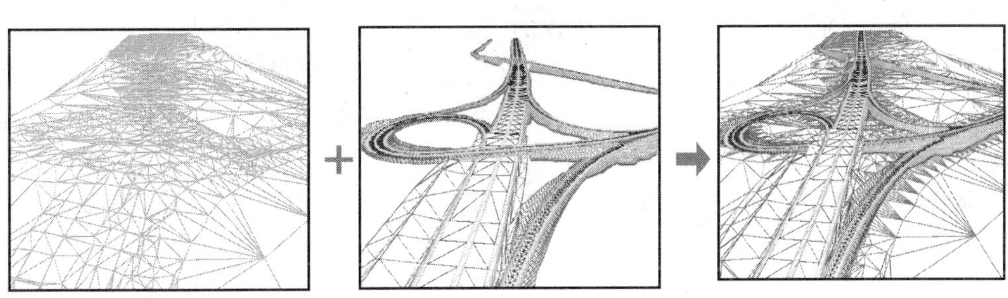

图 1-1-1　多模型融合

(三)公路数字高程模型(DEM)的应用

DEM是地形表面的一种数学表达形式,对公路带状区域的地面进行模型化,实际上就是根据采集的地形特征点进行数学处理的过程,因此,对于同一组数据信息可以用不同的数学模型进行表示。这些模型化的方法目前主要有四种:基于点的建模方法、基于三角形的建模方法、基于格网的建模方法和将其中任意两种结合起来的混合方法。DEM具有三维空间信息,主要应用于待求点高程的插值、计算生成等高线、根据路线桩号的平面坐标进行高程插值、纵横断面插值等,可以在室内快速确定路线方案的纵、横断面的三维地面线,设计人员可以实时查询点的高程信息、快速进行多个设计方案比选与优化。

(四)公路DOM的应用

数字正射影像地形图(DOM)是由正射像片镶嵌而成,并具有DEM信息的一种地形图,其信息量远远大于一般的线画地形图(DLG)。它主要应用于公路初测阶段的方案布设,具有简捷、直观的效果。图1-1-2为某公路改建时在数字正射影像地形图(DOM)上进行方案线布设的情形。

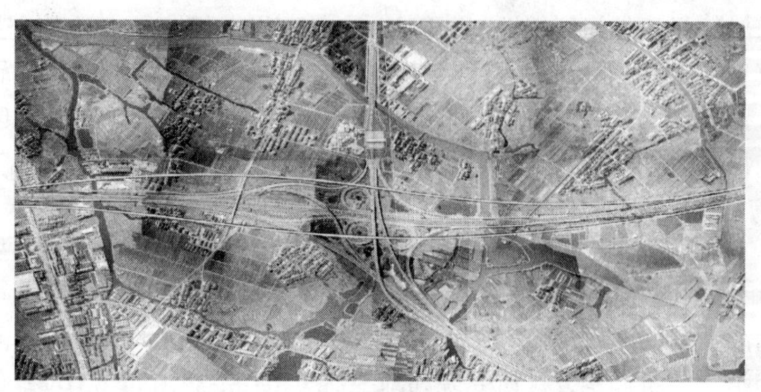

图1-1-2　DOM上进行方案布设

(五)公路DLG的应用

数字线画地形图(DLG)主要反映公路带状区域内的地形地貌特征、地物的分布以及人文、地理等特征信息,为公路设计人员在路线方案设计以及大型交通枢纽布置等方面提供重要依据,同时也是文件编制中不可或缺的重要内容。由于DLG在制作时必须根据其类别进行分层,在使用时又可体现其专题图的功能,具有再开发的潜质,因此,DLG可根据公路勘测不同专业的要求选取不同层的内容加以丰富和完善,形成不同的设计产品,如地质剖面图、水文调查图等,使DLG的功能得以充分地发挥。

总之,信息技术的发展带动了测绘科技的飞速发展。GPS、RS、GIS与激光测量技术的发展,产生了新的综合性信息采集、处理、监控和管理系统。整个公路工程测量技术的发展将从静态走向动态、从模拟走向数字、从接触走向非接触,精度从低级走向高级、从单技术走向多技术集成。

展望未来,随着数字制图核心技术的解决,遥感技术(RS)、地理信息系统(GIS)和GPS技术的协调发展,在不久的将来,公路勘测设计将会发展成为以GIS为基础平台,GPS为工具,RS为基本手段的全方位、立体化、多层次、现代化设计的新模式,设计的高科技含量、效益以及设计产品的质量将大大提高。

第二节　公路勘测特点

公路勘测是为公路设计服务的,是为公路设计提供可靠的、充足的原始资料。由于公路设计本身的特点,决定了公路勘测与其他领域的测量有所区别,具有其自身的特点。

一、勘测本身的含义

测绘或测量是通过一定的量测手段,在一定的媒介,如图纸、存储介质上,描述或表述自然世界的客观存在,如地形、地貌、地物的空间坐标和附着物属性等。但公路勘测除具有上述性质外,更重要的目的是通过对沿线工程地质、水文地质、地形地貌、工程场地、工程难易程度、环境保护、地震、出渣处理、营运条件及施工技术水平的调查,选取一个经济上合理、技术上可行、适合现阶段发展水平的公路建设方案。由此可见,公路勘测更注重的是为路线方案选取而进行的一系列勘察活动,方案比选的过程同时就是公路勘测的过程,公路勘测的最终目的是得到一个合理的路线方案,而一般的测量或测绘最终得到的是空间坐标和附着物的属性。

二、测量的侧重点及生命周期

公路是线状人工构造物,这就决定了公路测量是在一个带状范围内进行的测量工作。一条公路少则几十公里,多则几百公里,所经过的地形、地貌、地物等条件远比在一个面状范围内的情况变化要复杂,如坐标系的选择问题,在一个面状的测区范围内,比较容易选择一个符合规定要求的坐标系,但在公路控制测量中,这一问题有时却是一个比较难以解决的问题,主要是由于公路路线所跨越的距离较长、跨越的地域高差较大的缘故。

国家基础测量是国家各行业包括测绘行业测量工作的基准和平台,所以它应遵循"一测多用、一测久用"的原则。各等级控制点几乎遍布国土范围,测量标志必须永久保存,测量的地形图必须长久利用,其他方面的测量如城市规划测量,由于城市建设的长期性和多样性,城市测量的成果也必须长期保存并满足各方面的需要。公路建设范围狭窄而细长,所取得的测量成果对其他行业利用价值较小,一般在较短的时间内基本将测量范围内的地形、地貌改变殆尽,待公路建成后,测量控制点随着使命的终结大多数已被破坏,地形图也面目全非,基本无保存的价值。因此公路测量一般仅供某个具体公路工程项目测图、勘测和施工之用,不考虑其他项目和其他行业使用,一般公路竣工通车后,大部分测量标志不要求永久保存。

三、控制测量的要求

公路控制测量的技术指标主要从地形图测绘精度和施工测量精度两方面来考虑。国家控制网点和国家测绘部门测制的地形图是供各行业使用的,应保证地形、地物的绝对精度。所以,国家平面控制网一般以网中最弱点点位中误差为主要技术指标。公路工程则不同,虽然公路项目里程一般较长,有时可达几百公里,但从公路建设的特点看,公路施工并不要求绝对的点位精度,也就是说并不要求某个点相对于起始点的精度应满足什么要求,重要的是相近的控制点特别是相邻控制点之间的精度,即相对点位中误差要满足要求。因此公路控制测量精度的主要控制指标应为相邻控制点间的相对点位中误差。

国家控制测量解决的问题是将测量数据从地球表面经参考椭球面到高斯平面，在一个确定的基准面上进行平差，得到一个统一的坐标，而对于投影变形仅做宏观控制，无法顾及个别地区变形较大的问题，注重的是测量平差和坐标统一；公路控制测量不仅要解决从球面到平面的计算基准问题，同时还要考虑公路施工时如何将理论数据从平面经参考椭球再回放到地球自然表面上的问题，即施工放样。由于施工放样的计算数据量较大和测量的经常性，如要求每一次放样均要先将理论数据进行改化计算，然后再实地放样显然是不现实的，因此公路控制测量不仅要将测量数据从地球表面经参考椭球面到高斯平面，在一个确定的基准面上进行平差，而且要保证所选择的基准面和投影方式，使得将理论数据从平面经参考椭球回放到地球自然表面上时，其改化值要足够的小，小到对于确定的项目可以忽略不计的程度。这样，公路控制测量计算所采用的数据不必经过改化，而是直接采用原始测量数据，平差所得到的控制测量成果可以直接用于公路施工放样。

国家控制网及其他大部分测量控制网遵循从高级到低级，逐级控制的原则，公路建设中往往伴随着构造物如桥梁、隧道的建设，而路线和构造物施工对测量的精度要求是不同的，有时甚至相差悬殊，因此公路控制网有时各部分的精度是不均匀的。另外，由于公路设计的阶段性，在初测阶段即要求布设路线控制网并施测地形图，而大型构造物的具体位置和形式需等到施工图设计阶段才能确定，因此构造物控制网应在构造物方案确定后或施工图设计完成后才能进行施测。

第三节　公路勘测基本要求

公路勘测是公路工程设计的基础工作，工程设计又是施工的依据和基础，所以公路勘测质量的好坏对整个公路建设质量起着决定性的作用。因此在公路勘测中，必须以非常认真的态度深入调查研究，实事求是，精心勘测，注重技术经济效益，兼顾环境和社会影响，为设计和施工提供正确、完整的数据和资料。

有条件时，公路勘测应尽量利用航空摄影测量、地面立体摄影测量和已有的航测资料，优先选用先进仪器和最新测设手段，以提高测设速度、质量及测设效益。

公路勘测必须推行全面质量管理，一切野外资料、各种原始记录和计算成果应及时严格检查，有完善的签字制度并层层负责。勘测工作完成后，应组织有关单位进行验收。

各种测量标志的规格、书写、埋设、固定等，应符合《公路勘测规范》(JTG C10)和《公路勘测细则》(JTG/T C10)的要求。勘测中使用的名词、符号及图表格式，应按交通行业现行的有关规定执行。地形图图式，按国家测绘局制定的现行图式表示，如有补充，应增绘图例。

各种测量仪器和设备是测量人员不可缺少的生产工具，野外工作中要注意保管和爱护测量仪器，贵重的精密仪器在使用前一定要认真阅读使用说明书，按规定的方法操作，平时应加强保养和维护，按规定定期检校，严禁使用未按规定检校或检校不合格的仪器。

第四节　公路勘测阶段划分

公路勘测是以观测、计算、调查和绘图为手段，对路线所经过地区的社会、地理、人文景观、经济发展、地形、地质等进行视察、踏勘、测量，其目的是采集公路设计所需要的各种空间数据、资源信息数据，为公路设计和施工提供依据。从项目立项到施工前，公路建设经过可行性研究和设计阶段。

可行性研究主要是对项目影响区社会、经济发展及路网状况进行充分的调查研究、评价预测及必要的勘测工作，对项目建设的必要性、经济合理性、技术可行性、实施可能性等方面进行综合性的研究论证，推荐最佳方案，进行投资估算和经济评价，为建设项目的决策和审批提供科学的依据。

设计阶段一般采用两阶段设计，即初步设计和施工图设计。初步设计是根据批准的可行性研究报告进行踏勘测量，并编制初步设计文件。施工图设计则是根据批准的初步设计和审批意见进行详细测量，并编制施工图设计文件。对于技术简单、方案明确的小型项目，可采用一阶段设计即施工图设计，即根据批准的设计任务书的要求，一次进行详细的测量并编制施工图设计文件。对于技术上特别复杂而又缺乏经验的项目或项目中的个别路段和特殊工程，如特殊桥梁、互通式立交、隧道等，必要时可采用三阶段设计，即初步设计、技术设计及施工图设计，其中技术设计主要是对重大、复杂的技术难题通过科学试验、专题研究，加深勘探调查及分析比较，解决初步设计中未能解决的问题，落实技术方案，计算工程数量，提出修正的施工方案，修正设计概算，其深度界于初步设计和施工图设计之间。因此，相应的勘测也分为可行性研究阶段勘测、初测、定测、一次定测。

第二章 仪器保养与检验

测量仪器是公路勘测的工具，其状态的好坏直接关系到勘测的质量，严格意义上说，如测量仪器的精度指标不合格，则测量成果就不合格。因此，测量仪器一方面要按规定做好检定、检验工作，另一方面也应做好日常的检视、维护和保养工作。《公路勘测规范》(JTG C10)和《公路勘测细则》(JTG/T C10)规定，各种勘测仪器必须按计量规定进行检定，检定合格后的仪器方可用于公路勘测，使用过程中应对仪器经常进行检校。

第一节 测量仪器检视、维护和保养

一、光学测量仪器的检视

检视仪器是仪器操作者的重要工序之一。当使用者新领到一台测量仪器时，应按下列要求进行检视，以确定仪器是否适用于野外作业。

(一)仪器外表的检视

仪器不应有脱漆、锈蚀现象，零件不应缺失或损坏，螺丝不应松动。

(二)望远镜的检视

1. 望远镜的物镜、调焦透镜、十字丝分划板和目镜等，应无明显划痕和裂纹。光学部分不应脱胶和霉污。

2. 成像应清晰、视场亮度应均匀。

3. 十字丝分划板线条粗细应均匀，位置必须正确，并且无脱色现象。

4. 调焦透镜运动应无晃量，松紧应正常。

5. 目镜屈光度环零位应正确，调焦时应无晃动现象。

(三)水准器的检视

1. 水准器与其框架要稳固。

2. 水准器的工作面曲率应正确，它的格值与轴系误差应适应。

3. 管壁无裂纹，如气泡过长，则说明水准器已破裂。

4. 水准器所设复合棱镜组的成像应清晰，并无霉污、位移等现象。

(四)轴系的检查

1. 轴系在转动时的松紧程度应合适，无异常响声。如转动不灵活或被咬住不转，其原因可能是缺油或油质不良、或受振后各零件关系位置改变、工作面损伤、钢珠生锈等。

2. 轴不应晃动，如晃动，其原因多为间隙过大、磨损或端面接触不良等。

(五)读数系统的检查

1. 读数窗各部分的亮度应均匀，成像应清晰，位置不偏斜，指标线的位置、格线的长短、分画线等应整齐明显。

2. 分画尺、测微盘应清洁、无缺边、损伤和裂纹。

3. 测微轮的松紧应适宜。

（六）度盘的检查

1. 度盘应成像清晰，画线均匀、整齐。

2. 玻璃度盘与保护玻璃不应脱胶，应无霉污与水珠。

3. 玻璃度盘应无缺边、裂纹和划痕。

4. 金属刻盘表面应明亮、无氧化和水迹现象。

（七）制动、微动机构和微倾螺旋的检查

1. 制动螺旋的作用应正常。

2. 制、微动环架在仪器转动时，应无不正常的响声或晃动。

3. 制动螺旋旋进、旋出时应保持平稳，不能有跳动现象。

4. 手轮的松紧应适宜。

5. 微倾螺旋转动时应平稳，不能有跳动现象。

6. 水准器气泡居中时，微倾螺旋应位于手轮旋转量的中间位置。

（八）基座水平螺旋的检查

1. 基座水平螺旋的松紧应适当。

2. 基座水平螺旋无晃动现象。

3. 旋转基座水平螺旋时应平稳，无晃动现象和响声。

（九）仪器附件的检查

仪器的附件和备用零件应齐全，脚架及其部件应完好，紧固螺丝不得松动。光学对点器的检视方法与望远镜的检视方法相同。

二、电子测量仪器的检视

1. 连接电缆的插座和插头的接合应牢固，电缆不应有断裂现象。

2. 显示窗显示数字或符号应清晰、亮度适中，显示窗的表面应无裂纹或划痕。

3. 组合式仪器的装拆应方便、灵活，测距仪的照准头与经纬仪相结合时应稳固，重复装卸时相对位置不得有变动。

4. 各类操作键反应灵敏，轻轻触键便实现仪器的操作。

5. 各类开关灵活、轻巧。

6. 各类型的电流指标表指针必须灵活、无滞后现象。

7. 测距仪中的内外光路转换器必须灵活、复位好、无晃动，蜂鸣器的声音必须清晰，手动减光测距仪的手动减光器在工作时不得晃动或跳动。

8. 反射棱镜的表面应无裂纹、划痕和崩边，棱镜安装在镜框内应无晃动。

9. 光学与机械结构的检视方法与光学仪器的检视方法相同。

三、转运时注意事项

1. 首先把仪器装在仪器箱内，再把仪器箱装在专供转运用的木箱或塑料箱内，并在空隙处填以泡沫塑料、海绵、刨花或其他防震物品。装好后将木箱或塑料箱盖子盖好，必要时，还需用绳子捆扎结实。

2. 无专供转运的木箱或塑料箱的仪器不应托运，应由测量员亲自携带。在整个转运过程中，要做到人不离仪器。如乘汽车，应将仪器放在松软物品之上，并用手扶着。在颠簸厉害的道路上行驶时，应将仪器抱在怀里。

3. 装卸仪器时，注意轻拿轻放、放正、不挤不压。无论天气晴雨，均要事先采取防雨措施。

四、使用时注意事项

1. 开箱后提取仪器前，要看准仪器在箱内放置的方式和位置。提取时不可握住望远镜或细小部件，应握住仪器的基座部分或用双手握住望远镜支架的下部。仪器用毕，切记先盖上物镜罩，并擦去表面的灰尘。装箱时各部位要放置妥帖，合上箱盖时应无障碍物。

2. 在太阳光照射下观测，应给仪器打伞，并戴上遮阳罩。在繁华地区作业时，测站附近应设置安全标志或派专人守护。当仪器架设在光滑的路面时，要用细绳（或细铅丝）将三脚架中三个紧固螺丝捆绑连接起来，防止滑移翻倒。

3. 如测站之间距离较远，搬站时应将仪器卸下装箱后背着走，临行前要检查仪器箱是否锁好、安全带是否系好。如测站之间距离较近，搬站时可将仪器连同三脚架一起依靠在肩上，使仪器尽量直立。搬运途中，如经树林或穿过低、横的障碍物时，要将仪器连同三脚架一起夹在腋下，用手托着仪器。

如果是组合式仪器，必须把测距仪从经纬仪上卸下才能搬站，测距仪和经纬仪要有专人保护。

搬站之前，应检查仪器与脚架的连接是否牢固；搬站时，应把所有制动螺旋轻微锁住，使仪器在搬站过程中不致晃动，但万一仪器被触碰时，还有活动余地，不致受伤。

4. 仪器任何部分发生故障（如转动紧涩、制动或微动螺旋失灵、带盘等）时，不要勉强继续使用，应立即检修，否则会加剧仪器的损坏程度。

5. 在任何情况下不允许将测距仪的发射物镜及接收镜正对太阳，以免损坏电子元件。

6. 光学元件应保持清洁，如沾染灰尘必须用软毛刷或柔软的拭镜纸擦掉，禁用手指抚摸光学元件表面。

7. 若在潮湿环境中工作，作业结束即用软布擦干仪器表面的水分及灰尘后装箱，回到驻地后立即开箱取出仪器放于干燥处晾干，彻底晾干后再装进箱内。

8. 当仪器在严寒的野外使用，在带进温暖的室内前应将仪器装入仪器箱，在进入室内半小时后才能打开仪器箱，将仪器上的水汽擦掉，晾干后再行装箱。

9. 禁止任意拆卸仪器，拆卸仪器和定期清洁、加油均应由专门的检修人员进行。

五、保管时注意事项

1. 仪器的保管应由专人负责，仪器的放置应有专门的地方。

2. 保管仪器的地方应保持干燥，要防潮、防水。仪器应放置在专门的架上或柜内。

3. 电子仪器长期不用时应定期通电驱潮（以1月左右为宜），以保持仪器良好的工作状态。

4. 保管仪器的地方不应靠近有振动设备的车间或易燃品堆放处，其距离不宜小于100m。

5. 放置仪器要整齐，严禁倒置。

六、经纬仪常见故障的排除

（一）带盘

1. 由于度盘带动环弯曲不平，在转动照准时，带动环不能顺利地从夹具咬口中通过，以致带动了度盘。如属此种情况，对于厚（2～3mm）的带动环，是由于材料变形，故无法处理；对于薄的带动环，可按下述方法校正：

将复测机构的夹具拆下，用一条宽约6mm的薄铜皮（其他金属亦可），将一端伸进夹具洞中，放在带动环上面或下面，尽量贴近该环，作为视察间隙大小的指标，另一端用夹具的固定螺丝把铜皮固定在度盘盒上，转动仪器使铜皮绕着带动环移动，并从夹具的安装孔中观察铜皮与带动环之间的间隙变化，从而查出带动环弯曲的部位和弯曲的幅度，然后将仪器上的夹具安装孔转到带动环弯曲幅度最大的位置上停留下来，用手指按在带动环弯曲幅度最大的位置上作适当的掀动，使之恢复正常。但每次掀动用力要适当，开始轻微，逐渐加重，每掀动一次要查看一次，特别要注意掀动的方向不得搞错。

2. 由于夹具咬口不平，以致在使用时力量偏移，引起度盘有微小的变动。转动度盘时，可见到水平度盘读数有一条线或几条线的宽度有变动，如遇此情况，可按下述方式校正：

选择一条比带动环略薄一些、厚度十分均匀的铜皮，用细银砂纸对折为二，把铜皮夹在银砂纸中间放在夹具的咬口内，让它咬住后，做左右直线拖磨即能使其平整。

3. 夹具咬口打滑时，也会带动度盘，遇到此种情况时，可将夹具上用来顶住或夹住的弹簧拉长。如为弹簧片，应将弹簧片的弯曲度适当地改小，如弹簧片硬度不够，可用适当厚度的铜皮配制一个装上。

4. 有的仪器复测钮的位置安置不正确也会带盘，此时可将复测夹具的调整螺丝松开，调整复测钮，当带盘现象消失后即拧紧螺丝，调整须反复进行。

（二）制动螺旋失灵

转动范围有限的制动螺旋，一般只要拆下制动螺旋手轮（或鱼尾扳手），把里面的万向接头或螺杆尽量旋进到起制动作用部位为止，然后将手轮根据结构情况和转动范围，调整到适当位置上（鱼尾扳手应放到制动的位置上）安装，即可解决。

制动螺旋的制动和放松程度不合要求时，如果是顶杆接长的制动螺旋，只要修短或加长螺杆（或顶杆）约1/2螺距，将万向接头拔出变换90°或180°方向，并重新插入螺旋的十字槽内即可。

（三）微动螺旋失灵

如果是有控制器的微动螺旋，应将手轮取下，查明手轮和微动螺旋外套管上控制器的位置和结构，适当调整微动螺旋螺杆的旋进量，然后将手轮装上作转动检验，如能在控制范围内动几周，即认为完好。

如属弹簧弹力不足，可略微将弹簧拉长一些，注意必须拉得均匀，但不能拉得过长，必要时可更换规格相同的弹簧。发现顶针两端太毛糙时，可按照顶孔的大小，将两端磨尖磨圆一点。

七、水准仪常见故障的排除

（一）水平螺旋晃动或上、下松动

旋转水平螺旋，使松紧压环上的校正孔暴露在外，将校正针插入小孔并顺时针方向拨转，使水平螺旋变紧后,再向逆时针方向逐渐拨松直至水平螺旋运转自如而无摆动现象为止。如果拨转松紧压环已到极限仍不能满足要求,则将松紧压环拆下,放在很平的零号砂纸上磨短一些后再装上。

(二)水平螺旋不能起上、下调节作用

这是水平螺旋外套管用来控制螺母转动的凸块断落的缘故,设法在上面焊一凸块,或把外套管锉低,留出一凸块即可。

(三)制动螺旋失效

放松鱼尾扳手的一个紧固螺旋,用螺丝刀拧动制动螺旋,使竖轴适当固定,再将扳手放在制动位置上,旋紧其紧固螺丝即可。制动螺旋旋到极限仍不能起制动作用时,说明制动螺旋中的顶杆已丢失,必须按照原顶杆的长度进行配制。

(四)微动螺旋松动或失效

微动螺旋松动,可用校正针拨动其松紧压环,使之满足要求。如微动螺旋不能起前、后推动作用,是因为微动螺旋的螺母没有固定住,必须将螺母的止头螺丝旋出,一边旋转螺旋,一边从止头螺丝孔中查看,当内螺母的止动槽对准螺丝孔时,将止头螺丝装上,把螺母固定起来。

八、全站仪(测距仪)的故障判别及处理

(一)仪器按正常操作,接通电源,瞄准反射棱镜,当启动仪器后没有信号或返回信号强度不强

其原因可能有:

1. 若是测距仪,则可能是照准头没有正确装在经纬仪上,或望远镜视准轴与红外光束轴不平行,望远镜虽已照准反射棱镜而光束却是偏离的,引起信号强度不足,此时应重新安装照准头,或检查、校正两光束的平行性;若是全站仪,如果是望远镜视准轴与红外光束轴不平行,则应请求仪器修理人员进行修理。

2. 电源电缆连接不正确,重新连接电缆。

3. 电池电压太低。利用仪器自检功能检查电池电压,电池电压低于临界值时应更换电池。

4. 光栏或调节光强装置失灵,应送厂方修理。对于手动调光强的测距仪,在测距时勿忘打开光栏或调节光强。如果调节时光强仍不变,说明手动调节光强装置失效。

5. 光束被物体遮断。检查在测量方向上是否有障碍物。

6. 距离太长,雾气、烟尘、热辐射能使信号变弱。此时要完成测量作业,应考虑增加反射棱镜。

7. 照准头物镜或反射棱镜可能蒙上潮气或尘埃,用脱脂棉或干净的棉纱、镜头纸轻轻擦拭镜头或棱镜表面,擦去尘土或潮气。

8. 显示面板死机,应检查仪器电压,如电压太低应更换电池。如其他均正常,可尝试切断电源,重新启动,若仍不能排除障碍,则应请求仪器修理人员进行修理。

(二)开关打开后没有电流,仪器不能作业的原因

1. 电池未接通、连接不正确或电源接触不良,可重新接通电池或检查连接是否正确,或检查仪器的插头、插座,找出接触不良的原因。

2. 电池保险丝或控制器保险丝烧断,更换保险丝。

3. 电池电缆折断,应更换新电缆。

4. 电池有毛病,更换新电池。

5. 仪器有故障,应请求仪器修理人员修理。

九、GPS 接收机的故障判别及处理

(一)GPS 接收机开关打开后却不能启动的原因

1. 电池未接通、连接不正确或电源接触不良,可重新接通电池或检查连接是否正确,或检查仪器的插头、插座,找出接触不良的原因。

2. 电池电缆折断,应更换新电缆。

3. 电池有毛病或电池保险丝烧断,更换新电池或保险丝。

4. 仪器有故障,应请求仪器修理人员修理。

(二)显示 GDOP 值太大

1. 检查卫星星历,如卫星分布不理想,应重新选择时间进行测量。

2. 检查 GPS 接收机上方是否有遮挡物,如有则应去除。

3. 检查 GPS 接收机周围是否有强烈的干扰源,如高压电线、发射台等,如有则应移动点位或要求关闭干扰源。

4. 检查 GPS 接收机附近是否有大面积的反射源,如水域、水泥或沥青地面、幕墙、汽车等,如有,则应改移点位。

(三)RTK 测量时流动站不能进行实时定位的原因

1. 电源供电不足,应更换电池。

2. 电源线有问题或接触不良,应检查电源线及连接情况。

3. 无线电连接电缆连接有问题,应仔细检查天线电缆连接情况。

4. 无线电参数设置有问题,重新设置参数。

5. 无线电天线有问题,不能接受或发送无线电信号,应进行检测。

6. 基站的数据观测或数据传输有问题,应了解基站的观测情况。

第二节　水准仪检验

一、水准仪的主要技术参数

目前各国生产的水准仪按其精度高低采用了不同的规格系列。我国水准仪采用 DS05、DS1、DS3、DS10 和 DS20 系列。“D”为“大地测量”汉字拼音的第一个字母,“S”为“水准仪”汉字拼音的第一个字母,“05”、“1”、“3”、“10”和“20”为 1km 往返测量中误差值,以毫米为单位。

工程测量中常使用的水准仪及相应精度指标见表 2-2-1。

二、水准仪的检验和校正

(一)水准仪各轴线间的关系

如图 2-2-1,水准仪有 4 条轴线,即长水准器轴 L,望远镜视准轴 C,竖轴 V 和圆水准器轴 V'。

常用水准仪及精度指标　　表 2-2-1

仪器型号	DS1	DS3	DS3-Z	DZS3-1	DSZ3	DS10	N3	NK2
1km 往返测中误差（±mm/km）	1	3	3	3	3	10	0.2	
仪器型号	NA2	NAK2	NA28	NA24	Ni1	Ni2	Ni3S	Ni2
1km 往返测中误差（±mm/km）	0.7	0.7	1.5	2	0.2	0.7 用测微器为 0.3	1.0 用测微器为 0.7	5
仪器型号	Ni002	Ni004	Ni007	Ni030	GK1	GK2-A	GK23	GK1-A
1km 往返测中误差（±mm/km）	0.2	0.4	0.5	2.0	2.5	0.7 用测微器为 0.3	2.0 用测微器为 0.5	1.5
仪器型号	GK0-A	B1	B1C	B2C	C3A	TIL6	AS	AS-C
1km 往返测中误差（±mm/km）	2.5	0.8 用测微器为 0.5	0.8 用测微器为 0.5	1.0 用测微器为 0.5	2.0	2.0	1.0 用测微器为 0.4	1.0 用测微器为 0.4
仪器型号	AE-5	AP-5	A2-1	N1	N2	N3		
1km 往返测中误差（±mm/km）	1.5 用测微器为 1.0	2.0	2.5	0.5	1.0	4.0		

水准仪必须满足三个几何条件：(1)圆水准器轴平行于竖轴；(2)长水准器轴平行于望远镜的视准轴；(3)望远镜的十字丝横丝应水平。水准仪在水准测量作业前，应对三个几何条件进行检校。

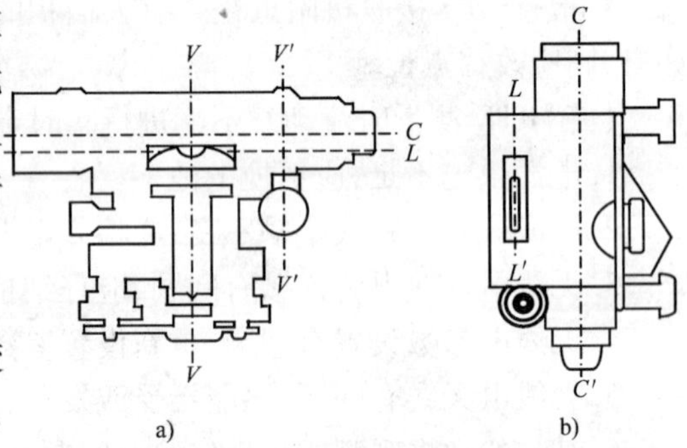

图 2-2-1
a)水准仪的轴线；b)水准仪的偏线

(二)圆水准器的检验与校正

水准器轴应与竖轴平行，当照准部水准器校正完善后，应检查圆水准器，如果气泡偏离中心，需调节圆水准器三个校正螺丝使气泡居中。

(三)视准轴与水准轴(即长水准轴)相互关系的检验与校正

1. 交叉误差的检验

交叉误差是指水准轴与视准轴在水平面上的投影不平行(要求互相平行)而形成小交角。

检验方法：将水准仪安置在距水准标尺约 50m 处，并使其一脚螺旋位于望远镜至标尺的视准面内。将仪器整平，并用倾斜螺旋使气泡两端精密符合，记住中丝(或楔形平分丝，下同)在标尺上读数，然后将视准面一侧的一个脚螺旋向一个方向转动两周，使仪器向一侧倾斜，同时将另一侧脚螺旋向反方向转动，使中丝仍保持原有标尺读数(对于有光学测微器的仪器，应使测微器读数保持不变而楔形平分丝仍对准原分划线)，此时观察气泡两端是否符合及互相离开的距离。然后反向转动两侧的脚螺旋，在中丝保持原有读数的情况下，使气泡两端恢复符合的位置。

使仪器向两侧倾斜的情况下，若气泡两端保持符合或同向离开相同距离，则表示无交叉误差。若两端异向离开，则表示存在交叉误差。异向离开大于 2mm 时，须进行校正。

校正:将水准器一侧方向的校正螺丝放松,而将另一方向的校正螺丝拧紧,使水准器向左或向右移动,至气泡两端恢复符合为止。

2. i 角的检验校正

水准轴与视准轴在铅垂面上的投影不平行,将产生视准误差。其值常用两轴线夹角 i 来表示,故称 i 角误差。这种误差对测量成果的影响较大,是水准仪各项检验中最重要的一项。

方法1(见图2-2-2):

(1)准备:在平坦的场地上选择一长为61.8m的直线 J_1J_2,并将其分为长 $S=20.6\text{m}$ 的三等份,在两分点 A、B 和直线上的起、终点 J_1、J_2 处各打下一个木桩,并在桩上各钉一个圆帽钉。

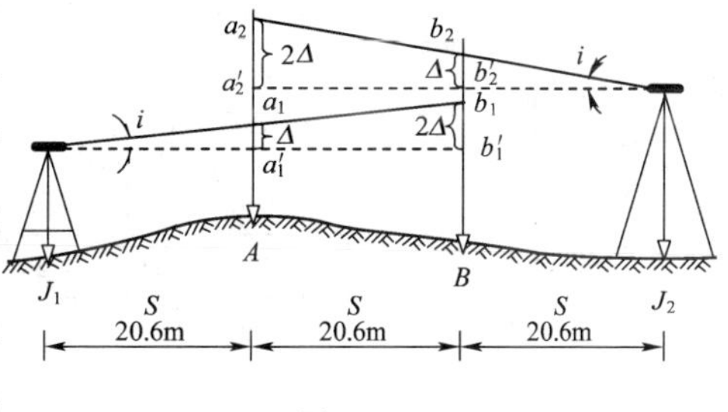

图　2-2-2

(2)观测及计算:在 J_1、J_2 两处先后架设仪器,仔细整平仪器后,使符合水准气泡精密符合,在 A、B 标尺上各照准读数4次。在 J_1 设站时,令 A、B 标尺上4次读数的中数为 a_1、b_1;在 J_2 设站时为 a_2、b_2。若不顾及观测误差,则在 A、B 标尺上除去 i 角影响后的正确读数为 a'_1、b'_1、a'_2、b'_2,它们分别等于:

$$\left.\begin{aligned} a'_1 &= a_1-\Delta \\ b'_1 &= b_1-2\Delta \\ a'_2 &= a_2-2\Delta \\ b'_2 &= b_2-\Delta \end{aligned}\right\} \tag{2-2-1}$$

式中:$\Delta = i''/\rho'' \cdot s$ (s、Δ 均以毫米计)。

所以,在 J_1 处测得的正确高差应为 h_1,

$$h_1 = a'_1 - b'_1 = a_1 - b_1 + \Delta$$

在 J_2 处测得的正确高差应为 h_2($h_2=h_1$),

$$h_2 = a'_2 - b'_2 = a_2 - b_2 - \Delta$$

所以

$$\left.\begin{aligned} 2\Delta &= (a_2-b_2)-(a_1-b_1) \\ \Delta &= \frac{1}{2}[(a_2-b_2)-(a_1-b_1)] \\ i &= \Delta/s \cdot \rho'' = \Delta \cdot 206\,000/20\,600 \approx 10\cdot\Delta \end{aligned}\right\} \tag{2-2-2}$$

用于二、三等水准测量和沉降观测的仪器,其 i 角不得大于15″;用于四等水准测量的仪器不得大于20″;超限时需进行校正。

(3)i 角的校正:校正在 J_2 点上进行。用倾斜螺旋(无倾斜螺旋的仪器用位于视准面内的一个脚螺旋)将望远镜视线对准 A 点标尺上的正确读数 a'_2。

$$a'_2 = a_2 - 2\Delta = b_2 + a_1 - b_1$$

然后用水准器校正螺丝将气泡调至居中,校正后将仪器望远镜对准 B 尺读数 b'_2,它应与计算的应有值 $b'_{2计}$($b'_{2计}=b_2-\Delta$)一致,以此作检核。

校正需反复进行,至 i 角满足要求为止。

仪器进行 i 角校正后,应重新检查圆水准器安置的正确性。

检验记录格式与结果参见表2-2-2。

水准仪 i 角检验 表2-2-2

仪　器:S3 0008　　　　日　期:2006.05.16

标　尺:双面水准标尺 0022　　　　时　间:9:30

观测者:　　　　记录者:王　平

仪器站	观测次序	标尺读数(mm)		高差(a-b)(mm)	i 角的计算
		A 尺读数 a	B 尺读数 b		
J_1	1	2977	2983		$\Delta=1/2[(a_2-b_2)-(a_1-b_1)]$ $=-0.8$mm $i''=\Delta\cdot\rho''/s$ $\approx 10\Delta=-8''$ 校正后 A、B 标尺的正确读数为: $a'_2=a_2-2\Delta$ $=3104.1$mm $b'_2=b_2-\Delta$ $=3109.6$mm
	2	2976	2983		
	3	2978	2982		
	4	2976	2982		
	中数	$a_1=2977.8$	$b_1=2982.5$	-4.7	
J_2	1	3120	3109		
	2	3103	3108		
	3	3103	3109		
	4	3102	3109		
	中数	$a_2=3102.5$	$b_2=3108.8$	-6.3	

方法2(见图2-2-3):

(1)检验方法:分别在相距50~60m的 A、B 两点竖立水准标尺。立尺时,要注意防止标尺下沉,大致找出 AB 的中点并安置仪器,将仪器调整到中心位置 C。AC 与 BC 差值越小,则检校精度越高。当符合水准气泡精密符合后,分别读取 A、B 点的标尺读数 a 与 b;两点的高差为:

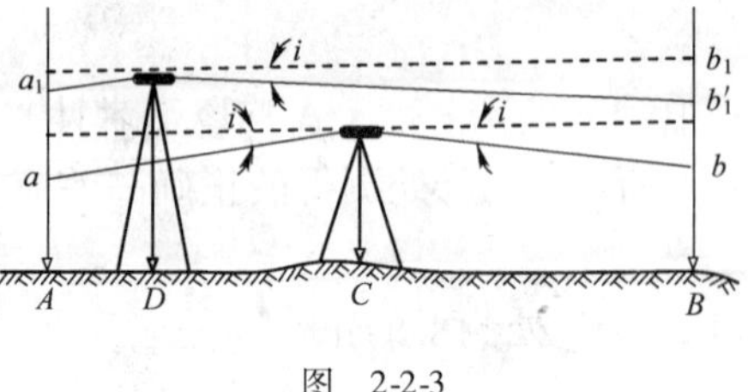

图　2-2-3

$$h_{AB}=a-b \tag{2-2-3}$$

然后将仪器搬到靠近 A 尺(或 B 尺)约2~3m的一点 D 上进行观测,D 点必须在仪器的最短视距之外。后视 A 尺读数为 a_1,前视 B 尺读数为 b_1。

当仪器不存在 i 角时,

$$b_1=a_1+h_{AB} \tag{2-2-4}$$

如果式(2-2-4)不成立,则仪器需校正。

(2)i 角的计算:因为仪器存在着 i 角,在 D 点观测时 B 尺上的读数为 b'_1,其误差值 $\Delta=b'_1-b_1$,所以

$$i''=\Delta/(AB-AD)\cdot\rho'' \tag{2-2-5}$$

i 角的限差要求同方法1。

(3)i 角校正:校正时仪器设在 D 点位置,旋转微倾螺旋,将中丝对到正确读数 b_1,调整水准器校正螺丝,使气泡居中(或符合水准气泡精密符合)。检校要反复进行,直至 i 值在限差范围内。

(四)补偿式自动安平水准仪补偿性能的测定

二等水准测量和沉降观测采用补偿式自动安平水准仪时,需进行此项测定。

1. 准备：在平坦的地方丈量一长为 $L=41.2\text{m}$ 的直线（L 取 41.2m 仅为计算方便），在其两端点 A、B 处打下两个木桩，并各钉一圆帽钉。在 A、B 的中点架设仪器，安置仪器时，需使其两脚螺旋连线与 AB 重合。

2. 观测与计算方法：整平仪器后，交替地在 A、B 两标尺上照准读数各 4 次（对新仪器的测定应为 10 次），并计算中数 a 和 b，则可算得 AB 间的高差 $h=a-b$。

然后用位于 AB 方向上的一脚螺旋使仪器竖轴向 A 标尺倾斜一个正 α 角（α 为仪器纵向倾斜补偿范围，一般在仪器说明书中给出），如前交替照准 A、B 标尺上读数 4 次，同样计算 A、B 间的高差为：

$$h_{+\alpha}=a_{+\alpha}-b_{+\alpha}$$

接着再次使仪器竖轴向 B 尺方向倾斜一个负 α 角，观测读数如前，并计算高差：

$$h_{-\alpha}=a_{-\alpha}-b_{-\alpha}$$

上述操作完成后，重新将仪器整平，再用另外两个脚螺旋使仪器竖轴先后向两侧倾斜正 β 和负 β（β 为仪器的侧向倾斜补偿范围，一般也在仪器说明书中给出）。如前，观测读数，并计算 A、B 间的高差为：

$$\left.\begin{aligned}h_{+\beta}&=a_{+\beta}-b_{+\beta}\\h_{-\beta}&=a_{-\beta}-b_{-\beta}\end{aligned}\right\}\tag{2-2-6}$$

然后计算仪器竖轴倾斜时测得的 4 个高差与仪器平时测得的高差之差为：

$$\left.\begin{aligned}\Delta h_{+\alpha}&=h_{+\alpha}-h\\\Delta h_{-\alpha}&=h_{-\alpha}-h\\\Delta h_{+\beta}&=h_{+\beta}-h\\\Delta h_{-\beta}&=h_{-\beta}-h\end{aligned}\right\}\tag{2-2-7}$$

最后按下式计算仪器倾斜时的补偿误差为：

$$\left.\begin{aligned}\Delta\alpha_1&=\Delta h_{+\alpha}\cdot\rho''/(L\cdot\alpha')\\\Delta\alpha_2&=\Delta h_{-\alpha}\cdot\rho''/(L\cdot\alpha')\\\Delta\alpha_3&=\Delta h_{+\beta}\cdot\rho''/(L\cdot\beta')\\\Delta\alpha_4&=\Delta h_{-\beta}\cdot\rho''/(L\cdot\beta')\end{aligned}\right\}\tag{2-2-8}$$

测得的各 $\Delta\alpha$ 绝对值不应大于 $0.2''$。

检验记录与结果见表2-2-3。

（五）旋转激光水准仪的检验

旋转激光水准仪有两项主要误差：（1）旋转轴可能不垂直；（2）激光束可能不垂直于旋转轴。由此产生的测量误差，前者称不水平误差，后者称视准误差。检验仪器是否显著存在这两种误差，可按下述方法进行（一般情况下仪器存在这些误差时，用户不能对仪器进行调整）。

1. 在均匀平坦的地面上，相距 75m 处设置两个标尺位置（如图 2-2-4 所示的 A、B）；

2. 将激光水准仪安置靠近一根标尺处，仪器的把手大致垂直于 AB 线，分别读取 A 和 B 上标尺读数 A_1 和 B_1，并计算出高差 $\Delta_1=A_1-B_1$；

3. 将水准仪在其基座上反时针旋转 90°，使仪器把手平行于 AB 线（图 2-2-4b），读取标尺读数 A_2 和 B_2，并计算出高差 $\Delta_2=A_2-B_2$；

补偿式自动安平水准仪补偿性能的检验 表 2-2-3

仪　　器:Koni 139768　　　　时　间:2006.5.21

AB 间距离:$L=41.20$mm

仪器位置	顺序	视线在 A 标尺上的读数	视线在 B 标尺上的读数
I	1	317 968	322 788
	2	967	784
	3	968	758
	4	964	758
	中数	969.0	772.0
A、B 间高差 h		(m) −0.024 015	
II $+\alpha=8'$	1	317 966	322 780
	2	956	776
	3	974	778
	4	972	784
	中数	967.0	779.5
A、B 间高差 $h+\alpha$		(m) −0.024 062	
III $-\alpha=8'$	1	317 950	322 772
	2	948	770
	3	958	760
	4	948	766
	中数	951.0	767.0
A、B 间高差 $h-\alpha$		(m) −0.024 080	

仪器位置	顺序	视线在 A 标尺上的读数	视线在 B 标尺上的读数
IV $+\beta=8'$	1	317 966	322 758
	2	956	758
	3	954	758
	4	960	754
	中数	959.0	757.0
A、B 间高差 $h+\beta$		(m) −0.023 990	
V $-\beta=8'$	1	317 950	322 780
	2	942	782
	3	948	774
	4	950	776
	中数	947.5	778.0
A、B 间高差 $h-\beta$		(m) −0.024 152	

说明

位置 I:仪器置平　II:仪器向 A 标尺倾斜

III:仪器向 B 标尺倾斜　IV:仪器向视准面左方倾斜

V:仪器向视准面右方倾斜

补偿误差的计算

$\Delta h_{+\alpha}=h+\alpha-h=-0.047$mm　$\Delta h_{-\alpha}=h-\alpha-h=-0.065$mm

$\Delta h_{+\beta}=h+\beta-h=+0.025$mm　$\Delta h_{-\beta}=h-\beta-h=-0.137$mm

$\Delta\alpha_1=\Delta h_{+\alpha}\cdot\rho/''(L\cdot\alpha')=-0.03''$

$\Delta\alpha_2=\Delta h_{-\alpha}\cdot\rho''/(L\cdot\alpha')=-0.04''$

$\Delta\alpha_3=\Delta h_{+\beta}\cdot\rho''/(L\cdot\beta')=+0.02''$

$\Delta\alpha_4=\Delta h_{-\beta}\cdot\rho''/(L\cdot\beta')=-0.08''$

4. 将水准仪进一步旋转 90°,读取标尺读数 A_3 和 B_3,并计算出高差 $\Delta_3=A_3-B_3$;

5. 将水准仪再旋转 90°,读取标尺读数 A_4 和 B_4,并计算出高差 $\Delta_4=A_4-B_4$;

6. 将仪器安置靠近 B 点标尺处,使把手位于与第①步相同的方向上(图 2-2-4e),读取标尺读数 A_5 和 B_5,求出高差 $\Delta_5=A_5-B_5$;

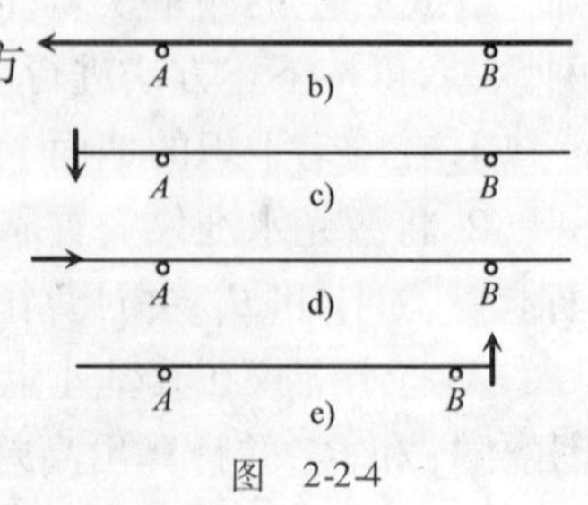

图 2-2-4

7. 计算:$2\Delta_1-\Delta_3-\Delta_5=f_1$

$$\Delta_3-\Delta_5=f_2$$

$$\Delta_1+\Delta_2-\Delta_4-\Delta_5=f_3$$

$$\Delta_1-\Delta_2+\Delta_4-\Delta_5=f_4$$

标尺间距为 75m 时，f_1、f_2 的值应小于 10mm。如果其中有一个以上超过 10mm，则水准仪需要调整，检验工作应重复进行两次以上。

三、水准标尺及其检验

（一）水准标尺

水准标尺是水准测量的重要工具。水准标尺要求长度稳定、刻划准确，其质量的好坏直接影响水准测量成果，用于精密水准测量的水准标尺应检定合格后才能用于作业。

水准标尺的形式有多种，用于普通水准测量的水准标尺有木质塔尺和板式水准标尺，用于精密水准测量的是铟瓦水准标尺。

使用水准标尺时的注意事项：

1. 不同的水准标尺分米注字的位置有所不同，在使用水准标尺之前一定要看清尺子起点的刻划注字，以免读错数字。

2. 精密水准仪一般都有与其配用的铟瓦水准标尺，不应乱用。

（二）精密水准标尺的检验

1. 水准标尺上圆水准器的检验和校正

方法 1：在距水准仪 50m 处安置水准标尺，使标尺的边缘与望远镜中竖丝重合，然后固定标尺，用水准器的校正螺丝将气泡居中，将标尺转动 90°，重新操作如前。如此反复进行多次，使标尺能按圆水准器准确地位于垂直位置。

方法 2：将标尺边缘与悬挂着的垂球线相平行，并将标尺固定，使之保持垂直位置，然后校正圆水准气泡居中。

方法 3：在距标尺约 20m 分别互成 90°的两个方向上各安置一台经纬仪（或水准仪），调整标尺，使尺子的边缘同时与两方向上的仪器竖丝重合，固定标尺，用水准尺圆水泡校正螺丝将气泡校正居中。

2. 水准标尺分划线每米分划间隔真长的测定

（1）准备：此项检定用一级线纹米尺（也可用同精度或更精密的检定设备）在温度稳定的室内进行。在测定前 2h，将检查尺和水准标尺取出放在室内。检验时，水准标尺应水平放置。

（2）观测方法：每标尺的基本分划与辅助分划均须检验，并分别对基本分划和辅助分划进行往、返测。以线条式铟瓦水准标尺为例，基本分划面往测时，测定应该分为：0.025～1.25m、0.85～1.85m、1.45～2.45m 三段米区间；返测时的三段米区间的划分，以及辅助分划面往、返测时观测区间的划分方法，可参照检测算例（表 2-2-4）进行。

往测时，两观测员分别在每间隔的两端，以分划线下边缘为准，在检查尺上进行 2 次读数，并在 2 次读数之间稍微移动检查尺。2 次所得“左右端读数差”之差应该不大于 0.1mm，否则应立即重测，每测定一间隔前，应读记温度。

返测时，两观测员互换位置，每次读数应以分划上边缘为准。其他操作与往测时相同。

（3）计算方法：检测算例见表 2-2-4，所测每部分分划间隔的观测中数（表中第 8 栏），应根据检查尺的尺长方程式加入“尺长与温度改正数”（表中第 9 栏），在第 10 栏中计算该部分间隔的真长，然后按基辅分划面往、返测共 12 段每米间隔真长的平均值，作为这一根标尺的每米间隔真长，最后计算一副标尺的平均米间隔真长。

水准标尺分划线每米分划间隔真长的测定 表 2-2-4

标　尺:铟瓦水准标尺　　　　　　　　　　　　　　　　日　期:

检查尺:一级线纹米尺 119, $L=(1000-0.07)\text{mm}+18.5\times10^{-3}(t-20℃)$

分划面	往返测	标尺分划间隔(m)	温度℃	检查尺读数		右减左		检查尺尺长及温度改正数(mm)	分划面一米间隔的真长(mm)
				左端(mm)	右端(mm)	右一左(mm)	中数(mm)		
1	2	3	4	5	6	7	8	9	10
基本分划	往测	0.25~1.25	24.7	1.24	1001.22	999.98	999.97	+0.017	999.987
				4.24	1004.20	999.96			
		0.85~1.85	24.9	0.48	1000.46	999.98	999.99	+0.021	1000.011
				3.48	1003.48	1000.00			
		1.45~2.45	24.9	2.38	1002.40	1000.02	1000.02	+0.021	1000.041
				5.36	1005.38	1000.02			
	返测	2.75~1.75	25.0	0.42	1000.38	999.96	999.97	+0.022	999.992
				3.42	1003.40	999.98			
		2.15~1.15	25.0	0.72	1000.68	999.96	999.97	+0.022	999.992
				3.70	1003.68	999.98			
		1.55~0.55	25.0	0.52	1000.48	999.96	999.96	+0.022	999.982
				3.52	1003.48	999.96			
辅助分划	往测	0.40~1.40	25.0	1.30	1001.28	999.98	999.97	+0.022	999.992
				4.32	1004.28	999.96			
		1.00~2.00	25.0	1.82	1001.76	999.94	999.96	+0.022	999.982
				4.80	1004.78	999.98			
		1.60~2.60	25.0	0.78	1000.76	999.98	999.99	+0.022	1000.012
				3.76	1003.76	1000.00			
	返测	2.90~1.90	25.0	2.30	1002.30	1000.00	999.99	+0.022	1000.012
				5.26	1005.24	999.98			
		2.30~1.30	25.0	1.56	1001.56	1000.00	999.99	+0.022	1000.012
				4.54	1004.52	999.98			
		1.70~0.70	25.0	0.64	1000.62	999.98	999.99	+0.022	1000.012
				3.62	1003.62	1000.00			

计算中应取至 0.001mm,一副标尺最后的平均每米间隔真长取至 0.01mm。

区格式木质标尺的检验方法与铟瓦标尺的检验方法完全相同,只是不再读取分划线的上、下边缘在检查尺上的读数,而是 2 次读取分划线同一边缘在检查尺上的读数。2 次读数之间要稍微移动检查尺。

对于铟瓦水准标尺,一根标尺的每米间隔真长与名义长的差不得超过 ±0.15mm;对于区格式木质水准标尺不得超过 0.5mm。当最终算得的一副标尺每米间隔真长与尺长的差的绝对值大于0.02mm时,需对观测高差进行尺长改正。

(4)注意事项:

①用一级线纹尺检定水准尺长度的精度,仅可满足三等水准测量、沉降观测和平坦地区二等水准测量要求。精度要求更高的等级水准测量,其水准标尺应送计量部门检定。

②使用一级线纹米尺时,不可用手接触尺面,只可拿导杆部分。不用时,用浸透过汽油的棉纱将尺面擦拭干净,涂上凡士林放在盒里,并保存在干燥地方。任何情况下,不得碰撞或跌落尺子,禁止将线纹尺作为直尺用。

第三节　经纬仪检验与校正

一、经纬仪的主要技术参数

世界各国生产的经纬仪按精度高低采用了不同的规格系列。我国经纬仪采用DJ_{07}、DJ_1、DJ_2、DJ_6、DJ_{15}和DJ_{60}系列,“D”为“大地测量”汉字拼音的第一个字母,“J”为“经纬仪”汉字拼音的第一字母,“07”、“1”、“2”、“6”、“15”和“60”等为一测回水平方向观测中误差,以秒为单位。

二、经纬仪的一般检验和校正

(一)经纬仪各轴线间的关系

如图2-3-1,经纬仪一般都具有以下5个基本轴线,即竖轴V、横轴H、视准轴C、照准部长水准器轴L'和垂直度盘指标水准器轴L(垂直度盘自动归零结构的经纬仪除外)。各轴线间应满足以下关系:

1. 照准部长水准器轴垂直于竖轴,即$L' \perp V$;
2. 视准轴垂直于横轴,即$C \perp H$;
3. 横轴垂直于竖轴,即$H \perp V$;
4. 垂直度盘指标水准器轴L水平时,垂直度盘指标差为零。

经纬仪在作业之前,应对上述轴系间的关系进行检验校正,使仪器处于正常工作状态。

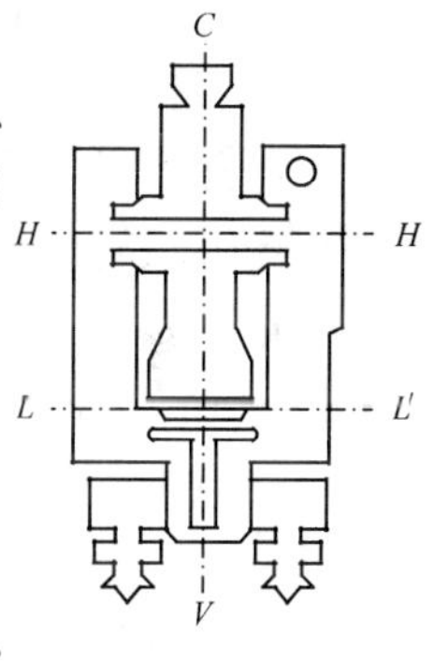

图　2-3-1

(二)经纬仪各轴线间几何关系检验、校正项目限差要求

经纬仪各轴线间几何关系检查、校正项目限差见表2-3-1。

经纬仪各轴线间几何关系检验、校正项目限差要求一览表　　表2-3-1

限差 仪器级别 / 项目	DJ_{15}	DJ_6	DJ_2	DJ_1	限差表示方式
照准部长水准器轴与竖轴不垂直度误差	≤1/2格				以照准部旋转至任何位置时,长水准器气泡偏离格数表示
十字竖丝不垂直度误差	无明显偏离				使目标由竖丝的一端移到另一端后,目标与竖丝偏离的程度表示

续上表

限差 \ 仪器级别 \ 项目	DJ_{15}	DJ_6	DJ_2	DJ_1	限差表示方式
望远镜视准轴与横轴不垂直度误差	≤±15″	≤±10″	≤±8″	≤±6″	以正、倒镜观测同一目标，由水平度盘两次读数所计算出来的照准差 $2C$ 值的大小表示
横轴与竖轴不垂直度（或横轴不水平）误差	≤±40″	≤±20″	≤±15″	≤±10″	以平高点法或高低点法测定后，由公式计算出来的横轴倾斜角 i 值表示
竖直度盘指标差	≤±30″	≤±12″	≤±10″	≤±8″	由公式(2-3-2)计算出来的 i 值表示
圆水准器轴与视准轴不平行误差	不超出水准器的分划圈				以照准部旋转至任何位置时，圆水准器气泡的偏离程度表示
望远镜水准器轴与视准轴不平行误差	≤±15″	/	/	/	以两轴所夹的锐角大小表示
对点器与竖轴不重合误差	/	0.5mm	0.5mm	0.5mm	以1.5m高度内目标偏离分划圈的距离大小表示

高精度的光学经纬仪在每期作业之前，除必须调整好仪器的轴线关系外，还需要按顺序进行照准部旋转是否正确的检验、光学测微器隙动差的测定、光学测微器行差的测定、垂直微动螺旋使用正确性的检验、照准部旋转时仪器底座位移的检验等工作。

（三）照准部长水准器的检验和校正

1. 检验　将仪器大致整平，使水准器与两个螺旋平行，调整气泡居中，旋转照准部90°，转动第三个脚螺旋使气泡居中，然后再旋转照准部180°，如气泡仍位于中心则符合要求，否则要进行校正。

2. 校正　照准部调转180°后，如气泡偏离中心，此时，用拨针转动水准器的上、下校正螺丝改正气泡偏离格值的一半（先放松一个螺丝，再旋紧另一个），其余一半用脚螺旋调至气泡居中，如此反复校正至完善为止。

3. 注意事项

（1）在检校游标经纬仪的长水准器时，最好将下盘制动螺旋拧紧，只松开上盘制动螺旋转动照准部，以免由于内外旋转轴的重合不好而影响检校的正确性；

（2）水准轴的方向反转180°时，最好用水平度盘的读数来准确决定；

（3）水准管的校正螺丝拨转时不可过紧，一般在螺丝旋到接触面后，只需再旋转20°~45°即可，过紧可能损坏校正螺丝，过松则不易保持长久。

（四）圆水准器的校正

在经纬仪上，除了照准部的管水准器外，往往还装有一个圆水准器，作为仪器粗略置平用；其校正方法与水准仪相同。

（五）十字丝竖丝的检验与校正

1. 检验　十字丝竖丝应垂直于望远镜的横轴，检验方法有两种：一种是置平仪器，用竖丝的上端或下端瞄准远处一个清晰的目标，固定照准部，拧紧垂直度盘制动螺旋，转动垂直度盘微动螺旋使望远镜在垂直面内转动，同时观察视场中的目标是否偏离竖丝，若有偏离，则需校正。另一种是在距仪器 20 ~ 30m 处，悬挂一根直径为 0.5 ~ 1.0mm 的垂线，若望远镜在垂直面内转动时，十字丝与垂线重合，则说明条件满足，否则需要校正。

2. 校正　卸下十字丝分划板护盖，略松分划板的校正固定螺丝，微微转动十字丝环，使竖丝垂直，然后旋紧十字丝分划板校正固定螺丝。

现以 DJ_{6-1} 经纬仪为例说明，见图 2-3-2。旋下护盖 1，适当放松螺丝 2（共 4 个），通过螺丝 3 轻轻转动十字丝分划板，使竖丝垂直，然后拧紧螺丝 2，如此反复检校至竖丝垂直为止。

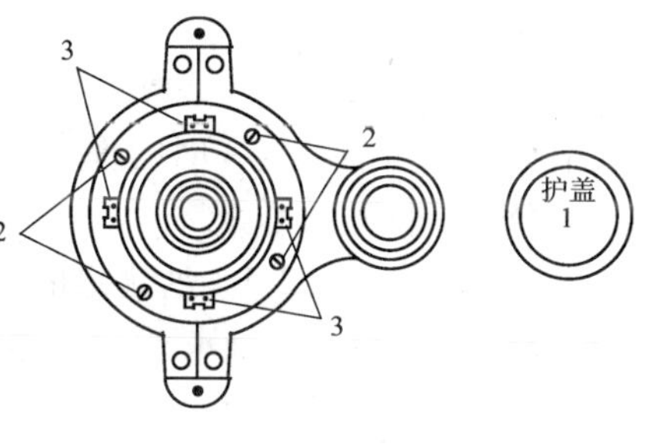

图　2-3-2

3. 注意事项

（1）不同仪器的十字丝分划板结构不尽相同，但校正方法大同小异。当检校一种不熟悉的仪器时，应事先仔细地分析判断，弄清它的结构后再动手。

（2）因为很难将竖丝严格校正到铅垂位置，所以在仪器使用时，应尽量用十字丝中心部位去照准目标，这样可以减少一些残余误差的影响。

（3）十字丝校正圈的下面一般都设有垫片，要转动十字丝圈必须连同垫片一起转动。如垫片紧贴在镜筒上时，可用小刀将它撬起，使其能与十字丝一起转动。

（六）望远镜视准轴垂直于横轴的校验和校正

1. 检验和校正方法

方法一：整平仪器后，用正镜位置照准远处一目标点，该点应大致在水平方向上，再以倒镜位置照准该点，分别读出水平度盘读数。若两次读数之差为 180°，则望远镜视准轴与横轴相垂直，否则，用盘左的读数减去盘右的读数，与 180°之差即是视准轴误差的 2 倍（即 $2C$）。调整时，转动水平微动螺旋，将度盘置在正、倒镜两次读数的平均值位置，并固定之，而后转动十字丝环的左、右两个改正螺丝，使竖丝精确照准目标。

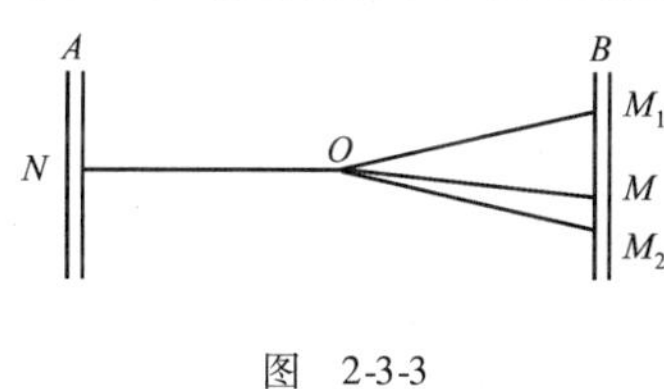

图　2-3-3

方法二：（如图 2-3-3）在仪器大致等高、离仪器距离大致相等（约 100m）的两处横放标尺 A、B。整平仪器后，盘左照准 A 尺上的某分划线 N。固定照准部，倒转望远镜照准 B 尺得一读数 M_1。松开照准部制动螺旋，转动照准部再次照准 A 尺上的分划线 N。然后再固定照准部，倒转望远镜，若十字丝中心仍对准 B 尺上的 M_1 点，说明两轴垂直；若对准另一点 M_2，则存在视准差。

校正时，拨动分划板左、右两个螺丝 3（见图 2-3-2），使望远镜十字丝竖丝从 M_2 点位置移至 $M_1M_2/4$ 处，即图中的 M 点，$M_2M = M_1M_2/4$。

两种检校都必须反复进行，使其误差达到表 2-3-1 中规定的指标。

2. 注意事项

（1）用分划板左、右两校正螺丝调整时，应先松开一螺丝，接着旋紧另一侧螺丝，校正至正确位置为止。

（2）观测时，应观测正、倒镜，取平均值，以消除残余 $2C$ 的影响。

（七）横轴垂直于竖轴的检验和校正

1. 检验　如图 2-3-4，整平仪器，在水平位置安放一根垂直于仪器视准轴的横尺，先用望远镜仰视高处一固定点 A,其仰角以 30°~40°为宜,固定照准部,将望远镜转至水平位置,在横尺上读数 B;倒转望远镜,旋转照准部 180°,重新瞄准高点 A,固定照准部,将望远镜转至水平位置,在横尺上读数 C。若 B 点与 C 点重合,则横轴与竖轴垂直;反之,则需要校正。设 B、C 的距离为 Δ,其倾斜 i 角为:

$$i = \frac{\Delta \cdot \cot V}{2S}\rho'' \tag{2-3-1}$$

式中:V——照准高点 A 时的垂直角;

S——仪器中心至标尺之间的水平距离。

当 i 角大于表 2-3-1 所规定的范围时,应进行校正或修理。

2. 校正　要使横轴水平,唯一的办法是改变横轴的位置。校正时先找出 B、C 点之间的中点 M,利用照准部的水平微动螺丝使分划板竖丝瞄准 M 点,固定照准部向上转动望远镜至 A 点附近,然后通过调整横轴的校正部件,使横轴一端升高或降低,直到竖丝重新瞄准 A 点为止。

现以 $DJ_{6\text{-}1}$ 型经纬仪为例,说明校正方法。取下经纬仪侧盖板(如图 2-3-5 所示),适当松开螺丝 1(共 3 个),旋下螺丝 2(共 2 个)。用两个工装调整螺丝 3 旋入螺丝 2 的螺孔中,顶住横轴架,使竖丝由 N 点移到 A 点上(见图 2-3-4)。若无工装调整螺丝,可用合适的螺丝刀或拨针代替。校正好后,重新旋紧螺丝 2 和螺丝 1。

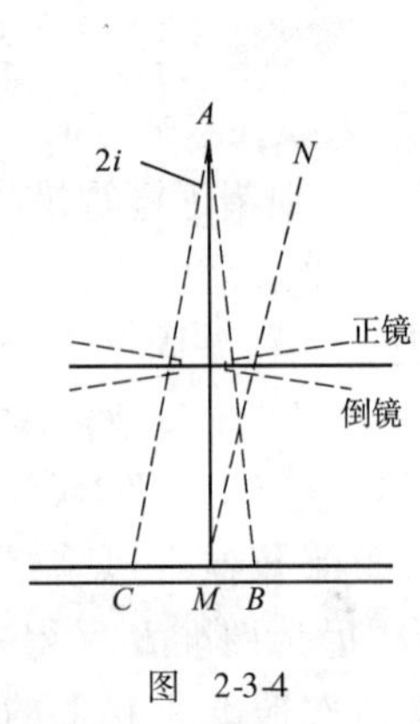

图　2-3-4

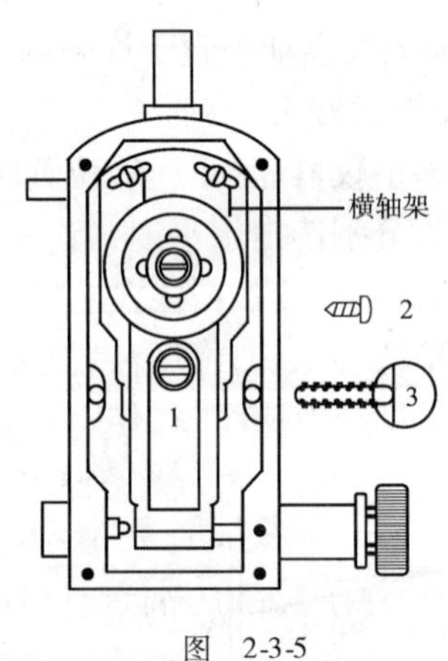

图　2-3-5

3. 注意事项

(1)横向支架的形式有多种,校正前要弄清它的结构。若根据式(2-3-1)计算 i 角超出限差范围时,需送修理部门或工厂调整。

(2)校正剩下的不垂直误差对测角的影响,可通过正、倒镜观测取平均值得到消除。

(八)垂直度盘指标差的检验和校正

1. 检验　整平仪器,正镜位置照准远处一高点(如烟囱、水塔上避雷针等),固定水平、垂直制动螺旋,利用垂直度盘指标微动螺旋,调整垂直度盘水准气泡居中,读记垂直角,以 L 表示。倒镜照准原目标,如前操作,读记垂直角,以 R 表示。若 $L+R\neq 360°$,则说明垂直度盘存在指标差。

2. 校正　观测 2 测回,按公式(2-3-2)求出指标差 i 的平均值:

$$i = [(L+R) - 360°]/2 \tag{2-3-2}$$

在倒镜位置计算垂直度盘正确读数,即 $R-i$。然后调整垂直微动螺旋,将垂直度盘置于读数为 $R-i$

的位置上。此时垂直度盘水准气泡偏离,及时用校正针拨转垂直度盘指标水准器上的校正螺丝,调整气泡居中,这样反复校正,直到垂直度盘的指标差变动范围达到表 2-3-1 规定的指标。

3. 垂直度盘自动归零补偿器的检测

安置仪器,使基座两个脚螺旋连线与平行光管轴线大致平行,并使平行光管与经纬仪望远镜大致等高,整平经纬仪,使望远镜处于水平位置,检测步骤如下:

(1)望远镜分划板横丝精确瞄准光管分划板刻划 K;

(2)读取垂直度盘读数 V_1;

(3)旋转一脚螺旋,使经纬仪竖轴作前倾 Z';

(4)微动望远镜,使分划板横丝重新精确瞄准光管刻划 K;

(5)读取垂直度盘读数 V_2;

(6)同(3)~(5)步骤,使经纬仪竖轴后倾 Z',读取垂直度盘读数 V_3。

其中 V_2-V_1 和 V_3-V_1 为补偿误差,重复 3 次取平均值作为测定值。此值对于 DJ_6 经纬仪不得超过 6″,对于 DJ_2 经纬仪不得超过 4″。

如果没有平行光管,可在距经纬仪 10 ~ 20m 处安置一刻有适当粗细线条的白纸标志,用来代替平行光管的刻划。

4. 注意事项

(1)改正时必须注意勿使十字丝离开原来的目标;

(2)调整后一般仍有残余误差的影响,故观测时用正、倒镜读数,取中数消除;

(3)对垂直度盘自动归零的经纬仪产生指标差时,应尽可能调整望远镜十字丝横丝位置,当调整不过来时,应由修理人员进行调整。

注意:上述各项的检验和校正必须依次序进行,不得颠倒。

(九)光学对点器的检验和校正

光学对点器的视准轴应与竖轴中心重合,即仪器旋转至任何位置时,对点器的中心始终对准目标中心,否则必须校正。有的光学对点器安装在经纬仪照准部上,有的安装在仪器的基座上,各有不同的检校方法,现分述如下:

1. 对点器安装在经纬仪照准部上的检校

先将经纬仪安置在一个平整、坚实的地面上,仔细整平仪器。在仪器的下方固定一张纸,并在纸上做一标志使其与对点器的视准轴重合(即标志落在对中器十字丝的中心)。将照准部旋转 180°,若标志偏离对中器的十字丝中心,说明视准轴与经纬仪的竖轴中心线不重合。当仪器横轴离地面高度为 1.5m 时,若偏离量超出 0.5mm,则必须校正。

2. 对点器安置在仪器的基座上的检校

先在三脚架顶上贴上一张白纸,三脚架固定在一个平整的地方,把经纬仪连同三角基座安置在三脚架上并整平,用一支细铅笔沿基座底板四周将它的轮廓画在三脚架顶上。在仪器下部的地面上放一张毫米方格纸,在纸上做一标记与对点器的视准轴重合,然后两次转动基座 120°,并使底座板边缘准确对准轮廓线。每转动一次,就要整平并在纸上标记对点器视准轴的位置。如果三个标记重合,则说明光学对点器的安装是正确的;否则需进行校正。校正前,先找出三个标记所构成的误差三角形的中心,然后调整光学对点器的校止螺丝,使对点器视准轴对准误差三角形中心点,重复检验,直至校正到限差以内为止。

（十）照准部旋转是否正确的检验

检验方法：

1. 整置仪器，使竖轴垂直，读记照准部水准气泡两端读数或中间位置读数；

2. 顺时针方向旋转照准部，每旋转照准部45°，读记水准气泡一次，连续顺转三周；

3. 逆时针方向旋转照准部，余下操作同2。

若照准部旋转正确，各位置气泡读数互差对于 DJ_2 仪器不超过2格（按气泡两端读数之和计算比较为4格），对于 DJ_1 仪器不超过1格（按气泡两端读数之和比较为2格）。若气泡读数变化较大，超出上述限差，并以照准部旋转两周为周期变化，则照准部旋转不正确，不宜用于作业，应送仪器维修部门检修。

检验示例如表2-3-2所示。

照准部旋转是否正确的检验 表2-3-2

仪器：苏光 DJ_2 №78239 观测者：

日期： 记录者：

照准部位置	气泡读数			照准部位置	气泡读数		
(°)	左(格)	右(格)	和或中数(格)	(°)	左(格)	右(格)	和或中数(格)
顺转第一周							
0	06.8	13.3	20.1	180	07.0	13.4	20.4
45	07.0	13.4	20.4	225	06.9	13.3	20.2
90	06.9	13.3	20.2	270	07.0	13.4	20.4
135	07.0	13.3	20.3	315	07.1	13.5	20.6
顺转第二周							
0	07.1	13.6	20.7	180	06.8	13.1	19.9
45	07.2	13.6	20.8	225	06.8	13.1	19.9
90	07.0	13.3	20.3	270	06.8	13.2	20.0
135	06.8	13.2	20.0	315	07.0	13.3	20.3
顺转第三周							
0	06.9	13.3	20.1	180	06.9	13.2	20.1
45	07.1	13.4	20.5	225	07.0	13.3	20.3
90	07.0	13.3	20.3	270	07.1	13.5	20.6
135	06.9	13.2	20.1	315	07.2	13.6	20.8
逆转第一周							
315	07.2	13.2	20.4	135	06.8	13.1	19.9
270	07.1	13.5	20.6	90	06.9	13.2	20.1
225	06.9	13.3	20.2	45	07.1	13.5	20.6
180	06.8	13.2	20.0	0	07.0	13.5	20.5
逆转第二周							
315	07.0	13.4	20.4	135	06.5	12.9	19.4
270	06.8	13.2	20.0	90	06.8	13.2	20.0
225	06.7	13.1	19.8	45	07.2	13.6	20.8
180	06.5	12.9	19.4	0	07.2	13.6	20.8
逆转第三周							
315	07.2	13.6	20.8	135	06.9	13.2	20.1
270	07.1	13.5	20.6	90	06.8	13.2	20.0
225	06.9	13.2	20.1	45	07.1	13.4	20.5
180	06.7	13.1	19.8	0	07.2	13.6	20.8

注：最大变动1.4格，中心位置变化0.7格。

（十一）光学测微器隙动差的测定

从0°00″开始，共测定12个位置。由前一位置转到下一位置时，对于 DJ_1 仪器换置水平度盘和测微器15°+10″；对于 DJ_2 仪器换置15°+50″。每一位置的操作顺序如下：

1. 将测微器指标线对准应整置的位置，然后转动度盘变换钮和水平微动螺旋，使应整置的水平度盘位置的对径分划线重合；

2. 旋出测微螺旋少许，然后旋进，使水平度盘对径分划线精密重合并读数；

3. 旋进测微螺旋少许，然后旋出，使水平度盘对径分划线精密重合并读数；

4. 再重复2、3两项的操作两次；

5. 计算每一次旋进减旋出值，并取3次中数，此中数值即为该位置的隙动差，其绝对值对于 DJ_1 仪器应不超过1″，对于 DJ_2 仪器应不超过2″。

检验记录、计算示例见表2-3-3。

光学测微器隙动差的测定　　表2-3-3

仪器：苏光 DJ_2 №70240　　日期：

度盘位置（°）	测微器读数 旋进 a（″）	旋进 b（″）	隙动差 $a-b$（″）	度盘位置（°）	测微器读数 旋进 a（″）	旋进 b（″）	隙动差 $a-b$（″）
0	00.5	00.6	−0.1	90	00.0	00.0	0.0
	00.6	00.4	+0.2		00.5	00.1	+0.4
	00.3	00.3	0.0		00.5	00.1	+0.4
							+0.3
15	51.0	50.6	+0.4	105	49.8	49.6	+0.2
	50.7	50.6	+0.1		49.3	49.3	−0.1
	50.5	50.5	0.0		49.7	49.3	+0.4
			+0.2				+0.2
30	42.0	41.8	+0.2	120	41.2	41.2	0.0
	42.0	41.7	+0.3		40.8	41.0	−0.2
	41.5	41.7	−0.2		41.2	41.3	−0.1
			+0.1				−0.1
45	31.5	31.5	0.0	135	30.5	30.3	+0.2
	31.5	31.6	−0.1		30.8	30.3	+0.5
	31.4	31.5	−0.1		30.7	30.7	0.0
			−0.1				+0.2
60	21.0	21.3	−0.3	150	21.0	21.0	0.0
	21.1	21.5	−0.4		20.8	21.0	−0.2
	21.3	21.0	+0.3		20.8	21.0	−0.2
			−0.1				−0.1
75	12.3	12.3	0.0	165	11.0	11.1	−0.1
	12.6	11.8	+0.8		10.7	11.0	−0.3
	12.0	12.8	−0.8		11.0	10.7	+0.3
			0.0				0.0
平均隙差 $=\frac{1}{n}\sum_{1}^{n}(a-b)=+0.5''$　　隙动差最大值 $=+0.3''$							

（十二）光学测微器行差的测定

测微器行差，即测微器在度盘上两相邻分划线间角距的实际量得值与理论设计值之差。测微器行差直接影响读数的正确性，因此，必须经常进行测定。如果行差过大则需校正或在观测值成果中加入改正数。

为减少水平度盘分划系统误差的影响，光学测微器行差的测定应均匀地在水平度盘各位置上进行，照准部整置位置见表 2-3-4 和表 2-3-5。

DJ_1 级经纬仪照准部整置位置 表 2-3-4

序 号	整 置	位 置
1	0°	00′
2	24	04
3	48	08
4	72	12
5	96	16
6	120	20
7	144	24
8	168	28
9	192	32
10	216	36
11	240	40
12	264	44
13	288	48
14	312	52
15	336	56

DJ_2 级经纬仪照准部整置位置 表 2-3-5

序 号	整 置	位 置
1	0°	00′
2	30	20
3	60	40
4	90	00
5	120	20
6	150	40
7	180	00
8	210	20
9	240	40
10	270	00
11	300	20
12	330	40

每一位置测定的顺序如下：

1. 将测微器指标线对准零分划线，转动度盘变换钮将度盘调整到整置位置，用水平微动螺旋使整置的分划线 A 与对径分划线 $A \pm 180°$ 重合。

2. 按下列顺序，各精密重合两次，同时进行测微器读数（读数可按正负读数，以 DJ_2 仪器为例，多于零格读作正数，少于零格读作负数）：

a——A 与（$A \pm 180°$）两分划线重合时的读数；

b——（$A - i$）与（$A \pm 180°$）两分划线重合时的读数；

c——A 与（$A \pm 180° - i$）两分划线重合时的读数；

i——度盘最小分格值。

测微器行差计算：

$$\left.\begin{aligned} r_{\text{正}} &= (a - b) \cdot \mu + i/2 \\ r_{\text{倒}} &= (a - c) \cdot \mu + i/2 \\ r &= (r_{\text{正}} + r_{\text{倒}})/2 \end{aligned}\right\} \tag{2-3-3}$$

式中：μ——测微器分划值。

r 与($r_{正}-r_{倒}$)的绝对值:对 DJ_1 仪器不应超过 1″;对 DJ_2 仪器不得超过 2″。

经检验,若($r_{正}-r_{倒}$)和 r 值超过上述规定限差,应送修理部门检修。在外业观测过程中,上述指标超限,应在观测结果中加入改正数:$\Delta r=\frac{2r}{i}\cdot c$。式中 c 为测微器读数;i 为水平度盘最小间隔分划值。

记录、计算示例见表 2-3-6。

水平度盘光学测微器行差的测定　　　表 2-3-6

仪器:苏光 DJ_2№73240　　　日期:

度盘位置 (° ′)	a (″)	b (″)	c (″)	$a-b$ (″)	$a-c$ (″)	度盘位置 (° ′)	a (″)	b (″)	c (″)	$a-b$ (″)	$a-c$ (″)
0 00	+0.1	-0.2	-0.6	+0.4	+0.8	180 00	-1.1	-1.8	-1.3	+0.7	+0.2
	+0.2	-0.3	-0.6				-0.9	-1.6	-1.2		
	+0.2	-0.2	-0.6				-1.0	-1.7	-1.2		
30 20	-1.2	-1.9	-1.7	+0.4	+0.6	210 00	+0.3	-0.1	-0.2	+0.2	+0.2
	-1.2	-1.4	-2.0				-0.2	-0.3	-0.3		
	-1.2	-1.6	-1.8				0.0	-0.2	-0.2		
60 40	-1.1	-1.6	-1.5	+0.6	+0.2	240 40	-0.9	-1.1	-1.6	+0.4	+0.8
	-0.9	-1.7	-1.0				-0.6	-1.4	-1.6		
	-1.0	-1.6	-1.2				-0.8	-1.2	-1.6		
90 00	0.0	-0.5	-0.5	+0.5	+0.5	270 00	+0.8	0.0	-1.1	+0.7	+1.3
	+0.2	-0.2	-0.2				+0.6	-0.1	-0.2		
	+0.1	-0.4	-0.4				+0.7	0.0	-0.6		
120 20	+0.3	-0.8	-0.2	+0.9	+0.5	300 00	-0.9	-1.2	-1.6	+0.5	+0.7
	0.0	-0.6	-0.4				-0.5	-1.2	-1.2		
	+0.2	-0.7	-0.3				-0.7	-1.2	-1.2		
150 40	-0.9	-1.6	-1.5	+0.7	+0.6	330 40	+0.2	0.0	0.0	+0.4	+0.3
	-0.7	-1.4	-1.3				+0.5	+0.1	+0.2		
	-0.8	-1.5	-1.4				+0.4	0.0	+0.1		

$r=+0.6''$　$r_{正}-r_{倒}=-0.1''$　　　中数　+0.5″　+0.6″

(十三)垂直微动螺旋使用正确性的检验

在进行这项检验之前,应使水准器轴、横轴垂直于竖轴。检验方法如下:

将望远镜照准挂有垂球的垂线,然后利用垂直微动螺旋使望远镜在垂直面内俯仰,如果在移动过程中十字丝中心离开了铅垂线,则在进行水平角观测时禁止使用微动螺旋。

(十四)照准部旋转时仪器底座位移的检验

在仪器墩或牢固的脚架上整置好仪器,选一清晰目标,顺转仪器一周,照准目标读数;再逆转一周,照准目标读数,以上操作为一测回。连续测定 10 个测回,分别计算顺、逆转两次照准目标的差值,并取其 10 次的平均值。此值的绝对值对于 DJ_1 仪器不应超过 0.3″,对于 DJ_2 仪器应不超过 1.0″。

光学经纬仪的检验资料应详细记录、计算、整理,装订成册。

第四节　无棱镜激光测距仪检验

无棱镜激光测距仪是一种集光机电于一体,以自然表面反射测量为特点,测量空间短程距离的激光测量设备,是近几年面市的一种新型测量仪器。其突出的优点是测量距离时无须棱镜,对于测点难以到达或者根本无法到达的地区,距离的测量具有非常重要的意义。该仪器已广泛应用于建筑施工、安装、房地产测量和测绘等方面。

一、无棱镜激光测距仪分类

无棱镜激光测距仪,按其准确度可分为Ⅰ级和Ⅱ级。从使用方法上分为手持式和架置式,手持式在操作时采用手工端持或放置于操作面上,架置式则将测距仪架设在支撑杆或三脚架上。从仪器设置上可分为独立的无棱镜测距仪和与经纬仪或全站仪结合的复合型无棱镜测距仪。从仪器存储性能上看可分为无存储功能的和有存储功能的无棱镜测距仪。

二、无棱镜激光测距仪的检验内容和相应方法

(一)检验项目

表 2-4-1

序号	检定项目	主要检定工具	检定类别		
			首次检定	后续检定	使用中检定
1	外观质量与功能	–	+	+	+
2	仪器前后测量基准面位置偏差	游标卡尺	+	–	–
3	反射板正反面测量值的一致性		+	–	–
4	电压变化对测距的影响	直流调压稳压电源	+	–	–
5	温度变化对测距的影响	专用调温恒温箱(室)	+	–	–
6	测量重复性		+	+	+
7	加常数	50m 钢尺 100m、200m 长度基线	+	+	–
8	测距标准偏差综合评定		+	+	–
9	测距范围		+	–	–

注:“+”表示检定,“–”表示不检定。

(二)性能要求

1. 电压变化对测距的影响

在仪器规定的工作电压范围内,电压变化所引起测距的最大变化量应满足表 2-4-2 的要求。

2. 温度变化对测距的影响

在仪器使用的温度范围内,且大于 60m 的测量段上,温度变化引起示值的最大变化量应符合表 2-4-2 的要求。

3. 测量重复性

测量重复性应符合表 2-4-2 的要求。

4. 测量标准偏差综合评定

测距仪的标准偏差表达式为

$$S_D = a + b \times D \tag{2-4-1}$$

式中：S_D——测距标准偏差(mm)；

a——误差(mm)；

b——误差系数(mm/m)；

D——距离(m)。

检测归算至 100m 的测距标准偏差应符合表 2-4-2 的要求。

5. 测量范围

在测距标准偏差符合表 2-4-2 要求的前提下，仪器测量范围应不小于生产厂家规定的测量范围。

表 2-4-2

主要受检项目	检定要求(mm)	
	I	II
电压变化对测距的影响	≤10	≤20
温度变化对测距的影响	≤10	≤20
测量重复性	≤20	≤50
测距标准偏差综合评定	$S_D \leqslant 50$	$50 < S_D \leqslant 100$

6. 一般技术要求

仪器各工作面上应无锈蚀、碰伤、划痕；仪器的光学零件应无霉斑、气泡、麻点等疵病，镀膜应无损伤，各非工作面上应无脱漆及影响外观的其他缺陷。使用中与修理后的仪器允许有上述不影响测量准确度的缺陷。

数字、附合显示应清晰、完整，并保持稳定。

仪器应标明制造厂或厂标、型号、出厂编号及激光警告标记和外壳仪器保护等级。

仪器的各操作键及插接件的接头应工作可靠，各种操作功能应运行正常。

(三)检定方法

1. 外观质量与功能

目视观察和试验。

2. 电压变化对测距的影响

在长度大于 3m 的距离两端，分别安置测距仪和反射板，并调整测距仪使其照准反射板，然后用直流可调稳压电源直接给测距仪供电。

在仪器的额定工作电压 10% 范围内，以 0.3V 间隔由低向高调整电压，每次改变电压稳定后重复测距 5 次，取其平均值为该电压处所测距离值。将不同电压下所测距离值与仪器在标称电压下的测得值相比较，其差值的最大值应符合表 2-4-2 要求。

3. 温度变化对测距的影响

将受检测距仪置于具有隔热玻璃窗口的高低温恒温试验箱(室)内，使其前端对准可开启的玻璃窗口并固定，然后在距仪器前端大于 60m 长的另一端安置反射板。

在测距仪的使用环境温度范围内,对高低温恒温试验箱以不大于1℃/min 的升温(或降温)速率调温到给定的一极限温度,持续恒温 0.5h 后测距仪以单次测量方式测距,并读数 5 次,取其平均值为观测值。

然后改变温度测点分别至15℃和另一极限温度,并分别按上述方法测距、读数。

将每个温度点的观测值进行比较,其最大变化量应符合表2-4-2 要求。

4. 测量重复性

在长度大于 3m 的距离两端分别安置测距仪与反射板。将仪器一次照准目标后以单次测量方式连续测距 10 次,并读取读数 x_i。测量重复性按下式计算。

$$S=\sqrt{\frac{\sum(x_i-\bar{x})^2}{n-1}} \tag{2-4-2}$$

其结果应符合表2-4-2 要求。

式中:S——测量重复性标准偏差(m);

x_i——第 i 次读数值(m);

$\bar{x}$——n 次读数平均值(m);

n——连续测距次数。

5. 加常数

在总长不小于40m,分段数不少于15 的基线上进行检定。要求基线的各组合段长度应按测距仪调制波半波长的整数倍设置并均匀分布于总长。

检定时,首先在基线的测站两端分别安置测距仪与反射板,并调整测距仪照准反射板使测量轴线与基线轴线平行,然后按由近及远的测量顺序移动反射板,测量各组合段距离。测距以单次测量方式进行,每一观测边读数 5 次并求平均值作为观测值 D'_j。

在各边的观测值剔除粗差值后,将其与相应的组合边基线值比较,接下式计算加常数 K:

$$K=\frac{\sum_{i=1}^{n}\Delta_i}{n} \tag{2-4-3}$$

加常数 K 的测量标准偏差为:

$$S_k=\sqrt{\frac{\sum_{i=1}^{n}v_i^2}{n(n-1)}} \tag{2-4-4}$$

$$\sum_{i=1}^{n}v_i^2=\sum_{i=1}^{n}\Delta_i^2-\frac{\left(\sum_{i=1}^{n}\Delta_i\right)^2}{n} \tag{2-4-5}$$

式中:Δ_i——第 i 组合边基线值 D'_{0i} 与观测值 D'_i 差(mm);

n——组合边的段数。

6. 测距标准偏差综合评定

测距标准偏差综合评定分为有反射板和无反射板两种情况。

有反射板的测距标准偏差综合评定,是指以标准反射板为测量目标时,对测距仪测距标准偏差的综合评定,其评定结果为判定仪器合格与否的主要指标。

无反射板的测距标准偏差综合评定,是指以自然物体表面为测量目标,且其表面与标准反射板表面在表面粗糙度和反射系数上差异较大时，对测距仪测距标准偏差的综合评定。它根据用户要求检测，只给出实测数据。

（1）有反射板的测距标准偏差综合评定

重新选取基线按上述第 5 款的方法进行观测，将观测值 D'_i 经过加常数修正后，所得的组合边观测值 D_i 与相应的基线值 D_{01} 进行比较，采取一元线性回归分析法建立误差方程（2-4-6），通过解算方程式（2-4-6）的法方程，按式（2-4-7）和式（2-4-8）求出测距标准偏差表达式的 a 值和 b 值。则由 a 值和 b 值按式（2-4-1）所得 S_D 应符合表 2-4-2 的要求。

$$l_i = a + bD_i + v_i \qquad (i = 1,2,3,\cdots,n) \tag{2-4-6}$$

$$a = \frac{\sum_{i=1}^{n} D_i \times \sum_{i=1}^{n}(D_i \times l_i) - \sum_{i=1}^{n} D_i^2 \times \sum_{i=1}^{n} l_i}{(\sum_{i=1}^{n} D_i)^2 n \sum_{i=1}^{n} D_i^2} \tag{2-4-7}$$

$$b = \frac{\sum_{i=1}^{n} D_i \times \sum_{i=1}^{n} l_i - n\sum_{i=1}^{n}(D_i \times l_i)}{(\sum_{i=1}^{n} D_i)^2 - n\sum_{i=1}^{n} D_i^2} \tag{2-4-8}$$

式中：$l_i = |D_{0i} - D_i|$（mm），D_{0i} 为基线值（m）；

a——固定误差（mm）；

b——比例误差系数（mm/m）；

D_i——经过仪器常数修正后的观测值（m）；

n——组合边的段数。

（2）无反射板的测距标准偏差综合评定

选用基线段数不少于 10 段，其长度均匀分布在 30m 内的基线进行检定。

检定时，首先以使用单位提供的测量目标为依据，设置模拟反射板，然后以单次测量方式对每段基线进行测距，每一观测边读数 5 次，并求平均值作为观测值。

用经过加常数修正后的观测值，按上述第 4 款的方法计算无反射板的测距标准偏差。

7. 测量范围

（1）将测距仪和规定的反射板分别安置在与规定的最大测程相应的基线两端，调整正确的反射板面后进行测距，共观测 10 次，对所有观测值进行加常数修正后与基线值比较，并按式（2-4-9）计算，最大测程的测距标准偏差 $S_{长}$ 应符合表 2-4-2 中 S_D 的要求。

$$S_{长} = \sqrt{\frac{\sum_{i=1}^{n} v_i^2}{n}} \tag{2-4-9}$$

式中：$v_i = d_0 - d_i$，d_0 为基线值（m），d_i 为经过加常数修正后的观测值（m）；

n——观测次数。

（2）按（1）的方法，在仪器规定的最短测程基线上进行测距并作数据处理后，最短测程的测距标准偏差 $S_{短}$ 应符合表 2-4-2 中 S_D 的要求。

（3）将测距仪和规定的反射板安置在基线的两端，不断加大反射板和测距仪之间的距离，直至不能测距为止，从而测得规定的反射板条件下的测程。

（4）将反射板置换成以湿润的土壤、干燥的土壤、岩石等制成的反射板，按（3）的方法测得几种条件下的最大测程。

(四)检定结果处理

经检定符合要求的测距仪应出具检定证书,并在证书中注明等级。不符合要求的仪器应发给检定结果通知书,并注明不合格项目。

(五)检定周期

测距仪的检定周期根据使用情况确定,最长不超过1年。

第五节　全站仪(光电测距仪)检验

全站仪(光电测距仪)的型号很多,各类仪器的精度、测程及使用方法各异,因此,各型号的全站仪(光电测距仪)应在熟读使用说明书后方可进行操作。同时,为正确使用仪器并得到较好的效果,必须建立仪器的定期检验制度。

一、全站仪(光电测距仪)的误差和性质

和其他距离测量仪器一样全站仪(光电测距仪)的误差有三类,即仪器误差、外界条件造成的误差和观测误差,但其误差来源与用钢尺量距等传统方法相比要复杂得多。为此,我们必须了解在测距过程中可能产生的各种误差及其性质和影响,以便设法加以改正和减弱。

已知全站仪(光电测距仪)测距的基本公式为:

$$D = \frac{\lambda}{2}\left(N + \frac{\Delta_\Psi}{2\pi}\right) + C = \frac{C_0}{2n_g f_S}\left(N + \frac{\Delta_\Psi}{2\pi}\right) + C \tag{2-5-1}$$

式中:λ——调制波长;

C_0——真空中的光速;

n_g——大气的群折射率;

f_S——调制频率;

N——光波整周数;

Δ_Ψ——相位差;

C——仪器的加常数。

由上式可知,距离D的误差是由C_0、n_g、f_S、Δ_Ψ及C的误差决定的,如果用中误差表示它们的关系,根据误差传播定律,经整理后得:

$$m_D^2 = \left(\frac{m_{C0}^2}{C_0^2} + \frac{m_{ng}^2}{n_g^2} + \frac{m_{fS}^2}{f_S^2}\right)D^2 + \left(\frac{\lambda}{4\pi}\right)^2 m^2\Delta_\Psi + m_C^2 \tag{2-5-2}$$

由上式看出,误差包括两类:一类是与所测距离D成正比例的误差,如由C_0、n_g和f_S的误差所引起的测距误差,通常称为比例误差;另一类是与距离无关的误差,如由Δ_Ψ及C的误差所产生的测距误差,通常称为固定误差。此外,还有由于固定信号的串扰而产生的周期误差,以及对中误差和反射棱镜偏斜而产生的距离误差等,它们都对测距精度有不可忽视的影响。

二、全站仪(光电测距仪)的检验内容和方法

(一)经纬仪及其附件的检验和校正

1.经纬仪的检校、仪器和反射棱镜的光学对点器检校均参见本章第三节。

2.对中杆和棱镜杆圆气泡的检校。

检验方法:(1)吊一锤球,使标杆与锤球线在同一铅垂线上,观察圆气泡是否居中;(2)将经纬仪置平后,使杆与视场中的竖丝重合,观察圆气泡是否居中。

校正方法:校正时使标杆与垂球线或经纬仪的竖丝在同一铅垂线上,调整圆气泡下面的三个校正螺丝,直至气泡居中为止。

(二)经纬仪望远镜视准轴与照准头光轴之间平行性的检验和校正

测距时,测距仪的发射光轴和接收光轴之间必须保持平行关系,使测距仪获得最强的接收信号,以保证仪器的测程和精度。

对于共轴仪器,应在专用的检测设备上进行,下面介绍组合式测距仪的野外检验和校正方法。

检验方法:在距仪器约200m处安置单反射棱镜,仪器和棱镜分别置平后,用望远镜十字丝准确地瞄准单反射棱镜上的觇标,启动开关,读取接收信号指示器上的光强值(指针读数或数据)。此时,如果两轴平行的关系是满足的,则应该接收到最强的接收信号,仔细旋转仪器的水平和垂直螺丝,指示器上的光强值会随之而减小,那么它们之间的平行性是正确的。如果转动微动螺旋光强值有明显的增加,说明两轴不平行,则必须进行校正。

校正方法:由于各类测距仪的结构不同,校正方法也不一样,校正时应参考各类仪器的说明书进行。现以 DJ_5 测距仪为例:按上述检验,当发现 DJ_5 测距仪的望远镜视准轴与照准光轴不平行时,首先要检查照准头是否正确安置在连接器上,然后将望远镜十字丝的中心准确瞄准反射棱镜上的觇标,用六角扳手分别转动照准头上的水平和垂直校正螺丝,直到显示器中信号光强指示显示最大的数值为止。

(三)仪器内部符合精度的检验

内部符合精度,即在同一距离上各观测值之间的离散程度,是仪器质量的一项重要指标。

检验方法:在几段不同长度的距离上设置反射棱镜,以一次照准多次读数的方法,计算出各段距离上的一次测距中误差 m_{Di};计算各段 m_{Di} 的平均值 m'_D。如果 $m'_D < \frac{1}{2}m_D$(m_D 为仪器的标称精度),即为合格。

计算步骤:

1.计算各段距离平均值

$$\overline{D} = \sum D/n \tag{2-5-3}$$

式中:n——观测次数。

2.计算各段距离测距中误差

$$m_{Di} = \pm\sqrt{[V_iV_i]/(n-1)} \tag{2-5-4}$$

式中:$V_i = D_i - \overline{D}_0$

3. 计算一次测距中误差的平均值

$$m'_D = \pm \sqrt{\frac{\sum_{1}^{n} m_{Di}}{N}} \tag{2-5-5}$$

式中：N——m_{Di}的个数。

计算实例见表 2-5-1。

内部符合精度检测记录及计算表 表 2-5-1

距离 / 光强 / 测次	D_1		D_2		D_3		D_4		D_5	
	11.0	V	11.5	V	13.5	V	13.5	V	13.5	V
1	348.038	−0.5	289.014	+0.8	200.299	−0.2	137.285	+0.8	53.316	+0.5
2	348.038	−0.5	289.013	−0.2	200.299	−0.2	137.285	+0.8	53.316	+0.5
3	348.039	+0.5	289.013	−0.2	200.299	−0.2	137.284	−0.2	53.315	−0.5
4	348.039	+0.5	289.013	−0.2	200.299	+0.8	137.283	−1.2	53.315	−0.5
平均值	348.0385		289.0132		200.2992		137.2842		53.3155	
$[V_iV_i]$	1.0		0.76		0.76		2.76		1.0	
m_{Di}	±0.57		±0.5		±0.5		±0.96		±0.57	

$$m'_0 = \pm \sqrt{\frac{m_{D1}^2 + m_{D2}^2 + \cdots + m_{D5}^2}{5}} = \pm 0.64\text{mm} \tag{2-5-6}$$

在实际检测中，若仪器稳定，观测次数 $n = 4$ 即可。

（四）调制频率的检校

调制频率f是测距仪最重要的一项设计指标。如果在检验中发现测距误差过大且与距离成正比时，就有必要对仪器进行频率的检测工作。

1. 测频

检测应用精度不低于 10^{-8}的频率计进行，根据仪器结构不同，测频方法有两种：

（1）仪器有输出端时，可根据说明书的要求直接接入频率计检测。

（2）仪器无检测输出端而又不能拆开检测时，可用测频仪直接测量调制光，测定仪器的调制频率。

2. 频率改正

检测后，如发现与标称频率的差异大于规定值时，应根据仪器结构进行频率调整或在观测距离中加入频偏改正。

（1）对主振频率可调的测距仪，可调整主振回路使频偏在规定值的范围内。

（2）对主振频率不可调的仪器，应送工厂或专门维修部门进行频率调整，或按下式对测距仪的测距结果加入频偏改正数：

$$\Delta S_f = \frac{f_0 - f}{f_0} \tag{2-5-7}$$

$$S = S' + S' \cdot \Delta S_f = S'(1 + \Delta S_f) \tag{2-5-8}$$

上两式中：ΔS_f——距离频偏改正数；

f——频率实际测定值；

f_0——标称频率；

S'——经气象改正的观测值；

S——经频偏改正后的距离。

当频偏度$(f_0 - f)/f_0 \leq 1 \times 10^{-6}$时，对于短程红外测距仪一般可不加频偏改正。

（五）照准误差的检验

发光管相位均匀性是反映测距仪质量的重要指标之一，是一项重要的检验。由于发光管相位不均匀性给测距带来的误差，称为照准误差。一般要求照准误差不超过测距误差的1/2。

检测工作应在气象条件良好的情况下，选择长度为100～150m，通视良好且外界影响较小的场地上进行。

检测时，将仪器和棱镜分别安置于场地的两端。检验从反射棱镜的中心开始（可采用"光照准"或"电照准"方法观测），将测距仪的照准光轴按图2-5-1箭头所指的方向，依次改变水平度盘、垂直度盘读数1′～2′，左、上、右、下循环移动，每个观测点读数4次并取平均值，直至无信号为止。

最后依据所测距离绘制等值曲线，即等相位曲线，如图2-5-2所示。等相位曲线一般能较好地反映一台仪器发光管的相位情况及仪器的照准误差，根据检测到的相位曲线，制订该台仪器的作业方法，采取措施减小照准误差的影响。

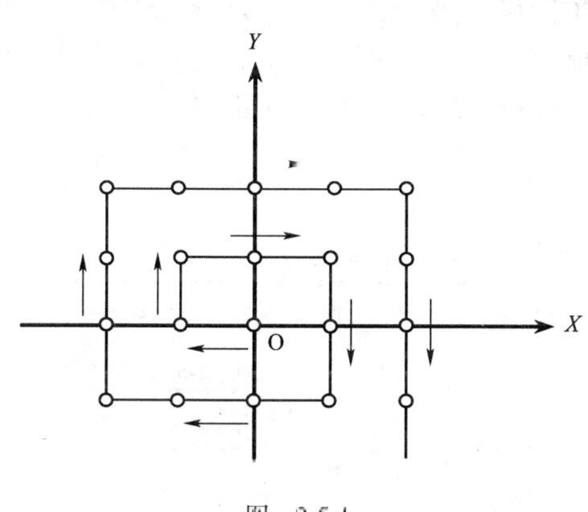

图　2-5-1

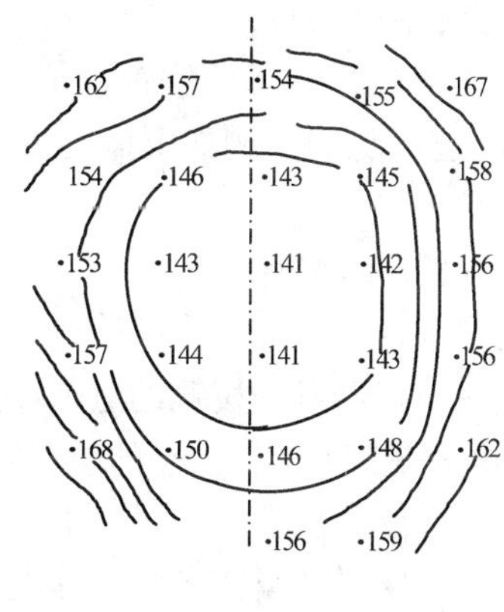

图　2-5-2

（六）幅相特性的检验

对幅相特性的检测有手动光栏仪器和自动光栏仪器两种情况：

1. 手动调节光栏的检测方法

检测工作在长约100m的基线上进行，基线的周围不能有其他反射物体。观测时在基线的两端分别架设测距仪和反射棱镜，并分别对中整平。测距仪用"电照准"的方法准确照准反射镜，然后调节接收光强，使光强指示表上的指针指到"接收光强区"最小值的位置上，并读取一组读数，取平均值，再调节接收光强使之逐步增加。指针每移动一格的位置，读取一组读数并取平均值，这样继续进行，直至指针到达接收光强区的最大值为止。每组读数的平均值与基线已知距离的差值，即为在该接收光强时测距的误差。根据接收光强与误差的关系，以光强为横坐标，误差为纵坐标，绘成曲线，以便在测距时根据精度要求选择适宜的接收光强区间。

2. 自动调节光强的检测方法

自动调节光强的测距仪，接收光强不能在一个距离上随意调节，可通过调节反射棱镜的反射光强来实现。

用一块反射棱镜，置于距离仪器200m左右的一段已知距离上，先由仪器自动减光观测一组读数，称为标准光强读数，然后在反射棱镜或发射镜头上加上不同通光口径的镜罩，每加一次不同的镜罩观测一组读数，直至仪器可测光强区间为止。把这些数据与标准光强数据进行比较，其值不应大于标称误差的1/2。根据光强格值及误差大小，可绘出接收光强与误差关系曲线。

（七）周期误差的检测

1. 周期误差检定的要求

（1）测距仪应每年进行一次周期误差的检定，当仪器出现异常现象时，应及时复查。

（2）当检测计算出周期误差的振幅大于仪器标称精度中的固定误差部分时，应退回原厂返修。

2. 平台法测定周期误差

在室内搭一平台，其长度稍长于被检定测距仪的精测尺寸。在平台上敷设一根检定钢尺并施加与钢尺检定时相同的拉力，在钢尺的延长线上距钢尺的零刻划约40m处安置测距仪，并使测距仪与尺面同高。检测时，测距仪首先照准在零刻划上的反射棱镜进行读数，取平均值作为观测的起始位置。依次按设计的间距，在一个周期的长度上均匀布置若干观测点，逐点进行观测。例如DJ_{3S}的测尺长度为20m，进行40次观测，则每隔0.5m观测一组数据取平均值。

3. 周期误差的计算

见图2-5-3，设：

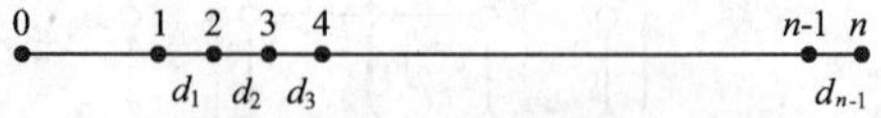

0　1　2　3　4　……　n-1　n

d_1　d_2　d_3　……　d_{n-1}

图　2-5-3

D_0——仪器到一棱镜的近似距离；

δ——距离近似值D_0的改正数；

C——仪器加常数；

d_i——反射棱镜在平台上移动的距离；

V——观测值D_i的改正数；

A——周期误差振幅，待求未知数；

θ——周期误差起始相位角；

θ_i——测站至距离为D_i上的各个反射棱镜的相位角，$i=1,2,3,\cdots,n$。

周期误差的计算，实际上是指由于周期误差的影响而对距离观测值所加修正值V_i的计算。

$$V_i = A \cdot \sin(\theta_0 + \theta_i) \tag{2-5-9}$$

因为一个测尺长等于$\lambda/2$所对应的相位角为360°，所以可按下式计算：

$$\left.\begin{aligned}&\theta_1=\frac{D_i}{\lambda/2}\times360^{\circ}\\&\theta_2=\theta_1+\frac{D_1}{\lambda/2}\times360^{\circ}=\theta_1+\Delta\theta\\&\vdots\\&\theta_n=\theta_1+(n-1)\Delta\theta\end{aligned}\right\}\tag{2-5-10}$$

所以

$$\theta_i=\theta_1+(i-1)\Delta\theta\tag{2-5-11}$$

(1)误差方程式的组成

列出观测值方程：

$$D_0+\delta+(n-1)d=D_i+V_i+C+A\cdot\sin(\theta_0-\theta_i)\tag{2-5-12}$$

经整理后，得误差方程：

$$V_i=(\delta-C)-A\sin(\theta_0-\theta_i)+[D_0+(i-1)d-D_i]\tag{2-5-13}$$

将误差方程式展开为线性，并简化。令：

$$\left.\begin{aligned}&c'=\delta-C\\&x=A\cdot\cos\theta_0\\&y=A\cdot\sin\theta_0\\&f_1=D_0-D_1\\&\vdots\\&f_n=D_0+(n-1)d-D_n\end{aligned}\right\}\tag{2-5-14}$$

得观测误差方程的最后形式为：

$$V_i=c'-\sin\theta_i\cdot x-\cos\theta\cdot y+f_i\tag{2-5-15}$$

(2)法方程组成和未知数的求解

由式(2-5-15)组成法方程并简化为：

$$\left.\begin{aligned}&nc'+\sum f_i=0\\&\frac{n}{2}x+\sum(-\sin\theta_i\cdot f_i)=0\\&\frac{n}{2}y+\sum(-\cos\theta_i\cdot f_i)=0\end{aligned}\right\}\tag{2-5-16}$$

由此得未知数的解：

$$\left.\begin{aligned}&c'=-\frac{\sum f_i}{n}\\&x=-\frac{2\sum(-\sin\theta_i\cdot f_i)}{n}\\&y=-\frac{2\sum(-\cos\theta_i\cdot f_i)}{n}\end{aligned}\right\}\tag{2-5-17}$$

由式(2-5-14)得到振幅 A 和初相角 θ_0 为：

$$\left.\begin{aligned}&A=\pm\sqrt{x_2+y_2}\\&\theta_0=\tan^{-1}y/x\end{aligned}\right\}\tag{2-5-18}$$

(3)检核计算及精度评定

按式(2-5-15)求出各个 V 值,用下列公式进行检核:

$$\sum V_i^2 = \sum f_i \cdot c' + \sum(-\sin\theta_i \cdot f_i) \cdot x + \sum(-\cos\theta_i \cdot f_i) \cdot y + \sum f_i^{\,2} \tag{2-5-19}$$

测距中误差

$$m_D = \pm\sqrt{\frac{\sum V_i^2}{n-3}} \tag{2-5-20}$$

振幅测定中误差

$$m_A = \pm m_D\sqrt{2/n} \tag{2-5-21}$$

4. 周期误差的修正

求得周期误差的振幅 A 和初相角 θ_0 以后,按下式计算周期误差的修正值:

$$V_i = A \cdot \sin[\theta_0 + (i-1) \cdot \Delta\theta] \tag{2-5-22}$$

从理论上讲,周期误差是能修正的,但由于受各种因素的影响,各次检测的结果往往是不相同的,很难得到一个准确的改正数。如果误差扩大,则应送厂修理,式(2-5-22)只是提供一个参考公式。

5. 周期误差的计算步骤

(1)将观测值进行气象、倾斜改正,化算为最后平距;

(2)绘制计算表格,如表2-5-2;

(3)按测定顺序将所有观测值抄入第1、2栏,而后按式(2-5-11)求 θ_i 填入第3栏;

(4)按求得的 θ_i 求误差方程(2-5-15)的系数 c'、$-\sin\theta$、$-\cos\theta$,分别填入第4、5、6栏,f 值按式(2-5-14)计算并填入第7栏;

(5)用式(2-5-17)求得 c'、x、y 值;

(6)按式(2-5-15)计算各点改正数 V_i 写入第8栏;

(7)按式(2-5-19)进行检核计算;

(8)按式(2-5-18)计算振幅 A 和初始相位角 θ_0;

(9)绘制周期误差曲线;

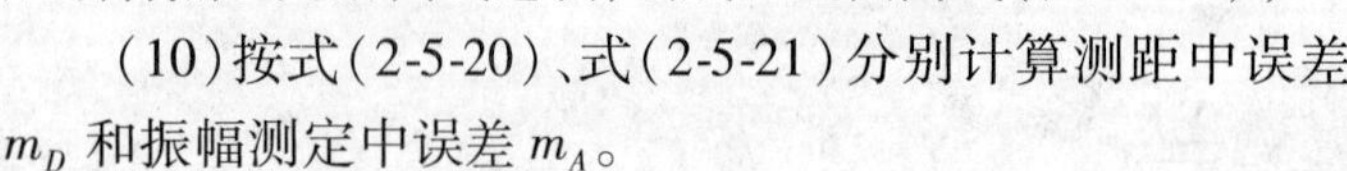

根据式(2-5-22)计算 V_i 值,各参数分别填入9、10、11、12栏,以 V_i 为纵坐标,以相应的非整周期内 d_i 为横坐标,展绘各点以光滑曲线连接,绘成一正弦曲线(图2-5-4);

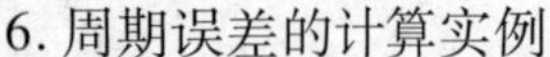

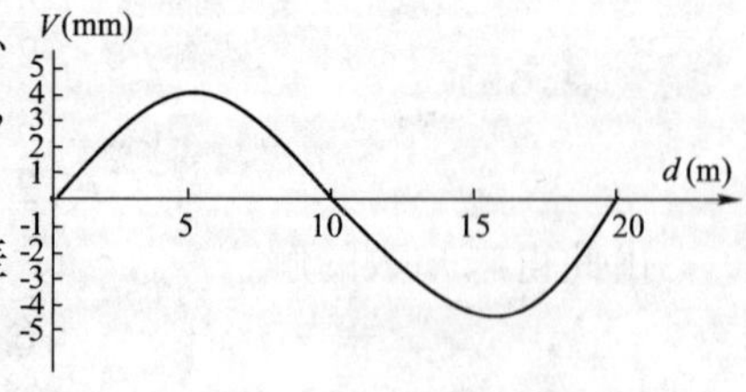

图 2-5-4

(10)按式(2-5-20)、式(2-5-21)分别计算测距中误差 m_D 和振幅测定中误差 m_A。

6. 周期误差的计算实例

按表2-5-2,辅助计算步骤如下:

(1)计算对应值 D_1 的相位 θ_i 及相位差 $\Delta\theta$

$$\theta_1 = \frac{D_1}{\lambda/2} \times 360° = \frac{35.841}{10} \times 360° = 210°17'$$

$$\Delta\theta = \frac{d}{\lambda/2} \times 360° = \frac{0.5}{10} \times 360° = 18°00'$$

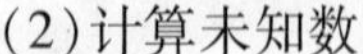

(2)计算未知数

周期误差计算表　　　　表 2-5-2

序号	观测值(m)	θ		误差方程系数			f (mm)	V (mm)	周期误差计算			
		°	′	A	b	c			非整周期距离(m)	$\varphi=\theta_0+\Delta\theta$	$+\sin\varphi$	V'
				c'	$-\sin\theta$	$-\cos\theta$						
1	2	3		4	5	6	7	8	9	10	11	12
1	35.841	210	17	+1	+0.504	+0.864	0	+2.2	0	11°16′	0.195	+0.6
2	36.343	228	17	+1	+0.746	+0.665	−2	+0.8	0.5	29°16′	0.489	+1.5
3	36.848	246	17	+1	+0.916	+0.402	−3	+0.2	1.0	47°16′	0.734	+2.2
4	37.345	264	17	+1	+0.995	+0.100	−4	−0.8	1.5	65°16′	0.908	+2.8
5	37.844	282	17	+1	+0.977	−0.213	−3	0	2.0	83°16′	0.993	+3.0
6	38.343	300	17	+1	+0.864	−0.504	−2	+0.5	2.5	101°16′	0.981	+3.0
7	38.843	318	17	+1	+0.665	−0.746	−2	−0.3	3.0	119°16′	0.872	+2.6
8	39.342	336	17	+1	+0.402	−0.916	−1	−0.1	3.5	137°16′	0.679	+2.1
9	39.842	354	17	+1	+0.100	−0.995	−1	−1.1	4.0	155°16′	0.418	+1.3
10	40.340	12	17	+1	−0.213	−0.977	+1	0	4.5	173°16′	0.117	+0.4
11	40.839	30	17	+1	−0.504	−0.864	+2	+0.2	5.0	191°16′	−0.195	−0.6
12	41.338	48	17	+1	−0.746	−0.665	+3	+0.6	5.5	209°16′	−0.489	−1.5
13	41.836	66	17	+1	−0.916	−0.402	+3	+0.2	6.0	227°16′	−0.735	−2.2
14	42.337	84	17	+1	−0.995	−0.100	+4	+1.2	6.5	245°16′	−0.908	−2.8
15	42.839	102	17	+1	−0.977	+0.213	+2	−0.6	7.0	263°16′	−0.993	−3.0
16	43.339	120	17	+1	−0.846	+0.504	+2	−0.1	7.5	181°16′	−0.981	−3.0
17	43.840	138	17	+1	−0.665	+0.746	+1	−0.3	8.0	299°16′	−0.872	−2.6
18	44.341	156	17	+1	−0.402	+0.916	0	−0.5	8.5	317°16′	−0.679	−2.1
19	44.842	174	17	+1	−0.100	+0.995	−1	−0.5	9.0	335°16′	−0.418	−1.3
20	45.344	192	17	+1	+0.213	+0.977	−3	−1.6	9.5	353°16′	−0.117	−0.4

$$c' = -\sum f_i/n = +0.2\text{mm}$$

$$x = -\frac{2\sum(-\sin\theta_i \cdot f_i)}{n} = +2.978\text{mm}$$

$$y = -\frac{2\sum(-\cos\theta_i \cdot f_i)}{n} = +0.594\text{mm}$$

(3)检验

$$\sum V_i^2 = \sum f_i \cdot c' + \sum(-\sin\theta_i \cdot f_i)\cdot x + \sum(-\cos\theta_i \cdot f_i)\cdot y + \sum f_i^2 - 13.0$$

(4)计算周期误差振幅 A、初始相位 θ_0

$$A = \pm\sqrt{x^2+y^2} = \pm 3.037\text{mm}$$

$$\theta_0 = \tan^{-1} y/x = 11°16'$$

(5)检测精度

$$m_D = \pm\sqrt{\frac{\sum V_i^2}{n-3}} = \pm 0.88\text{mm}$$

$$m_A = mD \cdot \sqrt{2/n} = \pm 0.28\text{mm}$$

(八)仪器加常数和乘常数的检测

无论是新启用的仪器或是经常使用的仪器,都必须检测仪器的加常数、乘常数,将检测到的常数预置到仪器中或对观测结果进行常数改正。

1. 六段解析法测定加常数

(1)分段原则

在仪器测程范围内选择一基线,将其分为六段(如图2-5-5),各段距离的米、分米数尽可能均匀分布在一个精测尺长内,粗略判断仪器有无周期误差存在。

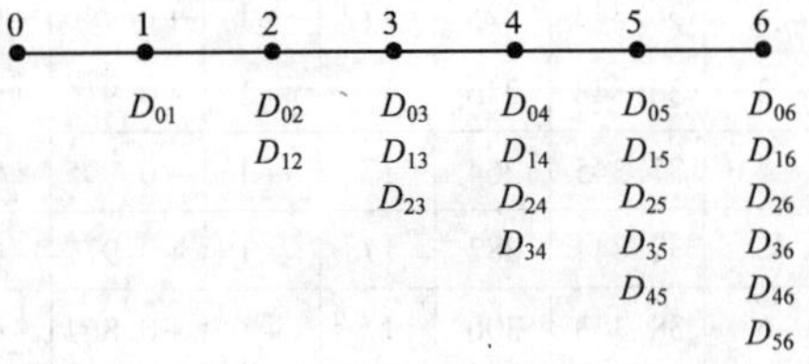

(2)观测方法

观测时按全组合法观测21段距离 D_{ij}($i=0、1、2、\cdots、5$;$j=0、1、2、\cdots、6$),其组合如图2-5-5。

图 2-5-5

显然,在21个观测值中有7个独立的未知数,14个多余观测值。这就可按最小二乘法原理求得6个距离以及加常数 C_0 的最或是值。

(3)计算方法

列出21个误差方程式:

$$V_i = -C_0 + x_i + f_i \tag{2-5-23}$$

式中:V_i——观测值 D_i 的改正数;

f_i——$D'_i - D_i$;

D'_i——各段近似值,即普通钢尺量得的;

x_i——近似值 D'_i 的改正数;

C_0——仪器加常数。

组合法方程如式(2-5-24)。

$$\begin{bmatrix} C_0 \\ X_{01} \\ X_{02} \\ \cdots \\ X_{06} \end{bmatrix} = \begin{bmatrix} Q_{11} & Q_{12} & \cdots & Q_{17} \\ Q_{21} & Q_{22} & \cdots & Q_{27} \\ Q_{31} & Q_{32} & \cdots & Q_{37} \\ \cdots & \cdots & \cdots & \cdots \\ Q_{71} & Q_{72} & \cdots & Q_{77} \end{bmatrix} \cdot \begin{bmatrix} -\sum al \\ -\sum bl \\ -\sum cl \\ \cdots \\ -\sum gl \end{bmatrix} \tag{2-5-24}$$

组合法方程常数项的计算公式为:

$$\left.\begin{aligned} A &= -\sum al = -f_{01} - f_{02} - f_{03} - f_{04} - f_{05} - f_{06} \\ B &= -\sum bl = f_{01} - f_{12} - f_{13} - f_{14} - f_{15} - f_{16} \\ C &= -\sum cl = f_{02} + f_{12} - f_{23} - f_{24} - f_{25} - f_{26} \\ D &= -\sum dl = f_{03} + f_{13} + f_{23} - f_{34} - f_{35} - f_{36} \\ E &= -\sum el = f_{04} + f_{14} + f_{24} + f_{34} - f_{45} - f_{46} \\ F &= -\sum fl = f_{05} + f_{15} + f_{25} + f_{35} + f_{45} - f_{56} \\ G &= -\sum gl = f_{06} + f_{16} + f_{26} + f_{36} + f_{46} + f_{56} \end{aligned}\right\} \tag{2-5-25}$$

六段长度的平差值公式为:

$$\left.\begin{aligned}
-C_0 &= AQ_{11}+BQ_{12}+CQ_{13}+DQ_{14}+EQ_{15}+FQ_{16}+GQ_{17}\\
-x_{01} &= AQ_{21}+BQ_{22}+CQ_{23}+DQ_{24}+EQ_{25}+FQ_{26}+GQ_{27}\\
-x_{02} &= AQ_{31}+BQ_{32}+CQ_{33}+DQ_{34}+EQ_{35}+FQ_{36}+GQ_{37}\\
-x_{03} &= AQ_{41}+BQ_{42}+CQ_{43}+DQ_{44}+EQ_{45}+FQ_{46}+GQ_{47}\\
-x_{04} &= AQ_{51}+BQ_{52}+CQ_{53}+DQ_{54}+EQ_{55}+FQ_{56}+GQ_{57}\\
-x_{05} &= AQ_{61}+BQ_{62}+CQ_{63}+DQ_{64}+EQ_{65}+FQ_{66}+GQ_{67}\\
-x_{06} &= AQ_{71}+BQ_{72}+CQ_{73}+DQ_{74}+EQ_{75}+FQ_{76}+GQ_{77}
\end{aligned}\right\} \tag{2-5-26}$$

Q 值由表 2-5-3 中查取。

六段法 Q 值　　表 2-5-3

i \ Q_{ij}	Q_{i1}	Q_{i2}	Q_{i3}	Q_{i4}	Q_{i5}	Q_{i6}	Q_{i7}
1	0.200 000	0.057 142	0.114 285	0.171 428	0.228 570	0.285 713	0.342 856
2	0.057 142	0.302 040	0.175 510	0.191 836	0.208 162	0.224 489	0.240 815
3	0.114 285	0.175 510	0.351 020	0.240 816	0.273 468	0.306 121	0.338 774
4	0.171 428	0.191 836	0.240 816	0.432 652	0.338 775	0.387 754	0.436 733
5	0.228 570	0.208 162	0.273 468	0.338 775	0.546 938	0.469 386	0.534 692
6	0.285 713	0.224 489	0.306 121	0.387 754	0.469 386	0.693 876	0.632 651
7	0.342 856	0.240 815	0.338 774	0.436 733	0.534 692	0.632 651	0.873 467

(4)精度评定

在求得加常数和六段常数平差后,计算[VV]值。计算是否正确,可用式(2-5-27)进行检核。

$$\lfloor VV \rfloor = \lfloor ff \rfloor + AC_0 + Bx_{01} + Cx_{02} + Dx_{03} + Ex_{04} + Fx_{05} + Gx_{06} \tag{2-5-27}$$

一次测距中误差:

$$m_D = \pm\sqrt{[VV]/(n-r)} \tag{2-5-28}$$

式中:n——观测数的个数;对于六段解析法,$n=21$;

r——未知数个数;对于六段法,$r=7$。

加常数测定中误差:

$$m_c = \pm\sqrt{Q_{11}}\cdot m_D \tag{2-5-29}$$

如果检测采用四段、五段法,此时 Q_{ij}值见表 2-5-4 和表 2-5-5。

2. 加常数简易检测法

(1)场地布设

选择长度约 200m、通视良好且平坦的场地,在场地两端定出 A 点和 C 点,并定出 AC 的中点 B(图 2-5-6),分别在 A、B、C 三点上安置三脚架和三角支座,三角支座的高度大致相等并严格对中。

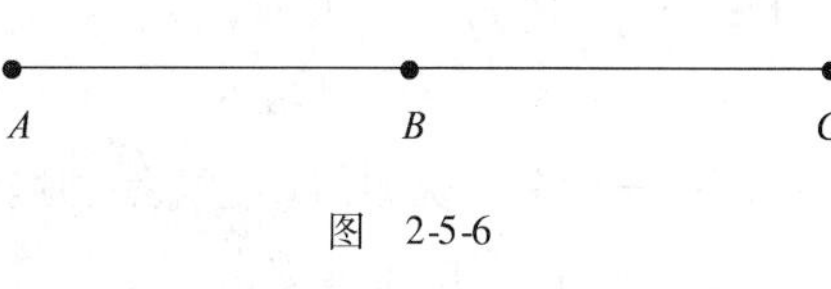

图　2-5-6

五段法 Q 值 表 2-5-4

i \ Q_{ij}	Q_{i1}	Q_{i2}	Q_{i3}	Q_{i4}	Q_{i5}	Q_{i6}
1	0.300 000	0.100 000	0.200 000	0.300 000	0.400 000	0.500 000
2	0.100 000	0.366 667	0.233 333	0.266 667	0.300 000	0.333 334
3	0.200 000	0.233 333	0.466 667	0.366 667	0.433 334	0.500 000
4	0.300 000	0.266 667	0.366 667	0.633 334	0.566 667	0.666 667
5	0.400 000	0.300 000	0.433 334	0.566 667	0.866 667	0.833 334
6	0.500 000	0.333 334	0.500 000	0.666 667	0.800 004	1.600 007

四段法 Q 值 表 2-5-5

i \ Q_{ij}	Q_{i1}	Q_{i2}	Q_{i3}	Q_{i4}	Q_{i5}
1	0.480 000	0.360 000	0.440 000	0.520 000	0.200 000
2	0.360 000	0.720 000	0.680 000	0.840 000	0.400 000
3	0.440 000	0.680 000	1.120 000	1.160 000	0.600 000
4	0.520 000	0.840 000	1.160 000	1.680 000	0.800 000
5	0.200 000	0.400 000	0.600 000	0.800 000	0.500 000

(2)观测顺序

测距仪分别置于 A、B、C 三点上测距,观测时使用同一棱镜。

测距仪置于 A 点:测量距离 AB、AC;

测距仪置于 B 点:测量距离 AB、BC;

测距仪置于 C 点:测量距离 AC、BC。

(3)计算加常数

各段观测值经气象、倾斜改正后,分别取 AB、AC、BC 的平均值,用下式计算加常数。

$$\overline{AB}+\overline{BC}-\overline{AC}=C_0 \tag{2-5-30}$$

此法可粗略检出仪器的加常数,适用于经常性的检测,但求出的加常数精度较低。

3. 六段全组合比较法测定仪器加常数和乘常数

比较法检测仪器的加常数、乘常数,必须在经过精密测量的基线上进行。观测时测站和镜站都必须严格对中。外业操作和观测方法都与六段解析测定加常数的要求相同。

(1)计算公式

观测值改正数方程式:

$$V_i=(D_i^0-D_i)-C_0-M_iR \tag{2-5-31}$$

式中:V_i——观测值改正数;

D_i^0——各段已知基线长;

D_i——各段观测值(经气象、倾斜改正后的平距);

C_0——仪器的加常数;

M_i——乘常数 R 的比例系数,通常以 1000m 或 100m 为单位,即 $M_i=D_i/1000$ 或 $M_i=$

$D_i/100$；

R——仪器乘常数。

令 $f_i = D_i^0 - D_i$，六段全组合法可列出 21 个改正数方程式：

$$\left.\begin{aligned} V_{01} &= -C_0 - M_{01}R + f_{01} \\ V_{02} &= -C_0 - M_{02}R + f_{02} \\ &\vdots \\ V_{56} &= -C_0 - M_{23}R + f_{56} \end{aligned}\right\} \tag{2-5-32}$$

由此组成方程式：

$$\left.\begin{aligned} [aa]C_0 + [ab]R - [af] = 0 \\ [ab]C_0 + [bb]R - [bf] = 0 \end{aligned}\right\} \tag{2-5-33}$$

解方程式得：

$$\left.\begin{aligned} C_0 &= \frac{[bb][af] - [ab][bf]}{[aa][bb] - [ab]^2} \\ R &= \frac{[aa][bf] - [ab][af]}{[aa][bb] - [ab]^2} \end{aligned}\right\} \tag{2-5-34}$$

为了计算方便，对于某一固定基线场，可预先求出 Q_{ij} 系数阵。

令：$A = [af]$，$B = [bf]$，则

$$\left.\begin{aligned} C_0 &= AQ_{11} + BQ_{12} \\ R &= AQ_{21} + BQ_{22} \end{aligned}\right\} \tag{2-5-35}$$

其中

$$Q_{11} = \frac{[bb]}{[aa][bb] - [ab]^2}$$

$$Q_{12} = Q_{21} = \frac{-[ab]}{[aa][bb] - [ab]^2}$$

$$Q_{22} = \frac{[aa]}{[aa][bb] - [ab]^2}$$

（2）精度评定

测距中误差：$m_D = \pm\sqrt{[VV]/(n-2)}$

加常数测定中误差：$m_C = \pm m_D\sqrt{Q_{11}}$

乘常数测定中误差：$m_R = \pm m_D\sqrt{Q_{22}}$ （2-5-36）

（3）计算步骤（见表 2-5-6）

①对观测值进行气象、倾斜改正，求出的最后平距 D_i 填入第 3 栏；

②将已知基线长 D_i^0 抄入第 2 栏，然后将差值 $f_i = D_i^0 - D_i$ 填入第 4 栏；

③计算误差方程系数 a、b，即 $a = 1$，$b = M_i = D_i/100$，填入第 5、6 栏；

④根据固定的基线求出 Q_{ij} 系数阵，按式（2-5-34）或式（2-5-35）求出 C_0 和 R 之值；

⑤求乘常数与加常数之和，即 $C_0 + bR$，填入第 7 栏；

⑥求改正后的观测值 $D'_i = D_i + bR + C_0$，写入第 8 栏；

⑦求残差 $V_i = D_i^0 - D'_i$，写入第9栏，并计算$[VV]$，用下式校核：

$$[VV] = [ff] - AC_0 - BR$$

六段全组合比较法测定加、乘常数计算表 表2-5-6

仪器：D14L 观测： 计算：

日期： 记录： 检查：

距离段号	基线长 D_i (m)	观测值 D_i (m)	f (mm)	系数		改正数 $C_0 + bR$ (mm)	改正后的观测值 D'_i (mm)	V (mm)
				a	b			
1	2	3	4	5	6	7	8	9
1	48.002 0	48.002 0	0	1	0.48	-3.6	47.998 4	+3.6
2	120.012 4	120.015 0	-2.6	1	1.20	-3.8	120.011 2	+1.2
3	263.976 5	263.980 0	-3.5	1	2.64	-4.4	263.975 6	+0.9
4	407.972 9	407.980 0	-7.1	1	4.08	-4.9	407.975 1	-2.2
5	839.947 4	839.955 0	-7.6	1	8.40	-6.4	839.948 6	-1.2
6	1127.977 9	1127.986 0	-8.1	1	11.28	-7.4	1127.978 6	-0.7
7	72.010 4	72.012 0	-1.6	1	0.72	-3.7	72.008 3	+2.1
8	215.974 5	215.982 0	-7.5	1	2.16	-4.2	215.977 8	-3.3
9	359.970 9	359.977 0	-6.1	1	3.60	-4.7	359.972 3	-1.4
10	791.945 4	791.953 0	-7.6	1	7.92	-6.2	791.946 8	-1.4
11	1079.965 9	1079.981 0	-5.1	1	10.80	-7.2	1079.973 8	+2.1
12	143.964 1	143.969 0	-4.9	1	1.44	-3.9	143.965 1	-1.0
13	287.960 4	287.967 0	-6.6	1	2.88	-4.4	287.962 6	-2.2
14	719.935 0	719.941 0	-6.0	1	7.20	-6.0	719.935 0	0
15	1007.965 4	1007.970 0	-4.6	1	10.08	-7.0	1007.963 0	+2.4
16	143.996 4	143.998 0	-1.6	1	1.44	-3.9	143.994 1	+2.3
17	575.970 9	575.976 0	-5.1	1	5.76	-5.5	575.970 5	+0.4
18	864.001 4	864.008 0	-6.6	1	8.64	-6.5	864.001 5	-0.1
19	431.974 6	431.980 0	-5.4	1	4.32	-4.9	431.975 1	-0.5
20	720.005 0	720.010 0	-5.0	1	7.20	-6.0	720.004 0	+1.0
21	288.030 4	288.037 0	-6.6	1	2.88	-4.4	288.032 6	-2.2
$[ff] = 667.16$, $[VV] = 68.76$								

常数项	Q_{i1}	Q_{i2}
$A = [f] = -109.2$	0.149 104	-0.020 274
$B = [bf] = -633.792$	-0.020 274	0.004 050

计算结果		
计算结果	$C_0 = AQ_{11} + BQ_{12} = -3.43\text{mm}$	$m_c = m_D \cdot \sqrt{Q_{11}} = \pm 0.73\text{mm}$
	$R = AQ_{21} + BQ_{22} = -0.353\text{mm}/100\text{m}$	$m_R = m_D \cdot \sqrt{Q_{22}} = \pm 0.12\text{mm}$
	$m_D = \pm\sqrt{[VV]/(n-2)} = \pm 1.90\text{mm}$	$[VV] = [ff] - AC_0 - BR = 68.87$

⑧精度评定，按式(2-5-36)进行计算。

(4)回归拟合的检验

上述计算 C_0 及 R 的方法实际上就是一元线性回归求直线方程式系数的方法，该方程的形式为：

$$f = C_0 + R \cdot M \tag{2-5-37}$$

式中：f——基线长与观测距离的较差；

C_0——仪器加常数；

R——仪器乘常数；

M——以百米或千米为单位的距离观测值。

因而可以用相关系数检验 M 与 f 的相关程度，以判别所求直线方程是否有效。相关系数的计算公式如下：

$$\rho = \pm \sqrt{1 - \frac{[VV]}{[ff] - \frac{[f]^2}{n}}} \tag{2-5-38}$$

式中的 f 及 $[VV]$ 的值可从表 2-5-7 得到，n 为距离观测值的个数。根据表列数值算出 $[ff]=667.16$，$[f]=109.20$，$[VV]=68.76$ 代入式(2-5-38)得：

$$\rho = \pm \sqrt{1 - \frac{68.76}{667.16 - \frac{109.2^2}{21}}} = \pm 0.555$$

取显著水平 $a=0.05$，自由度 $n-2=19$，由数理统计的"相关系数临界值表"，查得 $\rho_{0.05}=0.433$。$|\rho| > \rho_{0.05}$，说明相关显著，回归方程式成立，即仪器存在乘常数。反之，如果 $|\rho| < \rho_{0.05}$，则式(2-5-37)中的 M 与 f 相关不显著，乘常数无效。

(九)仪器测程的检验

测程和精度是测距仪两个重要的技术指标，除检测与精度有关的各项检验外还应进行测程的检验。

根据仪器使用说明书给出的测程指标，选择检测场地，一般用单棱镜检测，在基线或已知边长上进行比测。检测时，记录气象条件，分下列三种情况：

1. 有雾，能见度约 7km，有阳光伴有一般的大气抖动。

2. 轻雾，能见度约 15km，有适度的阳光伴有轻微的大气抖动。

3. 无雾，能见度约 30km，阴，没有大气抖动。

在某种气象条件下，用测距仪能测量到的最远距离与使用说明书所给出的测程指标相对照；如达不到指标且相差甚远，应更换棱镜重新检测；若两棱镜的结果相同，则须送厂方检查。

(十)检验时注意事项

1. 对新购进的仪器要逐项检验：使用中的仪器对(一)、(二)、(七)、(八)等项要作经常性的检验，随时校正仪器、检测常数。

2. 要严格按照仪器说明书中规定的测程使用反射棱镜，选择检定基线场。当检定周期误差、加常数和乘常数时，不要变更反射棱镜。

3. 在短距离上检测加常数、乘常数时，尽量不要用 50m 以下的短边。

4. 反射棱镜在检测前应擦拭干净，保持镜面的清晰。

5. 检测常数时测距仪和反射棱镜必须严格对中，应尽可能采用强制对中。采用光学对中时，检测前必须将光学对中器调整好。

6. 检定时要选择有利的天气进行，最好在春秋微风、温度适中、雨后阴天进行检测工作。

（十一）对检测场地的要求

1. 检测场地（包括六段解析法测定加常数场地和基线场）应选择在交通方便，便于保管的场地，地质情况要稳定，不会因大雨或地质构造变化使地面产生塌陷或滑动。

2. 基线（或测线）应设置于地面平坦或坡度小于 1°且变化均匀的场地上，离开建筑物、围墙、电线杆和树木的距离大于 6m。

3. 基线（或测线）应远离高压线、无线电发射塔、雷达站、铁路、公路，以避免干扰。

4. 基线（或测线）一般分成六段，所有全组合边中应尽量避免出现长度的重复，并且包含一定数量的短边。

5. 设置测站时必须顾及视线离开地面的高度，通常视线离地面的高度应在 1.5m 以上，最好提高到 2.5m。

6. 检验基线的测点应尽可能采用稳定性好的观测墩和强制对中设备，观测墩的高度不应低于 1.5m，其基础部分应用混凝土浇筑而成。

三、测距仪附件的使用和检验

（一）空盒气压表和通风干湿表

空盒气压表和通风干湿表是全站仪（光电测距仪）在野外测距时检测气象元素的主要附件，它们对气象元素测定的精确与否直接影响着测距精度，因此，对这两种气象仪表亦应认真检定，以便得到正确的大气温度和压力。

1. 空盒气压表

空盒气压表在野外使用方便、观测简单。在空盒气压表的检定证中有刻度订正、温度订正和补充订正三种订正值，可以此对读数进行修正。

刻度订正是对空盒气压表上刻度不准确所产生的误差的修正，温度订正值是指温度变化 1℃所改变的数值，补充订正值是与标准水银表比较而得。

空盒气压表应水平放在盒子里，盒盖只有在读数时才能打开，先读温度表读数，准确到 0.5℃，然后用手指轻轻敲打空盒气压表的玻璃，等指针静止后，读出它的准确位置。

空盒气压表平时要小心爱护，避免碰撞和振动，搬运时要保持盒子水平并避免受潮。底部调整螺丝已由检定单位调好，不要触动。每次使用后应用软布揩拭干净，盖好盒盖。

在新测区作业前，最好将空盒气压表与当地气象站的水银气压表作比较订正。

2. 通风干湿表

测定空气的温度和湿度，有普通温度计和通风干湿表等仪表，前者由于受太阳的辐射等外界影响，往往量测气温不准；而后者是温度表装在与风扇相通的管形套中，利用风扇在温度表周围造成一定速度的气流。管套外表面镀有镍或铬，是良好的反射体，因此可以避免辐射等外界影响，测量得到的温度代表大气温度，新购进的通风干湿表应送气象部门检定温度表和风扇转速。

观测时应注意风扇的转动是否正常，可从风扇中央的小圆柱旋转速度来判断。在这圆柱上绘有刻划或箭头，上发条后，圆柱每转一次的时间如果与仪器检定证所载的时间相差不大于5s，可认为转速正常。上发条时不要上到头，应剩余一转。当在风速达4m/s以上强风条件下观测时，须将特制铁罩套在风扇向风面的缝隙上。

在测距时应将通风干湿表挂在离地面1.5m以上的树荫下或挂在无阳光直射的通风地方。测距前上好发条，待风扇停转稳定后方可读数，读数时严禁手触摸防护管。在作业时通风干湿表应有专人负责保管和读数，禁止将通风干湿表挂在安装有测距仪或反射棱镜的三脚架上或拿在手上读数，每次用毕后应用软布擦拭干净放回盒子里，运输时应防止碰撞和振动。

（二）电池

目前国内外全站仪（光电测距仪）的电源电池大部分都采用镍镉（Ni-Cd）电池。这种电池外形和使用上都与普通电池相仿。它具有寿命长、充放电次数多、使用方便、安全等优点，容量亦能满足测距仪的要求，是野外作业较为理想的电池。使用电池时除应按说明书的要求使用和维护外，还应注意以下几个方面：

1. 电池充电前应仔细检查充电器的电压选择开关与供电电压是否相符，避免烧坏充电器。

2. 电池充电时的环境温度最好在10～30℃之间，用一般充电器充电时，时间通常在14h左右，如果在此温度范围外充电，应严格控制充电时间，不得超过仪器说明书的规定。

3. 电池充电时必须有人照管掌握时间，防止过充电。电池使用时防止过放电，绝对禁止电压降到零伏以下，过充电或过放电都会损坏电池，甚至还会引起爆炸。

4. 新启用的电池必须按说明书要求充电和放电，一般要求充放电3次方可使用，这样能保证电池的容量和延长使用寿命。

5. 闲置不用的电池，也在缓慢放电，为防止电池容量损失，必须定期检查或进行充放电。

第六节　GPS接收机检验

一、GPS接收机的检验项目和检定周期

（一）检定分类

1. 新购置的和修理后的GPS接收机的检定。

2. 使用中的GPS接收机的定期检定。

（二）对于不同的类别，检定的项目有所不同，见表2-6-1。

表2-6-1

检定项目	检定类别	
	1	2
接收机系统检视	+	+
接收机通电检验	+	+
内部噪声水平测试	+	+
接收机天线相位中心稳定性测试	+	-

续上表

检 定 项 目	检 定 类 别	
	1	2
接收机野外作业性能及不同测程精度指标的测试	+	-
接收机频标稳定性检验和数据质量的评价	+	+
接收机高低温性能测试	+	-
GPS 接收机附件检验	+	+
数据后处理软件验收和测试	+	-
接收机综合性能的评价	+	-

注:表中"+"代表必检项目;"-"代表可检可不检项目。

(三)表 2-6-1 中 2 类各项目的检定周期一般不超过一年。

二、GPS 接收机检验的内容

(一)GPS 接收机的检验

1. GPS 接收机检视项目

(1)GPS 接收机及天线外观是否良好,型号是否正确,主机与配件是否齐全。

(2)需紧固的部件是否有松动和脱落。

(3)设备使用手册和后处理软件手册是否齐全。

(4)后处理软盘数是否齐全。

2. GPS 接收机通电检验

GPS 接收机与电源正确连接,然后进行以下检验:

(1)电源信号灯工作是否正常。

(2)按键和显示系统工作是否正常。

(3)利用自测试命令检测仪器工作是否正常。

(4)检验接收机锁定卫星时间的快慢,接收信号的信噪比及信号失锁情况。

3. GPS 接收机初测检验项目

(1)GPS 接收机内部噪声水平测试。

(2)接收机天线相位中心稳定性测试。

(3)接收机野外作业性能及不同测程精度指标的测试。

(4)接收机频标稳定性检验和数据质量的评价。

(5)接收机高低温性能测试。

(二)GPS 接收机附件检验项目

1. 电池、电缆和充电机的检验

(1)电池电容量的检验。

(2)电缆型号及接头是否配套和完好。

(3)充电机功能是否完好。

2. 天线连接件及天线高量尺的检验

(1)天线与基座连接件是否完好及配套。

(2)基座光学对中器的检验。

(3)天线或基座圆水准器的检验。

(4)天线高量尺是否完好及尺长精度是否满足要求。

3.数据转录设备及软件

GPS接收机数据传输接口配件及软件是否齐全,数据传输性能是否完好。

4.气象测试仪表检验内容

气象仪表的检验,一般应送气象部门检验,其检验内容应包括:

(1)通风干湿表的检验。

(2)空盒气压表的检验。

(三)数据后处理软件验收和测试

1.数据后处理软件检查验收项目

(1)基线处理软件(盘)及软件说明书、网平差软件(盘)及软件说明书、软盘活动加密卡及功能。

(2)数据后处理软件所需要的支撑系统。

(3)软件功能测试和评价。

2.接收机所配备商用软件测试及评价

接收机软件所具备的功能应通过实例计算进行验收,一般测量型接收机基本测试内容应包括:

(1)预报与观测计划软件测试。

(2)静态定位软件测试。

(3)网平差软件测试。

对具有准动态定位功能、往返式重复测量功能、连续动态、快速静态定位及实时动态定位(RTK)功能的接收机,应补充相应软件的检验与测试内容。

3.软件的评价

(1)数据处理的精度。

(2)软件使用的方便性。

(3)自动批处理功能是否齐全。

(4)数据删选、人工修复功能是否灵活,周跳判断与修复、整周模糊度解算能力、相位残差图形化处理功能是否强。

(5)网平差软件使用灵活性、实用性及最多可平差网点数。

(四)GPS接收机综合性能的评价

1.接收机快速响应特性,即捕获卫星信号、锁定卫星、开始记录数据的速度。

2.仪器操作方便性和灵活性。

3.接收机体积、重量和功耗。

4.接收机观测数据噪声水平。

5.GPS接收机测量成果的精度和可靠性,以及数据剔除率。

6.天线相位中心稳定性。

7.接收机后处理软件的功能和精度。

三、GPS 接收机检验的方法和技术要求

(一)接收机系统内部噪声水平测试

接收机的内部噪声是指接收机通道间的偏差、延迟锁相环、码跟踪环的偏差以及钟差等引起的测距和测相误差的综合反映,内部噪声水平的测试可根据具体情况采用以下两种方法之一进行,并尽可能采用零基线测试方法。

1. 零基线测试方法

用零基线测试比对时,进行 1.5h 的观测,基线分量及长度应在 1mm 以内,接收机内部噪声水平应满足厂商的指标,其方法如下:

(1)选择周围高度角 10°以上无障碍物的地方安放天线,按图 2-6-1 连接功分器。

(2)连接电源。

(3)两台仪器同步接收 4 颗以上卫星 1.5h。

(4)交换接收机天线接口,同(3)项要求再观测一个时段。

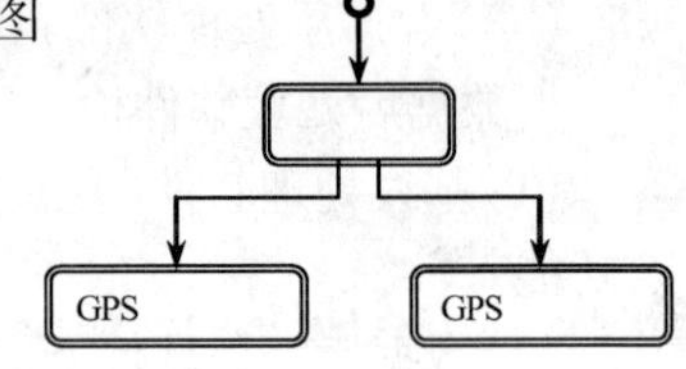

图 2-6-1

(5)用静态定位软件计算坐标增量和基线长度,坐标增量及其误差应小于 1mm。用双差观测值(或原始载波相位观测值)表示的接收机内部噪声水平应小于厂商给出的精度指标。

2. 超短基线测试方法

超短基线应选择在地面平坦、周围高度角 10°以上无障碍物、无强电磁波干扰及地面反射系数较小的地方,基线长度约 5 ~ 10m,用检定后的钢尺量距。两台仪器的天线应严格对中、整平,天线定向标志指向北方,同步接收 4 颗以上卫星观测 1.5h。用静态定位软件计算,其基线值与地面测量值之差应小于仪器固定误差,接收机内部噪声水平应满足厂商的指标。

(二)天线相位中心稳定性测试

天线相位中心稳定性测试是测定天线相位中心与厂家提供的天线相位中心位置(天线几何对称轴线上的位置)之差。可采用以下两种方法之一进行。

1. 相对测定法

相对定位法测定天线相位中心稳定性应在超短基线上进行。测试时将 GPS 接收机天线分别安置在基线点上,精确对中、整平,天线定向标志指向正北,观测一个时段(1.5h)。然后固定一个天线不动,其他天线依次旋转 90°、180°、270°,再测三个时段。最后,原固定不动的天线相对任意一个天线依次旋转 90°,再测三个时段,分别求出各时段基线值,其最大互差不能超过 2 倍固定误差。

2. 旋转天线法

较为严格测定相位中心的方法是“旋转天线法”,该法需要在专门的微波暗室内利用固定的微波反射源测定天线相位方向图,从而确定天线平均相位中心,以及天线相位中心随卫星(信号源)高度和方位变化的规律。

天线相位中心的偏差应小于仪器固定误差,该法应由专业检验部门进行。

(三)GPS 接收机野外作业性能及不同测程精度指标的测试

此项检验可分为短基线检验和中长基线检验。

1. 短基线直接比较法检验

该法应在标准检定场进行，天线应严格整平对中，对中误差应小于1mm，天线指向正北，天线高量取至1mm，两台或多台仪器同步观测1.5h。内业计算采用单双频分别计算，测试结果与基线长比较应小于仪器标准误差。

仪器标称精度为 $\pm(a+b\times d)$，仪器标准误差以下式计算：

$$\sigma=\sqrt{a^2+(b\cdot d)^2}$$

式中：σ——标准差(mm)；

a——固定误差(mm)；

b——比例误差系数(10^{-6})；

d——相邻点间距离(km)。

2. 中长边检验

在有检定场的情况下中长边测试应采用基线比对法；如无检定场，则可采用重复边检验和异步环检验。

(1)基线比对法

在中长边基线场上，当边长大于40～50km时应同步观测4h，解算结果与已知基线之差应符合下列规定：

$$w_s\leqslant 2\sigma \qquad w_x,w_y,w_z\leqslant 2\sigma$$

式中：w_s——解算之边长与已知基线边长之差；

w_x,w_y,w_z——坐标增量与已知基线坐标增量之差；

σ——相应级别规定的标准误差。

(2)重复边检验要求至少观测两个时段，对于40～50km以上边长，每时段应同步观测4h，两个时段的互差应符合下列规定：

$$w_s\leqslant 2\sqrt{2}\sigma \qquad w_x,w_y,w_z\leqslant\sqrt{\frac{8}{3}}\sigma$$

式中：w_s——边长互差；

w_x,w_y,w_z——坐标增量之差。

(3)对于构成多边形的各独立观测基线，应进行异步环检验。对于边长大于40～50km的基线，应观测4h，各坐标分量闭合差应符合下式规定：

$$w_x\leqslant 2\sqrt{\frac{n}{3}}\sigma \qquad w_y\leqslant 2\sqrt{\frac{n}{3}}\sigma \qquad w_z\leqslant 2\sqrt{\frac{n}{3}}\sigma$$

式中：σ——相应级别规定精度(即标准差)；

n——闭合环中的边数；

w_x、w_y、w_z——坐标分量闭合差。

检测时，观测时段参照表2-6-2执行。

(四)GPS接收机频标稳定性检验和数据质量的评价

GPS接收机频标的稳定性(主要是短期频率稳定特性)，对观测数据的质量有着重大的影响，主要表现为观测值残差大小和噪声水平、小周跳，特别是半周周跳出现的频率，它是考核接收机性能和潜在的可达到的精度水平的一个重要的指标。对于高精度GPS测量和地球动力学研究方面的应用，频标稳定性及其对观测值噪声的影响分析将具有更为重要的意义。

不同基线长的观测时段(h)　　表 2-6-2

基线长＼卫星数	4	5	6
<5km	2.0	1.5	1.5
5~15km	2.5	2.0	2.0
15~30km	3.0	2.5	2.5
30~40km	3.5	3.0	3.0
>40km	4.0	3.5	3.5

考核的主要指标为：

1. 数据的噪声水平；
2. 周跳出现的频率；
3. 低仰角情况下(例如：15°~25°)，数据质量的变化；
4. 低仰角情况下，多路径效应的影响。

检验方法：通过对较长观测时间段、不同测程的观测数据的结果作残差统计分析，以确定数据的平均噪声水平、周跳出现的频率以及低仰角条件下观测数据质量的变化和多路径效应的影响。在没有专门的标准测试软件之前，暂可用高精度 GPS 分析软件做此项工作。

(五)GPS 接收机高低温性能的测试

此项测试可以在野外不同气候条件下进行，亦可以在专用的高低温实验箱中进行。在高低温实验箱中测试时，其温度均匀度应在 ±2℃内，其波动度应在 ±0.5℃内。在高温为 +30℃及低温 -10℃之间进行接收机内噪声水平测试，其作业方法及限差要求见本节三(一)款。

四、对 GPS 接收机验收、检定场地的要求

1. GPS 接收机检定场应尽可能选择在交通方便、便于使用的地方布设；
2. 检定场点位布设应含有短边、中长边基线，以供不同测程检定使用；
3. 基线点应选择在地质构造坚固、稳定、利于长期保存、交通方便、周围没有强无线电信号源干扰、全方位高度角 10°以上无障碍物的地点；
4. 中长边基线应组成网形，以便于进行闭合差检验；
5. 基线场精度，对中长边(40km)应达到 10^{-7}，对中短边应达到毫米量级。

第七节　钢尺检定

一、尺长方程

较精确的钢尺出厂时必须经过检定。其长度用尺长方程式表示，它的一般形式为：

$$l_t = l + \Delta l + \alpha \cdot l(t - t_0) \tag{2-7-1}$$

式中：l_t——钢尺在温度 t 时的实际长度；

l——钢尺上所刻注的长度，即名义长度；

Δl——尺长改正数，即钢尺在温度 t_0 时的改正数；

α——钢尺的膨胀系数，一般钢尺当温度变化 1℃时其值约为 $11.6\times10^{-6}\sim12.5\times10^{-6}$；

t_0——钢尺检定时的温度；

t——钢尺使用时的温度。

此式未顾及拉力变化，因此丈量时的拉力应与检定时的拉力相同，通常为 100kN。

每根钢尺都应有尺长方程式才能得出实际长度，但尺长方程中的 Δl 会因自然因素的影响而起变化，故尺子使用一个时期后必须重新检定，得出新的尺长方程。

二、钢尺检定的方法

（一）比长检定法

用一根已有尺长方程的钢尺作为标准尺与被检定尺相比较，两根钢尺的膨胀系数被认为是相同的。检定时，标准钢尺和被检定钢尺并排放在平坦的地面上，都加上规定的拉力，把两根钢尺的末端比齐，在零分划附近读出两尺的差数，这样就能根据标准钢尺的尺长方程计算出被检定的尺长方程。检定时最好在阴天或阴处进行，使大气温度与钢尺温度基本一致。

【例 2-7-1】 设作为标准尺的 I 号钢尺尺长方程为：

$$l_{tI}=30\text{m}+0.004\text{m}+12.5\times10^{-6}\times30(t-20℃)\text{m}$$

被检定的是 II 号钢尺，其名义长度也是 30m。当两尺末端比齐时，II 号钢尺的零分划对准 I 号钢尺的 0.007m 处，比较时的温度为 24℃，当然这时 I 号钢尺上 7mm 的长度因受温度升高的影响会比名义长度稍长一些，但为数甚微，其伸长部分可忽略不计。

根据比较的结果，可以得出：

$$l_{tI}=l_{tII}+0.007$$

故

$$l_{tII}=30\text{m}+0.004\text{m}+12.5\times10^{-6}\times30(t-20℃)-0.007\text{m}$$

即

$$l_{tII}=30\text{m}+0.003\text{m}+12.5\times10^{-6}\times30(t-20℃)\text{m}$$

（二）利用两固定点间已知长度检定法

在地面上埋设两个固定点作为基准线，用已有尺长方程的标准钢尺进行若干次丈量，以其平均值作为这条基准线的真实长度。一般说这个长度只要两固定点位置不变，可保留较长时间。地面点之间的距离虽不受温度影响，但埋设时间较久后，少量的位移还是有可能的，也就是说两点间的实际长度可能起变化。所以两点间的距离宜适当长些，这样，点位少量位移所造成的丈量相对误差影响就会小些。基准线长度一般为钢尺长度的若干倍，例如取基准线长约 300m 是合适的。

【例 2-7-2】 为求一根名义长度为 30m 的钢尺的尺长方程，用此尺子在基准线上丈量的结果是 300.124m，丈量时的温度是 12℃，这条基准线的实际长度为 300.047m。

设被检定钢尺在丈量时的长度为 $(30+\Delta l)$ m，这是 $t=12℃$ 时的长度，而每米的长度为 $\frac{30+\Delta l}{30}$m，或为 $1+\frac{\Delta l}{30}$m。量得的长度与实际长度相比较，为：

$$300.047\text{m}=300.124\text{m}\times\left(1+\frac{\Delta l}{30}\right)$$

$$\Delta l = -0.00770\text{m}$$

故
$$t_t = 30\text{m} - 0.008\text{m}$$

已知钢尺膨胀系数为 $\alpha = 12.5 \times 10^{-6}$，因此尺长方程为：

$$l_t = 30\text{m} - 0.008\text{m} + 12.5 \times 10^{-6} \times 30(t - 12℃)\text{m}$$

若要将检定时的温度改为20℃，首先计算出该钢尺20℃时的长度：

$$\begin{aligned} l_t &= 30\text{m} - 0.008\text{m} + 12.5 \times 10^{-6} \times 30\text{m}(20 - 12℃) \\ &= 30\text{m} - 0.008\text{m} + 0.003\text{m} = 30\text{m} - 0.005\text{m} \end{aligned}$$

故新的尺长方程（检定时温度为20℃）为：

$$l_t = 30\text{m} - 0.005\text{m} + 12.5 \times 10^{-6} \times 30(t - 20℃)\text{m}$$

不论是建立基准线或用被检定钢尺丈量这段长度，30m 钢尺使用的拉力都应是规定的拉力，即一般为100kN。

第三章 测量标志与测量记录

第一节 公路测量标志

一、公路测量标志分类和桩志规格

公路测量标志分为三种,即控制测量桩、路线控制桩和标志桩。

控制测量桩主要用于控制测量的 GPS 点、三角点、导线点、水准点,以及特大型桥隧控制桩等。控制测量桩应采用混凝土或石质材料制成,控制测量桩的标石可按要求预制,亦可现场浇制。根据《公路勘测规范》(JTG C10)和《公路勘测细则》(JTG/T C10)的要求,桩志的规格根据其等级和用途分别按图 3-1-1 ~ 图 3-1-6 进行选用。

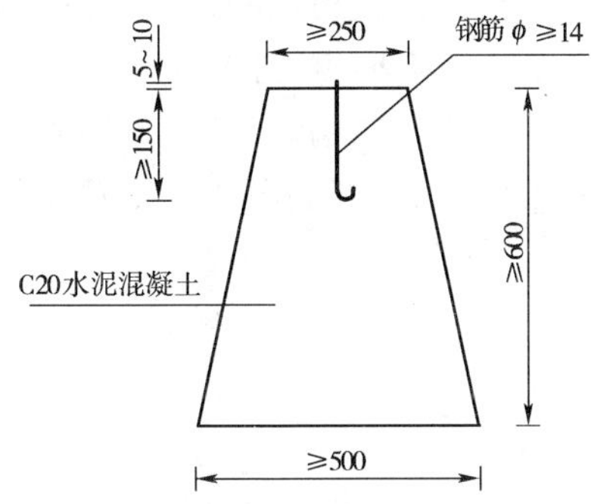

图 3-1-1 三等平面控制测量桩埋石尺寸图(单位:mm)

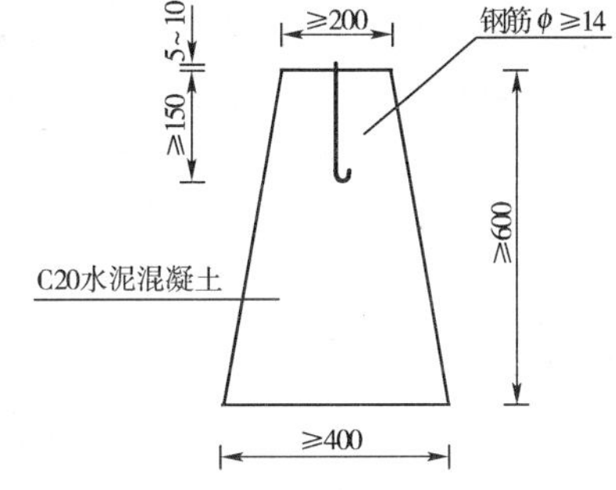

图 3-1-2 四等平面控制测量桩埋石尺寸图(单位:mm)

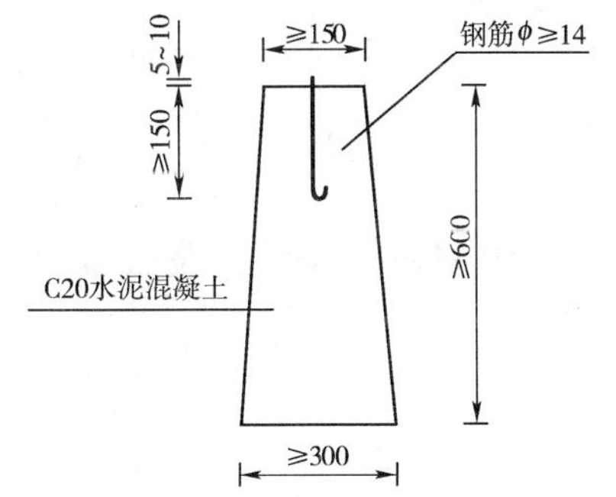

图 3-1-3 一级平面控制测量桩埋石尺寸图(单位:mm)

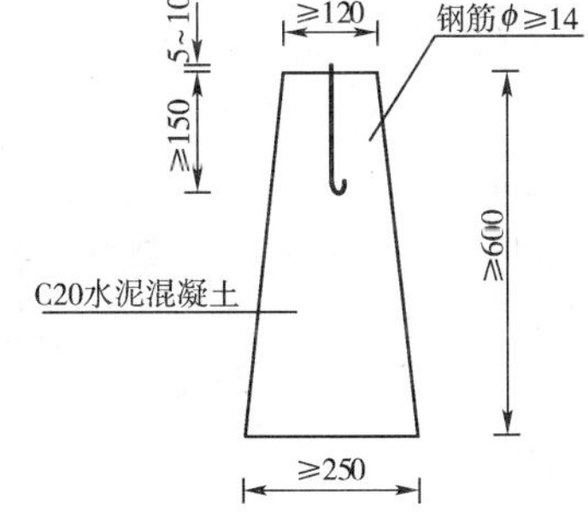

图 3-1-4 二级平面控制测量桩埋石尺寸图(单位:mm)

图中规定了各种控制测量桩的最小规格尺寸,可以满足一般条件下桩志稳定性的要求,具体采用时应根据地形、地质、水文等条件选择符合作业区域的桩志尺寸,当控制测量桩位于沙丘和土层松软地区时,应增加标石尺寸和基坑底层现浇混凝土的面积和厚度,直至控制点具有足够的稳定性。

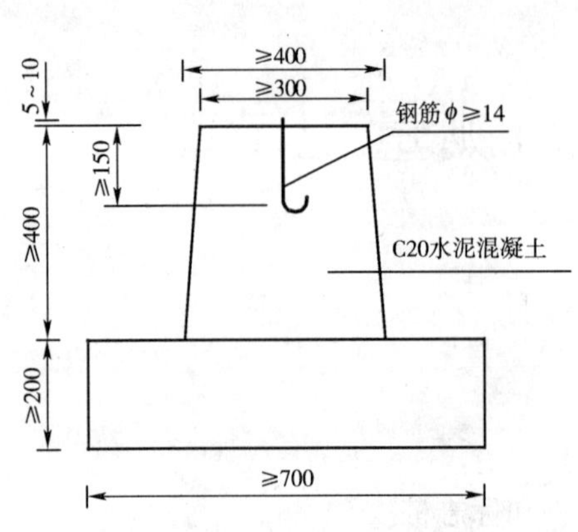

图 3-1-5 三等高程控制测量桩埋石尺寸图（单位：mm）

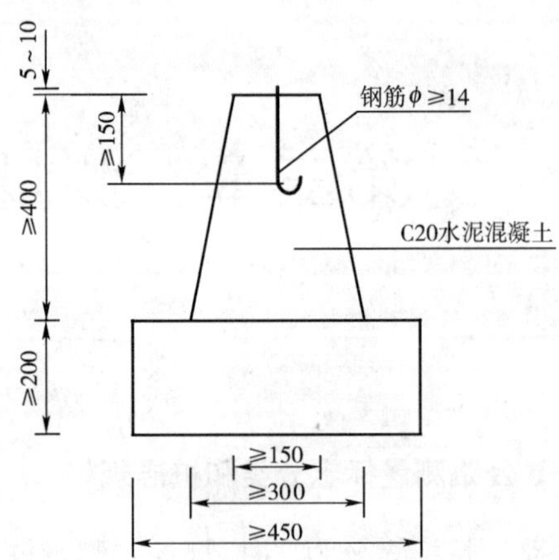

图 3-1-6 四等高程控制测量桩埋石尺寸图（单位：mm）

当控制测量桩位于岩石或固定建筑物上时，应将表面凿毛、冲洗干净后，在其上浇灌混凝土、埋入中心标志，其顶面外形尺寸应与相应桩志相符，混凝土的高度应大于 200mm。重要的构造物控制网，其控制点桩的大小、高度、结构应视构造物的精度要求、当地的地质情况、通视情况具体确定，应使桩志有足够的稳定性，保证构造物对测量的精度要求，必要时应埋至弱风化层，并采用强制对中装置。图 3-1-7 为某大桥平面控制测量观测墩结构设计图，该观测墩由底部的 4 根承重桩（钢管桩）和上部钢筋混凝土观测墩共同组成，每个观测墩的 4 根承重桩成正方形分布。

各级控制测量桩的标石应设有中心标志。中心标志用直径不小于 14mm 的钢筋制作，钢筋头表面应锉平并刻成清晰、精细的十字线，其露出标石表面的高度应为 2 ~ 5mm，高程控制测量桩的中心标志顶端应圆滑，应采用球形中心标志或锉平表面的钢筋。

路线控制桩用于路线的交点桩、公里桩、转点桩、平曲线控制桩、路线起终点桩、断链桩等，这部分桩应采用木质桩，其断面不应小于 50mm × 50mm、长度不应小于 300mm。低等级公路采用现场定线时，常利用交点传递平面坐标和高程，此时，交点桩作为控制测量桩使用，具有控制测量桩的功能，因此应使用水泥混凝土进行护桩，以保证其具有足够的稳定性。路线控制桩的规格见图 3-1-8。

标志桩是指路线中线桩和控制桩的指示桩。标志桩应采用断面不小于 50mm × 15mm、长度不小于 300mm 的木质或竹质板桩。标志桩的规格见图 3-1-9。

二、测量标志的埋设要求

控制测量桩应选埋在基础稳定且易于长期保存的地点，埋设时应使其具有足够的稳定性。控制测量桩埋设时，坑底应填以砂石并捣实或现浇厚度 200mm 以上的混凝土，地表应在控制测量桩周围现浇厚度 50mm 以上、控制桩以外宽度 100mm 以上的混凝土。埋设的控制测量桩应待沉降稳定后方可使用。控制测量桩埋设示意图见图 3-1-10 和图 3-1-11。

冻土地区，季节冻土层以下桩志的高度应大于标准高度的 2/3，并应在位于季节冻土层段

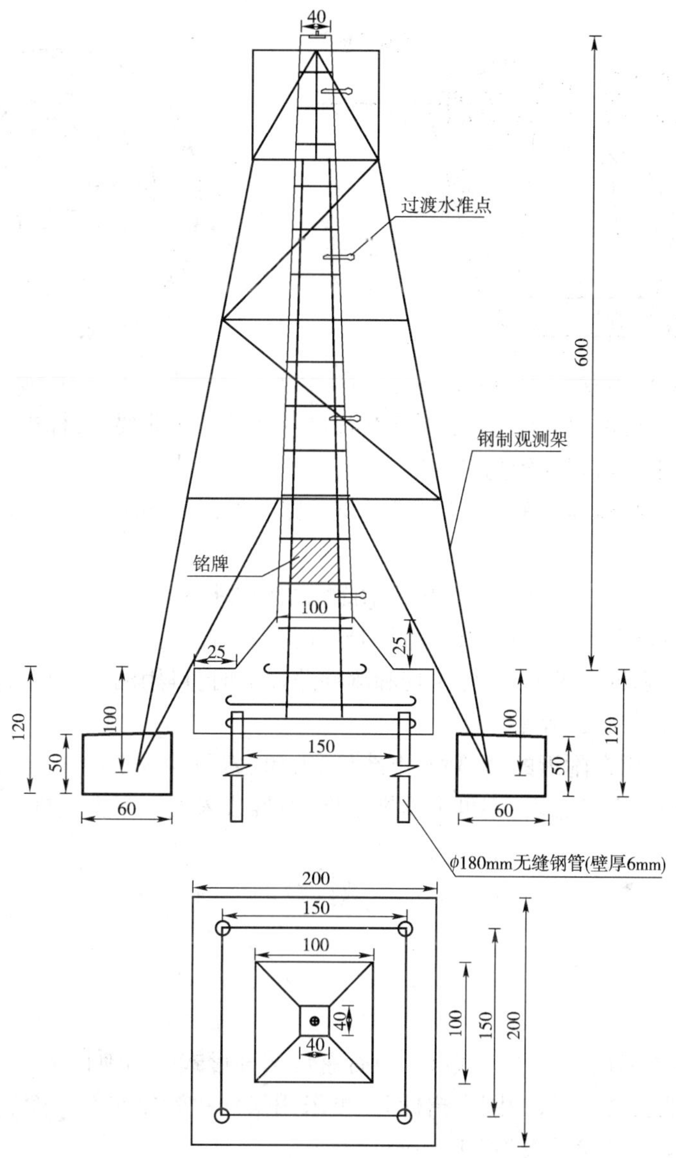

图 3-1-7　观测墩结构设计图(单位:10mm)

的桩志周围包裹防水材料。利用原有控制测量桩时,应确认该点标石完好,并符合相应控制测量桩的规格和埋设要求。

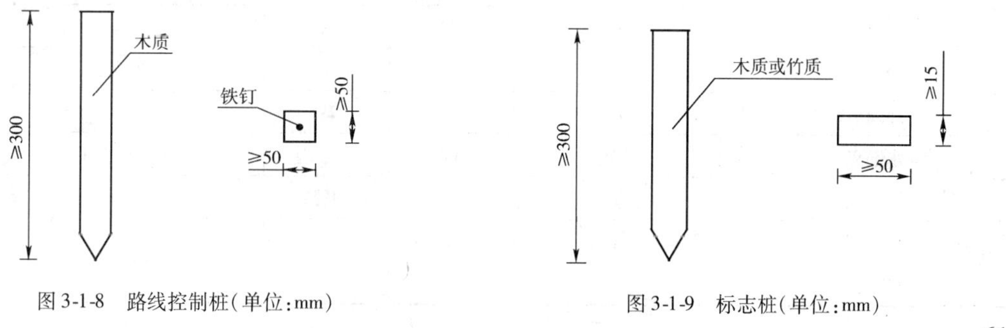

图 3-1-8　路线控制桩(单位:mm)

图 3-1-9　标志桩(单位:mm)

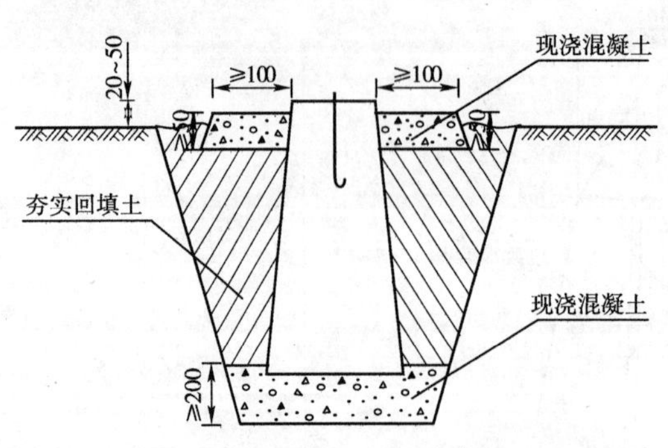

图 3-1-10　埋石示意图(单位:mm)

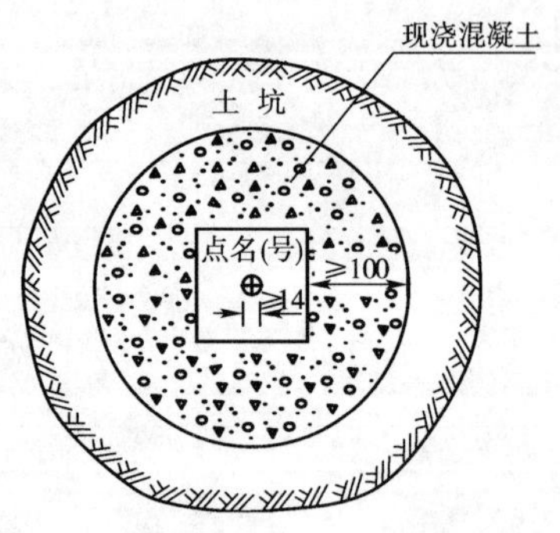

图 3-1-11　埋石俯视图

不同的控制测量桩可以共用,但必须满足各自的埋设和作业要求,标志高、上顶面长和宽、下底面长和宽以其中规格要求较高者为准。

路线控制桩顶面与地面齐平,并加设指示桩。路线控制桩的木质方桩顶面应钉小钉,表示其中心位置。

标志桩应具有一定的稳定性,不得随意搁置于地表,打入地下应大于 150mm。当标志桩作为指示桩时,应钉设在被指示桩附近位置明显且较易保存处。

路线控制桩、标志桩位于岩石、建筑物和刚性路面上时,可用油漆标记;位于柔性路面地段可用铁钉打入路面且与路面齐平。

路线控制桩可采用在附近的建筑物、电线杆、大树、岩石等固定物上标明方向及距离的方式进行标示,并填写固定桩志表,亦可采用堆土堆、石堆或采用混凝土包桩方式予以保护。

第二节　测 量 记 录

一、测量符号

公路测量符号可采用英文字母或汉语拼音字母两种形式。当项目工程需引进外资或采用国际招标时,宜采用英文字母;为国内招标时,可采用汉语拼音字母。一个公路项目应使用同一种符号,公路测量符号参见表 3-2-1。

公路测量符号和图式　　表 3-2-1

名　称	汉语拼音或我国习惯符号	英文符号	图　式	备　注
三角点	SJ	TAP	Δ	
GPS 点	G	GPS	▲	
导线点	D	TP	■	
水准点	BM	BM	⊗	
图根点	T	RP	□	
横坐标	*X*	*X*		
纵坐标	*Y*	*Y*		

续上表

名　称	汉语拼音或我国习惯符号	英文符号	图　式	备　注
高程	H	EL		
方位角	α	α		在 α 后以下标形式表示其方向
东	E	E		
西	W	W		
南	S	S		
北	N	N		
左	L	L		（左）
右	R	R		（右）
交点	JD	IP		（交点）
转点	ZD	TMP		（转点）
圆曲线起点	ZY	BC		（直圆点）
圆曲线中点	QZ	MC		（曲中点）
圆曲线终点	YZ	EC		（圆直点）
路线起点	SP	SP		
路线终点	EP	EP		
复曲线公切点	GQ	PCC		（公切点）
反向平曲线点	FGQ	PRC		（反拐点）
第一缓和曲线起点	ZH	TS		（直缓点）
第一缓和曲线终点	HY	SC		（缓圆点）
第二缓和曲线起点	YH	CS		（圆缓点）
第二缓和曲线终点	HZ	ST		（缓直点）
变坡点	SJD	PVI		（竖交点）
竖曲线起点	SZY	BVC		（竖直圆点）
竖曲线终点	SYZ	EVC		（竖圆直点）
竖曲线公切点	SGQ	PCVC		（竖公切点）
反向竖曲线公切点	FSGQ	PRVC		（反竖拐曲点）
比较线标记、匝道标记	A、B、C…	A、B、C…		冠于比较线、匝道里程桩号和控制点编号前
公里标记	K	K		
左偏角	$\alpha_{左}$	α_{L}		
右偏角	$\alpha_{右}$	α_{R}		
曲线长	L	L		包括圆曲线长、缓和曲线长
圆曲线长	L_{Y}	L_{C}		$L_{圆}$
缓和曲线长	L_{S}	L_{h}		

续上表

名　称	汉语拼音或我国习惯符号	英文符号	图　式	备　注
平、竖曲线半径	R	R		
平、竖曲线切线长	T	T		包括设置缓和曲线所增加的切线长
平、竖曲线外距	E	E		平曲线外距包含设置缓和曲线所增外距
缓和曲线角	β	β		
缓和曲线参数	A	A		
校正值(两切线长与曲线长度的差值)	J	D		含设置缓和曲线所引起的变化
改线、改移、差错改正	G	R		冠在里程桩号前
超高值	h_c	h_s(或 e)		
超高缓和长度	l_c	l_r		
加宽缓和长度	l_j	l_w		
路基宽度	B	B		
路基加宽度	B_j	BW		
路面加宽度	b_j	b_w		
流量	Q	Q		
流速、计算行车速度	v	v		
设计水位	SW	DWL		(设位)
历史最高洪水位	GW	HWL		(高位)
多年平均洪水位	PW	MFL		(平位)
历史最高流冰水位	BW	HIWL		(冰位)
历史最高潮水位	CW	HTWL		(潮位)
通航水位	HW	NWL		(航位)
普通水位	TW	OWL		(通位)
测量时水位	LW	SWL		(量位)
地下水位	DW	UWL		(地位)
设计高程	DEL	DEL		
用地界	YDJ	R/W(ROW)		(用地界)
面积	A	A		
填高	T	F		(填)
挖深	W	C		(挖)
填面积	AT	AF		
体积	V	V		

续上表

名　　称	汉语拼音或我国习惯符号	英文符号	图　式	备　　注
长	L	L、l		
宽	B、b	B、b		
高	H、h	H、h		
厚	d、δ	d、δ		
直径	D、ϕ	D、d		
半径	R、r	R、r		

二、测量标志的书写

测量标志的书写应符合《公路勘测规范》(JTG C10)和《公路勘测细则》(JTG/T C10)的要求。控制测量桩应在其标石表面刻制或用红色油漆标注点名,路线控制桩、标志桩应采用油漆或记号笔书写桩号。控制测量桩、路线控制桩和标志桩应按各自的顺序连续编号。以"*A*"、"*B*"、"*C*"、"*D*"分别表示控制测量桩的"一等"、"二等"、"三等"、"四等";以"E"表示平面控制点的"一级"、高程控制点的"五等";F 表示平面控制点的"二级",书写时控制测量的等级符号一般添加于测量符号之后。如四等导线点,可书写成"DD";三等 GPS 点可书写成"GC";四等水准点可书写成"BMD"。所有中线桩的背面应按 1 ~ 10 循环编号。

有比较方案时,控制测量桩、路线控制桩和标志桩按比较方案的顺序,桩(点)号前应冠以"*A*、*B*…"字样,如 A 线的四等水准点可书写为 ABMD。分离式路基测量,其左、右侧路线桩号前应冠以左、右字母符号,并以右侧路线为全程连续计算桩号。

所有控制测量桩在埋设处应设置明显的指向标志,并现场绘制交通路线略图,填写点之记。

位于岩石或建筑物上的路线控制桩、标志桩,应将岩石或建筑物表面刮干净,在其点位符号的旁边用红色油漆书写桩号。

三、测量记录的规定

公路勘测的各种记录,应采用专用记录簿,外业手簿应进行编号并不得撕页。测量记录应现场记录,字迹要清楚、整齐,不得涂改、转抄。记录簿中所规定的项目,应逐项记录齐全,说明及草图应精练、准确。

当记录发生错误时,应按下述条款进行处理:

1. 角度记录中的分位、距离和水准记录中的分米位读记错误可在实地更改,但角度测量同一方向的盘左和盘右、距离测量的往返值、水准测量的基辅值和前后读数值不能同时更改相关数字,如距离测量的往测值为"256.742",返测值为"256.739",若发现一个方向"7"读错或记错,可在现场改正,但不得将另一方向的"7"同时更改。

2. 角度记录中的秒位、距离和水准记录中的厘米及厘米以下位数值不得改正,必须重测,如角度"56°32′47″",数据"47"读错或记错,不得直接划去"47",将正确数据写在上方,而应将整个角度值划去,重测并另起一行记录。

3. 允许改正的项目应用横道线整齐划去错误的记录，在其上方重新记录正确的数值，并在备注栏注明原因。

测量结束后，应及时整理、检查计算是否正确，成果是否符合各项限差及技术要求，经复核无误并签署后，方能交付使用。各种记录簿应编页、编目、整理，并由测量、复核及主管人员签署。

采用电子设备记录时，打印输出的内容应具有可查性。

第三节　测量记录格式和内容

公路勘测涉及的专业和调查内容较多，加之勘测技术的多样性和各地区勘测调查内容的差异性，测量记录格式和内容不一定相同，实际操作时可参照以下内容选用各专业勘测调查表格，必要时可进行适当修改和补充。

一、公路勘测记录簿通用部分

（一）公路勘测记录簿封面

表 3-3-1

××记录簿
测设单位　××

（二）公路勘测记录簿封二

表 3-3-2

路 线 名 称____________________

××记录簿

第____本　共____本

（本记录簿有效记录共____页，不得撕页）

勘测调查　自______________至______________

起 讫 点：（自 K ______________至 K ______________）

勘测日期：自________年________月________日

至________年________月________日

测 设 单 位　××

（三）公路勘测记录簿封三

校审记录表

表 3-3-3

<table>
<tr><td>过程检查意见：

签名：
日期：</td><td>处理意见：

签名：
日期：</td></tr>
<tr><td>最终检查意见：

签名：
日期：</td><td>处理意见：

签名：
日期：</td></tr>
<tr><td colspan="2">验收意见：

签名：
日期：</td></tr>
</table>

（四）公路勘测记录簿封四

目　　录

表3-3-4

序　　号	内　　容（起讫桩号）	页　　码

二、公路勘测记录簿专业部分

(一)控制测量点之记

点　之　记

表 3-3-5

第____页

<table>
<tr><td>点　名</td><td colspan="2"></td><td>类　别</td><td></td><td>等　级</td><td></td></tr>
<tr><td>所在地</td><td colspan="6"></td></tr>
<tr><td colspan="3">交通路线略图：</td><td colspan="4">交通情况概述：</td></tr>
<tr><td colspan="3">点位略图：</td><td colspan="4">埋石标志：</td></tr>
<tr><td rowspan="2">选点
情况</td><td>单　位</td><td colspan="5"></td></tr>
<tr><td>选点员</td><td colspan="2"></td><td>日　期</td><td colspan="2">____年____月____日</td></tr>
<tr><td rowspan="2">埋石
情况</td><td>单　位</td><td colspan="5"></td></tr>
<tr><td>埋石员</td><td colspan="2"></td><td>日　期</td><td colspan="2">____年____月____日</td></tr>
<tr><td colspan="7">备注（前后相邻点名、通视情况等）</td></tr>
</table>

（二）四等水准测量记录簿

表 3-3-6

仪器：　　　　　　观测：　　　　　　记录：　　　　　　年　月　日

测自：　　　　　　至　　　　　　　复核：　　　　　　年　月　日　　第____页

测站编号	后尺 上丝	前尺 上丝	方向及尺号	标尺读数		K+黑减红	高差中数	备注
	下丝	下丝		黑面	红面			
	后距	前距						
	视距差 d	Σd						
			后					
			前					
			后－前					
			后					
			前					
			后－前					
			后					
			前					
			后－前					
			后					
			前					
			后－前					
			后					
			前					
			后－前					
			后					
			前					
			后－前					
			后					
			前					
			后－前					
			后					
			前					
			后－前					

(三)GPS 测量记录簿

表 3-3-7

观测: 记录: 年 月 日 第____页

点名(号)		等级	
日期		日时段号	
传感器编号		控制器编号	
记录开始时间		记录结束时间	

测前天线高	mm	测后天线高	mm	平均天线高	mm

时间	跟踪卫星号(PRN)	GDOP	干温(℃)	湿温(℃)	气压(Pa)

记事	

(四)角度和距离测量记录簿

表 3-3-8.1

测站：　　　　　　　　仪器：　　　　　　　　年　月　日　第____页

觇点	读数		2C	半测回方向值	一测回平均方向值	各测回平均方向值	备注
	盘左	盘右					
	° ′ ″	° ′ ″	″	° ′ ″	° ′ ″	° ′ ″	

表 3-3-8.2

测站：　　观测：　　记录：　　复核：　　　　　　年　月　日　第____页

距离测量(平、斜)	仪高(m)　　气压 P(Pa)　　温度 t(℃)							
	觇点　　觇高(m)				觇点　　觇高(m)			
	I	II	III	IV	I	II	III	IV
	平均				平均			
垂直角(高差)测量	盘左	盘右	指标差(高差之差)		盘左	盘右	指标差(高差之差)	
	平均				平均			

（五）中桩放样测量记录簿

表 3-3-9.1

仪器：　　　　　　　　　　　　　　　　年　月　日　第___页

测站情况或联测情况
（测站点名、坐标，方向点名、坐标，当使用 GPS——PTK 方法时，基站点名、联测点等）
检　测　情　况
（距离、高差、坐标检测情况）
支　点　情　况
（支点的坐标、距离、高程等）

表 3-3-9.2

观测：　　　记录：　　　复核：　　　　年　月　日　第___页

中桩桩号	距离（m）	垂直角（°′″）或高差（m）	仪器高（m）	棱镜高（m）	高程（m）	桩位说明

（六）中平测量记录簿

表 3-3-10

仪器：　　　　　　观测：　　　　　　复核：　　　　　　　　年　　月　　日　　第____页

桩号或测点编号	水准尺读数			高差（m）	高差改正数（mm）	改正后高差（m）	视线高（m）	高程（m）	备　注
	后视	间视	前视						

（七）路线横断面测量记录簿

表 3-3-11

观测：　　　　　　记录：　　　　　　仪器：　　　　　　　　年　　月　　日　　第____页

距　离 （m）————左 高　差							中桩桩号	距　离 右————（m） 高　差							示　意　图

(八)小桥涵勘测调查记录簿

表 3-3-12.1

调查：　　　　记录：　　　　复核：　　　　　　年　　月　　日　第____页

编　号		桩　号	
地域或河名		桥涵位置与路线交角及河流流向简图	
河床土壤			
构造物处河床坡度			
构造物处河底高程		水面坡度 i	
水 位 高 程		水　深	
洪水位高程			
模拟设置形式	桥 / 管涵 / 板涵 / 箱涵		
模拟孔(跨)径			
其他勘测调查(汇水面积、历史洪水位、河道简史、河床冲淤、河或沟渠功能、河沟底纵坡、河涵底高程及上、下游构造物情况、漂浮物及冰冻情况等描述)			

表 3-3-12. 2

年　　月　　日　　第____页

构造物平面示意图
河床（沟渠）断面示意图

（九）大、中桥涵勘测调查记录簿

桥梁外业勘测说明　　表 3-3-13.1

编制：　　复核：　　年　月　日　第____页

描述桥位所处的地理位置、河流概况以及水文、地质、气象和环保情况，简述水文资料的搜集及水文分析方法和计算结果，论述桥位处地形、地质、水文以及漂浮物等对桥梁布设的影响，初拟桥型方案和导流防护构造，并对勘测方法和经过进行简要的说明等。

水位调查记录

表 3-3-13.2

调查：　　　　　　　　　复核：　　　　　　　　　年　　月　　日　　第____页

一组洪痕位置草图				
编　号	详细位置	发生年月(日)	高程(m)	可靠程度
详细记录：被询问人姓名、年龄、住址、洪水发生的时间、洪水历时等特征，洪水灾情、河道纵横变迁、冰塞、决堤、漂浮物等情况，按本河型应收集的特性资料以及各资料的可靠程度等				

河流纵向水面(河床)比降记录 表 3-3-13.3

测时水位:

测量: 复核: 年 月 日 第____页

比降桩编号	沿河桩号	间距(m)	测时						
			水面高程(m)	水深(m)	河底高程(m)	水面		河床	
						高差	比降	高差	比降

形态断面资料综合表 表 3-3-13.4

距桥轴线上(下)游距离:

制表: 复核: 年 月 日 第____页

原记录点次	桩号	间距(m)	地面高程(m)	备注

地 表 特 征 记 录　　表 3-3-13.5

记录：　　复核：　　年　月　日　第____页

平面示意图（注明代表性桩号） 前进方向 →
按桩号起讫段落说明断面上下游表面土壤和种植季节情况，上下游环境、地势、建筑物、滩槽分界线及糙率、调查淹没频率地点高度

桥轴纵断面资料综合表　　表 3-3-13.6

制表：　　复核：　　年　月　日　第____页

原记录点次	桩　号	间　距 （m）	地面高程 （m）	备　注

桥轴辅助纵断面(左侧)资料综合表　　表 3-3-13.7

距桥轴线距离:

制表:　　复核:　　年　月　日　第____页

原记录点次	桩　号	间　距 (m)	地面高程 (m)	备　注

桥轴辅助纵断面(右侧)资料综合表　　表 3-3-13.8

距桥轴线距离:

制表:　　复核:　　年　月　日　第____页

原记录点次	桩　号	间　距 (m)	地面高程 (m)	备　注

桥梁墩台辅助断面测量记录

表 3-3-13.9

测量： 复核： 年 月 日 第____页

断面位置示意(示意墩台位置及断面编号)：

前进方向

____断面

____断面

____断面

____断面

____断面

调治构造物布置草图及测量记录

表 3-3-13.10

测量： 复核： 年 月 日 第____页

平面示意：

前进方向

相关测量记录：

（十）原有桥涵调查记录簿

表 3-3-14.1

调查：　　　　　　　　　　　　　　　　　　　　　　　年　　月　　日　第____页

桥涵编号：	桩号：K　+
河沟（或桥）名称：	距新线距离：　　m
上部构造类型：	桥梁全长：　　m
孔数及跨径：	建筑高度：　　m
桥宽（或涵长）：　　m	墩台及基础形式：
桥面高程：	墩高：　m　　台高：　m
填土高度：　　m	基底高程：
建筑年代：	桥涵及路线交角：
河床（或涵底）高程：	河床（或涵底）坡度：　　‰
汇水面积 $F =$　　km^2	进出口形式：
桥（涵）前洪水位 $H_1 =$　　m	相应的上游天然水深：　　m
桥（涵）前洪水位 $H_2 =$　　m	相应的下游天然水深：　　m
洪水发生年代及情况：	
地形及地质情况：	
上下游冲淤情况：	
洞口及涵底加固形式：	
构造物载重能力估计：	
构造物现状：	
利用或改建意见：	

原有桥涵量绘草图

表 3-3-14.2

年　　月　　日　　第____页

立　面	
平　面	
墩	台

（十一）河床断面测量记录簿

表 3-3-15

河流名称：　　　　　　　　　　仪　器：　　　　　　　　　　测站：

观测：　　记录：　　　　　　　仪器高：　　　　　　　　　　年　月　日　第____页

桩　号 或点号	距离读数	垂直角 或高差	棱镜高	平　距	高　差	高　程	桩位说明
河床断面示意图							

（十二）取土场、弃土场调查表

表 3-3-16

调查人：　　　　　　　　　　　　　　　　年　　月　　日　　第____页

<table>
<tr><td>土场编号</td><td></td><td>可取面积</td><td></td><td>取样编号</td><td></td></tr>
<tr><td>土场名称</td><td></td><td>可取数量</td><td></td><td>取样数量</td><td></td></tr>
<tr><td>上路桩号</td><td colspan="5">K　　+　　左（右）　运距：　　　　（km）</td></tr>
<tr><td>土场位置、
地形、地物
概略描述</td><td colspan="5"></td></tr>
<tr><td>现有道路情况</td><td colspan="5"></td></tr>
<tr><td>地下水位</td><td colspan="5">（m）</td></tr>
<tr><td>整修便道</td><td colspan="5">等级：　　　宽度：　　　（m）　长度：　　　（m）</td></tr>
<tr><td>新建便道</td><td colspan="5">等级：　　　宽度：　　　（m）　长度：　　　（m）</td></tr>
<tr><td>运输条件及
运输工具</td><td colspan="5"></td></tr>
<tr><td>弃土编号</td><td></td><td>弃土地点</td><td></td><td>弃土数量</td><td></td></tr>
<tr><td>弃土位置描述、
运距及运输方式</td><td colspan="5"></td></tr>
<tr><td>其　他</td><td colspan="5"></td></tr>
<tr><td>土场草图</td><td colspan="5">北↑</td></tr>
<tr><td>弃土场草图</td><td colspan="5">北↑</td></tr>
</table>

(十三)天然筑路材料料场调查记录簿

表 3-3-17

调查:　　　　复核:　　　　年　月　日　第____页

<table>
<tr><td>料场名称</td><td></td><td>所属单位</td><td></td></tr>
<tr><td>位　置</td><td colspan="3"></td></tr>
<tr><td>上路桩号</td><td colspan="3"></td></tr>
<tr><td colspan="4">料　场　描　述</td></tr>
<tr><td colspan="4"></td></tr>
<tr><td colspan="4">储藏量、年产量及供应量</td></tr>
<tr><td colspan="4"></td></tr>
<tr><td colspan="4">临　时　工　程</td></tr>
<tr><td colspan="4"></td></tr>
<tr><td colspan="4">占用地(亩)及其他</td></tr>
<tr><td colspan="4"></td></tr>
<tr><td colspan="4">料场示意图(含运输线路)</td></tr>
<tr><td colspan="4"></td></tr>
</table>

材料试验:

编　号	材　料　名　称	规　格	试　验　结　果

（十四）沿线文物、学校等调查记录簿

表 3-3-18

调查：　　　　　　记录：　　　　　　复核：　　　　　　　　年　　月　　日　　第____页

名　称	
桩　号	K　　　至K　　　左：　　　m　　　右：　　　m
建筑年代	
规　模	
建筑形式	
性质或等级	
管　理　者	
隶属单位	
所在地名	
占地面积	
其　他　说　明	

(十五)建筑物拆迁调查记录簿

表 3-3-19

调查:　　　　记录:　　　　复核:　　　　年　月　日　第____页

桩 号							
距路中线(m)		左					
		右					
户名或单位名							
所在乡、村							
房屋	平房(m^2)	砖房					
		土房					
	楼房(m^2)	砖混					
	厂房(m^2)	钢混					
		钢架					
	简易房(长×宽=　m^2)						
围墙	砖　(长=　m)						
	土　(长=　m)						
地坪	水泥(长×宽=　m^2)						
	砖　(长×宽=　m^2)						
蔬菜大棚　(m^2)							
厕　所　(座)							
猪　圈　(个)							
牛　圈　(个)							
禽　棚　(个)							
粪　池　(个)							
沼　池　(个)							
水　井　(口)							
坟　(座)							
其他							

注:水井如属机井应加注“机”。

（十六）水文调查记录簿

表 3-3-20

调查：　　　　记录：　　　　复核：　　　　年　月　日　第____页

工程名称	
调查地点	
一、洪水位调查：	
二、河床变迁：	
三、上、下游建筑物情况：	
四、冰凌调查：	
五、通航情况：	
六、水利、水文、气象等部门提供的情况：	
七、被调查者：	
八、附　件：	
九、示意图：	

（十七）拆迁电讯、电力及管线调查记录簿

表 3-3-21

年　月　日　第____页

起讫桩号	交叉角（°）	所属单位	设备种类及数量								备注
			钢架	钢筋混凝土双柱架	钢筋混凝土柱	木杆	电缆	地下电缆	地下管道	水管	
			座	根			m		处	m	

（十八）砍树、挖根调查记录簿

表 3-3-22

年　月　日　第____页

起讫桩号	所属单位	除草		灌木				果树				林树				备注
		稀	密	稀	密	一般	困难	种类	幼	小	成	种类	幼	小	成	
		1 000m²						棵								

（十九）原有道路及交叉调查记录簿

表 3-3-23

调查：　　　　记录：　　　　复核：　　　　年　月　日　第＿＿页

<table>
<tr><td>路　段</td><td>K　　　　~K</td><td>交叉角度</td><td></td></tr>
<tr><td>交叉点桩号</td><td>K</td><td>道路等级</td><td></td></tr>
<tr><td colspan="4">被交叉路描述：</td></tr>
<tr><td colspan="4"></td></tr>
<tr><td colspan="4"></td></tr>
<tr><td colspan="4">路　基：</td></tr>
<tr><td colspan="2">1. 宽度</td><td colspan="2">2. 高度</td></tr>
<tr><td colspan="2">3. 路堤</td><td colspan="2">路堑：左　　　右</td></tr>
<tr><td colspan="2">4. 边沟：纵坡　　　%</td><td colspan="2">加固形式：</td></tr>
<tr><td colspan="2">5. 地质类型：</td><td colspan="2">6. 地下水位：</td></tr>
<tr><td colspan="4">路　面：</td></tr>
<tr><td colspan="4">1. 路面层类型、厚度：</td></tr>
<tr><td colspan="2">2. 路面宽度：　m</td><td colspan="2">3. 路　拱：左　　%　右　　%</td></tr>
<tr><td colspan="2">4. 路肩宽度：　m</td><td colspan="2">5. 路肩坡度：左　　%　右　　%</td></tr>
<tr><td colspan="4"></td></tr>
<tr><td colspan="4">交叉方式建议：</td></tr>
<tr><td colspan="4">其　他：</td></tr>
<tr><td colspan="4"></td></tr>
<tr><td colspan="4"></td></tr>
<tr><td colspan="4"></td></tr>
<tr><td colspan="4">原有道路及交叉示意图</td></tr>
<tr><td colspan="4">平 面 示 意 图</td></tr>
<tr><td colspan="4">纵 面 示 意 图</td></tr>
</table>

(二十)规划道路调查记录簿

表 3-3-24

调查:　　　　　记录:　　　　复核:　　　　　　年　　月　　日　第____页

项　目	现　状	规　划	备　注
公路名称			
公路等级			
交通量			
规划实施年限			
规划批准与否 及批准单位			
路基宽度			
路面类型及宽度			
是否改移及位置			
净高要求			
可否下挖及高程			
高程系统			
平 面 示 意 图			
断 面 示 意 图			

（二十一）路线交叉调查记录簿

表 3-3-25

调查：　　　　　　　　复核：　　　　　　　　年　　月　　日　　第____页

编号		中心桩号	K　　+	名称		交角	
调查描述：							
初步拟定孔径及墩台形式：							
交叉处平面图：							
被交叉道路（或管线）横断面：							
被交叉道路（或管线）纵断面：							

(二十二)取样记录簿

表 3-3-26

第__页

取样地点:K________+________ 左__________(m) 右__________(m)

第________号试坑 取样深度由__________(m) 至__________(m)

样品名称______________________ 用 途______________________

样品号数______________________ 取样袋编号______________________

试验项目____

____

____

____

____

____

____

____

取样者________________ 日期__________年________月________日

(二十三)工程材料市场供应调查记录簿

表 3-3-27

调查: 记录: 复核: 年 月 日 第___页

材料名称	规 格	单 位	单 价 (元)	货源地及单位

（二十四）清淤排水调查记录簿

表 3-3-28

调查：　　　　记录：　　　　复核：　　　　年　月　日　第____页

起讫桩号	距中线距离(m)		宽度(m)	水(塘)深(m)	淤泥深度(m)	备注
	左	右				
平面示意图（1∶2 000）						

（二十五）规划航道记录簿

表 3-3-29

调查：　　　　记录：　　　　复核：　　　　　　年　　月　　日　第____页

项　目	航 道 部 门		水 利 部 门		备 注
河流名称					
航道等级					
规划实施年限					
规划批准与否及批准单位					
断面尺寸、河底高程					
是否改移及位置					
最高/低通航水位					
历史最高洪水位					
流　量					
净空要求					
河堤是否下挖及控制高程					
模拟孔（跨）径					
其他附属设施					
高程系统					
平 面 示 意 图					
断 面 示 意 图					

注：历史最高洪水位应在栏内注明发生年份。

（二十六）土地调查表

表 3-3-30

年　　月　　日　　第____页

作物种类	年			年			年		
	亩产量（公斤/亩）	单价（元/公斤）	亩产值（元/亩）	亩产量（公斤/亩）	单价（元/公斤）	亩产值（元/亩）	亩产量（公斤/亩）	单价（元/公斤）	亩产值（元/亩）
旱田									
水田									
菜田									
林地									
水塘									
大棚									

起讫桩号	所属县、乡	征用土地类别												备注
		水田	旱地	菜地	林地	宅基地	水塘	荒地	果园					

（二十七）道路地质调查表

表 3-3-31

调查：　　　　　　　　　　　　　　　　　　年　　月　　日　　第____页

层号	深　度（m）	岩　层　描　述	工程等级	取　样	
				编　号	深度　（m）

道路地质描述（由 K　　+　　至 K　　+　　）：

(二十八)施工组织设计调查记录簿

表 3-3-32

调查：　　　　记录：　　　　复核：　　　　年　月　日　第___页

工程用途					
桩　号	K	至K	左	m　右	m
场地描述(耕地种类、种植情况)					
		市(县)	乡(镇)	村	户
		旱地	亩	水田	亩
		市(县)	乡(镇)	村	户
		旱地	亩	水田	亩
		市(县)	乡(镇)	村	户
		旱地	亩	水田	亩
场地位置示意图					

第四章　控 制 测 量

第一节　控制测量任务和内容

公路控制测量主要是为公路工程建设服务的,因而与公路工程建设的进程密切相关。一项公路工程大体上可分为三个阶段:设计阶段、施工阶段和运营阶段,其中前两个阶段是公路控制测量主要考虑的方面。

一、设计阶段建立的路线测量控制网

公路勘测分为初测和定测两个阶段,路线测量控制网应在初测阶段的前期甚至在工程可行性研究阶段进行。

公路路线测量控制网有三个方面的用途,第一是满足各种比例尺地形图测绘的需要。无论是初步设计阶段还是施工图设计阶段,设计人员需要使用各种比例尺的地形图,按《公路勘测规范》(JTG C10)和《公路勘测细则》(JTG/T C10)规定,初步设计阶段当地形、地貌比较复杂,地物比较密切时,应采用1:2000地形图,当地形、地貌比较简单,地物比较稀少时,可采用1:5000地形图;施工图设计阶段,当地形、地貌特别复杂,地物比较密切时,可采用1:1000比例尺地形图,一般情况下,采用1:2000地形图,只有当地形、地貌特别简单,地物非常稀少时,才可采用1:5000地形图。对于大型工点、路基防护工程等重要工点,一般使用1:500的地形图;第二是满足初测和定测阶段中线测量和中平测量的需要;第三是满足施工阶段施工放样的需要。因此,公路路线控制测量的任务是建立具有一定密度和精度的控制网,以满足测绘各种比例尺的地形图,设计阶段的中线测量、中平测量以及施工阶段的施工放样。

二、在施工阶段,建立具有必要精度的施工控制网

对于公路路线部分,设计阶段建立的路线测量控制网可以满足施工阶段施工放样的需要,但由于自然和人为的破坏,设计阶段建立的路线控制点有可能被破坏或丢失,情况严重时将不能满足施工放样的精度和密度需要,因此,在施工准备阶段必须对破坏和丢失的路线控制点进行补测;另外,由于施工往往在设计结束以后一段时间才能进行,按公路施工的有关规定,必须对设计阶段建立的路线控制网进行复测,复测后的控制网与补测控制点一起组成路线施工测量控制网。

构造物如桥梁、隧道、大型立交在施工时对测量控制网的精度要求较高。在初测阶段构造物的位置未准确确定,显然在初步设计阶段施测构造物控制网是不可行的,构造物测量控制网一般在施工图设计阶段或施工准备阶段在路线控制网的基础上进行,并联系于路线控制网上,同时保持其本身的精度。实际作业时利用构造物一端路线测量控制中的一个点和一个方向作

为起算数据进行加密,并利用另一端的一个路线测量控制点进行检核,当构造物平面控制网中检核点与路线控制测量中横坐标差异较大时,可通过改变起始方向的方向值将构造物控制网进行旋转,最大限度地减少重合点的坐标差值。

构造物施工测量控制网的等级和精度,根据构造物的类型、结构、规模和施工技术要求而定,对测量有特殊要求的构造物在建立测量控制网前,需进行测量精度预计和设计。

三、在工程竣工后的运营阶段,建立以监视构造物变形为目的的变形观测专用控制网

由于在工程施工阶段改变了地面的原有状态,构造物本身的重量对于地基施加了一定的作用力,因而会引起地基及其周围地层的变形。此外,构造物本身及其基础也由于地基的变形及外部荷载与内部应力的作用而产生变形,这种变形如果超过了某一限度,就会影响构造物的正常使用,严重的还会危及构造物的安全。因此,在运营阶段,需对某些怀疑有变形的构造物进行监视,并在构造物上或其周围适当的地点,埋设一些测量标志,定期进行观测。为此需要布设专用的变形观测控制网。由于构造物的变形量一般都很小,为了能够测量出这些微小的变形,要求这种控制网本身应有较高的精度。一般变形观测控制网在建立施工控制网时就可一并考虑。

上述二、三阶段布设的两种控制网均属于专用控制网。

根据以上所述可见,控制测量对于公路工程建设是必不可少的。

第二节 测量坐标系

一、控制测量作业的基准线和基准面

(一)铅垂线与水准面

我们每天所以能见到日出日落,其原因就是地球的自转。地球的自转使得地球表面的任意一点均受到离心力的作用。由于地球本身具有巨大的质量,因此地球上任意一点除受到离心力的作用外,还受到地球的吸引力的作用。于是地球上每一点都同时受到两个力——离心力和地球引力的作用,如图 4-2-1 所示。在图 4-2-1 中,O 为地球表面上的任意一点,地心对该点的引力为 OF,该点的离心力为 OB。这两个力的合力 OG 称为重力,重力的作用线 OG 称为铅垂线。

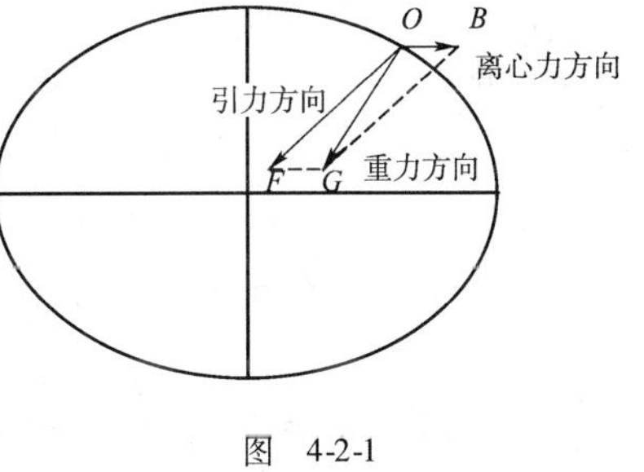

图 4-2-1

在野外用测量仪器进行测量时,首先必须整平仪器,使水准气泡居中。当水准气泡居中时,水准气泡中央的切线就是一条水平线,仪器的竖轴与铅垂线方向一致,水平度盘所在的平面就是水准面的切平面。水准面就是静止的水平面,水准面处处与铅垂线垂直。所以,我们实际测得的水平角就是观测方向线在水准面上投影线之间的夹角。又如用水准仪进行水准测量时,所测得的两点之间的高差,就是过这两点的水准面之间的铅垂线的长度(或者说是这两点的水准面之间的垂直距离)。所以,铅垂线和水准面就是控制测量作业的基准线和基准面。

（二）大地水准面

水准面是控制测量作业的基准面，但水准面有无穷多个，那么对于同一个观测对象，如果选择不同的水准面作为基准面，所得出的观测结果是否相同呢？事实上，各点测得的两个方向之间的夹角虽然不在同一水准面上，但它们与以某一水准面为准的角度相差甚微，完全可以直接看做某一水准面上的角值。但对于两点之间的长度和点的高程，选择不同的水准面作为基准面则结果是不相同的。为了使不同测量部门所测得的测量结果能够相互比较、相互统一、相互利用，就必须在无穷多个水准面中选择一个水准面作为大家共同的基准面，这个水准面要求既十分接近地球表面，又能代表地球形状和大小。

众所周知，在我们居住的这个地球上，海洋占地球总面积的71%，我们居住的地球表面的71%是海水。我们设想当海水处于静止平衡状态时（即没有波浪、潮汐、水流以及大气压变化等引起的扰动），将它延伸到大陆的内部，形成一个包围整个地球的水准面，我们称这个水准面为大地水准面，并称由大地水准面所包围的整个形体为大地体。由于大地水准面既十分接近地球表面，又是表示地球形状和大小最理想的水准面，所以选择大地水准面作为控制测量作业的基准面是比较理想的。

大地水准面是一个没有皱纹和棱角的、连续不断的封闭曲面。大地水准面的概念最初是由德国物理学家里士廷于1872年提出的。由于大地水准面是海水处于静止平衡状态时，将它延伸到大陆的内部所形成的一个包围整个地球的水准面，所以它是一个理想的水准面，目前在实际中还不能唯一地确定它。各个国家或地区一般选择一个平均海水面来代替大地水准面。例如，我国采用黄海平均海水面来代替大地水准面。各个平均海水面之间有一定的差异，这个差异可能达到1～2m或更大。因此，有人提出应该把平均海水面称为区域性大地水准面，以区别于唯一的全球性大地水准面。

大地水准面处处与铅垂线方向正交，如果地球是一个密度均匀的球体，那么大地水准面就是一个规则的椭球体，但在地球内部，有些地下蕴藏着煤矿，有些地下蕴藏着大密度的金属矿等。由于地下物质密度分布不均匀，致使各点的引力大小不同，于是造成地面各点的铅垂线方向发生不规则的变化，如图4-2-2所示。

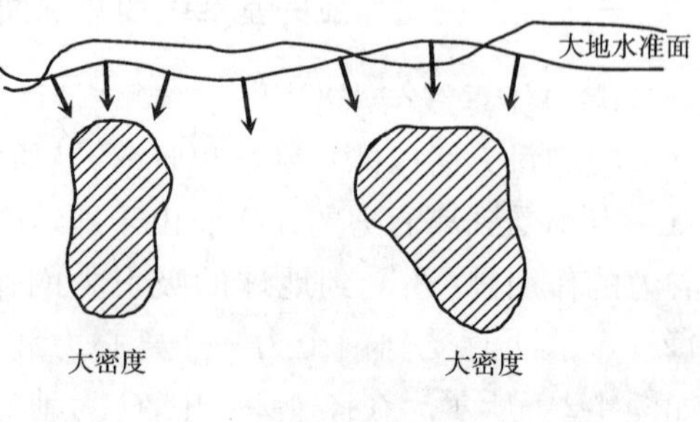

图 4-2-2

由于地球内部物质密度是不均匀的，所以大地水准面是一个略有起伏的、不能简单地用数学公式解析表达的不规则曲面，所以无法在大地水准面上进行数学计算。

（三）测量计算的基准面——椭球面

既然大地水准面不是一个规则的数学曲面，也就无法在这个表面上完成控制测量计算。不过地壳的质量只占地球总质量的1/65，所以由地壳层物质分布不均匀所引起的大地水准面的起伏并不很大。从整体上看，大地体相当接近于一个规则的形体，是具有微小扁率的旋转椭圆体，我们称它为椭球。

如图4-2-3所示，O为椭圆中心，WE为长轴，NS为短轴，椭球就是椭圆绕其短轴NS旋转而成的几何形体。椭球的大小和形状决定于它的长半径a和短半径b。习惯上常常用长半径

a 和扁率 α 来表示椭球的大小和形状。

$$\alpha = \frac{a-b}{a} \tag{4-2-1}$$

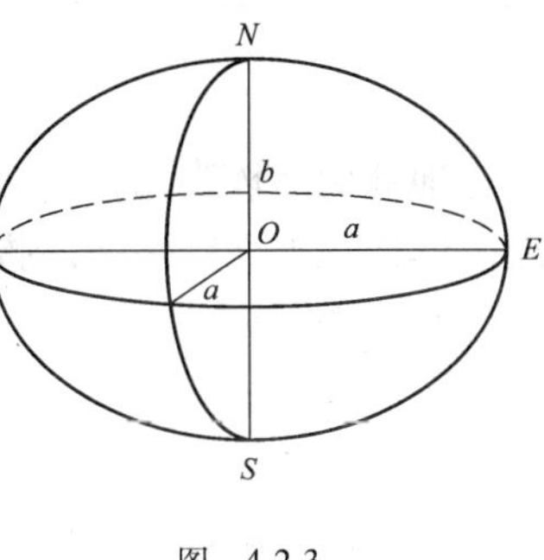

图 4-2-3

扁率 α 反映了椭球的扁平程度。当 $a=b$ 时,$f=0$,椭球成为圆球;当 b 值减小或 a 值增大时,椭球则变扁。

椭球面是一个规则的数学曲面。用椭球面代替大地水准面进行控制测量计算,必须首先确定最接近大地体的椭球大小和形状,即椭球元素——长半径 a 和扁率 α,其次确定椭球与大地体的相关位置,即所谓椭球的定位。这种形状、大小和定位都已确定的椭球面,就是进行大地控制测量计算的基准面。

自从1830年埃弗瑞斯推算出在印度坐标系中首先获得实际应用的椭球元素以后,150多年来人们在反复的科学实践中,对地球形状大小的认识不断提高,特别是卫星大地测量学的迅速发展,为人们在整体上更正确认识地球的真实形状,提供了现实的可能性。

但是,在大地体密合最好的椭球——称为总地球椭球被测算出来之前,各国为了国内需要,常常选择一个与本国领土密合较好的椭球面作为测量计算的基准面。这样的椭球统简称为参考椭球,常见参考椭球参数见表4-2-1。

常见参考椭球参数表 表4-2-1

椭球名称	长半径 a(m)	扁率 α
Airy1830	6 377 563.396	1/299.324 964 6
白塞尔(Bessel)1841	6 378 397.155	1/299.152 812 8
克拉克(Clarke)1866	6 378 206.4	1/294.978 698 2
克拉克(Clarke)1880	6 378 249.145	1/293.465
埃弗瑞斯(Everest)1830	6 377 276.345	1/300.8017
Fischer 1960(Mercury)	6 378 166.0	1/298.3
Fischer 1968	6 378 150.0	1/298.3
GRS 1967	6 378 160.0	1/298.247 167 427
GRS 1975	6 378 140.0	1/298.257
GRS 1980	6 378 137.0	1/298.257 222 101
Hough 1960	6 378 270.0	1/297.0
国际通用(International)	6 378 388.0	1/297.0
克拉索夫斯基(Krassovsky)1940	6 378 245.0	1/298.3
南美(South American)1969	6 378 160.0	1/298.25
WGS60	6 378 165.0	1/298.3
WGS66	6 378 145.0	1/298.25
WGS72	6 378 135.0	1/298.26
WGS84	6 378 137.0	1/298.257 223 563
海福特(Hayford)1910	6 378 388.0	1/297.0

我国在解放前曾采用海福特椭球,1953年起改用克拉索夫斯基椭球,采用克拉索夫斯基(Krassovsky)1940椭球所形成的坐标系称为1954年北京坐标系。1980年在我国大地控制网整体平差中,采用了1975年在法国召开的第十六届国际大地测量与地球物理联合会会议推荐的一组椭球元素(GRS 1975),形成的坐标系称为1980西安坐标系。

二、投影方式

地球椭球体表面是不可展曲面，要将曲面上的客观事物表示在有限的平面图纸上，必须经过由曲面到平面的转换。投影的实质是将地球椭球面上的经纬线网按照式(4-2-2)的数学法则转移到平面上。

$$\left.\begin{aligned} x &= f_1(\varphi,\lambda) \\ y &= f_2(\varphi,\lambda) \end{aligned}\right\} \tag{4-2-2}$$

式中：x——平面纵坐标值；

y——平面横坐标值；

φ——纬度值；

λ——经度值。

（一）投影方式分类

1. 平面投影

平面投影分为切平面投影和割平面投影，如图4-2-4、图4-2-5所示，该投影方式适用于测量范围较小的情况。

2. 圆柱投影

圆柱投影分为切圆柱投影和割圆柱投影，根据圆柱的角度又分为正圆柱投影、横圆柱投影和斜圆柱投影，如图4-2-6、图4-2-7、图4-2-8所示。

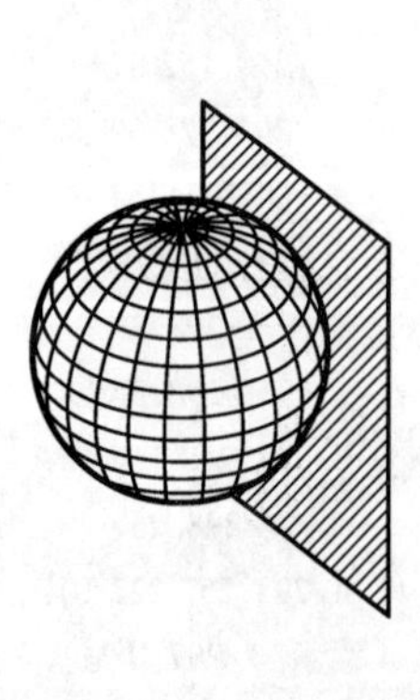

图4-2-4 切平面投影

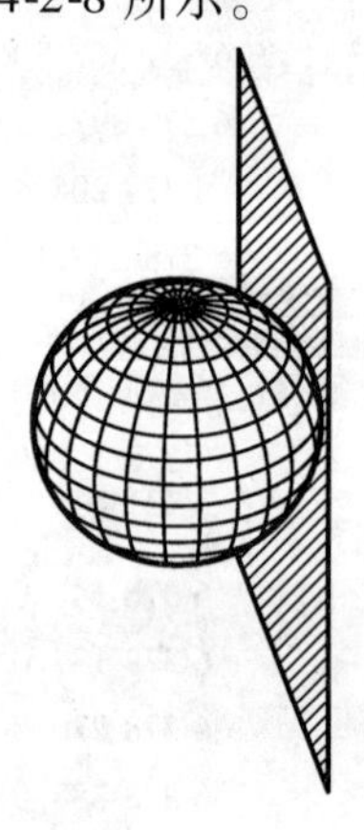

图4-2-5 割平面投影

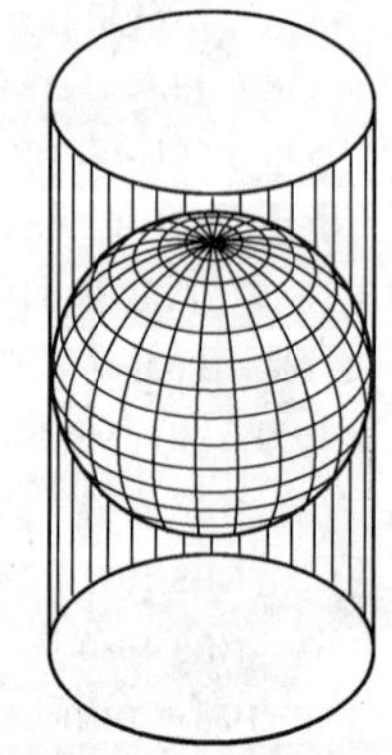

图4-2-6 正切圆柱投影

3. 圆锥投影

圆锥投影分为切圆锥投影和割圆锥投影，如图4-2-9、图4-2-10所示。

另外按地图投影的变形性质又分为等角投影、等积投影和等距投影。等角投影时，经线长度比从赤道向两极逐渐增大；等积投影时，经线长度比从赤道向两极逐渐缩小；等距投影时经线长度比不变。

（二）常见投影类型

当测区范围较小时，可以把地球表面当作平面看待，即以水平面代替水准面，即采用平面投影方式。如果测区范围较大，如国家控制测量、国家基本图测绘等，就不能再将球面看成平面，必须把球面上的图形采用适当的方法投影到平面上。

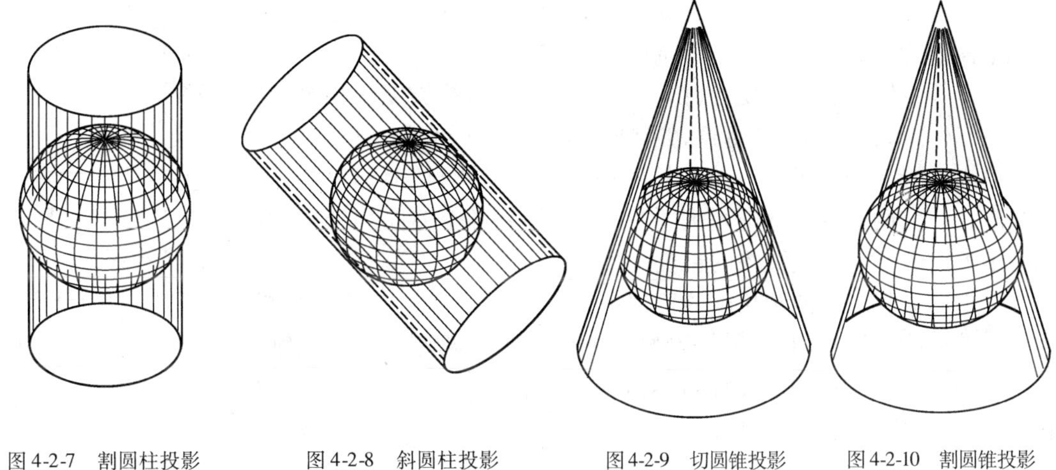

图 4-2-7　割圆柱投影　　图 4-2-8　斜圆柱投影　　图 4-2-9　切圆锥投影　　图 4-2-10　割圆锥投影

1. 高斯正形投影

高斯正形投影为等角横轴切椭圆柱投影，这个方法的理论由德国数学家、物理学家、天文学家高斯（Carl Friedrich Gauss，1777～1855）于 19 世纪 20 年代建立，后经德国大地测量学家克吕格（Johannes Kruger，1857～1928）于 1912 年对投影公式加以补充，所以又称高斯—克吕格投影，如图 4-2-11。基本原理是设想用一个圆柱横切于球面上投影带的中央经线，按照投影带中央经线投影为直线且长度不变、赤道投影为直线的条件，将中央经线两侧一定经差范围内的球面正形投影于圆柱面，然后将圆柱面沿过南北极的母线剪开展平，即获高斯—克吕格投影平面。相切的经线称主子午线（也称为中央子午线或轴子午线）。投影后，主子午线成为直线，作为 X 轴，赤道成为与其相垂直的直线，称为 Y 轴。主子午线与赤道交点 O 即为高斯平面坐标系的原点。高斯—克吕格投影没有角度变形，在主子午线上的边长和方向均无变形，离主子午线越远，地球表面上的长度和方向的变形也越大，变形最大处在投影带内赤道的两端。高斯—克吕格投影后，除中央经线和赤道为直线外，其他经线均为对称于中央经线的曲线。

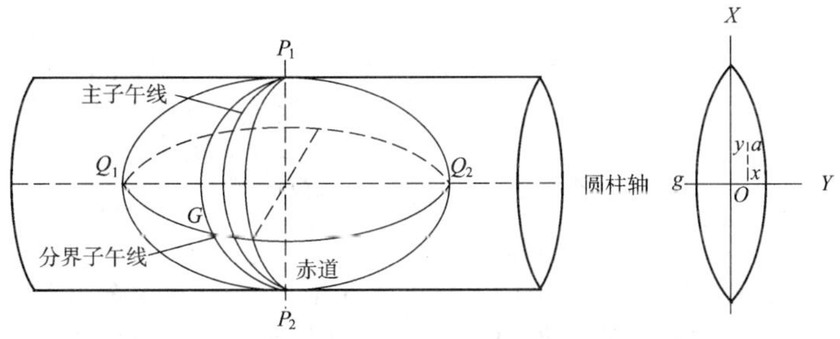

图 4-2-11　高斯—克吕格投影

2. 墨卡托投影

墨卡托投影为等角正切圆柱投影，荷兰地图学家墨卡托（Gerhardus Mercator，1512～1594）在 1569 年建立，如图 4-2-12 所示。基本原理是假设地球被围在一中空的正圆柱里，其标准纬线与圆柱相切接触，然后再假想地球中心有一盏灯，把球面上的图形投影到圆柱体上，然后把圆柱体展开，投影后取零子午线或自定义原点经线（λ_0）与赤道交点的投影为原点，零子午线或自定义原点经线的投影为纵坐标 X 轴，赤道的投影为横坐标 Y 轴，构成墨卡托平面直角坐标系。

墨卡托投影没有角度变形，由每一点向各方向的长度比相等，它的经纬线都是平行直线，且相交成直角，经线间隔相等，纬线间隔从标准纬线向两极逐渐增大。墨卡托投影的地图上长度和面积变形明显，但标准纬线无变形，从标准纬线向两极变形逐渐增大，但因为它具有各个方向均等扩大的特性，保持了方向和相互位置关系的正确。

在地图上保持方向和角度的正确是墨卡托投影的优点，墨卡托投影地图常用做航海图和航空图，如果循着墨卡托投影图上两点间的直线航行，方向不变可以一直到达目的地，因此它对船舰在航行中定位、确定航向都具有有利条件，给航海者带来很大方便。

图 4-2-12　墨卡托投影

3. 通用横轴墨卡托（UTM）投影

通用横轴墨卡托投影（Universal Transverse Mercator，UTM）投影为横轴割圆柱投影，是一种等角横轴割圆柱投影，圆柱割地球于南纬 80°、北纬 84°两条等高圈，投影后中央经线上长度比 0.9996，距离中央经线左右约 180km 处两条相割的经线上没有变形，称为标准经线，如图 4-2-13 所示，中央子午线与标准线之间，投影长度小于实际长度，标准线外，投影长度大于实际长度。与高斯—克吕格投影相似，该投影角度没有变形，中央经线为直线，且为投影的对称轴。

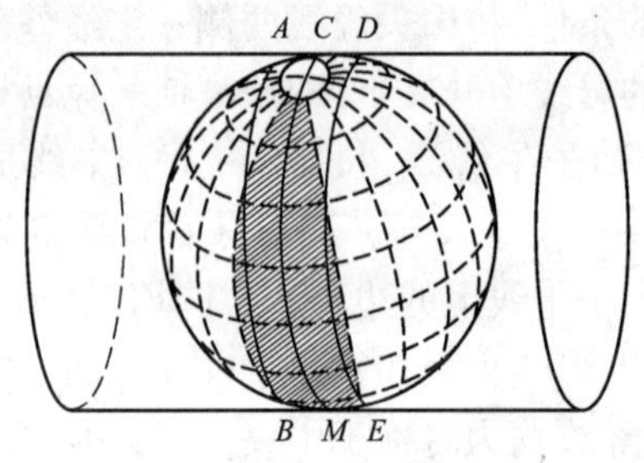

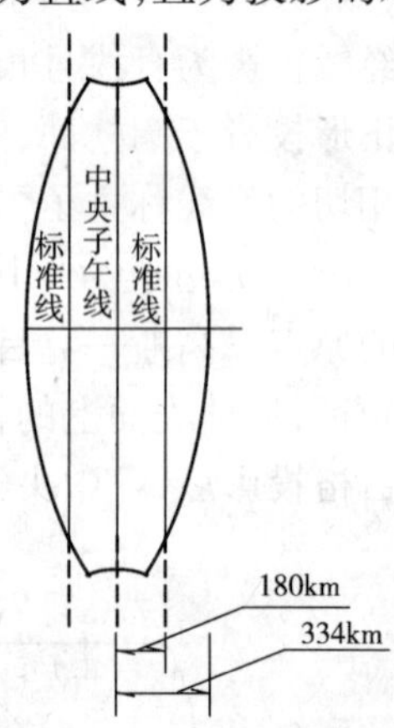

图 4-2-13　通用横轴墨卡托投影

4. 兰勃特投影

兰勃特等角投影（Lambert Conformal Conic）是等角正轴圆锥投影，由德国数学家兰勃特（J. H. Lambert）在 1772 年建立。基本原理是用一个正圆锥割于球面两标准纬线，如图 4-2-14 所示，应用等角条件将地球面投影到圆锥面上，然后沿一母线展开，即为兰勃特投影平面。兰勃特等角投影后纬线为同心圆弧，经线为同心圆半径，如图 4-2-15 所示，当两标准线重合时，即为正轴切圆锥投影。兰勃特投影的变形具有下列特点：（1）角度没有变形；（2）变形比较均匀，变形绝对值也比较小；（3）等变形线和纬线一致，即同一条纬线上的变形处处相等；（4）在同一经线上，两标准纬线外侧为正变形，投影长度大于实际长度，而两标准纬线之间为负变形，投影长度小于实际长度；（5）两条标准纬线上没有任何变形；（6）同一纬线上等经差的线段长度相等，两条纬线间的经纬线长度处处相等。

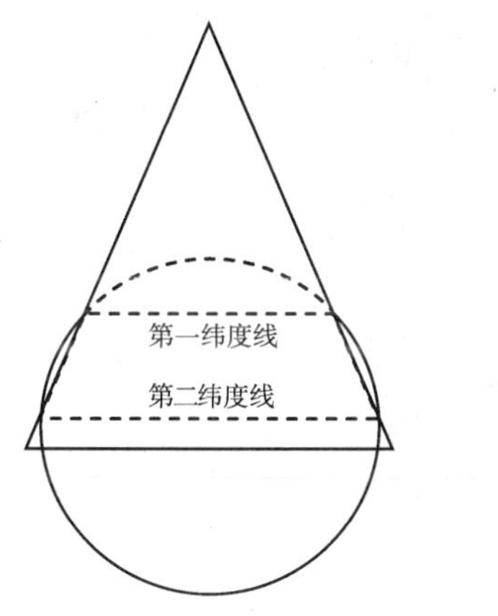

图 4-2-14　兰勃特等角正轴圆锥投影

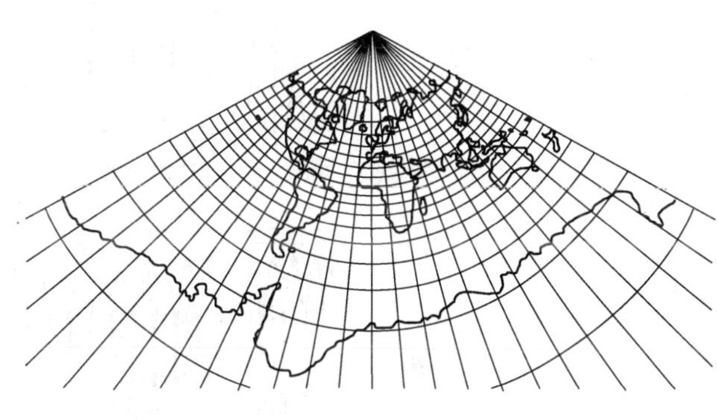

图 4-2-15　兰勃特投影平面

（三）投影区域的划分

1. 高斯—克吕格投影带的划分

在高斯—克吕格投影中，距离中央子午线越远，地球表面上的长度变形也越大，按一定经差将地球椭球面划分成若干投影带，这是高斯—克吕格投影中限制长度和方向变形的最有效方法。通常按经差 6°或 3°分为 6°带或 3°带。6°带以通过格林尼治天文台的子午线为零度开始，每隔经差 6°自西向东分带，带号依次编为第 1、2、…、60 带。3°带是在 6°带的基础上分成的，它的中央子午线与 6°带的中央子午线和分带子午线重合，即自 1.5°子午线开始，每隔经差 3°自西向东分带，带号依次编为 3°带第 1、2、…、120 带。我国的经度范围西起 73°东至 135°，可分成 11 个 6°带，各带中央经线依次为 75°、81°、87°、…、117°、123°、129°、135°，或 22 个 3°带。

6°带和 3°带的主子午线（中央子午线）λ_0 用式(4-2-3)计算：

$$\left.\begin{aligned} &6°\text{带}\quad \lambda_0 = 6n - 3 \\ &3°\text{带}\quad \lambda_0 = 3n \end{aligned}\right\} \tag{4-2-3}$$

式中：n——投影带号。

3°带的主子午线，一半与 6°带的主子午线重合，一半是 6°带的分界子午线。在路线测量中还有按 1.5°分带的或以通过测区中部的子午线为主子午线，称任意带。对于同一个三角点，可根据需要换算为不同投影带的坐标。

6°带与 3°带的分带编号如图 4-2-16 所示。

我国大于等于 50 万的中小比例尺地形图多采用 6°带高斯—克吕格投影，3°带高斯—克吕格投影多用于大比例尺测图，如城建坐标多采用 3°带的高斯—克吕格投影。

在高斯平面坐标中，为了使横坐标值恒为正，在算得的 y 值上总是加常数 500km，并在其前冠以所属带号。这样的坐标系称国家统一坐标系。如一国家三角点的 $y = 19\ 367\ 622.38$m，表示该点位于 6°带的第 19 带内，横坐标自然值 $y = 367\ 622.38 - 500\ 000 = -132\ 377.62$m。故在应用国家三角点的横坐标进行高斯平面坐标与大地坐标换算时，应先去掉带号，并减去 500km。

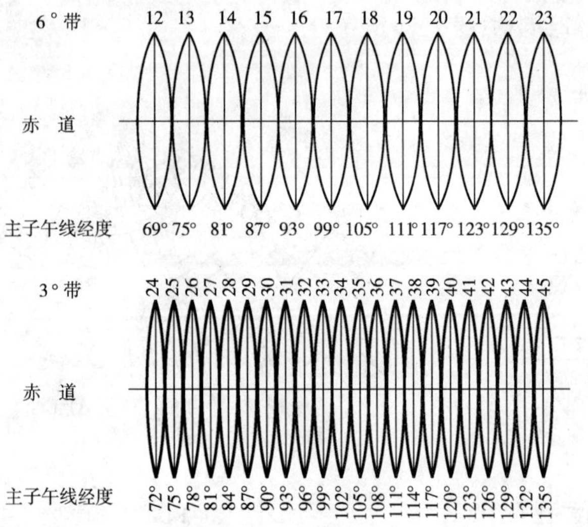

图 4-2-16

2. UTM 投影区域划分

UTM 坐标系是由美国军方在 1947 年提出的,其投影分带方法与高斯—克吕格投影相似。UTM 投影采用 6°分带,自西向东将地球划分为 60 个投影带,但起始分带并不在本初子午线,而是从东经 180°(或西经 180°)开始,自西向东计算,因而所有美国本土都处于 0 ~ 30 带内。第 1 带的中央经线为西经 177°,而 0°经线为 30 带和 31 带的分界,这两带的中央子午线分别是 -3°和 3°。

另外虽然东西方向分带与高斯—克吕格坐标系相似,但实际上 UTM 采用了网格的分带(或分块),纬度采用 8°分带,从 80°S 到 84°N 共 20 个纬度带(X 带多 4°),分别用 C 到 X 的字母来表示。为了避免和数字混淆,I 和 O 没有采用,如图 4-2-17 所示。UTM 坐标值东偏值统一加 500km,南半球北偏值加 10 000km。

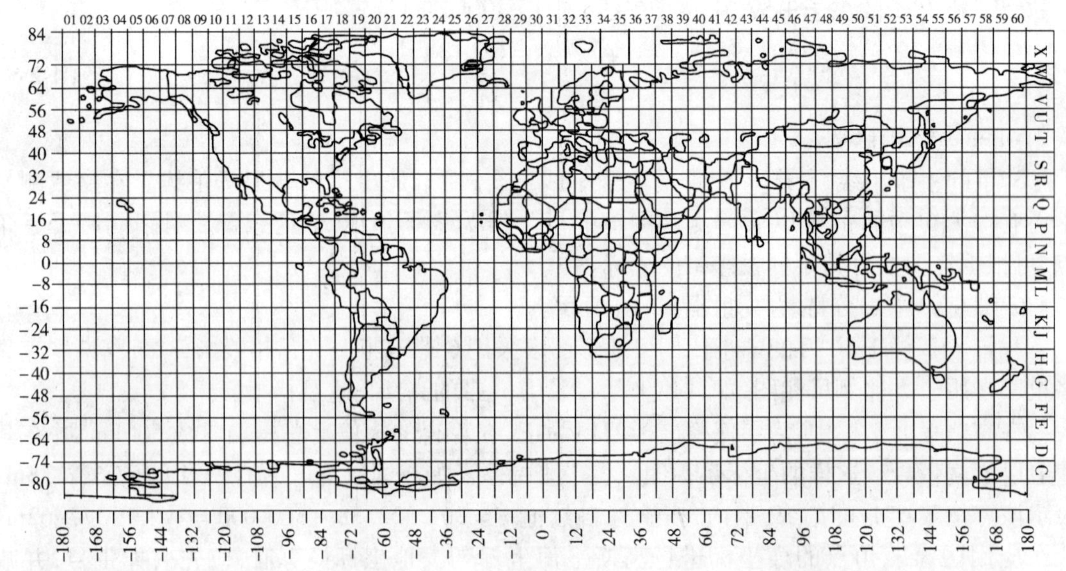

图 4-2-17 UTM 投影区域划分

3. 兰勃特投影区域划分

兰勃特投影以纬度线划分为东西走向的带状，以图幅的原点经线（一般是中央经线）做纵坐标 x 轴，原点经线与原点纬线（一般是最南端纬线）的交点作为原点，过此点的切线作为横坐标 y 轴，构成兰勃特平面直角坐标系。

我国 1∶100 万地形图采用了兰勃特投影，其分幅原则与国际地理学会规定的全球统一使用的国际百万分之一地图投影一致。纬度按纬差 4°分带，从南到北共分成 15 个投影带，每个投影带单独计算坐标，每带两条标准纬线，第一标准纬线为图幅南端纬度加 30′的纬线，第二标准纬线为图幅北端纬度减 30′的纬线，这样处于同一投影带中的各图幅的坐标成果完全相同，不同带的图幅变形值接近相等，因此每投影带只需计算其中一幅图（纬差 4°，经差 6°）的投影成果即可。由于是纬差 4°分带投影的，所以当沿着纬线方向拼接地图时，不论多少图幅，均不会产生裂隙；但是，当沿着经线方向拼接时，因拼接线分别处于上、下不同的投影带，投影后的曲率不同，致使拼接时产生裂隙。

兰勃特投影比较适合于东西走向的测绘工程。

三、常用投影转换公式

在进行投影变换的过程中，经常需要进行大地正反算，现将几种常见投影方式的大地正反算公式介绍如下，为了阐述的方便，首先对计算公式中每个字母的含义进行约定。

a——椭球体长半轴；

b——椭球体短半轴；

α——扁率，$\alpha=(a-b)/a$；

e——第一偏心率

e'——第二偏心率

N——卯酉圈曲率半径

R——子午圈曲率半径

$$\left.\begin{aligned}
e &= \sqrt{1-(b/a)^2} \\
e' &= \sqrt{(a/b)^2-1} \\
N &= \frac{(a^2/b)}{\sqrt{1+e^2\times\cos^2\varphi}} \\
R &= \frac{a(1-e^2)}{(1-e^2\times\sin^2\varphi)^{3/2}}
\end{aligned}\right\} \tag{4-2-4}$$

φ——纬度；

λ——经度，单位弧度（rad）；

X_N——纵直角坐标，m；

Y_E——横直角坐标，m。

（一）高斯—克吕格投影正反算公式

1. 高斯—克吕格投影正解公式：$(\varphi、\lambda)\rightarrow(X、Y)$，原点纬度 0，中央经度 λ_0。

$$\left.\begin{aligned}
&X_N = k_0\left\{M + N\tan\varphi\left[\frac{A^2}{2} + (5 - T + 9C + 4C^2)\frac{A^4}{24}\right] + (61 - 58T + T^2 + 270C - 330TC)\frac{A^6}{720}\right\}\\
&Y_E = FE + k_0 N\left[A + (1 - T + C)\frac{A^3}{6} + (5 - 18T + T^2 + 14C - 58TC)\frac{A^5}{120}\right]\\
&T = \tan^2\varphi\\
&C = e'^2\cos^2\varphi\\
&A = (\lambda - \lambda_0)\cos\varphi\\
&M = a\left[\left(1 - \frac{e^2}{4} - \frac{3e^4}{64} - \frac{5e^6}{256}\right)\sin\varphi - \left(\frac{3e^2}{8} + \frac{3e^4}{32} + \frac{45e^6}{1024}\right)\sin2\varphi + \left(\frac{15e^4}{256} + \frac{45e^6}{1024}\right)\sin4\varphi - \frac{35e^6}{3072}\sin6\varphi\right]\\
&N = \frac{a}{\sqrt{1 - e^2 \times \sin^2\varphi}} = \frac{(a^2/b)}{\sqrt{1 - e'^2 \times \cos^2\varphi}}
\end{aligned}\right\}\quad(4\text{-}2\text{-}5)$$

上面公式中东偏移 $FE = 500\ 000\text{m} + \text{带号} \times 1\ 000\ 000$；

高斯—克吕格投影比例因子 $k_0 = 1$。

2. 高斯—克吕格投影反解公式：$(X、Y) \rightarrow (\varphi、\lambda)$，原点纬度 0，中央经度 λ_0。

$$\left.\begin{aligned}
&\varphi = \varphi_f \frac{N_f\tan\varphi_f}{R_f}\left[\frac{D^2}{2} - (5 + 3T_f + C_f - 9T_fC_f)\frac{D^4}{24} + (61 + 90T_f + 45T_f^2)\frac{D^6}{720}\right]\\
&\lambda = \lambda_0 + \frac{1}{\cos\varphi_f}\left[D - (1 + 2T_f + C_f)\frac{D^3}{6} + (5 + 28T_f + 6C_f + 8T_fC_f + 24T_f^2)\frac{D^5}{120}\right]\\
&N_f = \frac{a^2/b}{\sqrt{1 + e'^2 \times \cos^2\varphi_f}} = \frac{a}{\sqrt{1 - e^2 \times \sin^2\varphi_f}}\\
&R_f = \frac{a(1 - e^2)}{(1 - e'^2 \times \sin^2\varphi_f)^{3/2}}\\
&\varphi_f = \varphi + (3e_1/2 - 27e_1^3/32)\sin2\varphi + (21e_1^2/16 - 55e_1^4/32)\sin4\varphi + (151e_1^3/96)\sin6\varphi\\
&e_1 = \frac{1 - b/a}{1 + b/a}\\
&\varphi = \frac{M_f}{a(1 - e^2/4 - 3e_1^3/64 - 5e^6/256)}\\
&M_f = (X_N - FN)/k_0\\
&T_f = \tan^2\varphi_f\\
&C_f = e'^2\cos^2\varphi_f\\
&D = \frac{Y_E - FE}{k_0 N_f}
\end{aligned}\right\}\quad(4\text{-}2\text{-}6)$$

（二）墨卡托投影正反算公式

1. 墨卡托投影正算公式：$(\varphi、\lambda) \rightarrow (X、Y)$，标准纬度 φ_0，原点纬度 0，原点经度 λ_0。

$$\left.\begin{aligned}
&X_N = K\ln\left[\tan\left(\frac{\pi}{4} + \frac{\varphi}{2}\right) \times \left(\frac{1 - e\sin\varphi}{1 + e\sin\varphi}\right)^{\frac{e}{2}}\right]\\
&Y_E = K(\lambda - \lambda_0)\\
&K = N_{\varphi0} \times \cos\varphi_0 = \frac{a^2/b}{\sqrt{1 + e'^2 \times \cos^2\varphi_0}} \times \cos\varphi_0
\end{aligned}\right\}\quad(4\text{-}2\text{-}7)$$

2. 墨卡托投影反解公式：$(X、Y)\to(\varphi、\lambda)$，标准纬度 φ_0，原点纬度 0，原点经度 λ_0。

$$\left.\begin{aligned}\varphi &= \frac{\pi}{2} - 2\arctan\left(\mathrm{EXP}^{\frac{X_N}{K}} \times \mathrm{EXP}^{\frac{e}{2}\ln\left(\frac{1-e\sin\varphi}{1+e\sin\varphi}\right)}\right)\\ \lambda &= \frac{Y_E}{K} + \lambda_0\end{aligned}\right\} \tag{4-2-8}$$

公式中 EXP 为自然对数底，纬度 φ 通过迭代计算很快就可收敛。

(三)UTM 投影正反算公式

1. UTM 投影正解公式：$(\varphi、\lambda)\to(X、Y)$，原点纬度 0，中央经度 λ_0。

$$\left.\begin{aligned}X_N &= FN + k_0\left\{M + N\tan\varphi\left[\frac{A^2}{2} + (5 - T + 9C + 4C^2)\frac{A^4}{24}\right] + (61 - 58T + T^2 + 600C - 330e'^2)\frac{A^6}{720}\right]\\ Y_E &= FE + k_0 N\left[A + (1 - T + C)\frac{A^3}{6} + (5 - 18T + T^2 + 72C - 58e'^2)\frac{A^5}{120}\right]\end{aligned}\right\} \tag{4-2-9}$$

上面公式中东偏移 $FE = 500\ 000\mathrm{m}$；北偏移 FN 北半球 $= 0$；北偏移 FN 南半球 $= 10\ 000\ 000\mathrm{m}$；UTM 投影比例因子 $k_0 = 0.9996$，其他参数与高斯—克吕格投影正解公式相同。

2. UTM 投影反解公式：$(X、Y)\to(\varphi、\lambda)$，原点纬度 0，中央经度 λ_0。

$$\left.\begin{aligned}\varphi &= \varphi_f - \frac{N_f\tan\varphi_f}{R_f}\left[\frac{D^2}{2} - (5 + 3T_f + 10C_f - 4C_f^2 - 9e'^2)\frac{D^4}{24} + (61 + 90T_f + 298C_f + 45T_f^2 + 252e'^2 - 3C_f^2)\frac{D^6}{720}\right]\\ \lambda &= \lambda_0 + \frac{1}{\cos\varphi_f}\left[D - (1 + 2T_f + C_f)\frac{D^3}{6} + (5 - 2C_f + 28T_f - 3C_f^2 + 8e'^2 + 24T_f^2)\frac{D^5}{120}\right]\end{aligned}\right\} \tag{4-2-10}$$

式中参数与高斯—克吕格投影反解公式相同。

(四)兰勃特等角(Lambert Conformal Conic)投影正反算公式

1. 兰勃特等角投影正解公式：$(\varphi、\lambda)\to(X、Y)$，原点纬度 φ_0，原点经度 λ_0，第一标准纬线 φ_1，第二标准纬线 φ_2。

$$\left.\begin{aligned}X_N &= \lambda_0 - \lambda\cos\theta\\ Y_E &= \lambda\sin\theta\\ m &= \frac{\cos\varphi}{\sqrt{1 - e^2 \times \sin^2\varphi}}\\ t &= \tan\left(\frac{\pi}{4} - \frac{\varphi}{2}\right)\Big/\left(\frac{1 - e\sin\varphi}{1 + e\sin\varphi}\right)^{\frac{e}{2}}\\ n &= \frac{\ln(m_{\varphi1}/m_{\varphi2})}{\ln(t_{\varphi1}/t_{\varphi2})}\\ F &= m_{\varphi1}/(nt_{\varphi1}^n)\\ \gamma &= aFt^n\\ \theta &= n(\lambda - \lambda_0)\end{aligned}\right\} \tag{4-2-11}$$

式中：γ_0——原点纬度处的 γ 值；

$m_{\varphi1}$ 和 $m_{\varphi2}$——标准纬线 φ_1 和 φ_2 处的 m 值；

$t_{\varphi1}$ 和 $t_{\varphi2}$——标准纬线 φ_1 和 φ_2 处的 t 值。

2. 兰勃特等角投影反解公式：$(X、Y)\to(\varphi、\lambda)$，原点纬度 φ_0，原点经度 λ_0，第一标准纬线

φ_1，第二标准纬线 φ_2。

$$\left.\begin{aligned}&B=\pi/2-2\arctan\left[t'\left(\frac{1-e\sin\varphi}{1+e\sin\varphi}\right)^{\frac{e}{2}}\right]\\&L=\theta'/n+\lambda_0\\&\gamma'=\pm\sqrt{Y_E^2+(\gamma_0-X_N)^2}\ \text{符号与}\ n\ \text{相同}\\&t'=[\gamma'/(aF)]^{\frac{1}{n}}\\&\theta'=\arctan\frac{Y_E}{\gamma_0-X_N}\end{aligned}\right\}\tag{4-2-12}$$

式中参数与兰勃特等角投影正解公式相同，φ 通过迭代获取。

四、坐标系转换方法

在我国公路勘测设计中，由于经常采用独立坐标系，因此经常会遇到坐标系转换问题；再者由于现阶段最便捷、应用最为广泛的定位方法是 GPS 卫星定位，但 GPS 定位数据是 WGS 84 坐标系上的数据，而各国采用的一般是早先建立的国家坐标系，因此也经常需要将 WGS 84 定位数据转换到国家坐标系上。

（一）大地坐标与地心坐标的变换

大地经纬度坐标（纬度 φ，经度 λ）可以用地心直角坐标 X、Y、Z 表示，其中，直角坐标系原点位于地心；Z 轴为极轴，向北为正；X 轴穿过本初子午线与赤道的交点；Y 轴穿过赤道与东经 90°的交点。

设定坐标系的零经线为格林尼治子午线，如果定义不一致，在使用各公式前首先将零经线转换到格林尼治子午线。

设椭球长半轴为 a，短半轴为 b，扁率倒数为 $1/\alpha$，那么地心直角坐标求解公式如下：

$$\left.\begin{aligned}&X=(v+h)\cos\varphi\cos\lambda\\&Y=(v+h)\cos\varphi\sin\lambda\\&Z=[(1-e^2)v+h]\sin\varphi\end{aligned}\right\}\tag{4-2-13}$$

式中：v——纬度 φ 处的卯酉圈曲率半径，$v=a(1-e^2\sin\varphi)^{0.5}$；

φ、λ——坐标点的纬度和经度；

h——相对椭球面的高度；

e——椭球第一偏心率，$e^2=(a^2-b^2)/a^2=2\alpha-\alpha^2$。

h 为相对椭球面的高度，也就是通过 GPS 卫星定位观测得到的高度值，而不是通常的与重力相关的大地测量高程值。重力相关的高程（H）通常是相对海平面，或某一水准面的高度。如果重力高程 H 已知，那么在使用以上公式时必须将其转换成椭球高程 $h=H+N$，其中 N 为大地水准面相对椭球面的高度，N 有时为负值。大地水准面是近似于海平面的重力面。WGS 84 椭球的 N 值在 -100m（斯里兰卡）到 $+60$（北大西洋）之间。不过国家坐标系的椭球面与大地水准面的相对高度一般不容易得到。

反之，X、Y、Z 地心直角坐标也可以转换成经纬度大地坐标：

$$\left.\begin{aligned}&\varphi=\tan^{-1}[(Z+e^2v\sin\varphi)(X^2+Y^2)^{0.5}]\\&\lambda=\tan^{-1}(Y/X)\\&h=X\sec\lambda\sec\varphi-v\end{aligned}\right\}\tag{4-2-14}$$

式中：λ 从格林尼治本初子午线起算。

（二）坐标系转换方法

1. 三参数转换法

假设两椭球体的长、短轴相互平行，零经线为格林尼治本初子午线，从原坐标系转换到新坐标系可以采用三平移参数 dX、dY、dZ 进行解算，转换公式为：

$$\left.\begin{aligned} X_t &= X_s + \mathrm{d}X \\ Y_t &= Y_s + \mathrm{d}Y \\ Z_t &= Z_s + \mathrm{d}Z \end{aligned}\right\} \tag{4-2-15}$$

式中：X_s、Y_s、Z_s——原坐标系的坐标值；

X_t、Y_t、Z_t——新坐标系的坐标值。

利用 GPS 卫星测量出某点的纬度 φ_s、经度 λ_s 和椭球高 h_s，首先利用式（4-2-13）将 WGS 84 大地坐标转换为地心直角坐标，根据式（4-2-15）求取采用椭球的地心直角坐标，再利用式（4-2-14）即可求出采用椭球的大地坐标纬度 φ_t、经度 λ_t 和椭球高 h_t，其中椭球高 h_t 为从采用椭球的椭球面起算，如果需要换算到海平面高程需要作大地水准面高度校正。

在卫星探测早期阶段，由于大地坐标系之间的关系还未能明确定义，并且数据本身的精度也不高，通常采用 dX、dY、dZ（两椭球参心差值）三参数法进行坐标系转换。该方法假定两个大地坐标系的直角坐标轴相互平行，尽管这种假设通常是不成立的，但对一个国家或地域的局部地区来说，该假设引起的误差可以忽略，一般小于数据的观测精度。对公路勘测而言，在特定的区域内，三参数转换法一般是能够满足精度要求的，当精度要求较高时，三参数转换法不适合在全球范围应用，也不适合地域广大的国家与地区。

dX、dY、dZ 三参数可以通过在已知地方坐标的点上测量 WGS 84 坐标求得。另外表 4-2-2 为世界各地地方参考椭球转换值 WGS 84 椭球空间直角坐标的三参数，供参考。

坐标转换三参数表　　表 4-2-2

椭球及参数	地方椭球基准	使用国家/地区	dX (m)	dY (m)	dZ (m)
AIRY 椭球 a = 6 377 563.396 b = 6 356 256.910 $1/\alpha$ = 299.324 964 6	1938 年 英国陆军测量局	英格兰、伊尔曼湖、苏格兰、苏格兰群岛	375	-111	431
		英 格 兰	371	-112	434
		英格兰、伊尔曼湖和威尔士	371	-111	434
		苏格兰和苏格兰群岛	384	-111	425
		威 尔 士	370	-106	434
修正的 AIRY 椭球 a = 6 377 340.189 b = 6 356 034.446 $1/\alpha$ = 299.324 964 6	1965 爱尔兰	爱 尔 兰	506	-122	611
澳大利亚国家椭球 a = 6 378 160 b = 6 356 774.719 2 $1/\alpha$ = 298.25	1965 安娜 - 天文	科科斯（基林）群岛	-491	-22	435
	1966 澳大利亚	澳洲与塔斯马尼亚州	-133	-48	148
	1984 澳大利亚	澳洲与塔斯马尼亚州	-133	-48	149

续上表

<table>
<tr><th>椭球及参数</th><th>地方椭球基准</th><th>使用国家/地区</th><th>dX (m)</th><th>dY (m)</th><th>dZ (m)</th></tr>
<tr><td rowspan="7">贝塞耳 1841 椭球
$a=6\ 377\ 397.155$
$b=6\ 356\ 078.982\ 9$
$1/\alpha=299.152\ 812\ 8$</td><td>雅加达</td><td>印 尼</td><td>-377</td><td>681</td><td>-50</td></tr>
<tr><td>赛加拉</td><td>印尼(加里曼丹)</td><td>-403</td><td>684</td><td>41</td></tr>
<tr><td>马萨瓦</td><td>埃塞俄比亚</td><td>639</td><td>405</td><td>60</td></tr>
<tr><td>S-JTSK</td><td>捷克斯洛伐克</td><td>589</td><td>76</td><td>480</td></tr>
<tr><td rowspan="3">东 京</td><td>日本、冲绳岛、南朝鲜</td><td>-148</td><td>507</td><td>685</td></tr>
<tr><td>冲 绳 岛</td><td>-158</td><td>507</td><td>676</td></tr>
<tr><td>南 朝 鲜</td><td>-148</td><td>507</td><td>687</td></tr>
<tr><td>贝塞耳 1841(纳米比亚)
$a=6\ 377\ 483.865$
$1/\alpha=299.152\ 812\ 8$</td><td>斯察外兹克</td><td>纳米比亚</td><td>616</td><td>97</td><td>-251</td></tr>
<tr><td rowspan="18">克拉克 1866 椭球
$a=6\ 378\ 206.4$
$b=6\ 356\ 583.8$
$1/\alpha=294.978\ 698\ 2$</td><td>1962 美国萨摩亚群岛</td><td>美国萨摩亚群岛</td><td>-115</td><td>118</td><td>426</td></tr>
<tr><td>1957 百慕大群岛</td><td>百慕大群岛</td><td>-73</td><td>213</td><td>296</td></tr>
<tr><td>弗罗里达</td><td>巴哈马群岛和弗罗里达</td><td>-2</td><td>151</td><td>181</td></tr>
<tr><td>1963 关岛</td><td>关 岛</td><td>-100</td><td>-248</td><td>259</td></tr>
<tr><td rowspan="2">吕宋岛</td><td>菲律宾(不包括棉兰老岛)</td><td>-133</td><td>-77</td><td>-51</td></tr>
<tr><td>棉兰老岛</td><td>-133</td><td>-79</td><td>-72</td></tr>
<tr><td rowspan="6">1927 北 美</td><td>美国大陆</td><td>-8</td><td>160</td><td>176</td></tr>
<tr><td>美国东部</td><td>-9</td><td>161</td><td>179</td></tr>
<tr><td>美国西部</td><td>-8</td><td>159</td><td>175</td></tr>
<tr><td>阿拉斯加州(不包括阿留申群岛)</td><td>-5</td><td>135</td><td>172</td></tr>
<tr><td>阿留申群岛(西经 180°以东)</td><td>-2</td><td>152</td><td>149</td></tr>
<tr><td>阿留申群岛(西经 180°以西)</td><td>2</td><td>204</td><td>105</td></tr>
<tr><td rowspan="6">1927 加拿大北美</td><td>加拿大,包括纽芬兰岛</td><td>-10</td><td>158</td><td>187</td></tr>
<tr><td>亚伯达和英国哥伦比亚</td><td>-7</td><td>162</td><td>188</td></tr>
<tr><td>加拿大东部(纽芬兰岛、新纽柯舍岛、魁北克)</td><td>-22</td><td>160</td><td>190</td></tr>
<tr><td>安大略湖</td><td>-9</td><td>157</td><td>184</td></tr>
<tr><td>西北地区和萨斯喀彻温省</td><td>4</td><td>159</td><td>188</td></tr>
<tr><td>育 空</td><td>-7</td><td>139</td><td>181</td></tr>
<tr><td rowspan="5">克拉克 1866 椭球
$a=6\ 378\ 206.4$
$b=6\ 356\ 583.8$
$1/\alpha=294.978\ 698\ 2$</td><td rowspan="4">1927
北 美
(除了美国和加拿大)</td><td>巴哈马群岛(不包括圣萨尔瓦多岛)</td><td>-4</td><td>154</td><td>178</td></tr>
<tr><td>运河区</td><td>0</td><td>125</td><td>201</td></tr>
<tr><td>中美洲(包括萨尔瓦多、洪都拉斯、尼加拉瓜、伯利兹)</td><td>0</td><td>125</td><td>194</td></tr>
<tr><td>古 巴</td><td>-9</td><td>152</td><td>178</td></tr>
<tr><td>1927 北 美</td><td>格陵兰(贺氏半岛)</td><td>11</td><td>114</td><td>195</td></tr>
</table>

续上表

椭球及参数	地方椭球基准	使用国家/地区	dX (m)	dY (m)	dZ (m)
克拉克 1866 椭球 $a=6\ 378\ 206.4$ $b=6\ 356\ 583.8$ $1/\alpha=294.978\ 698\ 2$		墨西哥	-12	130	190
		圣萨尔瓦多岛	1	140	155
	老夏威夷	夏威夷	89	279	183
		考艾岛	45	-290	-172
		毛伊岛	65	-290	-190
		瓦胡岛	58	-283	-182
	波多黎各	波多黎各和圣女岛	11	72	-101
克拉克 1880 椭球 $a=6\ 378\ 249.145$ $b=6\ 356\ 514.869\ 6$ $1/\alpha=293.465$	阿丁旦	埃塞俄比亚和苏丹	-166	-15	204
		布基纳法索	-118	-14	218
		喀麦隆	-134	-2	210
		埃塞俄比亚	-165	-11	206
		马里	-123	-20	220
		塞内加尔	-128	-18	224
		苏丹	-161	-14	205
	1943 安提瓜岛	安提瓜岛	-270	13	62
	Arc 1950	博茨瓦纳、莱索托、马拉维、斯威士兰、 扎伊尔、赞比亚和津巴布韦	-143	-90	-294
		博茨瓦纳	-138	-105	-289
		布隆迪	-153	-5	-292
		莱索托	-125	-108	-295
		马拉维	-161	-73	-317
		斯威士兰	-134	-105	-295
		扎伊尔	-169	-19	-278
		赞比亚	-147	-74	-283
		津巴布韦	-142	-96	-293
	Arc 1960	肯尼亚和坦桑尼亚	-160	-6	-302
	Cape	南非	-138	-108	-292
	Carthage	突尼斯	-263	6	431
	Dabola	几内亚	-83	37	124
	托马斯 1955	尼维斯岛	-7	215	225
	Leigon	加纳	-130	29	364
	利比里亚 1964	利比里亚	-90	40	88
	Merchich	摩洛哥	31	146	47
	Minna	喀麦隆	-81	-84	115
		尼日利亚	-92	-93	122

续上表

<table>
<tr><th>椭球及参数</th><th>地方椭球基准</th><th>使用国家/地区</th><th>dX (m)</th><th>dY (m)</th><th>dZ (m)</th></tr>
<tr><td rowspan="11">克拉克 1880 椭球
a = 6 378 249.145
b = 6 356 514.869 6
1/α = 293.465</td><td>蒙特塞拉特岛天文 1958</td><td>蒙特塞拉特岛</td><td>174</td><td>359</td><td>365</td></tr>
<tr><td>M'poraloko</td><td>加 蓬</td><td>-74</td><td>-130</td><td>42</td></tr>
<tr><td rowspan="3">Nanwan</td><td>阿 曼</td><td>-247</td><td>-148</td><td>369</td></tr>
<tr><td>沙特阿拉伯</td><td>-243</td><td>-192</td><td>477</td></tr>
<tr><td>阿拉伯联合酋长国</td><td>-249</td><td>-156</td><td>381</td></tr>
<tr><td>北撒哈拉 1959</td><td>阿尔及利亚</td><td>-186</td><td>-93</td><td>310</td></tr>
<tr><td>阿 曼</td><td>阿 曼</td><td>-346</td><td>-1</td><td>224</td></tr>
<tr><td>Point 58</td><td>布基纳法索和尼日尔</td><td>-106</td><td>-129</td><td>165</td></tr>
<tr><td>Pointe Noire1948</td><td>刚 果</td><td>-148</td><td>51</td><td>-291</td></tr>
<tr><td>Viti levu 1916</td><td>斐济群岛</td><td>51</td><td>391</td><td>-36</td></tr>
<tr><td>Voirol 1960</td><td>阿尔及利亚</td><td>-123</td><td>-206</td><td>219</td></tr>
<tr><td rowspan="6">1830 埃弗瑞斯椭球
a = 6 377 276.345 18
b = 6 356 075.415 11
1/α = 300.8017</td><td>印 度</td><td>孟加拉国</td><td>282</td><td>726</td><td>254</td></tr>
<tr><td>印度 1954</td><td>泰 国</td><td>217</td><td>823</td><td>299</td></tr>
<tr><td rowspan="2">印度 1960</td><td>越 南</td><td>182</td><td>915</td><td>344</td></tr>
<tr><td>越南(北纬 16°附近)</td><td>196</td><td>881</td><td>317</td></tr>
<tr><td>印度 1975</td><td>泰 国</td><td>209</td><td>818</td><td>290</td></tr>
<tr><td>Kandawala</td><td>斯里兰卡</td><td>-97</td><td>787</td><td>86</td></tr>
<tr><td>1948 埃弗瑞斯椭球
a = 6 377 298.556
1/α = 300.8017</td><td>Timbatai 1948</td><td>文莱和东马来群岛(沙捞越和沙巴)</td><td>-679</td><td>669</td><td>-48</td></tr>
<tr><td>1948 修正的埃弗瑞斯椭球
a = 6 377 304.063
b = 6 358 103.039
1/α = 300.8017</td><td>Kertau 1948</td><td>西马来群岛和新加坡</td><td>-11</td><td>851</td><td>5</td></tr>
<tr><td>1956 埃弗瑞斯椭球
a = 6 377 301.243
1/α = 300.8017</td><td>印 度</td><td>印度和尼泊尔</td><td>295</td><td>736</td><td>257</td></tr>
<tr><td>埃弗瑞斯(巴基斯坦)椭球
a = 6 377 309.613
1/α = 300.8017</td><td>印 度</td><td>巴基斯坦</td><td>283</td><td>682</td><td>231</td></tr>
<tr><td>修正的费希尔椭球
a = 63 778 155.0
1/α = 298.3</td><td>南 亚</td><td>新 加 坡</td><td>7</td><td>-10</td><td>-26</td></tr>
</table>

续上表

椭球及参数	地方椭球基准	使用国家/地区	dX(m)	dY(m)	dZ(m)
1980 大地参考椭球 a=6 378 137 b=6 356 752.3141 $1/\alpha$=298.257 222 110 1	北美 1983	阿拉斯加(包括阿留申群岛)	0	0	0
		阿留申群岛	-2	0	4
		加拿大	0	0	0
		美国大陆	0	0	0
		夏威夷	1	1	-1
		墨西哥和中美洲	0	0	0
1906 赫尔默特椭球 a=6 378 200 $1/\alpha$=298.3	老埃及 1907	埃及	-130	110	-13
1960 Hough 椭球 a=6 378 270 $1/\alpha$=297	威克-埃尼 威托克 1960	马绍尔群岛	102	52	-38
印度尼西亚 1974 椭球 a=6 378 160 $1/\alpha$=298.247	印度尼西亚 1974	印度尼西亚	-24	-15	5
1924 国际参考椭球 a=6 378 388 b=6 356 911.946 2 $1/\alpha$=297	艾因埃拉伯德 1970	巴林	-150	-250	-1
		沙特阿拉伯	-143	-236	7
	阿森松群岛 1958	阿森松群岛	-205	107	53
	比绍	几内亚比绍	-173	253	27
	波哥大天文台	哥伦比亚	307	304	-318
	Camoo Inchauspe 1969	阿根廷	-148	136	90
	古阿天文坐标系统	巴拉圭	-134	229	-29
	阿来瑞尔	巴西	-206	172	-6
	欧洲的 1950 非洲坐标系统	埃及	-130	-117	-151
		突尼斯	-112	-77	-145
	欧洲 1950	西欧(奥地利、丹麦、法国、德国、荷兰和瑞士)	-87	-96	-120
		塞浦路斯	-104	-101	-140
		英格兰、海峡群岛、苏格兰和苏格兰群岛	-86	-96	-120
		希腊	-84	-95	-130
		西西里岛	-97	-103	-120
		马耳他	-107	-88	-149
		挪威和芬兰	-87	-95	-120
		葡萄牙和西班牙	-84	-107	-120

续上表

椭球及参数	地方椭球基准	使用国家/地区	dX (m)	dY (m)	dZ (m)
1924 国际参考椭球 $a=6\ 378\ 388$ $b=6\ 356\ 911.946\ 2$ $1/\alpha=297$	欧洲的 1950 中东坐标系统	伊 朗	-117	-132	-164
		以色列、科威特、约旦、黎巴嫩、沙特阿拉伯、伊拉克和叙利亚	-103	-106	-141
	欧洲 1979	奥地利、芬兰、荷兰、挪威、西班牙、瑞典和瑞士	-85	-98	-119
	1970 Gandajika	马尔代夫共和国	-133	-321	50
	1949 大地坐标系统	新 西 兰	84	-22	209
	Heart North	阿 富 汗	-333	-222	114
	香港 1963	香 港	-156	-271	-189
	Hu-Tzu-Shan	台 湾	-637	-549	-203
	中途岛 1961	中 途 岛	912	-58	1227
	南美 1956 临时系统	玻利维亚、智利、哥伦比亚、秘鲁、厄瓜多尔、圭亚那和委内瑞拉	-288	175	-376
		玻利维亚	-270	168	-388
		北 智 利	-270	183	-390
		南 智 利	-305	243	-442
		哥伦比亚	-282	169	-371
		厄瓜多尔	-278	171	-367
		圭 亚 那	-298	159	-369
		秘 鲁	-279	175	-379
		委内瑞拉	-295	173	-371
	临时南智利 1963	南 智 利	16	196	93
	卡 塔 尔	卡 塔 尔	-128	-283	22
	塔那那利佛 1925	马达加斯加岛	-189	-242	-91
	Yacare	乌 拉 圭	-155	171	37
	Zandei	苏 里 南	-265	120	-358
前克拉索夫斯基 1940 椭球 $a=6\ 378\ 245$ $1/\alpha=298.3$	Pulkovo 1942	俄 罗 斯	28	-130	-95
	S-42	匈 牙 利	28	-121	-77
前苏联大地坐标 1985 椭球 $a=6\ 378\ 136$ $1/\alpha=298.257$	SGS-1985	亚洲和欧洲	3	9	-9

续上表

椭球及参数	地方椭球基准	使用国家/地区	dX (m)	dY (m)	dZ (m)
南美 1969 椭球 $a=6\ 378\ 160$ $b=6\ 356\ 774.719\ 2$ $1/\alpha=298.25$	南美 1969	南 美	-57	1	-41
		阿 根 廷	-62	-1	-37
		玻利维亚	-61	2	-48
		巴 西	-60	-2	-41
		智 利	-75	-1	-44
		哥伦比亚	-44	6	-36
		厄瓜多尔	-48	3	-44
		厄瓜多尔	-47	26	-42
		圭 亚 那	-53	3	-47
		巴 拉 圭	-61	2	-33
		秘 鲁	-58	0	-44
		特立尼达岛和多巴哥岛	-45	12	-33
		委内瑞拉	-45	8	-33

注:本表中的三参数是从地方参考椭球的空间直角坐标转换为 WGS 84 空间直角坐标的转换参数。

2. 简化莫洛金斯基(Molodenski)转换

三参数法是最简单的坐标系转换方法,通过两坐标系的原点位移就可以实现,莫洛金斯基(Molodenski)在此基础上提出了相应三参数的直接转换方法,其公式如下:

$$\left.\begin{aligned}\varphi_t&=\varphi_s+\mathrm{d}\varphi\\ \lambda_t&=\lambda_s+\mathrm{d}\lambda\\ h_t&=h_s+\mathrm{d}h\end{aligned}\right\}\tag{4-2-16}$$

式中:$\mathrm{d}\varphi''=(-\mathrm{d}X\cdot\sin\varphi\cdot\cos\lambda-\mathrm{d}Y\cdot\sin\varphi\cdot\sin\lambda+\mathrm{d}Z\cdot\cos\varphi+[a\cdot\mathrm{d}f+f\cdot\mathrm{d}a]\cdot\sin2\varphi)/(\rho\cdot\sin1'')$

$\mathrm{d}\lambda''=(-\mathrm{d}X\cdot\sin\lambda+\mathrm{d}Y\cdot\cos\lambda)/(v\cdot\cos\varphi\cdot\sin1'')$

$\mathrm{d}h=\mathrm{d}X\cdot\cos\varphi\cdot\cos\lambda+\mathrm{d}Y\cdot\cos\varphi\cdot\sin\lambda+\mathrm{d}Z\cdot\sin\varphi+(a\cdot\mathrm{d}f+f\cdot\mathrm{d}a)\cdot\sin^2\varphi-\mathrm{d}a$

其中:$\mathrm{d}X$、$\mathrm{d}Y$、$\mathrm{d}Z$——两椭球参心差值,也就是椭球体原点平移参数;

ρ——原椭球体纬度 φ 处的子午圈曲率半径,$\rho=a(1-e^2)/(1-e^2\sin\varphi)^{3/2}$;

v——原椭球体纬度 φ 处的卯酉圈曲率半径,$v=a/(1-e^2\sin^2\varphi)^{1/2}$;

$\mathrm{d}a$——新椭球体与原椭球体的长半轴之差,$\mathrm{d}a=a_t-a_s$;

$\mathrm{d}\alpha$——为新椭球体与原椭球体的扁率之差,$\mathrm{d}\alpha=\alpha_t-\alpha_s=1/(1/\alpha_t)-1/(1/\alpha_s)$;

$\mathrm{d}\varphi$、$\mathrm{d}\lambda$——φ、λ 的偏差值,以弧度为单位。

3. 赫尔默特(Helmert)转换

从一个大地坐标系转换到另一个大地坐标系(俗称为基准面转换)一般需要经过三个环节:大地坐标到地心坐标→地心坐标到地心坐标→地心坐标到大地坐标。三参数法和简化莫洛金斯基(Molodenski)转换法都是假设两个大地坐标系的直角坐标轴相互平行,当两椭球体的长、短轴不相互平行并且考虑到位置矢量的比例因子时,就要使用7参数转换法,通常称为7参数赫尔默特(Helmert)转换,将转换公式用7参数矩阵表示,即得到著名的布尔莎—沃尔夫(Bursa-Wolf)公式:

$$\begin{bmatrix} X_T \\ Y_T \\ Z_T \end{bmatrix} = M \times \begin{pmatrix} 1 & -R_Z & +R_Y \\ +R_Z & 1 & -R_X \\ -R_Y & +R_X & 1 \end{pmatrix} \times \begin{bmatrix} X_S \\ Y_S \\ Z_S \end{bmatrix} + \begin{bmatrix} \mathrm{d}X \\ \mathrm{d}Y \\ \mathrm{d}Z \end{bmatrix} \tag{4-2-17}$$

式中:(X_S、Y_S、Z_S)为原坐标系中的点坐标,(X_T、Y_T、Z_T)为新坐标系中的点坐标。

($\mathrm{d}X$、$\mathrm{d}Y$、$\mathrm{d}Z$):两坐标系的原点平移矢量(平移参数),原坐标系中的点位置矢量加上原点平移矢量即得到该点在新坐标系中的位置矢量。平移参数也就是原坐标系的原点在新坐标系中的坐标值。

(R_X、R_Y、R_Z):位置矢量的旋转角(旋转参数)。参数符号约定如下:从直角坐标系原点沿轴正向看,位置矢量绕轴顺时针旋转为正。从原坐标系转换到新坐标系,如果绕Z轴的旋转角度为正,那么转换后坐标点的经度将增大。

M:位置矢量的比例因子(尺度比参数),位置矢量从原坐标系转换到新坐标系的尺度伸缩量。$M = (1 + \mathrm{d}S \times 10^{-6})$,其中$\mathrm{d}S$为尺度校正量,以百万分之一计(ppm)。

4. 莫洛金斯基—巴德卡斯(Molodenski-Badekas)转换

为了消除赫尔默特(Helmert)方法中平移与旋转参数之间的强相关性,引入了另一旋转中心点,也就是旋转中心由原来的地心坐标系原点,改为一个特定的位置,转换公式变为:

$$\begin{bmatrix} X_T \\ Y_T \\ Z_T \end{bmatrix} = M \times \begin{pmatrix} 1 & +R_Z & -R_Y \\ -R_Z & 1 & +R_X \\ +R_Y & -R_X & 1 \end{pmatrix} \times \begin{bmatrix} X_S - X_p \\ Y_S - Y_p \\ Z_S - Z_p \end{bmatrix} + \begin{bmatrix} X_p \\ Y_p \\ Z_p \end{bmatrix} + \begin{bmatrix} \mathrm{d}X \\ \mathrm{d}Y \\ \mathrm{d}Z \end{bmatrix} \tag{4-2-18}$$

参数定义如下:

(X_p、Y_p、Z_p):旋转中心点的坐标。

($\mathrm{d}X$、$\mathrm{d}Y$、$\mathrm{d}Z$):两坐标系的原点平移矢量(平移参数),原坐标系中的点位置矢量加上原点平移矢量即得到该点在新坐标系中的位置矢量。平移参数也就是原坐标系的原点在新坐标系中的坐标值。

(R_X、R_Y、R_Z):坐标参考框架的旋转角(旋转参数)。参数符号约定如下:从直角坐标系原点沿轴正向看,位置矢量绕轴顺时针旋转为正。从原坐标系转换到新坐标系,如果绕Z轴的旋转角度为正,那么转换后坐标点的经度将变小。

M:位置矢量的比例因子(尺度比参数),位置矢量从原坐标系转换到新坐标系的尺度伸缩量。$M = (1 + \mathrm{d}S \times 10^{-6})$,其中$\mathrm{d}S$为尺度校正量,以百万分之一计(ppm)。

5. 多项式转换方法

多项式转换方法一般用于误差分布不均匀的坐标系转换,因为这些误差引起的失真可近似通过经、纬度或北、东向坐标的多项式函数模拟,多项式的阶次可按失真的程度而定,可以是2次、3次或更高次的多项式。在坐标系转换中,由地图投影及基准面变换误差引起的失真也可以通过多项式逼近函数调整。

多项式函数本身具有适应各种变化的能力,因为不同的情况可通过不同的多项式逼近。

最简单的多项式是一般多项式函数，但这类多项式可能产生数值不稳定问题，为此需要将原坐标系及新坐标系中的坐标值减小到"可控制"的数值，至多在 $-10\sim10$ 之间，这可通过坐标值归化实现，也就是设定一个中间参照值，计算各点相对该参照点的坐标差值，然后再通过一个比例因子将该差值归化到期望的数值范围。

设定原坐标系的参照点（X_{S0}、Y_{S0}），新坐标系的参照点（X_{T0}、Y_{T0}），通常，这两个参照点不是同一个物理点，而是各自坐标系中的同坐标点，因为当两个参照点坐标相同时，公式中的相关参数就能互相消除。

两坐标系的参照点选定后，就可计算相对各自参照点的相对坐标值，分别为：

$$\begin{matrix} X_S - X_{S0} \\ Y_S - Y_{S0} \end{matrix} \text{和} \begin{matrix} X_T - X_{T0} \\ Y_T - Y_{T0} \end{matrix}$$

相对坐标值的单位应该与坐标系采用的单位一致，如果原坐标系或新坐标系的坐标用经纬度表示，则坐标单位可以是度、分、秒，不过度、分、秒在数学公式中不能直接参与运算。然后通过一个比例因子，将相对坐标值调整到一个期望的数值范围，以减小多项式数值计算误差：

$$\left.\begin{aligned} U &= m_S \cdot (X_S - X_{S0}) \\ V &= m_S \cdot (Y_S - Y_{S0}) \end{aligned}\right\} \tag{4-2-19}$$

式中：X_S、Y_S——原坐标系中的点坐标；

X_{S0}、Y_{S0}——原坐标系中的参照点坐标；

m_S——原坐标系中相对坐标值的比例因子。

将归化后的相对坐标值 U、V 代入多项式转换公式。

6. 相似变换

上述介绍的坐标转换方法比较复杂，适用于一般情况下的坐标转换。在公路勘测中，需要相互转换的两个坐标系纵横比例尺一般是一致的，也就是从原坐标系转换到新坐标系两坐标轴的比例因子相等，而且在公路勘测中应用比较多的情况是两个平面直角坐标系的转换，这样两个坐标系的转换采用相似转换的方法比较简单，如图 4-2-18。

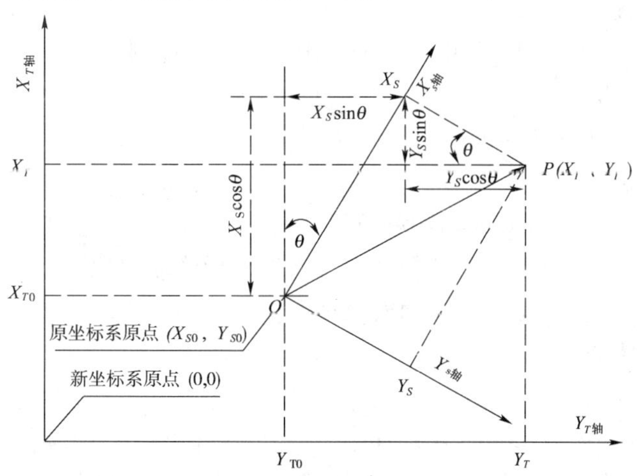

图 4-2-18 相似变换示意图

由图可见，相似变换的代数表达式为：

$$\left.\begin{aligned}X_T = X_{T0} + X_S \cdot \mathrm{d}S \cdot \cos\theta + Y_S \cdot \mathrm{d}S \cdot \sin\theta \\ Y_T = Y_{T0} - X_S \cdot \mathrm{d}S \cdot \sin\theta + Y_S \cdot \mathrm{d}S \cdot \cos\theta\end{aligned}\right\} \tag{4-2-20}$$

或用矩阵表示为:

$$\begin{pmatrix} X_T \\ Y_T \end{pmatrix} = \begin{pmatrix} X_{T0} \\ Y_{T0} \end{pmatrix} + (1 + \mathrm{d}S) \times \begin{pmatrix} \cos\theta & \sin\theta \\ -\sin\theta & \cos\theta \end{pmatrix} \times \begin{pmatrix} X_S \\ Y_S \end{pmatrix} \tag{4-2-21}$$

式中:X_{T0}、Y_{T0}——原坐标系的原点在新坐标系中的坐标值;

$\mathrm{d}S$——原坐标系一个单位长度,以新坐标系的长度单位表示;

θ——原坐标系两坐标轴旋转到与新坐标系对应坐标轴重合需要转动的角度,逆时针旋转为正。

五、我国常用坐标系

(一)1954 年北京坐标系

建国初期,建立独立大地坐标系的条件还不具备,为急需,引进了前苏联普尔沃坐标系,联测于 1954 年进行区域平差的东北地区一等三角锁,并选定其中内蒙古托克托一等天文点为大地坐标原点,进行参考椭球定位,建立了"1954 北京坐标系",采用了 1942 年克拉索夫斯基椭球作参考椭球,其参数如下:

长半轴 $a = 6\ 378\ 245.000\text{m}$

短半轴 $b = 6\ 356\ 863.01877\text{m}$

扁　率 $\alpha = (a - b)/a = 1/298.3$

1954 年北京坐标系建立以后,从我国广大地区大地测量的结果来看,这一参考椭球及其定位与中国大地体的符合不很理想,参考椭球面普遍低于大地水准面,平均低 31m,在东南沿海地区最多低到 67m,自西向东倾斜。

(二)1980 西安坐标系

20 世纪 60 年代以后,国际上利用卫星大地测量技术得到了当时最佳拟合于全球大地水准面的椭球。我国在 1972 ~ 1982 年期间进行国家天文大地网整体平差时,采用 1975 年国际大地测量与地球物理联合会第 16 届大会推荐的新椭球参数:

长半轴 $a = 6\ 378\ 140\text{m}$

短半轴 $b = 6\ 356\ 755.288\ 158\text{m}$

扁　率 $\alpha = (a - b)/a = 1/298.257$

并按照与全国范围大地水准面的最佳拟合条件进行椭球定位,建立了陕西泾阳大地原点(原点位于泾阳永乐镇附近)和"1980 西安坐标系"。

1980 西安坐标系与 1954 年北京坐标系比较:

纵坐标差值为　　-22m ~ -95m;

横坐标差值为　　-20m ~ -137m。

该成果 1984 年 6 月通过技术鉴定。国家测绘局 1990 年 180 号文件通知从 1991 年起在全国开展 1/5 万地形图更新工作中将采用 1980 西安坐标系,各省、市、自治区测绘局或测绘院首先对等级平面控制点成果进行改算工作。

（三）独立坐标系

任意选定原点和坐标轴，其投影面为固定基准面的平面直角坐标系。独立坐标系是相对于国家统一坐标系而言的，以测区中某一经度线作为中央子午线，以测区某一高程面作为投影面而建立的平面直角坐标系。用该坐标系建立的控制网可与国家坐标系进行换算。

（四）假定坐标系

任意假定原点、坐标轴方向，长度不经过投影变形改正的平面直角坐标系。一般是假定一个点的坐标（不要使测区出现负值坐标）及一条边的方位角，在测量平面上直接计算的平面直角坐标系。

六、1954 年北京坐标系与 1980 西安坐标系地形图的转换

我国目前常用的平面直角坐标系有 1954 年北京坐标系和 1980 西安坐标系，这两种坐标系在以后较长的时间内还将继续共同使用，特别是原有的地形图资料。因此经常会遇到地形图资料在两个坐标系间转换的问题。

1954 年北京坐标系地形图在 1980 西安坐标系中使用时，可通过求出旧图上高斯平面坐标值在 1980 西安坐标系中的改正量，建立新的统一分幅的经纬线图廓。根据 1980 西安坐标系建立的原理和全国天文大地网整体平差方案，每幅地形图的高斯平面坐标改正量（即公里网线移动值）可统一按式（4-2-22）求定：

$$\left.\begin{aligned} DX &= DX_1 + DX_2 \\ DY &= DY_1 + DY_2 \end{aligned}\right\} \tag{4-2-22}$$

式中：DX_1、DY_1——1954 年北京坐标系测图控制点转换为 1980 西安坐标系测图控制点时，高斯平面坐标转换改正量；

DX_2、DY_2——属于 1980 西安坐标系中局部平差的测图控制点经整体平差后的平差改正量。

根据理论指导和实际计算，各种比例尺地形图在转换过程中图廓线长度的变化可以忽略不计，而图内控制点相对关系亦基本不变，故每幅图的变化只是坐标公里网线作东西和南北方向平移，每幅图实际只需使用一个图廓角点的改正量即可，一般使用各图幅左下角图廓点的改正量。部分图幅的改正量列于表 4-2-3 和表 4-2-4，供参考。

1∶10 万地形图高斯平面坐标改正表　　表 4-2-3

图幅：H－50　$DX = X54 - X80$（m）

$DY = Y54 - Y80$（m）

纬度 \ 经度	114°00′	114°30′	115°00′	115°30′	116°00′	116°30′	117°00′	117°30′	118°00′	118°30′	119°00′	119°30′	120°00′
32°00′	48.3	48.3	48.2	48.1	48.0	47.8	47.5	47.2	46.8	46.6	46.3	46.0	45.8
	53.9	53.4	53.0	52.6	52.3	51.9	51.5	51.1	50.9	50.5	50.1	49.7	49.1
40′	48.7	48.5	48.5	48.3	48.2	48.0	47.7	47.4	47.0	46.8	46.6	46.4	46.1
	53.7	53.3	52.8	52.4	52.1	51.7	51.4	50.9	50.6	50.2	49.8	49.3	48.7
20′	48.8	48.8	48.8	48.7	48.5	48.3	48.0	47.7	47.3	47.1	46.9	46.6	46.4
	53.5	53.1	52.6	52.2	51.9	51.5	51.1	50.7	50.3	49.9	49.5	49.0	48.4

续上表

纬度＼经度	114°00′	114°30′	115°00′	115°30′	116°00′	116°30′	117°00′	117°30′	118°00′	118°30′	119°00′	119°30′	120°00′
31°00′	49.0	49.1	49.1	48.9	48.8	48.5	48.2	47.9	47.6	47.4	47.1	46.9	46.6
	53.5	52.9	52.5	52.0	51.6	51.2	50.9	50.5	50.0	49.6	49.2	48.7	48.2
40′	49.4	49.3	49.1	49.1	49.0	48.7	48.4	48.1	47.8	47.6	47.3	47.1	46.9
	53.4	52.9	52.3	51.8	51.4	51.0	50.7	50.2	49.7	49.3	48.8	48.4	48.0
20′	49.7	49.6	49.4	49.3	49.1	48.9	48.5	48.1	47.9	47.7	47.5	47.3	47.2
	53.3	52.7	52.2	51.7	51.2	50.8	50.5	49.9	49.4	49.0	48.5	48.1	47.8
30°00′	50.0	49.9	49.7	49.6	49.3	49.0	48.6	48.4	48.2	48.0	47.8	47.7	47.5
	53.3	52.8	52.2	51.7	51.1	50.6	50.2	49.7	49.1	48.6	48.2	47.8	47.5
40′	50.3	50.3	50.0	49.7	49.5	49.2	48.8	48.6	48.4	48.3	48.1	47.9	47.8
	53.3	52.8	52.3	51.7	51.2	50.6	50.1	49.6	48.9	48.4	48.0	47.6	47.1
20′	50.7	50.4	50.2	49.9	49.7	49.4	49.0	48.9	48.8	48.6	48.4	48.2	48.1
	53.3	52.9	52.2	51.7	51.1	50.5	50.1	49.5	48.8	48.4	47.8	47.2	46.7
29°00′	50.9	50.6	50.5	50.2	49.9	49.6	49.3	49.3	49.1	49.0	48.8	48.7	48.5
	53.3	52.8	52.2	51.7	51.1	50.5	50.0	49.4	48.8	48.3	47.7	47.1	46.6
40′	51.1	50.9	50.7	50.4	50.2	49.9	49.6	49.5	49.4	49.3	49.2	48.9	48.7
	53.3	52.7	52.2	51.6	51.0	50.4	49.9	49.3	48.7	48.1	47.6	47.0	46.3
20′	51.5	51.2	51.0	50.7	50.5	50.3	50.0	49.8	49.5	49.4	49.2	49.0	48.8
	53.2	52.7	52.2	51.6	51.0	50.4	49.9	49.2	48.7	48.1	47.5	46.8	46.0
28°00′	51.7	51.5	51.3	51.1	50.9	50.6	50.4	50.1	49.9	49.8	49.6	49.3	49.0
	53.2	52.7	52.0	51.5	50.9	50.4	49.7	49.2	48.7	48.1	47.5	46.8	46.6

1:5万地形图高斯平面坐标改正表 表4-2-4

图幅：H－50－A　$DX = X54 - X80$(m)

$DY = Y54 - Y80$(m)

纬度＼经度	114°00′	114°15′	114°30′	114°45′	115°00′	115°15′	115°30′	115°45′	116°00′	116°15′	116°30′	116°45′	117°00′
32°00′	48.3	48.3	48.3	48.3	48.2	48.2	48.1	48.1	48.0	47.9	47.8	47.7	47.5
	53.9	53.7	53.4	53.2	53.0	52.8	52.6	52.5	52.3	52.1	51.9	51.7	51.5
50′	48.5	48.5	48.4	48.4	48.4	48.3	48.2	48.2	48.1	48.0	47.9	47.8	47.6
	53.8	53.6	53.4	53.1	52.9	52.7	52.5	52.4	52.2	52.0	51.8	51.6	51.5
40′	48.7	48.6	48.5	48.5	48.5	48.4	48.3	48.3	48.2	48.1	48.0	47.9	47.7
	53.7	53.5	53.3	53.1	52.8	52.6	52.4	52.3	52.1	51.9	51.7	51.6	51.4
30′	48.8	48.7	48.7	48.7	48.7	48.6	48.5	48.4	48.4	48.3	48.2	48.0	47.9
	53.6	53.4	53.2	53.0	52.7	52.5	52.3	52.2	52.0	51.8	51.6	51.4	51.3
20′	48.8	48.8	48.8	48.8	48.8	48.8	48.7	48.6	48.5	48.4	48.3	48.2	48.0
	53.5	53.3	53.1	52.9	52.6	52.4	52.2	52.1	51.9	51.7	51.5	51.3	51.1

续上表

纬度＼经度	114°00′	114°15′	114°30′	114°45′	115°00′	115°15′	115°30′	115°45′	116°00′	116°15′	116°30′	116°45′	117°00′
10′	48.9	48.9	49.0	48.9	49.0	48.9	48.8	48.7	48.7	48.5	48.4	48.3	48.1
	53.5	53.3	53.0	52.8	52.6	52.3	52.1	51.9	51.8	51.6	51.4	51.2	51.0
31°00′	49.0	49.1	49.1	49.1	49.1	49.0	48.9	48.9	48.8	48.7	48.5	48.4	48.2
	53.5	53.2	52.9	52.7	52.5	52.3	52.0	51.8	51.6	51.4	51.2	51.1	50.9
50′	49.2	49.2	49.2	49.2	49.1	49.1	49.0	49.0	48.9	48.8	48.6	48.5	48.3
	53.5	53.2	52.9	52.7	52.4	52.2	51.9	51.7	51.5	51.3	51.1	51.0	50.8
40′	49.4	49.4	49.3	49.2	49.1	49.1	49.1	49.1	49.0	48.9	48.7	48.6	48.4
	53.4	53.2	52.9	52.6	52.3	52.1	51.8	51.6	51.4	51.2	51.0	50.9	50.7
30′	49.6	49.5	49.5	49.4	49.3	49.2	49.2	49.1	49.1	48.9	48.8	48.6	48.5
	53.4	53.1	52.8	52.5	52.3	52.0	51.8	51.5	51.3	51.1	50.9	50.8	50.6
20′	49.7	49.7	49.6	49.5	49.4	49.4	49.3	49.2	49.1	49.0	48.9	48.7	48.5
	53.3	53.0	52.7	52.5	52.2	52.0	51.7	51.5	51.2	51.0	50.8	50.7	50.5
10′	49.9	49.8	49.8	49.7	49.6	49.5	49.5	49.3	49.2	49.1	49.0	48.8	48.6
	53.3	53.0	52.8	52.5	52.2	52.0	51.7	51.4	51.2	50.9	50.7	50.5	50.4
30°00′	50.0	50.0	49.9	49.8	49.7	49.7	49.6	49.5	49.3	49.2	49.0	48.8	48.6
	53.3	53.1	52.8	52.5	52.2	52.0	51.7	51.4	51.1	50.9	50.6	50.4	50.2

七、公路平面控制测量坐标系的选择

（一）公路平面控制测量坐标系选择的要求

按照规定，公路路线平面控制测量坐标系的选择，应使测区内投影长度变形值不大于25mm/km；大型构造物平面控制测量坐标系，其投影长度变形值不大于10mm/km，根据上述要求和测区所处地理位置、平均高程按下列方法选择坐标系：

1. 当投影长度变形值满足要求时，采用高斯正形投影3°带平面直角坐标系。

2. 当投影长度变形值不能满足要求时，可采用：

（1）投影于抵偿高程面上的高斯正形投影3°带平面直角坐标系统。

（2）投影于1954年北京坐标系或者1980西安坐标系椭球面上的高斯正形投影任意带平面直角坐标系。

（3）抵偿高程面上的高斯正形投影任意带平面直角坐标系。

（4）当采用一个投影带不能满足要求时，可分为几个投影带，但投影分带位置不应选择在大型构造物处。

（5）假定坐标系。

大型桥梁、隧道应采用投影于抵偿面上的高斯正形投影任意带平面直角坐标系或假定坐标系，使其投影长度变形值尽量小，以满足构造物对测量精度的要求。当采用独立坐标系、抵偿坐标系时，应提供与国家坐标系的转换关系。

如果条件容许，可选用适合于项目情况的其他投影方式。

（二）观测值归算到椭球面上的计算

观测的边长是处于某一高程面上的长度，必须归算到统一的参考椭球上，如图 4-2-19，测量边 D_1 归算到椭球面上的改正数公式为：

$$\Delta D_1 = -\frac{H_m + h_m}{R_m + H_m + h_m} D_1 \tag{4-2-23}$$

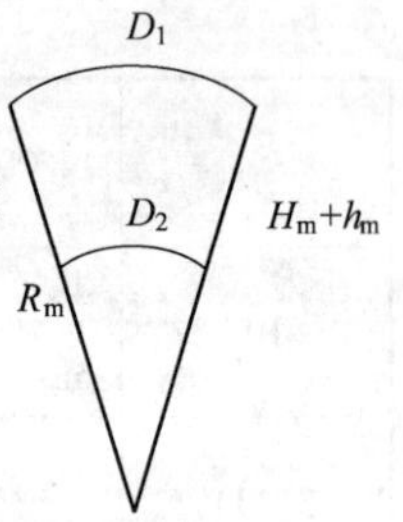

改正后的长度为：

$$D_2 = D_1 + \Delta D_1 \tag{4-2-24}$$

图 4-2-19

式中：ΔD_1——高程投影改正数（m）；

D_1——观测边长（m）；

D_2——改正后边长（m）；

H_m——测量边的平均高程（m）；

h_m——测区大地水准面高出参考椭球面的高差（m）；

R_m——地球的曲率半径（m）。

（三）投影边长变形改正

归算到椭球面上的距离是一个弧长，而我们使用的坐标是平面直角坐标，这就要求我们将椭球面上的距离长度改化到平面上，所以还应将椭球面上的观测长度归算到高斯投影平面上。高斯投影边长变形改正为：

$$\Delta D_2 = \left(\frac{Y_m^2}{2R_m^2} + \frac{\Delta_y^2}{24R_m^2}\right) D_2 \tag{4-2-25}$$

UTM 投影边长变形改正为：

$$\Delta D_2 = \left[\frac{(Y_m/0.9996)^2}{2R_m^2} + \frac{(\Delta_y/0.9996)^2}{24R_m^2}\right] \times D_2 \times 0.9996 \tag{4-2-26}$$

改正后的长度为：

$$D = D_2 + \Delta D_2 \tag{4-2-27}$$

式中：ΔD_2——平面投影改正数（m）；

D——改正后边长（m）；

R_m——测距边中点的参考椭球平均曲率半径（m）；

Y_m——测距边中点的横坐标（m）；

Δ_y——测距边两端点横坐标的增量（m）。

经过上述（一）、（二）两项改正的总和为：

$$\Delta D = \Delta D_1 + \Delta D_2 \tag{4-2-28}$$

（四）公路平面坐标系选择的限度分析

根据《公路勘测规范》（JTG C10）和《公路勘测细则》（JTG/T C10）的规定，坐标系的选择应满足投影长度变形值不大于 25mm/km，采用高斯投影时，其测区抵偿坐标系选择的最大限度分析如下：

1. 测区长度的分析

按照式（4-2-25），投影变形值以 25mm/km 计算，则测量边平均横坐标最大约为 32km，假设中央子午线选择在测区中心位置,并假设测区平均高程面为零,则测区东西长度可达64km。对于南北走向的路线,在这方面没有测区长度的限制。

2. 测区高差的分析

按照式(4-2-23),同样变形值以25mm/km计算,则测量边相对于投影值的最大高差约为160m,假设测区投影面为测区平均高程面,则测区地形起伏高差值在320m范围内均可满足要求。

实际应用中,由于高斯投影变形改正值为正值,高程投影变形改正一般可取负值,可综合考虑两者的影响,选择一个合适的坐标系,亦可灵活选择上述投影方式,以保证投影变形在规范规定的要求范围内。

第三节 平面控制测量

一、公路平面控制测量的一般要求

《公路勘测规范》(JTG C10)和《公路勘测细则》(JTG/T C10)对公路平面控制测量做了以下规定:

(一)公路平面控制测量,包括路线和大型建筑物的平面控制测量。平面控制网的布设应符合因地制宜、技术先进、经济合理、确保质量的原则。

(二)路线平面控制网宜全线贯通、统一平差。

(三)平面控制网的建立,应采用全球定位系统(GPS)测量、三角测量、三边测量和导线测量等方法。路线平面控制测量宜采用导线测量方法进行。

(四)各级平面控制测量,其最弱点点位中误差均不得大于±50mm,最弱点相对点位中误差均不得大于±30mm。最弱相邻点边长相对中误差不得大于表4-3-1的规定。

平面控制测量精度要求 表4-3-1

等级	最弱相邻点边长相对中误差	等级	最弱相邻点边长相对中误差
二等	1/100 000	四等	1/35 000
三等	1/70 000	一级	1/20 000

(五)各级公路及桥梁、隧道平面控制测量的等级不得低于表4-3-2的规定。

平面控制测量等级选用 表4-3-2

高架桥、路线控制测量	桥梁多跨总长 L(m)	单跨桥梁 L_K(m)	隧道贯通长度 L_G(m)	测量等级
—	$L \geqslant 3000$	$L_K \geqslant 500$	$L_G \geqslant 6000$	二等
—	$2000 \leqslant L < 3000$	$300 \leqslant L_K < 500$	$3000 \leqslant L_G < 6000$	三等
高架桥	$1000 \leqslant L < 2000$	$150 \leqslant L_K < 300$	$1000 \leqslant L_G < 3000$	四等
高速、一级公路	$L < 1000$	$L_K < 150$	$L_G < 1000$	一级
二、三、四级公路	—	—	—	二级

(六)特殊结构的构造物,当对测量精度要求较高时,应根据构造物的结构和精度要求确

定平面控制测量的精度。

(七)构造物平面控制网应联系于路线控制网上,并应保持其本身的精度,当构造物平面控制网中检核点与路线控制测量中横坐标差异较大时,应对构造物平面控制网进行旋转,最终成果中检核点在两个网中的坐标差值不应大于40mm。

(八)当采用独立坐标系、抵偿坐标系时,应提供与国家坐标系的转换关系。

(九)角度、长度和坐标的数字取位应符合表4-3-3的规定。

角度、长度和坐标数字取位要求 表4-3-3

等 级	角 度(″)	长 度(m)	坐 标(m)
二 等	0.01	0.0001	0.0001
三、四等	0.1	0.001	0.001
一、二级	1	0.001	0.001

二、平面控制网的布设

(一)平面控制网的设计,应在现场踏勘和周密调查研究的基础上进行。宜首先布设首级控制网,然后再加密路线平面控制测量网。

(二)平面控制点位置的选定应符合下列要求:

1. 一般要求

(1)路线平面控制网的设计,应首先在地形图上进行控制网点位的选择,在其基础上进行现场踏勘并确定点位。

(2)构造物平面控制网可与路线平面控制网同时布设,亦可在路线平面控制网的基础上进行。当分步布设时,布设路线平面控制网的同时,应考虑沿线桥梁、隧道等构造物测设的需要,在大型构造物的两侧至少应分别布设1对相互通视的首级平面控制点。

(3)平面控制点相邻点间平均边长应参照表4-3-4执行,并应避免相邻边的长度相差悬殊,长边长度不得大于短边的3倍。四等及以上平面控制网中相邻点之间的距离不得小于500m,一、二级平面控制网中相邻点之间的距离在平原、微丘区不得小于200m,重丘、山岭区不得小于100m,最大距离不应大于平均边长的2倍。

相邻点间平均边长参照值 表4-3-4

测量等级	平均边长(km)	测量等级	平均边长(km)
二 等	3.0	一 级	0.5
三 等	2.0	二 级	0.3
四 等	1.0		

(4)路线平面控制点宜沿路线前进方向布设,路线平面控制点距离路线中心线的距离应大于50m、宜小于300m,每一点至少应有一相邻点通视。特大型构造物每一端应埋设两个以上平面控制点。

(5)点位的位置应便于加密、扩展,易于保存、寻找,同时便于测角、测距及地形图测量和中桩放样。

(6)构造物控制网宜布设成四边形,应以构造物一端路线控制网中的一个点为起算点,以该点到另一路线控制点的方向为起始方向,并利用构造物另一端路线控制网中的一个点为检核点。

2. 三角测量的布设要求

(1)各等级三角网(锁)各内角宜接近60°,一般不小于30°,受限制时亦不应小于25°。

(2)加密网可采用插点的方法。交会插点点位应在高等点组成的三角形的中心附近。同一插点各方向距离之比不得大于1:3。对于单插点至少应由3个方向测定,四等以上点应有5个交会方向;对于双插点,交会方向数应2倍于上述规定(其中包括两待定点间的对向观测方向)。

3. 三边测量的布设要求

(1)各等级三边网的起始边至最远边之间的三角形个数不宜多于10个。

(2)三边网宜布设为近似等边三角形,各三角形的内角不宜大于100°和小于30°,受限制时不应小于25°。

(3)四等以上的三边网,宜在一些三角形中以相应等级三角测量的观测精度观测1个较大的角度,以资检核。

(4)点位的布设应符合下列测距边的要求:

①测距边宜选在地面覆盖物相同的地段,不宜选在烟囱、散热塔、散热池等发热体的上空。

②测线上不应有树枝、电线等障碍物,测线应离开地面或障碍物1.3m以上。

③测线应避开高压线等强电磁场的干扰,并宜避开视线后方反射物体。

④测距边的测线倾角不宜太大。当采用水准测量测定高差时,高差的大小可不受限制。若采用对向三角高程测定,则高差的限值按式(4-3-1)计算:

$$h \leqslant \frac{8D}{T} \times 10^3 \tag{4-3-1}$$

式中:h——测距边两端点的高差限值(m);

D——测距边边长(m);

T——测距边要求的相对中误差分母。

4. 导线测量的布设要求

(1)各级导线应尽量布设成直伸形状。

(2)点位的布设应符合布设三边测量测距边的要求。

5. GPS测量的设计要求

(1)点位不应选在大功率发射台或高压线附近,距离高压线不应小于100m,距离大功率发射台不宜小于400m。

(2)点位应避开由于地面或其他日标反射所引起的多路径干扰的位置。

(3)在高度角为15°的范围以内,应无妨碍通视的障碍物。

(4)GPS控制网应同附近等级高的国家平面控制网点联测,联测点数应不少于3个,并力求分布均匀,且能覆盖本控制网范围。当GPS控制网较长时,应增加联测点的数量。

(5)同一公路工程项目的GPS控制网分为多个投影带时,在分带交界附近宜同国家平面控制点联测。

(6)二、三、四级GPS控制网应采用网连式、边连式布网;一、二级GPS控制网可采用点连式布网。GPS 控制网中不应出现自由基线。

(7)GPS 控制网由非同步 GPS 观测边构成多边形闭合环或附合路线时,其边数应符合表4-3-5的规定:

闭合环或附合路线边数的规定 表4-3-5

等 级	二 等	三 等	四 等	一 级	二 级
闭合环或附合路线的边数(条)	≤6	≤8	≤10	≤10	≤10

三、平面控制测量的建立方法

(一)三角测量、三边测量和边角网测量

1. 三角网的布设形式

在地面上选择一系列点位 P_1、P_2、P_3,使每一个点与周围相邻点都能彼此通视,并按三角形的形式将相邻点连接起来即构成三角网,如图4-3-1 所示。三角网中的观测量是网中的全部(或大部分)方向值,根据方向值即可算出任意两个方向的夹角。整个三角网中除精确测量一条起始边(如图4-3-1 中的 S_{12})外,其余边长均不直接测量。

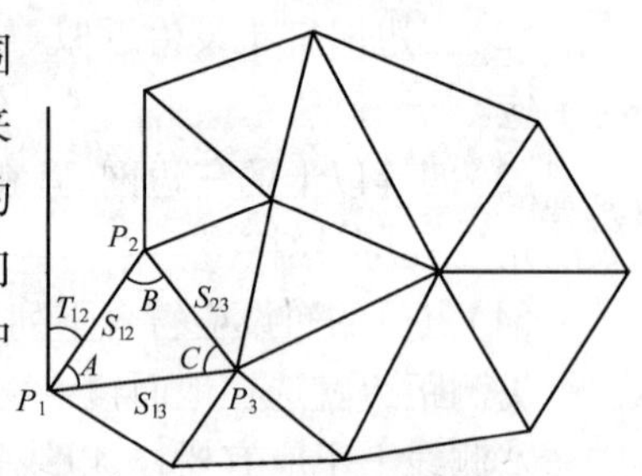

图 4-3-1

三角网早在17 世纪时就被用于控制测量。以后经过前人的不断研究、改进,逐步形成一套完善的控制测量理论和方法,这种理论和方法统称为三角测量。

在图4-3-1 所示的三角网中,若已知 P_1 点的平面坐标(x_1,y_1),P_1 点至 P_2 点的平面边长 S_{12}、坐标方位角 T_{12},则 P_2 点的坐标(x_2,y_2)可由下式算得:

$$\left.\begin{aligned}\Delta x_{12} &= S_{12}\cos T_{12}\\ \Delta y_{12} &= S_{12}\sin T_{12}\end{aligned}\right\} \tag{4-3-2}$$

$$\left.\begin{aligned}x_2 &= x_1 + \Delta x_{12}\\ y_2 &= y_1 + \Delta y_{12}\end{aligned}\right\} \tag{4-3-3}$$

对于 P_3 点的坐标(x_3,y_3),可先应用正弦定理计算出 P_1 点至 P_3 点的平面边长 S_{13},然后再计算其坐标。计算步骤如下:

$$\left.\begin{aligned}S_{13} &= S_{12}\frac{\sin B}{\sin C}\\ T_{13} &= T_{12} + A\\ \Delta x_{13} &= S_{13}\cos T_{13}\\ \Delta y_{13} &= S_{13}\sin T_{13}\\ x_3 &= x_1 + \Delta x_{13}\\ y_3 &= y_1 + \Delta y_{13}\end{aligned}\right\} \tag{4-3-4}$$

同理,可依次推算出三角网中所有边的边长 S_{ij}、方位角 T_{ij}和各待定点的坐标(x_i,y_i)。这就是三角测量的基本原理。

由三角测量的基本原理知,三角测量只需精确测量一条边的边长和网中的全部(或大部

分)方向值。在测距仪问世之前,测量距离非常困难,而方向观测却十分简单,所以三角测量一直是平面控制测量的主要方法。这一方法的主要优点是:图形简单、精度较高,有较多的检核条件,易于发现观测中的错误。因此传统的国家平面控制网几乎全部由三角网构成。三角测量在整个测量发展史上曾经做出了巨大的贡献。

2. 三边网和边角网的形式

自从1948年瑞典阿嘎仪器公司研制出第一台实用的光波测距仪——Geodimeter后,距离测量发生了革命性的变化。随着测距仪的不断发展,距离测量变得和方向测量一样简单,因此形成了以三角形的三个边长构成测量控制网的形式即三边网。三边测量只观测三角网中各三角形的边长,三边网中三角形的各个内角不直接测量,而是通过余弦定理计算出来。例如,在图4-3-1中,若已知 P_1 点的平面坐标(x_1,y_1),P_1 点至 P_2 点的坐标方位角 T_{12},便可应用余弦定理,按以下步骤推算出待定点 P_3 的坐标(x_3,y_3):

$$\left.\begin{aligned}
A &= \cos^{-1}\frac{S_{23}^2 - S_{12}^2 - S_{13}^2}{2S_{12}S_{13}} \\
T_{13} &= T_{12} + A \\
\Delta x_{13} &= S_{13}\cos T_{13} \\
\Delta y_{13} &= S_{13}\sin T_{13} \\
x_3 &= x_1 + \Delta x_{13} \\
y_3 &= y_1 + \Delta y_{13}
\end{aligned}\right\} \tag{4-3-5}$$

同理,可依次推算出三边网中所有边的方位角 T_{ij} 和各待定点的坐标(x_i,y_i)。这就是三边测量的基本原理和方法。

三边网的检核条件很少,有时甚至没有检核条件,以致难以发现观测错误,所以在三边网中,一般测量一定比例的角度而构成边角网。

20世纪80年代后期,GPS(全球定位系统)已开始在控制测量中应用,由于GPS的诸多优点,短短的几年时间,就使GPS在控制测量中得到了广泛应用,成为今天控制测量的主要手段,导致在测量史上做出巨大贡献的三角测量、三边测量及边角网测量不得不逐渐结束自己的使命而退出历史舞台。

3. 三角网、三边网测量的技术要求应分别符合表4-3-6、表4-3-7的规定。

三角测量的技术要求 表4-3-6

等级	测角中误差(″)	起始边边长相对中误差	三角形闭合差(″)	测回数		
				DJ_1	DJ_2	DJ_6
二等	±1.0	≤1/250 000	3.5	12	—	—
三等	±1.8	≤1/150 000	7.0	6	9	—
四等	±2.5	≤1/100 000	9.0	4	6	—
一级	±5.0	≤1/40 000	15.0		3	4
二级	±10.0	≤1/20 000	30.0		1	3

三边测量的技术要求　　表 4-3-7

等　级	测距中误差(mm)	测距相对中误差
二 等	±9.0	1/330 000
三 等	±14.0	1/140 000
四 等	±10.0	1/100 000
一 级	±14.0	1/35 000
二 级	±11.0	1/25 000

(二)导线测量

1. 导线网的形式

在控制测量中,将由若干直线所连成的折线称为导线。每条直线叫做导线边,相邻两直线之间的水平角称为转折角。通过测量每条导线边和每个转折角来计算待定点坐标的方法称为导线测量。通过导线测量的方法布设的控制网称为导线网。一般根据不同的情况和要求,导线网可布设成如下几种形式:

(1)附合导线

从一个坐标已知的控制点出发,测量若干条导线边和若干个转折角后,终止于另一个坐标已知的控制点,这样构成的导线称为附合导线,如图 4-3-2a 和图 4-3-2b 所示。

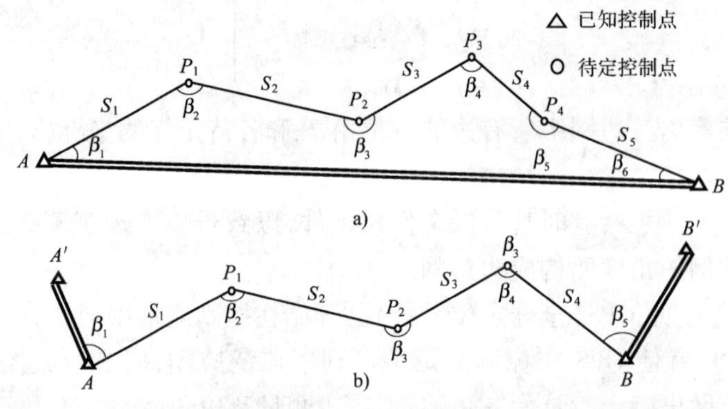

图 4-3-2

(2)闭合导线

从一个坐标已知的控制点出发,测量若干条导线边和若干个转折角后,仍旧回到这个控制点,这样构成的导线称为闭合导线,如图 4-3-3 所示。

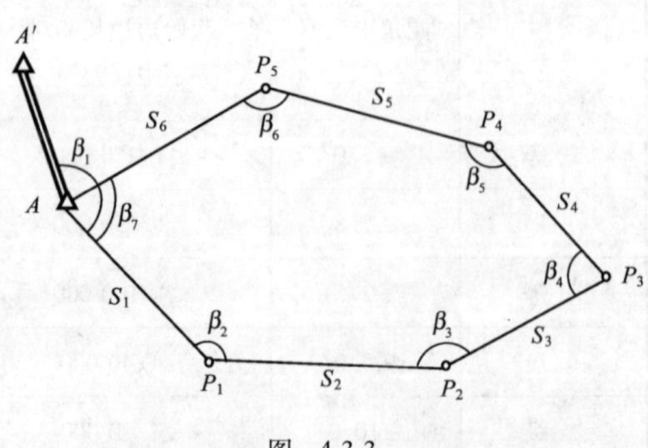

图 4-3-3

(3)支导线

从一个坐标已知的控制点出发,测量若干条导线边和若干个转折角后,既不附合到另一个已知的控制点,又不回到原来出发的这个控制点。这样构成的导线称为支导线,如图 4-3-4 所示。支导线没有检核条件,不易发现错误,故一般情况下不予采用。

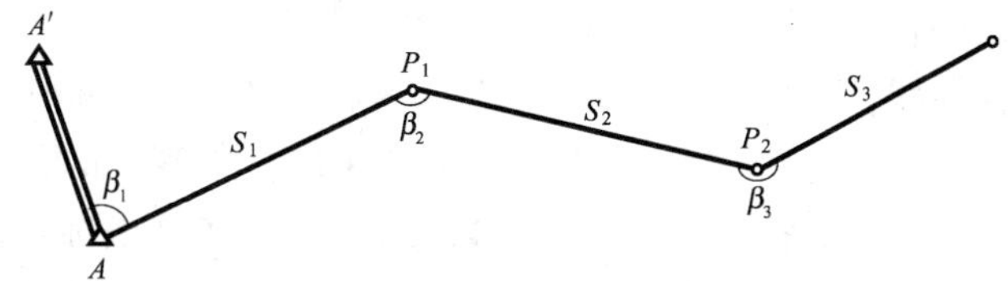

图 4-3-4

(4)单节点导线网

从三个或更多的已知控制点出发,几条导线汇聚于一个点上的导线网称为单节点导线网,汇聚点称为节点。单节点导线网如图 4-3-5 所示。

(5)多节点导线网

具有多个节点的导线网称为多节点导线网,如图 4-3-6 所示。

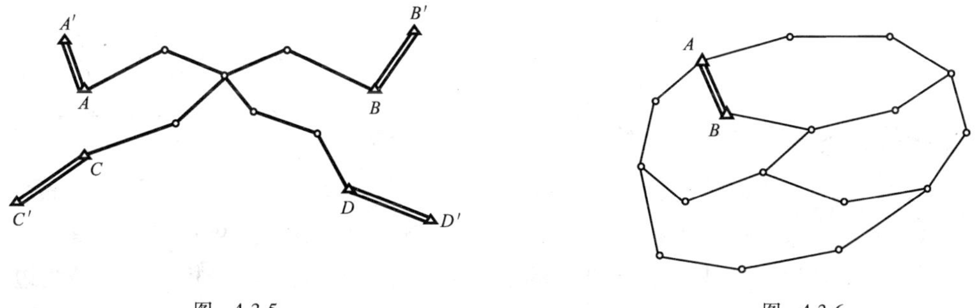

图 4-3-5

图 4-3-6

由于导线一般只要求任一控制点与前后两个相邻控制点通视,所以导线网布设非常灵活,加之在全站仪已普及的今天,导线边和转折角可以同时轻松地测得,公路作为一个带状结构物,导线网特别是附合导线非常适应于公路路线控制测量的建立,导线测量在公路控制测量中具有较强的生命力,尤其是在隧道施工控制中,导线测量经常作为唯一的控制测量手段。

2. 导线测量的技术要求应符合表 4-3-8 的规定。

导线测量的技术要求　　表 4-3-8

等 级	附合导线长度(km)	边 数	每边测距中误差(mm)	单位权中误差(″)	导线全长相对闭合差	方位角闭合差(″)
三 等	≤18	≤9	≤ ±14	≤ ±1.8	≤1/52 000	$\leqslant 3.6\sqrt{n}$
四 等	≤12	≤12	≤ ±10	≤ ±2.5	≤1/35 000	$\leqslant 5\sqrt{n}$
一 级	≤6	≤12	≤ ±14	≤ ±5.0	≤1/17 000	$\leqslant 10\sqrt{n}$
二 级	≤3.6	≤12	≤ ±11	≤ ±8.0	≤1/11 000	$\leqslant 16\sqrt{n}$

注:①表中 n 为测站数。

②以测角中误差为单位权中误差。

③导线网节点间的长度不得大于表中长度的 0.7 倍。

3. 导线测量不闭合的检查方法

当发现角度闭合差或坐标闭合差超限、甚至存在错误时,首先查小数点定位是否正确、正负号是否正确以及是否用错转角或边长,进而查对全部外业记录,如仍未发现问题,则应到野外对最可疑的测站进行检查。

(1)角度观测错误的检查

图4-3-7是一附合导线,由A向B推算方位角和坐标均不闭合,可根据未调整的角度自A向B计算各边的方位角和导线点坐标,并同样自B向A进行推算,如果有一点的坐标经两个方向计算其值极为接近,而其他各点均有较大差数,则很可能在该坐标接近的点上测角有误。若错误较大时,直接用图解法也能发现错误所在,即分别自A点向B和B点向A点用半圆分度规按观测角值、边长做图解,两条导线相交的点C即为测角发生错误的地方。

(2)边长错误的检查

如图4-3-8,设1~2的边长测量有错误,其大小为2~2′,而其他各边的距离测量都正确,则可以看出由于1~2边长错误使3、4、5、B点都平移至3′、4′、5′、B'点,BB'的方向与2~2′方向是平行的,这样可根据算得的坐标增量闭合差f_x与f_y计算全长闭合差BB'的方位角,即:

$$\tan\alpha_{BB'}=\frac{f_y}{f_x}$$

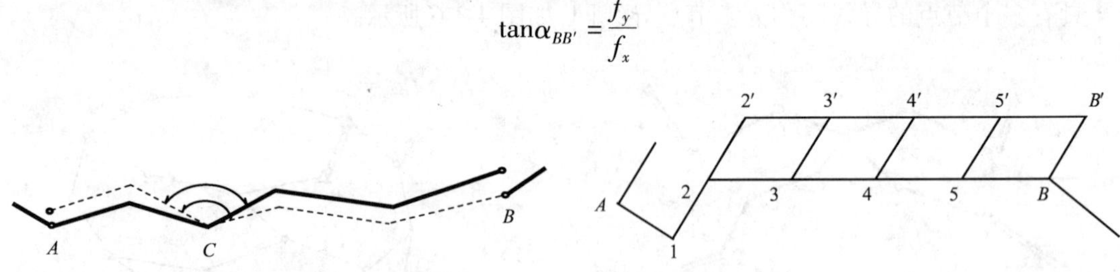

图4-3-7 角度观测错误检查示意图

图4-3-8 边长错误的检查示意图

将计算出的BB'方位角与导线各条边的方位角进行比较,如有与之相接近的导线边,即为错误的边长,可到现场核对。

以上检查方法适用于仅有一个角度或一条边错误的情况。

(三)GPS测量

1. 概述

GPS(Global Positioning System)即全球定位系统,是由美国建立的一个卫星导航定位系统,利用该系统,用户可以在全球范围内实现全天候、连续、实时的三维导航定位、测速、高精度的时间传递及精密定位。由于GPS测量与其他控制测量方法相比具有全天候、速度快、精度高、点与点间无须通视、作业劳动强度低、无须建标等优点,因此,GPS测量已广泛应用于公路控制网的建立和公路勘测。

2. GPS简介

(1)GPS的组成

GPS计划始于1973年,已于1994年进入完全运行状态(FOC)。GPS的整个系统由空间部分、地面控制部分和用户部分所组成:

GPS的空间部分是由24颗GPS工作卫星所组成,这些GPS工作卫星共同组成GPS卫星星座,其中21颗卫星可用于导航,3颗为活动的备用卫星,实际上这3颗备用卫星同样可用于导航定位。24颗卫星分布在6个倾角为55°的轨道上绕地球运行,卫星的运行周期约为12恒星时,每颗GPS工作卫星都发出用于导航定位的信号,GPS用户正是利用这些信号来进行工作的。

GPS的地面控制部分由全球若干个跟踪站所组成的监控系统所构成,根据其作用的不同,这些跟踪站又被分为主控站、监控站和注入站。主控站有一个,位于美国克罗拉多(Colorado)的法尔孔(Falcon)空军基地,它的作用是根据各监控站对GPS的观测数据,计算出卫星的星历和卫星钟的改正参数等,并将这些数据通过注入站注入到卫星中去;同时,它还对卫星进行控制,向卫星发布指令,当工作卫星出现故障时,调度备用卫星,替代失效的工作卫星;主控站也具有监控站的功能。监控站有五个,除了主控站外,其他四个分别位于夏威夷(Hawaii)、阿松森群岛(Ascencion)、迭哥伽西亚(Diego Garcia)、卡瓦加兰(Kwajalein),监控站的作用是接收卫星信号,监测卫星的工作状态;注入站有三个,它们分别位于阿松森群岛、迭哥伽西亚、卡瓦加兰,注入站的作用是将主控站计算出的卫星星历和卫星钟的改正数等注入到卫星中去。

GPS的用户部分由GPS接收机、数据处理软件及相应的用户设备如计算机、气象仪器等组成。它的作用是接收GPS卫星所发出的信号,利用这些信号进行导航、定位等。

以上这三个部分共同组成了一个完整的GPS系统。

GPS卫星发射两种频率的载波信号,即频率为1575.42MHz的L_1载波和频率为1227.60HMz的L_2载波,它们的频率分别是基本频率10.23MHz的154倍和120倍,它们的波长分别为190.3mm和244.2mm。在L_1和L_2上又分别调制出多种信号,这些信号主要有:

①C/A码

C/A码又被称为粗捕获码,它被调制在L_1载波上,是1MHz的伪随机噪声码(PRN码),其码长为1023位(周期为1ms)。由于每颗卫星的C/A码都不一样,因此,我们经常用它们的PRN号来区分它们。C/A码是普通用户用以测定测站到卫星间距离的一种主要信号。

②P码

P码又被称为精码,它被调制在L_1和L_2载波上,是10MHz的伪随机噪声码,其周期为7天。在实施AS时,P码与*W*码进行模二相加生成保密的Y码,此时,一般用户无法利用P码来进行导航定位。

③导航信息

导航信息被调制在L_1载波上,其信号频率为50Hz,包含有GPS卫星的轨道参数、卫星钟改正数和其他一些系统参数。用户一般需要利用此导航信息来计算某一时刻GPS卫星在地球轨道上的位置,导航信息也被称为广播星历。

GPS系统针对不同用户提供两种不同类型的服务。一种是标准定位服务(SPS-Standard Positioning Service),另一种是精密定位服务(PPS-Precision Positioning Service)。这两种不同类型的服务分别由两种不同的子系统提供,标准定位服务由标准定位子系统(SPS-Standard Positioning System)提供,精密定位服务则由精密定位子系统(PPS-Precision Positioning System)提供。

SPS主要面向全世界的民用用户。

PPS主要面向美国及其盟国的军事部门以及民用的特许用户。

(2)GPS定位的常用观测值

在GPS定位中,经常采用下列观测值中的一种或几种进行数据处理,以确定出待定点的坐标或待定点之间的基线向量:

L_1载波相位观测值

L_2 载波相位观测值(半波或全波)

调制在 L_1 上的 C/A 码伪距

调制在 L_1 上的 P 码伪距

调制在 L_2 上的 P 码伪距

L_1 上的多普勒频移

L_2 上的多普勒频移

实际上,在进行 GPS 定位时,除了大量使用上面的观测值进行数据处理以外,还经常使用由上面的观测值通过某些组合而形成的一些特殊观测值,如宽巷观测值(Wide-Lane,L_1-L_2)、窄巷观测值(Narrow-Lane,L_1+L_2)、消除电离层延迟的观测值(Ion-Free,2.546L_1-1.984L_2)来进行数据处理。

3. GPS 定位的误差源

利用 GPS 进行定位时,会受到各种因素的影响。影响 GPS 定位精度的因素可分为以下四大类:

(1)与 GPS 卫星有关的因素

①卫星星历误差

在进行 GPS 定位时,计算某一时刻 GPS 卫星位置所需的卫星轨道参数是通过各种类型的星历提供的,不论采用哪种类型的星历,所计算出的卫星位置都会与其真实位置有所差异,这就是所谓的星历误差。

②卫星钟差

卫星钟差是 GPS 卫星上所安装的原子钟的钟面时间与 GPS 标准时间之间的误差。

③卫星信号发射天线相位中心偏差

卫星信号发射天线相位中心偏差,是 GPS 卫星上信号发射天线的标称相位中心与其真实相位中心之间的差异。

(2)与传播途径有关的因素

①电离层延迟

由于地球周围的电离层对电磁波的折射效应,使得 GPS 信号的传播速度发生变化,这种变化称为电离层延迟。电磁波所受电离层折射的影响与电磁波的频率以及电磁波传播途径上电子总含量有关。

②对流层延迟

由于地球周围的对流层对电磁波的折射效应,使得 GPS 信号的传播速度发生变化,这种变化称为对流层延迟。电磁波所受对流层折射的影响与电磁波传播途径上的温度、湿度和气压有关。

③多路径效应

由于接收机周围环境的影响,使得接收机所接收到的卫星信号中还包含有各种反射和折射信号的影响,这就是所谓的多路径效应。

(3)与接收机有关的因素

①接收机钟差

接收机钟差是 GPS 接收机所使用的钟的钟面时间与 GPS 标准时间之间的差异。

②接收机天线相位中心偏差

接收机天线相位中心偏差是 GPS 接收机天线的标称相位中心与其真实的相位中心之间的差异。

③接收机软件和硬件造成的误差

在进行 GPS 定位时，定位结果还会受到诸如处理与控制软件和硬件等的影响。

（4）其他因素

①GPS 控制部分人为或计算机造成的影响

由于 GPS 控制部分的问题或用户在进行数据处理时引入的误差等。

②数据处理软件的影响

数据处理软件的算法不完善对定位结果的影响。

4. 公路 GPS 测量的主要技术要求

（1）GPS 基线测量的中误差应小于按式（4-3-6）计算的标准差，各等级控制测量固定误差 a、比例误差系数 b 的取值应符合表 4-3-9 的规定，计算 GPS 测量大地高差的精度时，a、b 可放宽至 2 倍。

$$\sigma = \pm \sqrt{a^2 + (b \cdot d)^2} \tag{4-3-6}$$

式中：σ——标准差（mm）；

a——固定误差（mm）；

b——比例误差系数（mm/km）；

d——基线长度（km）。

GPS 测量的主要技术要求　　表 4-3-9

测量等级	固定误差 a（mm）	比例误差系数 b（mm/km）
二 等	≤5	≤1
三 等	≤5	≤2
四 等	≤5	≤3
一 级	≤10	≤3
二 级	≤10	≤5

（2）GPS 测量的技术要求应符合表 4-3-10 的规定。

GPS 测量技术要求　　表 4-3-10

项目＼级别		二 等	三 等	四 等	一 级	二 级
卫星高度角		≥15°	≥15°	≥15°	≥15°	≥15°
时段长度	静态（min）	≥240	≥90	≥60	≥45	≥40
	快速静态（min）		≥30	≥20	≥15	≥10
平均重复设站数		≥4	≥2	≥1.6	≥1.4	≥1.2
同时观测有效卫星数		≥4	≥4	≥4	≥4	≥4
GDOP		≤6	≤6	≤6	≤6	≤6

5. GPS 定位方法

GPS 定位的方法是多种多样的,用户可以根据不同的用途采用不同的定位方法。

(1)根据定位所采用的观测值分类

①伪距定位

伪距定位所采用的观测值为 GPS 伪距观测值,所采用的伪距观测值既可以是 C/A 码伪距,也可以是 P 码伪距。伪距定位的优点是数据处理简单,对定位条件的要求低,不存在整周模糊度的问题,可以非常容易地实现实时定位;其缺点是观测值精度低,C/A 码伪距观测值的精度一般为 3m,而 P 码伪距观测值的精度一般也在 300mm 左右。

②载波相位定位

载波相位定位所采用的观测值为 GPS 的载波相位观测值,即 L_1、L_2 或它们的某种线性组合。载波相位定位的优点是观测值的精度高,一般优于 2mm;其缺点是数据处理过程复杂,存在整周模糊度的问题。

(2)根据定位的模式分类

①绝对定位

绝对定位又称为单点定位,这是一种采用一台接收机进行定位的模式,它所确定的是接收机天线的绝对坐标。这种定位模式的特点是作业方式简单,可以单机作业。绝对定位一般用于导航和精度要求不高的应用中。

②相对定位

相对定位又称为差分定位,这种定位模式采用两台以上的接收机,同时对一组相同的卫星进行观测,以确定接收机天线间的相互位置关系,公路测量采用相对定位的方法。

(3)根据获取定位结果的时间分类

①实时定位

实时定位是根据接收机观测到的数据,实时地解算出接收机天线所在的位置。

②非实时定位

非实时定位又称后处理定位,它是通过对接收机接收到的数据进行后处理以进行定位的方法。

(4)根据定位时接收机的运动状态分类

①动态定位

所谓动态定位,就是在进行 GPS 定位时,认为接收机的天线在整个观测过程中的位置是变化的。也就是说,在数据处理时,将接收机天线的位置作为一个随时间改变而改变的量。动态定位又分为 Kinematic 和 Dynamic 两类。

②静态定位

所谓静态定位,就是在进行 GPS 定位时,认为接收机的天线在整个观测过程中的位置是保持不变的。也就是说,在数据处理时,将接收机天线的位置作为一个不随时间的改变而改变的量。在测量中,静态定位一般用于高精度的测量定位,一般利用多台接收机在不同的测站上进行静止同步观测,时间由几分钟、几小时甚至数十小时不等。公路控制测量一般采用载波相位静态相对定位。

6. GPS 测量中常用的坐标系统

WGS-84 坐标系是目前 GPS 所采用的坐标系统,GPS 所发布的星历参数就是基于此坐标系统的。

WGS-84 坐标系统的全称是 World Geodical System-84(世界大地坐标系-84)。WGS-84 坐标系统由美国国防部制图局建立，于 1987 年取代了当时 GPS 所采用的坐标系统— WGS-72 坐标系统而成为 GPS 所使用的坐标系统。

WGS-84 坐标系的坐标原点位于地球的质心，Z 轴指向 BIH1984.0 定义的协议地球极方向，X 轴指向 BIH1984.0 的起始子午面和赤道的交点，Y 轴与 X 轴和 Z 轴构成右手系。

WGS-84 系所采用椭球参数见表 4-2-1。

7. GPS 静态定位在测量中的应用

1) GPS 静态定位特点

目前，GPS 静态定位在测量中被广泛地用于大地测量、工程测量、地籍测量、物探测量及各种类型的变形监测。GPS 静态定位在测量中主要用于测定各种用途的控制点、建立各种类型和等级的控制网。较之于常规方法，GPS 在布设控制网方面具有以下一些特点：

①测量精度高

GPS 观测的精度明显高于一般的常规测量手段，GPS 基线向量的相对精度一般在 10^{-5} ~ 10^{-9}之间，这是普通测量方法很难达到的。

②选点灵活、不需要造标、费用低

GPS 测量，不要求测站间相互通视，不需要建造觇标，作业成本低，大大降低了布网费用。

③全天候作业

在任何时间、任何气候条件下，均可以进行 GPS 观测，大大方便了测量作业，有利于按时、高效地完成控制网的布设。

④观测时间短

采用 GPS 布设一般等级的控制网时，在每个测站上的观测时间一般在 1 ~ 2h 左右，采用快速静态定位的方法，观测时间更短。

⑤观测、处理自动化

采用 GPS 布设控制网，观测和数据处理过程均是高度自动化的。

2) 布设 GPS 基线向量网的作业步骤

布设 GPS 基线向量网主要分测前、测中和测后三个阶段。

①测前准备工作

在 GPS 测量作业前，一般要求清楚地了解测区的地理位置、测区的具体范围以及需要控制的面积，搞清楚所布设的 GPS 控制网将用于何种目的及其精度要求，进而确定 GPS 控制网的等级，收集现有的测绘资料。现有测绘资料的收集与整理是一项极其重要的工作，需要收集整理的资料主要包括测区及周边地区可利用的已知点的相关资料(点之记、坐标等)和测区的地形图，最好能收集到测区较新的 1∶5000 地形图，在图上圈定测区范围，并根据 GPS 点的数量及密度要求进行图上选点。完成图上选点工作后，再根据项目要求和相关技术规范进行测量工作的初步技术设计。在 GPS 测量初步技术设计时，应考虑提交成果的内容和时间，明确用户需要提交哪些成果，所提交的坐标成果分别属于哪些坐标系，所提交的高程成果分别属于哪些高程系统，除了提交最终的结果外，是否还需要提交原始数据或中间数据等。

完成测量设计以后，必须到测区现场进行踏勘，按照《公路勘测规范》(JTG C10)和《公路勘测细则》(JTG/T C10)的要求完成现场选点埋石工作。然后根据现场选点埋石情况,修改初步设计方案,完成技术设计。同时对即将使用的各种仪器,包括 GPS 接收机及相关设备、气象仪器等,送到具有 GPS 仪器检验资格的单位进行检验,以确保它们能够正常工作。

②野外测量

GPS 测量作业人员到达测区后,首先应对测区的情况作一个详细的了解。每个作业人员都应该搞清楚各个 GPS 点的点名、点位,上点的难易程度和上点需要的时间,并根据这些情况做好观测计划。

观测前,应根据测区的地理位置和最新的卫星星历,对卫星状况进行预报,作为选择合适的观测时间段的依据。所需预报的卫星状况有卫星的可见性、可供观测的卫星星座、随时间变化的 PDOP 值、RDOP 值等。对于个别有较多或较大障碍物的测站,需要评估障碍物对 GPS 观测可能产生的不良影响。然后根据卫星状况、测量作业的进展情况以及测区的实际情况,确定出具体的作业方案。作业方案的内容包括作业小组的分组情况、GPS 观测的时间段、各时段的观测时间以及测站情况等。作业方案确定后,以作业命令的形式下达给各个作业小组。根据情况,作业命令可逐天下达,也可一次下达多天的作业命令。

各 GPS 观测小组在得到作业指挥员所下达的作业命令后,应严格按照作业命令的要求进行外业观测。在进行外业观测时,外业观测人员除了严格按照作业规范、作业命令进行操作外,还要根据一些特殊情况,灵活地采取应对措施。

每天的外业观测结束后,应及时将观测数据传输到计算机中去,并根据要求进行备份,在数据传输时需要对照外业观测记录手簿,检查所输入的记录是否正确。

每天的数据传输与转储工作完成后,应对所获得的外业数据及时处理,解算出基线向量,并对解算结果进行质量评估。作业指挥员需要根据基线解算情况作下一步 GPS 观测作业的安排。

重复确定作业方案、外业观测、数据传输与转储、基线处理与质量评估四步,直至完成所有 GPS 观测工作。

③测后工作

外业工作完成后,应及时对野外观测所得到的基线向量进行质量检验,并对由合格的基线向量所构建成的 GPS 基线向量网进行平差解算,得出网中各点的坐标成果。如果需要利用 GPS 测定网中各点的正高或正常高,还需要进行高程拟合。

以上工作全部完成后,还应根据整个 GPS 网的布设及数据处理情况,写出全面的技术总结报告,并提交验收小组进行成果验收。

3)GPS 测量的布网方法

(1)GPS 基线向量网的布网形式

常用的 GPS 网布网形式有跟踪站式、会战式、多基准站式(枢纽点式)、同步图形扩展式、单基准站式等几种形式,下面介绍这几种布网形式及其特点。

①跟踪站式

跟踪站式的布网形式是将若干台接收机长期固定安放在测站上,进行常年、不间断的观测,即一年观测 365 天,一天观测 24h 不间断地接收卫星信号,这种观测方式很像是跟踪站,因此,这种布网形式被称为跟踪站式。

由于接收机在各个测站上进行了不间断的连续观测，观测时间长、数据量大，而且在处理用这种方式所采集的数据时，一般采用精密星历，因此，采用此种形式布设的 GPS 网具有很高的精度和框架基准特性。

每个跟踪站为保证连续观测，一般需要建立专门的永久性建筑即跟踪站，用以安置仪器设备，这就使得这种布网形式的观测成本很高。

此种布网形式一般用于建立 GPS 跟踪站（AA 级网），对于普通用途的 GPS 网，由于此种布网形式观测时间长、成本高，故一般不被采用。

②会战式

所谓会战式布网形式，就是在布设 GPS 网时，一次组织多台 GPS 接收机，集中在一段不太长的时间内共同作业。在作业时，所有接收机在若干天的时间里，分别在同一批点上进行多天、长时段的同步观测，在完成一批点的测量后，所有接收机又都迁移到另外一批点上进行相同方式的观测，直至所有的点观测完毕，这就是所谓的会战式的布网。

采用会战式布网形式所布设的 GPS 网，因为各基线均进行过较长时间、多时段的观测，所以可以较好地消除多种因素的影响，因而具有特高的尺度精度。此种布网方式一般用于布设 A、B 级网。

③多基准站式

所谓多基准站式的布网形式就是有若干台接收机在一段时间里，长期固定在某几个点上进行长时间的观测，这些测站称为基准站。在基准站进行观测的同时，另外一些接收机则在这些基准站周围相互之间进行同步观测。如图 4-3-9 所示。

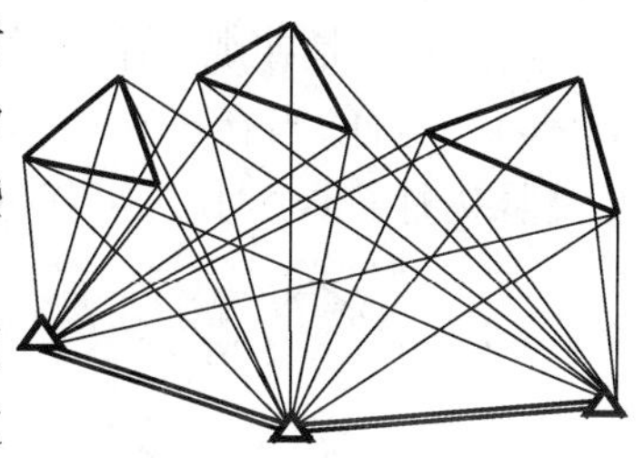

图 4-3-9

采用多基准站式所布设的 GPS 网，由于在各个基准站之间进行了长时间的观测，因此，可以获得较高精度的定位结果，这些高精度的基线向量可以作为整个 GPS 网的骨架。而其余的接收机之间不仅进行了同步观测，而且还与各个基准站之间也存在同步观测，因此，可以获得很强的图形结构。

④同步图形扩展式

同步图形扩展式的布网，就是多台接收机在不同测站上进行同步观测，在完成一个时段的同步观测后，又迁移到其他的测站上进行同步观测，每次同步观测都可以形成一个同步图形，在测量过程中，不同的同步图形间一般有若干个公共点相连，整个 GPS 网由这些同步图形构成。

这种布网形式具有扩展速度快、图形强度较高，且作业方法简单的优点。同步图形扩展式是布设 GPS 网时最常用、也是最实用的一种布网形式。

⑤单基准站式

单基准站式的布网方式有时又称做星形网方式，它是以一台接收机作为基准站，在某个测站上连续开机观测，在此基准站观测期间，其余接收机在其周围流动作业，每到一点就进行观测。

流动的接收机之间一般不要求同步，这样，流动的接收机每观测一个时段，就与基准站间测得一条同步观测基线，所有这样测得的同步基线就形成了一个以基准站为中心的星形，如图

4-3-10所示。流动的接收机称为流动站。

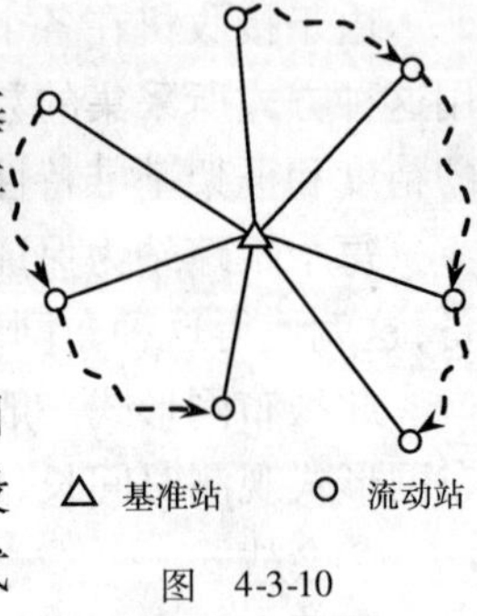

图 4-3-10

单基准站式的布网方式的效率很高，但是由于各流动站一般只与基准站之间有同步观测基线，故图形强度很弱，为提高图形强度，一般需要每个测站至少进行2次观测。

(2)同步图形扩展式布网的观测模式

同步图形扩展式布网具有作业效率高、图形强度好的特点，它是目前在GPS测量中普遍采用的一种布网形式。采用同步图形扩展式布设GPS基线向量网时的观测模式主要有点连式、边连式、网连式和混连式几种。

①点连式

所谓点连式就是在观测作业时，相邻的同步图形间只通过一个公共点相连，如图4-3-11所示。这样，当有m台仪器共同作业时，每观测一个时段，就可以测得$m-1$个新点，当这些仪器观测了s个时段后，就可以测得$1+s(m-1)$个点。

点连式观测作业方式的优点是作业效率高、图形扩展迅速；它的缺点是图形强度低，如果连接点发生问题，将影响到后面的同步图形。

②边连式

边连式就是在观测作业时，相邻的同步图形间有一条边(即两个公共点)相连，如图4-3-12所示。这样，当有m台仪器共同作业时，每观测一个时段，就可以测得$m-2$个新点，当这些仪器观测了s个时段后，就可以测得$2+s(m-2)$个点。

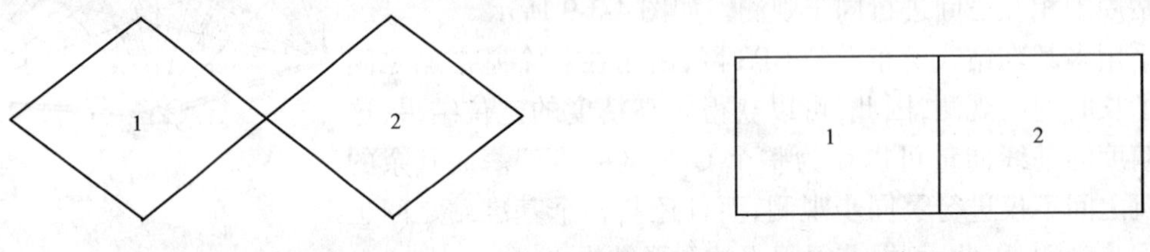

图 4-3-11　　图 4-3-12

边连式观测作业方式不仅具有较好的图形强度，而且具有较高的作业效率，是GPS控制网较好的连接方式之一。

③网连式

所谓网连式就是在作业时，相邻的同步图形间有3个(含3个)以上的公共点相连。这样，当有m台仪器共同作业时，每观测一个时段，就可以测得$m-k$个新点，当这些仪器观测了s个时段后，就可以测得$k+s(m-k)$个点。

采用网连式观测作业方式所测设的GPS网具有很强的图形强度，但网连式观测作业方式的作业效率较低。

④混连式

在实际的GPS作业中，往往并不是单独采用上面所介绍的某一种观测作业模式，而是根据具体情况，有选择地灵活采用这几种方式作业，这种观测作业方式就是所谓的混连式。

混连式观测作业方式是我们实际作业中最常用的作业方式，它实际上是点连式、边连式和网连式的一个结合体。

(3)布设 GPS 基线向量网时的设计指标

在布设 GPS 网时,我们除了遵循一定的设计原则外,还需要一些定量的指标来指导我们的工作。在我们进行 GPS 网的设计时经常需要采用效率指标、可靠性指标和精度指标。

①效率指标

在进行 GPS 网的设计时,经常采用效率指标来衡量某种网设计方案的效率,以及在采用某种布网方案作业时所需要的作业时间、消耗等。

布设一个 GPS 网时,点数、接收机数和平均重复设站次数确定后,完成该网测设所需的理论最少观测期数就可以确定。当按照某个具体的布网方式和观测作业方式进行作业时,要按要求完成整网的测设,所需的观测期数与理论上的最少观测期数会有所差异,其比值称之为效率指标(e),即

$$e=\frac{S_{\min}}{S_d} \tag{4-3-7}$$

式中:$S_{\min}$——理论最少观测期数;

S_d——设计观测期数。

该指标可用来衡量 GPS 网设计的效率。

②可靠性指标

GPS 网可靠性可以分为内可靠性和外可靠性。所谓 GPS 网的内可靠性就是指所布设的 GPS 网发现粗差的能力,即可发现的最小粗差的大小;所谓 GPS 网的外可靠性就是指 GPS 网抵御粗差的能力,即未剔除的粗差对 GPS 网所造成的不良影响的大小。由于内、外可靠性指标在计算上过于烦琐,因此,在实际的 GPS 网的设计中一般采用另外一个计算较为简单的反映 GPS 网可靠性的数量指标,这个可靠性指标就是整网的多余独立基线数与总的独立基线数的比值,称为整网的平均可靠性指标(η),即:

$$\eta=\frac{l_r}{l_t} \tag{4-3-8}$$

式中:l_r——多余的独立基线数;

l_t——总的独立基线数。

③精度指标

当 GPS 网布网方式和观测作业方式确定后,GPS 网的网形就确定了,根据已确定的 GPS 网的网形,可以得到 GPS 网的设计矩阵 B,从而可以得到 GPS 网的协因数阵 $Q=(B^TPB)$,在 GPS 网的设计阶段,可以采用 $\mathrm{tr}(Q)$ 作为衡量 GPS 网精度的指标。

(4)GPS 网设计中应考虑的问题

GPS 网设计的出发点是在保证质量的前提下,尽可能地提高效率,努力降低成本。因此,在进行 GPS 网的设计时,既不能脱离实际的应用需求,盲目地追求不必要的高精度和高可靠性,也不能为追求高效率和低成本,而放弃对质量的要求。

①观测

在 GPS 观测方案设计时,应考虑:

a. 适当增加观测期数(时段数)。因为,随着观测期数的增加,所测得的独立基线数就会增加,而独立基线数的增加,对提高 GPS 网的可靠性是非常有效的。

b. 保证有一定的重复设站次数，以确保 GPS 网的可靠性。通过在同一测站上的多次观测，一方面可有效地发现设站、对中、整平、量测天线高等人为错误；另一方面，重复设站次数的增加，也意味着观测期数的增加。不过，需要注意的是，当同一台接收机在同一测站上连续进行多个时段的观测时，各个时段间必须重新安置仪器，以更好地消除各种人为操作误差和错误。

c. 保证每个 GPS 点至少与 3 条以上的独立基线相连，这样可以使得测站具有较高的可靠性。因为一个 GPS 点上所连接的基线数越多，该点的可靠性就越高。

d. 为保证 GPS 网中各相邻点具有较高的相对精度，对网中距离较近的点一定要进行同步观测，以获得它们间的直接观测基线。

e. 加测若干条高精度光电测距边，并与 GPS 观测值（基线向量）一同进行联合平差。也可将这些高精度光电测距边用做外部检核或起算边长。

②起算数据的选取

若要求所布设的 GPS 网的成果与已有成果吻合得好，则起算点数量越多越好，若不要求所布设的 GPS 网的成果完全与旧成果吻合，则一般可选 3 ~ 5 个起算点，这样既可以保证新、老坐标成果的一致性，也可以保持 GPS 网的原有精度。为保证整网的点位精度均匀，起算点最好均匀地分布在 GPS 网的周围，尽量避免所有的起算点分布在网中一侧的情况。

起算边可以采用高精度光电测距边作为起算边长，光电测距边的数量可在 3 ~ 5 条左右，它们可设置在 GPS 网中的任意位置。但光电测距边两端点的高差不应过分悬殊，还可以引入起算方位，但起算方位不宜太多，起算方位可布设在 GPS 网中的任意位置。

8. GPS 基线解算和平差

1）公路 GPS 基线解算和平差的技术要求

（1）基线解算时，同一时段观测值的数据剔除率（不包括受高度角和不同步观测影响的值），其值不宜大于 10%。

（2）基线解算中所需的起算点坐标，可按下列顺序选用：

——国家或其他等级高的 GPS 控制网点的既有 WGS-84 坐标值；

——国家或其他等级高的控制点转换至 WGS-84 的坐标值；

——GPS 单点定位观测 2h 以上的平差值提供的 WGS-84 坐标值。

（3）重复基线测量的差值，应满足式(4-3-9)的规定：

$$d_S \leqslant 2\sqrt{2}\sigma \tag{4-3-9}$$

式中：σ——相应级别规定的精度（下同）。

（4）各级 GPS 网同步环闭合差，应符合式(4-3-10)的规定：

$$\left.\begin{aligned} W_X &\leqslant \frac{\sqrt{n}}{5}\sigma \\ W_Y &\leqslant \frac{\sqrt{n}}{5}\sigma \\ W_Z &\leqslant \frac{\sqrt{n}}{5}\sigma \\ W &\leqslant \frac{2\sqrt{n}}{5}\sigma \end{aligned}\right\} \tag{4-3-10}$$

式中：n——同步环中的边数（下同）。

（5）各级 GPS 网，其独立闭合环或附合路线坐标闭合差应符合式（4-3-11）的规定：

$$\left.\begin{aligned} V_X &\leqslant \sqrt{\frac{4n}{3}}\sigma \\ V_Y &\leqslant \sqrt{\frac{4n}{3}}\sigma \\ V_Z &\leqslant \sqrt{\frac{4n}{3}}\sigma \\ V &\leqslant 2\sqrt{n}\sigma \end{aligned}\right\} \tag{4-3-11}$$

式中：n——闭合环或附合路线的边数。

（6）无约束平差中，基线分量的改正数绝对值应满足式（4-3-12）的规定：

$$\left.\begin{aligned} V_{\Delta X} &\leqslant \sqrt{3}\sigma \\ V_{\Delta Y} &\leqslant \sqrt{3}\sigma \\ V_{\Delta Z} &\leqslant \sqrt{3}\sigma \end{aligned}\right\} \tag{4-3-12}$$

否则，认为该基线或其附近的基线存在粗差。

（7）在进行 GPS 控制网进行约束平差前，应根据实际需要选定起算数据和相应的地面坐标，并应对起算数据的可靠性及精度进行检查分析。参加平差的基线边应符合下列要求：

——独立的观测边；

——网形构成非同步闭合环，不应存在自由基线；

——必须不含明显的系统误差；

——组成的闭合环基线数和异步环长度应尽量小。

约束平差中，基线分量的改正数与经过上款粗差剔除后的无约束平差结果的同一基线相应改正数较差的绝对值应满足式（4-3-13）的规定。

$$\left.\begin{aligned} \mathrm{d}V_{\Delta X} &\leqslant \sqrt{\frac{4}{3}}\sigma \\ \mathrm{d}V_{\Delta Y} &\leqslant \sqrt{\frac{4}{3}}\sigma \\ \mathrm{d}V_{\Delta Z} &\leqslant \sqrt{\frac{4}{3}}\sigma \end{aligned}\right\} \tag{4-3-13}$$

否则，认为作业约束的已知坐标、距离、方位角中存在一些误差较大的值。

（8）当 GPS 控制网分为多个投影带，且在分带交界附近联测国家控制点时，可分片进行平差。平差时应有一定数量的重合点，重合点位互差不得大于两倍的点位中误差。

（9）当检查或数据处理时发现观测数据不能满足要求，应对成果进行全面的分析，并对其中部分数据进行补测或重测，必要时全部数据应重测。

（10）计算结果应输出重复基线较差、同步环闭合差、异步环闭合差、无约束平差基线向量改正数、约束平差基线向量改正数、基线长、方位角、点位精度、转换参数以及单位权中误差等内容。

2)GPS 基线解算的基本原理

(1)观测值

基线解算一般采用差分观测值,较为常用的差分观测值为双差观测值,即由两个测站的原始观测值分别在测站和卫星间求差后所得到的观测值。双差观测值可以表示为下面的形式:

$$dd(\phi_f)+v_f=dd(\rho)+dd(\rho_{ion})+dd(\rho_{trop})+\lambda_f\cdot N_f^{m,n}$$

式中:dd(…)——双差分算子(在测站 i、j 和卫星 m、n 间求差);

$dd(\phi_f)$——频率 f 的双差载波相位观测值;

v_f——频率 f 的双差载波相位观测值的残差(改正数);

ρ——观测历元 t 时的站星距离;

ρ_{ion}——电离层延迟;

ρ_{trop}——对流层延迟;

λ_f——频率 f 的载波相位的波长;

$N_f^{m,n}$——整周未知数。

若在某一历元中,对 k 颗卫星进行了同步观测,则可以得到 $k-1$ 个双差观测值;若在整个同步观测时段内同步观测卫星的总数为 l,则整周未知数的数量为 $l-1$。

在进行基线解算时,ρ_{ion} 和 ρ_{trop} 一般并不作为未知参数,而是通过某些方法将它们消除。因此,基线解算时一般只有两类参数,一类是测站的坐标参数 X_C,数量为3;另一类是整周未知数参数 X_N,数量为 $m-1$(m 为同步观测的卫星数)。

(2)基线解算(平差)

基线解算的过程实际上主要是一个平差的过程,平差所采用的观测值主要是双差观测值。在基线解算时,平差要分三个阶段进行,第一阶段进行初始平差,解算出整周未知数参数的和基线向量的实数解(浮动解);在第二阶段,将整周未知数固定成整数;在第三阶段,将确定了的整周未知数作为已知值,仅将待定的测站坐标作为未知参数,再次进行平差解算,解求出基线向量的最终解。

①初始平差

根据双差观测值的观测方程,组成误差方程和法方程,并求解待定的未知参数和精度信息,其结果为:

待定参数:$\hat{X}=\begin{bmatrix}\hat{X}_C\\ \hat{X}_N\end{bmatrix}$,

待定参数的协因数阵:$Q=\begin{bmatrix}Q_{\hat{X}_C\hat{X}_C} & Q_{\hat{X}_C\hat{X}_N}\\ Q_{\hat{X}_N\hat{X}_C} & Q_{\hat{X}_N\hat{X}_N}\end{bmatrix}$,

单位权中误差:$\hat{\sigma}_0$。

通过初始平差,所解算出的整周未知数参数 $\hat{X}_N$ 本应为整数,但由于观测值误差、随机模型和函数模型不完善等原因,使得其结果为实数。因此,此时与实数的整周未知数参数对应的基线解被称做基线向量的实数解或浮动解。

为了获得较好的基线解算结果，必须准确地确定出整周未知数的整数值。

②整周未知数的确定

确定整周未知数的整数值的方法有很多种，目前所采用的方法基本上是以下面介绍的搜索法为基础的。搜索法的具体步骤如下：

a. 根据初始平差的结果$\widehat{X}_N$ 和 $D_{\hat{X}_N\hat{X}_N}$，分别以$\widehat{X}_N$ 中的每一个整周未知数为中心，以与它们中误差的若干倍为搜索半径，确定出每一个整周未知数的一组备选整数值。

b. 从上面所确定出的每一个整周未知数的备选整数值中一次选取一个，组成整周未知数的备选组，并分别以它们作为已知值，代入原基线解算方程，确定出相应的基线解。

c. 从所解算出的所有基线向量中选出使单位权中误差最小的那个基线向量结果，作为最终的解算结果，这就是所谓的基线向量整数解（或称固定解）。

不过当出现以下情况时，则认为整周未知数无法确定，无法求出该基线向量的整数解。

$$\frac{\hat{\sigma}_{0次最小}}{\hat{\sigma}_{0最小}} \leqslant T, T = \zeta_{Ff,f;1-\alpha/2} \tag{4-3-14}$$

$\zeta_{Ff,f;1-\alpha/2}$是置信水平为 $1-\alpha$ 时 F 分布的接受域。

式中：$\dfrac{\hat{\sigma}_{0次最小}}{\hat{\sigma}_{0最小}}$称为 RATIO 值；$\hat{\sigma}_{0i}$也被称为 RMS；tr($Q$)称为 RDOP 值。

③确定基线向量的固定解

当确定了整周未知数的整数值后，与之相对应的基线向量就是基线向量的整数解。

3）GPS 基线解算的分类

（1）单基线解算

当有 m 台 GPS 接收机进行了一个时段的同步观测后，每两台接收机之间就可以形成一条基线向量，共有 $m(m-1)/2$ 条同步观测基线，其中最多可以选出相互独立的 $m-1$ 条同步观测基线，至于这 $m-1$ 条独立基线如何选取，只要保证所选的 $m-1$ 条独立基线不构成闭合环就可以了。也就是说，凡是构成闭合环的同步基线是函数相关的，同步观测所获得的独立基线虽然不具有函数相关的特性，但它们却是误差相关的，实际上所有的同步观测基线间都是误差相关的。所谓单基线解算，就是在基线解算时不顾及同步观测基线间的误差相关性，对每条基线单独进行解算。

单基线解算的算法简单，但由于其解算结果无法反映同步基线间的误差相关的特性，不利于后面的网平差处理，一般只用在普通等级 GPS 网的测设中。

（2）多基线解算

与单基线解算不同的是，多基线解算顾及了同步观测基线间的误差相关性，在基线解算时对所有同步观测的独立基线一并解算。

多基线解由于在基线解算时顾及了同步观测基线间的误差相关特性，因此，在理论上是严密的。

4）基线解算阶段的质量控制指标

（1）单位权方差因子$\hat{\sigma}_0$

在 GPS 基线解算中，单位权方差因子的定义为：

$$\hat{\sigma}_0 = \sqrt{\frac{V^T P V}{n}} \tag{4-3-15}$$

式中：V——观测值的残差；

P——观测值的权；

n——观测值的总数。

(2)数据删除率

在基线解算时，如果观测值的改正数大于某一个阈值时，则认为该观测值含有粗差，需要将其删除。被删除观测值的数量与观测值的总数的比值，就是所谓的数据删除率。数据删除率从某一方面反映出了 GPS 原始观测值的质量，数据删除率越高，说明观测值的质量越差。

(3)RATIO 值

$$\mathrm{RATIO} = \frac{\hat{\sigma}_{0次最小}}{\hat{\sigma}_{0最小}} \tag{4-3-16}$$

RATIO 反映了所确定出的整周未知数参数的可靠性，这一指标取决于多种因素，既与观测值的质量有关，也与观测条件的好坏有关。

(4)RDOP

所谓 RDOP 值指的是在基线解算时待定参数的协因数阵的迹($\mathrm{tr}(Q)$)的平方根，即 $\mathrm{RDOP} = (\mathrm{tr}(Q))^{1/2}$。RDOP 值的大小与基线位置、卫星在空间的几何分布及运行轨迹(即观测条件)有关，当基线位置确定后，RDOP 值就只与观测条件有关了，而观测条件又是时间的函数，因此，实际上对某条基线向量而言，其 RDOP 值的大小与观测时间段有关。

RDOP 表明了 GPS 卫星的状态对相对定位的影响，即取决于观测条件的好坏，它不受观测值质量好坏的影响。

(5)同步环闭合差

同步环闭合差是由同步观测基线所组成的闭合环的闭合差。

由于同步观测基线间具有一定的内在联系，同步环闭合差在理论上应为 0，如果同步环闭合差超限，则说明组成同步环的基线中至少存在一条基线向量是错误的，但反过来，如果同步环闭合差没有超限，却不能说明组成同步环的所有基线质量均是合格的。

(6)异步环闭合差

不完全由同步观测基线所组成的闭合环称为异步环，异步环的闭合差称为异步环闭合差。

当异步环闭合差不满足限差要求时，则表明组成异步环的基线向量中至少有一条基线向量的质量不合格，要确定出哪些基线向量的质量不合格，可以通过多个相邻的异步环或重复基线来进行。但当异步环闭合差满足限差要求时，同样也不能表明组成异步环的所有基线向量的质量是合格的。

(7)重复基线较差

不同观测时段，对同一条基线的观测结果，就是所谓重复基线。这些观测结果之间的差异，就是重复基线较差。

RATIO、RDOP 和 RMS 这几个质量指标只具有某种相对意义，它们数值的高低不能绝对地说明基线质量的高低。若 RMS 偏大，则说明观测值质量较差，若 RDOP 值较大，则说明观测条件较差。

5)影响 GPS 基线解算结果的几个因素及其应对方法

(1)影响 GPS 基线解算结果的几个因素

①基线解算时所设定的起点坐标不准确

起点坐标不准确,会导致基线出现尺度和方向上的偏差。

②少数卫星的观测时间太短,导致这些卫星的整周未知数无法准确确定

当卫星的观测时间太短时,会导致与该颗卫星有关的整周未知数无法准确确定,基线解算时,对于参与计算的卫星,如果与之相关的整周未知数没有准确确定,将严重影响基线解算的精度。

③在个别时间段里周跳太多,致使周跳修复不完善

④在观测时段内,多路径效应比较严重,观测值的改正数普遍较大

⑤对流层或电离层折射影响过大

(2)影响 GPS 基线解算结果的因素判别及应对措施

①影响 GPS 基线解算结果因素的判别

a. 一般判别

对于影响 GPS 基线解算结果的因素,有些是较容易判别的,如卫星观测时间太短、周跳太多、多路径效应严重、对流层或电离层折射影响过大等;但对于另外一些因素却不好判断了,如起点坐标不准确。由起点坐标不准确引起的对基线解算质量造成的影响,目前还没有较容易的方法来加以判别,因此,在实际工作中,只有尽量提高起点坐标的准确度,以避免这种情况的发生。

关于卫星观测时间太短这类问题的判断比较简单,只要查看观测数据记录文件中关于每个卫星的观测数据的数量就可以了,有些数据处理软件还输出卫星的可见性图(如图 4-3-13),这就更直观了。

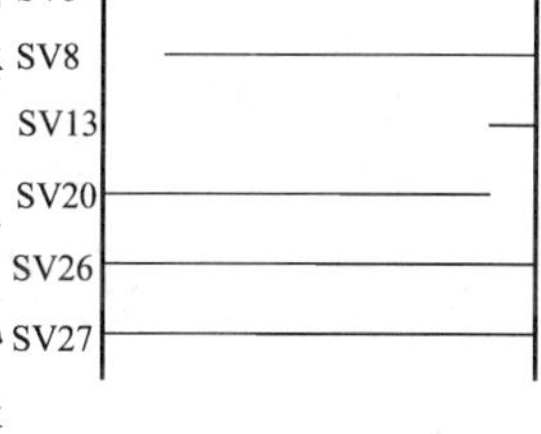

图　4-3-13

对于卫星观测值中周跳太多的情况,可以从基线解算后所获得的观测值残差上来分析。目前,大部分的基线处理软件一般采用双差观测值,当某测站对某颗卫星的观测值中含有未修复的周跳时,与此相关的所有双差观测值的残差都会出现整数倍的增大。

对于多路径效应、对流层或电离层折射影响的判别,我们也是通过观测值残差来进行的。不过与整周跳变不同的是,当路径效应严重、对流层或电离层折射影响过大时,观测值残差不是像周跳未修复那样出现整数倍的增大,而只是出现非整数倍的增大,一般不超过 1 周,但却又明显地大于正常观测值的残差。

b. 通过残差图判别

在基线解算时,经常通过残差图来判断影响基线解算结果质量的因素。所谓残差图就是根据观测值的残差绘制的一种图。

图 4-3-14 是一种常见双差分观测值残差图的形式,它的横轴表示观测时间,纵轴表示观测值的残差,右上角的“SV12 - SV15”表示此残差是 SV12 号卫星与 SV15 号卫星的差分观测值的残差。正常的残差图一般为残差绕着零轴上、下摆动,振幅一般不超过 0.1 周。

图 4-3-15、图 4-3-16、图 4-3-17 综合考虑表明 SV12 号卫星的观测值中含有周跳。

图 4-3-18、图 4-3-19 和图 4-3-20 表明,SV25 在 $T_1 \sim T_2$ 时间段内受不明因素(可能是多路径效应、对流层折射、电离层折射或强电磁波干扰)影响严重。

②应对措施

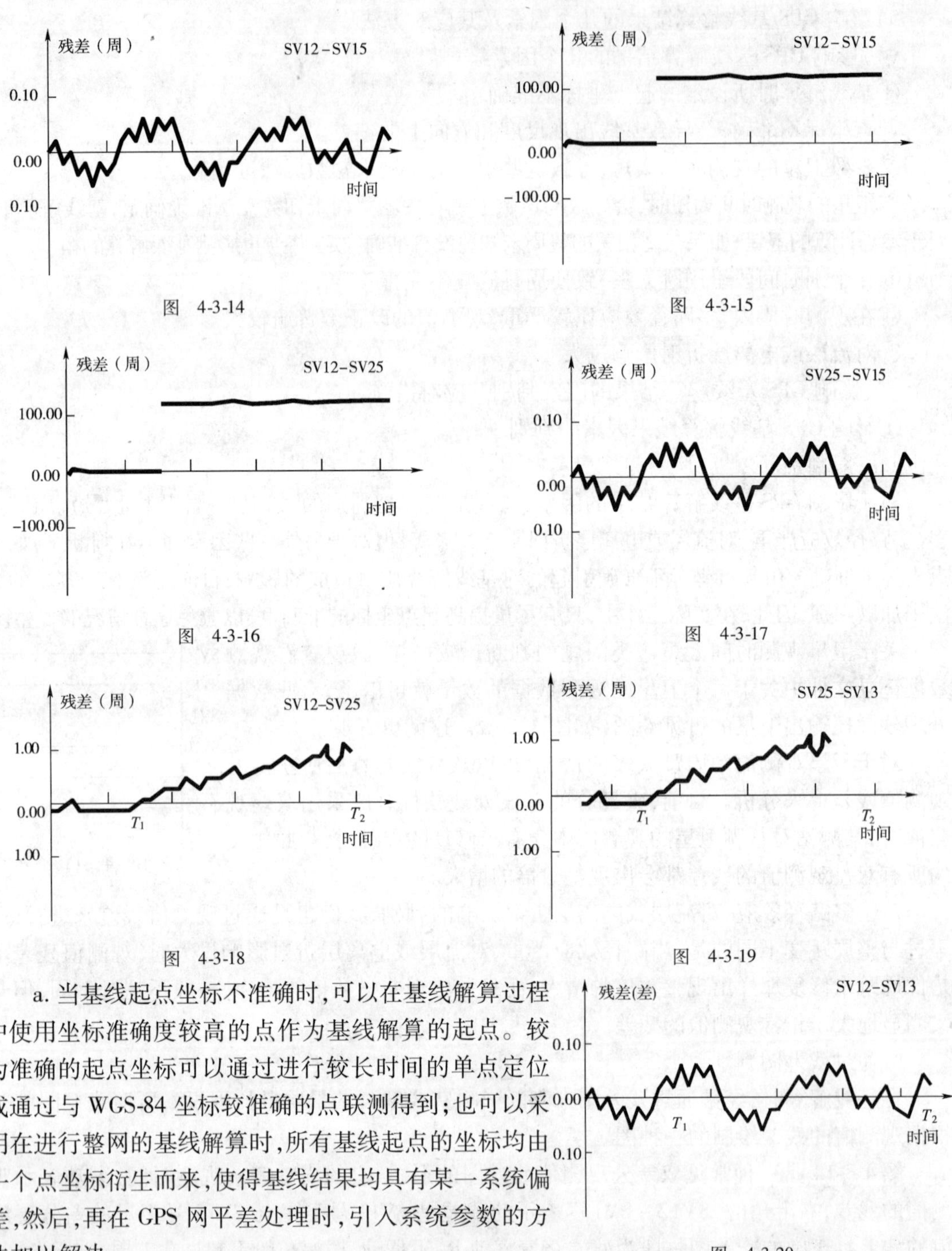

图　4-3-14

图　4-3-15

图　4-3-16

图　4-3-17

图　4-3-18

图　4-3-19

图　4-3-20

a. 当基线起点坐标不准确时，可以在基线解算过程中使用坐标准确度较高的点作为基线解算的起点。较为准确的起点坐标可以通过进行较长时间的单点定位或通过与 WGS-84 坐标较准确的点联测得到；也可以采用在进行整网的基线解算时，所有基线起点的坐标均由一个点坐标衍生而来，使得基线结果均具有某一系统偏差，然后，再在 GPS 网平差处理时，引入系统参数的方法加以解决。

b. 若某颗卫星的观测时间太短，则可以删除该卫星的观测数据，不让它们参加基线解算，这样可以保证基线解算结果的质量。

c. 若多颗卫星在相同的时间段内经常发生周跳时，则可采用删除周跳严重的时间段的方法，来尝试改善基线解算结果的质量；若只是个别卫星经常发生周跳，则可采用删除经常发生周跳的卫星观测值的方法,来尝试改善基线解算结果的质量。

d. 由于多路径效应往往造成观测值残差较大,因此,可以剔除残差较大的观测值;另外,也可以采用删除多路径效应严重的时间段或卫星的方法。

e. 对于对流层或电离层折射影响过大的问题,可以采用下列方法:

尽量采用双频接收机进行观测,因为双频接收机可以削弱电离层折射的影响。使用单频接收机或要求观测精度较高时,应采用模型分别对对流层和电离层延迟进行改正。另外,还可以通过提高截止高度角的方法,剔除易受对流层或电离层影响的低高度角观测数据,但这种方法,具有一定的盲目性,因为高度角低的信号,不一定受对流层或电离层的影响就大。

6)GPS 基线解算的过程

每一个厂商所生产的接收机都会配备相应的数据处理软件,它们在使用方法上都会有各自不同的特点。但是,无论是那种软件,它们在使用步骤上却是大体相同的。GPS 基线的解算可概括为:

(1)原始观测数据的读入

在进行基线解算时,首先需要读取原始的 GPS 观测值数据。各接收机厂商一般随接收机一起提供的数据处理软件都可以直接处理从接收机中传输出来的 GPS 原始观测值数据,而由第三方所开发的数据处理软件则不一定能对该接收机的原始观测数据进行处理,要处理这些数据,首先需要进行格式转换。目前,最常用的格式是 RINEX 格式,对于按此种格式存储的数据,大部分的数据处理软件都能直接处理。

(2)外业输入数据的检查与修改

在读入了 GPS 观测值数据后,就需要对观测数据进行必要的检查,检查的项目包括:测站名、点号、测站坐标、天线高等。对这些项目进行检查的目的,是为了避免外业操作时的误操作。

(3)设定基线解算的控制参数

基线解算的控制参数是用于确定数据处理软件采用何种处理方法进行基线解算的要素,设定基线解算的控制参数是基线解算时的一个非常重要的环节,通过控制参数的设定,可以实现基线的精化处理。

(4)基线解算

基线解算的过程一般是自动进行的,无须过多的人工干预。

(5)基线质量的检验

基线解算完毕后,基线结果并不能马上用于后续的处理,还必须对基线的质量进行检验,只有质量合格的基线才能用于后续的处理,如果不合格,则需要对基线进行重新解算或重新测量。基线的质量检验需要通过 RATIO、RDOP、RMA、同步环闭合差、异步环闭合差和重复基线较差来进行。

四、水平角观测

在 GPS 问世之前,控制测量的主要工作是水平角观测。水平角观测的仪器有光学经纬仪、电子经纬仪和全站仪。

(一)水平角观测的主要误差来源及其影响

外界条件引起的误差和测量仪器误差是影响水平角观测质量的两类主要误差。

1.外界条件的影响

(1)大气密度的变化和大气透明度对目标成像质量的影响

目标成像是否稳定主要取决于视线通过的近地大气层密度的变化情况,如果大气密度是均匀的、不变的,则大气层就保持平衡,目标成像就很稳定。如果大气密度剧烈变化,则目标成像就会产生上下、左右跳动。实际上大气密度是始终变化的,其变化程度取决于太阳造成的地面热辐射的强烈程度以及地形、地物和地类等的分布特征。由前人的研究知,大气密度变化在一天中对成像的影响有如下规律:

早晨太阳升起时,阳光斜射通过大气层使气体分子缓慢而均匀地升温,大气层在夜间的平衡状态被打破,但各部分大气密度仅有微小的差异,因此没有明显的对流,目标成像也仅有轻微的波动。

日出后1~3h,地面处于吸热过程,此时大气层密度较均匀,成像较稳定。但随着地面吸热达到饱和后,不断将热量再散发出去,使靠近地面的大气升温随着太阳高度的不断增加,地面上的热量也不断增加,目标成像的动荡现象就更加强烈。

下午大气温度达到最高点后,太阳的高度开始逐渐下降,地面辐射热量将减少,大气层开始降温,并趋于平衡,目标成像也越来越稳定。因此在日落前有一段时间成像稳定,便于角度观测。

至于目标成像是否清晰,主要取决于大气的透明程度,即大气中对光线起散射作用的物质的多少。尘埃上升到一定高度后,除部分浮悬在大气中,一般均逐渐返回地面。水蒸气升到一定高度后,可能形成云层,也可能逐渐稀释在大气中,因此尘埃和水蒸气对近地大气的透明度是起着决定性的作用。长期研究表明,每天上午接近中午时大气透明度较差,一般下午三点以后大气透明度较好。

(2)旁折光的影响

光线通过密度不均匀的空气介质时,经过连续折射后形成一条曲线,并向密度大的一方弯曲,如图4-3-21所示。当来自目标B的光线进入望远镜时,照准方向为该曲线在A处的切线方向,即图4-3-21中的AC方向。这个方向与这条曲线的弦线方向AB(即理想的照准方向)不一致,存在一个微小的角度,这个微小的角度称为微分折光。微分折光可以分解为垂直和水平两个分量,水平分量称为旁折光。旁折光对水平角的观测精度影响较大,并且是系统性的。

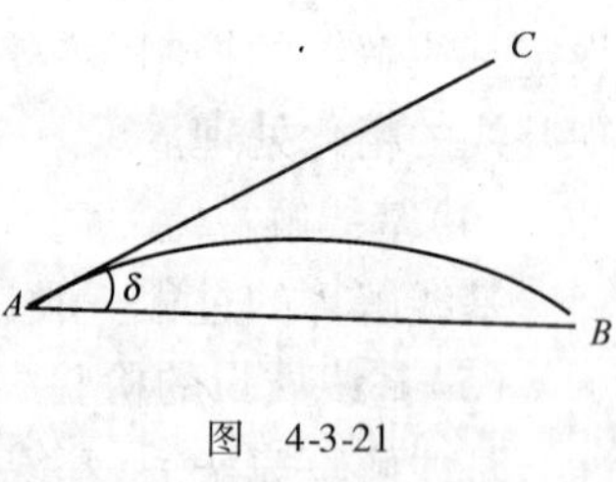

图 4-3-21

(3)温度变化对照准轴的影响

测量仪器在太阳光的直接照射下,仪器各部分受热是不均匀的,致使仪器产生变形,这就破坏了仪器各轴线之间的正确关系,从而使观测质量受到影响。

2.测量仪器误差

(1)水平度盘位移的影响

当转动照准部时,由于轴面的摩擦力使仪器的基座部分产生弹性的扭曲,因此,与基座固连的水平度盘也随之发生微小的方位变动,这种扭曲主要发生在照准部旋转的开始瞬间,因为这时必须克服垂直轴与轴套表面之间互相密切接触的惯性力，当照准部开始转动之后，在转动照准部的过程中只需克服较小的轴面摩擦力，而在转动停止之后，没有任何力再作用在仪器的基座部分，它在弹性作用下就逐渐反向扭曲，企图恢复原来的平衡状态，因此，在观测时当照准部顺时针方向转动时，度盘也随着基座顺转一个微小的角度，使在度盘上的读数偏小。反之，逆转照准部时，使度盘读数偏大，这将给测得的方向值带来系统误差。

根据这种误差的性质，如果在半测回中照准目标时保持照准部向一个方向转动，则可以认为各方向所带误差的正负号相同，由方向组成角度时就可以消减这种误差影响，即使各方向所受误差的大小不同，在组成角度中也只含有残余误差的影响，且其符号可能为正，也可能为负，而没有系统的性质。

如果在一测回中，上半测回顺转照准部，依次照准各方向，下半测回逆转照准部，依相反的次序照准各方向，则在同一角度的上、下半测回的平均值中就可以很好地消除这种误差影响。

(2)照准部旋转不正确的影响

当照准部垂直轴与轴套之间的间隙过小，则照准部转动时会过紧；如果间隙过大，则照准部转动时垂直轴在轴套中会发生歪斜或平移，这种现象叫照准部旋转不正确。照准部旋转不正确会引起照准部的偏心和测微器行差的变化，为了消除这些误差的影响，采用重合法读数，可在读数中消除照准部偏心影响。

(3)照准部水平微动螺旋作用不正确的影响

旋进照准部水平微动螺旋时，靠螺杆的压力推动照准部；当旋出照准部微动螺旋时，靠反作用弹簧的弹力推动照准部。若因油污阻碍或弹簧老化等原因使弹力减弱，则微动螺旋旋出后，照准部不能及时转动，微动螺杆顶端就出现微小的空隙，在读数过程中，弹簧慢慢伸张而消除空隙，这时读数，视准轴已偏离了照准方向，从而引起观测误差。为了避免这种误差的影响，规定观测时应旋进微动螺旋(与弹力作用相反的方向)去进行每个观测方向的最后照准，同时要使用水平微动螺旋的中间部分。

(4)垂直微动螺旋作用不正确的影响

在仪器整平的情况下转动垂直微动螺旋，望远镜应在垂直面内俯仰，但是，由于水平轴与其轴套之间有空隙，垂直微动螺旋的运动方向与其反作用弹簧弹力的作用方向不在一直线上，从而产生附加的力矩引起水平轴一端位移，致使视准轴变动，给水平方向的方向观测值带来误差，这就是垂直微动螺旋作用不正确的影响。

除外界条件引起的误差和测量仪器误差的影响外，照准误差也会影响观测精度。总之，影响水平角观测精度的因素是错综复杂的，有些误差还是交织在一起的，不能截然分开。了解影响水平角观测质量的这些因素，在施测中注意克服一些不利影响，有利于提高观测精度。

(二)水平角观测的要求

1. 水平角观测应采用不低于 DJ_6 型的经纬仪。使用前应进行下列检验：

(1)照准部旋转轴正常，各位置气泡读数较差，DJ_1 型经纬仪不得超过 2 格；DJ_2 型不得超过 1 格。

(2)光学测微器行差与隙动差，DJ_1 型经纬仪不得大于 1″；DJ_2 型不得大于 2″。

(3)垂直微动螺旋使用时，视准轴在水平方向上不得产生偏移。

(4)照准部旋转时，仪器底座位移所产生的系统误差，DJ_1 型经纬仪不得超过 0.3″；DJ_2 型不得超过1.0″。

(5)水平轴不垂直于垂直轴之差,DJ_1 型经纬仪不得超过10″;DJ_2 型不得超过15″;DJ_6 型不得超过20″。

(6)光学对点器的对中误差不得大于1mm。

2. 水平角观测的原则

长期以来,广大测绘工作者在水平角观测实践中,总结出很多克服外界条件引起的误差和测量仪器误差影响水平角观测质量的方法,提出了水平角观测中所应遵循的原则:

(1)观测应在目标成像清晰、稳定、有利于观测的时间段内进行,以提高照准精度和减小旁折光的影响。

(2)观测前应认真调好焦距,消除视差。在同一测回的观测过程中不得重新调焦,以免引起视准轴的变动。

(3)各测回的起始方向应均匀地分配在水平度盘和测微分划尺的不同位置上,以消除或减弱度盘分划线和测微分划尺分划误差的影响。

(4)在上、下半测回之间倒转望远镜,以消除和减弱视准轴误差、水平轴倾斜等误差的影响,同时可以由盘左、盘右读数之差求得2倍照准误差(2C),以检核观测质量。

(5)上、下半测回照准目标的次序应相反,并使观测每一目标的操作时间大致相同,即在同一测回的观测过程中,按与时间对称排列的观测程序,目的是消除或减弱与时间成比例均匀变化的误差影响,如三脚架的扭转等。

(6)为了克服或减弱在操作仪器的过程中带动水平度盘位移的误差,要求每半测回开始观测前,照准部按规定的转动方向先预转1~2周。

(7)使用照准部微动螺旋和测微螺旋时,最后旋转方向均应为旋进方向。

(8)观测过程中照准部的水准器气泡应始终居中。

3. 水平角观测的作业要求

(1)水平角观测方向数不多于3个时可不归零。各测回应均匀地分配在度盘和测微器的不同位置上。

(2)水平角方向观测应在通视良好、成像清晰稳定时进行。全部测回宜在一个时间段内测完。

(3)观测过程中,气泡中心位置偏离不得超过1格;气泡偏离接近1格时,应在测回间重新整置仪器。

(4)在观测过程中,2倍照准差(2C)的绝对值,DJ_1 经纬仪不得大于20″;DJ_2 型不得大于30″。

(5)当方向总数超过6个时,可分两组观测,每组方向数应大致相等,且包括两个共同方向(其中一个为共同零方向)。其共同方向之间的角值互差应不超过本等级测角中误差的2倍。

(6)当观测方向多于3个,在观测过程中某些方向的目标不清晰时,可以先放弃,待清晰时补测。一测回中放弃的方向数不得超过应观测方向数的1/3。放弃方向补测时,应在原基本测回测完后进行,可只联测零方向。如全部基本测回测完,有的方向一直没有观测过,对这些方向的观测应按分组观测处理。

(7)四等以上导线水平角观测,应在总测回以奇数测回和偶数测回分别观测导线前进方向的左角和右角。左角平均值与右角平均值之和应等于360°，其误差值不应大于测角中误差的2倍，一级以下导线可只测左角。

（三）方向观测法

1. 观测程序

水平角观测不仅要遵循水平角观测原则，而且还要采用既有规律性可循，又能适应野外条件的简单方法。在水平角观测中广泛采用的方向观测法就是这样的观测方法之一。

方向观测法就是在一测回内，按一定的顺序和规律将测站上要观测的所有方向逐一观测，求出各方向的方向值。所需要的水平角则通过两个有关的方向值相减得到。

设测站为 O，在测站 O 上所要观测的方向为：A、B、C、…、N，见图4-3-22。则方向观测法的观测方法如下：

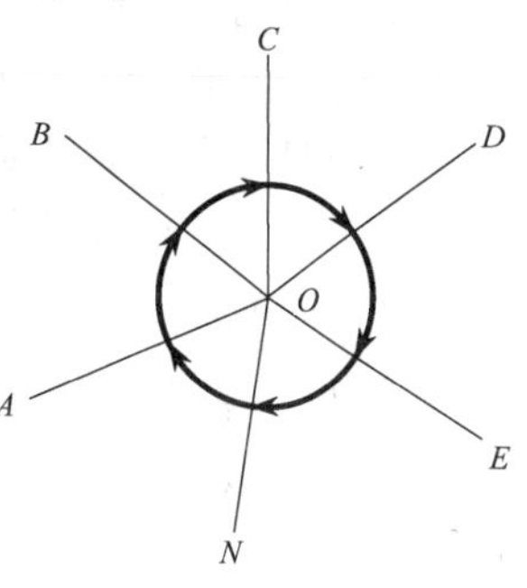

图　4-3-22

首先选择一个目标成像清晰的方向，比如 A 方向作为起始方向（起始方向又称为零方向）。在盘左位置进行上半测回观测，即先照准起始方向 A，并记录读数；然后顺时针方向旋转照准部，依次照准 B、C、…、N，并记录读数，这样就完成了上半测回的观测。

上半测回的观测完成后，纵转望远镜，开始下半测回的观测。下半测回逆时针方向旋转照准部，即按与上半测回相反的次序依次照准方向 N、…、C、B、A，并记录各方向的读数，结束下半测回的观测，上、下两个半测回构成一个测回。

如果在上半测回依次观测了 A、B、C、…、N 之后，再观测一次零方向（即归零）；而下半测回的观测次序为 A、N、…、C、B、A，则称这样的观测方法为全圆方向法。当一个测站上的方向数多于3个时，必须采用全圆方向法。

在全圆方向法中，零方向的选择非常重要。零方向的选择适当与否，不仅影响观测精度，而且还影响观测速度。所以，要选择边长适中、通视良好、成像清晰的目标作为零方向。

为了提高测角精度，水平角一般要求观测多个测回。方向观测法的测回数，是根据控制网的等级和所使用的仪器类型确定的。规范规定的不同情况下的测回数见表4-3-11，各测回之间应按式(4-3-17)配置度盘。

水平角观测的作业要求　　表4-3-11

等级	经纬仪型号	光学测微器两次重合读数差(″)	半测回归零差(″)	同一测回中2C较差(″)	同一方向各测回间较差(″)	测回数
二等	DJ_1	1	6	9	6	12
三等	DJ_1	1	6	9	6	6
	DJ_2	3	8	13	9	10
四等	DJ_1	1	6	9	6	4
	DJ_2	3	8	13	9	6
一级	DJ_2	—	12	18	12	2
	DJ_6	—	24	—	24	4
二级	DJ_2	—	12	18	12	1
	DJ_6	—	24	—	24	3

注：当观测方向的垂直角超过±3°时，该方向的2C较差可按同一观测时间段内相邻测回进行比较。

$$\left.\begin{aligned}J_1: L_i &= \frac{180°}{m}(i-1) + 4'(i-1) + \frac{2'}{m}\left(i-\frac{1}{2}\right)\\ J_2: L_i &= \frac{180°}{m}(i-1) + 10'(i-1) + \frac{10'}{m}\left(i-\frac{1}{2}\right)\end{aligned}\right\} \tag{4-3-17}$$

式中：L_i——第 i 测回度盘零方向位置；

m——测回数；$i=1、2、3、\cdots、m$。

等式右边第一项是度盘全周读数的平均值，以便消除度盘分划的长周期误差；第二项是为减弱度盘分划短的周期误差；第三项是平均分配测微器值以减弱其分划误差。

方向观测法一测回的观测程序如下：

①将仪器照准零方向的目标，按式(4-3-17)配置好度盘和测微器。

②顺时针方向旋转照准部1～2周后精确照准零方向的目标，开始读数，并做好记录。

③顺时针方向旋转照准部，精确照准第二个方向的目标，开始读数，并做好记录。顺时针方向旋转照准部，依次精确照准第三、第四、…、第 n 个方向的目标，读数并做好记录。最后闭合到零方向(当观测方向数小于等于3时，可不必闭合至零方向)，纵转望远镜，逆时针方向旋转照准部1～2周后，精确照准零方向的目标，开始读数，并做好记录。

④逆时针方向旋转照准部，按上半测回观测的相反次序观测至零方向。

以上操作为一个测回，以后各测回观测程序相同。

2. 记录与检核

记录：野外观测成果是测量中最重要的原始数据，也是需要长期保存的重要资料，必须记录清楚，格式统一。手工记录在专用表格中进行，专用记录表格见第三章。记录时盘左由上往下记，盘右由下往上记。每一方向分别照准1次并读数，记入盘左、盘右列中，最后将零方向值归化为0°00′00″，并求出“归零”后的其他方向值记入相应栏目中，如表4-3-12。

表4-3-12

测站：DF04　　　　仪器：　　　　　　　　　　年　月　日　第____页

觇点	读数		2C	半测回方向值	一测回平均方向值	各测回平均方向值	备注
	盘左	盘右					
	° ′ ″	° ′ ″	″	° ′ ″	° ′ ″	° ′ ″	
DF03	0 00 10	180 00 02	8	0 00 00	0 00 00	0 00 00	
DF05	168 54 32	348 54 28	4	168 54 22	168 54 24	168 54 24	
				26	24		
DF03	90 10 15	270 10 14	1	0 00 00	0 00 00		
DF05	259 04 38	79 04 40	−2	168 54 23	168 54 24		
				26			

检核：观测过程中必然存在误差，为了确保观测成果的质量，必须对观测过程中的一些数值进行检核。在方向观测中，一个测站上的检核内容及规定见表4-3-11。表4-3-11中所列限差是保证观测精度的最低要求，如果观测中各项检核都接近该限差，则表明观测精度是不高

的。在观测过程中出现个别大误差,甚至超限误差是不奇怪的,记录时必须如实反映。决不容许为了拼凑符合限差的观测成果而伪造读数,伪造读数是一种犯罪行为。

3. 重测和重测数的计算

1)重测的基本原则和规定

方向法观测成果因超出限差而重测时,需遵守以下基本原则和规定:

(1)重测和补测。凡因超限而需重新观测的完整测回称为重测。若因对错度盘、测错方向、读记错误或因中途发现观测条件不佳等原因而放弃的测回,重新观测时称为补测,不算重测。

(2)因测回互差超限而重测时,要认真分析研究,除明显孤值外,一般应重测观测结果中最大值和最小值的测回。

(3)一测回中,如重测方向数超过所测方向总数的1/3时(观测3个方向,有1个方向重测),应重测全测回。

(4)零方向超限时,需全测回重测。

(5)在一个测站上,基本测回重测的方向测回数超过全部方向测回总数的1/3时,则该成果需全部重测。

(6)重测时,只需联测零方向。

(7)当三角形闭合差或其他条件超限时,要认真分析,找出超限的原因,并重测有关点的全部成果。

2)重测数的计算

方向法观测的重测数是按方向测回数来计算的,其具体规定如下:

(1)一份成果中,一个完整测回内包含 n 个方向,因零方向值为零,故一测回中的方向数只有 $(n-1)$ 个;若一份成果共观测 m 个基本测回,则该份成果的总方向数为 $m(n-1)$ 个。

(2)在基本测回观测结果中,重测1个方向算1个方向测回,重测2个方向算2个方向测回,依此类推。

(3)因零方向超限全测回重测时,重测数应算作 $(n-1)$ 个方向测回。

(4)一测回中因重测方向数超过所测方向总数1/3,需全测回重测时,重测数仍按超限方向数计算。

4. 观测成果的分析与处理

观测成果的分析和处理,是实际作业中经常遇到的一个重要问题。当有些成果超限时,如果不认真分析原因,又不全面研究成果的合理取舍而匆忙进行重测,则既浪费时间,又破坏了成果的精度。下面根据实践经验,对成果的分析和处理作简要介绍。

成果超限的一般原因:

当成果超限时,即表明成果中含有不能允许的大误差。因此,超限成果必须重测。重测时必须认真分析原因,采取有的放矢的措施,才能保证成果精度。现就一般情况超限的原因进行分析。在实际作业中,还必须结合具体情况进行具体分析,以找出主要原因。

(1)照准目标2次,2次读数差超限

超限的主要原因是照准误差,其次是读数误差。具体说可能是:目标成像质量不佳,照准目标时的操作不符合要求,如测前调焦不好,存在较大视差,从而引起较大的照准误差;使用水平微动螺旋做最后照准时没有旋进照准,带入较大的隙动差;照准不果断,时间拖长,致使视觉疲劳而不能精确照准。读数窗的分划线没调好或重合读数时测微螺旋没有旋进重合,从而产生较大的读数误差。

(2)归零差超限

常常是以下几个原因:零方向选择不当;三脚架产生较大的扭转;一测回的观测时间过长,外界条件的影响较大。

(3)2C互差或上、下半测回角值差超限

超限的原因有:三脚架扭转大,并且不规则。水平轴倾斜误差的影响,如当某些方向垂直角相差较大,且2C互差出现较明显规律时,往往是水平轴倾斜误差的影响。违反操作规则,如照准部有逆转现象,微动螺旋没有使用中部等;某方向目标成像质量不佳。

(4)测回互差超限

测回互差超限的原因,可能是度盘分划误差、垂直轴倾斜误差、水平折光和相位差等因素引起。

若是个别测回的方向(或角度)值过大或过小,往往是个别测回受度盘分划误差影响、垂直轴倾斜误差影响、仪器操作不符合规定等因素引起。

若成果随时间段不同出现明显的分群现象,则主要可能是水平折光或相位差引起的。如某些方向视线高度不够或旁边有障碍物,就会产生水平折光;如目标的方位和背景不同,就会产生相位差。

若成果很零乱,忽大忽小不规则,则往往是脚架松动、基座不稳或仪器操作不符合规定等不正常原因引起的。

超限成果的选择和处理:

在处理超限成果时,比较复杂的问题是测回互差超限时成果的选择问题。当测回互差超限而重测时,除明显孤值外,原则上应重测观测结果中最大和最小的测回。但在实际观测中,什么是孤值?什么情况应算一大一小呢?下面根据实际经验,介绍一个判别孤值的方法和"成果分群"时的处理办法。

(1)判别"孤值"与"一大一小"的方法——中值判别法

当"测回互差"超限,而孤值与一大一小不易判别时,此法可以使用。其基本思路是:认为m个测回的中数是比较接近真值的,因此,可以根据超限测回的观测结果与中数的偏离程度来判别。

(2)观测成果分群的处理

如果观测成果随时间段不同而明显分群,则应重测全部测回。若观测成果虽然分群,但不明显,且大部分测回值之间符合限差要求,只有个别测回超限,则说明虽然有系统误差影响,但不严重。若通过取中数即可大大减弱,则可不重测全部测回,按一大一小处理即可。

(四)测角中误差计算

1.三角网测角中误差

$$m_\beta = \sqrt{\frac{[WW]}{3n}} \tag{4-3-18}$$

式中:m_β——测角中误差(″);

W——三角形闭合差(″);

n——三角形的个数。

2. 导线测角中误差

按方位角闭合差计算测角中误差:

$$m_\beta = \sqrt{\frac{1}{N}\left[\frac{f_\beta f_\beta}{n}\right]} \tag{4-3-19}$$

式中:f_β——附合导线或闭合导线环的方位角闭合差(″);

n——计算 f_β 时的测站数;

N——附合导线或闭合导线环的个数。

按左、右角观测的导线测角中误差:

$$m_\beta = \pm\sqrt{\frac{\Delta\Delta}{2n}} \tag{4-3-20}$$

式中:Δ——测站圆周角闭合差(″);

n——角度个数。

3. 按观测值改正数计算测角中误差(单位权中误差)

上述两种计算方法一般不能反映控制网精度的真实情况,如第一种方法就未考虑由于起算数据误差引起的影响,导线测量中按坐标方位角计算测角中误差,一般要求导线的条数较多,当导线条数较多时,有可能使个别误差较大的导线不能被检查出,因此能全面考虑各种因素的测角中误差计算方法是由观测值改正数计算较为客观。

$$m_\beta = \pm\sqrt{\frac{PVV}{n-t}} \tag{4-3-21}$$

式中:P——观测值的权;

V——观测值平差改正数;

n——观测值个数;

t——必要观测值个数。

五、距离测量

三角网的基线边、测边网、一级及一级以上导线的边长,应采用光电测距仪施测。二级小三角和导线的边长测量,可采用普通钢尺进行测量。

光电测距仪按精度分级如表 4-3-13。

测距仪的选用 表 4-3-13

测距仪精度等级	每公里测距中误差 m_D(mm)	适用的平面控制测量等级
Ⅰ级	$m_D \leqslant \pm 5$	所有等级
Ⅱ级	$\pm 5 < m_D \leqslant \pm 10$	三、四等,一、二级
Ⅲ级	$\pm 10 < m_D \leqslant \pm 20$	一、二级

仪器的标称精度 m_D 表达式为:

$$m_D = \pm(A + BD) \tag{4-3-22}$$

式中：m_D——测距中误差(mm)；

A——标称精度中的固定误差(mm)；

B——标称精度中的比例误差系数(10^{-6})；

D——测距长度(km)。

光电测距仪及辅助工具的检校，应符合下列规定：

(1)新购置的仪器或大修后，应进行全面检校。

(2)测距仪使用的气象仪表，应送气象部门按有关规定检测。当在高海拔地区使用空盒气压计时，宜送当地气象台(站)校准。

(3)已经用于生产的测距仪，其周期误差的检验及加常数、乘常数的检验至少每年应进行一次。

测距的作业要求如下：

(1)测距前仪器应严格整平对中，对中误差应小于1mm。测距时应在成像清晰、气象条件稳定时进行，雨、雪和大风天气不宜作业，不宜顺光或逆光且与太阳呈小角度观测，严禁将仪器照准头对准太阳。

(2)当反光镜背景方向有反射物时，应在反光镜后方遮上黑布。

(3)测距过程中，当视线被遮挡出现粗差时，应重新启动测量。

(4)当观测数据超限时，应重测整个测回。当观测数据出现分群时，应分析原因，采取相应措施重新观测。

(5)温度计宜采用通风干湿温度计，气压表宜采用高原型空盒气压表。

(6)测量四等及其以上的边时，应量取测边两端点始末的气象数据，计算时应取平均值。测量温度时应量取空气温度。通风干湿温度计应悬挂距地面和人体1.5m以外的地方。气压表应置平，指针不应受阻。

(7)当测距边长度用三角高程测量的高差进行倾斜改正时，垂直角的观测要求和对向观测要求应按五等三角高程测量的规定执行。

(8)光电测距的技术要求按表4-3-14的规定执行。

光电测距的技术要求 表4-3-14

平面控制网等级	观测次数		每边测回数		一测回读数间较差(mm)	单程各测回较差(mm)	往返较差
	往	返	往	返			
二等	≥1	≥1	≥4	≥4	≤5	≤7	$\leqslant\sqrt{2}(a+b\cdot D)$
三等	≥1	≥1	≥3	≥3	≤5	≤7	
四等	≥1	≥1	≥2	≥2	≤7	≤10	
一级	≥1	—	≥2	—	≤7	≤10	
二级	≥1	—	≥1	—	≤12	≤17	

注：①测回是指照准目标1次，读数4次的过程。

②表中a为固定误差，b为比例误差系数，D为水平距离(单位：km)。

测距边的水平距离计算，应符合下列要求：

(1)应按仪器给定的公式进行气象改正。

(2)应按仪器检测的结果进行加、乘常数改正。

(3)应按式(4-3-23)或式(4-3-24)进行倾斜改正。折光系数K应根据观测时间、植被、气候及视线高出障碍物(或地面)的高度等不同情况,参照表4-3-15进行选取,一般情况下可取平均值0.14。

折光系数表　　表4-3-15

地　面	沙　漠	平原、山区	森　林	沼　泽	水网、湖泊
平均 K 值	0.095	0.115	0.143	0.148	0.157

用测定两点间的高差计算水平距离:

$$D_p = \sqrt{s^2 + h^2} \tag{4-3-23}$$

用观测垂直角计算水平距离:

$$D_p = s \cdot \cos(\alpha + f) \tag{4-3-24}$$

式中:$f = (1 - K)\rho''\dfrac{s \cdot \cos\alpha}{2R}$;

D_p——测距边两端点仪器与棱境平均高程面上的水平距离(m);

s——经气象及加、乘常数等改正后的斜距(m);

h——测距边两端点之间的高差(m);

α——观测的垂直角($''$);

f——地球曲率与大气折光对垂直角的改正值(m);

K——当地的平均大气折光系数;

R——地球平均曲率半径。

测距边的精度评定应按公式(4-3-25)计算:

(1)往返测距单位权中误差:

$$\mu = \sqrt{\frac{[pdd]}{2n}} \tag{4-3-25}$$

式中:μ——往返测距单位权中误差(mm);

d——各边往返距离的较差(mm);

n——测距的边数;

p——各边距离测量的先验权,其值为 $1/\delta_D^2$,δ_D 为测距的先验中误差,可按测距仪的标称精度计算。

(2)任一边的实际测距中误差

$$m_{Di} = \mu\sqrt{\frac{1}{P_i}} \tag{4-3-26}$$

式中:m_{Di}——第 i 边的实际测距中误差(mm);

P_i——第 i 边距离测量的先验权。

一级、二级导线采用普通钢尺丈量导线边长时,其技术要求应符合表4-3-16的规定。

普通钢尺丈量导线边长的技术要求　　表4-3-16

等级	定线偏差(mm)	每尺段往返高差之差(cm)	最小读数(mm)	三组读数之差(mm)	同段尺长差(mm)	外业手簿计算取值(mm)		
						尺长	各项改正	高差
二 级	5	1	1	3	4	1	1	1

注:每尺段是指两根同向丈量或单尺往返丈量。

距离测量成果的整理及计算：

观测工作结束后，应及时整理和检查外业观测手簿，确认观测成果全部符合规范规定后，方可进行计算。距离归算及投影变形改正，按下列公式进行：

（1）归算到测区平均高程面上的测距边长度，按式（4-3-27）计算：

$$D = D_0\left(1 + \frac{H_P - H_m}{R_A}\right) \tag{4-3-27}$$

式中：D_0——测距边两端点平均高程面上的水平距离（m）；

D——归算到测区平均高程面上的测距长度（m）；

H_m——测距边两端的平均高程（m）；

H_P——测区平均高程（m）；

R_A——参考椭球体在测距边方向上的法截弧曲率半径（m），一般取 6378km。

（2）归算到参考椭球面上的测距长度，按式（4-2-23）、（4-2-24）计算。

（3）测距边在高斯投影面上的长度，按式（4-2-25）、（4-2-26）、（4-2-27）计算。

六、垂直角测量

垂直角观测有中丝法和三丝法两种观测方法，现简要介绍如下。

（一）中丝法

中丝法也称单丝法。该观测方法就是以望远镜中十字丝的水平中丝照准目标，构成一个测回的观测程序为：

在盘左位置，用水平中丝照准目标 1 次，如图 4-3-23a）所示，使指标水准气泡精密符合，读取垂直度盘读数，并记录之。

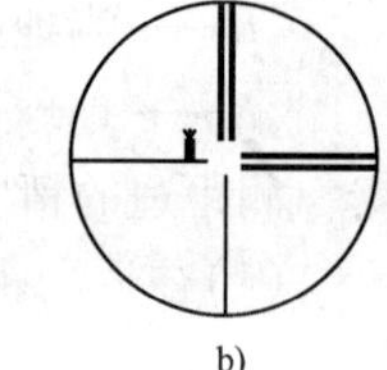

图 4-3-23

在盘右位置，按与盘左时相同的方法进行照准和读数，并做好记录。盘右时照准目标如图 4-3-23b）所示。记录格式如表 4-3-17。

表 4-3-17

测站：　观测：　记录：　复核：　　年　月　日　第____页

距离测量（平、斜）	仪高（m）1.596		气压 P（mb）1003		温度 t（℃）23			
	觇点 DF03		觇高（m）1.602		觇点 DF05		觇高（m）1.584	
	I	II	III	IV	I	II	III	IV
	平均				平均			
垂直角（高差）测量	盘左	盘右	指标差（高差之差）	垂直角（高差）	盘左	盘右	指标差（高差之差）	垂直角（高差）
	87 26 54	272 33 04	−1	+2 33 05	91 30 28	268 29 34	+1	−1 30 27
	87 26 53	272 33 06	0	+2 33 06	91 30 31	268 29 33	+1	−1 30 29
	87 26 55	272 33 06	0	+2 33 06	91 30 33	268 29 31	+2	−1 30 31
	87 26 56	272 33 06	+1	+2 33 05	91 30 31	268 29 33	+2	−1 30 29
	平均			+2 33 06	平均			−1 30 28

（二）三丝法

三丝法就是以上、中、下三条水平横丝依次照准目标。构成一个测回的观测程序为：

在盘左位置，按上、中、下三条水平横丝依次照准同一目标各1次，如图4-3-24a）所示，使指标水准气泡精密符合，分别进行垂直度盘读数，并记录盘左读数。

在盘右位置，再按上、中、下三条水平横丝依次照准同一目标各1次，如图4-3-24b）所示，使指标水准气泡精密符合，分别进行垂直度盘读数，并记录盘右读数。

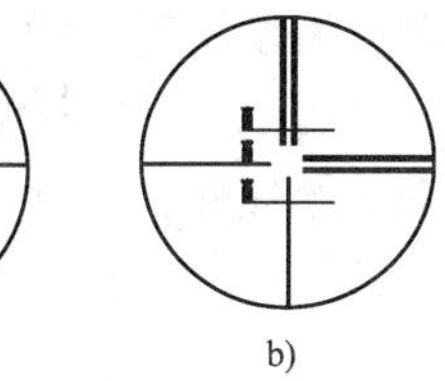

图 4-3-24

（三）天顶距、垂直角、指标差的计算公式

DJ_1 与 DJ_2、DJ_6 类型经纬仪的垂直度盘分划方式是不同的，前者的度盘分划格值为实际角值的一半，度盘分划格值的增大方向与后两类仪器是相反的，所以计算天顶距、垂直角和指标差的公式也不相同，在使用时应加注意。

设垂直度盘盘左读数为 L，盘右读数为 R，天顶距为 Z、垂直角 V 和指标差 i 的计算公式列于表4-3-18。

天顶距、垂直角、指标差计算公式 表4-3-18

仪器型号	指标差 i	天顶距 Z			垂直角 V		
		盘左	盘右	平均值	盘左	盘右	平均值
DJ_1（如 $T_{3.0}$ T_{-02} 等）	$(L+R)-180°$	$270°-90°-i$	$2r-90°-i$	$90°-(L-R)$	$2L-180°-i$	$180°-2R+i$	$L-R$
DJ_2 DJ_6（如 T_2. T_{1030}、DJ_{6-1} 等）	$\frac{(L+R)-360°}{2}$	$L-i$	$360°-r+i$	$180-\frac{R-L}{2}$	$90°-L+i$	$R-270°-i$	$\frac{R-L-180°}{2}$

第四节 高程控制测量

一、概述

测定地面上两点之间高差的测量称为高程测量。地面上某点沿着铅垂线方向（重力方向）至平均海水面（大地水准面）的距离，即为该点的高程。我国的高程系采用黄海高程系或1985国家高程基准。

（一）高程的概念

建立国家统一的高程控制网，必须首先解决两个基本问题，即选择高程系统和建立水准原点。高程系统是确定地面点高低的统一基准面，作为计算地面点高程的起算面。水准原点是通过国家高程控制网传算高程的统一起算点。

1. 水准面的不平行性

水准测量实质上是根据水准面测定高差的，且假定不同高度的水准面互相平行。这个假定在较短距离内与实际相差微小，但对于较长的距离，这个假定并不正确。

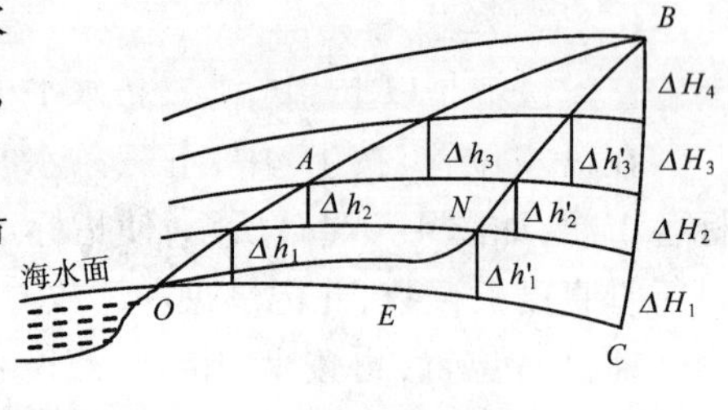

图 4-4-1

由于地壳内部物质质量的不均匀性的影响，使得水准面具有不平行性，对水准测量成果产生一定的影响，这对国家高等级的精密水准测量来说，是不能忽视的。

如图 4-4-1，OEC 表示大地水准面，由 O 点开始沿 OAB 路线测得 B 点的高程是一系列高差之和：

$$H_{测}^{B}=\Delta h_1+\Delta h_2+\cdots=\sum_{ONB}\Delta h$$

同样，由 O 点开始沿路线 ONB 测得 B 点的高程又是另一系列高差之和：

$$H_{测}^{B}=\Delta h'_1+\Delta h'_2+\cdots=\sum_{ONB}\Delta h'$$

由于水准面的不平行性，相应的高差 Δh_i 与 $\Delta h'_i$ 是不相等的。因此，对同一点 B，沿不同路线进行水准测量，所得高程并不相等。

如果将图 4-4-1 中水准路线看成一个水准闭合环线 $OABNO$，即使水准测量没有误差，也还会出现闭合差。在闭合的环形路线中，由于水准面不平行所产生的闭合差称为理论闭合差。

为了解决理论闭合差所产生的矛盾，使一点高程具有固定数值，必须合理选择高程系统。

2. 正高系统

所谓正高系统就是大地水准面为高程基准面的高程系统。地面一点的正高，就是该点沿铅垂线至大地水准面的距离。如图 4-4-1，B 点的正高为：

$$H_{正}^{B}=\sum_{CB}\Delta H_i=\int_{CB}\mathrm{d}H \tag{4-4-1}$$

在铅垂线 BC 的不同点上，重力加速度有着不同的数值。如果相应于 $\mathrm{d}H$ 处的重力加速度为 g^B，则：

$$g^B\cdot\mathrm{d}H=g\cdot\mathrm{d}H$$

或者 $\mathrm{d}H=\frac{g}{g^B}\mathrm{d}H$

其中 g 为水准路线上相应于 $\mathrm{d}H$ 处的重力加速度，将上式代入式(4-4-1)得：

$$H_{正}^{B}=\int_{CB}\mathrm{d}H=\int_{OAB}\frac{g}{g^B}\mathrm{d}H$$

因为沿铅垂线 BC 方向上的重力加速度 g^B 在不同深度有不同数值，我们取其平均值为 g_m^B，则：

$$H_{正}^{B}=\frac{1}{g_m^B}\int_{OAB}g\cdot\mathrm{d}H \tag{4-4-2}$$

这就是求定 B 点正高的基本公式。可以看出，式中 g_m^B 为一常数，$\int g\cdot\mathrm{d}H$ 为过 B 点的水准面与大地水准面之间的重力势之差，其值不随路线而异。就是说，正高是一种唯一确定的数值，可以用来表示地面点的高程。但是，g_m^B 是地壳内部 BC 线上的重力加速度平均值，是无法由实测求得的；同时 g_m^B 与地壳质量分布及密度密切相关，也是无法将它精确计算出来的。这样，正高就不可能精确求定。

基于这些原因,促使人们寻求建立一种与正高系统非常接近,而实际中又能严格和精确求定的高程系统——正常高系统。

3. 正常高系统

如前所述,正常椭球表面与外部点的正常重力加速度可以准确计算,它和地球相应点的重力加速度 g 不但数值接近,而且具有相同的性质。所以我们可以用正常重力加速度 r_m^B 代替公式(4-4-2)中的 g_m^B,于是就得到 B 点的正常高:

$$H_{常}^{B} = \frac{1}{r_m^B}\int_{OAB} g \cdot \mathrm{d}H \tag{4-4-3}$$

上式中,g 可在水准路线上由重力测量测得,dH 由水准测量测得,r_m^B 可由正常重力加速度公式算出,所以正常高可以精确求得,其数值也不随水准路线而异,是唯一确定的。因此,我国规定采用正常高系统作为计算高程的统一系统。

按地面各点的正常高沿铅垂线向下截取相应点,将许多这样的点连成的一个连续曲面就称为"似大地水准面"。可见,正常高系统是以似大地水准面为基准面的高程系统。尽管似大地水准面并不具备水准面的性质,正常高也缺乏物理意义,但是似大地水准面却极接近于大地水准面,它们之间相差甚微,对珠穆朗玛峰来说仅有 1m 多,平原地区不过几厘米。所以正常高的数值与正高很接近,又能严格求得,故在实际工作中具有重要的意义。

4. 大地高与高程异常

大地高的定义是一点沿过该点的椭球面法线到椭球面的距离。

点的大地高可以分解为正高和大地水准面相对地球椭球面的高度即大地水准面高。

$$H_{大地高} = H_{正高} + N \tag{4-4-4}$$

式中:N——大地水准面相对于地球椭球面的高度。

或为由正常高和似大地水准面相对于正常地球椭球面的高度即高程异常组成:

$$H_{大地高} = H_{正常高} + \xi \tag{4-4-5}$$

式中:ξ——似大地水准面相对于正常地球椭球面的高度即高程异常。

如果大地坐标系的椭球定位不同,则地面上同一点的大地高不同,相应该点的大地水准面高和高程异常也不相同。

高程异常等于似大地水准面相对于正常地球椭球面的高度。我国的高程异常在上世纪 70 年代中期以前,使用的是局部一、二等三角锁网平差时按长边天文水准方法求得的近似结果。上世纪 50 年代末开展了天文重力水准方法实施的试验,上世纪 70 年代中期为满足全国天文大地网整体平差的需要,正式开展高程异常计算,1979 年完成并提供使用。我国高程异常主要按莫洛坚斯基提出的天文重力水准方法布设与计算,重力资料缺乏的西南特大山区,则应用天文水准方法。

(二)高程系统的关系

1. 1985 国家高程基准与黄海高程系的关系

1985 国家高程基准,其高程起算点位于青岛的"中华人民共和国水准原点",其高程值为 72.2604m,1956 年黄海高程系水准原点高程值为 72.289m,两系统水准原点的差值为 0.0286m,对一般地形图来说可不需改正。

2. 黄海高程系与旧高程基准的关系

(1)一般说明

所谓高程基准的关系,是指一高程基准面或原点与另一高程基准面或原点间的高度关系。但实际上,在很多情况下指的是两个不同高程基准推算的同一点或若干点高程间的关系。这种关系后者要比前者复杂一些。总的来说,无论哪种关系都不是单一因素决定的,除地壳垂直运动外,一般影响这种关系的因素可归结为:

①起始数据不同,例如高程基准面、原点和平差中的起算点高程不同等;

②观测值本身不同,主要是指对原来路线进行了重新观测;

③使用的观测值范围不同,包括观测区域的不同和部分线路的不同;

④观测值的各种数据处理(包括改正数与平差)不同。

另外,一些旧高程基准建立过程比较粗糙,容易受基准本身稳定性以及联测的影响。因此,设想用一个唯一的数值表示高程基准间的精确关系是不可能的。当精度要求低时,对于同一点或若干点高程间的关系在一个局部地区用一个数值表示也未尝不可,但是使用者必须明确上述前提。

(2)与大连高程基准的关系

中国东北部(包括内蒙)地区精密水准平差时,曾对大连高程基准起算的旧精密水准资料进行查看,经对有关检测结果进行分析,这些旧水准为日本关东军所施测,1955 年水利部北京勘测设计沈阳分院为布测东北地区精密水准网,曾组织人员进行调查与检测,发现标石毁坏与变动较多。当时平差时依据标石较完好的点,按照 1956 年黄海高程基准与大连基准的重合点求出其差值列于表 4-4-1。

黄海高程基准与大连高程基准差值　　表 4-4-1

序号	水准点旧编号	所 在 地	黄海高程基准高程(m)	大连高程基准高程(m)	差 数(m)
1	173	敦化县	501.076	500.955	+0.121
2	418	庄河县	22.808	22.722	+0.086
3	429	复　县	13.265	13.184	+0.081
4	基 14	汤原县	91.438	91.401	+0.037
5	基 13	营口市	3.345	3.325	+0.026
6	大连水准基点	大连港一号码头	3.796	3.765	+0.025
				平均值	+0.062
				基点差数平均值	+0.027

根据检测判定基点差数 +0.027m 较为可靠,可用这一数值表示两不同高程基准所推算的水准点高程的一般关系。

(3)与大沽高程基准的关系

在某些著述中,曾公布了 1956 年黄海高程基准与大沽高程基准的关系,其推算高程差数为1.296m,这一数值是根据中国东南部地区精密水准网平差的重合点,选出比较坚固的大沽水准基点、保和寨 PLBPBMIL、天水 II190 上三个水准点高程比较而得,详见表 4-4-2 前三个水准点的数据。依据《中国东南部地区精密水准网平差技术总结》及黄河水利委员会勘测总队编写的《黄河历年测图高程系统换算》及有关文献,列出 22 个重合点的高程,见表 4-4-2。

黄海高程基准与大沽高程基准差值 表 4-4-2

序号	水准点旧编号	所在地	大沽高程基准高程(m)	黄海高程基准高程(m)	差数(m)
1	大沽水准基点	塘沽	4.657	3.131	1.526
2	PLBPBMIL	郑州保和寨	97.060	95.874	1.186
3	II190 上	天水	1 080.903	1 079.728	1.175
4	西兰 2-1	西安	400.189	399.048	1.141
5	西兰 1-下	兰州	1 517.703	1 516.265	1.438
6	PLBM136	齐河	34.522	33.177	1.345
7	PLBM96	寿张	42.335	40.941	1.394
8	PLCSBM10	鄄城	48.551	47.202	1.349
9	PLBM25	兰封	69.701	68.740	0.961
10	PLBM17	开封	85.895	84.600	1.295
11	PLBBM19A	郑州	93.465	92.296	1.169
12	CCTKBM94	陕县	333.623	332.464	1.153
13	PLTTBM3001	潼关	331.885	330.773	1.152
14	PLTLBM70	临潼	382.623	381.479	1.144
15	PLTLBM106	咸阳	388.199	387.055	1.144
16	PLTLBM308	天水	1 085.269	1 084.121	1.175
17	PLTLBM447	渭源	2 017.003	2 015.816	1.187
18	PLTLBM566	兰州	1 596.586	1 595.158	1.428
19	3027 暗	河津	403.963	402.781	1.183
20	1-25 暗上	荆隆宫	72.981	71.787	1.194
21	PBM25 明	三义寨	80.778	79.562	1.126
22	BM11	寿张	44.131	43.221	0.910
				平均值	1.217

(4)与废黄河基准的关系

1954 年淮河水利委员会对整个淮河流域的水准路线按废黄河高程基准(淮阴导淮 BM11 明下起算)进行了处理,1956 年又将这些路线参加中国东南部地区精密水准网平差,水准点保留了黄海高程基准和废黄河高程基准两套高程结果。安徽省水利局勘测设计院 1978 年出版了《安徽省淮北地区水准成果表》,该成果表中有近 2000 个水准点有两个基准推算的高程,水准点分布于东经 115°00′~118°30′,北纬 32°10′~34°40′,遍及 20 个市、县。成果表使用说明指出废黄河高程基准减去黄海高程基准高程在 0.100~0.153m 之间,平均值约为 0.130m。江苏省水利厅勘测设计院测量总队与水利厅基建局分别于 1958 年、1960 年与 1961 年出版了《江苏省二、三、四等水准成果表》共三册,成果表使用说明列出了长江以北地区两高程基准所推算水准点高程之差,分为 46 片,各片差值相近,平均约为 0.140m。某些著述列出了 1956 年废黄河高程基准水准点高程减去黄海高程基准水准点高程,两者之差为 0.063m,见表 4-4-3。这一数值是根据中国东南部地区精密水准网平差选择的比较坚固的 4 个水准点求得的。

黄海高程基准与废黄河高程基准差值　表4-4-3

序号	水准点旧编号	所在地	废黄河高程基准高程(m)	黄海高程基准高程(m)	差数(m)
1	导淮BM11明下	淮阴马头镇	16.967	16.833	0.114
2	导淮BM519明下	淮阴蒋坝	17.694	17.625	0.069
3	导淮BM142明	蚌埠	20.400	20.312	0.088
4	75西	润河集	26.110	26.129	0.019
				平均值	0.063

(5)与吴淞高程基准的关系

上海市与苏南地区水准点高程以佘山附近苏0-1-1起算,该点1956年黄海高程基准高程与吴淞高程基准高程之差列于表4-4-4。

黄海高程基准与吴淞高程基准差值(一)　表4-4-4

水准点编号	所在地	吴淞高程基准高程(m)	黄海高程基准高程(m)	差数(m)
苏0-1-1	佘山	45.116	43.486	1.630

长江流域1956年黄海高程基准与吴淞高程基准所推算水准点高程的差值,一般是由西向东其绝对值逐渐增大,各点差值列于表4-4-5。

黄海高程基准与吴淞高程基准差值(二)　表4-4-5

序号	水准点旧编号	所在地	吴淞高程基准高程(m)	黄海高程基准高程(m)	差数(m)	水系
1	张华浜基点	吴淞	4.954	3.307	1.917	长江干流
2	YRCBM308′	镇江	9.391	7.497	1.894	
3	YRCBM284′	南京	12.624	10.713	1.911	
4	YRCBM247′	芜湖	10.222	8.314	1.908	
5	YRCBM91′	彭泽	24.232	22.374	1.858	
6	YRCBM71′	九江	19.712	17.828	1.884	
7	武汉关铜牌线	汉口	28.146	26.280	1.866	
8	BMYR83′	岳阳	33.435	31.610	1.825	
9	YRCBM539′	沙市	38.666	36.874	1.792	
10	YRCBM586′	宜昌	62.523	60.746	1.777	
11	江PBM61-19′	巫山	124.588	122.790	1.759	
12	江PBM61-29′	云阳	157.042	155.292	1.750	
13	江PBM61-224′	涪陵	168.925	167.223	1.702	
14	江上-1-001′	重庆	191.826	190.151	1.675	
15	江PBM61-122′	合江	244.710	243.087	1.623	
16	江PBM61-L′	泸县	239.421	237.804	1.617	
17	江BM65-1′	宜宾	282.709	281.121	1.588	
18	长上NM75-1	雷波	446.937	445.407	1.530	金沙江
19	江BM65-35	犍为	343.619	342.202	1.599	岷江
20	江BM65-15	乐山	358.417	356.814	1.603	
21	江PBM65-13′	合川	219.233	217.557	1.676	嘉陵江
22	KBM118′	宁强	576.592	574.870	1.722	
23	RCBM41	赤水	236.020	234.393	1.627	赤水河
24	CBM651	长阳	198.621	196.853	1.768	清江
25	BMHL170′	襄阳	79.183	77.409	1.774	汉江
26	BMHL360′	南郑	512.929	511.236	1.693	
27	BM8	湘阴	35.106	33.286	1.820	洞庭湖
28	PBM51-156	常德	33.402	31.662	1.740	
				平均值	1.746	

(6)与坎门高程基准的关系

某些著述中曾发表过关于1956年黄海高程基准与坎门高程基准两个高程基准推算的水准点高程的差值分别为0.237m或0.228m,所用重合水准点都位于浙江地区,前者是根据中国东南部地区精密水准网平差选择的验潮站基点252、肖山66及皖北临淮关3个比较坚固的水准点高程之差求得的。《中国东南部地区精密水准网平差技术总结》中曾对这两个高程基准推算的水准点高程之差进行过整理,列于表4-4-6。

黄海高程基准与坎门高程基准差值 表4-4-6

序号	水准点旧编号	所 在 地	黄海高程基准高程(m)	坎门高程基准高程(m)	差数(m)
1	252	坎门验潮站	7.105	6.959	0.146
2	陆地测量总局235(1)	黄岩北门外东浦闸	3.577	3.431	0.146
3	66	肖山江边测站	7.295	7.080	0.215
4	陆地测量总局176(1)	上海沪太路真大路	2.625	2.344	0.281
5	陆地测量总局1905(江左1-75明)	南京浦江东站花园	7.965	7.675	0.290
6	18	皖北临淮关东站	19.872	19.523	0.349
7	200(1)	苏北新沂新安小学	29.715	29.319	0.396
				平均值	0.260

(7)与珠江高程基准的关系

珠江高程基准基点的1956年黄海基准的高程与原基准的高程差值列于表4-4-7。

黄海高程基准与珠江高程基准差值 表4-4-7

水准点旧编号	所 在 地	黄海高程基准高程(m)	珠江高程基准高程(m)	差数(m)
珠江水准基点	广州市东风中路	5.586	5.000	0.586

由表4-4-7两高程基准推算的各水准点高程之差,根据当时广东省测绘管理处依据约4600个各等级水准点的统计,总的差值变化分布趋势在0.358~0.722m范围内。

(三)公路高程测量的一般规定

1.公路高程系统宜采用1985国家高程基准。同一个公路项目应采用同一个高程系统,并应与相邻项目高程系统相衔接。不能采用同一系统时,应给定高程系统的转换关系。独立工程或三级以下公路联测有困难时,可采用假定高程。

2.高程控制测量应采用水准测量或三角高程测量的方法进行,高程异常变化平缓的地区可使用GPS测量的方法进行,但对作业成果要进行充分的检核。

3.路线高程控制网应全线贯通、统一平差。

4.各等级路线高程控制网最弱点高程中误差不得大于±25mm,用于跨越水域和深谷的大桥、特大桥的高程控制网最弱点高程中误差不得大于±10mm,每公里观测高差中误差和附合(环线)水准路线长度应小于表4-4-8的规定。当附合(环线)水准路线长度超过规定时,应采用双摆站的方法进行测量,但其长度不得大于表4-4-8中规定的2倍。每站高差较差应小于基辅(黑红)面高差较差的规定。一次双摆站为一单程,取其平均值计算的往返较差、附合(环线)闭合差应小于相应限差的0.7倍。

高程控制测量的技术要求　　表4-4-8

等 级	每公里高差中数中误差(mm)		附合或环线水准路线长度(km)	
	偶然中误差 M_{Δ}	全中误差 M_w	路线、隧道	桥 梁
二 等	±1	±2	600	100
三 等	±3	±6	60	10
四 等	±5	±10	25	4
五 等	±8	±16	10	1.6

注:控制网节点间的长度不应大于表中长度的0.7倍。

5.各级公路及构造物的高程控制测量等级不得低于表4-4-9的规定。

高程控制测量的等级选用　　表4-4-9

高架桥、路线控制测量	多跨桥梁总长 L(m)	单跨桥梁 L_K(m)	隧道贯通长度 L_G(m)	测量等级
—	$L\geqslant3000$	$L_K\geqslant500$	$L_G\geqslant6000$	二 等
—	$1000\leqslant L<3000$	$150\leqslant L_K<500$	$3000\leqslant L_G<6000$	三 等
高架桥、高速、一级公路	$L<1000$	$L_K<150$	$L_G<3000$	四 等
二、三、四级公路	—	—	—	五 等

6.特殊结构的构造物,当对测量精度要求较高时,应根据具体要求确定高程控制测量的精度。构造物高程控制网应与路线高程控制网联测,但应保持其本身的精度。

7.高程测量数字取位,应符合表4-4-10的规定。

数 字 取 位 要 求　　表4-4-10

等 级	往返测距离总和(km)	往返测距离中数(km)	各测站高差(mm)	往返测高差总和(mm)	往返测高差中数(mm)	高程(mm)
各 等	0.1	0.1	0.1	0.1	1	1

8.各等级水准测量均可采用电子记录,但打印出观测数据必须具有可查性。

二、水准测量

(一)水准测量的基本原理

水准测量的基本原理是:在假设水准面相互平行的条件下,用水准仪的水平视线照准垂直竖立在两点上的标尺读数来测定两点间的高差。如图4-4-2所示,A、B 为待定高差的地面点,并假设过 A、B 两点的水准面是平行的。在 A、B 两点上,分别垂直竖立标尺 R_1 和 R_2,在 A、B 两点中间的 K_1 处安置并整平水准仪,用水准仪先照准 A 点上的标尺 R_1 并读数,得后视读数 a_1,然后旋转望远镜再照准 B 点上的标尺 R_2 并读数,得前视读数 b_1,则后视读数 a_1 与前视读

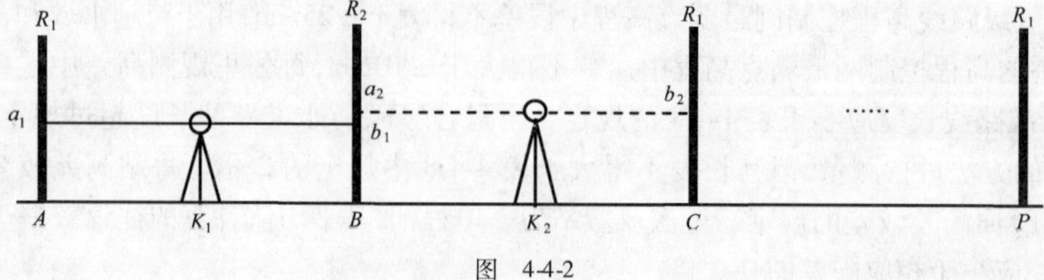

图　4-4-2

数 b_1 之差就是 A、B 两点之间的高差 h_{AB}，即

$$h_{AB}=a_1-b_1 \tag{4-4-6}$$

由式(4-4-6)知，当 $h_{AB}>0$ 时，表明 B 点高于 A 点；反之，B 点低于 A 点。如果已知 A 点的高程 H_A，则由 $H_B=H_A+h_{AB}$很容易求得 B 点的高程 H_B。若要测定任意点 P 的高程 H_P，可在测出 A、B 两点之间的高差 h_{AB}后，将水准仪迁至 B 点前面的 K_2 处，而将标尺 R_1 移至 C 点，并保持标尺 R_2 不变，用与以上相同的方法测定 B、C 两点之间的高差 h_{BC}。A、B 两点之间的高差 h_{AB}与 B、C 两点之间的高差 h_{BC}的代数和即为 A、C 两点之间的高差 h_{AC}。依此类推，A、P 之间各站高差之和即为 A、P 两点之间的高差 h_{AP}，即

$$h_{AP}=h_{AB}+h_{BC}+\cdots$$

P 点的高程为

$$H_P=H_A+h_{AP} \tag{4-4-7}$$

用这种方法传递高程，称为几何水准测量，简称水准测量。用水准测量的方法建立的高程控制网，称为水准网。

（二）水准测量的技术要求

1. 水准测量的等级及精度要求见表 4-4-11。

水准测量的精度　　表 4-4-11

测量等级	往返较差、附合或环线闭合差（mm）		检测已测段高差之差(mm)
	平原微丘	重丘山岭	
二等	$\leqslant 4\sqrt{l}$	$\leqslant 4\sqrt{l}$	$\leqslant 6\sqrt{L_i}$
三等	$\leqslant 12\sqrt{l}$	$\leqslant 3.5\sqrt{n}$或$\leqslant 15\sqrt{l}$	$\leqslant 20\sqrt{L_i}$
四等	$\leqslant 20\sqrt{l}$	$\leqslant 6.0\sqrt{n}$或$\leqslant 25\sqrt{l}$	$\leqslant 30\sqrt{L_i}$
五等	$\leqslant 30\sqrt{l}$	$\leqslant 45\sqrt{l}$	$\leqslant 40\sqrt{L_i}$

注：计算往返较差时，l 为水准点间的路线长度(km)；计算附合或环线闭合差时，l 为附合或环线的路线长度(km)；n 为测站数。L_i 为检测测段长度(km)，小于 1km 时按 1km 计算。

2. 水准测量观测的技术要求应符合表 4-4-12 的规定。

水准测量观测的技术要求　　表 4-4-12

测量等级	仪器类型	水准尺类型	视线长(m)	前后视较差(m)	前后视累积差(m)	视线离地面最低高度(m)	基辅(黑红)面读数差(mm)	基辅(黑红)面高差较差(mm)
二等	DS_{05}	铟瓦	≤50	≤1	≤3	≥0.3	≤0.4	≤0.6
三等	DS_1	铟瓦	≤100	≤3	≤6	≥0.3	≤1.0	≤1.5
	DS_2	双面	≤75				≤2.0	≤3.0
四等	DS_3	双面	≤100	≤5	≤10	≥0.2	≤3.0	≤5.0
五等	DS_3	单面	≤100	≤10	—	—	—	≤7.0

3. 当使用电子水准仪观测时，应变换仪器高 2 次，其 2 次读数应符合基辅面或黑红面读数的规定。

（三）水准测量的误差来源及消除方法

1. 水准仪视准轴的误差影响

产生原因：水准仪经校正后，视准轴与水准轴之间还会存在一个小角 i，使前、后视读数产生误差。

误差影响：前、后视距离不等时，测得的高差中含有该项误差。

消除方法：除了对水准仪进行必要的校正外，观测时前、后视距离差及累计差应近于零。

2. 水准仪下沉的误差影响

产生原因：在观测过程中，水准仪有均匀下沉现象。

误差影响：使前视读数减小。

消除方法：改变偶数站的读数顺序。即奇数站为“后—前—前—后”；偶数站为“前—后—后—前”。

3. 尺垫下沉的误差影响

产生原因：在迁站过程中尺垫由于地质方面的原因发生下沉。

误差影响：使后视读数增大。

消除方法：在同一条水准路线上进行往、返观测，必要时将尺垫改为尺桩。

4. 水准标尺长度的误差影响

产生原因：水准标尺每米平均长度不是标准值一米，而是存在着一个差数 Δl（可正可负）。

误差影响：使测得的高差 h' 与正确的高差相差一个数值 $\Delta l \cdot h'$。

消除方法：对水准标尺每米平均长度进行检定，得出每米平均长度改正数 Δl 后，对 h' 进行改正，公式为：

$$h_{1.2} = h'_{1.2}(1 + \Delta l) \tag{4-4-8}$$

式中：$h_{1.2}$——1、2 两点间改正后的高差；

$h'_{1.2}$——1、2 两点间高差的观测值。

5. 水准标尺弯曲的误差影响

产生原因：水准尺弯曲，矢距超过规定。

误差影响：使读数增大。

消除方法：不使用矢距超过规定的水准标尺。

6. 水准标尺倾斜的误差影响

产生原因：水准标尺竖立不垂直。

误差影响：使读数增大。

消除方法：观测前检查校正水准标尺的圆水准器，观测时持尺者应注意使圆水准器气泡居中。

7. 地球曲率和折光的联合影响

产生原因：由于地球曲率和折光的影响，使视线在标尺上的读数有所改变。

误差影响：使视线偏离正确的读数位置。

消除方法：与消除水准仪视准轴误差的方法相同，使前、后视距离差及累计差接近于零。

（四）水准测量的观测

1. 水准测量所使用的仪器及水准尺，应符合下列规定：

（1）水准仪视准轴与水准管轴的夹角 i，在作业开始的第一周内应每天测定一次，i 角稳定后可每隔 15 天测定一次，其值不得大于 20″。

(2)水准尺上的米间隔平均长与名义长之差,对于线条式铟瓦标尺不应大于0.1mm,对于区格式木质标尺不应大于0.5mm。

2.用于高程测量及跨河水准测量的光电测距仪和经纬仪,应进行下列检验:

(1)垂直度盘测微器行差不得大于2.0″。

(2)一测回垂直角观测中误差不得大于3.0″。

3.各等级水准测量观测方法见表4-4-13。

水准测量的观测方法　　表4-4-13

<table>
<tr><th>等　级</th><th colspan="2">观　测　方　法</th><th>观测方法</th></tr>
<tr><td rowspan="2">二　等</td><td>光学观测法</td><td rowspan="4">往　返</td><td rowspan="4">后-前-前-后</td></tr>
<tr><td>中丝读数法</td></tr>
<tr><td rowspan="2">三　等</td><td>光学观测法</td></tr>
<tr><td>中丝读数法</td></tr>
<tr><td>四　等</td><td>中丝读数法</td><td>往</td><td>后-后-前-前</td></tr>
<tr><td>五　等</td><td>中丝读数法</td><td>往</td><td>后　-　前</td></tr>
</table>

(1)二等水准测量,使用精密水准仪和铟瓦水准标尺,用光学测微法读数,进行往返观测。

往测的观测顺序如下:

奇数测站为:

①读后视标尺的基本分划;

②读前视标尺的基本分划;

③读前视标尺的辅助分划;

④读后视标尺的辅助分划。这样的顺序简称为后—前—前—后。

偶数测站为:

①读前视标尺的基本分划;

②读后视标尺的基本分划;

③读后视标尺的辅助分划;

④读前视标尺的辅助分划。这样的顺序简称为前—后—后—前。

反测时,观测顺序与往测相反,即:奇数站采用前—后—后—前;偶数站采用后—前—前—后。

(2)三等水准测量,使用双面标尺中丝读数法往、返观测。当使用有光学测微器的水准仪和铟瓦尺时,也可按单程双转点法进行观测,两种方法在测站上的观测顺序如下:

①读后视标尺的黑面(基本分划);

②读前视标尺的黑面(基本分划);

③读前视标尺的红面(辅助分划);

④读后视标尺的红面(辅助分划),即后—前—前—后。

当使用单面标尺时,应在顺序(2)、(3)之间变更仪器高度100mm以上。

(3)四等水准测量,采用双面尺中丝读数法,当水准路线附合于高级点间时,只进行单程观测。支线水准则应进行往返或按单程双转点法观测,每站上的观测顺序可采用:后—后—前—前。

当使用单面水准尺时,则应"后—前"观测后变更仪器高度100mm以上按"前—后"观测。

(4)五等水准测量,均采用单面标尺中丝法单程观测,但支线水准仍需往返或按单程双转法观测。

4.观测和记录方法

(1)光学测微法

光学测微法一测站的操作顺序如下:

①首先把仪器整平(望远镜绕垂直轴旋转时,水准气泡两端影像的分离不得超过10mm)。

②将望远镜对准后视标尺(此时利用标尺上圆水准器使标尺垂直),使符合水准气泡两端的影像近于符合,经调焦后用上、下丝照准标尺进行视距读数。然后使符合水准器气泡两端的影像准确符合,转动测微器使楔形平分丝精确照准标尺的基本分划,并读取标尺基本分划与测微器读数。

③旋转望远镜,照准前视标尺(标尺应按操作顺序②整置垂直),并使符合水准气泡两端的影像准确符合,用楔形平分丝精确照准标尺的基本分划,并读取标尺基本分划与测微器读数,然后用上、下丝照准标尺,进行视距读数。

④用微动螺旋转动望远镜,照准前视标尺的辅助分划,进行辅助分划与测微器读数。

⑤旋转望远镜,照准后视标尺的辅助分划,并使符合水准气泡的影像准确符合,用楔形平分丝精确照准,并进行辅助分划与测微器的读数。

到此,一测站上的观测操作已告完成。

补偿式自动安平水准仪的操作顺序与一般水准仪相同,因为没有符合水准器,不需要进行与之有关的操作,每一测站观测时首先概略整平,使圆水准器气泡居中即可按观测顺序照准标尺读数。

光学测微法的记录、计算方法如表4-4-14所示。

光学测微法记录、计算表 表4-4-14

自 天气 观测者

测 记录者

至 成像 检查者

20 年 月 日

始 时 分终 时 分

测站	后尺 下丝/上丝	前尺 下丝/上丝	方向及尺号	标尺读数		基辅差	高差中数
	后距	后距		基本分划	辅助分划		
	前后距差	累计差					
	(1)	(5)	后	(3)	(8)	(10)	
	(2)	(6)	前	(4)	(7)	(9)	
	(15)	(16)	后—前	(11)	(12)	(13)	(14)
	(17)	(18)					
1	2506	1909	后31	21 983	52 138	0	
	1886	1291	前32	16 006	46 163	−2	
	620	618	后—前	5977	5975	+2	+59 760
	+0.2	+0.2					

续上表

测站	后尺 下丝	后尺 上丝	前尺 下丝	前尺 上丝	方向及尺号	标尺读数		基辅差	高差中数
	后距		后距			基本分划	辅助分划		
	前后距差		累计差						
2	1900		1739		后 32	15 740	45 895	0	
	1251		1089		前 31	14 140	44 292	+3	
	649		650		后—前	1600	1603	-3	+16 015
	-0.1		+0.1						

注:①高差计算

(10) = (3) + K - (8);(9) = (4) + K - (7);

K 为水准标尺基、辅分划的常数差,本例中 K = 301 550

(11) = (3) - (4);(12) = (8) - (7);

(13) = (11) - (12) = (10) - (9)(检核);

(14) = 1/2{(11) + (12)}。

②视距计算

后视距:(15) = (1) - (2);　　前后距差:(17) = (15) - (16);

前视距:(16) = (5) - (6);　　累 计 差:(18) = 前站(18) + 本站(17)。

③高差检查计算

Σ(11) = Σ(3) - Σ(4);

Σ(12) = Σ(8) - Σ(7);

Σ(14) = 1/2Σ(11) - Σ(12)。

④视距检查计算

末站(18) = Σ(15) - Σ(16),检查无误码后,计算所测路线的总视距 = Σ(15) + Σ(16)。

当使用分划间距 5mm 的铟瓦水准标尺(如与 N1004 配套的水准标尺)时,应注意在计算时将高差除以 2 才得出实际的高差。

(2)双面尺中丝读数法

整平水准仪,照准水准标尺,固定望远镜制动螺旋,然后转动微动螺旋,使十字丝对准标尺中央,调焦后转动微倾螺旋,使气泡的影像重合,稳定后进行读数。

双面尺中丝读数法的记录格式见表 4-4-15。

(3)单面尺中丝读数法

仪器的整平、调焦、标尺读数等操作与双面尺中丝读数法相同。

单面尺中丝读数法的记录格式如表 4-4-16。括号内的数字表示记录与计算顺序。

(五)注意事项

1. 各等级水准的观测,应在水准标尺分划线成像清晰稳定时进行。在下列情况下,不应进行水准测量作业:

(1)当水准标尺分划线的成像跳动而难以照准时;

(2)当风力大于四级而使仪器与水准标尺的整置不能稳定时。

2. 为削弱外界温度对测量成果的影响,观测时应对水准仪采取如下措施:

双面尺中丝读数法记录格式 表4-4-15

自 天气 观测者
测
至 成像 记录者
20 年 月 日
始 时 分终 时 分 检查者

测站编号	后尺 上丝 / 下丝 / 后距 / 视距差 d	前尺 上丝 / 下丝 / 后距 / $\sum d$	方向及尺号	标尺读数 黑面	标尺读数 红面	K+黑减红	高差中数	备注
	(1)	(5)	后	(3)	(8)	(10)		
	(2)	(6)	前	(4)	(7)	(9)		
	(15)	(16)	后—前	(11)	(12)	(13)	(14)	
	(17)	(18)						
1	157.1	073.9	后12	1.384	6.171	0		
	119.7	036.3	前13	0.551	5.239	-1		
	37.4	37.6	后—前	+0.833	+0.932	+1	+0.8325	
	-0.2	-0.2						
2	212.1	219.6	后13	1934	6.621	0		
	174.7	182.1	前12	2008	6.796	-1		
	37.4	37.5	后—前	-0.074	-0.175	+1	-0.0745	
	-0.1	-0.3						

注:①测站上计算方法

高差部分:

(10)=(3)+K-(8);(9)=(4)+K-(7);

K为标尺黑红面间之常数差,本例中标尺№12之K=4.787;№13之K=4.687。

(11)=(3)-(4);(12)=(8)-(7);

(13)=(10)-(9)(校核)。

视距部分

(15)=(1)-(2)=后视距离 (16)=(5)-(6)=前视距离;

(17)=(15)-(16) (18)=前站(18)+(17)。

②观测结束后的检查与计算

观测结束后,应全面检查(13)=(11)-(12)±0.100=(10)-(9)检查无误后,用下列三式计算(校核)高差中数;高差中数(14)=1/2{(11)+(12)±0.100}=(11)-1/2(13)=(12)±0.100+1/2(13)。此外,应求Σ(15)、Σ(16)之值,并须用Σ(15)-Σ(16)=(18)(末站)校核,无误后算出所测路线之总视距=Σ(15)+Σ(16)。

③当用单面标尺,变换仪器高后的中丝读数,记入红面(8)、(7)栏内。

单面尺中丝读数法记录格式 表4-4-16

自 天气 观测者
测
至 成像 记录者
20 年 月 日
始 时 分终 时 分 检查者

点号	测站号	标尺读数		高差	高差改正数	改正后高差	高程
		后视(m)	前视(m)				
		(1)	(2)	(3)	(4)	(5)	(6)
BM1		1.228					4.783
TP1	1	1.486	1.533	-0.305	-1	-0.306	4.477
II7	2	1.511	1.566	-0.080	-1	-0.081	4.396
TP3	3	1.518	1.407	+0.104	-1	+0.103	4.499
II8	4	1.577	1.242	+0.276	-1	+0.275	4.774
II5	5	1.417	1.488	0.069	-1	0.068	4.482
TP4	6	1.424	1.524	-0.107	0	-0.107	4.735
BM2	7		1.497	-0.073	0	-0.073	4.662
检查		Σ(1)	Σ(2)	Σ(3)	Σ(4)	Σ(5)	-0.121
计算		10.141	10.257	0.116	-5	-0.121	

注:①高差的计算

(3) = (1) - (2)。

②高差改正数δ

先求高程闭合差(fh):$f(h) = \Sigma(3) + (H_{BM1} - H_{BM2})$

$= -0.116 + (4.783 - 4.662) = +0.005\text{m}$。

再求高差改正数$\delta = \dfrac{-f_h}{\text{测站数 } n} = \dfrac{-5}{7} \approx -1\text{mm}$。

③改正后的高差计算

(5) = (3) + (4)。

④高程的计算

(6) = 后视点的高程 + 本站的(5)。

⑤检查计算

$\Sigma(3) = \Sigma(1) - \Sigma(2)$ $\Sigma(5) = \Sigma(3) + \Sigma(4)$

$\Sigma(4) = -f_h$ $\Sigma(5) = H_{BM2} - H_{BM1}$。

(1)观测前应使仪器与外界气温趋于一致,特别在冬季作业时更应注意;

(2)设站时,仪器应以白色或浅色伞遮蔽阳光;

(3)迁站时,应采取措施防止阳光直晒仪器,尤其是水准管部分。

3. 观测所用的水准仪和水准尺应按第二章中所述方法进行检验和校正,尤其是水准仪的i角,应根据作业的需要,每天或定期进行检校。

4. 在观测开始前,通过目镜调焦把十字丝调整清晰。每站读数前,望远镜正确调焦,消除十字丝与标尺的视差。等级水准在一测站的观测过程中不得两次调焦。

5. 当需要连续在各测站上安置水准仪的三脚架时,应使其中两脚与水准路线的方向平行,第三脚则轮流换置于路线方向的左侧或右侧。固定三脚架时,脚尖插入土中不要用力过猛,并使脚架顶面大致保持水平。观测员围绕仪器观测时,应在第三脚架的一方,并在离开脚尖端0.5m 处的周围行动。

6. 观测过程中尺垫应踩实,水准尺应立直,圆水准气泡必须居中,三脚架的两腿应交替平行于路线方向,1 测回应尽量在较短时间内完成。

7. 四等水准测量当采用后—后—前—前观测顺序时,后尺垫必须在全部观测作业完毕并检验合格后方可挪开。

8. 中间休息时应设定 2 个以上的间歇点,重新开始测量前应检测 2 间歇点之间的高差,2 间歇点之间的高差之差应小于基辅(黑红)面高差较差,否则应从上一固定点开始测量。

9. 每一测段间单程数量的测站数应为偶数,由往测转为返测时必须重新整置仪器,两水准标尺也应互换位置。

10. 视线离开地面或障碍物的高度不得小于 0.3m(对于二等水准测量,当视线长度超过 20m 时,不得小于 0.5m)。

11. 在高差较大的地区进行三、四等水准测量,应尽可能使用铟瓦水准标尺按光学测微法施测。若使用普通水准标尺施测时,应对标尺"每米真长"严格检定,并对观测结果施加改正。

12. 补偿式自动安平水准仪作业中可能出现的误差及其消除方法如下:

(1)由于补偿器的安装误差而使视线倾斜。

消除方法:精确安置圆水准器,以减小竖轴与垂线之间的倾角 α(称为残余的视线倾角)。

(2)补偿随视距变化而引起的误差。

消除方法:使前、后视距相等。

(3)圆水准器误差 + 补偿器误差导致系统的水平线倾斜。

消除方法:减小圆水准器的误差;总是先读同一根水准标尺(后前前后、前后后前等)。

(4)横向倾斜(补偿器的对称平面倾斜),当竖轴侧倾 $\alpha = 1'$ 及补偿器平面倾斜为 $5'$ 时,视线产生倾斜约 $0.1''$。

消除方法:如果 $\alpha < 1'$,误差不显著,只要精确置中圆水准气泡即可;如果补偿器平面倾斜大于 $5'$,应送厂调整。

(5)补偿器阻滞影响使视线倾斜约 $0.3''$左右。

消除方法:整平后旋转 360°,前、后视距相等。

(六)观测结果的重测和取舍

1. 观测结果超限必须进行重测。

2. 测站观测超限必须立即重测,否则从水准点或间隙点起重测。

3. 测段往、返测高差较差超限必须重测,重测后应选用往、返合格的成果。如重测结果与原测结果分别比较,较差均不超过限差时,取三次结果的平均值。

4. 每条水准路线按测段往返测高差较差、附合路线的环线闭合差计算的高差中误差 M_Δ 或高差中数全中误差 M_W 超限时,应先对路线上闭合差较大的测段进行重测。

M_Δ 和 M_W 按式(4-4-9)和式(4-4-10)计算:

$$M_\Delta = \pm\sqrt{\frac{1}{4n}\left[\frac{\Delta\Delta}{R}\right]} \tag{4-4-9}$$

$$M_w = \pm\sqrt{\frac{1}{N}\left[\frac{WW}{F}\right]} \tag{4-4-10}$$

式中：Δ——测段往返高差不符值(mm)；

R——测段长(km)；

n——测段数；

W——水准路线经过各项修正后的环线闭合差(mm)；

N——水准环数；

F——水准环线周长(km)。

(七)水准测量计算

1. 水准测量的计算要求

(1)水准测量观测结束经全面检查确认无误后，编制高差表，二等水准应计算水准标尺温度改正，二、三等水准应计算正常位水准面不平行的改正，各等级水准均应计算水准路线(或环线)闭合差、往返测量时，应计算每公里观测高差偶然中误差 M_Δ，四等以上高程控制测量应采用严密平差法进行计算，并应计算最弱点高程中误差、每公里观测高差全中误差 M_w。

(2)各等级高程控制测量的计算，宜采用严密平差法进行，五等高程控制测量亦可采用等权代替法、逐渐趋近法、多边形法等方法进行平差。平差后应求出最弱点高程中误差、每公里观测高差全中误差 M_w。

2. 水准测量概算

水准测量概算的目的，一方面是要检查外业观测成果的质量；另一方面是计算水准点概略高程，以满足工程建设的急需，同时也为平差计算做必要的准备。

概算工作的第一步，就是按照规范要求对外业手簿进行检查与核算，在确认无误并符合限差要求后，将外业成果和起算数据抄录于计算表格内，进行各项计算。

(1)水准标尺一米长度的改正

根据水准标尺"每米分划间隔"真长的测定结果，当一对标尺一米间隔的平均真长与其名义长的差大于0.02mm时，须进行此项改正。若在作业期间标尺每米间隔的真长变化不大于0.08mm，则取各次测定的中数进行改正；若其真长变化超过0.08mm时，则应分别进行改正(特别是所测路线高差较大时)；当其变化超过0.15mm时，则应分析变化原因，决定是否重测或如何进行改正。

计算改正数的方法如下：

设测得标尺№12和№13一米间隔真长的平均值如表4-4-17。从表中可知，这一对标尺一米间隔的平均真长为999.94mm。

水准标尺每米间隔平均真长 表4-4-17

标尺号数	标尺分划面一米间隔之平均真长(mm)		
	基本分划	辅助分划	中数
№12	999.93	999.92	999.925
№13	999.96	999.95	999.955
中数	999.945	999.935	999.940

$f = (999.940 - 1000) = -0.06$mm。

改正数按式(4-4-11)计算：

$$\delta = f \cdot h \tag{4-4-11}$$

式中：f——一米读数的改正数；

h——往测或返测的高差值。

例如表4-4-18中"Ⅱ北天1"至"Ⅱ北天2"两水准点间的往测高差 h_i 为47.121 48m，则其相应之标尺改正数 δ 计算如下：

$$f = (999.940 - 1000)\text{mm} = -0.06\text{mm}$$

$$\delta = -0.06 \times 47.121\ 48 = -2.83\text{mm}$$

(2)正常位水准面不平行的改正

某一测段 i 的水准路线，正常位水准面不平行的改正按式(4-4-12)计算。

$$\varepsilon_i = -AH_i\Delta\varphi'_i \tag{4-4-12}$$

$$\Delta\varphi'_i = \varphi_2 - \varphi_1 \tag{4-4-13}$$

$$A = a\sin 2\varphi_m \tag{4-4-14}$$

式中：ε_i——测段 i 的水准路线正常位水准面不平行改正(mm)；

H_i——测段 i 始、末点的近似高程平均值(m)；

φ_1、φ_2——测段 i 的始、末点纬度(′)；

φ_m——测段 i 的水准路线的平均纬度；

$a = 0.001\ 513$。

例如表4-4-18中的"Ⅱ北天1"至"Ⅱ北天2"测段，此项改正为：

$$\varepsilon_i = -AH_i\Delta\varphi'_i = -0.001\ 486 \times 716 \times (-5) = 5.40\text{mm}$$

近似正高改正与路线闭合差计算 表4-4-18

二等水准路线：自至 计算者：

测段编号	水准点编号	纬度 φ (° ′)	观测高差 h (m)	近似高程 (m)	平均高程 (m)	$\Delta\varphi$ (′)	$H \cdot \Delta$	近似正高改正 $\varepsilon = -A \cdot H \cdot \Delta\varphi$ (mm)	附记
	Ⅱ北天1甲	39 51		692			−3580	+5.40	已知： Ⅱ北天1甲高程为： 692.443 18m Ⅱ北天1乙高程为： 811.843 07m $\varphi_{平均} = 39°32'$ $A = 0.001\ 486$
1			+47.121		716	−5			
	Ⅱ北天2	46		739			−2872	+4.35	
2			−41.049		718	−4			
	Ⅱ北天3	42		698			−3450	+5.21	
3			−16.346		690	−5			
	Ⅱ北天4	37		682			−4128	+6.23	
4			+11.399		688	−6			
	Ⅱ北天5	31		693			−2124	+3.21	
5			+28.895		708	−3			
	Ⅱ北天6	28		722			−2136	+3.22	
6			−20.744		712	−3			
	Ⅱ北天7	25		701			−3570	+5.39	
7			+25.618		714	−5			
	Ⅱ北天8	20		727			−2211	+3.34	
8			+20.103		737	−3			
	Ⅱ北天9	17		747			+765	−1.16	
9			+36.473		765	+1			
	Ⅱ北天10	18		783			−3188	+4.82	
10			+27.885		797	−4			
	Ⅱ北天11乙	14		811			$\sum\varepsilon$	+40.01	

其中，A 是用整个水准路线的平均纬度 $\varphi_m = 39°32'$，按式(4-4-14)算出的；H_i 为该测段始、末两点之近似高程平均值；$\Delta\varphi'_i$ 为测段始末点纬度 φ_1 与 φ_2 之差，即 $\Delta\varphi'_i = \varphi_2 - \varphi_1$。计算结果以毫米为单位，取至0.1mm，将其填入表4-4-18。

(3)水准路(环)线闭合差的改正

若水准路线附合于已知高程的水准点上或形成独立的闭合环线,则此路线闭合差 w 须按测段长度成比例地配赋于各测段高差中。此时按式(4-4-15)计算第 i 个测段(设路线中共有 n 个测段)的高差改正数 v_i:

$$v_i = -\frac{R_i}{\sum_1^n R_i} w \tag{4-4-15}$$

$$w = (H_0 - H_n) + \sum_1^n h + \sum_1^n \varepsilon \tag{4-4-16}$$

式中:H_0、H_n——起始点、终止点的已知高程;

$\sum_1^n h$——各测段观测高差之和;

$\sum_1^n \varepsilon$——整个路线正常位水准面不平行改正数之和;

R_i——测段长度。

在表 4-4-19 中,$w = -11.25$mm,对于测段 1 两水准点间的闭合差改正为:

$$v_i = -\frac{5.6}{60.0} \times (-11.25) = +1.05\text{mm}$$

二等水准测量外业高差与概略高程计算 表 4-4-19

路线名称:II 北天线自 至 编算者: 检查者:

测段编号	水准点编号	测段距离(km)	距起始点距离(km)	观测高差 h / 标尺长度改正 δ 往测(m)	观测高差 h / 标尺长度改正 δ 返测(m)	往返测高差不符值(mm)	不符值累积(mm)	加 δ 后往返测高差中数 h / 近似正高改正 ε / 闭合差改正 v(mm)	概略高程 $H = H_0 + \sum h + \sum\varepsilon + \sum v$(mm)
1	II 北天 1 甲	5.6	0.0	+47.121 48 -283	-47.120 13 +283	+1.53	0.00	+47 117.98 +5.04 +1.05	692 443.2
2	II 北天 2	6.4	5.66	-41.048 34 +246	+41.049 35 -246	+1.01	+1.35	-41 046.38 +4.35 +1.20	739 567.6
3	II 北天 3	7.3	12.0	-16.347 12 +98	+16.345 08 -98	-2.04	+2.36	-16 345.12 +5.21 +1.37	698 526.8
4	II 北天 4	6.2	19.3	+11.400 96 -68	-11.398 01 +68	2.9	+0.32	+11 398.80 +6.23 +1.16	682 188.3
5	II 北天 5	5.2	5.5	+28.894 10 -173	-28.896 06 +173	-1.96	+3.27	+28 893.35 +3.21 +0.97	693 594.4

续上表

测段编号	水准点编号	测段距离(km)	距起始点距离(km)	观测高差 h 标尺长度改正 δ 往测(m)	返测(m)	往返测高差不符值(mm)	不符值累积(mm)	加 δ 后往返测高差中数 h / 近似正高改正 ε / 闭合差改正 v (mm)	概略高程 $H=H_0+\sum h+\sum\varepsilon+\sum v$ (mm)
6	II 北天 6	4.8	30.7	−20.743 68 +124	+20.744 19 −124	+0.51	+1.31	−20 742.70 +3.22 +0.90	722 492.0
7	II 北天 7	7.4	35.5	+25.617 47 −154	−25.619 21 +154	−1.74	+1.82	+25 616.80 +5.39 +1.39	701 753.4
8	II 北天 8	5.6	42.9	+20.102 41 −121	−20.103 92 +121	−1.51	+0.08	+20 101.96 +3.34 +1.05	727 377.0
9	II 北天 9	6.3	48.5	+36.472 34 −219	−36.473 08 +219	−0.74	−1.43	+36 470.52 −1.16 −1.18	747 483.4
10	II 北天 10	5.2	54.8	+27.886 02 −167	−27.884 18 +167	+1.84	−2.17	+27 883.43 +4.82 +0.97	783 953.9
11	II 北天 11 乙		60.0				−0.33		811 843.1

$$w=\sum h+(h_1-h_{11})+\sum\varepsilon=+119\ 348.64-119\ 399.90+40.1=-11.25\text{mm}$$

(4)概略高程计算

算出水准点间高差改正数以后,各水准点的概略高程可按式(4-4-17)直接在表 4-4-19 中计算。

$$H_i=H_{i-1}+h_i+\varepsilon_i+v_i \tag{4-4-17}$$

例如 II 北天 2 点水准点概略高程为:

$$H=692\ 443.2+47\ 117.98+5.40+1.05=739\ 567.6\text{mm}$$

概略高程最后以米为单位表示,取位至毫米。

3. 水准测量的精度评定

水准测量的精度是以每公里高差中数的偶然中误差 M_Δ 和全中误差 M_w 表示的,它们分别由公式(4-4-9)和式(4-4-10)计算,显然,M_Δ 和 M_w 取决于往、返测高差不符值和环线闭合差的大小。

在水准测量误差来源中,包含了系统性的与偶然性的两个部分,有些系统误差例如水准标尺的升沉误差,在往、返高差平均值中虽然可以消除,但它能够在往、返测高差不符值中反映出来。而另一些系统误差,例如仪器单面受热和折光差的影响,虽然能影响高差平均值的精度,但却不能反映在往、返测不符值中。因此,往、返测不符值不能全面反映往、返测高差平均值的精度。不过,观测误差、仪器脚架升沉误差、热力作用影响等中的偶然误差和部分系统误差,还是能够在往、返测不符值中得到反映的。从这个意义上讲，用往、返测不符值来衡量水准路线观测成果的精度依然是可行的。为此，在外业测量中，规范要求计算往、返测不符值高差中数的中误差 M_{Δ}，主要用来反映偶然误差的影响。

另外还需注意到系统误差对水准测量的精度有着重要影响。由于水准环线的距离一般较长，其闭合差较难反映系统误差的累积情况。为了进一步分析水准测量的系统误差，寻求减弱系统误差影响的措施，当水准路线构成环线并有足够的环数（一般超过 20 个）时，还要求用环线闭合差来计算高差中数的全中误差 M_w。按环线闭合差计算的结果比较接近实际，能较好地反映水准测量的精度。

另外，当环数较多时，只计算整个水准网的高差中数全中误差 M_w 不能全面地反映每条水准路线的精度情况，因为当水准路线较多时，个别误差较大的路线，其误差情况有可能不能反映出来，因此规定四等以上高程控制测量应采用严密平差法进行计算，并应计算最弱点高程中误差、每公里观测高差全中误差 M_w。

三、三角高程测量

（一）概述

根据《公路勘测规范》（JTG C10）和《公路勘测细则》（JTG/T C10）规定，高程控制测量可以使用三角高程测量进行，但必须符合以下规定：

1. 用于高程测量及跨河水准测量的光电测距仪和经纬仪，其垂直度盘测微器行差不得大于 2.0″，一测回垂直角观测中误差不得大于 3.0″。

2. 光电测距三角高程测量施测过程中，宜变换一次仪器和反射镜高度，高度变化值应大于 30mm，垂直角和距离分别于高度变换前、后各测量一半测回数，仪器和反射镜高度分别于每次测前、测后各测量 1 次，2 次较差不得大于 2mm。仪器和反射镜高度应使用仪器配置的测尺和专用测杆进行测量，严禁使用钢尺斜拉。

3. 光电测距三角高程测量宜采用垂直角和斜距进行计算，其观测的主要技术要求应符合表4-4-20的规定。

光电测距三角高程测量观测的主要技术要求　　表 4-4-20

等 级	仪 器	测距边测回数	边长（m）	垂直角测回数	指标差较差（″）	垂直角较差（″）
四 等	DJ_2	往、返均≥2	≤600	≥4	≤5	≤5
五 等	DJ_2	≥2	≤600	≥2	≤10	≤10

注：D 为光电测距边长度，以 km 计。

4. 垂直角观测应选择在气候条件较好、成像稳定的时间内观测，垂直角、距离均应进行对向观测，照准时目标必须清晰可辨，观测时其视线应离障碍物 1.5m 以上。对向观测宜在较短时间内进行，垂直角不得超过 15°。

5. 测距时气压计应置平、防暴晒，温度计应悬挂在离地面 1.5m 以上的地方，如使用干湿温度计时，应按说明书规定的要求使用。

6. 光电测距三角高程测量可单独使用，亦可与水准测量混合使用，其总长度应小于相应等级的水准路线长度。

7. 高差计算时应考虑地球曲率和大气折光差的影响。

8. 四等三角高程观测还应注意以下要求：

(1)观测顺序为前视时先测距后观测垂直角，后视时先观测垂直角后测距，力争在较短的时间内完成对向观测。有条件时可争取在相同时间段内完成垂直角的对向观测。

(2)垂直角观测应用特制的觇牌作为观测目标，其式样如图 4-4-3。

(3)垂直角观测一般采用 DJ_2 经纬仪中丝法四测回观测，每测回用中丝分别照准觇牌的上、下缘，并正、倒镜各观测一次。垂直角取上、下缘读数的平均值，觇牌高量取觇牌中心的高度。

(4)施测时应尽量沿短边、倾角小的路线组成附合、闭合高程导线或三角高程网，如三角网的各边长接近亦可组成三角形高程网。

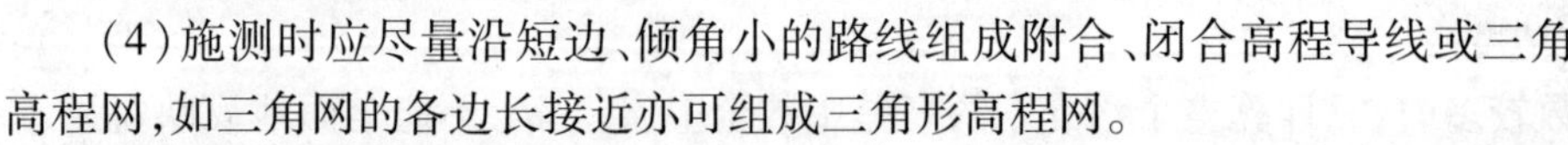

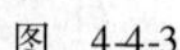

图 4-4-3

(二)三角高程的计算公式

1. 三角高程高差计算公式

(1)用光电测距的斜距计算高差

单向观测：

$$\Delta h_{1.2}=S_{1.2}\cdot \sin V_{1.2}+\frac{S_{1.2}^{2}\cos^{2}V_{1.2}}{2R}(1-K)+i_1-l_1 \tag{4-4-18}$$

对向观测：

$$\Delta h_{1.2}=\frac{S_{1.2}\cdot \sin V_{1.2}-S_{2.1}\sin V_{2.1}}{2}+\frac{1}{2}(i_1+l_2)-\frac{1}{2}(i_2+l_1) \tag{4-4-19}$$

(2)用水平距离计算高差

单向观测：

$$\Delta h_{1.2}=D_{1.2}\cdot \tan V_{1.2}+\frac{1-K}{2R}D_{1.2}^{2}+i_1-l_1 \tag{4-4-20}$$

对向观测：

$$\Delta h_{1.2}=D_{1.2}\left(\frac{\tan V_{1.2}-\tan V_{2.1}}{2}\right)+\frac{1}{2}(i_1+l_2)-\frac{1}{2}(i_2+l_1) \tag{4-4-21}$$

式中：$\Delta h_{1.2}$——点 1 至点 2 间的高差；

$S_{i.j}$——点 i 至点 j 的斜距；

$D_{1.2}$——点 1 至点 2 间的水平距离；

$V_{i.j}$——点 i 至点 j 的垂直角；

i_1、i_2——点 1、点 2 的仪器高；

l_1、l_2——点 1、点 2 的照准目标高；

K——折光系数；

R——地球曲率半径，一般取 $R=6371\text{km}$。

对向观测计算公式中，由于假设往返测时的折光系数基本相同，因而将$\frac{D_2}{4R}(K_{2.1}-K_{1.2})$略去不计。

2. 地球曲率、折光差及折光系数计算公式

(1)地球曲率与折光差(简称两差)改正数 γ(以米为单位)按下式计算：

$$\gamma = \frac{1-K}{2R}S^2 \tag{4-4-22}$$

式中：K——折光系数；

S——边长（km）。

凡单向三角高差边超过400m，一般都要加两差改正。

（2）折光系数 K 的计算公式

①当点1、点2的高程用几何水准精确测定时，用斜距计算的公式：

$$K = 1 + \frac{2R}{S_{1.2}^2\cos^2 V_{1.2}}[S_{1.2}\sin V_{1.2} + i_1 - l_1 - (H_2 - H_1)] \tag{4-4-23}$$

用水平距离计算的公式：

$$K = 1 + \frac{2R}{D_{1.2}^2}[D_{1.2}\tan V_{1.2} + i_1 - l_1 - (H_2 - H_1)] \tag{4-4-24}$$

②用两点同时对向观测的垂直角计算的公式：

$$K = 1 + \frac{2R}{D_{1.2}^2\rho''}(V_{1.2} + V_{2.1}) + \frac{R}{D_{1.2}^2}[(i_1 + i_2) - (l_1 + l_2)] \tag{4-4-25}$$

式中：H_1、H_2——点1、点2的已知高程。

四、跨河水准测量

（一）跨河水准测量的技术要求

《公路勘测规范》（JTG C10）和《公路勘测细则》（JTG/T C10）对跨河水准测量有以下规定：

1. 当高程路线通过宽度为各等级水准测量的标准视线长度2倍以下的江河、山谷时，可用一般的水准测量观测方法进行，但在测站上应变换一次仪器高度，观测2次，2次高差之差不应超过表4-4-21的规定。

两次观测高差之差　　表4-4-21

等　级	高差之差（mm）	等　级	高差之差（mm）
二 等	≤1.5	四 等	≤7
三 等	≤7	五 等	≤14

2. 水准视线长度超过各等级标准视线长度的2倍以上时，应按表4-4-22选择观测方法。

跨河水准测量的观测方法及跨越视线长度　　表4-4-22

方　法	跨越视线长度（m）
直接读数法	三、四等　≤300
	五　等　≤500
光学测微法	≤500
倾斜螺旋法	≤1500
测距三角高程法	≤3500

注：视线长度超过3500m时，采用的方法和要求应依据测区条件进行专题设计。

3. 应观测的测回数和组数按表4-4-23执行。

测回数和组数　　表4-4-23

最大视线长度(m)	二等		三等		四等		五等	
	测回数	组数	测回数	组数	测回数	组数	测回数	组数
<300	2	2	2	1	2	1	2	1
300~500	2	4	2	2	2	2	2	1
500~1000	8	6	2	2	2	2	2	1
1000~1500	12	8	4	2	3	2	3	1
1500~2000	16	8	8	3	3	3	3	1
>2000	8·S	8	4·S	3	4	3	4	1

注:①表中S为视线长度的公里数,尾数凑整到0.5或1;

②1测回是指两台仪器对向观测1次;

③组数是指不同的时间段施测规定测回数的次数。

4.各测回高差互差不应大于式(4-4-26)计算的限差。

$$M_{限}=3M_{\Delta}\sqrt{n\cdot S} \tag{4-4-26}$$

式中:$M_{限}$——测回间高差互差限差;

M_{Δ}——相应水准测量等级所规定的每公里观测高差偶然中误差(mm);

n——测回数;

S——跨河视线长度(km)。

(二)场地的选定与布设

1.跨河场地应选择在水面较窄、土质坚实、便于设站的河段。跨河视线不得通过草丛、沙丘、沙滩、芦苇的上方。

2.两岸仪器视线距水面的高度应尽量等高(测距三角高程法除外),当跨河视线长度小于300m时,视线高度不宜低于2m;大于300m时,不宜低于$4\sqrt{S}$m(S为跨河视线长度公里数,水位受潮汐影响时,应按最高潮水位计算)。特别是二等跨河水准测量,当视线高度不能满足要求时,需埋设牢固的标尺桩,并建造稳固的观测台或标架。

3.两岸由仪器至水边的一段河岸,其距离应近于相等,其地貌、土质、植被等也应相似,仪器位置应选在开阔、通风之处,不得靠近墙壁及土、石、砖堆等。

4.过河视线方向宜避免正对日照方向,困难时可适当增大视线长度或采用标灯测光。

5.布设跨河水准测量场地,应使两岸仪器及标尺点构成如图4-4-4所示的平行四边形、等腰梯形或大地四边形。

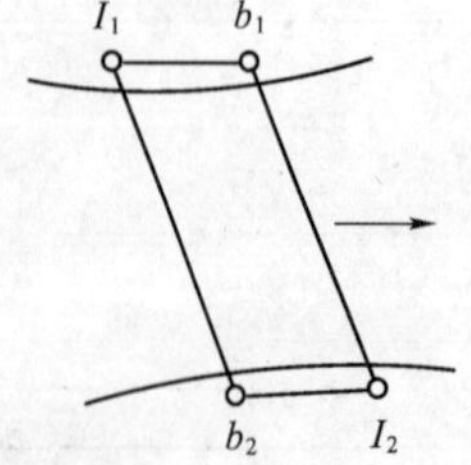

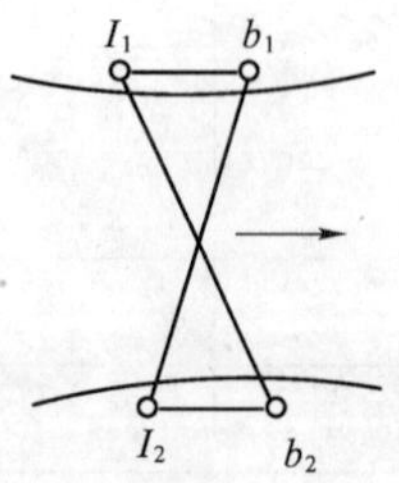

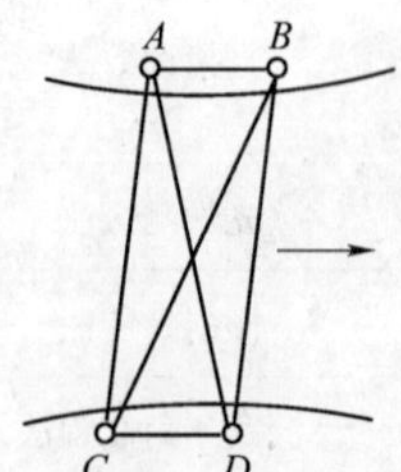

图 4-4-4

图 4-4-4 中：I_1、I_2 及 b_1、b_2 分别为两岸安置仪器和标尺的位置。I_1b_2 与 I_2b_1 为跨河视线长度，两者应相等；I_1b_1 与 I_2b_2（AB 与 CD）为两岸近尺视线长度，一般应在 10m 左右，亦应相等。A、B、C、D 为仪器、标尺交替两用点。

标尺点 b_1、b_2 一般需设置口径大小 100mm，长度视土质情况决定的木桩，牢固打入土中的深度应不小于桩长的 2/3，桩顶各钉一个圆帽钉。当土壤中含水量大时，打入钢管代替木桩，仪器脚架也应打入三根支承木桩。

6. 在两岸距跨河点 100～300m 的水准路线上各选埋水准标石一座。

7. 跨河场地布设完毕后，应绘制跨河水准场地图及固定点（或标石点）联测图。

（三）观测中应遵守的事项

1. 跨河水准观测宜在风力微和、气温变化较小的阴天进行，当雨后初晴的大气折射变化较大时，则不宜观测。

2. 观测开始 30min，应先将仪器置于露天阴影下，使仪器与外界气温趋于一致，观测时应遮蔽阳光。

3. 晴天观测应在日出后 1h 开始，太阳中天前 2h 止；下午自中天后 3h 起至日落前 1h 止，但可根据地区、季节、气候等情况适当调整。阴天只要成像清晰、稳定即可进行观测。有条件也可在夜间进行观测，日落后 1h 起至日出前 1h 止。时间段以地方时零点分界，零点前为初夜，零点后为深夜。

4. 水准标尺应用尺架撑稳，并经常注意使圆水准气泡居中。

5. 一测回的观测中，必须采取一切谨慎措施（一般在对远尺调焦后，即用胶布将目镜调焦螺旋及测微器螺旋固定），确保上、下两个半测回对远尺观测的视轴不变。

6. 仪器调岸时，标尺亦应随同调岸。但当一对标尺的零点差不大时，亦可待全部测回完成一半时调岸。

7. 一测回的观测完成后，应间歇 15～20min，再开始下一测回的观测。

8. 两台仪器对向观测时，应使用报话机或约定旗语，使两岸同一测回的观测能做到同时开始与结束。

9. 跨河水准测量取用的全部测回数，上、下午应各占一半。如有夜间观测时，白天与夜间测回数之比应接近 1.3∶1。

10. 跨河观测开始时，应对两岸的普通水准标石（或固定点）与标尺点间进行一次往、返测，作为检查标尺点有无变动的基准。每日工作开始前，均应单程检测一次，并应符合检测限差。如确认标尺点变动，应加固标尺点，重新进行跨河水准测量。

（四）跨河水准的测量方法

1. 直接读尺法

（1）观测方法

每测回观测方法（见图 4-4-4）：

① 将仪器安置于 I_1 点，精密整平仪器后，照准本岸 b_1 点上的近标尺，按中丝读数法读取标尺基、辅分划一次；

② 将仪器转向照准对岸 b_2 点上的远标尺，调焦后，按中丝读数法读取标尺基、辅分划各一次；

③ 同时在对岸 I_2 点上安置仪器并精密整平，照准 b_2 点上的近标尺，按中丝读数法读取标尺基、辅分划各一次；

④ 仪器转向照准对岸 b_1 点上的远标尺，当 I_1 点上仪器观测 b_2 点上的标尺读数的同时，按中丝读数法读取标尺基、辅分划各一次。

以上①、②为上半测回观测，③、④为下半测回观测。

如使用一台仪器，仪器搬到对岸后应按④、③的顺序进行观测，注意在 I_1 点上照准 b_2 后，应用胶布将调焦螺旋固定。

(2)计算方法

一测回高差按式(4-4-27)计算：

$$H_{b_1b_2}=(h_{b_1b_2}-h_{b_2b_1})/2 \tag{4-4-27}$$

式中：$h_{b_1b_2}$——上半测回所观测的 b_1、b_2 两点的高差；

$h_{b_2b_1}$——下半测回所观测的 b_2、b_1 两点的高差。

当用一台仪器观测时，除采用图 4-4-4 的形状外，亦可采用图 4-4-5 所示的"Z"字形布设。I_1b_1 与 I_2b_2 为近尺视线长度，应取 20m 左右，并且相等。此时 b_1、b_2 为跨河标尺点，I_1 与 I_2 为仪器与标尺交替两用点。首先在 b_1 与 I_1 之间距离相等的地方安置仪器，按中丝读数法读取 b_1 与 I_1 标尺上的基、辅分划值，再将仪器安置于 I_1 点上读取 b_1、I_2 标尺上的基、辅分划值，注意先读取 b_1 上的数值，后调焦读取 I_2 上的数值，结束后固定调焦螺旋，将仪器搬到 I_2 上并整平，立即观测 I_1 点标尺上的读数，再观测 b_2 上的读数，最后将仪器安置于 I_2 与 b_2 等距离的地方观测 I_2 和 b_2 标尺的读数。

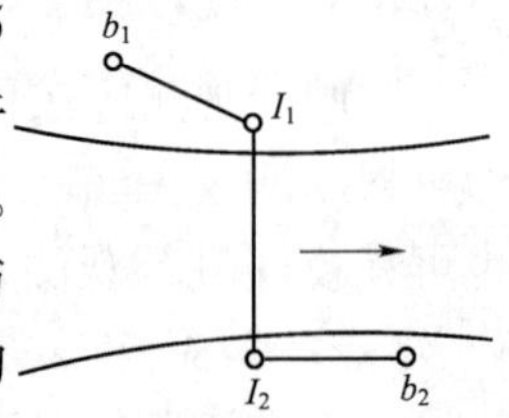

图 4-4-5

两个测站高差计算见式(4-4-28)和式(4-4-29)。

上半测回：
$$h_{b_1b_2}=h_{b_1I_2}+h_{I_2b_2} \tag{4-4-28}$$

下半测回：
$$h_{b_2b_1}=h_{b_2I_1}+h_{I_1b_1} \tag{4-4-29}$$

2. 光学测微法

(1)准备工作

①按规定要求选定和布设跨河场地；

②对水准仪及水准尺应进行认真、细致地检验与校正，i 角应校正至 6″以下；

③按规定制作觇板，并应注意标志中心线与觇板指标线精密重合；

④对标尺点与路线上的固定点(或标石)进行联测。

(2)观测方法

①(见图 4-4-4)在测站点 I_1 上整平仪器后，按光学测微法对本岸近标尺 b_1 先后照准基本分划线 2 次并读、记之。

②将仪器转向对岸远标尺 b_2，旋进倾斜螺旋使气泡精密符合，使测微器读数居于全程的中央位置，按约定信号指挥对岸扶尺员将觇板沿尺面上、下移动，待标志线到望远镜楔形丝中央时，即通知扶尺员使觇板标志中心线精密对准标尺上最邻近的基本分划线固定之，并记下标志中心线在标尺上的读数，同时转告对岸记录员。

再按光学测微法，转动测微器精密照准觇板上的标志线，并读、记测微器格值。同样重复照准读数 5 次，即完成一组观测。

以后各组开始观测前，应将觇板移动一定距离后，重新使标志中心线对准标尺基本分划线，并固定之，然后按相同的操作顺序，逐个完成其余各组的观测。

每组内对远标尺上觇板标志线的各次读数互差，不得超过 0.01mm/s（s 为跨河视线长度，以 m 为单位）。

以上①、②两项操作，组成一测回的上半测回。

③在测站点 I_2 上整平仪器后，按光学测微法对本岸近标尺 b_2 先后照准基本分划线 2 次并读、记之。

④当 I_1 上的仪器观测标尺 b_2 的同时，将 I_2 上的仪器转向对岸远标尺 b_1，并按与②相同的方法进行观测。

以上③、④两项操作，组成一测回的下半测回。

如采用一台仪器进行观测，则以④、③的顺序观测，先观测对岸远标尺。

3. 倾斜螺旋法

（1）准备工作

①按有关规定准备仪器，选定和布设跨河场地；

②按规定要求做好各项准备工作，觇板上需绘制两条标志线，上、下标志线间的距离应使仪器照准两标志线的夹角在倾斜螺旋周值以内或符合水准器气泡刻划值以内，一般不超过 60″。两台水准仪 i 角互差应小于 6″。

（2）观测方法

①观测近标尺：整平仪器后，按光学测微法连续照准基本分划 2 次，并读、记之。

②观测远标尺：转动测微器使平行玻璃板居于垂直位置，在一测回观测过程中应确保不变。照准远标尺，旋转倾斜螺旋使视线降至最低标志线以下，再从下向上依次用望远镜的楔形丝照准标尺上的两条标志线，然后再以相反的次序由上向下照准各标志线，称为一个往、返测。每次照准标志线后，均应对倾斜螺旋分划鼓或符合水准器两端读数。同时在每个往、返测过程中，当视线接近水平时，应按旋进倾斜螺旋方向，使符合水准器精密符合 2 次，每次均需待气泡稳定后，再对倾斜螺旋分划鼓读数，以上操作组成一观测组，以后各组的观测均按同法进行。

每一观测组中，照准同一标志线的往、返分划鼓（或符合水准器）的读数差，不得大于 2″；往、返测中气泡四次符合的分划鼓读数差，不得大于 0.8″，超限时立即全组重测。

各组测完后，应比较同一标志线分划鼓或符合水准器的各组读数，用倾斜螺旋分划鼓读数时，还应比较各组气泡符合时的分划鼓读数。若某组读数差异突出而过大，则可根据观测与天气情况进行分析，认为该组观测结果不可靠时，亦应重测。

③上半测回结束后，立即将水准仪及标尺搬运到对岸，进行下半测回的观测。下半测回先观测远标尺，后观测近标尺。观测远、近标尺的操作与上半测回相同。两岸仪器同时对测的上、下各半测回，组成一个双测回。

④每次安装觇板后，应仔细读出觇板指标线在标尺上的读数，并求出各标志线在标尺上的相应读数。

以上①、②两项操作，组成一测回中的上半测回。两岸仪器同时对测各半测回，组成一测回。

4. 经纬仪倾角法

（1）准备工作

与倾斜螺旋法准备工作相同。使用的经纬仪除对其进行一般性能的检视外,还应认真进行以下检验和校正:

①用垂直度盘测定光学测微器的行差;

②测定垂直度盘读数的指标差。

(2)观测方法

①观测近标尺,首先在经纬仪盘左的位置,照准近标尺的基本分划线,读取距离水平视线最近的分划线的分划值 a,再用横丝分别照准该分划线的下、上边缘各 2 次;再纵转望远镜以盘右位置,同样照准该分划线的上、下边缘各 2 次,即完成了一组观测(近标尺只测一组)。上、下边缘读数的平均值即为分划值 a 的倾角 θ,如图 4-4-6。每次照准分划线边缘后,应先使垂直度盘指标气泡精密符合,再用光学测微器进行垂直度盘读数。盘左或盘右同一边缘 2 次照准读数差,应不大于 3″。

近标尺读数 b 由式(4-4-30)计算:

$$b = a - \frac{\theta}{\rho} \cdot d \qquad (4\text{-}4\text{-}30)$$

式中:θ——分划线 a 的倾角(″);

d——经纬仪至标尺点的水平距离(用钢卷尺量取)(mm);

ρ——206 265 (″)。

②观测远标尺:(如图 4-4-7)首先观测上、下标志线的读数分别为 a_1、a_2,盘左位置用横丝依次照准下、上标志线各 4 次,每次照准均应同时使垂直度盘指标气泡精密符合,再用光学测微器进行垂直度盘读数,同一标志线四次照准读数之差不得大于 3″。纵转望远镜以盘右位置,按相反次序照准上、下标志线各 4 次并如前读数。以上操作组成一组观测,依同法进行其他各组的观测。各组算出上、下标志线的倾角 α 和 β,α 或 β 其组间互差不应大于 4″。

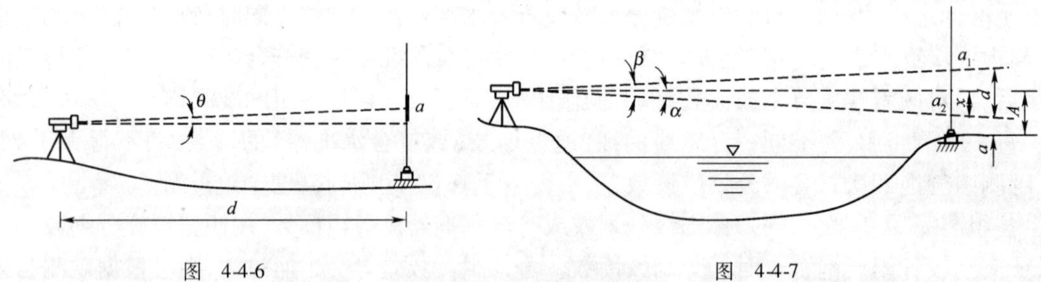

图 4-4-6　　图 4-4-7

上述①、②两项操作组成一岸仪器观测的半测回,两岸仪器同时对测各半测回,组成一个测回。

远标尺读数 A 计算如下:

$$\left.\begin{aligned} d &= a_1 - a_2 \\ x &= \frac{\alpha}{\alpha + \beta} \cdot d \\ A &= x + a_2 \end{aligned}\right\} \qquad (4\text{-}4\text{-}31)$$

则两标尺间的高差为:

$$h = b - A \qquad (4\text{-}4\text{-}32)$$

2 个测回连续观测时,测回间应间歇 15min 左右。

③两台仪器和标尺，可只在上、下午间调岸一次。

④每测回观测前，应仔细检查觇板的指标线是否滑动，并核对指标线在标尺上的读数。

⑤观测的测回数为表4-4-23所列数目的2倍。

5.测距三角高程法

1）准备工作

（1）如图4-4-4，按有关规定选定跨河点，视线垂直角应小于1°，按大地四边形布设跨河点。A、B和C、D分别为两岸安置仪器（或标尺）的位置，均应埋设固定点。其中A、D为普通水准标石，B、C为400mm×200mm×200mm的混凝土柱石，中间嵌标志，也可打入500mm×100mm×100mm的木桩，中间打帽钉，柱石或木桩顶面均应埋入地面下0.1m；

（2）跨河距离在2000m以内，对岸标尺可安置一块觇板，2000m以上需安置上、下两块觇板。通视条件较差时，应采用特制的标灯作为观测目标，觇板在标尺上的高度两岸应完全一致。单觇板（或标灯）安置在2.5m处，双觇板（或标灯）在2.0～3.0m之间，间距依跨河宽度而定，以目标清晰为准。

2）本岸测站点间高差测定

（1）水准仪法

若备有水准仪，按同等级水准测量要求进行往返观测A、B间的高差和C、D间的高差。

（2）经纬仪法

将经纬仪架在A、B间的中点上，距差应不大于0.5m。按经纬仪倾角法分别对A点和B点进行观测，求出h_{AB}，而后进行返测，h_{CD}按同样方法测定。往、返测的高差之差应不大于同等级水准测量测站高差之差的限差。

无论采用哪种方法测定，均取往、返测高差中数作为测站点间高差的正式成果，并以此作为检测和计算测站点仪器高的基准。

（3）测站点的检测

如确信A、D点水准标石稳定，观测过程中可不进行检测，只需在结束时进行一次检测。若检测超限，应沿路线再检测一个测段。如证明水准标石无变动，则所测成果采用；若标石变动，应加固水准标石后重新进行跨河观测。

3）距离测量

（1）本岸测站点间的距离测量

本岸测站点间的距离AB或CD，一般可用钢卷尺直接丈量平距，丈量时应使钢尺保持水平，两端拉紧同时读数，点上应架设垂球，严格对中，并保持稳定。往、返各读3次，3次测定的距离互差和往测3次测定的距离中数之差，均不大于3mm。如无钢尺，也可用测距仪测定。

（2）跨河测站点间距离测量

跨河距离S_{AC}、S_{AD}、S_{BC}、S_{BD}，采用电磁波测距仪测定。

（3）跨河距离测量的技术要求

距离测量的技术要求和观测限差按表4-3-14执行。

每照准一次，读4次数为一测回。当进行对向观测确有困难时，可以单向观测，但总的观测时间段不能减少。

测距仪和反射镜的高度量至毫米，2次量测之差应不大于3mm。各次设站高度不必强求一致。

4)垂直角观测

(1)观测程序

①在 A、C 点设站,同时观测本岸近标尺,测定 b_B 和 b_{DI};然后同步观测对岸远标尺,测定 a_{AD} 和 a_{CB};

②A 点仪器不动,将 C 点仪器迁至 D 点。两岸仪器同步观测对岸远标尺,测定 a_{AC} 和 a_{DB};

③D 点仪器不动,观测本岸近标尺,测定 b_C,此时将 A 点仪器迁至 B 点,然后两岸仪器同步观测对岸远标尺,测定 a_{BC} 和 a_{DA}。

③B 点仪器不动,观测本岸近标尺 b_A,此时将 D 点仪器重新迁至 C 点,接着两岸仪器同步观测对岸远标尺,测定 a_{BD} 和 a_{CA}。最后 C 点仪器再次观测本岸近标尺,测定 b_{DII}。至此第一个仪器位置的观测结束,两台仪器共完成 4 个单测回。

(2)观测方法

①观测近标尺:按经纬仪倾角法的方法测定本岸近标尺读数;

②观测远标尺:在盘左位置用望远镜中丝精确照准远标尺上觇板标志或标灯 4 次,每次应使垂直度盘水准气泡精密符合后,用光学测微器进行垂直度盘读数,4 次照准读数之差不应大于 3″。纵转望远镜,在盘右位置按盘左操作方法同样进行照准和读数,以上观测为一组垂直角观测。依同法进行其余各组的观测。

当采用上、下觇板观测时,盘左依次照准上、下觇板标志,盘右按相反次序照准下、上觇板标志,照准和读数方法与单觇板观测相同。同一标志四次照准读数差应不大于 3″,上、下标志垂直角分别计算高差。

采用 T-2000 经纬仪观测时,垂直角的观测组数可以减半。

各组垂直角观测的限差按表 4-4-24 规定执行。

垂直角观测限差 表 4-4-24

指标差互差	同一标志垂直角互差
≤8	≤4

③第一条边的垂直角测完后,立即按观测程序依次进行其余三条边的垂直角观测。

④每组观测前,应重新将觇板指标线中心精确对准标尺分划线中央。每条边观测前,应仔细检查觇板的指标线是否滑动,并认真读取指标线标灯在标尺上的读数。

⑤第一个仪器位置的观测完成后,观测员、仪器、标尺需相互调岸,进行第二个仪器位置的观测。也可在测定半数测回后相互调岸,在第二个仪器位置上完成其余测回的观测。两台仪器分别在两岸相同时段对向观测一条边的成果组成一个单测回,总测回数应为表 4-4-23 中测回数的 2 倍。

(3)由大地四边形组成三个独立闭合环,用同一时段的各条边高差计算闭合差。各环线的闭合差 W 应不大于按式(4-4-33)计算的限值:

$$W = 6 \cdot M_W \cdot \sqrt{S} \tag{4-4-33}$$

式中:M_W——每公里水准测量的全中误差限值(mm);

S——跨河视线长度(km)。

(4)观测成果的重测和取舍

①测回间互差超限，首先应重测孤立值，若无孤立值应重测一大一小。如出现分群现象，则应分析是否因时间段不同而分群，并应对环线闭合差加以分析，若确属时间不同而产生分群，同时环线闭合差无超限现象，该成果可不重测。如有闭合差超限的测回，此测回应重测。重测后仍分群，有上、下觇板的，应利用其间距检验垂直角的观测精度，并结合观测条件进行综合分析，然后对成果进行重测和取舍，直到所测成果全部符合要求为止。

②环线闭合差超限，而测回间互差较小，如无其他情况，此成果可以采用。若测回间互差大或超限，则该成果应重测。

（五）觇板的形式与制作

1. 觇板的形式

图 4-4-8 适用于倾斜螺旋法与经纬仪倾角法，但采用经纬仪倾角法时可只画对称的两根标志线。图 4-4-9 适用于光学测微法和河流宽度较大的水准仪直读法。

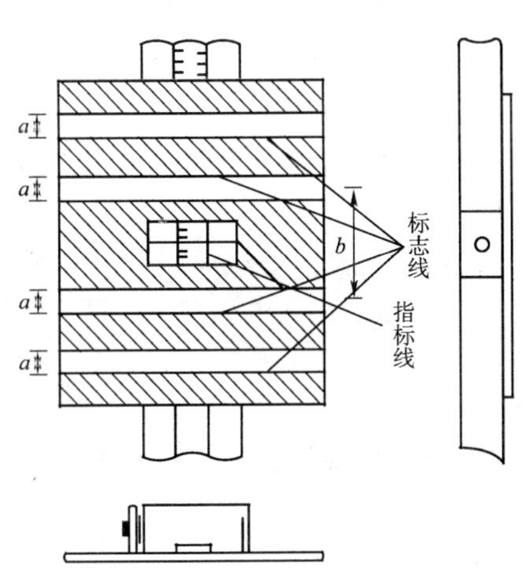

图　4-4-8

注：①当间距 d 较大时，亦可用两块觇板代替，每块上绘制两根标志线。

②觇板标志线的中心线必须与指标线精密重合。

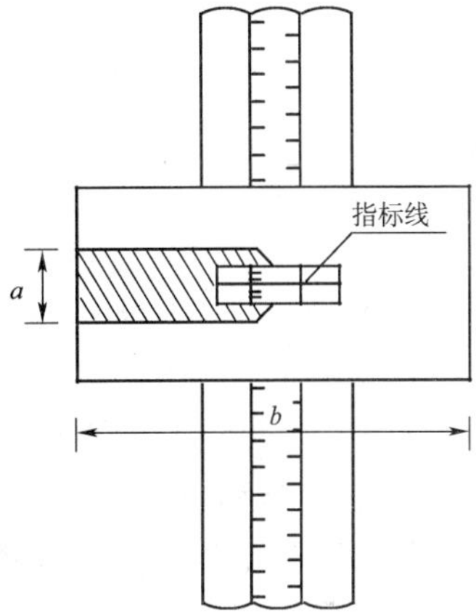

图　4-4-9

2. 标志线的计算

标志线宽度：

水准仪　　$a=\dfrac{S}{25}(\text{mm})$

经纬仪　　$a=\dfrac{S}{15}(\text{mm})$

标志线长度：　　$b=(8\sim10)a$

标志线间距：　　$d=\dfrac{\alpha S}{\rho}$

式中：S——跨河视线长度（m）；

α——倾斜角范围，取 90″～100″；

ρ——206 265″。

3. 跨河视线长度 S 的测定

(1)用水准仪倾斜螺旋测定另一岸标尺上两个固定标志,按下式计算:

$$S = \frac{l}{n\mu} \times \rho \tag{4-4-34}$$

式中:l——标尺两个标志间距离(m);

n——倾斜螺旋分划鼓读数;

μ——倾斜螺旋分划鼓格值(″)。

(2)可用基线法(即三角法)或光电测距仪确定。

五、GPS 高程测量

通过 GPS 相对定位可计算出高精度的基线向量,经过 GPS 网平差,可以得到高精度的大地高差。如果网中有一点或多点具有精确的 WGS-84 大地坐标系的大地高程,则在 GPS 网平差后,可求得各 GPS 点的 WGS-84 大地高 H_{84}。

实际应用中,地面点的高程采用正常高系统。地面点的正常高 H_r 是地面点沿铅垂线至似大地水准面的距离,这种高程是通过水准测量来确定的。如可求出 GPS 点的大地高 H_{84}与正常高程 H_r 的关系,即可将任一点的 H_{84}转换为 H_r。

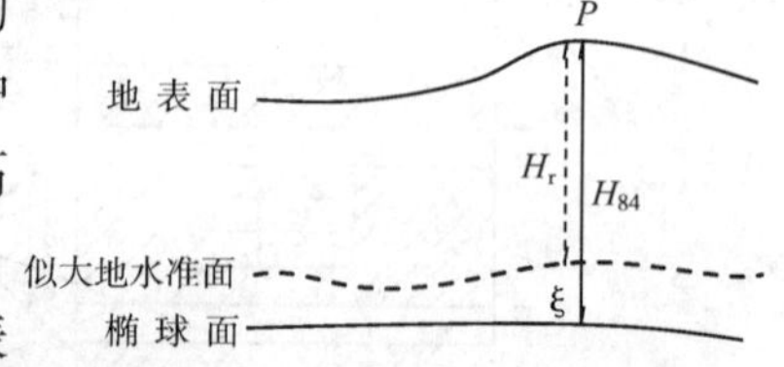

图 4-4-10 大地高与正常高的关系

图 4-4-10 所示为大地高与正常高之间的关系,其中 ξ 表示似大地水准面至椭球面间的高差,叫做高程异常。如果知道了各 GPS 点的高程异常 ξ 值,则不难由各 GPS 点的大地高 H_{84}求得各 GPS 点的正常高 H_r 值。如果同时知道了各 GPS 点的大地高 H_{84}和正常高 H_r,则可以求得各点的高程异常 ξ。

$$H_r = H_{84} - \xi \tag{4-4-35}$$

或

$$\xi = H_{84} - H_r \tag{4-4-36}$$

由此可见,研究 GPS 高程的意义有两个方面,一是精确求定 GPS 点的正常高,一是求定高精度的似大地水准面,通常称利用 GPS 和水准测量成果确定似大地水准面的方法为 GPS 水准。

实际上,很难获得高精度的高程异常 ξ 值,而 GPS 单点定位误差又较大,一般测区内缺少高精度的 GPS 基准点,GPS 网平差后,很难得到高精度的大地高 H_{84},所以很难应用上式精确地计算各 GPS 点的正常高。

精确计算各 GPS 点的正常高 H_r,目前主要有 GPS 水准高程(简称 GPS 水准)、GPS 重力高程和 GPS 三角高程等方法。

(一)GPS 水准高程

GPS 水准高程是目前 GPS 应用的一个主要方面。目前,国内外用于 GPS 水准计算的各种方法主要有:绘等值线图法、解析内插法(包括曲线内插法、样条函数法和 Akima 法)、曲面拟合法(包括平面拟合法、多项式曲面拟合法、多面函数拟合法、曲面样条拟合法、非参数回归曲面拟合法和移动曲面法)等,下面介绍几种常用的 GPS 水准高程计算方法。

1. 绘等值线图法

这是最早的 GPS 水准方法，其原理是：设在某一测区，有 m 个 GPS 点，用几何水准联测其中 n 个点的正常高（联测水准的点称为已知点，下同），根据 GPS 观测获得的点的大地高，按式（4-4-36）求出 n 个已知点的高程异常。然后，选定适合的比例尺，按 n 个已知点的平面坐标（平面坐标经 GPS 网平差后获得），展绘在图纸上，并标注上相应的高程异常，再用 10 ~ 50mm 的等高距，绘出测区的高程异常图，在图上内插出未联测几何水准的（$m-n$）个点（未联测几何水准的 GPS 点称为待求点，下同）的高程异常，从而求出这些待求点的正常高。

2. 解析内插法

当 GPS 点布设成测线时，可应用以下曲线内插法，求定待求点的正常高。其原理是：根据测线上已知点平面坐标和高程异常，用数值拟合的方法，拟合出测线方向的似大地水准面曲线，再内插出待求点的高程异常，从而求出点的正常高。

（1）多项式曲线拟合法

设任一点的高程异常 ξ 与 x_i（或 y_i 或拟合坐标）存在的函数关系（$i=0,1,2,\cdots,n$）可以用下面 $m(m \leqslant n)$ 次多项式表示：

$$\xi(x) = a_0 + a_1 x + a_2 x^2 + \cdots + a_m x^m \tag{4-4-37}$$

求出已知点处的高差函数 $R_i = \xi_m(x_i) - \xi_i$，在 $\sum R_i^2 = \min$ 条件下解出多项式系数 a_i，即可求出各点的 ξ，从而获得点的 H_i。

（2）三次样条曲线拟合法

当测线长、已知点多、ξ 变化大时，按 $\sum R_i^2 = \min$ 解求的 a_i 误差会增大，此时通常采取分段计算，这样使曲线在分段点上不连续，也影响拟合精度，为此，采用三次样条法来拟合。

设过 n 个已知点，ξ_i 和 x_i（或 y_i 或拟合坐标）在区间$[x_i, x_i+1]$（$i=0,1,2,\cdots,n-1$）上有三次样条函数关系：

$$\xi(x) = \xi(x_i) + (x-x_i)\xi(x_i, x_{i+1}) + (x-x_i)(x-x_{i+1})\xi(x, x_i, x_{i+1}) \tag{4-4-38}$$

式中：x——为待求点坐标；

x_i、x_{i+1}——为待求点两端已知点的坐标。

其中 $\xi(x_i, x_{i+1})$ 为一阶差商，$\xi(x_i, x_{i+1}) = (\xi_{i+1} - \xi_i)/(x_{i+1} - x_i)$；$\xi(x, x_i, x_{i+1})$ 为二阶差商，$\xi(x, x_i, x_{i+1}) = 1/6[\xi''(x_i) + \xi''(x) + \xi''(x_{i+1})]$，$\xi''(x_i)\xi''(i=1,2,\cdots,n-1)$，满足系数矩阵为对称三角阵的线性方程组

$$\begin{aligned}&(x-x_{i-1})\xi''(x_{i-1}) + 2(x_{i+1}-x_{i-1})\xi''(x_i) + (x_{i+1}-x_i)\xi''(x_{i+1})\\&= 6[\xi''(x, x_{i+1}) - \xi(x_{i-1}, x_i)]\xi(x_0) = \xi(x_n) = 0\end{aligned} \tag{4-4-39}$$

用追赶法解（4-4-39）方程组，可求出 $\xi''(x_i)$ 和 $\xi(x_i, x_{i+1})$，而

$$\xi''(x) = \xi''(x_i) + (x-x_i)\xi''(x_i, x_{i+1}) \tag{4-4-40}$$

（3）Akima 法

Akima 法的原理是：在两个已知点间内插时，除用这两个已知点外，还需用两已知点外二点，其目的是使曲线光滑，函数连续。

设有 6 个已知点（$i=1,2,3,4,5,6$），现需在 3 号和 4 号点之间内插任一待求点，其计算公式为：

$$\xi(x_i) = P_0 + P_1(x-x_3) + P_2(x-x_3)^2 + P_3(x-x_i)^3 \tag{4-4-41}$$

其中：

$$
\left.\begin{aligned}
P_0 &= \xi_3 \\
P_1 &= t_3 \\
P_2 &= [3(\xi_4-\xi_3)/(x_4-x_3)-2t_3-t_4]/(x_4-x_3) \\
P_3 &= [t_3+t_4-2(\xi_4-\xi_3)/(x_4-x_3)]/(x_4-x_3)^2
\end{aligned}\right\} \tag{4-4-42}
$$

式(4-4-42)中的 t_3、t_4 为3号和4号点实测要素的斜率，t_3 用1、2、3、4、5已知点计算，t_4 用2、3、4、5、6已知点计算，一般计算公式为：

$$
t_i = (|m_{i+1}-m_i|\cdot m_{i-1}+|m_{i-1}-m_{i-2}|\cdot m_{i-1})/(|m_{i+1}-m_i|+|m_{i-1}-m_i-2|) \tag{4-4-43}
$$

式中：$i=3,4$。

$$
m_i = (\xi_{i+1}-\xi_i)/(x_{i+1}-x_i) \tag{4-4-44}
$$

当式(4-4-44)分母为零时，$t_i=\frac{1}{2}(m_{i-1}+m_i)$ 或 $t_i=m_i$。

3. 曲面拟合法

当GPS点布设成一定区域面时，可以应用数学曲面拟合法求待定点的正常高。其原理是，根据测区中已知点的平面坐标 x、y（或大地坐标 B、L）和 ξ 值，用数值拟合法拟合出测区似大地水准面，再内插出待求点的 ξ，从而求出待求点的正常高。下面介绍几种常用的拟合方法。

(1)多项式曲面拟合法

设任一点的高程异常 ξ 与平面坐标 x、y 有以下关系：

$$
\xi = f(x,y)+\varepsilon \tag{4-4-45}
$$

其中，$f(x、y)$ 为 ξ 中趋势值，$\in$ 为误差。

设
$$
f(x,y)=a_0+a_1x+a_2y+a_3x^2+a_4y^2+a_5xy+\cdots \tag{4-4-46}
$$

写成矩阵形式为：

$$
\xi = XB+\varepsilon \tag{4-4-47}
$$

其中：

$$
\xi=\begin{bmatrix}\xi_1\\ \xi_2\\ \cdots\\ \xi_n\end{bmatrix},\mathrm{B}=\begin{bmatrix}a_1\\ a_2\\ \cdots\\ a_n\end{bmatrix},\varepsilon=\begin{bmatrix}\varepsilon_1\\ \varepsilon_2\\ \cdots\\ \varepsilon_n\end{bmatrix}
$$

$$
X=\begin{bmatrix}1 & x_1 & y_1 & x_1^2 & \cdots\\ 1 & x_2 & y_2 & x_2^2 & \cdots\\ \cdots & \cdots & \cdots & \cdots & \cdots\\ 1 & x_n & y_n & x_n^2 & \cdots\end{bmatrix}
$$

对于每个已知点，都可列出以上方程，在 $\sum\varepsilon^2=\min$ 条件下，解出各 a_i，再按式(4-4-47)求出待求点的 ξ，从而求出 H_r。

(2)多面函数法

设任一点的高程异常 ξ 与 x、y 有如下关系：

$$\xi = \sum_{i=1}^{m} a_i Q(x,y,x_i,y_i) \tag{4-4-48}$$

其中，a_i 为待定系数，$Q(x,y,x_i,y_i)$ 为核函数，x、y 为待定点的坐标，x_i、y_i 为已知点坐标，令

$$Q(x,y,x_i,y_i) = [(x-x_i)^2 + (y-y_i)^2 + \delta]^{\frac{1}{2}} \tag{4-4-49}$$

式中：δ——光滑系数。

当待求点数等于已知点数时，任一点 ξ_P 为

$$\xi_P = Q_p Q^{-1}\xi = (Q_{1p}Q_{2p}\cdots Q_{np})\begin{bmatrix} Q_{11} & Q_{12} & \cdots & Q_{1n} \\ \cdots & \cdots & \cdots & \cdots \\ Q_{n1} & Q_{n2} & \cdots & Q_{nn} \end{bmatrix}^{-1} \cdot \begin{bmatrix} \xi_1 \\ \cdots \\ \xi_n \end{bmatrix} \tag{4-4-50}$$

其中 $Q_{ij} = Q(x,y,x_i,y_i)$。

当待求点数多于已知点数时

$$\xi_P = Q_p(Q^T Q)^{-1} Q^T \xi \tag{4-4-51}$$

(3)曲面样条拟合法

曲面样条拟合法是基于无限大平板小挠度方程的数学模型，设点的 ξ 与点的坐标 x、y 存在如下样条关系：

$$\left.\begin{aligned} &\xi(x,y) = a_0 + a_1 x + a_2 y + \sum_{i=1}^{m} F_i r_i^2 \ln r_i^2 \\ &\sum_{i=1}^{m} F_i = \sum_{i=1}^{m} x_i F_i = \sum_{i=1}^{m} y_i F_i = 0 \end{aligned}\right\} \tag{4-4-52}$$

其中：

$$\left.\begin{aligned} a_0 &= \sum_{i=1}^{m}[A_i + B_i(x_i^2 + y_i^2)] \\ a_1 &= -2\sum_{i=1}^{m} B_i x_i \\ a_2 &= -2\sum_{i=1}^{m} B_i y_i \\ F_i &= P_i/(16\pi D) \\ r_i^2 &= (x-x_i)^2 + (y-y_i)^2 \end{aligned}\right\} \tag{4-4-53}$$

式中：x_i、y_i——已知点的坐标；

x、y——待求点的坐标；

A_i、B_i——待定系数；

P_i——点的负载，D 为刚度。

对于每一个公共点都可以列出一个 $\xi(x,y)$ 方程，对于 n 个公共点列出 $n+3$ 个方程，求解出 $n+3$ 个未知系数 a_0、a_1、a_2、a_3、F_1、F_2、F_3、F_4。求解方程组(4-4-52)时，至少应有 3 个公共点。

4. 高程拟合精度评定

为了能客观地评定 GPS 水准计算的精度，在布设几何水准联测点时，适当多联测几个 GPS 点，其点位也应均匀地分布全网，以作外部检核用。

(1)内符合精度

根据参与拟合计算已知点的ξ_i值与拟合值ξ_i',用$V_i=\xi_i'-\xi_i$求拟合残差V_i,按下式计算GPS水准拟合计算的内符合精度μ:

$$\mu = \pm\sqrt{[VV]/(n-1)} \tag{4-4-54}$$

式中:n——V的个数。

(2)外符合精度

根据核检点ξ与拟合值ξ'_i之差,按下式计算GPS水准的外符合精度M:

$$M = \pm\sqrt{[VV]/(n-1)} \tag{4-4-55}$$

式中:n——检核点数。

(3)GPS水准测量精度评定

①根据检核点至已知点的距离L(单位:km),按表4-4-11计算检核点拟合残差的限值,以此来评定GPS水准所能达到的精度。

②用GPS水准求出的GPS点间的正常高程差,在已知点间组成附合或闭合高程导线,按计算的闭合差W与表4-4-11中允许残差比较,来衡量GPS水准达到的精度。

(4)外围点的精度估算

各种拟合模型都不宜外推,但在实际工作中,测区的GPS点不可能全部都包含在已知点连成的几何图形内。对这些外围点,GPS水准计算时只能外推,外推点的残差V按下式来估算:

$$V = a + cD \tag{4-4-56}$$

式中:

$$\left.\begin{aligned} c &= \left(\sum DV - \sum D\sum V/n\right)/\left[\sum D^2 - \left(\sum D\right)^2/n\right] \\ a &= \sum V/n - C\sum D/n \end{aligned}\right\} \tag{4-4-57}$$

D是待求点至最近已知点的距离(单位为km),系数a、c可根据测区部分外围检核点按式(4-4-57)计算出,按式(4-4-56)计算出残差V。

当希望外围点达到某一精度,确定V值,按式(4-4-56)反求出D,可为布设联测几何水准点方案时参考。

(二)GPS重力高程测量

GPS重力高程是用重力资料求定点的高程异常,结合GPS求出的大地高,再求出点的正常高(或正高)的一种方法。由物理大地测量学知道,地面点P的扰动位T与该点引力位V和正常引力位U之间的关系为:

$$T = V - U \tag{4-4-58}$$

而地面点P的高程异常ξ为:

$$\xi = T/r \tag{4-4-59}$$

式中:r——地面点P的正常重力值。

因为r和U可以正确地计算出,所以只要求出P点的V即可求出P点的高程异常ξ。

按球谐函数级数式,V的表达式为:

$$V = GM/\rho\left[1 + \sum_{n=0}^{\infty}\sum_{m=0}^{n}(a-\rho)^n(C_{nm}\cos m_L + S_{nm}\sin m_L)\cdot P_{nm}(\sin B)\right] \tag{4-4-60}$$

式中:ρ、B、L——地面点P的矢径、纬度、经度;

C_{nm}、S_{nm}——位系数；

$P_{nm}(\sin B)$——勒让德函数；

n——阶，m 为次。

通过式(4-4-59)计算 ξ，即可求出联测点的两种高程异常差 $\Delta\xi$

$$\Delta\xi = \xi - \xi_p \tag{4-4-61}$$

根据联测点平面坐标和 $\Delta\xi$，按曲面拟合方法推求其他点的 $\Delta\xi$，从而求出点的正常高

$$H_r = H_g - \xi_p - \Delta\xi \tag{4-4-62}$$

(三)三角高程

GPS 三角高程是在 GPS 点上加测各 GPS 点间的高度角(或天顶距)，利用 GPS 求出的边长，按三角高程测量公式计算 GPS 点间的高差，从而求出 GPS 点的正常高(或正高)的一种方法。

除以上两种方法外，还有求转换参数法和整体平差法。

求转换参数法的原理是：当一测区内，有一定数量点平面坐标和高程已知，按坐标转换原理，求出参考椭球面与似大地水准面(或大地水准面)之间的平移和旋转参数，把这些参数加入 GPS 网的平差，在已知点高程约束下，通过平差，在求出各 GPS 点平面坐标的同时，求出点的正常高(或正高)。有文献报道，在平原地区，这种方法求出的正常高(或正高)精度可达$5\times10^{-6}D$。

对于 GPS 高程测量，结合有关文献讨论，可以得出以下一般布设原则：

1. 测区中联测几何水准点的点数，视测区的大小、测区似大地水准面变化情况而定。一般地区以每 20～30km^2 联测一个几何水准点为宜(或联测 GPS 总点数的 1/5)，平原地区可少一些，山区应多一些。一个局部 GPS 网中最小联测几何水准的点数，不能少于选用计算模型中未知参数的个数。

2. 联测几何水准点的点位，应均匀地布设于测区。测区周围应有几何水准联测点，由这些已知点连成的多边形，应包围整个测区。拟合计算不宜外推，否则会发生振荡。

3. 若测区有明显的几种趋势地形，对地形突变部位的 GPS 点，应联测几何水准。

(四)提高 GPS 水准精度的措施

从理论研究和实践经验可知，提高 GPS 水准精度应注意以下几个方面：

1. 提高大地高(差)测定的精度

大地高(差)测定的精度是影响 GPS 水准精度的主要因素之一。因此，要提高 GPS 水准的精度，必须有效地提高大地高(差)测定的精度，其措施主要有：

(1)提高局部 GPS 网基线解算的起算点坐标精度。

研究表明：当起算点坐标有 10m 误差时，对其他 GPS 点的高程会产生 10mm 的误差。因此，应尽量采用国家 A、B 级 GPS 网点为局部 GPS 网的起算点。

(2)改善 GPS 星历的精度。

有关文献分析表明，用精密星历比用广播星历可提高精度 34%。美国实施 SA 政策后，我们应建立自己的测轨系统。

(3)选用双频 GPS 接收机。

(4)观测时应选择最佳的卫星分布。

(5)减弱多路径误差和对流层延迟误差。

(6)大于10km的GPS网点应实测气象参数。

实践表明:当边长大于10km,两端点气压差为700Pa(7mbar),气温差为2℃,相对湿度差为4%,此时用实测气象参数与取平均气象参数对基线处理的边长仅产生1mm误差,对大地高差产生0.1m误差。

2.提高联测几何水准的精度

据分析,采用四等几何水准联测的误差,约占GPS水准总误差的30%。因此,尽量采用三等几何水准来联测GPS点。对有特殊应用的GPS网,应采用二等精度水准来联测,以利于有效地提高GPS水准的精度。

3.提高转换参数的精度

提高转换参数精度的方法是利用我国已有的VLBI和SLR站的地心坐标转换参数,或利用国家A、B级GPS网点来推算转换参数,但这一项误差在GPS水准中是次要的。

4.提高拟合计算的精度

提高拟合计算的精度办法有:

(1)根据测区似大地水准面变化情况,合理地布设已知点,并选定足够的已知点。

(2)根据不同测区,选用合适的拟合模型。对高差大于100m的测区,一般要加地形改正。

(3)对含有不同趋势地区的大测区,可采取分区计算的办法。

(4)计算时,坐标取到m或10m,但高程异常应取到mm。计算结果应由计算机绘出测区高程等值线图,以便分析测区高程异常变化情况,提高拟合计算精度。

从以上分析和国内外GPS水准实践情况看,在局部GPS网中,采用拟合法进行计算,GPS水准高程的内符合精度一般可达$2\times10^{-6}D$左右。对于测区面积不大的平坦地区,特别是测区内高程异常的变化有规律的地区,公共点分布均匀的情况下,多项式曲面拟合法能够达到比较理想的精度。只要用三等几何水位联测已知点,点位分布合理,点数足够,GPS水准可代替四等几何水准;在山区,只要施加地形改正,也可达到四等几何水准的精度。

(五)公路GPS高程测量的要求

在高程异常变化平缓的地区,公路四等及四等以下水准测量可使用GPS高程测量方法施测,但应严格遵守下列规定:

1.数据采集应采用静态相对定位方法,时间应大于相应等级的平面测量所需的时间。

2.当采用拟合的方法求解高程值时,应在测区周围和测区内联测高一级的水准点。平原地区,联测的水准点不宜少于6个点;丘陵或山地,不宜少于10个点,未知点较多时,联测点宜大于未知点点数的1/5,或联测点间的距离不应大于5km。联测的水准点应均匀分布于网中,外围水准点连成的多边形应包含整个测区。测区明显分几种地形时,应在地形变化部位联测几何水准。

3.根据求得的GPS点间的正常高程差,在已知点间组成附合或闭合高程导线,其闭合差应符合表4-4-11的规定。

4.应选取大于未知点数量10%的未知点进行检核,其与已知点间的高差之差应符合表4-4-11的规定。

第五节　控制网平差计算

一、控制网平差原理

我们知道，由于种种原因，在控制测量结果（通常称为观测值）中总是不可避免地会存在随机误差的影响。因此，在实际工作中，为了提高最终成果的质量和可靠性，便于检查和及时发现测量结果中的错误，通常使实际观测值的个数 n 大于确定控制网中所有待定点位置所必需的观测数 t（确定控制网中所有待定点位置所必需的观测数称为必要观测数，在测量平差中常用 t 表示）。由于 $n>t$，n 个实际观测值中就有 r 个（$r=n-t$）观测值是多余的，r 为多余观测数。由于观测值中存在随机误差，有了多余观测后，必然使观测值之间产生矛盾。如同一量的几个观测值不相等或几个观测值之间不满足它们应有的理论关系等，测量上将观测值之间的这种矛盾称为不符值。不符值的存在不仅使观测结果不唯一，而且使数学公式（比如三角函数公式）不能应用。为此必须对观测值进行特殊处理，使之消除不符值，这种对观测值进行特殊处理的方法在测量上称为平差。

对控制网进行平差的方法很多，其中最常用的、便于计算机编程计算的平差方法是间接平差。间接平差的原理是：在一个控制网，先选定 t 个独立量作为平差参数 X（显然 X 为 $t\times 1$ 的未知向量），再将每一个观测值都表达成所选参数 X 的函数：

$$\Delta + L = BX \tag{4-5-1}$$

式中：Δ——$n\times 1$ 的误差向量；

L——$n\times 1$ 观测值向量；

B——$n\times t$ 的设计矩阵，B 取决于控制网的类型和形状；

X——$t\times 1$ 的参数向量。

式（4-5-1）描述了观测值、误差和参数之间的关系，称为观测方程。由于各个观测值的精度不一定相等，因此各观测值在平差中所占的权重就不一定相等。平差时各观测值所占的权重用权矩阵 P 来描述。

将每一个观测值都表达成所选参数 X 的函数以后，再应用最小二乘原理，用求自由极值的方法解出未知参数的最佳估值，进而求出能消除不符值的观测值的平差值。

（一）间接平差的基础方程及其解

观测方程式（4-5-1）中方程的个数为 n，而未知数为 n 个误差 Δ 和 t 个参数 X，即未知数的个数为 $n+t>n$，所以观测方程式（4-5-1）有无穷组解。为了求得唯一解，用参数 X 的估值 $\hat{X}$ 和误差 Δ 的估值 V 代入式（4-5-1），得：

$$V = B\hat{X} - L \tag{4-5-2}$$

式（4-5-2）称为误差方程。误差方程式（4-5-2）中未知数的个数仍为 $n+t>n$，同样有无穷组解，在这无穷组解中，一定存在一组解，使得 $V^TPV=\min$ 成立，这就是最小二乘原理，即尽管未知数有无穷组解，但使得误差 Δ 的估值 V 的带权平方和最小的未知数的解是唯一的。

将 V^TPV 对 $\hat{X}$ 求偏导数，并令其为零，得：

$$\frac{\partial V^T PV}{\partial \hat{X}} = 2V^T P \frac{\partial V}{\partial \hat{X}} = 0 \tag{4-5-3}$$

顾及式(4-5-2),可得:

$$\frac{\partial V^T PV}{\partial \hat{X}} = V^T PB = 0 \tag{4-5-4}$$

将式(4-5-4)两边转置,得:

$$B^T PV = 0 \tag{4-5-5}$$

将式(4-5-2)与式(4-5-5)联立求解。因为这两式中未知数的个数为 $n+t$,而方程的个数为式(4-5-2)n 个、式(4-5-5)为 t 个,即联立后方程的个数也是 $n+t$ 个,所以式(4-5-2)与式(4-5-5)联立后有唯一解,式(4-5-2)和式(4-5-5)为间接平差的基础方程。

解基础方程式一般是将式(4-5-2)代入式(4-5-5),消去 V 得:

$$B^T PB\hat{X} - B^T PL = 0 \tag{4-5-6}$$

式(4-5-6)称为间接平差的法方程。当控制网中的起算数据不少于必要起算数据(所谓必要起算数据,就是确定控制网的位置、大小和方向所必需的起算数据。一般水准网的必要起算数据为一个水准点的高程,导线网的必要起算数据为一个点的坐标、一条边的边长和一条边的方位角)时,$B^T PB$ 为满秩矩阵,法方程式(4-5-6)有唯一解。解此法方程,得:

$$\hat{X} = (B^T PB)^{-1} B^T PL \tag{4-5-7}$$

式中$(B^T PB)^{-1} = Q_{\hat{X}\hat{X}}$,称为未知参数 $\hat{X}$ 的协因素矩阵,其主对角线元素 $Q_{\hat{X}_i\hat{X}_i}$ 为未知参数 $\hat{X}_i$ 的协因素。

由式(4-5-7)求得参数 X 的估值$\hat{X}$后,代入式(4-5-2)可求得 V。求出 V 后,由下式可求得观测值的平差值。

$$\hat{L} = L + V \tag{4-5-8}$$

由(式 4-5-8)得到的观测值的平差值$\hat{L}$之间不再存在矛盾。

求出 V 后,就可按下式计算单位权中误差,以评定观测值的精度。

$$\hat{\sigma} = \pm\sqrt{\frac{V^T PV}{n-t}} \tag{4-5-9}$$

未知参数估值 $\hat{X}_i$ 的中误差为:

$$\hat{\sigma}_{\hat{X}_i} = \pm\hat{\sigma}\sqrt{Q_{\hat{X}_i\hat{X}_i}} \tag{4-5-10}$$

(二)间接平差的计算步骤

根据上述间接平差原理,可总结间接平差的计算步骤如下:

1. 根据具体控制网,选择 t 个独立量作为参数(一般高程控制网总是选待定点的高程作为参数,平面控制网总是选待定点的坐标作为参数),并确定权矩阵 P;

2. 将每一个观测值的平差值分别表达成所选参数的函数,列出如式(4-5-2)所示的误差方程(当为非线性函数时,需要线性化);

3. 由误差方程的系数矩阵 B 和常数项 L 组成法方程式(4-5-6)(法方程的个数等于参数的个数);

4. 解算法方程,即按式(4-5-7)求参数 X 的估值$\hat{X}$;

5. 将$\hat{X}$代入误差方程式(4-5-2),求出改正数V,并按式(4-5-8)计算观测值的平差值$\hat{L}$。

6. 按式(4-5-9)计算单位权中误差。

7. 按式(4-5-10)计算各未知参数估值的中误差。

二、高程控制测量平差

高程控制测量网一般分为有已知点的高程网和无已知点的高程网两种。对于有已知点的高程网,必要观测数为待定点的个数,即有几个待定点,必要观测数t就等于几,故常常选择待定点的高程作为参数。对于无已知点的高程网,必要观测数为待定点的个数减1,即必要观测数t等于高程网中所有的高程点数减1。无已知点的高程网平差,一般有两种方法:第一种方法就是假定某点的高程,某点的高程假定后,就变为有已知点的高程网。第二种方法就是采用秩亏自由网平差,关于秩亏自由网平差,本书不作介绍,有兴趣的读者可参见《广义测量平差》一书。

(一)高程控制测量平差的误差方程

在高程测量中,观测值L_i是两高程控制点之间的高差,选择j点和k点的高程为参数X_j和X_k,则j点和k点的高差观测值L_i的观测方程为:

$$L_i+v_i=X_k-X_j \tag{4-5-11}$$

与上式相应的误差方程为:

$$v_i=\hat{X}_k-\hat{X}_j-L_i \tag{4-5-12}$$

同理可列出n个观测值的n个误差方程。例如,水准网如图4-5-1所示,其误差方程为:

$$\left.\begin{aligned}
v_1&=\hat{X}_1-H_A-L_1\\
v_2&=\hat{X}_1-H_B-L_2\\
v_3&=-\hat{X}_1+\hat{X}_3-L_3\\
v_4&=H_C-\hat{X}_3-L_4\\
v_5&=\hat{X}_2-\hat{X}_3-L_5\\
v_6&=-\hat{X}_1+\hat{X}_2-L_6\\
v_7&=\hat{X}_2-H_A-L_7
\end{aligned}\right\}$$

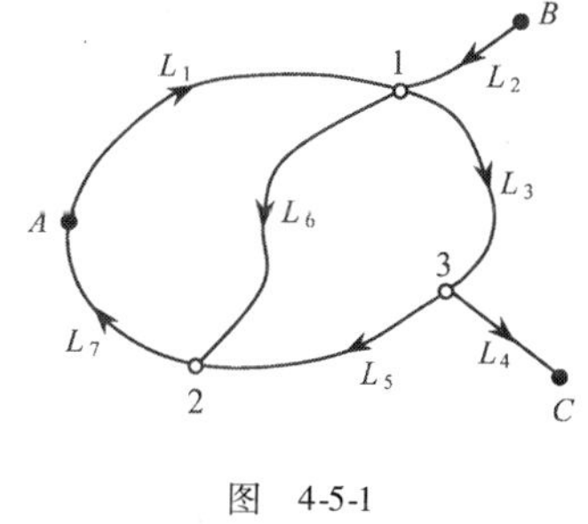

图　4-5-1

式中:H_A、H_B和H_C分别为已知水准点A、B、C的已知高程。

令

$$V=\begin{pmatrix}v_1\\v_2\\v_3\\v_4\\v_5\\v_6\\v_7\end{pmatrix},l=\begin{pmatrix}H_A+L_1\\H_B+L_2\\L_3\\-H_C+L_4\\L_5\\L_6\\H_A+L_7\end{pmatrix},B=\begin{pmatrix}1&0&0\\1&0&0\\-1&0&1\\0&0&-1\\0&1&-1\\-1&1&0\\0&1&0\end{pmatrix},\hat{X}=\begin{pmatrix}\hat{X}_1\\\hat{X}_2\\\hat{X}_3\end{pmatrix}$$

则误差方程式可写为：

$$V = B\hat{X} - l \tag{4-5-13}$$

（二）高程控制测量平差的权矩阵

1. 水准测量权矩阵的确定

平差计算之前，首先必须确定权矩阵 P。在高程控制测量中，由于观测值之间相互独立，所以观测值的权矩阵 P 为对角阵，即：

$$P = \begin{pmatrix} p_1 & 0 & \cdots & \cdots & 0 \\ 0 & p_2 & 0 & \cdots & 0 \\ \cdots & \cdots & \cdots & \cdots & \cdots \\ \cdots & \cdots & \cdots & \cdots & \cdots \\ 0 & 0 & \cdots & 0 & p_n \end{pmatrix}$$

式中主对角线元素 $p_i > 0$，为观测值 L_i 的权。在水准测量中，观测值 L_i 的权 p_i 通常按下式确定：

$$p_i = \frac{C}{S_i} \tag{4-5-14}$$

式中：S_i——水准路线 L_i 的距离（km）；

C——任意常数。

例如，图 4-5-1 中，若路线 1、路线 2 和路线 7 长 1km，路线 3、路线 4、路线 5 和路线 6 长 2km，取 $C = 2$，则可得观测值的权矩阵为：

$$P = \begin{pmatrix} 2 & 0 & 0 & 0 & 0 & 0 & 0 \\ 0 & 2 & 0 & 0 & 0 & 0 & 0 \\ 0 & 0 & 1 & 0 & 0 & 0 & 0 \\ 0 & 0 & 0 & 1 & 0 & 0 & 0 \\ 0 & 0 & 0 & 0 & 1 & 0 & 0 \\ 0 & 0 & 0 & 0 & 0 & 1 & 0 \\ 0 & 0 & 0 & 0 & 0 & 0 & 2 \end{pmatrix}$$

2. 三角高程网权矩阵的确定

三角高程网高差的权按下列公式计算：

单向观测：

$$P_i = \frac{C}{2S_i^2} \tag{4-5-15}$$

双向观测：

$$P_i = \frac{C}{S_i^2} \tag{4-5-16}$$

式中：S_i——测距边的边长（km）；

C——常量。

三角高程网高差观测值之间同样是相互独立的，所以观测值的权矩阵 P 亦为对角阵。例如，图 4-5-1 中，若路线 1、路线 2 和路线 7 长仍为 1km，路线 3、路线 4、路线 5 和路线 6 长为

2km，取 $C=8$，则观测值的权矩阵为：

$$P=\begin{pmatrix}4&0&0&0&0&0&0\\0&4&0&0&0&0&0\\0&0&1&0&0&0&0\\0&0&0&1&0&0&0\\0&0&0&0&1&0&0\\0&0&0&0&0&1&0\\0&0&0&0&0&0&4\end{pmatrix}$$

如路线1、路线2和路线7为水准测量，路线3、路线4、路线5和路线6为单向三角高程测量，取 $C=8$，则观测值的权矩阵为：

$$P=\begin{pmatrix}8&0&0&0&0&0&0\\0&8&0&0&0&0&0\\0&0&1&0&0&0&0\\0&0&0&1&0&0&0\\0&0&0&0&1&0&0\\0&0&0&0&0&1&0\\0&0&0&0&0&0&8\end{pmatrix}$$

（三）高程控制测量网平差举例

在图4-5-1所示的水准网中，各路线的高差观测值见表4-5-1。

水准网中各路线高差观测值 表4-5-1

路线号	1	2	3	4	5	6	7
L_i(m)	0.050	1.100	2.398	0.200	1.000	3.404	3.452

已知水准点 A、B、C 的已知高程分别为：$H_A=5.000\text{m}$、$H_B=3.953\text{m}$ 和 $H_C=7.650\text{m}$。将观测值和已知点高程代入误差方程公式，得误差方程：

$$V=\begin{pmatrix}1&0&0\\1&0&0\\-1&0&1\\0&0&-1\\0&1&-1\\-1&1&0\\0&1&0\end{pmatrix}\begin{pmatrix}\hat{X}_1\\\hat{X}_2\\\hat{X}_3\end{pmatrix}-\begin{pmatrix}5.050\\5.053\\2.398\\-7.450\\1.000\\3.404\\8.452\end{pmatrix}$$

组成法方程，得：

$$\begin{pmatrix}6&-1&-1\\-1&4&-1\\-1&-1&3\end{pmatrix}\begin{pmatrix}\hat{X}_1\\\hat{X}_2\\\hat{X}_3\end{pmatrix}-\begin{pmatrix}14.404\\21.308\\8.848\end{pmatrix}=0$$

解此法方程,得:

$$\hat{X}=(5.0512\quad 8.4526\quad 7.4506)^T(\mathrm{m})$$

将$\hat{X}$代入误差方程,可得:

$$V=(1.2\quad -1.8\quad 1.4\quad -0.5\quad 1.9\quad -2.7\quad 0.4)^T(\mathrm{mm})$$

单位权中误差为:

$$\hat{\sigma}=\pm\sqrt{\frac{V^TPV}{n-t}}=\pm\sqrt{\frac{23.0529}{7-3}}=\pm 2.4(\mathrm{mm})$$

$\hat{X}$的协因素阵为:

$$Q_{\hat{X}\hat{X}}=\begin{pmatrix}6 & -1 & -1\\ -1 & 4 & -1\\ -1 & -1 & 3\end{pmatrix}^{-1}=\begin{pmatrix}0.19\,298 & 0.07\,018 & 0.08\,772\\ 0.07\,018 & 0.29\,825 & 0.12\,281\\ 0.08\,772 & 0.12\,281 & 0.40\,351\end{pmatrix}$$

计算各未知参数估值的中误差为:

$$\hat{\sigma}_{\hat{X}_1}=\pm 2.4\sqrt{0.19\,298}=\pm 1.05\mathrm{mm}$$
$$\hat{\sigma}_{\hat{X}_2}=\pm 2.4\sqrt{0.29\,825}=\pm 1.31\mathrm{mm}$$
$$\hat{\sigma}_{\hat{X}_3}=\pm 2.4\sqrt{0.40\,351}=\pm 1.52\mathrm{mm}$$

三、平面控制测量平差

(一)平面控制测量平差的误差方程

这里所说的平面控制测量是指通过常规方法测量角度和边长而建立的控制网,它包括三角网、三边网、边角网、导线网及由这几种方式组合的混合网。以上各种控制网均是由边长和角度(严格来讲,独立观测值是边长和方向)两种观测量组成的,三角网测量边的数量为0,三边网测量角度数量为0,边角网、导线网和混合网则由这两种观测量共同组成。

1. 边长观测值的误差方程

如图4-5-2所示,选择边长两端点j点、k点的坐标$(\hat{X}_j,\hat{Y}_j)$和$(\hat{X}_k,\hat{Y}_k)$为未知参数,则边长观测值L_i的误差方程为:

$$v_i=\sqrt{(\hat{X}_k-\hat{X}_j)^2+(\hat{Y}_k-\hat{Y}_j)^2}-L_i \tag{4-5-17}$$

2. 角度观测值的误差方程

由图4-5-3知,角度观测值L_i的平差值$\hat{L}_i(\hat{L}_i=L_i+v_i)$等于$jk$边方位角的平差值$\hat{\alpha}_{jk}$与$jh$边方位角的平差值$\hat{\alpha}_{jh}$之差,即:

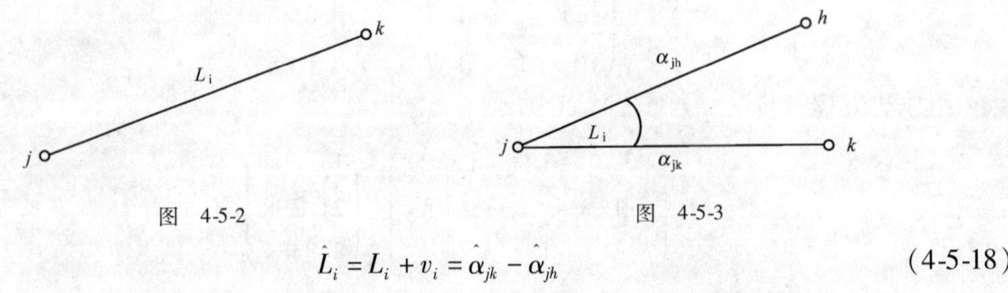

图 4-5-2　　图 4-5-3

$$\hat{L}_i=L_i+v_i=\hat{\alpha}_{jk}-\hat{\alpha}_{jh} \tag{4-5-18}$$

$\hat{\alpha}_{jk}$、$\hat{\alpha}_{jh}$与未知参数$(\hat{X}_j,\hat{Y}_j)$、$(\hat{X}_k,\hat{Y}_k)$和$(\hat{X}_h,\hat{Y}_h)$的关系为：

$$\hat{\alpha}_{jk}=\arctan\frac{\hat{Y}_k-\hat{Y}_j}{\hat{X}_k-\hat{X}_j},\hat{\alpha}_{jh}=\arctan\frac{\hat{Y}_h-\hat{Y}_j}{\hat{X}_h-\hat{X}_j} \tag{4-5-19}$$

将式(4-5-19)代入式(4-5-18)，得角度观测值 L_i 的误差方程为：

$$v_i=\arctan\frac{\hat{Y}_k-\hat{Y}_j}{\hat{X}_k-\hat{X}_j}-\arctan\frac{\hat{Y}_h-\hat{Y}_j}{\hat{X}_h-\hat{X}_j}-L_i \tag{4-5-20}$$

（二）非线性误差方程的线性化

边长的误差方程和角度的误差方程都是非线性方程，间接平差处理的误差方程是线性方程。所以，为了对平面控制网进行间接平差，必须对边长的误差方程式(4-5-17)和角度的误差方程式(4-5-18)线性化。误差方程的线性化，就是在未知参数的近似值附近将误差方程用台劳级数展开，仅取一次项。为此，将未知参数$(\hat{X}_j,\hat{Y}_j)$、$(\hat{X}_k,\hat{Y}_k)$和$(\hat{X}_h,\hat{Y}_h)$写成其近似值加改正数的形式：

$$\left.\begin{aligned}\hat{X}_j=X_j^0+x_j,\hat{X}_k=X_k^0+x_k,\hat{X}_h=X_h^0+x_h\\ \hat{Y}_j=Y_j^0+y_j,\hat{Y}_k=Y_k^0+y_k,\hat{Y}_h=Y_h^0+y_h\end{aligned}\right\} \tag{4-5-21}$$

式中：$X_j^0,Y_j^0,X_k^0,Y_k^0,X_h^0,Y_h^0$ 为未知参数$(\hat{X}_j,\hat{Y}_j)$、$(\hat{X}_k$、$\hat{Y}_k)$和$(\hat{X}_h,\hat{Y}_h)$的近似值，可通过部分观测值直接计算得到；x_j,y_j,x_k,y_k,x_h,y_h 为未知参数$(\hat{X}_j,\hat{Y}_j)$、$(\hat{X}_k,\hat{Y}_k)$和$(\hat{X}_h,\hat{Y}_h)$的改正数，必须通过平差得到。

将式(4-5-21)代入式(4-5-17)，并展为台劳级数，取至一次项，得边长观测值误差方程的线性形式为：

$$v_i=\quad\frac{\Delta X_{jk}^0}{S_{jk}^0}x_j\quad\frac{\Delta Y_{jk}^0}{S_{jk}^0}y_i+\frac{\Delta Y_{jk}^0}{S_{jk}^0}x_k+\frac{\Delta Y_{jk}^0}{S_{jk}^0}y_k-l_i \tag{4-5-22}$$

式中：$\Delta X_{jk}^0,\Delta Y_{jk}^0$——是用 j 点和 k 点的近似坐标算得的两点的坐标差；

S_{jk}^0——是用 j 点和 k 点的近似坐标算得的两点之间的近似距离；

$l_i=L_i-S_{jk}^0$——误差方程的常数项。

同理可得角度误差方程的线性形式为：

$$\begin{aligned}v_i=&\rho''\left[\frac{\Delta Y_{jk}^0}{(S_{jk}^0)^2}-\frac{\Delta Y_{jh}^0}{(S_{jh}^0)^2}\right]x_j-\rho''\left[\frac{\Delta X_{jk}^0}{(S_{jk}^0)^2}-\frac{\Delta X_{jh}^0}{(S_{jh}^0)^2}\right]y_j-\rho''\frac{\Delta Y_{jk}^0}{(S_{jk}^0)^2}x_k\\&+\rho''\frac{X_{jk}^0}{(S_{jk}^0)^2}y_k+\rho''\frac{\Delta Y_{jh}^0}{(S_{jh}^0)^2}x_h-\rho''\frac{\Delta X_{jh}^0}{(S_{jh}^0)^2}y_h-l_i\end{aligned} \tag{4-5-23}$$

式中：$l_i=L_i-(\alpha_{jk}^0-\alpha_{jh}^0)$——误差方程的常数项，以秒为单位。

（三）平面控制测量平差的权矩阵

在四等以下的平面控制测量平差中，角度观测值之间可近似地按独立观测值处理，而边长观测值之间，以及边长观测值和角度观测值之间都是独立的，所以平面控制测量平差的权矩阵是一对角阵。设平面控制网中共有 n_1 个角度观测值和 n_2 个边长观测值,并设第 i 个角度观测值的权为 P_{α_i},第 i 条边长观测值的权为 p_{s_i},则平面控制测量平差的权矩阵为:

$$P=\begin{pmatrix} p_{\alpha_1} & 0 & 0 & \cdots & \cdots & \cdots & \cdots & 0 \\ 0 & p_{\alpha_2} & 0 & \cdots & \cdots & \cdots & \cdots & 0 \\ \cdots & \cdots & \cdots & \cdots & \cdots & \cdots & \cdots & \cdots \\ 0 & \cdots & 0 & p_{\alpha_{n1}} & 0 & \cdots & \cdots & 0 \\ 0 & \cdots & \cdots & 0 & p_{s_1} & 0 & \cdots & 0 \\ 0 & \cdots & \cdots & \cdots & 0 & p_{s_2} & 0 & 0 \\ \cdots & \cdots & \cdots & \cdots & \cdots & \cdots & \cdots & \cdots \\ 0 & \cdots & \cdots & \cdots & \cdots & \cdots & 0 & p_{s_{n2}} \end{pmatrix} \tag{4-5-24}$$

式中:$p_{\alpha i}=\dfrac{\sigma_\alpha^2}{\sigma_\alpha^2}=1$,$p_{s_i}=\dfrac{\sigma_\alpha^2}{\sigma_{s_i}^2}$;

σ_α——测角中误差的先验值,根据导线网的等级可在规范中查得;

σ_{s_i}——第 i 条边长的中误差先验值,可根据测距仪的标称精度算得。

(四)平面控制测量平差

1. 选取未知点的坐标 x、y 为平差参数,参数的个数等于未知点数量的 2 倍;
2. 根据式(4-5-22)列出观测边长的误差方程式,其个数等于观测边长的数量;
3. 根据式(4-5-23)列出观测角度的误差方程式,其个数等于观测角度的数量;
4. 根据式(4-5-24)求取观测值权矩阵;
5. 由误差方程的系数矩阵 B 和常数项 L 根据式(4-5-6)组成法方程,其个数等于参数的个数;
6. 解算法方程,即按式(4-5-7)求参数 X 的估值 $\hat{X}$;
7. 将 $\hat{X}$ 代入误差方程式(4-5-2),求出改正数 V,并按式(4-5-8)计算观测值的平差值 $\hat{L}$;
8. 按式(4-5-9)、式(4-5-10)进行精度评定。

平面控制网的平差和精度评定一般采用专用测量平差程序进行。

四、GPS 基线向量网平差

由解算出的 GPS 基线向量所构成的网,称为 GPS 基线向量网。GPS 基线向量网的平差,根据平差所采用的坐标系,可分为三维平差和二维平差;根据平差时所采用的观测值和起算数据的数量和类型,可分为无约束平差、约束平差和联合平差。

三维平差就是在三维空间坐标系中进行平差,观测值为三维空间中的观测值,解算出的结果为点的三维空间坐标系中的坐标。GPS 网的三维平差,一般在三维空间直角坐标系或三维空间大地坐标系下进行。二维平差就是在二维平面坐标系下进行平差,观测值为二维观测值,解算出的结果为点的二维平面坐标。

无约束平差指的是在平差时不引入由非观测量所构成的起算数据。常见的GPS网的无约束平差,一般是在平差时没有起算数据或没有多余的起算数据。约束平差就是在平差时引入了多余的起算数据,使平差结果强制约束到多余的起算数据上。约束平差会造成GPS网的变形。

(一)三维无约束平差

1. 三维无约束平差的作用

三维无约束平差主要有以下三个作用:

评定GPS网的内部符合精度,发现和剔除GPS观测值中可能存在的粗差。由于三维无约束平差的结果完全取决于GPS网的布设方法和GPS观测值的质量,因此,三维无约束平差的结果就完全反映了GPS网本身的质量好坏,如果平差结果质量不好,则说明GPS网的布设或GPS观测值的质量有问题;反之,则说明GPS网的布设或GPS观测值的质量没有问题。

在进行GPS网的三维无约束平差时,如果指定网中某点准确的WGS-84坐标作为起算点,则最后可得到GPS网中各个点经过了平差处理的在WGS-84系下的坐标,或者可以得到GPS网中各个点在WGS-84系下经过了平差处理的三维空间直角坐标。

用GPS水准代替常规水准测量获取各点的正高或正常高是目前GPS应用中一个较新的领域。现在一般采用的是利用公共点进行高程拟合的方法,提供经过了平差处理的大地高数据。在进行高程拟合之前,必须获得经过平差的大地高数据,三维无约束平差可以提供这些数据。

2. 三维无约束平差的原理

三维无约束平差中所采用的观测值为基线向量,即GPS基线的起点到终点的坐标差。因此,对于每一条基线向量,都可以列出如下的一组误差方程:

$$\begin{bmatrix} v_{\Delta X} \\ v_{\Delta Y} \\ v_{\Delta Z} \end{bmatrix} = \begin{bmatrix} -1 & 0 & 0 \\ 0 & -1 & 0 \\ 0 & 0 & -1 \end{bmatrix} \begin{bmatrix} x_i \\ y_i \\ z_i \end{bmatrix} + \begin{bmatrix} 1 & 0 & 0 \\ 0 & 1 & 0 \\ 0 & 0 & 1 \end{bmatrix} \begin{bmatrix} x_j \\ y_j \\ z_j \end{bmatrix} - \begin{bmatrix} \Delta X_{ij} - X_i^0 + X_j^0 \\ \Delta Y_{ij} - Y_i^0 + Y_j^0 \\ \Delta Z_{ij} - Z_i^0 + Z_j^0 \end{bmatrix} \tag{4-5-25}$$

与此相对应的方差-协方差阵、协因数阵和权阵分别为:

$$D_{ij} = \begin{bmatrix} \sigma_{\Delta X}^2 & \sigma_{\Delta X \Delta Y} & \sigma_{\Delta X \Delta Z} \\ \sigma_{\Delta Y \Delta X} & \sigma_{\Delta Y}^2 & \sigma_{\Delta Y \Delta Z} \\ \sigma_{\Delta Z \Delta X} & \sigma_{\Delta Z \Delta Y} & \sigma_{\Delta Z}^2 \end{bmatrix}, Q_{ij} = \frac{1}{\sigma_0^2} D_{ij}, P_{ij} = Q_{ij}^{-1} \tag{4-5-26}$$

σ_0——先验的单位权中误差。

三维无约束平差的必要起算数据为一点的三维坐标,即GPS网中某点的WGS-84坐标系下的坐标。

每条基线都可以列出式(4-5-22)所示的误差方程。列出全部误差方程后,采用间接平差可得出各待定点的三维无约束平差结果。

3. 三维无约束平差举例

GPS网如图4-5-4所示,五条基线的15个观测值见表4-5-2,设JL01点的三维坐标已知,即 $X_1 = -1\ 974\ 638.7340\text{m}$, $Y_1 = 4\ 590\ 014.8190\text{m}$, $Z_1 = 3\ 953\ 144.9235\text{m}$。JL02、JL03、JL04点的近似坐标见表4-5-3。

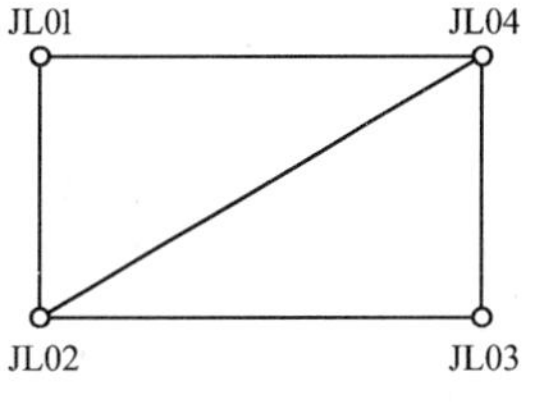

JL01 JL04
JL02 JL03

图 4-5-4

表 4-5-2

起点	终点	基线观测值(m)			基线的协方差矩阵 D_{ij}
		ΔX_{ij}	ΔY_{ij}	ΔZ_{ij}	
JL02	JL01	-1218.561	-1039.227	1737.720	$\begin{pmatrix} 2.320\,999\times10^{-7} & \text{对} & \text{称} \\ -5.097\,008\times10^{-7} & 1.339\,931\times10^{-6} & \\ -4.371\,401\times10^{-7} & 1.109\,356\times10^{-6} & 1.008\,592\times10^{-6} \end{pmatrix}$
JL04	JL01	270.457	-503.208	1879.923	$\begin{pmatrix} 1.044\,894\times10^{-6} & \text{对} & \text{称} \\ -2.396\,533\times10^{-6} & 6.341\,291\times10^{-6} & \\ -2.319\,683\times10^{-6} & 5.902\,876\times10^{-6} & 6.035\,577\times10^{-6} \end{pmatrix}$
JL04	JL02	1489.013	536.030	142.218	$\begin{pmatrix} 5.850\,064\times10^{-7} & \text{对} & \text{称} \\ -1.329\,620\times10^{-6} & 3.362\,548\times10^{-6} & \\ -1.252\,374\times10^{-6} & 3.069\,820\times10^{-6} & 3.019\,233\times10^{-6} \end{pmatrix}$
JL03	JL02	1405.531	-178.157	1171.380	$\begin{pmatrix} 1.205\,319\times10^{-6} & \text{对} & \text{称} \\ -2.636\,702\times10^{-6} & 6.858\,585\times10^{-6} & \\ -2.174\,106\times10^{-6} & 5.480\,745\times10^{-6} & 4.820\,125\times10^{-6} \end{pmatrix}$
JL04	JL03	83.497	714.153	-1029.199	$\begin{pmatrix} 9.662\,657\times10^{-6} & \text{对} & \text{称} \\ -2.175\,476\times10^{-5} & 5.194\,777\times10^{-5} & \\ -1.971\,468\times10^{-5} & 4.633\,565\times10^{-5} & 4.324\,110\times10^{-5} \end{pmatrix}$

表 4-5-3

点名	X^0(m)	Y^0(m)	Z^0(m)
JL02	-1 973 420.1740	4 591 054.0467	3 951 407.2050
JL03	-1 974 825.7010	4 591 232.1940	3 950 235.8130
JL04	-1 974 909.1980	4 590 518.0410	3 951 265.0120

根据式(4-5-22)可列出误差方程：

$$V = B\hat{x} - l = \begin{pmatrix} -1 & 0 & 0 & 0 & 0 & 0 & 0 & 0 & 0 \\ 0 & -1 & 0 & 0 & 0 & 0 & 0 & 0 & 0 \\ 0 & 0 & -1 & 0 & 0 & 0 & 0 & 0 & 0 \\ 0 & 0 & 0 & 0 & 0 & 0 & -1 & 0 & 0 \\ 0 & 0 & 0 & 0 & 0 & 0 & 0 & -1 & 0 \\ 0 & 0 & 0 & 0 & 0 & 0 & 0 & 0 & -1 \\ 1 & 0 & 0 & 0 & 0 & 0 & -1 & 0 & 0 \\ 0 & 1 & 0 & 0 & 0 & 0 & 0 & -1 & 0 \\ 0 & 0 & 1 & 0 & 0 & 0 & 0 & 0 & -1 \\ 1 & 0 & 0 & -1 & 0 & 0 & 0 & 0 & 0 \\ 0 & 1 & 0 & 0 & -1 & 0 & 0 & 0 & 0 \\ 0 & 0 & 1 & 0 & 0 & -1 & 0 & 0 & 0 \\ 0 & 0 & 0 & 1 & 0 & 0 & -1 & 0 & 0 \\ 0 & 0 & 0 & 0 & 1 & 0 & 0 & -1 & 0 \\ 0 & 0 & 0 & 0 & 0 & 1 & 0 & 0 & -1 \end{pmatrix} \begin{pmatrix} \hat{x}_1 \\ \hat{y}_1 \\ \hat{z}_1 \\ \hat{x}_2 \\ \hat{y}_2 \\ \hat{z}_2 \\ \hat{x}_3 \\ \hat{y}_3 \\ \hat{z}_3 \end{pmatrix} - \begin{pmatrix} -0.0010 \\ 0.0007 \\ 0.0015 \\ -0.007 \\ 0.0140 \\ 0.0115 \\ -0.0110 \\ 0.0243 \\ 0.0250 \\ 0.0040 \\ -0.0097 \\ -0.0120 \\ 0 \\ 0 \\ 0 \end{pmatrix}$$

取先验单位权中误差 $\sigma_0 = \pm 0.002\ 98\text{m}$，则根据式(4-5-24)可得基线观测值的权矩阵为：

$$P=\begin{pmatrix}
249.5 & 60.2 & 41.9 & 0 & 0 & 0 & 0 & 0 & 0 & 0 & 0 & 0 & 0 & 0 & 0\\
60.2 & 88.9 & -71.6 & 0 & 0 & 0 & 0 & 0 & 0 & 0 & 0 & 0 & 0 & 0 & 0\\
41.9 & -71.6 & 105.8 & 0 & 0 & 0 & 0 & 0 & 0 & 0 & 0 & 0 & 0 & 0 & 0\\
0 & 0 & 0 & 71.4 & 16.1 & 11.7 & 0 & 0 & 0 & 0 & 0 & 0 & 0 & 0 & 0\\
0 & 0 & 0 & 16.1 & 19.3 & -12.7 & 0 & 0 & 0 & 0 & 0 & 0 & 0 & 0 & 0\\
0 & 0 & 0 & 11.7 & -12.7 & 18.4 & 0 & 0 & 0 & 0 & 0 & 0 & 0 & 0 & 0\\
0 & 0 & 0 & 0 & 0 & 0 & 169.8 & 39.6 & 30.2 & 0 & 0 & 0 & 0 & 0 & 0\\
0 & 0 & 0 & 0 & 0 & 0 & 39.6 & 46.1 & -30.5 & 0 & 0 & 0 & 0 & 0 & 0\\
0 & 0 & 0 & 0 & 0 & 0 & 30.2 & -30.5 & 46.4 & 0 & 0 & 0 & 0 & 0 & 0\\
0 & 0 & 0 & 0 & 0 & 0 & 0 & 0 & 0 & 49.1 & 12.9 & 7.5 & 0 & 0 & 0\\
0 & 0 & 0 & 0 & 0 & 0 & 0 & 0 & 0 & 12.9 & 17.6 & -14.2 & 0 & 0 & 0\\
0 & 0 & 0 & 0 & 0 & 0 & 0 & 0 & 0 & 7.5 & -14.2 & 21.4 & 0 & 0 & 0\\
0 & 0 & 0 & 0 & 0 & 0 & 0 & 0 & 0 & 0 & 0 & 0 & 17.7 & 4.9 & 2.9\\
0 & 0 & 0 & 0 & 0 & 0 & 0 & 0 & 0 & 0 & 0 & 0 & 4.9 & 5.2 & -3.4\\
0 & 0 & 0 & 0 & 0 & 0 & 0 & 0 & 0 & 0 & 0 & 0 & 2.9 & -3.4 & 5.1
\end{pmatrix}$$

有了误差方程和权矩阵，即可以组成法方程 $B^TPB\hat{x} - B^TPl = 0$。解此法方程，可得各待定点三维坐标的改正数$\hat{x}$和协因素矩阵 $Q = (B^TPB)^{-1}$。

（二）约束平差

约束平差分为三维约束平差和二维约束平差，GPS 基线向量网的三维约束平差可以在国家（或地方）大地坐标系中进行，约束条件是地面网点的固定坐标、固定大地方位角和固定空间弦长，平差结束后同时完成了坐标系统的转换。

$$\Delta X_{ijD} = (1+k)R(\varepsilon_x, \varepsilon_y, \varepsilon_z)\Delta X_{ijG} \tag{4-5-27}$$

式中：ΔX_{ijD}——基线向量观测值；

ΔX_{ijG}——转换到国家（或地方）大地坐标系中的基线向量；

k 和 $\varepsilon_x, \varepsilon_y, \varepsilon_z$——转换参数：尺度差和三个欧拉角。

实际应用中，以国家（或地方）坐标系的一个已知点和一个已知基线的方向作为起算数据，平差时将 GPS 基线向量观测值及其方差阵转换到国家（或地方）坐标系的二维平面（或球面）上，然后在国家（或地方）坐标系中进行二维约束平差。转换后的 GPS 基线向量网与地面网在一个起算点上位置重合，在一条空间基线方向上重合。这种转换方法避免了三维基线网转换成二维基线向量时，地面网大地高不准确引起尺度误差和变形，保证 GPS 网转换后整体及相对几何关系的不变性。转换后，二维基线向量网与地面网之间只存在尺度差和残余的定向差，因而进行二维约束平差时，只要考虑两网之间的尺度差参数和残余定向差参数。

另外，当地面网除了已知数据（已知点坐标，已知边长和已知方位角）以外，还有常规观测值（如方向、边长等），可将 GPS 基线向量观测值与地面网的已知数据、常规观测值一起进行平差，这种平差称为 GPS 基线向量网与地面网的联合平差。

无论 GPS 基线向量是三维约束平差和二维约束平差，其平差过程均是首先选择平差参数，列立误差方程式，在其基础上组成法方程式求取参数的改正数，最后求得观测值改正数。由于公式和计算比较烦琐，一般采用专门的平差软件进行，这里就不再赘述。

第五章　地形图测绘

第一节　地形图测绘基本内容和任务

一、地形图测绘基本内容

在已布设的路线基础控制网的基础上加密图根点，以基础控制点和图根点为主要测站点，进行路线带状地形图的测绘。

二、地形图测绘基本任务

地形图测绘的基本任务是根据《公路工程基本建设项目设计文件编制办法》和《公路勘测规范》以及设计规范、任务合同和勘测大纲，测绘符合文件、规范、合同和勘测大纲要求的、满足相应勘测设计阶段需要的各种比例尺带状地形图。

第二节　地形图测绘一般规定

一、测图比例尺的选择

测图比例尺是根据公路不同设计阶段对地形图地理精度（地形内容要求）和数学精度的要求而选择确定。地形图的地理精度、数学精度与地形图的比例尺密切相关，比例尺越大，地形图上能描绘表示的内容就越多，综合取舍就越少，地理信息就越丰富，如1∶500测图，实地地形、地物都应测绘，综合取舍的内容较少。反之，测图比例尺越小，综合取舍就越多，不过重要地物、地貌不能随意综合取舍。同时比例尺越大，测绘的地形、地物相对于邻近控制点的点位中误差和地物间相对间距中误差就越小。如《公路勘测规范》（JTG C10）和《公路勘测细则》（JTG/T C10）规定：1∶2000比例尺测图主要地物点位置中误差在图上不超过±0.6mm，实地误差是±1.2m，1∶5000比例尺测图实地误差则是±3.0m。可见，比例尺不同，测图精度就不同，实际作业中应根据公路勘测的不同阶段选择合适的测图比例尺。测图比例尺的选择可参照表5-2-1。

测图比例尺的选用　　表5-2-1

设计阶段或工程性质	比例尺	设计阶段或工程性质	比例尺
工程可行性研究	1∶10 000	施工图设计	1∶1000、1∶2000、1∶5000
初步设计、技术设计	1∶2000、1∶5000	重要工点	1∶500

二、地形图基本等高距的选择

地形图基本等高距的选择，取决于地面倾角、地貌特征的显示程度和公路设计文件对地形图的高程精度要求。一般情况下精度要求高、地貌显示细致，就需要选择较小的等高距。等高距确定时，随着地面倾角增大，等高线在地形图上的间隔相应减小，影响图面清晰，用图、读图及标图相对较为困难。除个别面积小的地块外，等高线间隔最密时应不小于 0.5 ~ 1.0mm，重丘区等高线间隔一般可在 1.0 ~ 3.0mm，微丘区等高线间隔一般可在 5.0 ~ 10mm，以显示地貌的特征。所以，等高距选择的基本原则是既能较好地显示测量区域的地貌形态特征，又能保持图面清晰、标图方便。基本等高距的规定见表 5-2-2。当地形比较平坦，采用表中所列等高距表示地形太稀疏，不能很好地表达地形变化时，可加入间曲线。

地形类别标准及基本等高距　　表 5-2-2

地形类别	不同比例尺的基本等高距(m)			
	1:500	1:1000	1:2000	1:5000
平原	0.5	0.5	1.0	1.0
微丘	0.5	1.0	1.0	2.0
重丘	1.0	1.0	2.0	5.0
山岭	1.0	2.0	2.0	5.0

三、地形图精度和高程注记点要求

(一)地物点的平面位置精度

《公路勘测规范》(JTG C10)和《公路勘测细则》(JTG/T C10)规定，地形图图上地物点相对于邻近图根点的平面位置中误差应符合表 5-2-3 的要求。

图上地物点的点位中误差　　表 5-2-3

主要地物(mm)	一般地物(mm)	水下地物(mm)		
		1:500	1:1000	1:2000
±0.6	±0.8	±2.0	±1.2	±1.0

主要地物一般是指轮廓突出清楚，具有明显的方位目标，如房屋、铁路、公路、主要桥梁、城墙、河流、主要街道、村镇之间主要通道、高压输电线架塔等。一般地物是指轮廓不十分突出清楚，如小路、小溪、次要街巷、田埂、人行小桥、竹木栏栅、破房屋、牲圈等。

(二)地形图的高程精度

地形图等高线插值的高程精度应符合表 5-2-4 的要求，高程注记点高程中误差的允许值可按表中 0.7 倍执行。

等高线插值的高程中误差　　表 5-2-4

地形类别	平原	微丘	重丘	山岭	水下
高程中误差	$\leq \pm(1/3)H_d$	$\leq \pm(1/2)H_d$	$\leq \pm(2/3)H_d$	$\leq \pm 1H_d$	$\leq \pm 1.2H_d$

注：H_d 为基本等高距。

(三)高程注记点的分布

地形图上高程注记点力求分布均匀，其间距宜小于表 5-2-5 的规定。

图上高程注记点的间距　　表 5-2-5

比例尺	1:500	1:1000	1:2000	1:5000
高程注记点间距(m)	≤15	≤30	≤50	≤100

注:平坦及地形简单地区可放宽至1.5倍,地形变化较大的地区应适当加密。

山顶、鞍部、山脊、山脚、谷底、谷口、沟底、沟口、凹地、台地、河川湖池岸旁、水涯线上以及地物、地貌方向、坡度变换处和铁轨外轨面,均应测注高程注记点。

基本等高距为0.5m时,高程注记点应注至0.01m;基本等高距大于0.5m时,可注至0.1m。

四、地形图分幅、编号、注记和检查

地形图分幅一般有正方形分幅、矩形分幅和国际分幅三种方法。

(一)国家地形图的分幅及编号

1.1:100万比例尺地形图分幅及编号

1:100万比例尺地形图的分幅编号采用国际统一规定。作法是将整个地球表面用子午线分成60个6°的纵列,由经度180°起,自西向东用阿拉伯数字1-60编列号数。同时,由赤道起分别向南向北直至纬度88°止,以每隔4°的纬度圈分成许多横行,这些横行用大写的拉丁字母A、B、C……V标明。一张1:100万比例尺地形图,是由纬差4°的纬圈和经差6°的子午线所形成的梯形,这个梯形图图号是由横行的字母与纵列的号数组成,如北京所在的1:100万比例尺地形图的图幅编号为J—50。

2.1:10万比例尺地形图分幅及编号

1:10万分幅是将一幅1:100万比例尺地形图分为144幅(即划分为12行,12列)1:10万比例尺地形图,图幅的经差为30′,纬差为20′。其编号为1:100万比例尺地形图编号加1:10万比例尺代号D再加该图幅所处在1:100万图幅内的行、列号,如J50D001002。

3.1:5万比例尺地形图分幅及编号

1:5万分幅是将一幅1:100万比例尺地形图分为576幅(即划分为24行,24列)1:5万比例尺地形图,图幅的经差为15′,纬差为10′。其编号为1:100万比例尺地形图幅编号加1:5万比例尺代号E,再加该图幅所处在1:100万内的行、列号,如J50E001002。

4.1:1万比例尺地形图分幅及编号

1:1万分幅是将1:10万比例尺地形图划分为64幅(即8行,8列)1:1万比例尺地形图,以(1)(2)……(64)表示。每幅1:1万比例尺地形图的经差为3′45″,纬差为2′30″,其编号为:1:100万比例尺地形图编号—1:10万比例尺地形图在1:100万比例尺地形图中序号—1:1万比例尺地形图在1:10万地形图中序号,如某幅图编号为J—50—5—(24)。

5.1:2000、1:1000、1:500比例尺地形图分幅及编号

1:2000、1:1000、1:500地形图通常采用矩形分幅。图幅纵横尺寸有两种,一种是500mm×500mm,另一种是500mm×400mm,图号均用该图图廓西南角的坐标以公里为单位表示,如某1:1000比例尺地形图的图幅,其西南角坐标为$X=83\ 500m$、$Y=15\ 500$m,故该图幅号为83.5—15.5。

（二）公路地形图图幅及编号

公路1∶2000、1∶1000、1∶500比例尺地形图分幅通常采用正方形、矩形分幅，但由于公路是一种条带状结构物，公路勘测设计所使用的地形图是带状地形图，正方形、矩形分幅有时会给地形图的使用带来不便，因此，公路地形图亦可采用任意分幅的方法。

公路地形图图幅一般采用顺序编号，比较线在编号前加注比较线字母。图幅编号以路线起、终点主要地名汉语拼音第一个字母加阿拉伯数字顺序号组成，如NH－01、NH－02…或N－H－01、N－H－02。

地形图的图廓整饰应按图5-2-1执行。公路地形图的注记符号宜以路线前进方向的左侧正方向为上。除图廓应标注坐标外，还应在测图范围内及周围适当位置标注坐标。

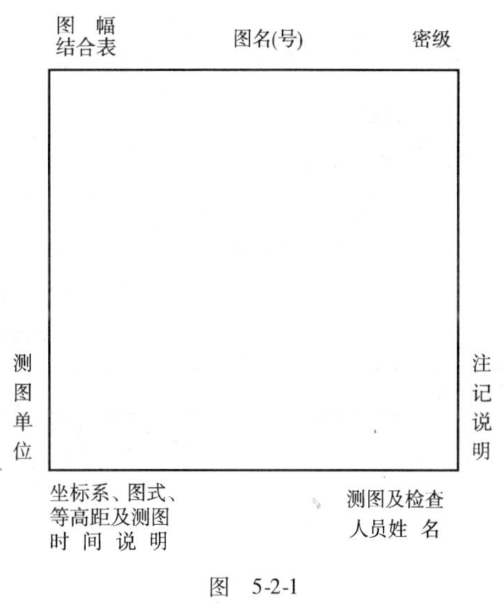

图　5-2-1

（三）地形图接边和检查

每幅地形图应测出图廓外5mm，图幅的接边误差不应超过表5-2-3、表5-2-4规定值的$2\sqrt{2}$倍，超过规定值时，应进行实地检查和修改。

地形图应进行内业检查、野外巡视及实测检查，实测检查量不应少于测图工作量的10%。

第三节　图根平面控制测量

一、图根平面控制测量的一般规定

图根点相对于邻近等级控制点的点位中误差应不大于所测比例尺地形图上0.1mm。图根点宜选在地势较高、视野开阔的地方并应设定标志，相邻点间应相互通视，标志可采用木桩或混凝土标石并编号。图根点平面控制测量可采用交会法、导线、GPS—RTK等方法施测。

平板仪测图即测绘法测图，包括大平板仪测图、经纬仪配合小平板测图等，距离和高程测量可采用视距法和光电测距法。为了保证地形图的精度，必须要有足够的图根点，从而保证地物、地形点的平面和高程精度达到规范规定的要求。图根点的密度应根据测图比例尺和地物、地貌复杂程度以及测图方法而定。平坦开阔地区若采用大平板仪、小平板配合经纬仪测图时，图根点（含基础控制点）密度应符合表5-3-1的规定。在地物、地貌复杂或隐蔽地区应视其复杂和隐蔽程度适当加大密度；采用全站仪（测距仪）测图的图根点的密度可取表中0.4倍的值，采用GPS—RTK测图的图根点的密度可取表中0.2倍的值。

视距法测图图根点（含基础控制点）密度　　表5-3-1

测图比例尺	图根点密度（点/km^2）	测图比例尺	图根点密度（点/km^2）
1∶500	≥145	1∶2000	≥14
1∶1000	≥45	1∶5000	≥7

二、图根平面控制测量的方法

(一)图根导线测量

1. 图根导线测量的作业要求

(1)图根平面控制测量应闭合或附合于路线控制点上。当需要加密时,图根控制不宜超过两次附合;条件受限制时,可布设成支导线,支导线的边数不得超过3条。

(2)图根导线测量的技术要求应符合表5-3-2的规定。

图根导线测量的技术要求 表5-3-2

边长测定方法	测图比例尺	导线全长(m)	平均边长(m)	测回数	测角中误差(″)	方位角闭合差(″)	导线最大相对闭合差
光电测距	1:500	≤750	75	≥1	≤ ±20	≤40 $\sqrt{n}$	≤1/4000
	1:1000	≤1500	150				
	1:2000	≤3000	300				
钢尺量距	1:500	≤500	50	≥1	≤ ±20	≤40 $\sqrt{n}$	≤1/2000
	1:1000	≤1000	85				
	1:2000	≤2000	180				

注:①n 为测站数。

②组成节点后,节点间或节点与起算点间的长度不得大于表中规定的0.7倍。

③当导线长度小于表中规定1/3时,其绝对闭合差不应大于图上0.3mm。

(3)图根导线的角度测量应采用经纬仪施测,测回数不少于1测回。

(4)图根导线的边长宜采用光电测距仪施测;采用普通钢尺往、返丈量时,其较差的相对误差应小于1/3000,当坡度大于2%、温度超过钢尺鉴定温度±10℃或尺长修正大于1/10 000时,应进行相应的坡度、温度、尺长的修正。

(5)图根导线布设成支导线时,平均边长不应超过测图最大视距长度,边长应往、返丈量,角度应分别测左、右角各测回,其圆周角闭合差不应超过40″。

2. 图根导线测量的外业工作

图根导线分为附合图根导线和闭合图根导线、图根支导线及带有节点的导线网形式(见图5-3-1)。图根导线的优点是布设较为方便,在植被茂密、建筑物密集地区具有较大的优势。

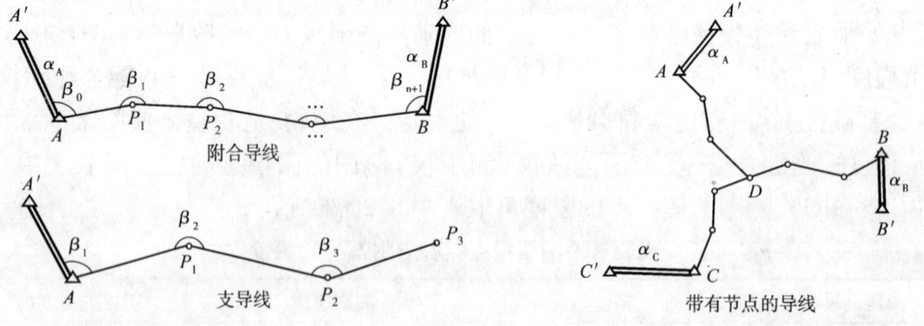

图 5-3-1

图根导线测量外业工作，一般分为选点（室内图上选点和现场核对）、埋石及观测。

（1）选点：根据测区已有的地形图和测区基础控制点的分布，首先在图上标出需实测地形图的测区范围和基础点的位置，再根据地形条件和测图对图根控制点密度要求，在图上拟定图根导线布设的形式和图根点的粗略位置，然后去现场踏勘，根据实地情况对图上拟定的图根点位置做适当的调整。

选点时应注意：

①为便于测角和测距，应尽可能选择地势较高、土质较坚实的地方，平坦而又开阔的位置。

②导线边长大致相等，不宜出现过长或过短的导线边，尤其是长、短边陡然过渡。

③为了减少导线误差的积累、提高精度，导线应尽可能布设成等边直伸形式，转折角一般不小于135°或大于225°。而对于较长的导线可布设成节点的形式。

④对于图根控制导线，应力求图形简单实用，一般布设成单一附合导线的形式较为合适。

（2）埋石：导线点位置选好后，要在地面上标定下来，一般方法是打一木桩并在桩顶中心钉一小铁钉作为观测的中心，对于需要长期保存的导线点则应埋入石桩或混凝土桩，桩顶刻凿十字或铸入锯有十字的钢筋，对于重要的点可绘制点之记。

（3）角度测量：为了坐标方位角计算方便，所观测的导线一般为导线前进方向的左角，对于只有一个单角时可采用测回法；超过两个方向时采用方向法观测。

经纬仪在观测前应对所用的仪器、光学对中器、度盘进行检验，在观测中也要进行定期检查。

观测时经纬仪（全站仪）依次安置于导线点之上，对中、整平并进行观测，在前、后（或多个方向）竖立标杆用于照准，为了减少旋转照准部时度盘带动误差，一般规定在前半个测回先瞄准后视点，后半测回先瞄准前视点，而两个半测回观测过程中，照准部均按同一方向旋转。

在外业测角结束后，需对外业成果做仔细检查，尤其是手簿的记录是否符合规范要求，其精度是否在规定的限差以内。

（4）距离测量：导线边长的观测可采用钢尺丈量或电磁波测距仪测量。

采用钢尺丈量边长，当坡度大于2%，温度超过钢尺鉴定温度±10℃或尺长修正大于1/1000时，应分别进行倾斜、温度、尺长的修正。

①尺长改正

$$\Delta D_{长} = D \times \frac{\Delta l}{l} \tag{5-3-1}$$

式中：D——分段丈量的倾斜距离；

Δl——钢尺检定时整尺段的尺长改正；

l——钢尺名义长度。

②温度改正

$$\Delta D_{温} = D \cdot a(t - t_0) \tag{5-3-2}$$

式中：a——钢尺膨胀系数；

t——丈量时钢尺的温度；

t_0——检定时钢尺的温度。

上面两项改正在尺长方程式中已考虑。

③倾斜改正

如图 5-3-2 所示，h 为分段丈量时的两端高差，S 为水平长度，由图可知，倾斜改正应为：

$$\Delta D_{倾}=S-D=(D^2-h^2)^{\frac{1}{2}}-D \qquad (5\text{-}3\text{-}3)$$

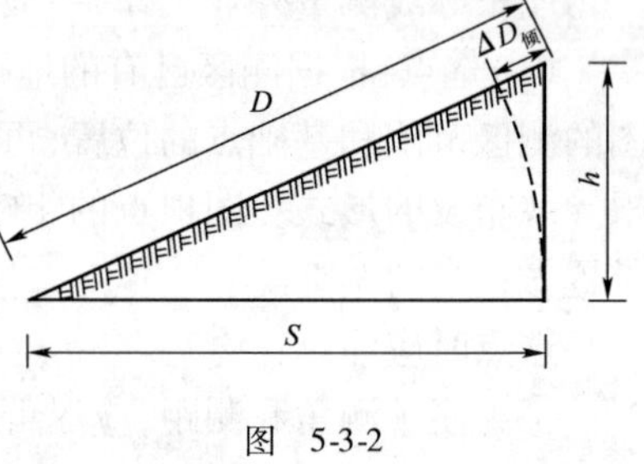

图 5-3-2

将$\left(1-\frac{h^2}{D^2}\right)^{\frac{1}{2}}$展开成级数，则可写成：

$$\Delta D_{倾}=D\left[\left(1-\frac{h^2}{2D^2}-\frac{1}{8}\frac{h^4}{D^4}-\cdots\right)-1\right]$$

$$=-\frac{h^2}{2D}-\frac{1}{8}\frac{h^4}{D^4}-\cdots$$

一般 h 与 D 相比总是很小，式中二次项以上的各项可略去不计，故倾斜距离改正数为：

$$\Delta D_{倾}=-\frac{h^2}{2D} \qquad (5\text{-}3\text{-}4)$$

这三项改正可按表 5-3-3 格式进行计算。

直线长度计算表　　表 5-3-3

线段	尺段	距离 D (m)	温度 (℃)	尺长改正 $\Delta D_{长}$ (mm)	温度改正 $\Delta D_{温}$ (mm)	高差 h (mm)	倾斜改正 $\Delta D_{倾}$ (mm)	水平距离 S (m)	备注
A	A ~ 1	29.390	10	+4.9	−3.5	+860	−12.6	29.379	往测
	1 ~ 2	23.390	11	+3.9	−2.5	+1280	−35.0	23.356	
	2 ~ 3	27.682	11	+4.6	−3.0	−140	−0.4	27.683	
	3 ~ 4	28.538	12	+4.8	−2.7	−1030	−18.6	28.522	
	4 ~ B	17.899	13	+3.0	−1.5	−940	−24.7	17.876	
B							Σ	126.816	
B	B ~ 1	25.300	13	+4.2	−2.1	+860	−14.6	25.288	返测
	1 ~ 2	23.922	13	+4.0	−2.0	+1140	−27.2	23.897	
	2 ~ 3	25.070	11	+4.2	−2.7	+130	−0.3	25.071	
	3 ~ 4	28.581	10	+4.8	−3.4	−1100	−21.2	28.561	
	4 ~ A	24.050	10	+4.0	−2.9	−1180	−28.9	24.022	
A							Σ	126.839	

①尺长方程式为：$30+0.005+1.2\times10^{-5}\times30(t-20℃)$

②相对精度$\frac{126.839-126.816}{126}\approx\frac{1}{5470}$

③平均值 $S_{AB}=\frac{126.816+126.839}{2}=126.828$(m)

采用电磁波测距时，当测距边的加常数、乘常数改正数和气象改正数大于边长的 1/10 000 时，应加各项改正，边长的水平距离按近似公式 $D=S\cdot\cos\alpha$ 计算，当测边、测角视线不平行时，应将观测的垂直角改正为测距仪光轴的垂直角计算。

除以上改正外，对于所测的水平距离还需进行两项改正，即边长归算至大地水准面的改正和边长化算到高斯投影面上的改正，其方法见第四章。当两项改正之和不超过极限误差时可不加改正。

3. 图根导线测量平差

图根导线测量平差与控制测量平差方法不同，它是根据观测的距离、角度按照坐标方位角条件和坐标条件进行平差的一种近似的平差方法，如单一附合导线，首先采用按方位角附合，对角度闭合差进行分配，然后再按坐标闭合的方法对坐标闭合差进行分配，导线测量一般分单一导线测量平差和带有节点的导线网平差两种。

(1)坐标计算的基本公式

①根据已知点坐标、已知边长和坐标方位角计算未知点坐标

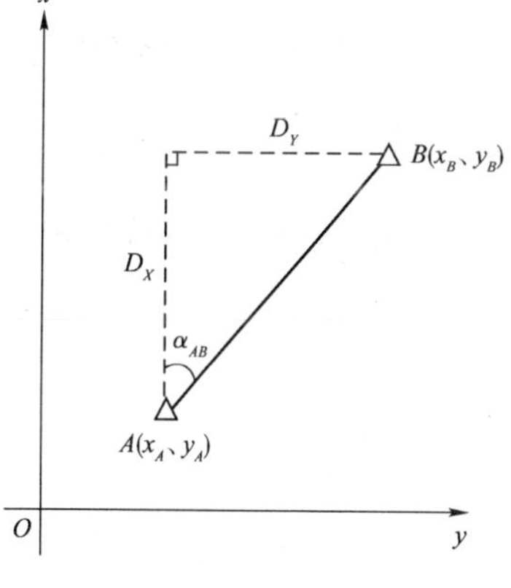

图　5-3-3

这也称为坐标正算问题，如图 5-3-3，设 A 为已知点，B 为未知点，当 A 点的坐标 x_A、y_A，边长 S_{AB} 和坐标方位角 α_{AB} 为已知时，则 B 点的坐标 x_B、y_B 为：

$$\left.\begin{aligned} x_B &= x_A + S_{AB} \cdot \cos\alpha_{AB} \\ y_B &= y_A + S_{AB} \cdot \sin\alpha_{AB} \end{aligned}\right\} \tag{5-3-5}$$

②已知两个点的坐标反算坐标方位角和边长

这也称为坐标反算问题，设 A、B 两点为已知点，则：

$$\left.\begin{aligned} D_X &= x_B - x_A \\ D_Y &= y_B - y_A \end{aligned}\right\} \tag{5-3-6}$$

且

$$\left.\begin{aligned} \tan\alpha_{AB} &= \frac{D_Y}{D_X} \\ S_{AB} &= \sqrt{D_X^2 + D_Y^2} \end{aligned}\right\} \tag{5-3-7}$$

根据 D_X、D_Y 所处的坐标象限即可判断出坐标方位角 α_{AB} 的象限。当 D_X、D_Y 均为正值时，α_{AB} 为第一象限的角度；当 D_X、D_Y 均为负值时，α_{AB} 为第三象限的角度；当 D_X 为负值、D_Y 为正值时，α_{AB} 为第二象限的角度；当 D_X 为正值、D_Y 为负值时，α_{AB} 为第四象限的角度。

③坐标方位角的推算

设 $\alpha_{n-1 \cdot n}$ 为上一条边的坐标方位角，β_n 为 n 点前进方向左角观测值，则

$$\alpha_{n \cdot n+1} = \alpha_{n-1 \cdot n} + \beta_n \pm 180° \tag{5-3-8}$$

其中：当 $\alpha_{n-1 \cdot n} + \beta_n < 180°$ 时

$$\alpha_{n \cdot n+1} = \alpha_{n-1 \cdot n} + \beta_n + 180° \tag{5-3-9}$$

反之,则

$$\alpha_{n\cdot n+1}=\alpha_{n-1\cdot n}+\beta_n-180° \tag{5-3-10}$$

(2)单一导线测量平差

①角度闭合差的计算

如图 5-3-1 所示,附合导线 $P_1,P_2,\cdots,P_n$ 的两端附合在高级控制点 $A(x_A,y_A)$ 和 $B(x_B,y_B)$ 上,已知 A、B 两点上的坐标方位角分别为 α_A,α_B 在两高级控制点上分别观测连接角 β_0 和 β_{n+1}。

从 α_0 开始依次按各 β 角计算各导线边的坐标方位角。

$$\left.\begin{aligned}\alpha_{AP1}&=\alpha_A+\beta_0\pm180°\\\alpha_1&=\alpha_{AP1}+\beta_1\pm180°\\&\cdots\cdots\\\alpha'_B&=\alpha_n+\beta_{n+1}\pm180°\end{aligned}\right\} \tag{5-3-11}$$

式中 n 为测角个数。理论上 α'_B 应等于 α_B,但由于观测角度不可避免的带有误差,两者之间将有一差值,此差值即为附合导线的角度闭合差,用 f_B 表示,则:

$$f_B=\alpha'_B-\alpha_B \tag{5-3-12}$$

式(5-3-11)即为计算附合导线角度闭合差的公式。

②角度闭合差的分配

计算角度闭合差后,首先判断角度闭合差是否在容许范围之内。当角度闭合差在容许范围之内,则将 f_B 改变符号,平均分配于各角的观测值中。以 f_B 表示每个角度的改正值,则:

$$V_\beta=\frac{-f_\beta}{n} \tag{5-3-13}$$

每个角度观测值加上改正值 V_B 后,即得到改正后的角值。根据起始坐标方位角和改正后的角值即可计算各导线边的坐标方位角。

③坐标增量闭合差的计算

各导线边的坐标增量按式(5-3-14)进行计算。

$$\left.\begin{aligned}\Delta x_i&=S_i\cdot\cos\alpha_i\\\Delta y_i&=S_i\cdot\sin\alpha_i\end{aligned}\right\} \tag{5-3-14}$$

式中:Δx_i、Δy_i——导线边的坐标增量;

S_i——导线边的边长;

α_i——导线边的方位角。

各导线点的概略坐标计算如下:

$$\left.\begin{aligned}x_1&=x_A+\Delta x_1 & y_1&=y_A+\Delta y_1\\x_2&=x_1+\Delta x_2 & y_2&=y_1+\Delta y_2\\&\cdots\cdots & &\cdots\cdots\\x'_B&=x_n+\Delta x_n & y'_B&=y_n+\Delta y_n\end{aligned}\right\} \tag{5-3-15}$$

将上列各式相加，则得：

$$\left.\begin{aligned} x'_B &= x_A + \sum \Delta x \\ y'_B &= y_A + \sum \Delta y \end{aligned}\right\} \tag{5-3-16}$$

由于测角和量距误差的影响，x'_B 和已知的 x_B 及 y'_B 和已知的 y_B 之间存在一定的差值，此差值即为坐标增量闭合差。

$$\left.\begin{aligned} f_x &= x'_B - x_B \\ f_y &= y'_B - y_B \end{aligned}\right\} \tag{5-3-17}$$

式中：f_x——导线的纵坐标增量闭合差；

f_y——导线的横坐标增量闭合差。

④坐标增量闭合差的分配

全长闭合差 f_S 为：

$$f_S = \sqrt{f_x^2 + f_y^2} \tag{5-3-18}$$

将 f_S 除以导线全长 $\sum_S$，则得导线全长相对闭合差 K：

$$K = \frac{f_S}{\sum_S} = \frac{1}{\sum_S / f} \tag{5-3-19}$$

如果相对闭合差超出容许范围时，应检查手簿的记录及全部计算过程，倘还不能发现错误所在，则应到现场检查或重测。若相对闭合差在容许范围内，则进行坐标增量闭合差的分配。一般是将 f_x 和 f_y 改变其符号而按与边长成比例的原则分配到各坐标增量中。设 $v_{\Delta x}$ 与 $v_{\Delta y}$ 为分配坐标增量之改正值，则：

$$\left.\begin{aligned} v_{\Delta xi} &= \frac{f_x}{\sum_S} \cdot S_i \\ v_{\Delta yi} &= \frac{f_y}{\sum_S} \cdot S_i \end{aligned}\right\} \tag{5-3-20}$$

导线各边坐标增量改正后，即可依次计算各导线点的坐标。当计算到最后高级控制点或回到原来的起始点时，应与原有的坐标一致。

⑤单一导线测量平差算例

根据外业成果将导线的角值和边长抄入计算表 5-3-4，即可依次进行下列计算。

第一步：角度闭合差的计算及分配。

第二步：根据起始边的坐标方位角和改正后的转折角值（观测值加改正值），推算其余各边的坐标方位角。

第三步：进行坐标增量的计算。

第四步：坐标增量闭合差计算，$f_x = -0.15$，$f_y = +0.14$，全长闭合差 $f_S = -0.20$，全长相对闭合差 $K = \frac{1}{3700}$，小于规范容许的 $\frac{1}{2000}$。接着计算各坐标增量的改正数 $v_{\Delta x}$ 和 $v_{\Delta y}$，将其填写在相应的坐标增量的上面。

平 差 计 算 表 表 5-3-4

点号	观测角	坐标方位角 α	边长 S	D_X	D_Y	X	Y	附注
		°′	m	m	m	m	m	
M	°′							
		237 59.5						
$A(P_1)$	0.1 9901.0					2507.69	1215.63	
		157 00.6	225.85	5 -207.91	-4 88.21			
P_2	0.1 167 45.6					2299.83	1303.8	
		144 46.3	139.03	3 -113.57	-3 80.2			
P_3	0.1 123 11.4					2186.29	1383.97	
		8757.8	172.57	3 6.13	-3 172.46			
P_4	0.1 189 20.6					2192.45	1556.4	
		9718.5	100.07	2 -12.73	-2 99.26			
P_5	0.1 179 59.3					2179.74	1655.64	
		9717.9	102.48	2 -13.02	-2 101.65			
$B(P_6)$	0.1 129 27.4					2166.74	1757.27	
	888 45.3	4645.4		-341.1	541.87			
N	$\sum=740$ $f_x=-0.15$ $f_y=0.14$ $f_S=\sqrt{f_x+f_y^2}=0.2$ $K=\frac{f_S}{\sum_S}=\frac{0.20}{740}=\frac{1}{3700}<\frac{1}{2000}$							

(3)一个节点的导线网平差

对于带有节点的导线网平差,则需引入权的概念。可将每条导线观测角的个数以及每条导线的长度作为权来参与平差,下面就介绍这种导线网平差的步骤。

如图 5-3-4 所示,设 A、B、C 为三个高级控制点,D 为节点,AA'、BB'、CC'为已知方向,平差步骤如下:

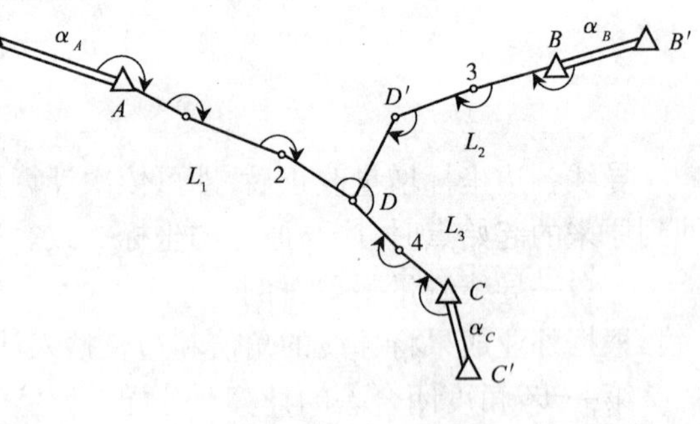

图 5-3-4

①角度平差时,可先选定与节点相连接的任一导线边作为节边,最好选在边数较多的一条导线上,如 DD'。由已知方向 α_A、α_B、α_C 及所对应转折角分别沿线路 L_1、L_2 及 L_3 推算 DD'的坐标方位角分别为 α_1、α_2 和 α_3,设各线路的转折角数分别为 n_1、n_2、n_3,则节边的坐标方位角 α_1、α_2、α_3 的权分别为 $P_{\alpha1}=C/n_1$,$P_{\alpha2}=C/n_2$,$P_{\alpha3}=C/n_3$,其中 C 为任意常数,按带权平均值公式可算得 DD'边的坐标方位角的最或是值为:

$$\alpha_{DD}{}'=\frac{\alpha_1\cdot p_{\alpha_1}+\alpha_2\cdot p_{\alpha_2}+\alpha_3\cdot p_{\alpha_3}}{p_{\alpha_1}+p_{\alpha_2}+p_{\alpha_3}} \tag{5-3-21}$$

或

$$\alpha_{DD}{}' = \alpha_0 + \frac{d_{\alpha_1} \cdot p_{\alpha_1} + d_{\alpha_2} \cdot p_{\alpha_2} + d_{\alpha_3} \cdot p_{\alpha_3}}{p_{\alpha_1} + p_{\alpha_2} + p_{\alpha_3}} \quad (5\text{-}3\text{-}22)$$

式中：α_0——$\alpha_{DD}{}'$的近似值；

d_α——沿线路算得的坐标方位角与 α_0 的差数，如 $d_{\alpha_1} = \alpha_1 - \alpha_0$。

②算得节边坐标方位角的最或是值后，则将已知方向至 DD'间的第一条线路作为附合导线，计算其角度闭合差，并改正各转折角的观测值。

③算出各导线边的坐标方位角。

④由各导线边的边长和坐标方位角计算各边的坐标增量，并分别按线路取总和，再分别自 A、B、C 三点推算节点 D 的坐标，得 x_1 和 y_1、x_2 和 y_2、x_3 和 y_3。推算节点坐标的权与推算线路的长度成反比，即 $p_1 = c/[s_1]$，$p_2 = c/[s_2]$，$p_3 = c/[s_3]$，其中 C 为任意常数，〔 〕表示总和，$[s_1]$即为线路 L_1 的推算长度，依此类推。由带权平均值公式可得节点坐标的最或是值为：

$$\left.\begin{aligned} x_d &= \frac{p_1 \times x_1 + p_2 \times x_2 + p_3 \times x_3}{p_1 + p_2 + p_3} \\ y_d &= \frac{p_1 \times y_1 + p_2 \times y_2 + p_3 \times y_3}{p_1 + p_2 + p_3} \end{aligned}\right\} \quad (5\text{-}3\text{-}23)$$

⑤算出节点 D 的坐标最或是值后，则将 L_1、L_2、L_3 作为单一附合导线进行坐标增量闭合差的计算和分配，最后计算各导线点的坐标。

（二）图根极坐标测量

1. 图根极坐标测量的技术要求

极坐标测量是公路地形图测绘时常用的图根点加密方法，是利用已知点坐标、已知方位角和已知点高程推求未知点坐标和高程。光电测距图根极坐标测量，采用2次测边、测角，坐标较差不得大于 M/10 000（M 为测图比例尺分母）m，高程较差不得大于1/5基本等高距。

2. 图根极坐标测量的作业和计算

如图5-3-5，已知 A、B 两点坐标和 A 点的高程 H_A，首先在 A 点上架设仪器，分别按图根导线和图根三角高程测量的要求测量水平角 $\alpha_水$、垂直角 $\alpha_垂$、边长 $S_斜$、仪器高 i 和反光镜高 V，然后变化仪器和反光镜高度重新整置仪器，并按上述要求再观测一次。

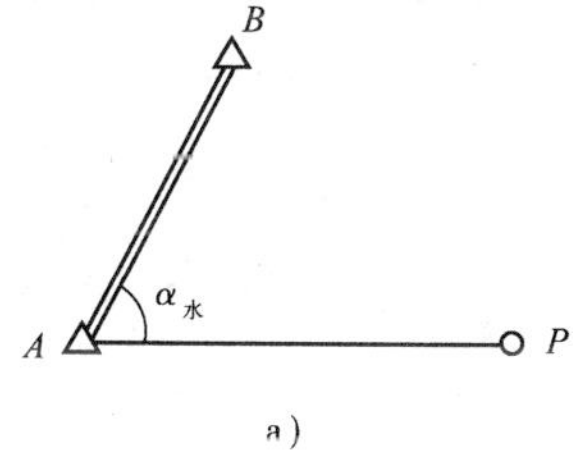

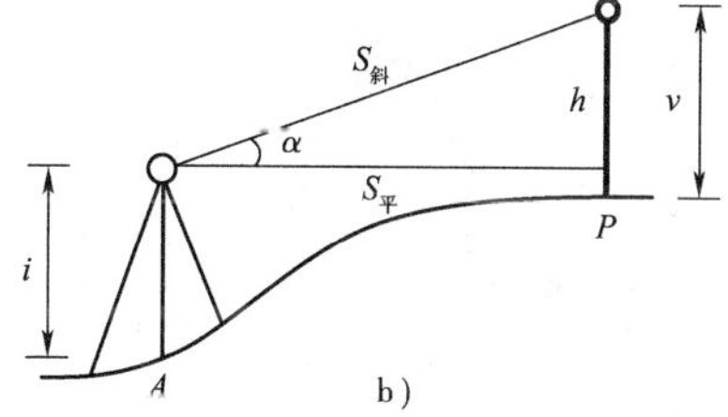

图　5-3-5

观测结束后整理数据，在确认数据记录无误后，取第一次观测值进行下列计算：

（1）根据坐标反算公式求得 AB 边的方位角 α_{AB}；

（2）计算 AP 边的方位角：$\alpha_{AP} = \alpha_{AB} + \alpha_水 \pm 180°$（当 $\alpha_{AB} + \alpha_水 \geqslant 180°$时减180°；当 $\alpha_{AB} + \alpha_水 \leqslant 180°$时加180°）；

（3）计算水平距离：$S_水 = S_斜 \times \cos\alpha_垂$；

(4)按照坐标正算的方法计算 P 点的坐标;

(5)计算 P 点的高程:$H_P = H_A + S_{斜} \times \sin\alpha_{垂} + i - V$;

(6)取第2次观测值进行(2)~(5)计算,求得另一组P点的坐标和高程;

(7)比较两组成果,两组坐标较差小于 $M/10\,000$(M 为测图比例尺分母)m,高程较差小于1/5基本等高距时,取两组成果的平均值作为最后成果,否则应分析原因或重测。

(三)图根测角交会

1.测角交会的作业要求

采用交会法时,其交会角不应小于30°和不应大于150°。前、侧方交会应有3个方向,后方交会应有4个方向。两组交会坐标值互差应小于测图比例尺图上0.3mm。交会法的外业测量要求与图根导线相同。

2.测角交会的类型

测角交会和导线测量不同,导线测量采用测角和测距来传递坐标,测角交会仅测角不测边,这种方法外业工作比较简单,控制的范围较大,是一种较为常用的图根控制测量方法,测角交会有以下几种方式。

(1)前方交会、侧方交会　如图5-3-6,A、B 坐标已知,通过仪器测量 $\angle A$ 和 $\angle B$,从而计算出 P 点的坐标 x、y,该方法称为前方交会,P 点的坐标按式(5-3-24)计算。

$$\left.\begin{aligned} x_p &= \frac{x_A \cot B + x_B \cot A - y_A + y_B}{\cot A + \cot B} \\ y_p &= \frac{y_A \cot B + y_B \cot A + x_A - x_B}{\cot A + \cot B} \end{aligned}\right\} \tag{5-3-24}$$

如果观测 $\angle A$ 和 $\angle P$ 计算出 P 点的坐标 x、y,则称为侧方交会。坐标计算时,可先算出 B 的角度为 $\angle B = 180° - \angle P - \angle A$,这样就和前方交会计算的方法相同,可以用前方交会的坐标计算公式进行计算。

(2)后方交会　如图5-3-7,为求得 P 点坐标,可在 P 点上瞄准已知点 A、B、C,得 $\angle\alpha$ 和 $\angle\beta$,从而计算出 P 点的坐标 x、y 的方法称为后方交会(通常还应测一已知点来检查交点位置)。未知点 P 的坐标可按式(5-3-25)计算。

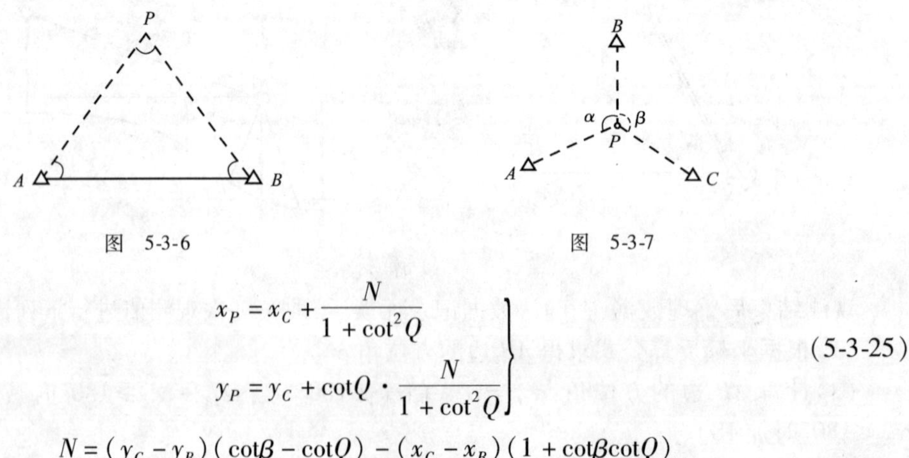

图　5-3-6　　　　图　5-3-7

$$\left.\begin{aligned} x_P &= x_C + \frac{N}{1 + \cot^2 Q} \\ y_P &= y_C + \cot Q \cdot \frac{N}{1 + \cot^2 Q} \end{aligned}\right\} \tag{5-3-25}$$

$$N = (y_C - y_B)(\cot\beta - \cot Q) - (x_C - x_B)(1 + \cot\beta \cot Q)$$

式中：$\cot Q = \frac{I}{II}$

$$I = (y_C - y_B)\cot\beta - (y_A - y_C)\cot\alpha - (x_A - x_B)$$

$$II = (x_C - x_B)\cot\beta - (x_A - x_C)\cot\alpha + (y_C - y_A)$$

3. 外业工作

测角交会外业工作同图根导线测量一样，分为选点、埋石及观测，选点、埋石和角度测量的要求与图根导线测量相同。

（四）GPS—RTK 图根控制测量

采用 GPS—RTK 布测图根控制点时，应按以下要求进行：

（1）以已布测的一级小三角点或一级导线点以上的平面控制点为基准站（参考站）。但要选择地势较高、观测环境好、无干扰、标志稳固的点位。

（2）基准站与流动站（所求的图根点）要始终保持同步锁定 5 颗以上卫星，GDOP 值应小于 6。

（3）作业距离（参考站至流动站的距离）一般应控制在 5km 以内。

（4）天线高应于测前、测后各量测 1 次，2 次互差不超过 3mm 时取中数。

（5）求解转换参数的高等级点应包含整个作业区间，并均匀分布于作业区域的周围，采用的控制点应大于 4 个，流动站至最近的高等级控制点应小于 2km，图根点不得外推。

（6）在作业区间内，至少应检核 3 个以上的高级控制点，其检测的坐标差不得大于图上 0.2mm，高程差不得大于等高距的 1/5。

（五）图解交会或视距支点

图根点平面控制测量除可采用导线、极坐标法、交会法和 GPS—RTK 等方法外，当解析图根点不能满足测图需要时，可增补少量图解交会点或视距支点作为测站点测图。由图根点上可支出一个视距支点，支点边长不宜大于地形点最大视距长度的 2/3，并应往、返测定，其较差不应大于 1/150。

第四节　图根点高程测量

一、图根点高程测量的技术要求

《公路勘测规范》（JTG C10）和《公路勘测细则》（JTG/T C10）规定，图根的高程中误差应不大于测图基本等高距的 1/10，图根点高程一般采用图根水准测量、三角高程测量和 GPS—RTK 测量。当基本等高距为 0.5m 时，应采用图根水准测定，图根水准测量技术要求见表 5-4-1。

图根水准测量的技术要求　　表 5-4-1

每公里观测高差全中误差（mm）	水准路线长度		视线长度（m）	观测次数		往返较差、附合或环线闭合差（mm）	
	附合路线或环线（km）	支线长度（km）		附合或闭合路线	支线或与已知点联测	平原微丘区	山岭重丘区
±20	6	3	100	往 1 次	往返各 1 次	$40\sqrt{L}$	$12\sqrt{n}$

注：①L 为水准路线长度，以公里计；n 为测站数。

②组成节点后，节点间或节点与高级点间的长度不得大于表中规定的 0.7 倍。

光电测距图根三角高程路线应起闭于高级控制点，其路线长度不得大于图根水准的长度，仪器高、觇标高观测值应取至1mm。其他主要技术指标应符合表5-4-2的规定。

图根三角高程测量的主要技术要求 表5-4-2

每公里观测高差全中误差(mm)	最大边长(m)	垂直角	指标差较差垂直较差(″)	对向观测高差较差(mm)	附合或环线闭合差(mm)
≤±20	600	中丝法≥2测回	≤25	$\leqslant 60\sqrt{D}$	$\leqslant 40\sqrt{\sum D}$

注：D为边长(km)。

当水准路线布设成支线时，应进行往、返观测，其线路长度不应大于3km。当采用交会法测量高程时应符合表5-4-3的规定。

交会点高差较差技术要求 表5-4-3

基本等高距(m)	高差较差(m)	基本等高距(m)	高差较差(m)
1.0	≤0.3	5.0	≤0.8
2.0	≤0.6		

二、附合图根高程测量平差

(一)单一附合图根高程测量

如图5-4-1，求解O点的高程，已知A、B点的高程及观测路线的高差，水准路线的长度S_{ij}，由A点推算的O点高程为：

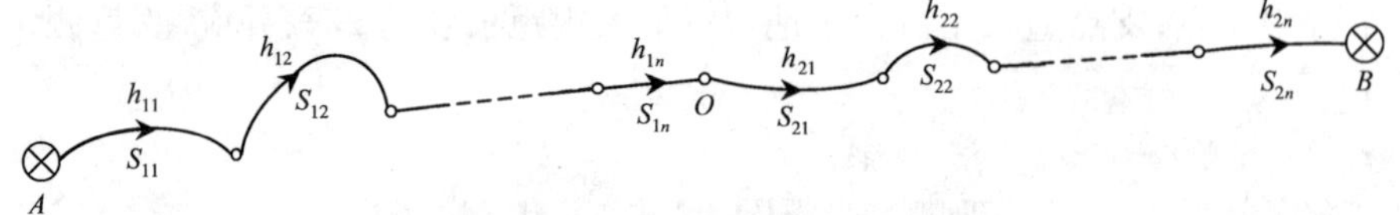

图 5-4-1

$$H_{OA}=H_A+h_{11}+h_{12}+\cdots+h_{1n} \tag{5-4-1}$$

由B点推算的O点高程为：

$$H_{OB}=H_B-h_{21}-h_{22K}-\cdots-h_{2n} \tag{5-4-2}$$

H_{OA}和H_{OB}精度不同，他们的权为(C为常数，S为观测距离，下同)

$$\left.\begin{aligned}P_{OA}=C/(S_{11}+S_{12}+\cdots+S_{1n})\\P_{OB}=C/(S_{21}+S_{22}+\cdots+S_{2n})\end{aligned}\right\} \tag{5-4-3}$$

则他们的平差结果为：

$$H_0=(P_{OA}H_{OA}+P_{OB}H_{OB})/(P_{OA}+P_{OB}) \tag{5-4-4}$$

(二)带节点的图根高程测量平差

对于一个节点的图根高程测量平差，与上述方法相同，可采取加权平均的方法进行计算。

如图 5-4-2，O 点的高程为：

$$H_0 = (P_{OA}H_{OA} + P_{OB}H_{OB} + P_{OC}H_{OC})/(P_{OA} + P_{OB} + P_C) \tag{5-4-5}$$

对于有多个节点的水准网（如图 5-4-3）平差，一般采用等权代替法。

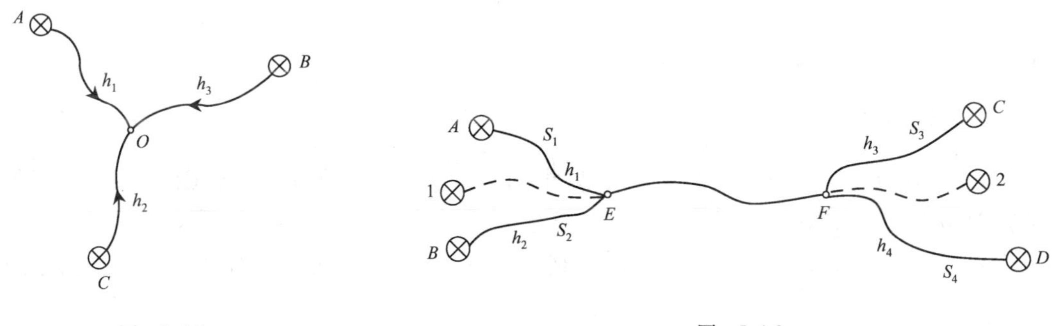

图　5-4-2　　　　图　5-4-3

由 A、B 点算得 E 点高程为：

$$H_E = (P_{EA}H_{EA} + P_{EB}H_{EB})/P_{E1} \tag{5-4-6}$$

式中：$P_{E1} = P_{EA} + P_{EB}$，$P_{EA} = C/S_{EA}$，$P_{EB} = C/S_{EB}$，C 为任意常数。

这样就可将 A、B 为已知点的两条水准路线化简为一条虚拟的水准路线 $1E$ 来进行平差，再采用一个节点的水准网平差即可。

三、图根三角高程测量

如图 5-4-4 所示，在地面上 A、B 两点间测定高差 h_{AB}，在 A 点设置仪器，在 B 点竖立标尺。量取望远镜旋转轴中心 I 至地面上 A 点的高度称为仪器高 i，用望远镜十字丝的横丝照准 B 点标尺上一点 M，M 距 B 点的高度称为目标高 v，测出倾斜视线 IM 与水平视线 IN 间所夹的竖角 α，并通过激光测距、钢尺量边或视距等方法测出 A、B 两点间的斜距 IM 为 S，则 A、B 两点间高差 h_{AB} 为：

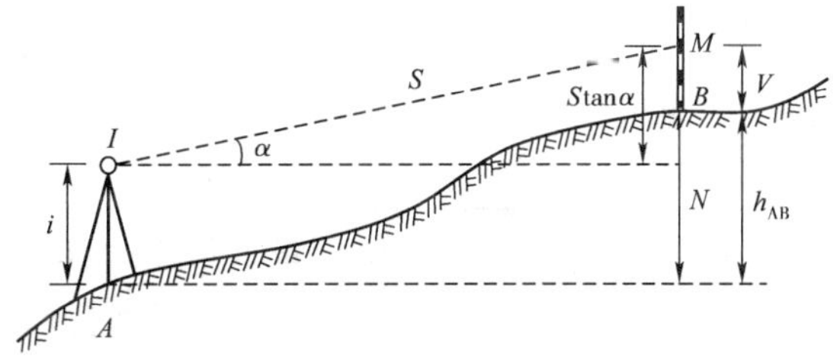

图　5-4-4

$$h_{AB} = S\tan\alpha + i - v \tag{5-4-7}$$

若 A 点的高程已知为 H_A，则 B 点的高程

$$H_B = H_A + h_{AB} = H_A + S\tan\alpha + i - v \tag{5-4-8}$$

应用上式时应注意竖角的正负号，当 α 角为仰角时取正号，相应的 $S\tan\alpha$ 亦为正值；当 α 角为俯角时取负号，相应的 $S\tan\alpha$ 亦为负值。从上式中还可以看出，若截取标尺时使 $v = i$，则计算高差 h_{AB} 较为方便。

凡仪器设在已知高程点，观测该点与未知高程点之间的高差称为直觇；反之，仪器设在未知高程点，测定该点与已知高程点之间的高差称为反觇。

图根三角高程测量一般不考虑地球曲率与大气折光对所测高差的影响,图根三角高程测量的平差计算与图根水准测量相同,只是计算每边的权时应注意,对向观测的权 $P = C/(2S^2)$,单向观测时为 $P = C/S^2$。C 为任意常数,S 为观测边长。

第五节　地形图测绘

一、地形图测绘的规定

实测地形图可选用测记法、测绘法等成图方法,《公路勘测规范》(JTG C10)和《公路勘测细则》(JTG/T C10)对测绘地形图进行了如下规定:

1. 采用测记法时应绘制草图,并对各种地物、地貌特征赋予唯一代码,测站上,宜按地物分类顺序施测;测量碎部点时,角度读数应精确至1′,归零检查不宜大于1.5′。采用测绘法时,其绘图尺尺长误差不应超过±0.2mm,量角器半径不应小于0.1m,偏心差不应大于0.2mm。

2. 距离测量可采用视距法或光电测距法,采用视距法时,视距常数值应在100±0.1m以内,最大测距长度应符合表5-5-1的规定;采用光电测距法时,测距最大长度应符合表5-5-2的规定。

视距法测距最大长度　　表5-5-1

比例尺	测距最大长度(m)	比例尺	测距最大长度(m)
1:500	≤80	1:2000	≤200
1:1000	≤120	1:5000	≤300

注:①垂直角超过±10°时,测距长度应适当缩短;

②1:500、1:1000比例尺施测主要地物时,测距读数应读至0.1m。

光电测距法测距最大长度表　　表5-5-2

比例尺	测距最大长度(m)	比例尺	测距最大长度(m)
1:500	≤240	1:2000	≤600
1:1000	≤360	1:5000	≤900

3. 采用GPS—RTK方法测量地形图时,应符合以下要求:

(1)基准站与流动站(测点)应始终保持同步锁定5颗以上卫星,GDOP值应小于6,流动站至基准站的距离应小于10km。

(2)求解转换参数的高等级控制点应大于4个,并应包含整个作业区间,均匀分布于作业区域的周围;流动站至最近的高等级控制点应小于2km;测点不宜外推。

(3)在作业区间内,至少应检核1个高级控制点,其检测的坐标差和高程差应符合表5-2-3和表5-2-4的规定。

4. 地形图野外实测时,应按下列要求对仪器的设置进行检查。

(1)仪器对中误差不应大于图上0.05mm;

(2)以较远一点标定方向,其他点进行检核,检核偏差不应大于图上0.3mm;

(3)检查另一测站高程,其较差不应大于1/5基本等高距。

5. 地形图应标示各类地物、地貌要素以及各类控制点,标注各类名称。地物、地貌各项要素的标示方法和取舍除应符合现行国家测绘局制定的图式外,还应充分考虑公路工程的专业

特点,满足设计及施工对于地形图的需要,具体要求如下:

(1)各种比例尺地形图上均应展绘或测出各等级平面控制点(包括天文点、三角点、小三角点、GPS点、图根点及相应等级的导线点)和水准点,并按规定符号表示。

(2)各类建筑物、构筑物及其主要附属设施应进行测绘。1∶500、1∶1000、1∶2000的测图,居民区房屋应详细测绘,房屋应加注层数及建筑材料;建筑物、构筑物轮廓凸凹在图上小于0.5mm时,可用直线连接;独立地物能按比例尺表示的应实测外轮廓,内填绘图符号;不能按比例尺表示的,应准确表示其定位点或定位线。

(3)各种比例尺地形图上应测绘各类管线及附属设施,高压线应实测其塔架或电杆位置并注明电压值,与设计公路相交时,还应测注交叉点与地面的垂直距离;低压线和通讯线应详细测绘。

(4)交通及其附属设施应按实际形状测绘。公路应标注路面类型、实测里程碑并注明里程数;铁路应标注轨面高程,曲线段应标注外轨面高程。铁路与公路应在图上分别每隔约100mm(山区公路50mm)、地形变化处、桥隧构造物处测注高程;人行小道可视需要测绘。各类道路(铁路除外)通过城镇或街区式居民地的路段,均以街道表示,街道上面积大于$10m^2$的安全岛、花坛、街心公园、宽度1m以上的绿化带和隔离栏等均应表示。次要街道两侧的房屋、垣栅等各类地物已形成街道时,可不绘街道线。

(5)水系及其附属物应按实际形状测绘。海洋应测绘海岸位置,海岸线按当地多年大潮、高潮所形成的实际痕迹施测,并测注水面高程及日期;河流、沟渠、池塘、湖泊、运河、水库当水涯线与岸边线的水平投影距离图上大于1mm(含)时应分别绘出,小于1mm时以岸边线绘出轮廓线,可不绘水涯线。水渠应测注水渠底及渠顶边的高程;堤坝测注顶部及坡脚高程;水井测注井台高程;水塘应测注塘顶边高程;河沟、水渠在地形图上的宽度小于2mm时,可用单线表示。

(6)地貌应用等高线配合地貌符号和高程注记点表示,并应符合以下要求:

①崩崖、陡崖应沿其边缘以相应符号测绘于图上;

②冲沟的图上宽度在0.5mm(1∶500和1∶1000比例尺为1.0mm)以内时应以单线绘出,超过时以双线描绘,其宽度达到上述规定2倍以上时以陡崖符号表示,图上宽度大于5mm(1∶5000比例尺为3mm)时,其底部应加绘等高线并适当测注高程;

③坡度在70°以内的石山应以等高线配合露岩地符号表示,坡度在70°以上时以陡石山符号表示,并适当测注上、下高程;70°以下斜坡在图上投影宽度大于2mm时,应实测坡脚;

④梯田应以等高线配合梯田坎表示,两坎间距在图上小于5mm或坎高小于1/2等高距时可进行取舍;

⑤独立石、土堆、坑穴、冲沟及陡坎等应测注高程或比高;

⑥大片居民地内可不绘等高线;

⑦两根首曲线间距在图上小于1mm时,可只绘计曲线;

⑧凡不易判读等高线降坡方向时,应加绘示坡线。

(7)地形图上各种要素的配合表示应符合以下要求:

①当两个地物中心重合或接近难以同时准确表示时,可将较重要的地物准确表示,次

要地物移位 0.2mm 或缩小表示,如两个地物均为较重要地物可缩小或互相同时移位0.2mm表示;

②独立地物与房屋、道路、水系等其他地物重合时,宜中断其他地物符号,将独立地物完整绘出;两独立地物相距很近、同时绘出有困难时,宜将高大、突出的准确表示,另一个移位表示,但应保持其相关位置;

③悬空在水上的房屋与水涯线重合时,宜间断水涯线,将房屋完整绘出;

④双线道路与房屋、围墙等高出地面的建筑物边线重合时,宜以建筑物边线代替道路边线;

⑤等高线与房屋及其他建筑物、双线道路、路堤、路堑、坑穴、陡坎、斜坡、湖泊、双线河以及各种文字、数字注记等相交时均应中断。

(8)植被的测绘应按其经济价值和面积大小适当取舍。

①农业用地应按作物类别进行绘示;

②地类界与线状地物重合时应绘线状地物符号;

③水田应测代表性高程,田埂宽在图上小于1mm 时可用单线表示;

④居民地、厂矿、机关、学校、医院、山岭、水库、河流和道路干线等应按现有的名称注记。

二、地形图测绘前的准备

(一)聚酯图膜准备

目前地形图测绘一般采用聚酯薄膜绘制底图,它是一种新型绘图材料,具有优良的透光性和亲水性,不受湿度影响,在常温下稳定、不变形。

1.质量要求

(1)绘图膜厚度有 0.05mm、0.07mm 和 0.10mm 三种,地形图测绘绘图膜一般以厚度 0.07mm 为佳。

(2)绘图膜表面应为乳白色半透明均匀涂层,不得有明显纵、横向条纹和波浪形斑纹,透光度 20% ~75%(纸浆描图纸为65%)。

(3)能适应用3H ~6H 铅笔绘图,一般冬季用 3H ~4H,夏季用 5H ~6H,修改时可用软橡皮擦去线迹。

(4)线条着墨时显示均匀,性能良好。

(5)有一定的化学稳定性,耐稀酸、稀碱和盐溶液。

2.使用时注意事项

(1)应避免油污接触膜表,以免降低亲水性。

(2)有机溶剂对聚脂薄膜敏感,用时应防止接触,以免损坏。

(3)膜表面有油污或外业测图时染上汗水使薄膜亲水性下降时,可用泡沫海绵蘸洗衣粉或肥皂水清洗图面,也可用滑石粉擦试表面后再制图。

(4)应使用专用绘图墨水,不可用普通墨水绘图。

(二)坐标格网的检查

现阶段坐标格网一般均由计算机绘制,绘出的坐标格网,以一级线纹米尺检查,对角线误差不大于 0.3mm,方格网格网线误差不大于 0.2mm,若超限应分析原因加以更正。常用图廓的对角线长度列于表5-5-3。

常用图廓对角线长度表　　表5-5-3

图廓边长 (cm)	图廓对角线长度 (cm)	图廓边长 (cm)	图廓对角线长度 (cm)
40×40	56.569	50×70	86.023
40×50	64.031	60×60	84.853
50×50	70.711	70×90	114.018
50×60	78.102	70×100	122.066

(三)展绘控制点

大测区应有分幅总图,将主要控制点展绘在总图上,供展点时参考。展点时首先应根据格网整倍数的值确定控制点所在图幅及方格,然后根据余数展绘控制点。控制点的展绘误差不应大于0.2mm,图根点间的长度误差不应大于0.3mm。

(四)测图仪器标尺的检校

测图仪器(平板仪、经纬仪、测距仪、全站仪、量角器、水准仪)、地形标尺及图上量距刺点的比例尺都要在测图前进行检校,经检验校正不合格的不能用于测图。

控制点展绘好后均应校对,用比例尺在图上量取各相邻控制点之间的距离和各相邻控制点坐标反算边长相比较,其误差不大于图上0.3mm,否则应重新展绘。当控制点的平面位置展绘好后,注上点号和高程。

三、测站补点的布设

《公路勘测规范》(JTC C10)和《公路勘测细则》(JTG/T C10)规定,当控制点和图根点密度不能满足局部测图需要时,可增补少量的视距支点或图解交会点作为测站补点。

(一)视距支导线测量

由图根点上可支出一个视距支点,支点的边长不宜大于地形测量最大视距长度的2/3,并往、返测定其边长,较差不应大于1/150。

(二)图解交会测量

1. 前方交会

如图5-5-1,a、b为图板上两已知点,相应于地面上A、B两测站。将平板置平对中在A点,以照准仪平行尺紧贴a、b线,旋转平板照准B点,固定图板,然后依次照准C、D、E并绘出方向线ac、ad、ae。将平板仪移至B点,按同样步骤设置平板,照准A点固定图板后,依次观测所求点C、D、E各点,求得图板上c、d、e图解点。

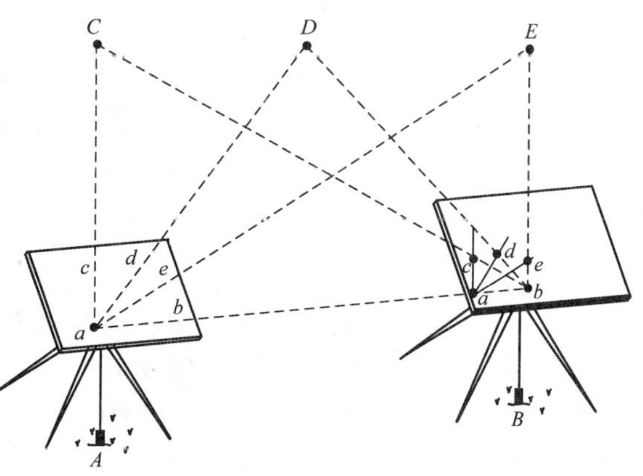

图5-5-1　前方交会示意图

2. 侧方交会

如图 5-5-2，A、B 为两已知点，相应于图上为 a、b 两点，在 B 点上测完地形后，需要在 C 点设转点。将平板置于 B 点，照准仪直尺紧贴 ba 后视 A 点，固定平板方向。瞄准所求 C 点，绘方向 bc，在 C 点立地形尺作目标，同时读视距，求高程并校核侧方交会平面位置。移平板仪至所求点 C，置平后后视 B 点，固定图板，用照准仪对准 A 点，平行推尺使直尺边通过 a 点，绘 ac 方向线，则 ac、bc 两方向相交处，即为所求的测站补点。

3. 后方交会（用于中、小比例尺测图），将透明纸或聚酯薄膜固定在平板仪图板上。在透明纸上（如图 5-5-3）适当位置取未知点 P，然后以 P 点为中心向已知点 A、B、C……绘方向线，再将透明纸放在测图板上，移动透明纸使 A、B、C 等方向线通过图板上 a、b、c 三点，用针刺 P 点透于图上。再以 P 点为测站中心，对准 A 或 B、C……后，固定图板方向。

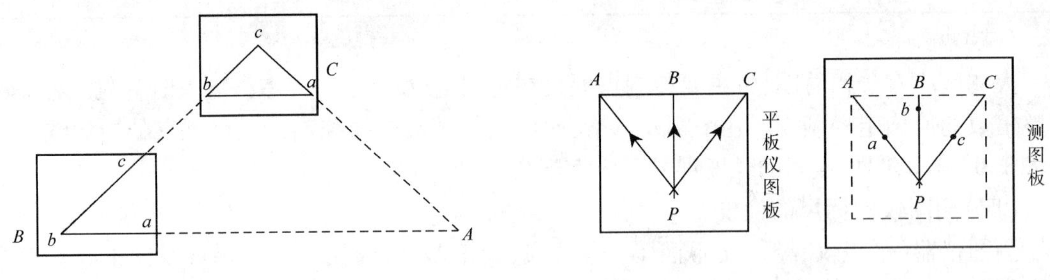

图 5-5-2　侧方交会示意图

图 5-5-3　后方交会示意图

如用经纬仪测图，则用半圆分度器按观测角绘于透明纸上，并按上法使方向线通过图板 a、b、c 三点，定出后方交会点 P 的位置。

图解交会点前、侧方交会均不得少于 3 个方向，后方交会不得少于 4 个方向，交会角应在 30° ~ 150°之间。

四、距离及高差测定

（一）距离和高差的测量方法

地形图测绘过程中，碎部点与测站点间距离和高差的测量方法一般有两种：视距测量法和光电测距仪法。

（二）视距法测量距离和高差

1. 望远镜水平时距离及高差的测定

在地形测量中，垂直角在 ±2′以内的视距可视为水平距离。观测时，将望远镜上丝切于标尺整数处读下丝，得上、下丝间隔数 L，乘以仪器视距常数 K（K 一般取 100），即为水平距离 d。其公式为：

$$d = K \cdot L \tag{5-5-1}$$

例如：L 为 1.31m，已知 K 为 100，则水平距离 $d = 100 \times 1.31 = 131\text{m}$。

采用视距法时，视距常数值 K 应在 100 ±0.1m 以内。

望远镜水平时测量高差与水准仪抄平一样。将经纬仪对准标尺，置平垂直度盘气泡，将垂直角置于零，用中丝对标尺读数，即为仪器视线高与测点间的高差。

当望远镜水平，中丝脱离标尺，而上丝或下丝仍可切在标尺上时，可用 $d/2$ 读法进行。

如图 5-5-4a)，望远镜水平时，中丝在标尺零点下，但下丝读数为 0.06m，此时略为抬高望远镜读得下中丝间距 $d/2$ = 0.13m，则中丝水平读数应为 0.06 − 0.13 = − 0.07m。同样如图 5-5-4b)中，中丝已无法读数，但上丝读数为 2.89m。此时略为降低望远镜，读得上中丝距 $d/2$ = 0.13m，则中丝水平读数应为2.89 + 0.13 = 3.01m。

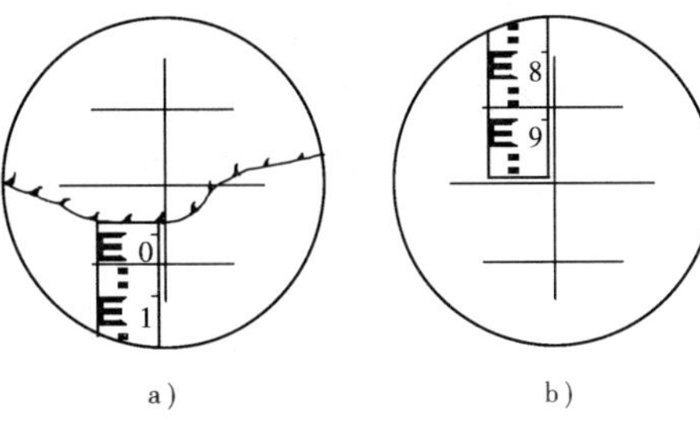

图 5-5-4　中丝无法读数时，测高读法示意图

2. 望远镜倾斜时距离及高差的测定

用上(下)丝截于整数处，读下(上)丝得视距，再读中丝读数及垂直角。但为计算方便起见，亦可读视距后使中丝切整数处再读垂直角，此时可利用三角高程的公式求取距离和高差。

(三)光电测距仪法测量距离和高差

使用光电测距仪(全站仪)测量距离和高差，是利用光电测距仪直接测量测站至碎部点间的斜距和视线的倾角，从而计算测站点与碎部点间的水平距离和高差。

五、测图方法

常规测图(包括平板测图、电子测图等)的方法较多，按测量的记录方式分为测记法或测绘法，测记法是将野外测量的碎部点的三维坐标或有关数据记录在一定的介质上，在室内根据野外的记录数据采用某种绘图方法绘制成地形图，采用测记法时应绘制草图，并对各种地物、地貌特征赋予唯一代码。测绘法是根据观测的碎部点的有关资料在实地直接绘制成地形图的方法，采用测绘法时，其比例尺尺长误差不应超过 ±0.2mm，量角器半径不应小于 0.1m，偏心差不应大于 0.2mm。激光地形仪测图法、大平板仪测图法、经纬仪配合小平板仪测图法等方法一般采用测绘法；经纬仪、激光测距仪、全站仪测图法等方法一般采用测记法，根据需要也可采用测绘法。

(一)经纬仪测绘法

经纬仪测绘法是 1 人用经纬仪(或激光测距仪、全站仪)观测碎部点的水平角、视距、中丝读数(距离)和垂直角；1 人记录并计算测点水平距和高程；1 人根据这些观测数据用半圆距离分度规绘于图上，此外尚需 2 ~ 3 人立尺。这种测图法效率高，测点有记录，在室内可检查、校对。实测步骤如下：

1. 到达测站后，根据四周地形情况和测站分布，决定本站测区范围、跑尺线路和方法，规定联络信号并做好分工。

2. 在测站上将经纬仪整平对中，后视起始方向并校对其他方向，从两个已知点高程求取视线高，检查另一测站高程，其较差在规定限差范围内后，即可开始施测。同时在仪器旁安放图板架，图板设置稳固，将后视方向在测站两边适当画线延长，钉上分度规。

用聚酯绘图薄膜测图时，可用同心圆格网代替分度规。格网也用薄膜制成，等于一个全圆分度器，其直径不小于 400mm，圆弧间距为 10mm，绘图时格网放在薄膜下，圆心对准测站，零度对准起始方向，即利用观测的距离和水平角直接刺点，但距离须用短尺内插。

3. 观测时仪器瞄准地形尺(或棱镜)，先读水平角，后读视距、中丝(或距离)及垂直角，记录员进行记录及计算，绘图员制图。

4. 注意事项

(1)仪器对中误差不大于图上 0.05mm,如 1:1000 测图在实地上不大于 50mm。

(2)仪器设置好后,应利用测站点高程检查另一已知点高程,检测高程与理论高程之差不大于 1/5 基本等高距。

(3)仪器后视定向长度图上不小于 100mm,用另一已知点校对方向时,其偏差在图上不大于 0.3mm。

仪器定向最好用方位角后视,例如测站 05 至后视点 06 的方位角为 40°32′,测图前即用 40°32′对准 06 作为起始方向,此时度盘零方向即为 X 轴。此法的优点是可以避免因后视点太近而在绘图时产生较大的方向误差,测点与后视点不在同一图板时,尤其具有优越性。

(4)测点的间距一般在图上为 20mm ~ 30mm,应选择特征点立尺。

(5)测图时最大视距应小于规范的规定。视距时倾角宜小,如测高处宜用标尺下部,测低处宜用标尺上部。

(6)读垂直角时应首先使竖盘气泡符合。若是自动安平水准仪,需使圆水准气泡居中。

(7)制图时宜先将绣花针刺在图上测站中心,然后将半圆分度器从针的上部套下。如分度器圆心磨损扩大,针在圆心中有晃动,则可选用合适的医用针头,镶入半圆分度器圆心的小孔中,并将两端磨平即可使用。

(8)一个测站的测图结束后,立尺人员宜集中到测站检查制图是否正确,并将细部尺寸(如路宽、房宽等)告知绘图人员绘图。根据立尺人员了解的地形起伏情况和测得的高程点在图上草绘计曲线。

(二)大平板仪测图法

大平板仪测绘法是用大平板仪代替经纬仪,观测者兼制图,测站点至立测点的距离由大平板仪望远镜中上、下横丝的读数求定,用比例尺绘于图上,一般不做记录。1 个人兼做观测、计算、制图,所需立尺人员较少,一般 1 ~ 2 人。

大平板测绘法与经纬仪测绘法基本相同,其不同点在于:

1. 将大平板仪安置在测站上,图板控制点方向大致和实地一致,并对中整平。

2. 将照准仪直尺紧贴在图板上的测站与某一已知点的方向上,转动图板使照准仪对准已知点,然后用微动螺旋精确对准,此时图板方向已固定,再用照准仪照准其他目标,校核的方向误差在限差内时即可施测。

3. 在施测中照准仪直尺需紧贴图上测站点(有平行尺的照准仪可以稍偏离测站点,测绘定点时应推平行尺)。

4. 注意事项

(1)在整个测绘过程中平板方向应保持不变,操作要特别细心,不能用力压平板或撞动平板。

(2)工作开始整平平板时,应把照准仪放在平板中央,工作过程中由于照准仪重量偏一边,将会造成气泡偏离,此时不能通过基座螺旋整平,只能调整照准仪上水平气泡的螺旋使其居中。

(3)一个测站测绘结束时应进行已知方向校核,发现偏转过大时,应检查其原因。

（三）经纬仪配合小平板测图法

将小平板仪安置在测站点 A 上，如图5-5-5所示，经纬仪安放在离小平板仪 1m ~ 2m 处。利用小平板仪定向，经纬仪测量距离及高差。小平板仪及经纬仪的置中、整平、定向以及经纬仪视线高测定，均与经纬仪测绘法、大平板仪测绘法相同。

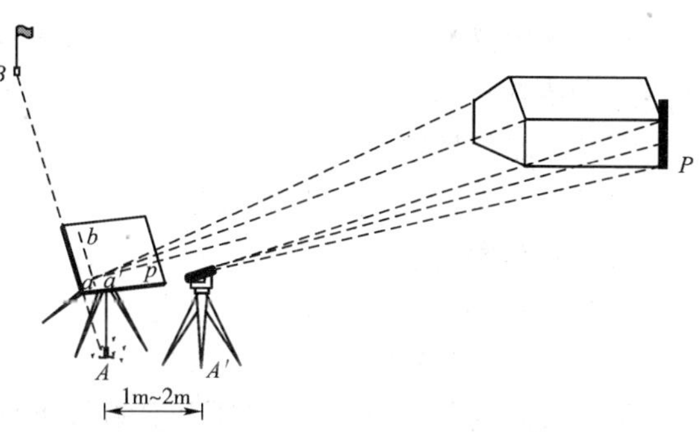

图 5-5-5　小平板与经纬仪联合测图法

由于经纬仪不是安置在测站上，因此在小平板上应定出经纬仪的位置 a'，小于1:2000以下比例尺测图时可视 A' 在 A 点上。在测定地物点 P 时，先将照准器直尺边紧靠在图上的 a 点，转动并瞄准地物点 P，画出方向线 ap，同时经纬仪瞄准立于 P 点的地形尺，读出视距及垂直角，即可算出 A' 至 P 点的水平距离及 P 点的高程，在图板上按测图比例尺从 a' 点截取距离 $a'p$，使它与 aP 方向线相交，即得 P 点在图上的实际点位。

在平原地区，可用水准仪配合小平板仪施测，利用水准仪望远镜的上、中、下丝在尺上截出的读数，即可算出水平距离及高差。

（四）激光地形仪测图

激光地形仪是由激光测距仪和经纬仪所组成。激光仪的发射器和接收器装配在经纬仪的望远镜上，发射的激光经地物反射回来，通过接收器和电子测距仪，由数码管显示测站至地物距离。由于不用人工立尺，且测距较长，所以特别适用于山区测图，尤其在悬崖陡壁难于立尺之处，更显出其独特的优越性。但在平坦地区测距精度差，不宜做大比例尺测图。

用激光地形仪测图，观测和绘图由 1 人兼任，另配记录、计算 1 人即可，由于和地面立体摄影一样有死角（隐蔽地区），不可避免地还要补点，因此还需配 1 名立尺人员，这样激光经纬仪实际配备人员为 3 名。

作业时，望远镜对准地物，测水平角、垂直角及距离，记录员记录距离、水平角和垂直角，经过换算成水平距和测点高程，即可按经纬仪测绘法制图。

1. 注意事项

（1）激光地形测距误差应在开始作业前求出。

（2）激光地形仪在浓雾和灰尘大时光束无法穿过，因此在实际作业中务必注意可通视情况。

（3）激光光束可以穿透雨滴而不受影响，所以在小雨天气仪器仍可测距，但激光遇到水面将不返回，无法测距。

（4）由于光束遇到任何物体都能反射（液体除外），在树木较多的测区不宜使用，所以在有植被地区测量时，需考虑植被高度的影响，在作业中注意光束不要让草丛树木等挡住，以免影响测量精度。

（5）每一地形、地物点应测定 3 次，距离取中数。

（6）在按动电钮测距时，眼睛应离开目镜，以免日久影响眼睛视力。

2. 测站点的选择

激光地形仪测程可达1000m，而且此范围内精度基本不变，所以选择测站时要充分发挥仪器的这个特点。

测站点的选择原则：

(1)视野宽广，视线方向和目标面尽量接近垂直。

(2)尽量避免死角，以减少补测工作量。

(3)合理布置测站点，尽量减少劳动强度，提高工作效率。

3. 高差计算和斜距改正

激光仪测的距离是斜距，平距和高差按下列公式计算。

高差 $$h = D\sin\alpha \tag{5-5-2}$$

平距 $$d = D\cos\alpha \tag{5-5-3}$$

(五)光电平板仪测图法

1. 光电平板仪的安置步骤

(1)选择测站点和定向点

选择已知点 A 作为测站点，另一已知点 B 作为定向点，在贴于图板的图纸上按测图比例尺画出 a、b 两点，设测站点的高程为 H_A。

(2)平板的对点、整平和定向

在 A 点按"大致定向、对点、整平、定向"的步骤安置平板，用对点器将图上 a 点与地面 A 点对点，对点的误差不大于25mm，如图5-5-6a)。将照准仪放在平板中央，根据照准仪上的圆水准器精确置平平板，如图5-5-6b)。将照准仪的右边的比例尺靠在图上 ab 线上，转动平板，照准竖立于 B 点的标杆棱镜进行定向，如图5-5-6c)所示。

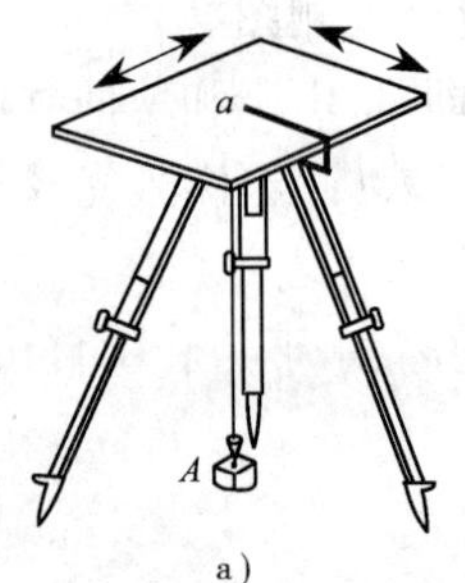

a)

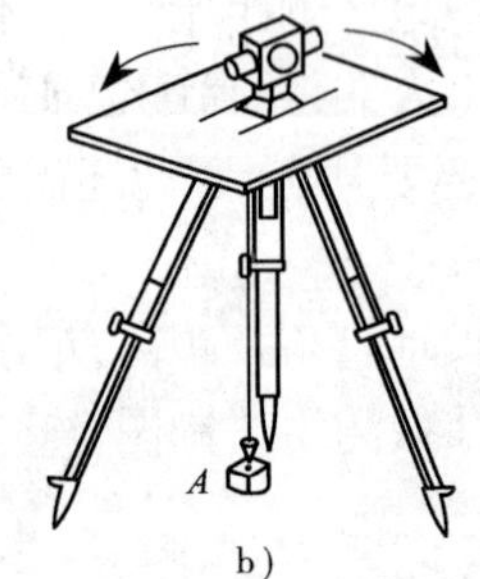

b)

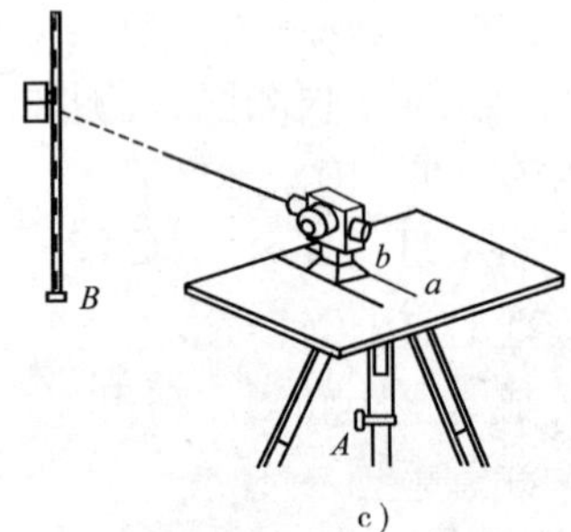

c)

图5-5-6 平板的对点整平和定向

2. 光电平板仪的观测

观测的基本操作步骤：

(1)打开电源；

(2)开机显示；

(3)设定测图比例尺；

(4)垂直度盘指标置零；

(5)棱镜常数改正；

(6)气象改正。

按测量时的气温(℃)和气压(Pa)，从气象改正表中查得气象改正的百万分率(ppm 即

10^{-6})，改正的范围为($-99\sim99$)$\times10^{-6}$。例如气温为25℃，气压为100kPa，从表中查得气象改正的系数为$+13\times10^{-6}$。可将此数设置于测距单元中，对所测距离自动进行改正。

(7)选择测距基点；

(8)瞄准标杆棱镜；

(9)水平距离和高差测量；

(10)在平板图纸上刺点(作图)。

(六)GPS—RTK 地形图测绘法

利用 GPS—RTK 方法测图时，一般采用测记法，在野外应绘制草图，并将绘制的草图进行现场核对。

六、立尺

地形图是根据地物和地形点勾绘而成，所有这些测点均由立尺人员选择。立尺点应选地物、地貌的特征点，使较少的测点能如实地反映地面情况是测绘地形图的关键。

一般来说，地物点的立尺点应选择地物轮廓的转折处，使这些测点的连线能代表地物的真貌，其概括误差在所测比例图上不显著。地形立尺点应选择坡度变化处，使相邻两测点间的内插高程和实地相符。地物简单、地形平坦处立尺可较稀，地物密集、地形陡峭处立尺应较密。

1∶2000～1∶10 000 比例尺测图或1∶1000 比例尺测次要地物、地形点时，均可用0.1m 刻划的地形花杆代替地形标尺。

立尺人员除掌握以上要求外，还需注意以下几点：

(1)立尺员之间应互相分工，使测点不重复、不漏测。每站应计划好跑尺线路，避免重复劳动。

(2)跑尺程序一般先地物、后地形，如地物简单，则也可交叉跑尺。

(3)立尺要垂直，注意测站所发信号。

(4)地形的细部尺寸(如路宽、房宽等)应用标尺测量后记下。

(5)测站人员应及时与跑尺人员勾通，记录所量地物的细部尺寸，由绘图员作图，并检查所绘制测点是否有漏、误，地物的线条或勾绘的等高线是否符合实地情况。

(6)采用测距仪(附测角功能的)或全站仪测图时，棱镜高度应事先记录。

七、细部测绘

(一)地物测绘

大比例尺测图中的地物测绘，一般依地物的实际大小和轮廓按测图比例缩绘于图上。各种地物的转折点、交叉点、曲线上的变换点、独立地物的中心点、码头前沿线等都是地物的特征点。测绘时如何正确选择反映它的真实形态，是地物勾绘逼真的关键所在。

1. 一般原则

(1)测绘地形图使用的图式应符合国家测绘局制定的现行地形图图式的规定。对图式中没有规定符号的地物、地貌符号，应制定补充规定，并应在技术报告中注明。

(2)描绘同类地物元素应一致，并能正确逼真地反映出其外形特征。

(3)所描绘的地物能合理地反映出它们之间的有机联系和地理特征。

(4)所描绘的各种线号应分明、均匀、丰满、衔接自然,图面应清晰美观。

(5)综合取舍恰当,应符合规范、图式的规定和要求。当两种地物同时按其位置描绘容纳不下时,重要地物按真实位置描绘,次要地物可移位,很次要的地物也可舍去,必要时可缩小符号描绘。

2. 房屋测绘

(1)密集群房

城市、集镇一般只测出主要街道、街坊房屋的外轮廓,其凹凸部分图上能表示的应进行测量。如房屋隐蔽面无法立尺,可直接丈量,但要闭合。如图5-5-7a),测站在A,仅能测出1、2、3点,其他点可通过量距绘出,但自立尺点1通过量距绘在图上应能闭合至测点3。

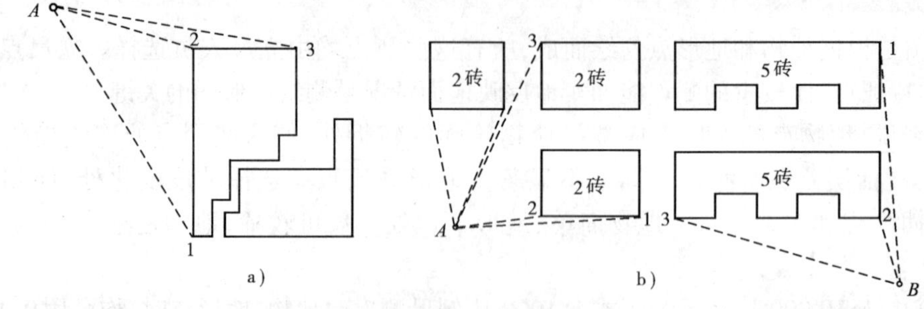

图5-5-7　房层测绘示意图

(2)排列整齐的房屋

此类房屋如工厂、宿舍、机关、学校和统一规划的码头仓库、居民新村等,这些房屋多半整齐而有规律,所以只要控制住两头和前后排列的房屋位置,配合量距做图就能绘出全部房屋,如图5-5-7b)。

3. 独立物体测绘

独立物体如水塔、烟囱、窑、碉堡、纪念碑、塔、油库、航标等,这些独立物体在地面上如有固定轮廓,则在1:500~1:1000比例尺测图中应测绘轮廓位置,实测范围配以符号绘在图中。

1:2000以下比例尺测图,只绘物体符号,点位表示物体中心,如图5-5-8a)的水塔。

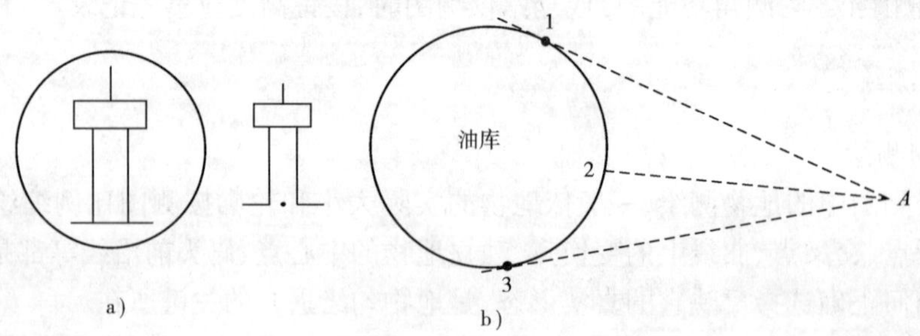

图5-5-8　圆形建筑物测绘示意图

测量圆形建筑物时,如气罐、油库等只要测定圆心,量出半径即能绘出。若不能直接测得圆心,可参考图5-5-8b)测定。仪器设置在A点,使视线切油库得1、3两点,并分别立尺测出距离及水平读数，然后在1/2夹角处立标尺2求其位置，按照上述三点即可绘出圆。

航标一般分水上航标、陆上航标两种。测定水上航标可在测绘地形或水深时，用前方交会法定位。由于水流及水位影响，水上航标无固定位置，因此图上只代表概略位置。陆上航标测定航标中心杆位置，航标不分比例大小，配置相应符号。

如属长方形独立建筑物，如水池、固定起重机基础等，一般与民房测法相同。皮带机运输机廊道、架空管道等有柱子的地物，测定柱子的位置，配以相应的符号。小比例尺测图可不测柱子。

4. 道路测绘

(1)铁路

在路基、轨顶、信号标志、道岔、公路交叉点和转弯曲线处均应立尺，测出位置及高程。

铁路的符号采用0.5mm粗实线，测绘时应将标尺立于路轨中心。如图5-5-9断面图的特征；1为铁路中心，2、3为路肩，4、5为坡角沟边。立尺形式以梅花点法或者互相错开，如图5-5-9平面图所示(路堑测法相同)。在图上每隔30mm～50mm测一轨高。亦可将标尺放在枕木上再加轨顶至枕木高度，算出轨顶高，注于图上。

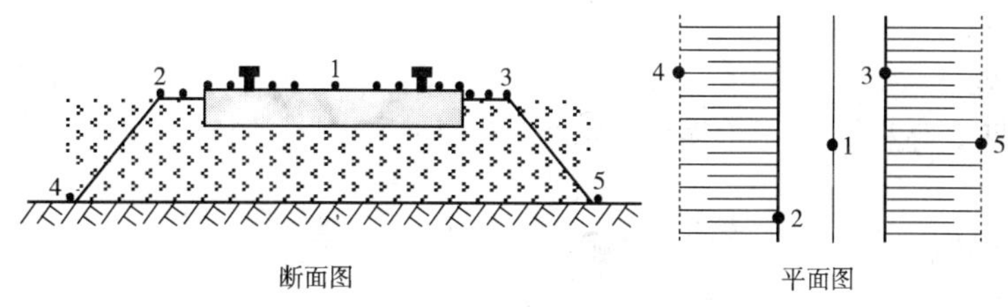

图5-5-9　铁路测绘立尺法示意图

铁路直线部分立尺点可稍稀些，曲线及道岔部分要适当加密，以正确地表示铁路实际位置。曲线部分用铁路曲线板绘制。

铁路旁附属设备，如色灯信号机、道岔、搬道器、水鹤等，均按实际位置测出。

门座式起重机轨道，不能以铁路图图例单线表示，而应测出两条轨。立尺点可选在首尾各测一点。如图5-5-10，测门轨一边的1、2两点，量出两轨间距推平行线即可成图。如门轨中有铁路，应配铁路图例，并在门轨中绘门座式起重机图例，注记台数，需要时注记最大起重量。

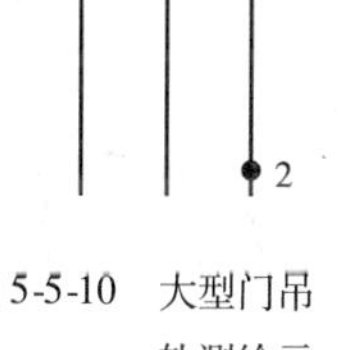

图5-5-10　大型门吊轨测绘示意图

(2)公路

在图上一律按实际位置测绘，测绘方法有：

①将标尺立于路面中心，量路面宽；

②将标尺交错立于路面两侧；

③将标尺立于路面一侧，量路面宽；

④将标尺按梅花点立于中心及两侧。

总之应视具体情况(如路面宽不规律或边界不明显等)选用不同方法，但高程应以路中心为准。

公路中的桥涵、隧道等处，应设测点。简易公路只测中心，量取宽度绘出。在公路坡度变换处、交叉口、拐弯的测点应密些，最好将标尺立于路面两侧。在道路拐弯和交叉处，最好每个拐角上选立 3 点，如图 5-5-11。

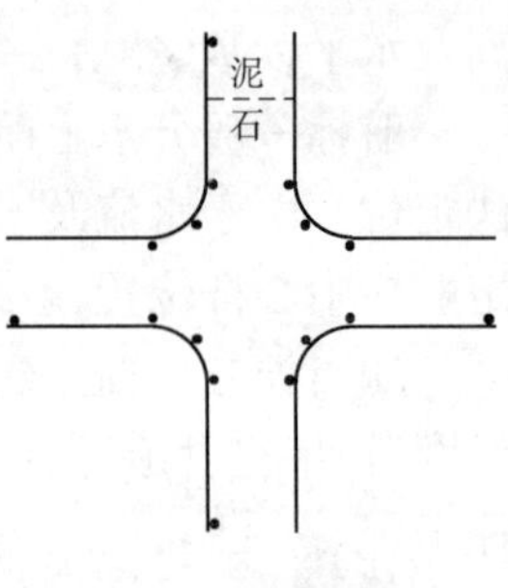

图 5-5-11　公路测绘交叉处立尺点示意图

当路面建筑材料改变时，应在改变处放测点，并注明材料名称。

路堤和路堑的测绘方法与铁路相同。

(3) 大车路和人行小道

大车路一般指乡村中比较宽的道路，有的还能通行汽车，但不铺路面。这种路宽大多不均匀，道路边界不十分明显，测绘时可将标尺立于道路中心，以整个路段的平均宽度绘于图上。人行小道主要指居民点之间来往道路，田间劳动的小道一般不测绘，测绘时标尺立于中心，转弯处应适当取舍。

5. 其他地物点的选择

(1) 电杆

仪器瞄准电杆中心，尺立于杆旁，需要高程时，注记高程于杆旁加括弧，如(3.7)。

(2) 墙、栅

围墙、防洪墙、铁丝网、栅栏等，应在拐弯及大门处立标尺。

(3) 水塘、小沟

在主要转折处立尺，小水塘可在深处量出一水深，当水塘直径在图上超过 30mm 时，应测 3 点水深换算成塘底高程后填写于塘中，如图 5-5-12 所示。小水沟一般在一边立尺，沟中高程视需要而定。

(4) 独立坟平面位置只测坟顶，标高测地坪，群坟只测范围，以地类界符号绘出，一般应注坟头个数，如图 5-5-13。烈士墓应单独绘出，以文注记。

(二) 地貌测绘

1. 用等高线表示地形

地面上高低起伏的形态，通常用等高线表示在地形图上。等高线就是地面上高程相等的各点所连成的闭合曲线。如图 5-5-14 所示，设有一平静湖水中的小岛，枯水时水面的高程为 10m，则水面与小岛的交线(淹没线)形成一闭合曲线，即 10m 的等高线；如果水位再上涨 1m，则得到 11m 的等高线，依此类推，就得到其他各条等高线。把地面上的各条等高线投影到平面图上，按一定的比例缩小，则成为一张能表示小岛起伏的地形图。

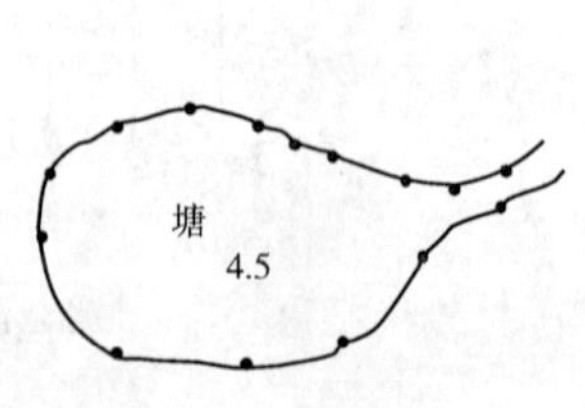

图 5-5-12　沟塘测绘示意图

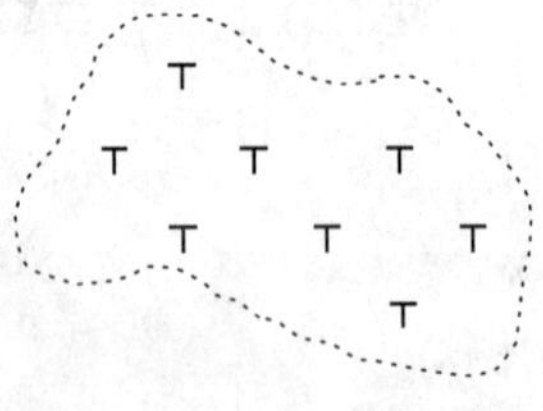

图 5-5-13　坟地测绘示意图

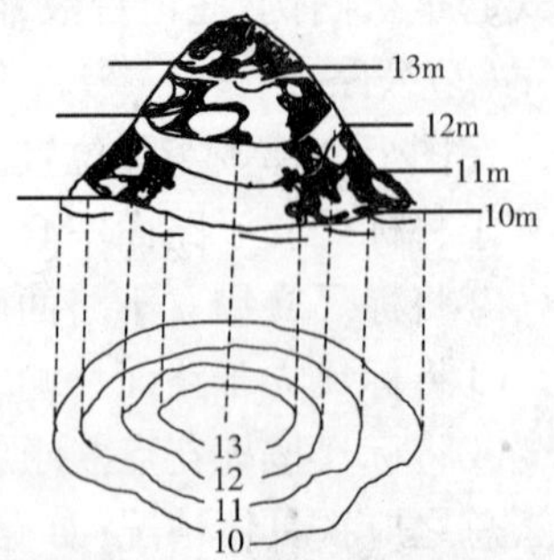

图 5-5-14　等高线示意图

相邻等高线之间的高差称为等高距，其水平距离称为等高线水平距，它随着地形的变化而变化。

如何用等高线表示错综复杂的地形呢？下面列举几种典型地形的表示方法。

(1)山头

山头的等高线表现为一组近似于同心的闭合曲线，如图5-5-15所示，同一比例尺测图时，从外形看a)图的山坡较陡，b)图的山坡较缓。这种现象通过等高线表示，表现为地面坡度陡，则地图上等高线密、平距小；地面坡度缓，则地形图上等高线疏、平距大。因此根据等高线间隔和平距，就可确定地面坡度大小。

(2)山脊、山谷和山坡

山脊的等高线表现为一组凸向低的曲线，山谷等高线表现为一组凸向高处的曲线。山脊或山谷的两个侧面是山坡，其等高线近似一组平行线，如图5-5-16所示。

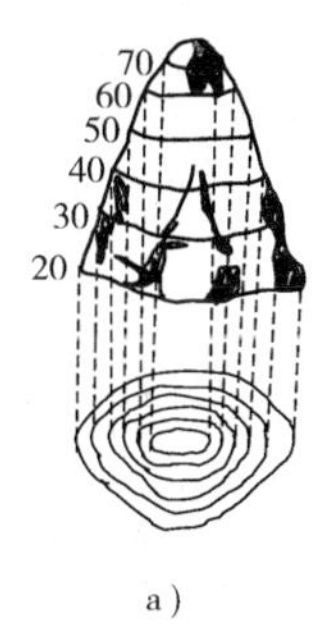

a)

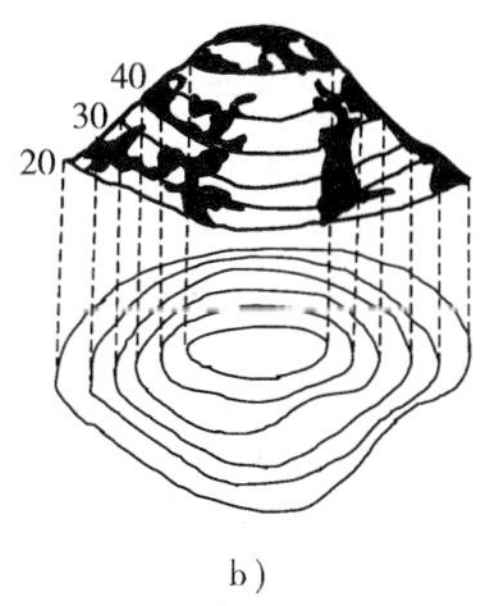

b)

图5-5-15　山头测绘等高线表示图

图5-5-16　山脊山谷山坡等高线表示图

(3)鞍部

如图5-5-17所示，两山之间脊线的低处为鞍部，它是两个山脊和山谷会合的地方。鞍部的等高线近似一组双曲线。

(4)洼地

洼地是凹陷下去的盆状地形，等高线和山头相似，为一组闭合曲线，高程由外向里减少。最低点在中间，如图5-5-18所示，等高线的疏密反映了洼地坡度缓、陡情况。

(5)悬崖绝壁

悬崖绝壁是很陡峭的山坡，所以等高线非常密集，它在地形图上可画绝壁符号代替等高线，如图5-5-19所示。

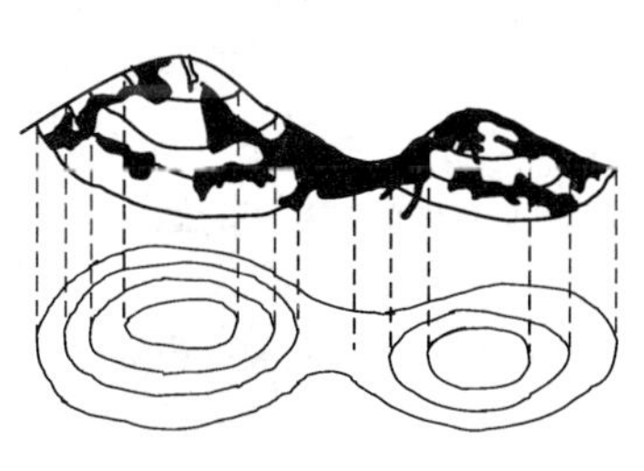

图5-5-17　鞍部等高线表示图

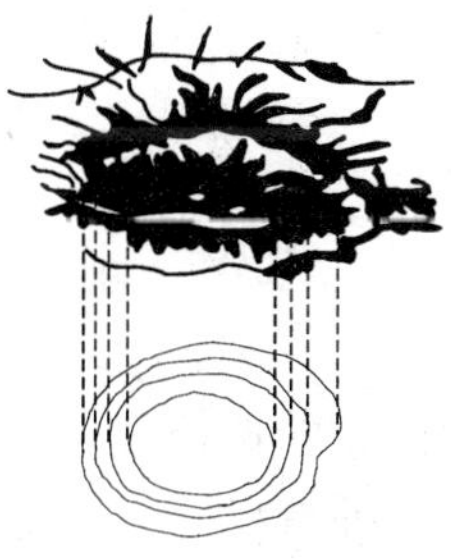

图5-5-18　洼地等高线表示图

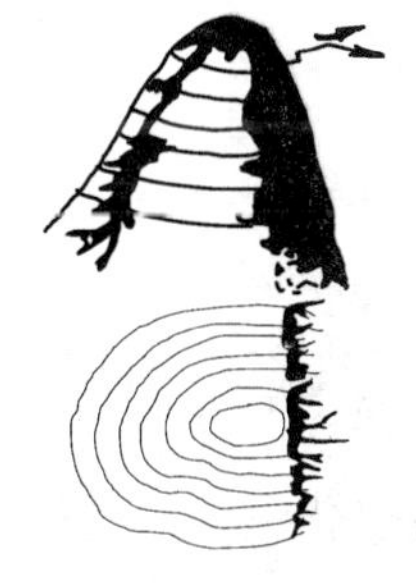

图5-5-19　悬崖绝壁等高线表示图

地面上错综复杂的地形是由以上几种典型地形组合而成的，因此掌握了典型的等高线表示方法后，就不难了解复杂地形等高线表示方法了。图5-5-20为某一综合地形及其等高线地形图。

2. 等高线的特性

为了掌握用等高线表示地形的规律，将等高线的特性归纳如下：

(1)同一等高线上各点的高程一定相等。

(2)等高线是闭合曲线。所有闭合的等高线，其高程注记向外递减者为山丘，向外递增者为盆地。

等高线若不在同一图幅内闭合，应绘制至图廓边为止。绘等高线时，除遇有建筑物、数字注记、绝壁的地方外，其他地方不能无故断开。

(3)等高线不能相交。等高线过陡壁、陡坎时多数合并在一起，这时不绘等高线，用陡壁、陡坎符号表示，将等高线中断于陡壁、陡坎处。首曲线间距小于图上1mm或无法绘首曲线时，可只绘计曲线。

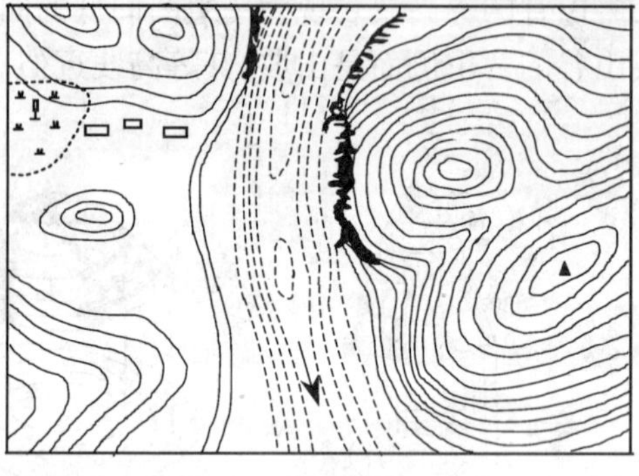

图5-5-20　综合地形等高线表示图

(4)等高线经过溪沟时，不能直跨而过，必须在接近溪沟时，徐徐折向上游，然后横跨而过，再慢慢折向下游渐离溪沟，如图5-5-21所示。

(5)等高线与山脊线、山谷线大致成垂直正交。因等高线经过山脊或山谷时，急剧转变方向，几乎形成与山脊线、山谷线垂直正交。如图5-5-22中a表示山脊的等高线与山脊正交并凸向低的方向，b表示山谷线的等高线与山谷正交并凹向低的地方。图5-5-22中c、d的等高线不符合此特性，因而是错误的。

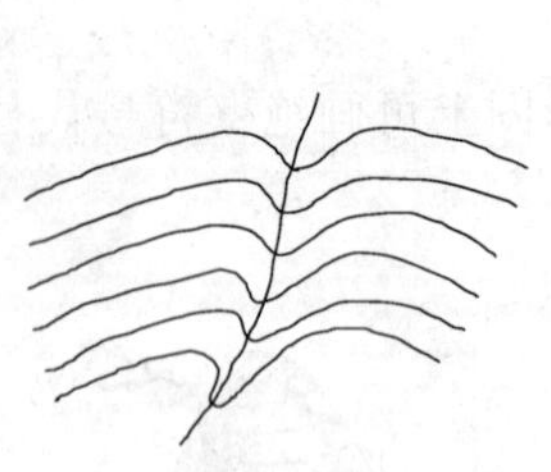

图5-5-21　等高线过溪沟时绘法示意图

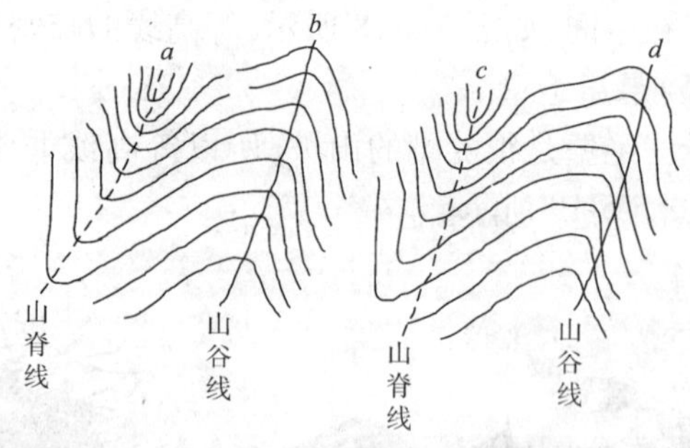

图5-5-22　等高线过山脊山谷时绘法示意图

(6)等高线平距大小，与地面坡度大小成反比，平距相等表示坡度均匀，了解和掌握以上等高线的特性，对测绘等高线和立尺位置的选择很重要。地面变化时，地形图上的等高线平距就会出现变化，这个位置就是坡度变化处，这样的位置就应立尺。

3. 地貌测点的选择与等高线的勾绘

地貌测绘首先要掌握特征线和地表坡度变化处，以它们为骨干得到地形的全貌。因此测绘等高线的作业，大体可以分为测出地貌特征点、连接地貌特征点、求等高线的通过点、勾绘等高线等几个步骤。

(1)测绘地貌特征点

地貌的特征是山坡、鞍部、山脊、山谷、坡度变化处、拐弯处、山脚等，现将特征点的选择方法介绍如下：

①山顶和鞍部特征点的选择

山顶和鞍部的特征点，对地形图的平面位置和高程起控制作用，特征点选得不恰当，既不能控制山顶位置，又不能控制鞍部。山顶的最高处必须立尺，并注记高程，山顶至鞍部坡度变化处，可适当立尺以便勾绘等高线(清绘时只绘等高线，可选择性地标注高程)。鞍部最低处应立尺注记高程，鞍部附近的地形点应视坡度变化情况选择，如图5-5-23所示。

②山脊测点的选择

山脊是向一个方向倾斜而凸起的带状地形，测绘时标尺必须立于山脊线上，如图5-5-24a)所示。又如图5-5-24b)中，由于标尺没有选在山脊线上而选在1、2的位置，使山脊线不能表达，只凭地形点勾绘，形状就不符合实际了。

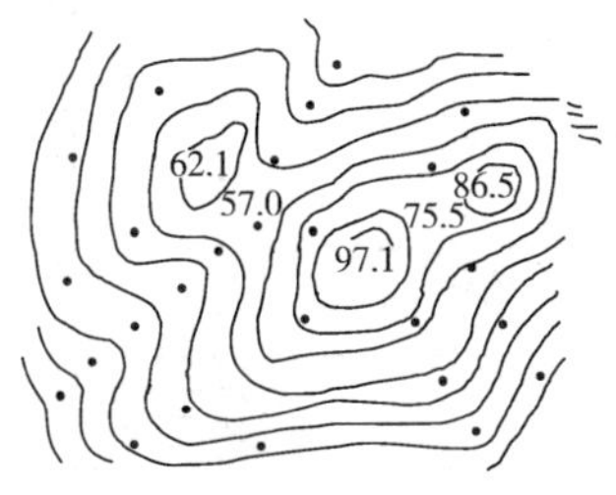

图5-5-23　山顶和鞍部测点选择示意图

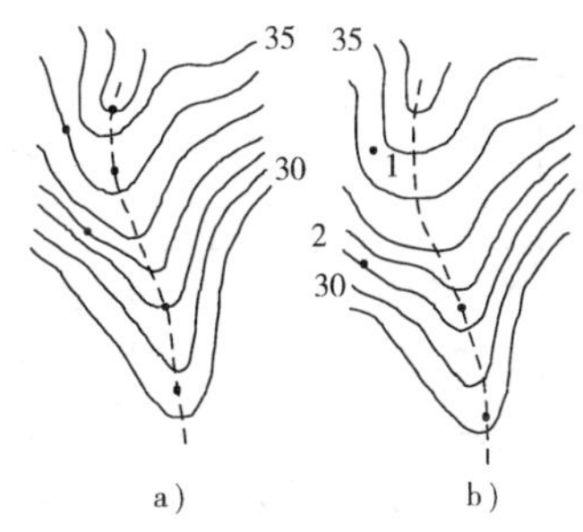

图5-5-24　山脊测点选择示意图

③沟谷特征点的选择

山谷、沟谷出现于两山脊之间，选择特征点时，应注意选择控制沟谷的方向、深度和宽度的点位，这样才能表示整个沟谷的形态。

山谷按其形状分为尖底、圆底、平底三种。如图5-5-25a)为尖底山谷，其等高线与合水线成尖锐形状正交，山谷线比较明显，两侧山坡的坡度一般较大，测绘时特征点应选在等高线的转弯处。图5-5-25b)为圆底山谷，其等高线在两侧山坡近似平行，接近合水线时较圆滑地与合水线正交。因为山谷呈圆形，在实地不易明显看出，山谷接近山顶形成山谷的地方等高线的弯曲不很大，测绘时标尺应注意立在山谷线的位置和山谷形成的地方。图5-5-25c)为平底山谷，平底谷多为人们开辟地块后形成的，其等高线两侧谷坡过谷底时大致成平行的近似直线状。针对这种特点，测绘时特征点主要选在山坡与谷底相交的地方，才能控制住山谷的宽度和走向。

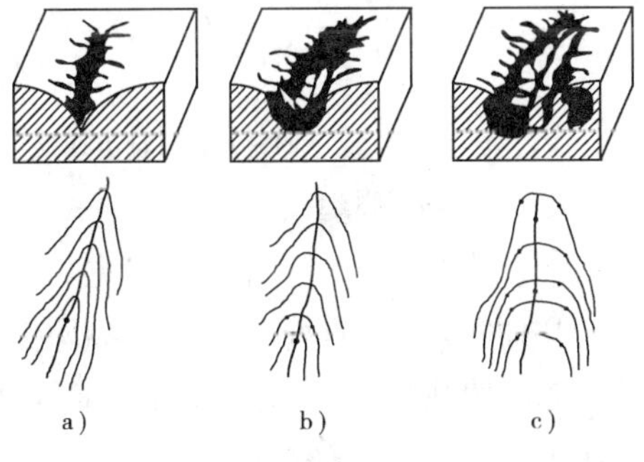

图5-5-25　沟谷测点选择示意图

(2)连接地貌特征点(绘特征线)

图板上根据测量地貌特征的实际位置,用虚线连成分水线(山谷线)即为特征线,特征线构成了地貌的骨干,因此立尺点必须选得正确。

(3)求等高线的通过点

特征线连接后,可根据相邻地形点高程之差,以比例内插求得等高线通过点,但有时也应按实际情况勾绘。

(4)勾绘等高线

高程点通过内插,将高程相等的点对照地貌情况绘成圆滑曲线,切勿连成折线状。等高线一般应随测随勾,并和实地对照,各个测站的等高线要互相连接。外业最少要绘出计曲线,内业时按内插勾绘首曲线,这样使整个测区地貌完整地表示在图纸上。

通过上述四个步骤,用图表示勾绘等高线的基本过程如图 5-5-26。

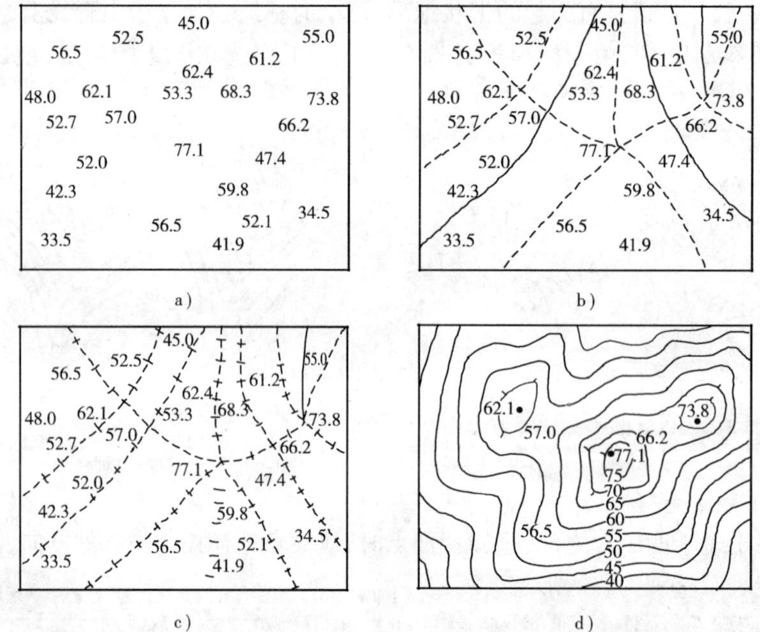

图 5-5-26　勾绘等高线过程示意图

a)测地貌特征点;b)绘地性线;c)插入等高线通过点;d)勾绘等高线

(5)等高线分类

①首曲线(基本等高线),线宽 0.15mm。

②计曲线(加粗等高线),每隔四根首曲线绘一计曲线,线宽 0.4mm。

③间曲线(半距等高线)为首曲线间距的一半。在局部地面坡度比较小的情况下,用首曲线表示,它的平距比较大,这时采用间曲线表示局部地区地貌,线宽一般为 0.15mm,以虚线表示。半距等高线不一定填空在两根基本等高距 1/2 处,而是显示在两根基本等高线间需显示的坡度变化的地貌,否则会构成不真实的倾斜印象,破坏了原地貌特征。

④助曲线(辅助等高线),如间曲线还不能够有效反映地貌特征时,则用首曲线 1/4 距离加绘助曲线,并以点线表示(此种等高线一般很少使用)。

4. 不能用等高线表示的地貌的测绘

(1)除了用等高线表示地貌外,有些地貌不能用等高线表示其起伏,只能用图例及高程配合绘图。例如悬崖绝壁、沙土崩岸、陡坡、石盘、石梁等,对于这种地貌应测定其特征点及轮廓位置。如图5-5-27所示,江边有石盘,水中有石梁,遇这种地貌,应测定其最高特征点及轮廓,不要用等高线表示。

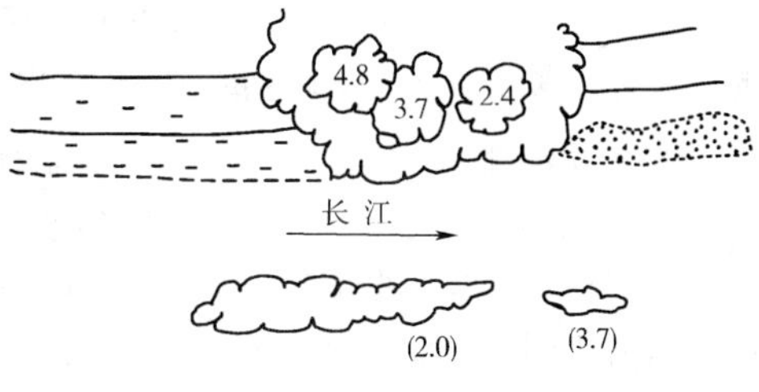

图 5-5-27 特征地貌表示图

(2)滑坡

滑坡的测量范围一般从滑坡壁开始测至滑坡舌为止。如遇到大的滑动裂缝,应测定裂缝位置,并用文字注记。滑坡须测定范围,如图5-5-28。

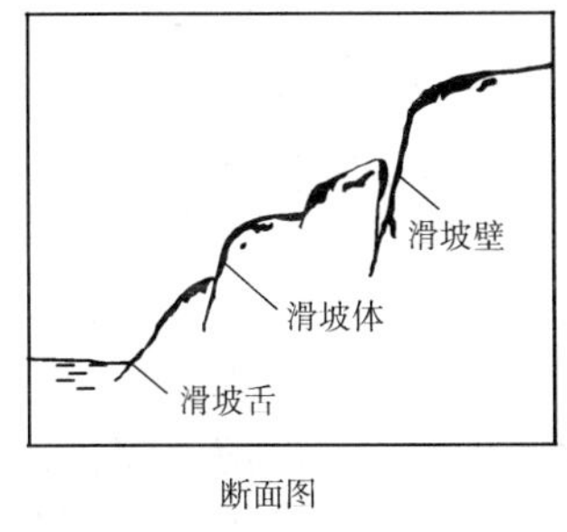

断面图

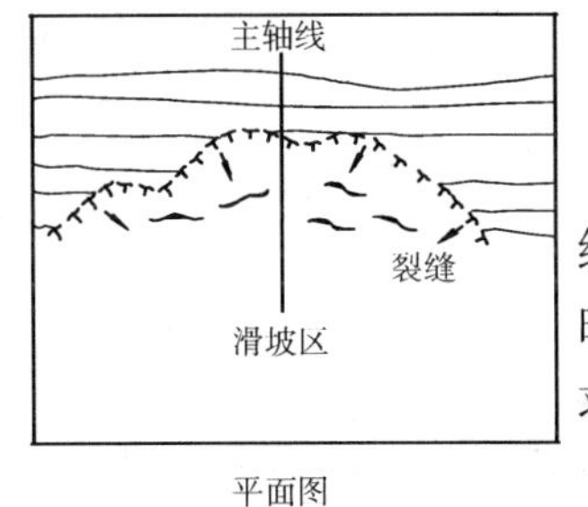

平面图

图 5-5-28 滑坡地貌表示图

5. 平坦地区测绘

(1)海、河漫滩

海、河漫滩地区,地势平坦,等高线平距大,同时受潮差影响,在涨潮时,零水位上地形可用水深测量方法求得。

(2)旱地

地形应选在地表的高处、低处以及坡度变化的地方,要注意反映全局性地貌,勿将标尺立在一些人工的小土堆或微小的地貌上,使地貌失真。遇此应适当取舍,即使有一些低于旱地的小路,亦不能在路上立取高程点。

(3)水稻田

水稻田是被一条条田埂隔开而形成的一小块一小块平整的田地,每块水稻田的高程基本相等。但是,就整个大面积水稻田区域看,其高程不一定相等,有可能有某一高程的等高线穿进某块水稻田田埂之下或田埂上、下边缘,测绘时,该等高线可沿此田埂走向,在其上方或下方描绘(根据高程而定),不宜和田埂符号直线相接成同一条线。当等高线在田埂下时,移动等高线,使等高线距田埂位置保持在图上0.5mm左右,亦可不描绘等高线,而以高程点均匀注出,此时要注意将等高线进、出在图上交待清楚。

①无水的稻田

将尺立于田埂旁的田内,田埂位置就绘在立尺旁处,高程注记在田内,每一块稻田,一般注记一点高程,如有明显变化,可注记几点。

②水田

有水的稻田如将尺立在田内会出现沉陷,影响观测及实际精度,立尺也比较困难。可将标尺立于田埂上,求出高程后,立尺人员实测田埂和田表高差,求出田埂的高程后减去田埂和田表之高差,即为田内高程,同样将高程注记于田内。

田埂按实地测绘,在田埂交叉处必须立尺。

6. 梯田测点的选择

梯田有水平梯田及倾斜梯田两种。

水平梯田:一般采用等高线、符号、高程来表示,梯坡宽在图上大于2mm的实测坡脚,密集地区在图上两坎间距小于5mm时可适当取舍。测梯田时标尺宜立在田内,田埂上立尺只能作为测绘田埂的平面位置。也可将标尺立在田埂旁的田内,田埂位置按实际情况作平面位移就可在图上画出,每块水平梯田(水田)注一个代表性高程,梯田内不应有等高线通过。

倾斜梯田:等高线不能直穿梯田坎,要中断错开通过。如图5-5-29所示,梯田坎与自然地形走向基本一致,应使符号两端与等高线紧密联系,不能上下参差或错漏。

当梯田坎与自然地形走向横截时,等高线不能直接穿过,坎上、下的等高线应错开,应按其比高,坎上向低处移,坎下向高处移。如图5-5-29所示。

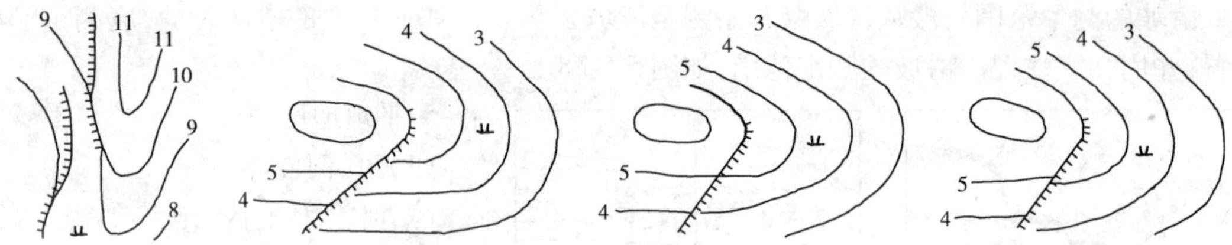

图5-5-29　穿过倾斜梯田坎时等高线绘法示意图

7.图上高程注记点位置的选取

高程注记点测注的目的在于更好地概括表示测区的地形总貌和特征。因此,应按规范的规定与要求认真测注。平地应选取线状或带状地物的交叉点、独立地物的基脚、土堆的顶部和附近平地、洼地底部和附近平地测注。微丘、重丘或山岭应选取山顶、鞍部、地形变坡点、分水线、合水线汇合点和方向变换点等地形特征处测注。另外各种堤顶、堤脚、涵洞顶、涵洞底、大桥中部和两端(小桥中部)以及铁轨面等均应测注高程。

第六节　数字化成图

一、概述

随着计算机技术的广泛运用,数字化成图越来越快的得到发展。数字地形图是用数字信息表示地形、地物的空间位置并存储在磁带、磁盘、光盘等介质上的地图,是在一定坐标系统内具有确定的坐标和属性的地面要素和现象数据的集合。数字化机助成图任务是将已有的纸质图通过数字化以采集地形图数据,或直接采集实地坐标数据,通过成图软件形成数字地形图的过程。

数字化机助成图的目的是为道路选线、勘察、设计提供准确可靠的数字地形图。数字化机助成图的主要方法有:

(1)全野外数据采集成图(含全站仪采集成图、GPS—RTK采集成图、三维激光扫描采集成图等)。地形图平面与高程控制测量、地形测量的精度要求应符合《公路勘测规范》(JTG C10)和《公路勘测细则》(JTG/T C10)相应条款的要求。地形图符号绘制原则上按国家现行的地形图图式,对数字化难以绘制的符号可做适当修改和简化,对图式中没有规定的符号,可根据各地不同情况和需要做出补充规定。凡修改和补充的符号,均应在设计书或技术总结中说明。需要时可对地物、地貌、数据属性增加标识代码,代码的设计应具有科学性、可扩性、通用性、统一性和唯一性,并与国家标准相一致。

(2)原地形图数字化(包括原图扫描矢量化和手扶跟踪矢量化)。

(3)摄影测量数字化成图,具体内容请参见第六章航测内业测图部分。

数字化成图的主要工序包括:数据采集、数据处理、图形处理与成果输出。数字化成图的成果应包括:地形图的数据文件,成果格式、内容应尽量与相应的国家标准一致。

数字化成图的硬件系统包括:计算机、绘图仪(打印机)、扫描仪或数字化板等。软件系统包括:操作系统、数据采集、数据通信传输系统、成图编辑系统、数据输出系统等。

二、数据处理和机助制图所需的基本设备及要求

(1)应采用计算速度快,内、外存储器容量大、兼容性好的计算机。

(2)绘图仪的量测系统分辨率不大于0.002mm/step;零点误差不大于0.1mm;单笔重复误差不大于0.05mm;有效绘图面积不小于841mm×597mm(A1幅面)。如果是使用大幅面喷绘仪,则应定期对其进行检校,并使用变形小的材料绘图。

(3)手扶跟踪数字化仪:手扶跟踪数字化仪的幅面可根据数字化图纸的大小而定,一般选用A1(841mm×597mm)幅面。数字化仪的分辨率不小于每厘米394线,精度不低于0.127mm,也可根据数字化的具体精度要求选择相应的数字化仪。

(4)扫描仪:可选用平台式或滚筒式扫描仪,其分辨率应满足图形定位控制点的扫描误差不大于0.1mm的精度要求,一般不小于每厘米157点。

三、数据处理、机助制图的基本软件及功能要求

(1)所用软件的操作,应采用菜单或提示,且应具有较好的兼容性,支持多种图形文件的输入、输出。

(2)数据通信软件应能解决野外测量数据记录器与微机的联机通信,实现数据的传输。

(3)控制测量数据处理软件:对野外原始测量数据文件可即行解码,分离出有关数据,并对观测值进行各项改正;建立网点数据结构文件和网点自动排序;坐标近似值的自动生成和对各控制网、线的平差计算;按一定格式打印出成果表,以及绘制控制网、线图等功能。

(4)碎部测量数据处理软件:对原始碎部测量数据进行分类、碎部测点坐标计算、图幅接边及剩余点的数据处理等,形成碎部点文件,根据点文件信息,将属于同一地物的各个测点按照一定的格式进行排列和处理,形成图形文件,并且具有对点文件、图形文件进行查询、修改、追加、删除等数据编辑功能。

(5)等高线自动绘制软件:利用离散高程点,并考虑到特征线和断裂线的处理,自动建立数字高程模型;自动进行等高线跟踪、等高线的断开处理以及形成等高线高程点记录文件;可用人机交互式对等高线进行编辑;能在绘图仪上输出等高线图。

(6)手扶跟踪数据采集软件应具备的功能有:灵活方便的分类码和属性码输入方法;对工作底图的重复定位能进行较差对比和超限提示;能按要求对采集的数据进行仿射变换;至少应具有点方式和流方式两种输入方法;对当前目标的编辑功能,如删除、移动、延长、连接等。

(7)扫描数据采集软件应具备的功能有:图纸变形改正及扫描机械误差改正;灵活方便的

分类码和属性码输入方法;图像编辑功能;对当前目标的编辑功能;二值化、细化和矢量化。

(8)图形编辑处理软件具备的功能有:能进行图形显示和屏幕图像存储,开窗放大、缩小、检索;能将检索结果形成原图形数据文件的一个子文件,增补、删除图形实体;对图形进行平移、旋转、复制、连接和拉伸等编辑修改;对数字与文字注记做相应的编辑与修改;图幅接边;能建立要素的位置信息和要素之间的拓扑关系,能进行地图投影变换。

(9)批量式绘图软件:对图形文件数据进行处理,自动调用相应的子程序,绘制出相应的地形图要素符号及注记;可进行分层绘制;能绘制图廓线、方格网线,且能进行图廓整饰和图幅外规定的注记内容的编辑;对超过一幅图面积的内容能自动分割,并处理好图幅边缘数据和图形。

(10)数据输出软件具备的功能有:应能将所采集的数据转换成国家颁布的标准格式;能输出关于测区情况和作业情况的统计数据。

四、工作底图的质量要求

(1)使用的地形图图面应平整、色正、清晰,并无褶皱、无污渍。方格网长度以及图纸的变形情况应满足用图要求。

(2)底图精度应符合如下要求:

图廓点位误差≤0.15mm

图廓边长误差≤0.2mm

图廓对角线误差≤0.3mm

公里网点间距误差≤0.2mm

(3)工作底图上的地物、地貌、水系、植被等要素,要表示清楚、正确。

五、数据分层要求

数字化地形图可参照表5-6-1进行分层。

地形图数据分层 表5-6-1

层　名	层号	缩写	几何特征	备　注
内、外图廓及整饰	0	NET1	点、线(弧段)	
方格网	1	NET2	线(弧段)	
测量控制点	2	CON	点	
居民地和垣栅(面)	3	RES1	多边形	
居民地和垣栅(点、线)	4	RES2	点、弧段	
工矿建(构)筑物及其他设施(面)	5	IND1	多边形	
工矿建(构)筑物及其他设施(点、线)	6	IND2	点、线(弧段)	
交通及附属设施(面)	7	TRA1	多边形	
交通及附属设施(点、线)	8	TRA2	点、线(弧段)	
管线及附属设施	9	PIP	点、线(多边形)	
水系及附属设施(面、线)	10	HYD1	多边形、线(弧段)	

续上表

层名	层号	缩写	几何特征	备注
水系及附属设施(点)	11	HYD2	点	
境界	12	BOU	多边形	
地貌和土质(面)	13	TER1	多边形	
地貌和土质(点、线)	14	TER2	点、线(弧段)	
植被(面)	15	VEG1	多边形	
植被(点、线)	16	VEG2	点、线(弧段)	
地名注记(定位点)	17	ANO	点	
说明注记(定位点)	18	ANN	点	

六、野外测量采集数据

野外采集数据应包括图根控制测量和碎部测量,野外测量采集的工作流程一般为技术设计、控制测量、外业数据采集、数据通讯、数据处理、图形编辑、质量检查、成果资料整理上交等。

野外测量采集前应做好技术设计(收集已有控制资料、技术方案、作业方法等)、人员培训工作和全站仪、外业记录设备、通讯设备、计算机(软件)、绘图仪等仪器准备。

野外数据采集时,首先进行图根控制测量,其方法和精度要求见本章第三节、第四节。碎部点坐标测量可采用极坐标法、量距法与交会法等。碎部点高程采集一般采用三角高程测量。当测站点不能满足采集需要时,允许适当加密一定数量的支导线点和引点作为图根控制点,但数量不能超过测站点总数的1/3。其作业流程如下:

(一)测站设置

在测站点上架设全站仪,对中、整平,瞄准其他控制点定向后,将度盘归零。仪器对中误差不应大于5mm,检查测站点与定向点的高差,其较差应小于1/5等高距。并用另一已知点作为检核,计算检核点平面位置误差应小于图上0.2mm。测站架设后应及时量测仪器高和觇标高,读记至0.5mm。

(二)数据采集

无论采用何种方法采集,作业时一定要严格照准目标,距离测定准确。采用全站仪极坐标法测定时,棱镜要放在目标地物(地形特征)点上,尽量保持固定的棱镜高度,当棱镜不能放置在地物定位点时,采取延长距离或距离、角度分别观测的方法,全站仪观测时可记录水平角、垂直角和距离,也可直接读取三维坐标。采用量距法采集时,丈量工具需经检校合格后方可使用,尽量丈量平距。采用交会法采集时,交会角度应大于30°、小于150°,交会方向宜选择3个,交会距离应控制在能准确照准地物目标中心为宜。

(三)隐蔽地物的采集

对仪器无法采集的地物,可采用距离交会法、截距法、延长线法等方法进行补测。补测数据可绘制草图,亦可直接在计算机上绘制成图。

(四)测站数据记录

有条件的应采用电子记录手簿或直接将采集数据存储在全站仪内,条件不成熟时也可以采用手工记录。外业数据记录角度读记至秒,距离、坐标、高差读记至毫米。采用电子记录手簿记录时,应考虑野外数据的检查、修改和编辑。数据编号应与绘图软件的要求相一致。正常情况下,一般采用顺序编号,应保证测站编号与草图编号完全一致。

(五)数据通讯

将电子记录和存储在全站仪内存中的外业采集数据通过一定的设备,传输到用于绘图的计算机内,手工记录需通过键盘输入,输入数据应有统一的格式,便于电脑软件的识别。

(六)计算机编辑

将采集坐标展绘到图形文件上,根据草图进行编辑,采用自动化绘图软件处理时,也必须进行必要的编辑。

(七)野外采集草图绘制

采用顺序编号记录时,应在现场绘制草图。草图应标明地物性质、相关位置、采集点号等内容,为内业编辑提供参考。

七、手扶跟踪数字化

手扶跟踪数字化作业的流程和要求如下:

1. 准备工作

(1)根据测区设计书,全面了解测区情况,如工作底图的比例尺、等高距、四周接边情况及作业时应注意的事项;

(2)查工作底图时,应特别注意对图廓边长的检查,以保证图幅定位的精度;薄膜、刻膜、纸质等地形原图应清晰、平整、无褶皱,图纸的变形应满足用图要求。

(3)检查数据采集所需的软件及其支持软件是否安装齐全,应避免计算机病毒的存在,确保采集数据的可靠性;

(4)准备好作业过程中所需资料。

2. 工作底图的预处理

(1)检查工作底图的接边情况、线状要素的连续性(如公路、河流、境界走向)、面状地物(如水域、植被、房屋及大型工矿建筑物等)是否闭合以及等高线是否连续、相接等。

(2)对线状目标的起讫点、平面交叉点、线状目标之间及其与面状地物边线的交叉点、同一线状目标上具有不同属性内容线段分界点、闭合曲线上的节点、线状目标和面状目标的边线与图边的交点、将目标划分为子目标时的划分点等,进行节点标识。

(3)添补不完整的划线,如被注记符号等压盖而间断的划线;没有明确界线的面状要素部分;境界线以及双线河、湖泊分界的部分;道路、等高线等遇居民地、房屋时的中断部分;水系中的沼泽、水中滩地等均以画线连接完整。

(4)增补的重要地物,删除已废除和消失的地物符号。

对于图上不便于区分的要素类别和属性应在预处理图上予以标识,如标明同一线状地物的属性变化和具有多重性地物的编码等。

3. 图纸定向

图纸定向应符合下列规定:

(1)图纸定向不应少于4点,定向点应分布均匀、合理,并宜选用图廓坐标或方格点作为定向点。每次数据采集工作开始前,必须进行工作底图的定位工作。工作底图的定位误差应不超过 ±0.16mm。经检查人员检查认可后方可作业,并将定位误差情况填入图历簿,在作业进行或结束时,必须进行工作底图定位检查。

(2)图纸定向后,应选择若干格网点作为检查点,其数字化坐标值与理论坐标值较差不应超过图上 ±0.3mm,超限时应检查原因或重新定向。

4. 图纸扫描

图纸扫描应符合下列规定:

(1)地形图扫描图像应不含明显噪声、二值性数据,并保证图面信息量以及影像范围内图廓线清晰、完整。

(2)扫描图纠正应采集图廓点、公里格网交点的栅格坐标,并根据其坐标值将栅格坐标转换成平面直角坐标,纠正对点误差应小于 0.1mm。

5. 数据采集及编辑

(1)按要求进行分层数据采集。层需要合并时,应在作业设计书中统一规定,作业人员不得自行处理。

(2)根据规定的图形符号定位点(线)进行数据采集,采集点的点位误差不大于 0.1mm。采集线状要素或面状要素边界时,应根据矢距大、小调整采点步距,步距以 0.3mm ~ 1.0mm 为宜。

(3)内图廓线、坐标网格应采用理论值生成,等级平面控制点应采用实测坐标生成,不得采用数字化方式产生。

(4)面状要素应构成闭合多边形。

(5)线状要素均按实线数字化并保持其连续性。在线状目标与线状目标或与面状目标相交或重叠处附近,应将线状目标或面状目标划分成目标段进行采集,以便根据采集软件的要求,建立相关目标段间的空间位置关系信息表。

(6)图上不对称线状符号(如堤、自然保护区界等),应将符号画齿部分位于数字化过程中鼠标前进方向的右侧。

(7)凡方向固定或无方向性的点状符号只采集其定位点坐标。有向点状符号,如泉、地下建筑物出入口等应先采集其定位点,再采集其方向点,其方向点定在该有向点状符号定位点的中轴线上。

(8)具有多重属性的公共边,只可数字化一次,存放在其主属性所属的层中,其分类代码为主属性的代码,该公共边在次属性层中的位置信息应采用拷贝的方法生成。

(9)图面注记的采集应正确无误,其字体、字号、定位点、方向及间隔应符合图式的规定。

(10)根据所采用软件功能和要求进行图形数据的编辑,并进行接边处理工作。

6. 检查图输出

(1)根据检查需要,选择绘图内容及输出形式;检查图应采用聚酯薄膜或变形小、表面光洁的纸张绘制,所采用的绘图笔应满足精度检查的要求;检查方法一般应采用检查图与工作底图套合的方法进行。

(2)检查图精度:图廓点、公里网点及等级平面控制点点位误差不超过 0.12mm;图廓边长误差不超过 0.2mm,对角线误差不超过 0.3mm;相对于工作底图,点状要素平面位移中误差不

超过 ±0.25mm，线状、面状要素平面位移中误差不超过 ±0.30mm。

7. 作业内容检查

在手扶跟踪数字化作业完成后，应进行各作业过程内容和要求的检查，其内容包括：文件及控制信息完整、正确；图幅定位误差是否符合限差规定；图内各要素的采集是否有错、漏；图内各要素代码及附属信息是否完整、正确；采集点的误差是否在限差范围之内；分层是否正确；接边数据的修改值是否符合限差规定。

八、扫描矢量化

1. 准备工作

扫描矢量化应检查工作底图是否干净整洁，线划、注记是否清晰。如工作底图质量不好，可进行修补或重新扫描。当图幅尺寸大于扫描窗口尺寸须做分块扫描时，应在工作底图上绘出分块标志，分块标志可使用坐标格网。

2. 地形图扫描

在保证图面信息量、线划密度和质量的前提下，采用适当的扫描分辨率，以扫描图像不粘连、不发虚为原则；扫描图像文件应认真检查，扫描线尽量与水平方向公里格网平行；影像范围在保证内图廓线完整的情况下尽可能小。

3. 扫描图纠正

采集已知控制点（如图廓点、公里网交点或其他大地控制点等）的栅格坐标，根据其已知坐标，利用坐标变换公式求解变换参数，再将栅格坐标转换成平面直角坐标。对于非系统变形，其值较大时，应考虑采用公里格网进行坐标变换的方法进行纠正。

若采用分块扫描，应按照所用软件的要求进行块之间的拼接，拼接后的要素应做到编号统一、坐标唯一。

4. 数据采集

数据采集采用屏幕跟踪的方式进行，按要求进行分层和各要素的屏幕跟踪数据采集。

5. 精度要求

图形定位控制点的扫描误差不大于 0.1mm。

相对于工作底图，矢量化后的扫描点位误差不大于 0.15mm，线划误差不大于 0.2mm。

接边误差不大于扫描输入方式的平面位置中误差的 $2\sqrt{2}$倍。

九、作业内容检查

数字化成图应认真进行以下检查，以减少错误的发生。

(1) 文件及控制信息完整、正确；

(2) 图幅定位误差应符合限差规定；

(3) 图内各要素采集是否有错、漏；

(4) 采集点误差是否在限差范围内；

(5) 分层是否正确；

(6) 接边数据修改值是否符合限差规定；

(7) 所有注记输入是否正确，指向明确。

第六章 摄 影 测 量

第一节 航空摄影测量现状和发展

航空摄影测量是利用航空摄影所得的像片,研究和确定被摄物体的形状、大小、位置、性质及其相互关系,以测绘各种比例尺的地形图或专题图,为各种地理信息系统建立地球表面的空间数据库。航空摄影测量自诞生至今已有100余年的历史,它从模拟摄影测量开始,经过了解析摄影测量,目前已进入数字摄影测量阶段。

一、模拟摄影测量

模拟摄影测量是利用光学、机械或光学机械等模拟方法重建或恢复与摄影时相似的几何关系,实现摄影光束的几何反转,这类模拟方法称为经典摄影测量。模拟法测图主要分为综合法和全能法两种,其方法和原理虽然直观、易懂,但存在着明显的缺点和局限性。

1. 模拟法精度低。由于大面积摄影时,光束在空间构成了复杂的几何关系,所以用模拟方法不可能实现精确地测定点位的目的。即使单个模型,由于模拟仪器结构复杂,受机械和光学加工的限制,精度也是有限的。除此之外,在摄影和量测过程中可能存在的系统误差会破坏模拟仪器交会导杆的直线性,对这种系统误差是难以简单估计的。

2. 资料的限制性。主要对像片的内方位和外方位元素及仪器上的模型比例尺均有较大的限制约束,因为内方位元素必须为精确值,而对于不同主距的像片,必须有相应主距的投影器,否则就要采用理论上不完全严格的变换光束测图。此外,模拟仪器受结构、体积大小和光学加工的限制,对像片倾斜角和基线分量都有一定的限制。另一方面,由于模拟测图仪的模型会受最大和最小高程及齿轮传动比的限制,在模拟仪器上确定模型比例尺变得很复杂。

3. 产品的单一性。模拟法摄影测量的产品单一,只能提供图解产品的图件,修改和更新均比较困难。

二、解析摄影测量

解析摄影测量是以计算机为主要手段,通过对摄影像片的量测和解析计算方法的交会方式来研究和确定所摄物体的形状、大小、位置、性质和相互关系,并提供各种摄影测量产品的一门科学。解析摄影测量虽然与模拟摄影测量有着相同的原理与作业方法,但模拟解算变成了计算机数值解算,光学或机械交会变成了“数字导杆”的交会。解析摄影测量主要解决下述两大问题:

1. 利用计算机根据像片坐标量测值进行解析空中三角测量,以实现对像片的点处理。

2. 利用解析测图仪对立体模型进行量测,研究被摄物体的形状、大小、位置及其相互关系,并通过数控绘图仪绘出所需要的图形，实现对像片数据的在线处理。

解析摄影测量的发展，使得非地形摄影测量不再受到模拟测图仪的限制，并使摄影测量的应用渗透到建筑工程、地质、考古、医学、生物、交通事故、公安侦破、动态轨迹测量等各个领域，同时解析摄影测量中解析测图仪也使得测量成果真正实现了数字化，从而为构建测绘数据库和建立各种地理信息系统（GIS）奠定了基础。

三、数字摄影测量

数字摄影测量是解析摄影测量进一步发展的结果和产物，从广义上讲，它指的是从摄影测量和遥感所获取的数据中，采集数字化图形或数字影像，在计算机中进行各种数值、图形和影像处理，研究目标的几何和物理特性，从而获得各种形式的数字和可视化产品。这些数字产品主要包括数字地图、数字高程模型（DEM）、数字正射影像、测量数据库、地理信息系统（GIS）和土地信息系统（LIS）等；可视化产品主要包括地形图、各种专题图、纵横剖面图、透视图、正射影像图、电子地图和三维动画产品等。

获取数字化图形的方法主要有两种，一种是在计算机辅助和计算机控制的摄影测量工作站上借助机助制图软件完成；另一种是在更高级的数据库下借助于图形编辑和质量检查进行数据采集。与此相应的数字及数字化影像的获取方法也有两种，第一种是直接用数字摄影机（如 CCD 阵列扫描仪或矩阵摄影机）和各种数字扫描仪获得；第二种是用扫描仪对已得到的像片影像进行扫描。目前在各生产、教学与科研领域大多采用第二种方法以一定的分辨率扫描像片，以供数字摄影测量离线处理。数字摄影测量系统的主要目的是完成对数字影像的自动影像匹配定位和影像判读，主要有在线和离线两种方式。目前，应用于生产与科研的数字摄影测量系统有：HELAVA、Virtuozo、美国 Intergraph 公司的 Imagestation Z、ISSK 全数字摄影测量系统和国产的 JX4 等。

纵观摄影测量的发展过程，它主要经历了模拟摄影测量、解析摄影测量和数字摄影测量三个发展阶段，其过程伴随着光学机械技术、计算机技术与信息技术的进步而进步，其发展趋势主要表现在以下几个方面：

1. 模拟摄影测量和解析摄影测量是数字摄影测量发展的必经阶段，而数字摄影测量则是摄影测量发展的高级阶段，并最终发展为实时全数字摄影测量。随着数字摄影测量的出现，人们的研究与生产工作在很大程度上已依赖于计算机，解析测图仪逐步被淘汰。在摄影仪方面，数字摄影仪必将代替传统的摄影仪，使摄影测量快速地实现数字摄影测量的在线处理。

2. 摄影测量与全球定位系统（GPS）的有机结合，在解析空中三角测量中引入空中姿态数据，以提高摄影测量测定点位的精度和可行性。在公路勘测中，对于带状区域，应进一步研究如何利用机载 GPS 辅助空中三角测量，以减少地面像片控制点和提高勘察效率。国家“九五”科技攻关“GPS、航测遥感与道路 CAD 集成技术开发”课题首次将 GPS 与航测技术集成，获得了良好的经济效益和社会效益。

3. 摄影测量与遥感技术更紧密地结合将是未来数据采集的主要手段之一，并将应用于各个领域，尤其是在“数字交通”或智能交通信息系统（ITS）建立方面将发挥更重要的作用。

第二节 航空摄影测量基本原理

摄影测量从本质上讲，就是利用不同的量测用摄影机（仪），从空间、空中或地面获取具有一定重叠度的立体像对的像片（如图 6-2-1），通过一定的测量手段测定一定数量的像片控制点的三维大地坐标、恢复摄影时摄影机（仪）的空间姿态，经过内定向→相对定向→空中三角测量加密→绝对定向四个连续作业工序的量测和坐标变换的计算，完成像片上目标成像点从像片坐标系→立体模型坐标系→大地坐标系（或工程中常用的抵偿坐标系、独立坐标系）的转换。在此基础上进行数字化地形图测绘、数字地面模型三维数据采集、工程用正射影像图及正射影像地形图、各种断面地面线测绘等应用测量，为国家建设提供满足不同要求的测绘产品。

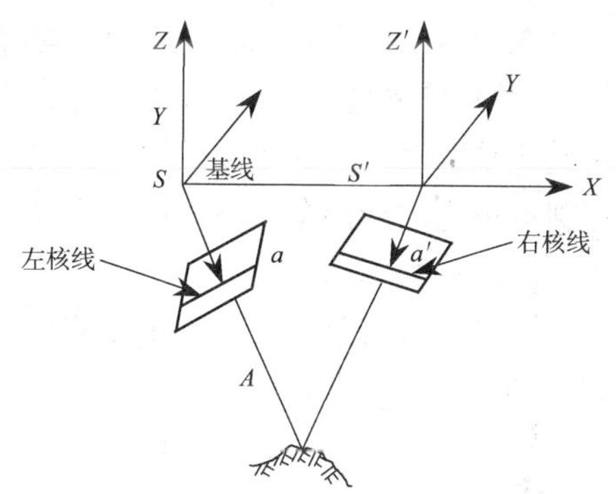

图 6-2-1 立体像片示意图

一、摄影测量生产的工序

（一）内定向

内定向是指根据量测的像片四角框标坐标和相应的摄影机检定值，恢复像片与摄影机的相对位置，即确定像点在像框标坐标系中的坐标。

（二）相对定向

相对定向的含义是，恢复摄影瞬间立体像对内左、右像片之间的相对空间方位。确定两个像片的相对空间方位需要 5 个参数。相对定向的数学关系通常用同名光线共面条件表示，即左右摄影中心至地面点的两条光线共面。相对定向一般假定左像片保持水平不变，右片相对左片的 5 个参数通常以基线分量 B_x、B_y 和右片的旋转角 φ、ω、κ 表示。

$$\begin{vmatrix} B_x & B_y & B_z \\ X & Y & Z \\ X' & Y' & Z' \end{vmatrix} = 0 \tag{6-2-1}$$

式中：B_x、B_y、B_z——立体像对右片相对于左片的基线分量；

X、Y、Z——地面点 M 在立体像对左片成像点的模型坐标；

X'、Y'、Z'——地面点 M 在立体像对右片上同名成像点的模型坐标。

这是相对定向的方程式。

相对定向方程式为非线性函数，需要将其线性化，相对定向至少需量测 6 个定向点，利用最小二乘法平差解算。

（三）空中三角测量像控点加密计算

空三加密的目的是为了通过空中三角测量的方法，利用摄影测量设备量测测区内全部可用像控点的模型坐标，通过相应的计算机软件加密计算出这些像控点的大地坐标，这个内业作业过程称为空中三角测量像控点加密计算。利用空三加密的方法只需在野外测定少量的平高像控点（平面像控点、高程像控点），其余的大部分像控点的三维大地坐标是通过内业量测并用空三加密的方法计算得到的，这样可减少外业像控测量的工作量，节省人力、物力，提高工效。

空中三角测量像控点加密计算的方法：

1. 区域平差也称区域空中三角测量，俗称电算加密，是对整个区域网进行绝对定向和误差配赋，区域平差计算目前一般采用独立模型法或光线束法。独立模型法是以单个立体模型为单元；而光线束法则以单张像片为单元。

2. 联合平差是指摄影测量数据与非摄影测量数据的整体联立解算，联合平差也称为带辅助数据的解析空中三角测量。辅助数据系指大地测量观测数据，例如地面的距离、水平角、方位角，像片外方位元素，湖面点高等条件。目前，联合平差主要是指摄影测量数据与机载 GPS 精确定位数据的同时整体解算。这是解析空中三角测量的一项重要进展，可以实现少量地面控制点或无地面控制点空中三角测量。

（四）绝对定向

相对定向仅仅是恢复了摄影时像片之间的相关位置，再经过模型连接建立的航线网也是相对的，比例尺是自由的。摄测坐标系与大地坐标系不一致，其区别是：原点不同，方位不一致，比例尺不同，还需要经过绝对定向的过程才能将立体模型的坐标归化为大地坐标系的实际坐标。

绝对定向也称大地定向，是指确定立体模型或由多个立体模型构成的区域的绝对方位，也就是确定立体模型或区域相对于地面的关系，绝对定向参数为 7 个。

为了求得立体模型中各点的大地坐标，绝对定向过程需要分两步进行：

第一步是概略定向，根据野外像片控制点的大地坐标，对航线进行平移、旋转和缩放处理。由于航线模型本身有变形，只能使摄测坐标与大地坐标大体上一致。

第二步系统误差的改正，根据野外像片控制点的大地坐标，利用反映摄测网变形规律的公式（如多项式曲面）进行航线网的非线性变形的改正。

（五）地物采集

作业人员在完成立体模型的绝对定向后，需经专职质量检查人员联机检查，确认精度符合要求后，方可进行地物采集。应参照外业调绘片，在立体模型上仔细辨认，分类进行测绘。对于数字化测图，应按统一的地物编码系统分类进行采集，并且分层进行存储。同时采集的数据还应加上地物属性，以方便于同 GIS 建立接口。为了便于在采集和编辑中明显区分不同的地物，各种现状地物通常赋予相应的颜色。

（六）地貌采集

在传统的模拟测图包括机助测图中，地貌采集是由等高线描绘和注记高程点两个部分组成的。等高线的基本等高距，应根据规范要求的成图比例尺、地形类别及用图需要选定；计曲线则取基本等高距，即首曲线的 5 的倍数。

高程注记点，一般选在明显地物点和地形点上，依据地形类别及地物点和地形点的多少，其密度为图上每 100mm × 100mm 范围内 5 ~ 20 个点。

（七）原图编辑

地形原图编辑包括对原图中地物、地貌表示不合理之处的处理、相邻图幅的接边处理，以及道路、河流、街道等名称的注记。

（八）原图清绘

在传统的模拟测图中，原图清绘的主要任务是在铅笔稿原图上进行清理着色，或者在聚酯薄膜上刻绘。对于数字化测图，在经过图形编辑和审校后，可直接利用高精度绘图机绘制线画地形图，还可用磁介质提供数字地形图产品。

（九）外业补测、补调

对于航摄漏洞如像片在摄影时被烟云遮盖、地物为阴影所遮挡的部分测量，以及大比例尺测图中量注屋檐等，均须实地进行补充调绘和地面测绘，在这种情况下，尚需进行二次编辑。

二、全数字摄影测量生产的一些概念

（一）数字摄影测量的定义

目前，世界上对于数字摄影测量的定义，主要有两种观点。

1. 数字摄影测量是基于数字影像和摄影测量的基本原理，应用计算机技术、数字影像处理、影像匹配、模式识别等多学科的理论与方法，提取所摄对象以数字方式表达的几何与物理信息的摄影测量学的分支学科。

2. 另一种定义，则只强调其中间数据记录及最终产品是数字形式的，即数字摄影测量是基于摄影测量的基本原理，应用计算机技术，从影像（包括硬拷贝，数字影像或数字化影像）提取所摄对象以数字方式表达的几何与物理信息的摄影测量分支学科。这种定义的数字摄影测量，包括计算机辅助测图（常称为数字测图）与影像数字化图，目前，我国测绘科研和生产单位的相应部分工作主要应用是按照这种定义的方式进行的。

影像数字化测图，是利用计算机对数字影像或数字化影像进行处理，用计算机视觉（其核心是影像匹配与影像识别）代替人眼的立体量测与识别，完成影像几何与物理信息的自动提取。

还有一种类型称之为混合数字摄影测量，通常是在解析测图仪上安装一对 CCD 数字相机，对要量测的局部影像进行数字化，再进行数字相关（匹配）获得点的坐标。

（二）数字影像获取与重采样

1. 数字影像

数字影像是数字摄影测量的基础原始数据。数字影像是以像元（像素 pixel = picture element）为单位，以灰度值表示的灰度矩阵。像素的灰度值常以 8 位二进制数表示，即一个字节（byte），当数字影像是彩色影像时，影像的数据量是灰度影像数据量的 4 倍。像素的间隔即采样间隔，根据采样定理由影像的分辨率确定。也就是说，在扫描过程中将光学影像抽象为像元的点阵，每个像元范围（一个微小的区域）取灰度的平均值作为灰度值。

在解析摄影测量中，一个目标点向量 X_{ap} 是三维的。

$$X_{ap} = (X, Y, Z)t \tag{6-2-2}$$

数字摄影测量与解析摄影测量及模拟摄影测量的根本区别，在于对影像辐射信息的计算机数字化处理。在全数字化摄影测量中，目标点向量 X_{dp} 为四维。

$$X_{dp} = (X, Y, Z, D)t \tag{6-2-3}$$

其中：$D = D(X, Y)$ 是该点的辐射量（影像）的密度或灰度值，集合 $\{D\}$ 就构成了数字影像。

2. 数字影像获取

数字影像可直接从装在飞行器上的传感器产生,记录在磁介质上;也可以利用影像数字化器对摄取的光学影像扫描来获取,即把原来模拟方式的信息转换成数字形式的信息。

通常的航空像片,均需利用高精度的专用扫描仪将其数字化。这种扫描仪一般是由 CCD(Chauge Coupled Device-电偶合器件)阵列传感器组成,分为线阵列和面阵列两种排列方式。

目前,用于数字摄影测量的高精度扫描仪,主要有如下几种:

(1)Leica-Helava 公司的 DSW 300 扫描仪;

(2)Zess-Intergraph 公司的 PhotoScan 扫描仪;

(3)Vexcel VH4000 扫描仪。

3. 影像重采样

影像重采样是指在原采样的基础上再一次采样,即欲求不位于采样矩阵点的灰度值时,就需要进行内插,称之为影像重采样。每当对数字影像进行几何处理时,就需要进行影像重采样,影像的旋转、核线影像排队以及数字影像纠正均属于影像重采样的范围。

(三)影像匹配的基本概念

1. 影像匹配的定义

数字影像匹配,是利用计算机以数值计算方式,按特定的算法,根据一定的准则,比较左、右影像(或多幅)的相似性,来确定其是否为同名影像块,从而确定相应同名像点。数字影像匹配是数字摄影测量的核心问题。

2. 影像匹配研究的内容

影像匹配研究的内容,涉及影像匹配的精确性和可靠性、算法的适应性以及匹配速度等。

3. 影像匹配的方法

影像匹配应遵从由粗到细、由单点到整体的匹配原则。

影像匹配的方法:特征匹配、关系匹配、整体匹配。

特征匹配或基于特征的匹配:根据所选取的特征,可以分为点特征匹配、线特征匹配及面特征匹配。特征匹配属于图像与图像之间的匹配。

一般情况下,特征匹配可分为三步:

(1)提取特征;

(2)利用一组参数对特征进行描述;

(3)利用参数进行特征匹配。

关系匹配可以解决图形的匹配问题。关系匹配的核心之一,是结构的描述——关系。关系匹配可以用于图像与图像之间的匹配,也可以用于图像与物体之间的匹配。

由于整体影像匹配考虑了与周围影像的相容性、一致性、整体协调性,可以纠正或避免错误的结果,从而可提高影像匹配的可靠性。

(四)影像相关原理

影像相关是利用两个相关函数,评价它们的相似性,以便确定同名点。即首先取出以待定点为中心的小区域中的影像信号,然后取出其在另一影像中相应区域的影像信号,计算两者的相关函数,以相应函数最大值对应的相应区域中心点为同名点,即以影像信号分布最相似的区域为同名区域,同名区域的中心点为同名点,这就是自动化立体量测的基本原理。

最初的影像匹配,是利用相关技术来实现的,实际应用中相关分为二维相关($M \times N$ 个像素灰度阵列的面相关)及一维相关(核线相关),随后发展了多种影像匹配方法,所以影像匹配常常被称为影像相关。

三、国产先进的 VirtuoZo NT 全数字摄影测量系统生产作业流程

(一)数字影像输入

航空影像通过高精度专用扫描仪将其数字化,得到以二维像元灰度矩阵表示的数字影像。可以接受的数据格式有:TIF,SGI(RGB),BMP,TGA,SUNRaster,VIT,JFIF/BSF 格式。

(二)自动空中三角测量

自动空中三角测量,包括自动内定向、自动选点与转刺、自动相对定向、半自动控制点量测、区域网平差解算加密点地面坐标,以及自动建立测区内各立体像对的相关参数。

1. 自动内定向

在数字摄影测量中,自动内定向是指框标的自动识别和定位。从而实现恢复单张像片的内方位元素。VirtuoZo NT 的自动化程度很高,只需人工辅助精确识别任一个框标,自动做成模板,所有框标均自动识别。利用影像匹配技术和模式识别方法确定框标坐标,根据框标检定坐标,用最小二乘平差方法计算扫描坐标系与像片坐标系间的变换参数,自动完成单张像片的内定向。任一像元的影像扫描坐标,可利用内定向参数变换成像平面坐标系的坐标。

系统同时具有人工交互后处理功能。

2. 自动选点与刺点

系统具有自动选点与刺点功能,即在基本影像上选择内业加密点并自动编号,通过影像匹配自动标识在相邻的同名影像上,包括相邻航线的同名影像上。

3. 自动相对定向

首先在左(右)影像上分区提取特征点,然后利用二维影像匹配算法,自动在右(左)影像上寻找若干个同名点(通常超过 100 个点),作为相对定向的定向点,确定这些点的像平面坐标,再按解析摄影测量的相对定向算法,解求出立体像对的 5 个相对定向参数。根据相对定向参数就可确定立体影像对左、右影像的相对方位,计算出各点的模型坐标。

系统提供人工交互后处理功能。为了适应传统的模拟机助测图系统和解析测图系统加密控制点的要求,可以将在涤纶片上已刺点的点位标识在相应的数字影像上,并给予同名的点号,再利用自动相关转刺到相应的同名影像上。

4. 半自动控制点量测

控制点的半自动量测方法是,对照外业刺点像片上控制点的位置,在左(右)数字影像上准确标识其点位,由影像匹配自动确定控制点在另一影像中的同名点。

5. 区域网平差

区域网平差是将量测的区域作为一个整体,利用最小二乘法进行平差处理,使得所有加密点和控制点均满足相应的空间交会条件,例如模型(像片)的连接差为最小、控制点的平差坐标与地面坐标之差为最小等。区域网平差的方法,主要有独立模型法和自检校光束法两种,世界上著名的相应软件包有 PAT-M 和 PAT-B。

自检校光束法区域网平差,如 PAT-B,在理论上是最严密的算法,也是加密精度最高的方法。它可以通过附加参数自动补偿系统误差,自动剔除粗差,进行机载 GPS 定位数据联合

平差。

（三）数字影像的定向

如果预先做了自动空中三角测量，则在DEM提取、正射影像纠正或地物采集前，均不需重做影像的内定向、相对定向、绝对定向，相应的定向参数可直接由自动空三生成的结果文件中取得，大大简化了定向作业过程，可明显提高生产效率。

（四）生成核线影像

生成核线影像，就是将原始数字影像重新按核线方向逐条进行排列，形成按核线排列的立体影像。一般情况下，数字影像的扫描行与核线不重合，为了获取核线上点的灰度序列，必须根据原始影像灰度值进行内插，即所谓沿核线进行影像灰度重采样。

当模型完成了相对定向后，就可以进行核线影像排列。

根据摄影测量空间点、线、面的关系，核面是指通过摄影基线和一对同名光线的平面。核面与左、右影像平面所成的交线，称为左、右同名核线。为了保持同名光线相交，即满足同名光线共面条件，则同名像点只能沿相应的同名核线移动。利用这一几何约束特性，可以将同名像点的二维影像匹配，简化为一维影像匹配。也就是说，当左核线上选定一点作为目标区，则同名像点的搜索区，就限定在同名的右核线上。

（五）预处理

在自动影像匹配之前，可以在立体模型中量测一部分特征线（山脊线、山谷线、陡坎、断裂线等）、特征点（山顶、鞍部点、变坡点等）、特征面（湖面、阴影区、林区边界等）作为自动影像匹配的控制。经过上述的预处理，可以明显改善影像匹配的效果，对于大比例尺测图，预处理是很重要的。

（六）影像匹配

影像匹配，是沿核线进行一维影像匹配，自动确定同名点。影像匹配采用金字塔影像数据结构，基于跨接法的整体影像匹配。

VirtuoZo NT能以每秒500个点的速度，自动匹配出成千上万个同名点。

（七）匹配结果的编辑

在影像自动匹配完成后，系统根据相关系数对匹配结果进行统计分类，并以绿、黄、红三种区域表示影像匹配较好、一般、较差，当然这只能作为衡量匹配结果的参考。在立体模型中通过显示匹配后同名点的视差（左、右视差）断面或等视差曲线，可以发现粗差，显示出系统认为不可靠的点。

交互式机助编辑方式有点编辑、线编辑及面编辑。通常先选择编辑范围，然后选择编辑方法，例如平滑计算、表面拟合计算或给定高程值水平面拟合等。

（八）提取DTM/DEM

在完成绝对定向和匹配编辑后，根据编辑后的影像匹配结果（视差数据）、定向结果参数及给定用于建立DEM的参数，利用移动曲面拟合法，自动内插生成不规则格网的DTM（影像上规则视差格网投影于地面坐标系），以及规则格网的DEM，即数字高程模型。

在生成单个数字高程模型后，再将单个模型的DEM拼接起来，建立图幅DEM，也可采用多模型的批处理方式进行。

(九)数字正射影像纠正

当 DEM 建立后,可进行正射影像的生成。首先逐个模型进行影像的正射纠正,其处理方式,可按单模型,也可按批处理方式对多个模型进行处理(DEM、正射影像及等高线的生成可同时在批处理中完成)。测区的所有单模型处理完后,多影像的拼接工作,将在影像镶嵌中进行。

纠正后的正射影像可以显示以及局部开窗放大检查。

(十)等高线生成

在建立了 DEM 后,可自动进行等高线的生成。首先需输入测区的等高线参数,包括等高线数据文件名、计曲线间隔、等高线宽度、等高线注记字高等。生成等高线时可以逐个模型进行,也可以对多个模型进行批处理。等高线的拼接,将在影像镶嵌中进行。

当等高线生成后,可以显示当前模型的等高线全貌,也可以进行局部窗口放大检查。

(十一)等高线与正射影像叠合

等高线和正射影像分别生成以后,可将等高线叠合到正射影像上,获得带等高线的影像地形图。其处理方式可采用单模型,也可按批处理方式进行。镶嵌的等高线与镶嵌的正射影像的叠合,将在影像镶嵌中进行。

(十二)DEM 拼接和正射影像镶嵌

VirtuoZo NT 系统可对多个影像模型进行 DEM 拼接,对正射影像、等高线影像、等高线叠合正射影像进行镶嵌,其拼接或镶嵌的作业流程如下:

1. 建立、选择多影像模型的相关文件。

2. 输入拼接或镶嵌的参数。

3. 选择拼接或镶嵌的范围。

4. 自动拼接或镶嵌。

(十二)地物测绘

地物测绘也称数字测图,通常是基于数字立体影像,按类似于解析测图仪的作业方式,以人工交互式的方法分类对各种地物要素进行测绘,辅以房屋、道路等线状地物的半自动提取,生成数字线划图或矢量图。

VirtuoZo NT 目前有基于 MicroStation 的测图模块、IGS 地物测绘模块以及房屋和道路的半自动提取模块。

地物测绘软件,一般都按国家统一地物编码系统建立完整的采集界面(下拉式菜单)、地物符号库和线型库以及各种联机编辑功能。

测绘地物的立体观测方式,有如下几种模式:

1. 立体眼镜

(1)偏振光屏幕和配套的偏振光眼镜;

(2)红外液晶发射器和配套的立体眼镜。

在地物采集中,可以采用两种漫游方式,即影像漫游和测标漫游。

2. 立体反光镜

立体反光镜,是架在显示屏幕前的简易观测装置,其作用是利用光学目镜使操作者的左、右眼分别观测左、右影像,以便形成立体效应。

3. 正射影像测图

正射影像测图是指在根据 DEM 纠正后的正射影像上,采用非立体方式,人工在左影像上选定地物,利用影像自动匹配功能,使右影像上的测标自动跟踪同名地物,实现地物采集。

(十四)地图编辑

地图编辑,是指对采集的原图中地物、地貌表示不合理之处,进行必要的处理、相邻图幅的接边处理,以及道路、河流、街道等名称的注记。

(十五)地图整饰和输出

对于数字化测图,在经过图形编辑和审校后,可进行地图分幅和图廓整饰,直接利用高精度绘图机绘制线划地形图、正射影像图、影像地图,还可用磁介质提供数字地图产品。

第三节 航空摄影

航空摄影就是根据公路初步设计文件所确定的路线走廊带进行航带设计,选择合理的航摄仪和摄影材料进行空中摄影,从而获得公路带状区域成图的原始资料。下面根据航空摄影的工艺流程介绍其主要内容与过程。

一、航带设计

(一)公路航带设计的原则

公路航空摄影是以路线走向为导向,连续布设若干个首尾相接的航摄分区覆盖全部路线方案的带状摄影。因此,航带设计必须以公路规划任务书、公路工程可行性研究报告、公路勘察任务书等技术文件为依据。从技术、经济角度考虑,各航摄分区的设置宜首选单航带摄影;当路线弯曲过大或遇到需要加大摄影宽度的地带,如特大桥、大桥、隧道、大型互通式立交、多方案密集分布处,可布设多航带摄影。各航带交接处不得有摄影漏洞,重叠部分至少具有两条以上摄影基线。

航带的长度应适宜,太长会使航线的弯曲度和航偏角难以达到规范的要求,航带长度过短又会使航摄飞机调机频繁、空飞时间多、测段接头也较多,航带过长或过短都不利于航测外控测量和内业三维数字化测图。

同一航带中地形起伏的高差不宜过大,以利于航空摄影时航高差的控制。

(二)公路航带设计的方法

1. 资料收集:收集公路规划任务书、公路工程可行性研究报告以及地形图等依据性资料。地形图资料收集与航摄比例尺有关,一般采用比例尺为 1:50 000 的地形图,当航摄比例尺大于 1:6 000 或小面积块状摄影时,最好采用比例尺为 1:25 000 或 1:10 000 的地形图进行航带设计。

2. 确定摄影范围:根据依据性资料将路线方案展绘在航带设计用图上,划定方案走廊带的范围及有特殊要求的航摄区范围。

3. 确定比例尺:航摄比例尺的选择,应综合考虑公路各测设阶段所用地形图的比例尺及相应精度要求,结合摄区的地形条件、成图方法及所用仪器的性能等因素。航摄比例尺分母与成图比例尺分母之比以 4 ~6 倍为宜,航摄比例尺的具体数值见表 6-3-1。对地形图精度要求高的工程宜选择较小值。在公路勘测中，设计文件所用地形图的比例尺一般为 1∶2000，航空摄影的像片比例尺为 1∶8000 ~ 1∶12 000。

航摄比例尺 表 6-3-1

成图比例尺	航摄比例尺	成图比例尺	航摄比例尺
1∶500	1∶2000 ~ 1∶3000	1∶2000	1∶8000 ~ 1∶12 000
1∶1000	1∶4000 ~ 1∶6000	1∶5000	1∶20 000 ~ 1∶30 000

4. 不同航带数在设计用图上的总宽度采用式(6-3-1)计算。

$$d_j = l\frac{m}{M}[1+(j-1)(1-q_Y)]\times 10^{-3} \qquad (j=1,2,\cdots) \tag{6-3-1}$$

式中：d_j——航带在设计用图上总的覆盖宽度(m)；

l——像幅尺寸(mm)；

m——航摄比例尺分母；

M——设计用图比例尺分母；

j——航带数；

q_Y——相对于平均基准面上的旁向重叠度(%)。

5. 统计各航摄分区的图上宽度、长度以及航带数。

6. 计算每个航摄分区的摄影面积及整个摄区的摄影总面积：

(1)每个航摄分区的摄影面积按式(6-3-2)计算。

$$A_i = S_{xi}S_{yi}M^2\times 10^{-6} \tag{6-3-2}$$

式中：A_i——第 i 个分区的摄影面积(km^2)；

S_{xi}——第 i 个分区的图上长度(m)；

S_{yi}——第 i 个分区的图上宽度(m)。

当多航带分区中航带长不等时，应依不同航带数分段计算再取和。

(2)计算整个摄区的摄影总面积。

$$A = \sum_{i=1}^{n} A_i \tag{6-3-3}$$

式中：A——整个摄区的摄影总面积(km^2)；

A_i——各个分区的摄影面积(km^2)；

n——摄影分区总数。

7. 计算每个航摄分区的基本像片数及整个摄区的基本像片总数。

(1)各分区的航摄基线长按式(6-3-4)计算。

$$B_{xl} = ml(1-q_{xl})\times 10^{-3} \tag{6-3-4}$$

式中：B_{xi}——第 i 个分区航摄基线长(m)；

q_{xi}——第 i 个分区的航向重叠度(%)。

(2)各分区的基本像片数按式(6-3-5)计算。

$$C_i = \sum_{j=1}^{j_i}\left(\frac{S_{x_{ij}}M}{B_i}+3\right) \tag{6-3-5}$$

式中：　C_i——第 i 个分区航摄基本像片数；

$S_{x_{ij}}$——第 i 个分区第 j 条航带的图上长度(m);

j_i——第 i 个分区的航带数;

$\left(\frac{S_{x_{ij}}M}{B_i}+3\right)$——表示以航带为单位,向上取整。

(3)计算整个摄区的基本像片总数。

$$C=\sum_{i=1}^{n}C_i \tag{6-3-6}$$

式中:C——整个摄区的基本像片总数。

(三)公路航带设计提交成果资料

1. 公路路线方案地理位置图。图中以经纬度标注出航摄空域范围。

2. 航带设计略图。图中以适当比例尺绘制摄区 1:50 000(或 1:25 000、1:10 000)地形图图幅结合图,注明图号,在结合图中概略标出各航摄分区范围并标注分区号。

3. 航带设计采用的航摄比例尺、设计用图比例尺、航摄仪像幅尺寸、航片的航向及旁向重叠度等基本参数。

4. 航带设计的路线名称、路线总长、航摄分区数,各航摄分区的航带数及航带长、航摄面积和基本像片数,整个摄区的航带总数及航带总长、航摄总面积和基本像片总数。

(四)公路航摄航带设计示例

1. ××公路××段航带设计

2. 设计基本参数

航摄像片比例尺:1:10 000

设计用图比例尺:1:50 000

航向重叠度:60%

旁向重叠度:30%

3. 航带设计略图如图 6-3-1。

4. 航带设计成果如表 6-3-2。

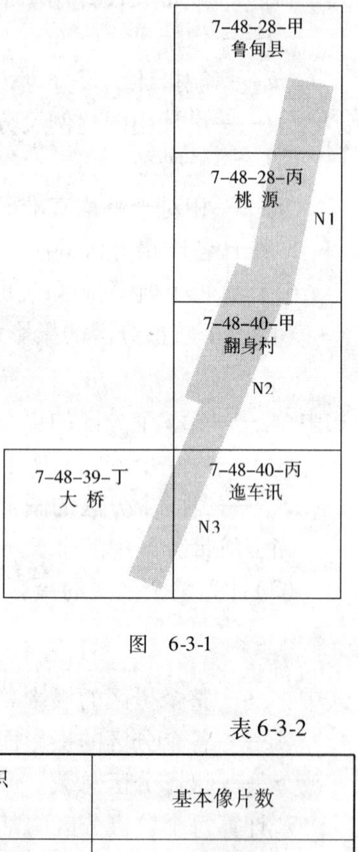

图 6-3-1

航带设计成果表

表 6-3-2

分区	航带数	航带长(km)	摄影面积(km^2)	基本像片数
1	3	29.5	5.52×29.5=162.84	35×3
2	4	18.5	7.13×18.5=131.91	23×4
3	2	29	3.91×29=113.39	35×2
合计	9	77	408.14	267

二、航摄仪的选择

航摄仪是航空摄影的主要仪器,它由镜箱、暗匣、座架和控制系统等部分组成,公路航摄应合理选择性能先进的航摄仪。公路航空摄影应结合路线沿线的地形起伏情况和成图精度要求，在选择航摄仪镜头焦距时，根据摄区的地形和成图精度要求进行综合考虑，在保证飞机最低安全高度和避免摄影死角的前提下，尽量选用短焦距镜头进行航空摄影。摄影像幅有180mm×180mm和230mm×230mm两种形式，作业时宜选择使用像幅为230mm×230mm的航摄仪。航摄仪通常根据其主距或像场角的大小分为长焦距、中焦距和短焦距三种，如表6-3-3。

航摄仪的分类　　表6-3-3

像场角(2β)	焦距	
	180mm×180mm	230mm×230mm
常角<70°	长焦距：>200mm	长焦距：>255mm
宽角70~100°	中焦距:80~200mm	中焦距:102~255mm
特宽角>100°	短焦距：<80mm	短焦距：<102mm

三、航空摄影的基本要求

空中摄影所获得的航摄底片是航测成图的原始资料，航摄质量的优劣直接关系到测量的精度，它主要分飞行质量、摄影质量及像片的表观质量三部分。对于飞行质量应满足以下基本要求：

(一)像片重叠度

同一条航线内相邻像片之间的重叠影像称之为航向重叠，相邻航线间的重叠称为旁向重叠。重叠的大小用像片的重叠部分长度$l_{x(y)}$与整个像片边长$L_{x(y)}$比值的百分数表示，称为重叠度，与之相应地就有航向重叠度和旁向重叠度，如图6-3-2所示。

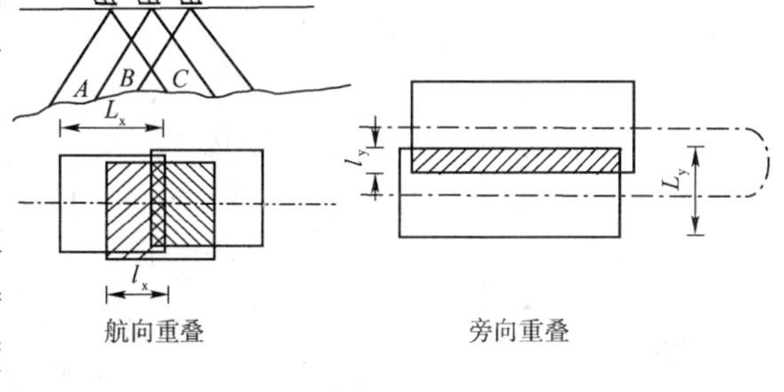

图　6-3-2

航向重叠度：
$$p\% = \frac{l_x}{L_x} \cdot 100\% \tag{6-3-7}$$

旁向重叠度：
$$q\% = \frac{l_y}{L_y} \cdot 100\% \tag{6-3-8}$$

式中：l_x——航向影像重叠部分的长度；

l_y——旁向影像重叠部分的长度；

L_x和L_y——像片的边长值。

在公路勘测中，大像幅比小像幅好，它可以通过减少测区像片组而节省工作量。同时，大像幅的像角比小像幅的像角大，当航向重叠度为60%时，大像幅的像片基线比小像幅的像片基线大，改变了基/高比，使高程量测的精度有可能提高。在实际航测作业中，从经济实用角度考虑，通常采用230mm×230mm像幅。由于摄影时重叠度受航高的差异、像片倾角、地表面起伏的影响，《公路勘测规范》(JTG C10)和《公路勘测细则》(JTG/T C10)规定：对于同一航带的航向重叠宜为60%~65%，个别最大可为75%，最小可为56%。对于相邻航带的旁向重叠宜为 30% ~35%，最小可为 15%。

（二）像片倾角

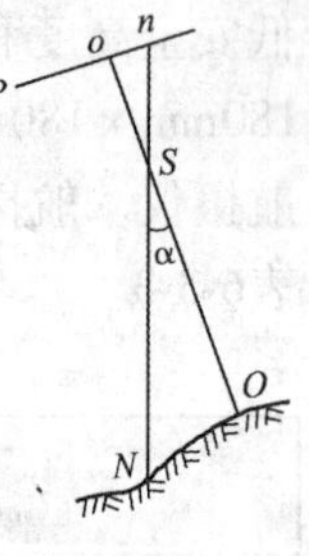

图 6-3-3

像片倾角又称航摄倾角，它是指航摄仪向地面摄影时，摄影镜箱的主光轴（过摄影物镜后节点且垂直于底片平面的一条光线）偏离于铅垂线 SN 的夹角 α（如图 6-3-3）。目前的航空摄影技术只能使倾角保持在 3°以内，《公路勘测规范》（JTG C10）和《公路勘测细则》（JTG/T C10）规定像片倾角应小于 2°，个别最大可为 4°。

（三）旋偏角

像片旋偏角是指在一张像片上相邻主点连线与同方向框标连线间的夹角 K（如图 6-3-4）。像片旋偏角过大会减小立体像对的有效作业范围，另外，若按框标定向时，将影响立体观测的效果。对于不同的航摄比例尺，即使具有相同的旋偏角，它对立体测图的有效作业范围的影响也不同，对不同的航摄比例尺所对应的像片旋偏角，《公路勘测规范》（JTG C10）和《公路勘测细则》（JTG/T C10）规定：当航摄比例尺小于或等于 1∶8000 时，旋偏角应小于 6°，最大可为 8°。

当航摄比例尺大于 1∶8000 且小于 1∶4000，旋偏角应小于 8°，最大可为 10°。当航摄比例尺大于或等于 1∶4000，旋偏角应小于 10°，最大可为 12°。在同一摄影分区内，达到或接近最大旋偏角的像片不得连续超过 3 片。

（四）航线弯曲度

将一条航线的航摄像片根据地物影像叠拼起来，各张像片的主点连线不在一条直线上，而呈现为弯弯曲曲的折线，称之为航线弯曲（如图 6-3-5 所示）。它是由于飞机在空中摄影中受气流等因素的影响不能按直线飞行，使航线发生弯曲。航线在平面上的投影称为航迹。实际航线与设计航线之间的夹角称为航迹角。由于航线弯曲与航迹角的大、小将影响像片的旁向重叠，有时甚至造成要补摄一条或半条航线，这将给航测作业带来麻烦。因此，通常规定航线弯曲度不得大于 3%。航线弯曲度可用航线最大弯矩 δ 与航线长度 L 之比的百分数表示，其公式为：

$$w_{qd} = \frac{\delta}{L} \cdot 100\% \tag{6-3-9}$$

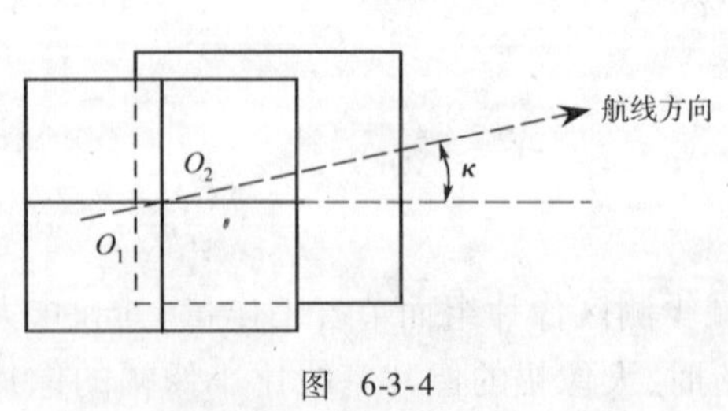

图 6-3-4

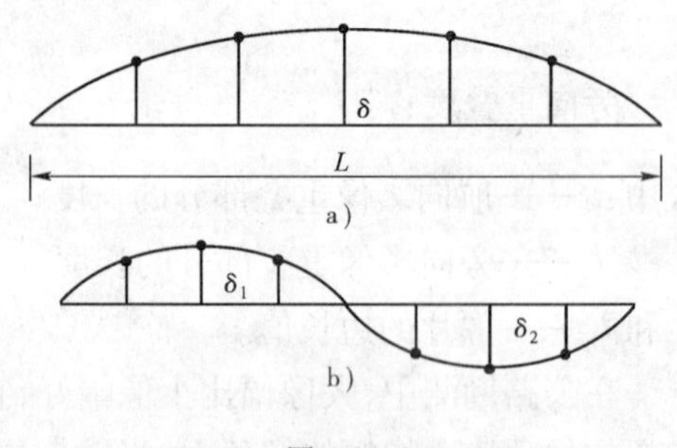

图 6-3-5

（五）航高差

在航空摄影之前，一般要根据航摄仪类型及测区航摄比例尺计算出相应的航高。为保证航空摄影按所要求的比例尺摄影，航摄飞机在保证安全航高的前提下应按预定的高度飞行，但由于受气流、地形起伏高差等因素的影响，航空摄影时很难保持某一固定的高度飞行。因此,《公路勘测规范》(JTG C10)和《公路勘测细则》(JTG/T C10)中规定:同一航带上相邻像片的航高差不应超过 20m;同一航带上各摄影站之间的最大航高差不应超过 30m。

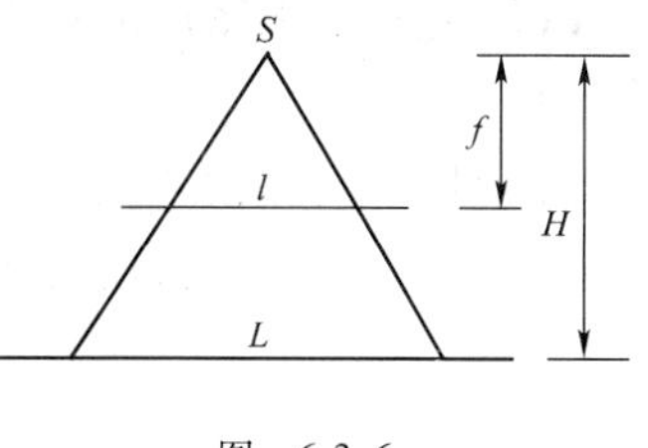

图 6-3-6

(六)航摄比例尺

地形图的比例尺是地形图上两点的距离与其相应的地面点间的水平距离之比,该定义也适用于航摄像片的比例尺。由于大比例尺地形图是正射投影,而航摄像片是中心投影,只有当航摄像片水平、地面水平时,根据相似理论可知,航摄比例尺为像片上一段距离 l 和地面上相应水平距离 L 之比(如图 6-3-6 所示),即:

$$\frac{l}{m}=\frac{l}{L}=\frac{f}{H} \tag{6-3-10}$$

式中:m——航摄比例尺分母;

f——航摄仪主距;

H——摄影航高。

由于航空摄影为中心投影,使得航片上的构像比例尺存在不均匀性,加之像片不水平和地面有倾斜起伏,致使航摄比例尺具有不确定性,其表现为像片上逐点、逐方向上的比例尺都不同,因此通常利用一个统一的平均航摄比例尺:

$$\frac{1}{m}=\frac{l}{L}\approx\frac{f}{H} \tag{6-3-11}$$

式中:f——航摄仪主距;

H——相对于测区平均水平面的航高。

航摄比例尺的选择应兼顾测图精度和节约经费的原则,它直接关系到测图的质量和测量成本。实际的经验公式为:

$$m_b=C\sqrt{m_k} \tag{6-3-12}$$

式中:m_b——航摄比例尺分母;

m_k——成图比例尺分母;

C——取决于摄影质量的系数,高分辨率的航摄仪 $C=200\sim300$。

(七)对航测的其他要求

航空摄影测量在满足飞行质量的同时,还应选择最佳的摄影时机和具有一定要求的摄影材料来满足以下摄影质量:

1. 对航摄季节和航摄时间的要求

宜根据路线所经地域的地理纬度、气候条件以及太阳高度角及其对地形、地物照射产生的阴影倍数,选择最佳的航摄季节和时间,以保证摄影质量。平原微丘区,太阳高度角应大于20°,阴影应小于3倍;山岭重丘区,太阳高度角应大于45°,阴影应小于1倍;地形高差特大或陡峭的山区,航摄时间应控制在地方时正午前、后 1h 之内。

2. 底片密度

(1)底片的灰雾密度应小于0.2。

(2)底片最大密度应在1.4~1.8之间,极个别的可为2.0;底片最小密度至少应比灰雾密度大0.2。

(3)底片的密度差宜为1.0左右;最大密度差应小于1.4,最小密度差应大于0.6。

3. 飞机地速产生的最大像点位移在底片上应小于0.06mm。其值按下式计算。

$$\delta = T\frac{v}{m} \times 10^3 \tag{6-3-13}$$

式中:δ——像点位移量(mm);

T——曝光时间(s);

v——飞机地速(m/s);

m——最高地形点的航摄比例尺分母。

4. 对于摄影所得到的摄影底片、摄影像片还应达到以下表观质量的要求:

(1)在底片上的框标及其他各类注记标志应清晰、齐全、完整。

(2)底片上不应有云、云影、划痕、斑痕、折伤、脱胶等缺陷;当发现有上述缺陷且对成图有影响时,应予以补摄。

(3)航摄像片索引图、透明正片、像片等航摄复制品,应影像清晰,不得有划痕、斑痕、折裂、脱胶等缺陷。

5. 漏洞补摄的规定

(1)漏洞的补摄宜采用与原摄影相同类型的航摄仪及时补摄。

(2)补摄应按原设计要求进行。

(3)依补摄范围进行摄影覆盖,纵向覆盖超出漏洞外一条基线以上。

四、航摄提交成果资料

航摄单位应按航摄合同中规定的种类、数量向用户单位提交航摄成果资料。成果中有质量指标的,应符合《公路勘测规范》(JTG C10)和《公路勘测细则》(JTG/T C10)相关条款的规定。航摄单位应提交的成果资料包括以下内容:

1. 航摄实施情况报告书;
2. 航摄仪检定数据;
3. 航摄成果的移交清单及质量状况记录;
4. 航摄底片;
5. 航摄像片索引图;
6. 航摄像片。

第四节　航 测 外 业

航测外业的工作主要包括像片控制测量与像片调绘两大部分。像片控制测量就是在像片上选择符合一定要求且与地面明显标志相对应的控制点,并以一定的精度和方法测量地面控制点的三维坐标(X,Y,H),作为航测内业测图的依据,以实现像片坐标系与地面控制测量坐标系的转换,因此该工作也称像片联测。像片调绘是根据像片上的成像规律,将像片上的地物与实地对照调查，并绘注在像片上供内业成图使用。

一、像片控制测量的内容

像片控制测量是在测区已建立的首级控制测量基础上，测定像片控制点的平面坐标和高程，主要有全野外控制测量和非全野外控制测量两种方法。全野外控制测量是指航测成图所需的全部控制点都由外业施测得到，这种方法主要用于平坦地区测图或成图比例尺较大、精度要求较高的测量工程；非全野外控制测量是指在野外根据一定的要求只测定少量必须的控制点，然后以此为依据，在室内利用解析空中三角测量的方法加密出测图所需的全部控制点。

不管采用上述哪种方法，外业控制测量的成果都是航测内业测图的基本依据。外业控制测量成果的质量将直接影响到成图的精度，因此，外业控制测量必须按照有关规定执行。外业控制测量主要包括资料准备、外业测量和内业计算等工作。

（一）资料准备

1. 收集资料：收集测区各高等级控制点的测量成果、已有的各种比例尺地形图及航摄像片、镶嵌复照图等资料。

2. 像控点设计：根据不同的测图精度和测图方法的要求，采用全野外布设像片控制点和非全野外方法布设像片控制点，将布设的像片控制点范围在像片上标出并统一编号。像控点设计时应注意：在满足公路线位测图范围的前提下，像控点在满足像片条件时尽可能控制较大的范围，以适应因公路线位调整所需的测图。

3. 拟定施测方案：根据高等级控制点和选定像控点所在的位置及采用的测量方法，拟定像片联测的计划与方法。在测图范围较小、联测工作较简单时，可直接将高等级控制点展绘在镶嵌复照图上，采取已确定的方法测定。

4. 外业测量

外业测量包括选点、刺点和施测等工作。

（1）选点：根据已设计好的像控点到野外进行实地对照，在像片上圈定的范围内选择控制点，在选定的点位上打桩、插旗。

（2）刺点：将已选定的控制点在像片上刺孔，针孔即表示地面上控制点在像片上的相应位置，并在像片背面绘出点位草图。

（3）施测：按拟定的测量计划测定各点的平面坐标和高程。

5. 内业计算

包括外业资料复核、计算和测量成果的整理。

（二）像控点布设

1. 像控点在像片位置上的要求

（1）像控点应布设在航向三片重叠范围内，困难时可布设在二度重叠范围内。对于相邻航线之间的像控点，则应布设在旁向重叠中线附近，且在航向和旁向六度重叠范围内，至少应有五度重叠，如图 6-4-1。

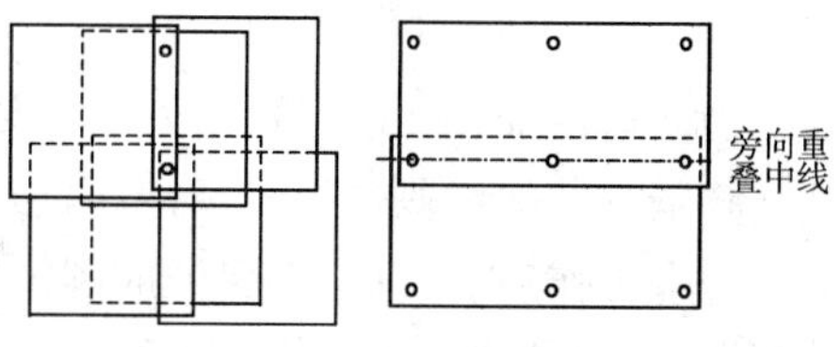

图 6-4-1　像控点的部位

分别布点时控制范围在像片上所裂开的垂直距离不应大于 10mm，当条件受限制时不应大于 20mm。

(2)为保证控制点的精度,像控点距像片边缘应大于15mm,离方位线的距离应大于60mm。这是由于①投影差的影像使像片边缘影像变形较大,尤其在山区航摄时这种变形更为严重,给影像判读带来困难,对刺点不利;②像片边缘受摄影材料伸缩变形影响,影像质量较差,影响像点的量测精度;③在摄影时,光线通过镜头后,在像片上分布不均匀,其照度由像片中心向边缘逐渐减弱,镜头分解力也由像片中心向边缘逐渐降低,边缘影像清晰程度受到影响等原因造成像片边缘影像质量比较差,对于像片判读、刺点和内业量测及内业测图都不利。

(3)位于自由边的像控点连线应能控制住测图范围。

2. 像控点布设的方法

像控点布设与航摄比例尺、地形条件、内业成图方法和精度要求有关,布点应以满足室内加密和内业成图的精度要求为原则。像控点有三种形式:一种是只需测出其平面坐标的像控点,称为平面控制点;另一种只需测出高程的像片控制点,称为高程控制点;第三种是测出平面和高程的像控点,称为平高控制点,这三种控制点一般简称为平面点、高程点和平高点。根据像控点测量方法的不同,其布设有非全野外布点和全野外布点两种方式。

(1)非全野外布点

非全野外布点指按一定的要求布设并测定少量的外业控制点,在室内采用严密的数学方法,利用计算机解算出测图所需的全部控制点的平面坐标和高程,这一过程也称为电算加密。该方法作业效率高、精度好、减少了大量的外业工作量,缩短了成图周期,是目前公路航测中使用较多的一种方法。

①外业控制点布设原则

在满足室内加密和内业测图的前提下,外业控制点的数量应尽可能少,以节省外业工作量,缩短外业时间。采用单航线法加密控制点时,在每一个航线段内,为了进行模型的绝对定向,至少需要5个平高点,其布设情况如图6-4-2,这种布点方法称为五点法。在实际作业中,为了检查错误,提高平差精度,往往在航线中部还增加1个平高点,这种布点方法称为六点法,如图6-4-3所示。

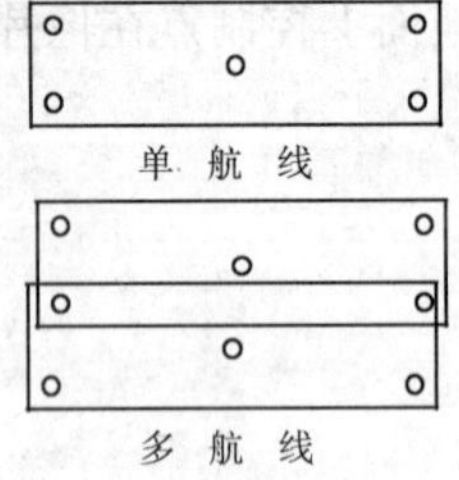

图6-4-2　五点法

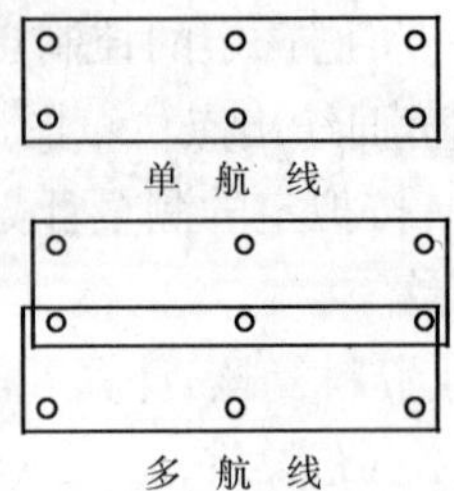

图6-4-3　六点法

由上述可知,航线段越长,外业控制点的相对总点数就越少,此时室内加密的精度相应的就会降低。若航线段过短,虽然室内加密的精度提高了,但增加了野外像片控制点的数量,加大了外业工作量。因此,在保证成图精度的前提下,应根据航摄比例尺、成图比例尺及地形条件等因素,参照表6-4-1、表6-4-2、表6-4-3、表6-4-4中之规定,每隔一定的基线跨度布设一定数量的像片控制点,使之既能保证内业成图的质量,又不增加过多的外业工作量。

1:500 成图航带网布点首末端点间的间隔基线数 表6-4-1

航摄比例尺	焦距 \ 地形类别	平 原	微 丘	重 丘	山 岭
2000	305	10/*	10/*	14/12	14/12
2500	305	8/*	8/*	12/8	12/8
3000	305	6/*	6/*	10/6	10/6

1:1000 成图航带网布点首末端点间的间隔基线数 表6-4-2

航摄比例尺	焦距 \ 地形类别	平 原	微 丘	重 丘	山 岭
4000	152	8/*	8/*	12/14	—/—
	210	8/*	8/*	12/12	12/16
5000	152	6/*	6/*	10/10	10/16
	210	6/*	6/*	10/8	10/12
6000	152	*/*	*/*	8/8	8/14
	210	4/*	4/*	6/6	6/10

1:2000 成图航带网布点首末端点间的间隔基线数 表6-4-3

航摄比例尺	焦距 \ 地形类别	平 原	微 丘	重 丘	山 岭
8000	152	8/*	8/*	12/10	12/12
	210	8/*	8/*	12/8	12/12
10 000	152	6/*	6/*	10/8	10/10
	210	6/*	6/*	10/6	10/8
12 000	152	*/*	*/*	8/4	8/8
	210	4/*	4/*	6/*	6/6

1:5000 成图航带网布点首末端点间的间隔基线数 表6-4-4

航摄比例尺	焦距 \ 地形类别	平 原	微 丘	重 丘	山 岭
20 000	152	8/*	8/*	12/10	12/12
	210	8/*	8/*	12/8	12/12
25 000	152	6/*	6/*	10/8	10/10
	210	6/*	6/*	10/6	10/8
30 000	152	*/*	*/*	8/4	8/8
	210	4/*	4/*	6/*	6/6

注:上述四个表中分子为平面控制点间隔基线数,分母为高程控制点间隔基线数,*表示全野外布点。

②一般外业控制点的位置分布

a. 航线段两端的控制点应布设在航线段的四个角上，与相接的航线段应尽量公用，不能公用时应分别布点，且上、下两平高点宜在通过像主点并垂直于方位线的直线上（方位线即同一张像片上相邻两张像片像主点间的连线，见图 6-4-4 所示）。如因选点困难，容许有一些偏离，但互相偏离的距离不应大于 1/2 像片基线（像片基线为相邻两主点间的方位线长度，用 b 表示），最大偏离不得超过一条基线，如图 6-4-4 所示。

b. 六点法中间一对平高点，应设置在两端点的中线上。如有困难，容许有一定的偏离，但最大不得大于一条基线，且避免同时偏向航线段中线的一侧，如图 6-4-5 所示。五点法的中间点应大致布设在中央位置。

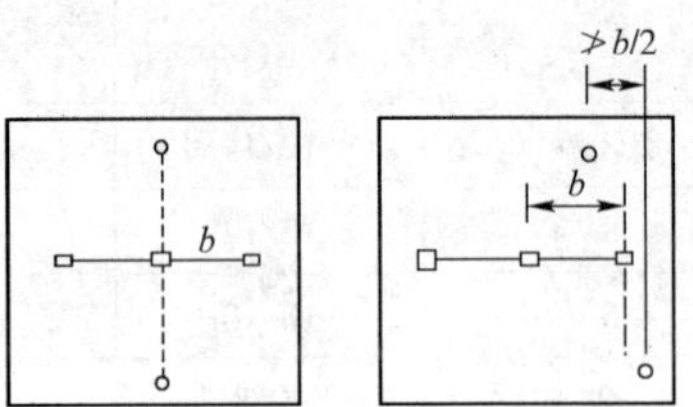

图 6-4-4

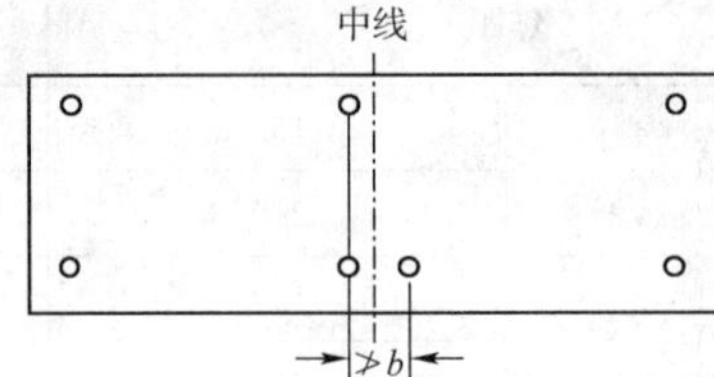

图 6-4-5

c. 为了能有利于控制测区，处于测图自由边的外业控制点，应布设在测图范围线以外，如图 6-4-6 所示。

d. 当旁向重叠度小于 15%，外业控制点在两相邻航线之间不能公用时，可分别布点，但在像片两外业控制点间的垂距不得大于 15mm，如图 6-4-7 所示。

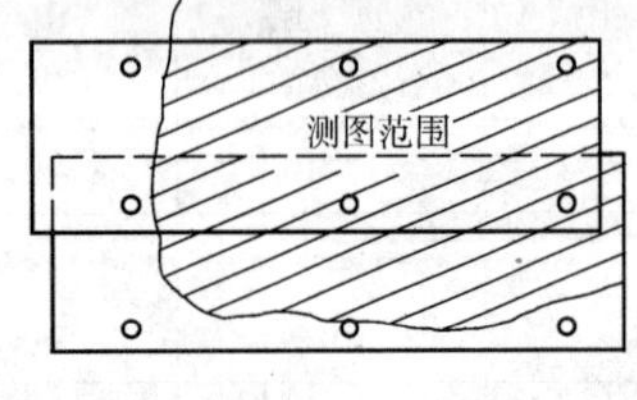

图 6-4-6

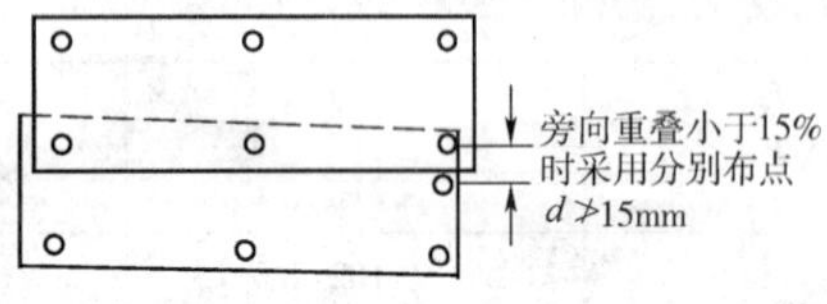

图 6-4-7

③特殊情况的布点

a. 当用原航摄仪进行局部补摄时，与原航线衔接错开小于 15%、航线弯曲小于 3%、航高差小于 H/50、航向重叠度合乎要求时，可视为同一航线，否则应分别布点。

b. 航偏角大于 10°时，应分段布点。

c. 对于控制路线方案的重点工程地段，如越岭隧道、大桥、大型立交互通枢纽等地段，可按各专业的需要增设控制点。

（2）全野外布点

全野外布设像片控制点测量的地形图精度高，但外业工作量较大，一般用于测图范围小、地形平坦且测图精度要求较高的区域。一般情况下，对每一个立体像对要布设 4 个平高点。当成图比例尺大于航摄比例尺 4 倍时，应在主点附近增加 1 个平高点，如图 6-4-8 所示。如果像控点平面位置由内业加密

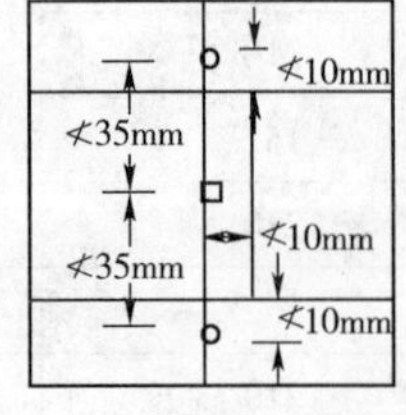

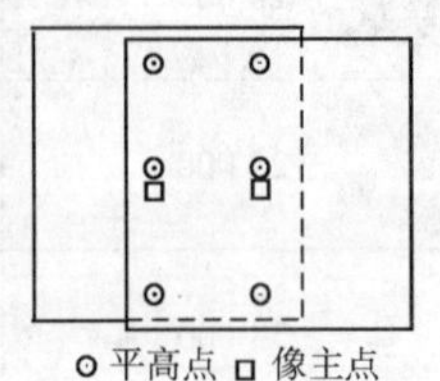

图 6-4-8

获得，高程采用全野外实测，则将图6-4-8中的平高点改为高程控制点。对于大比例尺测图的布点在像片上的位置除满足一般规定外，还必须满足下列要求：点位离开通过像主点且垂直于方位线的直线不大于10mm，困难时个别点可不大于15mm。若一张像片覆盖一幅图，4个基本定向点应选在尽量靠近图廓线的位置上，一般离图廓线在10mm以内。对于中、小比例尺测图的布点在像片上的位置，亦应尽量满足上述要求。

3. 像控点的外业选刺

选刺像控点是指把事先在像片上选好的像控点落实到地面上，并把确定好的地面点位再准确地刺到像片上的过程。选刺像控点是整个航测外业中最为关键的环节之一，外业刺点的准确性直接关系到内业加密的精度和测图的精度。一般情况下，由于影响点位精度的观测误差较小，并且观测及计算的检核条件比刺点严密得多，因此外业控制测量的成果在很大程度上与像控点刺点的大小有关。如在1∶10 000的航片上若点位刺偏0.1mm，就相当于实地的平面偏差达到了1m，这是规范所不允许的。假如刺点产生了粗差，则将造成内业加密或测图无法进行的后果。

(1)外控点的选点

外控点是在野外选刺的。选刺人员首先在野外根据室内像片上圈定的位置，配以袖珍立体镜进行实地对照，选出控制点的位置并在地面上钉上木桩作为标志。选定的像控点在航摄像片上的影像位置应该为明确辨认的明显地物点或地形点。较理想的目标点为：近似直角形状且水平的固定田角、坪角、建筑物的墙角和道路交叉点；在地物稀少地区，宜选在固定的线状地物端点和像片影像小于0.3mm直径的点状地物的中心；对于弧状地物、阴影、狭窄沟头、水系、高差急剧变化的陡坡，以及航摄后有可能变动的地物均不能选作平面控制点。高程控制点宜选在较平坦的地方，不宜选在谷底、山尖、高差变化较大的陡坡坎处，因为在这些地方点位稍有误差则对高程有很大的影响，不利于内业切准模型。

(2)外控点的刺点

野外选定外控点后，要在像片上准确地刺出小孔，以具体标示出点位。刺点是一项重要而又细致的工作，其刺点精度直接关系到航测内业加密的精度和测图的质量。因此，对外控点的选刺应符合下列要求：

①应选择影像最清晰的像片刺点；

②刺点要用细针，按像片上影像将点位准确刺出，必要时应借助立体镜观察或采用放大片刺孔；

③刺孔的孔径不得大于0.1mm；孔要刺透，一次刺成，以防针孔过大或出现双孔；

④刺点后经过检查确认无误后，在像片背面绘上控制点位置略图，并注明点号、说明、日期、刺点人签名；

⑤所刺像控点应由另一人实地复核并签名。

(3)控制片的整饰

在野外选点、刺点后，还应对控制片进行整饰，主要内容有：

①对控制点进行统一编号，其原则是在航线内按从左到右、航线间按从上到下的方向进行顺序编号，以便工作中易于查找点位，注意不要重复点号；

②控制片正面整饰要按规定的符号和色彩标出点位，一般在像片正面以直径为7mm的圆

形整饰,所有控制点均需在符号的右侧用红色作出注记;

③控制点背面整饰和注记,一律用黑色铅笔,只对已刺点和转刺点进行整饰和注记,对像片上未刺孔之点不做背面整饰,背面刺点一般用点位略图加文字表示,文字说明要简明确切。

(三)像控点测量精度要求

像控点测量有多种方法,每种方法与外业测量的劳动强度与工作效率密切相关。目前,像控点测量多采用效率较高的导线测量和GPS测量两种方法。但无论采用何种方法,其平面和高程应满足下列要求:

平面控制点和平高控制点对最近基础控制点的平面位置中误差,不应超过重要地物点平面位置中误差的1/5。

像控点的高程可采用三角高程测量、水准测量和GPS测量等方法进行,高程控制点和平高控制点对最近基础控制点的高程中误差,不应超过基本等高距的1/10。

(四)像控点的测量方法

像片控制点的平面测量可采用光电测距导线、GPS测量等方法按二级控制测量的要求执行。像片控制点的高程测量按五等水准测量的要求执行。当采用GPS—RTK方法施测像控点平面坐标和高程时,基准站应选择在地势较高、遮挡物较少、周围无强烈的干扰信号及平滑的反射面等观测条件较好的地点。基准站与流动站(所求的图根点)应始终保持同步锁定5颗以上卫星,GDOP值应小于6;流动站至基准站的距离应小于5km;求定转换参数的高等级点应包含整个作业区间,并均匀分布于作业区域的周围,采用的控制点应大于4个,流动站至最近的高等级控制点应小于2km,图根点不得外推;在作业区间内,至少应检核2个以上的高级控制点,其检测的坐标差不得大于图上0.2mm,高程差不得大于等高距的1/5。天线高应于测前、测后各量测一次,两次互差不得超过3mm。

二、像片调绘

像片调绘就是根据图式、规范和技术设计的要求,对像片上的影像进行实地判读、调查、量测,并将判读、调查、量测的结果在像片上通过描绘(着铅)、着墨、整饰等手段进行描述的综合过程。像片判读是像片调绘的组成部分,是调绘的最主要手段。

本节主要结合公路航测外业,介绍像片外业调绘的基本要求和主要作业内容和过程。

(一)像片调绘的准备工作

调绘像片最好采用无光相纸晒印的放大片,大比例尺像片影像清晰,判读特征明显,判读方便,无光相纸便于用铅笔进行描绘,以保证调绘质量,方便外业调绘工作。

像片调绘前的准备工作主要有以下几项:

1. 确定调绘面积

调绘面积一般根据测图范围确定。若公路路线方案已经确定,对于1∶2000大比例测图,一般可选取路线中心线两侧各500m进行调绘。对于大桥、立交、隧道等大型工程处,则应按设计方案划定的界线作为调绘面积线。调绘面积确定后,将其调绘面积线画在像片上。

画调绘面积时应注意以下几点:

(1)不能出现遗漏和重复。如果出现遗漏调绘范围,必然导致出现调绘空白区,使内业成图发生困难。调绘面积线应在隔号像片上画定，尽量避免使用连号像片调绘。

(2)调绘面积线应尽量画在航向重叠和旁向重叠的中线附近。当航向重叠或旁向重叠过小而分别布点时，调绘面积线应画在两个控制点中间，离任何一个控制点距离不大于10mm。

(3)调绘面积线在平坦地区一般用直线或折线，而在丘陵、山地时一般在右边、下边用直线，而左边、上边则通过立体观察，从相邻像片上用曲线转绘。

(4)调绘面积线应尽量避免分割居民点和其他重要的独立地物，最好与河流、道路、水渠等线状物相垂直。调绘面积线不能破坏外控点的刺点目标影像，也不能用压平线当做调绘面积线。

(5)调绘面积之外，应注明邻接像片号、航线号、测段号，无接边处应注明“自由图边”。

2. 绘制调绘片结合图

3. 制定调绘计划

根据已搜集到的施测地区的旧图和像片互相对照，全面地了解测区情况。例如：测区处于哪些行政管辖区、行政区划分界线在哪里？主要居民点、河流和道路的名称、地形特征等，做到心中有数，在此基础上制定调绘计划，以便到野外后有条不紊地开展调绘工作。

(二)地物、地貌的综合取舍原则

在进行像片调绘时，并不是把所有的地物、地貌不分主次地调绘在像片上，而是根据测图和设计的实际需要，经过合理地取舍之后，有选择地调绘在像片上。这样才能既一目了然地了解地物、地貌情况，满足测图和设计的要求，又不增加不必要的工作量，综合考虑以不超过图面允许载荷量又保持实地特征为原则。实际工作时可按以下方面来考虑：

1. 根据地物、地貌在勘测设计中的作用来决定取舍

对线路勘测设计、放样定线具有重要意义的地物、地貌，在调绘时必须着重表示，不能舍去。如独立建筑、道路交叉口、河流、既有公路、铁路及其附属建筑物等都应突出表示。图上不能同时按真实位置描绘两个以上符号时，则应分清主、次进行取舍，或将次要者移位表示，但移位后地物、地貌不得改变其相关位置。

2. 根据地物的密度决定综合取舍

地物的密度不同，取舍的要求也就不同。一般说来，地物稠密的地区应多舍一些，地物稀少的地区应少舍或不舍，对地物特别稀少的地区，一些临时性或季节性的地物也要表示出来。对于地物稠密地区的临时性地物或零散地物，如村外的篱笆、居民点以外的零星树木、菜田等都可以考虑舍去。

3. 根据成图比例尺来综合决定取舍

由于不同比例尺的地形图应用范围不同，要求图面上所表示的内容多少也不一样。公路勘测设计需要使用大比例尺的地形图，要求图面内容详细，因此调绘时应多取少舍、少综合。而作为其他用途的小比例尺地形图，则应按实际需要多综合。总之，经过综合取舍，在像片上调绘的地物、地貌元素，应该做到位置准确、重点突出、主次分明、形态逼真。

(三)调绘的内容和要求

1. 方位物及控制点的调绘

所谓方位物是指在地面上易于识别，能够判定方位、确定位置、指示目标的独立地物。例如烟囱、水塔、纪念碑、钟楼、城楼及其他高大建筑物等均为方位物。在方位物多的地区，调绘

时优先表示最突出的，其他方位物可视具体要求适当选择。在方位物稀少的地区，一般应将方位物都表示出来。另外，有些不突出地面但极易识别的地物，如道路交叉口、桥涵、河流分岔口等，也应准确地调绘在像片上。

对于在调绘范围内的各种等级水准点，常常是工程专用的高程控制点，应在调绘时表示出来。对于有明显判读目标的高程控制点，外业调绘时必须一一在调绘片上准确判刺，无明显判读目标的高程控制点，也应按测定碎部点的方法，判绘在调绘片上，以利公路测设时使用。

2. 居民点的调绘

居民点一般可分为街区式、散列式、窑洞式等类型。总的要求是：房屋、厂矿、窑洞以及文物古迹建筑均应调绘出来。但居民点内形成街区的建筑物，其间隔在像片上小于0.5mm时，可只绘出外部轮廓及街区，但要合理取舍，准确表示出居民点的轮廓特征，既不要表示得支离破碎，又不要表示得奇形怪状，居民点的名称要调查准确。

3. 路的调绘

公路、铁路、大车路、乡村路、人烟稀少地区的小路及桥涵、隧道等主要建筑物均应调绘出来。调绘时要求位置准确、表示合理、注记正确。公路、铁路应注明通向、线路等级、路堤路堑的范围和高度，图式符号的中线应与影像的中心线重合。道路的宽度应按道路类型分别计算，有铺装的道路宽度，应量取路肩端点间的宽度；无排水沟的大车路，应以实际使用宽度为准。乡村路则应选择主要的加以表示，人烟稀少地区的小路应尽量多调绘些。

4. 水系的调绘

所谓水系是指江、河、湖泊、水库、池塘以及水渠等。对于上述水系应准确地表示出摄影时的水涯线（在摄影时的水位处）。当河流、沟渠等在像片上宽度大于1mm时，应用双线表示；当小于1mm时可用单线表示，但应在测点处注明宽度。河流、沟渠等均应注明流向。对于缺水地区的井和泉都应表示出来。水系的附属建筑物，如桥梁、渡口、水闸、堤坝等都应准确地调绘出来。

5. 电力线、通信线及管道的调绘

电力线、通信线在像片上是没有影像的，有时，即使有影像也只是一个小黑点，因此不易识别其位置。在调绘过程中，应对照周围的明显地物，准确地识别出它们的位置，尤其是转折点或分岔点更应准确判读并刺点。对于电力线，还应区分高压线和低压线。管道则应按中心线位置进行调绘，注明管道用途，如“油”、“煤气”等字样。居民区的管道和低压电力线可不表示。

6. 农田、植被的调绘

各种农田及植被，如稻田、旱地、菜地、草地、沼泽等都应经过实地调查，以相应的符号表示出来。各种地类界应用地类界线表示。在密林灌木丛地区，应调绘摄影时的平均树高，并且在平均树高有变化的地方分别量注。此外也应着重测量沟底、交叉口、山坳、鞍部和其他地表变化处的树高（准确到米），并标明测点的位置，以供内业立体测图时进行改正。

值得注意的是，上述量取平均树高进行测图改正的方法是航测成图常用的做法，基本上可以满足地形图测绘的精度要求。但对于要利用航测采集的数据，建立数字地面模型，直接用于公路初步设计和施工图设计，这种量取平均树高进行改正的方法显然不能保证地形原始数据的精度。有效的解决方法是:在植被茂密的地区,配合全站仪野外实测的方法补测离散点(测到地面)。地形离散点的测量,必须严格遵循大比例尺测图的规范要求,散点的分布可按近似于规则格网的方式(考虑到通视的原因以及测量效率,不需严格按规则格网布置测点,近似格网分布只是为了有效地控制补测点的密度)。点的间距可根据地形变化情况进行确定,一般可取20m~30m。在施测地面散点时,对地形特征点、断裂线不得漏测。内业处理及建立供路线设计用的数字地面模型时,植被茂密区域的地形数据就由这些实测点来取代,从而确保数模的高程内插精度,以满足路线设计的需要。目前,国内已有多条高速公路设计的航测作业采取了这种处理方法,取得了满意的效果。

7. 地貌的调绘

凡是不能用等高线表示的地貌,如冲沟、雨裂、陡崖、路堑、土堆、土坑、土堤等,调绘时应正确地、真实地反映其形态和性质。路堤、路堑、冲沟、陡崖等的高度或深度在2m~5m时,应适当地量注比高,注至分米;大于5m时在室内测注。岩峰、溶岩、悬崖、沙滩、戈壁、河滩及沼泽等,也都应调绘出来。

8. 境界及地理名称调绘

境界只调绘县(旗)以上行政区界。除了通过实地询问调查外,亦可利用当地地名资料,调查核实,正确注记。其内容包括居民地、道路、桥梁、市镇街巷、工矿企业、医院、农(林)场、大型文化教育建筑、名胜古迹以及山岭、沟谷、河流、湖泊、港口等名称。

(四)像片调绘的作业方法

在调绘工作开始之前,要在每张调绘像片上蒙上一张透明纸,以便在调绘时记录某些地物的位置、名称以及各种注记说明。此外,在具体实施像片调绘之前,还应在室内利用查阅旧图、观察像片(必要时可进行立体观察)等方法,在全面了解测区情况的基础上先进行室内判读,熟记像片,选定调绘路线。选定调绘路线应以不走重复路、节约时间、不产生调绘漏洞和重复调绘为原则,大体上有如下几种选择方法:

1. 平坦地区可沿主要道路分片进行调绘。

2. 水网地区应按河网分割和桥梁、渡口分布情况,分片沿河网进行调绘。

3. 有大河、公路、铁路的地区,为防止遗漏其附属建筑物,应尽量沿河、公路、铁路进行调绘。

4. 山区一般应将调绘路线选择在山腰,这样调绘时可以同时照顾到山顶和山脚,当山顶和山下都有重要地物需要调绘时,则应先走山上,后走山下。

5. 在公路路线位置比较固定的地区,应尽量沿着路线方向进行调绘。

在实施野外调绘时,应按预先拟定的路线,边走、边看、边调查、边注记。在野外调绘时,首先要选择好站立点,站立点应选择在容易观察而且地势较高的明显地物或地貌特征点上。然后将像片与实地相对照,使像片的方位与实地一致,再按照前述的调绘内容与要求,将像片与实地逐项进行对照调查,并用铅笔按规定的图式符号画在像片上,为防止着墨时混淆不清,所绘的符号可以适当稀些、大些。对于用铅笔绘注后不易辨认清楚或容易混淆的地物,应在透明纸上绘出符号或放大描绘示意图。地理名称及各种文字、数字注记都要及时记录在透明纸上。在一处调绘完毕后,要进行全面检查,确认无误或无遗漏、无矛盾后,再继续向前调绘。

第五节 航测内业

航测内业的目的一方面是将中心投影的航摄像片转换成正射投影的地形图;另一方面是为建立公路数字地面模型(DTM)采集数据。上述两个目的的实现基于以下两个过程:一是恢复像对的内、外方位元素,使同名投影光线对对相交后建立起与实地相似的几何光学模型;二是利用外控测量的野外控制点与内业加密点,将几何模型归化到大地测量坐标系中,从而直接测绘地形图和采集数据。

航测内业成图与数据采集方法随着摄影测量发展过程可以分为三大类:第一类是模拟方法;第二类是解析方法;第三类是全数字摄影测量方法。目前,模拟法与解析法已淘汰,在生产、教学与科研部门取而代之的是全数字摄影测量方法。

所谓全数字摄影测量方法是在解析法的基础上发展起来的一种更为先进的摄影测量方法,它是通过高精度的图形扫描仪将像片影像数字化,然后在计算机中对数字影像进行分析、处理、特征提取和影像匹配,经空间几何定位后获取可视化产品的方法。

一、航片扫描

航片扫描的目的是将像片影像数字化,扫描分辨率及像片影像的质量将直接关系到内业加密的精度与测图的质量,《公路勘测规范》(JTG C10)和《公路勘测细则》(JTG/T C10)规定航片扫描的分辨率不得大于25μm。

二、像片定向

(一)像片内定向

内定向时,框标坐标量测误差不得大于0.02mm。

(二)像片相对定向

平原、微丘区残余上、下视差应小于0.005mm;重丘、山岭区应小于0.008mm。已建立的相对定向模型必须进行连接,其连接较差应满足如下条件:

$$\Delta S \leqslant 0.06m \times 10^{-3}$$
$$\Delta Z \leqslant 0.04\frac{mf}{b} \times 10^{-3} \tag{6-5-1}$$

式中:ΔS——平面位置较差(m);

ΔZ——高程较差(m);

m——像片比例尺分母;

f——航摄仪主距(mm);

b——像片基线长度(mm)。

(三)像片绝对定向

在公路航测成图过程中,像片绝对定向就是将像片相对定向模型归化至公路勘测所采用的坐标系统中的过程。为满足测图精度要求,像片绝对定向后,像控点基本定向点残差要求为加密点中误差的0.75倍,多余控制点的不符值为加密点中误差的1.25倍,公共点的较差为加密点中误差的 2.0 倍,各项精度指标见表 6-5-1。

绝对定向后的精度指标 表 6-5-1

项目		精度指标
基本定向点残差		$0.75M_1$
多余控制点的不符值		$1.25M_1$
公共点的较差		$2.0M_1$
平面坐标误差	平原、微丘区	≤图上 0.3mm
	重丘、山岭区	≤图上 0.4mm
高程误差	平原、微丘区	0.2m
	重丘、山岭区	$0.75M_2$

注:M_1 为加密点的平面位置中误差,M_2 为加密点的高程中误差。

三、空中三角测量(加密计算)

(一)内业加密点的选点要求

由于外业像控点的密度不能满足航测内业成图的需要,因此还需加密像片控制点。加密计算时,对野外控制点一般不转刺,但要转标。需要转刺时,必须依据野外控制片上的刺孔、点位略图及点位说明综合判断,准确转刺。对内业加密点的选点要求如下:

1. 像片控制加密点的选点,应参见航测外业部分的要求与方法。

2. 区域网平差时,当相邻航带像片重叠错位,点位不能达到 6 片公用时,应分别选点,互相转标,如图 6-5-1 所示。

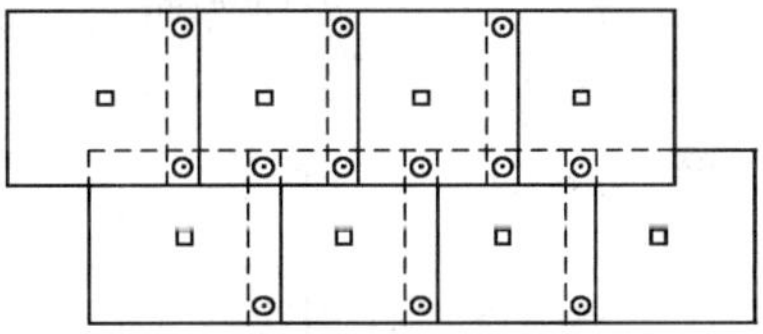

图 6-5-1 像片旁向重叠错位时像控点的选刺

3. 航带沿河道、山谷布设时,应注意标准点间的高差,不应出现相对定向不定性的情况。

4. 像控点在测图用的透明正片上,原则上宜用不易退色的墨水用细绘图笔准确相互转标,并且应进行整饰。如要刺点,像对内点位刺孔只准刺一次,2、4、6 点刺在右像片上,其余刺在左片上;刺出的点位应进行整饰。

5. 加密点在同一测段或同一区域网中应统一编号,并注记于测绘面积外。点号要求不颠倒、不遗漏、不重号。

6. 加密时,宜加入湖面、水库水面、GPS 测量等辅助数据进行联合平差处理。

(二)加密精度要求

应按式(6-5-2)进行加密点平面和高程中误差估算,内业加密点相对于最近野外控制点的平面和高程中误差不得大于表 6-5-2 和表 6-5-3 的规定。当平原、微丘区加密精度不能满足表 6-5-3 的精度要求时,应采用全野外布点。

内业加密点的平面位置中误差(图上 mm) 表 6-5-2

地形类别	平原、微丘	重丘、山岭
平面位置中误差	±0.4	±0.55

内业加密点的高程中误差　　表 6-5-3

比例尺	地形类别	基本等高距（m）	高程中误差（m）
1:500	平原	0.5	—
	微丘	0.5	—
	重丘	1.0	±0.35
	山岭	1.0	±0.55
1:1000	平原	0.5	—
	微丘	1.0	—
	重丘	1.0	±0.50
	山岭	2.0	±1.0
1:2000	平原	1.0	—
	微丘	1.0	—
	重丘	2.0	±0.80
	山岭	2.0	±1.20
1:5000	平原	1.0	—
	微丘	2.0	—
	重丘	5.0	±2.0
	山岭	5.0	±3.0

注：表中"—"表示不得内业加密。

$$\left.\begin{aligned} m_c &= \sqrt{\frac{[\Delta\Delta]}{n}} \\ m_p &= \sqrt{\frac{[dd]}{2n}} \end{aligned}\right\} \tag{6-5-2}$$

式中：m_c——控制点中误差（m）；

m_p——公共点中误差（m）；

Δ——控制点的不符值（m）；

d——公共点较差（m）；

n——评定精度的点数。

四、航测内业测图

（一）作业流程

作业流程见图 6-5-2。

（二）数据采集

1. 数据采集的要求

作业人员在完成立体模型的绝对定向后，需经专职质量检查人员联机检查，确认精度符合要求后，方可进行地物采集。应参照外业调绘片，在立体模型上仔细辨认，分类进行测绘。对于数字化测图，应按统一的地物编码系统分类进行采集，并且分层进行存储。同时采集的数据还应加上地物属性，以方便于同 GIS 建立接口。为了便于在采集和编辑中明显地区分不同的地物,各种现状地物通常赋予相应的颜色。

地貌采集是由等高线描绘和注记高程点两个部分组成的。等高线的基本等高距,应根据成图比例尺、地形类别及用图需要选定;计曲线则取基本等高距的5倍。

高程注记点,一般选在明显地物点和地形点上,依据地形类别及地物点和地形点的多少,其密度为图上每100mm×100mm面积5~20个点。

正常情况下一般采用先外业后内业的全数字摄影测量方法,具体做法是:电算加密后,先在全数字摄影测量工作站上进行地物、地貌等地形图要素的数据采集,并测定注记点高程。地物采集时应按照外业调绘像片上表示的地物的类别、属性、相互关系、各种符号、注记等信息,完整准确地在地形图上表示,并进行必要的合理性检查。

对于航片上影像清晰的地物,测图时也可采用先内后外的方法,原则上由内业定位、外业定性。测图时对内业有把握并能判准地物、地貌性质的地图要素,用测标中心切准地物外轮廓线或定位点直接绘出,并用相应图式符号表示,由外业定性。对没有把握判准位置和性质的(包括隐蔽地区、阴影部分和小的独立地物)尽量采集,用相近图式符号表示并圈出作标记A,回放图纸,外业调绘时修补影像不清或内业无法测准的地物,实地精确定位、定性,然后内业编辑成图。

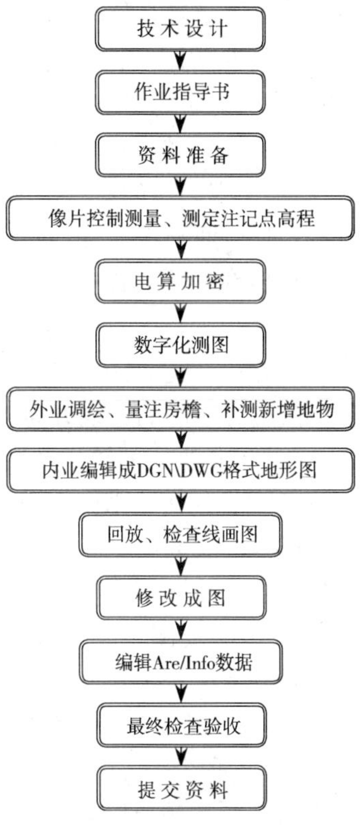

图6-5-2　航测内业测图作业流程

2. 地物采集

(1)居民地

房屋按模型逐个采集,对毗连成片的房屋凡是不同层次、不同结构性质、主要房屋和附加房屋,或虽同层次但高度明显不同的房屋之间都应用分割线区分出来。

摄影时已经拆迁、推土的地块,其范围用地类界绘出,已建屋基或建筑物地基,采集地基外角并连线,由外业定性。

建筑工地上临时性的简陋工棚不采集,正规的棚房和街道上的售货亭要采集,由外业定性或取舍。

永久性的温室、花房,虽用塑料膜覆盖,但其高度在1.5m(含)以上,内部可能是钢筋或水泥柱支架或一侧为砖、土墙结构,均需采集,由外业确定。

(2)交通及附属设施

测绘各级公路、街道时,应按真实路边线位置表示,各级道路的交叉口要求位置准确、形状逼真。

各类道路(铁路除外)通过城镇或街区式居民地的路段,均以街道表示,街道上面积大于$10m^2$的安全岛、花坛、街心公园,宽度1m以上的绿化带和隔离栏,当模型清楚时,均应采集,模型不清时,打标记"A"提醒外业核实。次要街道两侧的房屋、垣栅等各类地物已形成街道时,可不绘街道线。平均宽度在3m~4m能通行拖拉机的道路,用大车路表示;宽度在2m~

3m 的道路用双线乡村路表示;平均宽度在 2m 以下的用小路表示。大车路、乡村路的宽度可在桥梁、码头、居民地等地方变换,不能中途随意变换。道路要成网,一般不要随意中断(到打谷场、井、泉的农村道路和田间路等除外)。

双线道路下的涵洞尽量判测。

田地中有影像的田埂按模型采集,田埂宽度在 0.5m 以下用单实线表示,0.5m 以上用双线表示,且田埂与田埂、田埂与陡坎等应实交。田埂密集时(图上间隔 20mm 以内)摘要表示。

(3)管线及附属设施

电力线、通信线的杆、架、塔按模型逐杆采集,当模型不清、杆位无把握时,在其旁打 A,内业不连线不定性。自由图边外附近的电力线、通信线的杆、架、塔必须测出,以保证图内电力线、通信线有准确的连线方向。

地面上的、架空的管道及其墩架按模型采集,直线上的墩架密集时可取舍(如每隔 1 个取 1 个),但在管道拐弯处、交叉处和跨越地物两侧的不应舍去。影像不清,无把握时打 A(下同)。

位于城、镇区主要街道和主要交通干线上的各类地下管道的检修井、阀门、消火栓均由外业实测坐标,并标明性质,编辑时按成果表示。

水井及泉要测注地面高程。

(4)水系及附属设施

河流、湖泊、运河、水库通常以岸边线绘出轮廓线,用相应陡岸符号表示(由外业定性:如无滩陡岸土质、加固、石质),不绘水涯线。当水涯线与岸边线的水平投影距离图上大于 1mm(含)时,视具体情况以斜坡(由外业区分加固与否)符号表示,水涯线以虚线绘出(图上实部 3mm,虚部 1mm),如果为有滩陡岸时,则用有滩陡岸符号表示,此时水涯线用实线绘出,河滩宽度在图上大于 3mm 时,需填绘相应的土质符号。总之,当岸边线与水涯线在图上大于 1mm 时,两者均要采集,并区分出有滩陡岸和依比例的斜岸。

池塘、沟渠按图式规定塘的上边沿线和沟渠内侧上边缘线用水涯线表示,当水涯线与塘的上边缘线的水平距离图上大于 1mm 时,应测出塘的上边缘线和水涯线。

沟渠宽度超过 1m(图上 2mm)以双线表示,小于 1m 以单线表示。有堤岸的沟渠应测注堤顶高程,若堤岸很长时,图上每隔 150mm ~ 200mm 测一堤顶高程。摄影时沟渠无水且渠宽大于 2m、渠长大于 20m 时,图上每隔 150mm ~ 200mm 测一渠底高程。

主要双线河流、大型湖泊、水库采集时,可在图上每隔约 200mm 测一水位点高程,并注意与流向相协调。

测绘海湾时,海岸线是以平均大潮、高潮的痕迹所形成的水陆分界线。一般可根据当地的海蚀坎部、海滩堆积物或海滨植被的影像确定(测定后打 A,待外业核实)。干出滩是指零米等深线,如此线被水淹没,则测绘摄影时的水涯线用地类界表示。如果水涯线在零米以下,即等高线出现负值时,不再采集。

(5)境界

境界、城区调绘到区界,图上用县界表示,郊区到乡(镇)界,两级境界重合时,用高一级境界符号表示,但须同时注出两级境界名称。

图幅上方的图号下不注行政区域名称。

3. 地貌采集

(1)地貌和土质

测定碎部注记点高程。

陡坎、斜坡比高大于1/2等高距需要采集,大于1个等高距摘要测注坎上、坎下高程,不注比高。

铁路、等外公路、等级公路、主要街道及大车路中心、交叉口、拐弯及地形明显变换处,图上每隔80mm～150mm测一高程注记点。

(2)植被

所有植被范围边界均要采集,以地类界表示,植被性质由外业定性。

居民地附近的散树摘要采集,田间、地头的散树不采集。沿道路、沟渠、土堤、河流的行树要采集。

居民住宅前影像清晰的水泥地,图上面积大于20mm² 要采集范围线。

(三)数据编辑

1. 数字测图完成后,回放图纸供外业进行调绘、补测新增地物,内业根据调绘的图纸进行编辑,地形图数据在Microstation软件平台编辑制作,图形的层次、颜色、线宽、线型等采用统一的分层表、线型库和符号库。

2. 编辑应根据外业调绘,对采集的数据编辑完善,配置相应的图式符号和各种注记。要求图上各要素表示合理,没有丢、漏和错误,各类注记正确。

3. 编辑要注意各类地物的相互关系,能反映测区的地理景观,并检查修改地图要素的层次、颜色、线型等。

4. 飘楼(廊房)及宽度大于1m的飘檐等悬空建筑,根据外业调注的宽度以虚线表示其外轮廓,如图6-5-3所示。

5. 阳台不区分悬空与落地,均以虚线表示,如图6-5-4所示。

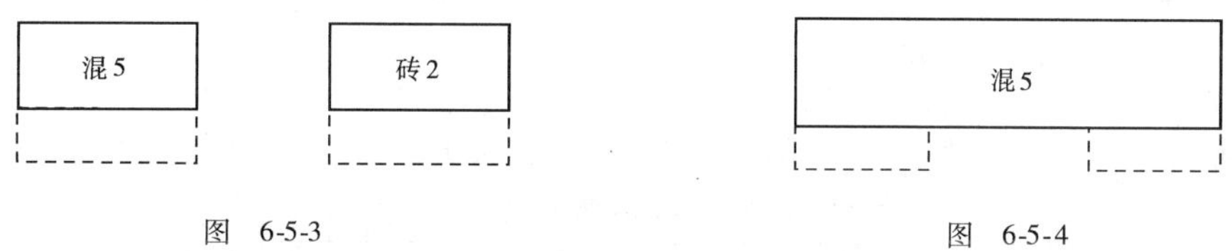

图 6-5-3　　图 6-5-4

6. 图上砖结构的房屋不注结构性质,只注层次,而混、混凝土注层次和结构性质,如"混1"、"混5"、"混凝土1"、"混凝土8"。

7. 图内的高压电力线,除特殊要求需连线外,其余电力线、通信线,不管在城区、郊区均不连线,但在杆、架、塔处和图廓线处需绘出连接方向。入地符号紧靠杆位垂直于线路方向表示。电力线穿过本幅图,但本幅内无杆、架、塔位时,需在图廓线处划出连接方向。

8. 公路铺装材料"水泥"、"碎石"及国道路线编号等,在图上每隔150mm～200mm注1个,不注公路技术等级。

(四)数据要求

1. 数据处理

为了将Microstation DGN数据完整无损地进行数据转换,编辑完成后,需要对数据进行如下处理:

(1)检查数字地图的图层、颜色,找出那些与图层、颜色表不能匹配的要素,并进行改正。改正后再运行程序进行逐层、逐色检查,以消除"串层"、"串色"现象,保证数据图层、颜色的正确性。

(2)进行数字地图的接边检查,保证相邻图幅间的数字地图层、色的一致。

(3)添加道路中心线,并且在遇到街区、桥梁、隧道、多层道路交叉时,应保持道路中心线连续、不要中断。

(4)对于面状要素进行拓扑处理,不得出现悬挂点、重线、多余面心点等。

(5)使用程序自动添加面状要素的面心点,对于不能自动添加的要素,进行手工添加,保证每个面状要素中都有唯一的面心点。

2. 数据转换

(1)DWG 数据转换

目前许多公路设计单位采用 AutoCAD 图形平台进行设计,需要提交 DWG 格式的数字地图,因此,有时需要对 DGN 图形及数据进行转换。

①创建层、色、线宽转换对应表。

②创建 DWG 格式的图层、颜色。

③根据符号信息表,生成 DWG 数据中的符号。

④添加 DWG 线型。

⑤数据转换后进行数据全面检查,并保存为 AutoCAD 版本的文件。

(2)ArcInfo 数据转换

最终数据还应转换为 ArcInfo 的 Coverage 格式,为此 DGN 数据应进行数据转换,其数据分层方案和属性项定义如下:

①数据分层

ArcInfo 数据分层执行 GB/T 17160-1997《1:500、1:1000、1:2000 地形图数字化规范》,详见表 5-6-1。

②数据属性项

一般地形图要素除了 ArcInfo 的缺省属性项外,应具有以下扩展属性项,见表 6-5-4。

地形图扩展属性项表 表 6-5-4

属性项名	含义	输入宽度	输出宽度	类型	小数后位数	备 注
Code	代码	5	5	I		各要素均有
Elevation	高程	8	8	N	3	高程点、等高线、控制点按实际输入,其余要素为 0

属性项 CODE 值编码执行《1:500、1:1000、1:2000 地形图要素分类与代码》,取值五位,不足五位补零。

③数据格式转换步骤

a. 使用程序 TOCAR. MA,生成 ASCII 码文件。

b. 进 ArcInfo,在 ARC 下运行 DLCRE. AML 产生 Coverage。

c. 在 ARC 下运行 DLCLE. AML,建立拓扑关系。

d. 在 ARC 下运行 DLADDI 给各层增加属性项。

e. 在 ARCEDIT 下运行 DLFZ 给 TER2 层赋值。

f. 在 ARCEDIT 中逐层进行编辑检查，并给属性项赋值，完成后检查保存为 Coverage。

第六节　地面摄影测量

一、概述

地面摄影测量是把摄站安置在地面固定点上获取测区影像信息、地面控制点坐标和进行实地调绘，再利用内业仪器和方法进行像片测绘的一门学科技术。它的主要原理是中心投影和正射投影之间的变换；它的主要产品是地形图、断面图、DEM、DTM。它是摄影测量学的一个分支，早在 20 世纪 30 年代航空摄影测量发展起来之前，摄影测量就曾是以地面摄影测量为主。

地面摄影测量分为地面单像测量、地面双像交会和地面立体摄影测量。本节重点介绍地面立体摄影测量。

1. 地面单像测量

如图 6-6-1，地面单像测量一般按中心投影归化目标。设 S 为摄影中心，对目标 ABC 摄影，在像片 P 上构像为 abc。当像片 P 与目标 ABC 构成的平面平行时，则有下式成立：

$$\frac{ab}{AB}=\frac{bc}{BC}=\frac{ca}{CA}=\frac{f}{SO}=\frac{1}{m} \tag{6-6-1}$$

式中：f——摄影仪主距；

SO——摄影纵距；

m——摄影比例尺分母。

当像片 P 与目标 ABC 平面不平行时，通常采用目标平面上已知的四个平面控制点进行单像测量，也可以满足式(6-6-1)。前一种情况是一种简单的放大过程(线段 ab 与 AB、bc 与 BC、ca 与 CA 的比例必须十分接近)；后一种情况则是一种纠正方法。

单像测量可用于测绘地形断面图，见图 6-6-2。假设沿某个地形断面上的特征点 A、B、C、D 安置等高的觇标 1、2、3、4，在平行于断面安置像片 P 的情况下拍摄觇标系列，则由觇标影像 1′、2′、3′、4′连线，便可得出地形断面图。

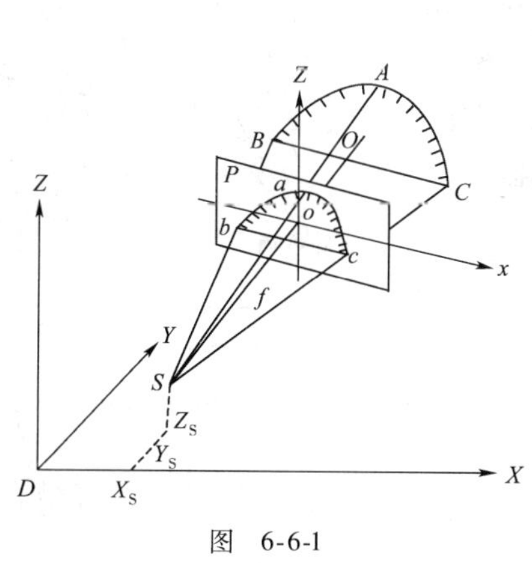

图　6-6-1

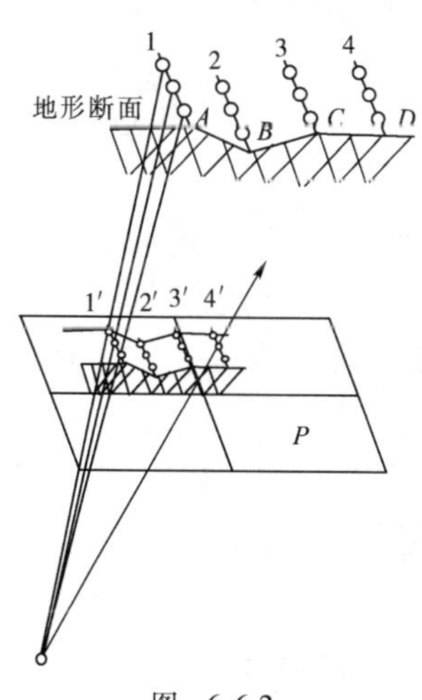

图　6-6-2

单像测量在室内绘图时，是根据单张像片上的像点坐标 x、z 和摄影仪主距 f，求出从摄站点到各地面点或目标点方向与摄影仪主光轴方向之间的水平角 α 以及相应的竖角 β，如图6-6-3所示。由图上可知：

$$\left.\begin{aligned}\tan\alpha &= \frac{x'}{f} = \frac{X}{Y}\\ \tan\beta &= \frac{Z'}{\sqrt{x^2+f^2}} = \frac{Z}{f}\cdot\cos\alpha\end{aligned}\right\}\qquad(6\text{-}2\text{-}2)$$

由式(6-6-2)根据任意像点坐标，可求出 xy、yz 两个平面上的分量 α 和 β。

2. 地面双像交会法

根据式(6-6-2)和图6-6-4利用求出的 α 角在绘图板上绘出由两个摄站点 S_1、S_2 到各同名像点的方向线，相应于平板仪的图解交会，由此交会各点的平面位置。而利用交会边长 SM 和竖角 β 可计算出点 M 的高程 Z。依此方法逐点交会求解全片的目标点，称之为交会摄影测量或平板仪摄影测量。此方法属于双像摄影测量，它已有100多年的历史，最早由法国人A·Laussedart于1851~1858年研究应用在地形测量中。

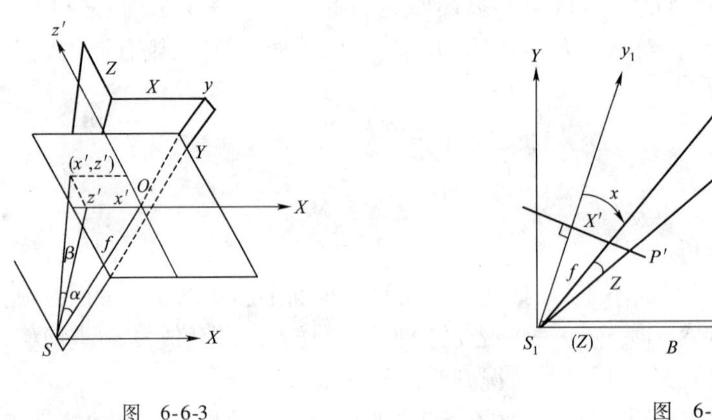

图 6-6-3

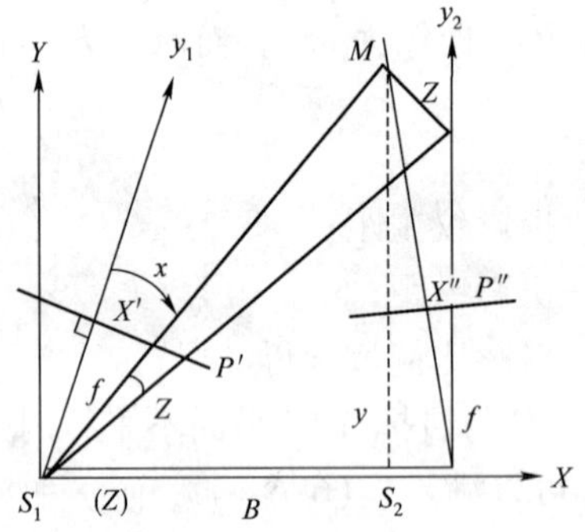

图 6-6-4

3. 地面立体摄影测量

地面立体摄影测量是把摄影仪安置在地面两个固定点上向目标摄取立体像对，然后利用模拟法、解析法或数字摄影测量方法进行立体测量来获取用户产品。如图6-6-5即是地面立体摄影测量的空间交会示意图。

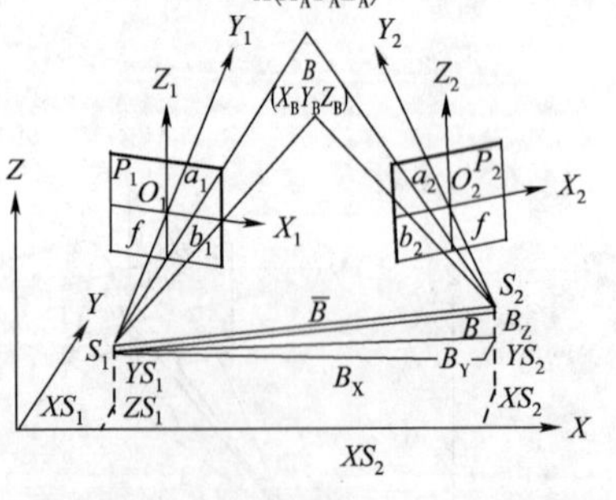

图 6-6-5

在地形测量中，地面立体摄影测量与平板仪测量相比，成图质量好、劳动强度低、成图效率高，在一些困难地区如大面积海滩、淤泥深积、人工跑尺十分困难时，用地面立体摄影测量方法测绘海滩地图亦显示其优越性。地面立体摄影测量与航空摄影测量相比较，由于它在地面上进行摄影操作，有条件摄取标准式立体像对，外方位元素可知，从而使计算简化，易于各测绘和非测绘单位推广。又由于在地面设站，利于对建筑物立面、地质剖面、陡崖里面等在航空摄影中无法摄取的这些目标进行摄影测量。

与航空摄影测量相比，地面摄影测量的主要缺点是视野小，前景遮后景，难以对大面积进行摄影。所以地面摄影测量与航空摄影测量可互相补充，构成完善的摄影测量方法。

二、地面摄影测量的坐标系

在地面摄影测量中，常用右手直角坐标系，各坐标系之间需要正确转换，才能将像点坐标转换成目标的物方坐标。现在介绍常用的四个坐标系。

（一）像片框标平面坐标系 $o—xz$，x 轴由像片的对边框标或四角框标连线直接或间接设定，x 轴常与摄影基线方向一致，z 轴与垂线方向一致。任意像点 a 在像片上的位置为（x_a，z_a），像主点的坐标为（x_o，z_o）。图 6-6-6 上主点与坐标系原点重合。航空摄影测量的像片坐标为（x，y），地面摄影测量的像片坐标为（x，z）。

（二）像空间坐标系 $s—xyz$，它是把主光轴当 y 轴，通过摄影中心 s 作平行于像片框标平面坐标系而建立的空间坐标系。见图 6-6-7，S 是三维直角坐标系原点，f 是摄影仪主距，像空坐标系 y 轴与它重合，x 轴、z 轴与像平面坐标系 x 轴、z 轴平行。任意像点的坐标为 $m(X_m, f, Z_m)$。

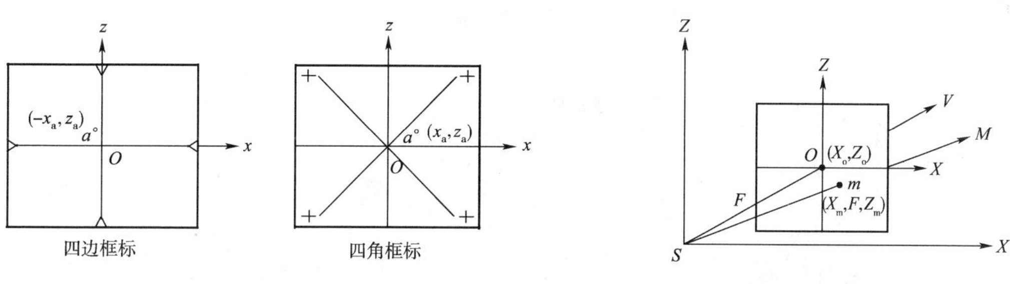

图 6-6-6　　图 6-6-7

（三）摄影测量坐标系 $S—X'Y'Z'$，它是在连续摄影时用于统一立体模型而建立的过渡坐标系，见图 6-6-8。它以左摄站的摄影中心 S_1 为坐标系原点，左主光轴 Y 轴在水平面上的投影为 Y' 轴，过 S_1 的铅垂线为 Z' 轴，过 S_1 垂直于 $Y'Z'$ 面的轴为 X' 轴。

（四）物方空间坐标系，它是地面上某一坐标系，根据用户需求来选定，如工程测量中选用独立坐标系 $D—XYZ$ 右手直角坐标系，见图 6-6-9。在地形测量中用大地坐标系 $G—XYZ$ 左手直角坐标系。

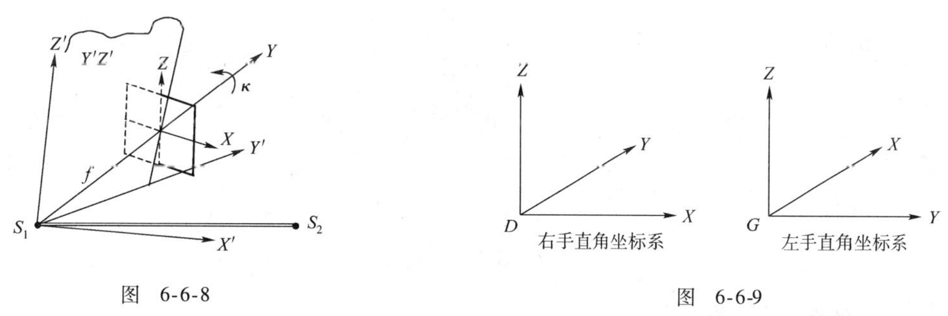

图 6-6-8　　图 6-6-9

三、地面摄影测量的内、外方位元素

地面摄影测量的内、外方位元素分别是像片在像方、物方空间的九个独立参数，见图

6-6-10，图中有三个内方位元素：f、x_o、z_o；有六个外方位元素：X_s、Y_s、Z_s、φ、ω、κ。f 是摄影仪主距，一般有短、中、长三种类型，在摄影距离确定之后，f 决定摄影比例尺、摄影光束的形状和摄影范围的大小；x_o、z_o 是投影中心 S 在像片平面坐标系中垂足的坐标，通常是接近坐标系原点的小值，它是像片在内业仪器上归心的点。f、x_o、z_o 又叫内定向元素，它们用来恢复摄影时的光束形状。f、x_o、z_o 的数值由摄影仪生产厂家鉴定后标在仪器鉴定书中，是已知的。由于使用摄影仪的损耗变动，作业中常常重新精确鉴定 f、x_o、z_o 的值。X_s、Y_s、Z_s 是摄影中心 S 在物方空间坐标系中的坐标，又叫外方位直线元素，它们用来决定摄影光束在空间的位置。φ、ω 是摄影仪主光轴依次绕摄影测量坐标系的 Z、X 轴的旋角，而 κ 则是像片自身绕 Y 轴的旋角，又叫外方位角元素，它们用来表现摄影光束在空间的方向。通常在地面摄影测量中 X_s、Y_s、Z_s 是通过野外控制测量测得的，φ、ω、κ 则从摄影时摄影仪定向装置的度盘和水准气泡上读取。有时通过足够多的外业像片控制点（3 个点以上）来解求外方位元素。

立体摄影时，两摄影中心的连线叫做地面摄影测量的空间基线，如图 6-6-11 中 $\overline{B}$，它在以左摄站为原点的摄测坐标系 S—XYZ 中的分量为 B_X、B_Y、B_Z，其中

$$\left.\begin{aligned} B^2 &= B_X^2 + B_Y^2 \\ \overline{B} &= B_X^2 + B_Y^2 + B_Z^2 \end{aligned}\right\} \tag{6-6-3}$$

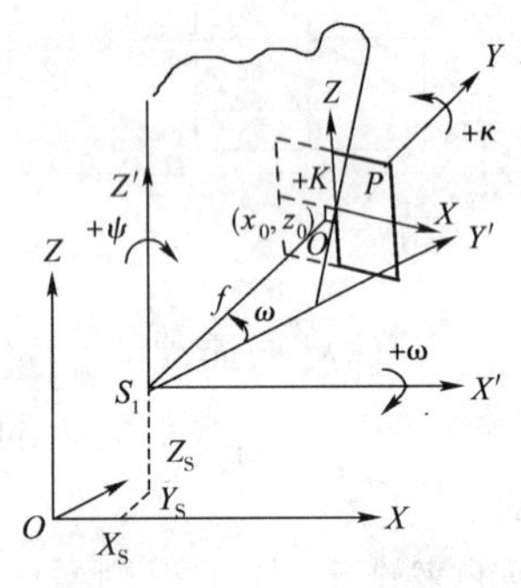

图 6-6-10

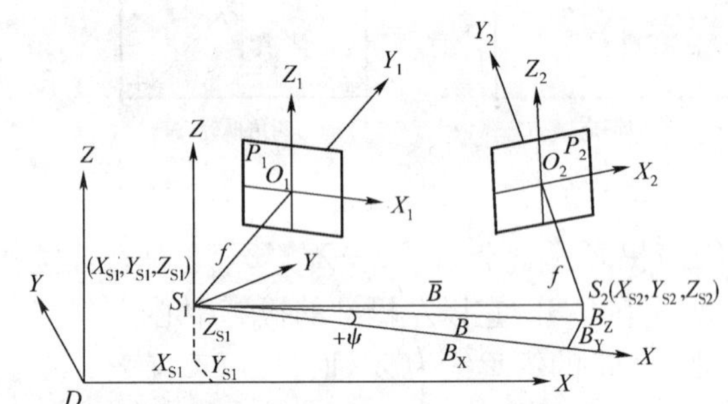

图 6-6-11

B 与 X 轴的夹角 ψ 叫做基线偏角，绕 Z 轴逆时针旋转为 $+\psi$ 角。并有

$$\left.\begin{aligned} B_X &= B\cos\psi \\ B_Y &= B\sin\psi \end{aligned}\right\} \tag{6-6-4}$$

$$\left.\begin{aligned} B_X &= X_{S2} - X_{S1} \\ B_Y &= Y_{S2} - Y_{S1} \\ B_Z &= Z_{S2} - Z_{S1} \end{aligned}\right\} \tag{6-6-5}$$

四、摄影方式

由于地形条件和摄影仪性能不同，常采用以下四种基本的摄影方式来获取测区立体像对，见图 6-6-12。

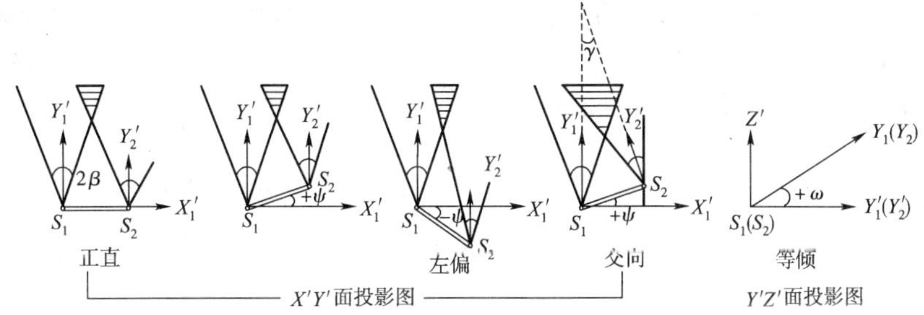

图　6-6-12

(一)正直摄影,摄影仪两主光轴水平且垂直于摄影基线 B,其中:

$$\left.\begin{aligned}&\varphi_1=\varphi_2=\omega_1=\omega_2(=\kappa_1=\kappa_2)=0\\&\psi=0\\&B_x=X_{S2}-X_{S1},B_Y=0,B_Z=Z_{S2}-Z_{S1}\end{aligned}\right\}\tag{6-6-6}$$

该摄影方式是理想像对,即标准式立体像对,它把外方位元素的影响减到最小限度,因此能用来测制高精度大比例尺地形图(如1∶100~1∶500)。

(二)等偏摄影,摄影仪两主光轴水平向左或向右转一个相等的偏角 φ,此时摄影基线 B 与摄影坐标系 X′轴交角为 ψ,右偏时为 $+\psi$,左偏时为 $-\psi$。此时外方位元素如下式:

$$\left.\begin{aligned}&\varphi_1=\varphi_2=\omega_1=\omega_2(=\kappa_1=\kappa_2)=0\\&\psi\neq0\\&B_X=X\cos\psi,B_Y=B\sin\psi,B_Z=Z_{S2}-Z_{S1}\end{aligned}\right\}\tag{6-6-7}$$

等偏摄影大多用于摄区前方有障碍物的情况。

(三)交向摄影,摄影仪两主光轴水平且相交,其交角为 γ,一般情况下满足下式:

$$\left.\begin{aligned}&\varphi_1=0,\varphi_2=-\gamma\quad\omega_2=\omega_1=0(\kappa_1=\kappa_2=0)\\&\psi=0\\&B_X=B\cos\psi,B_Y=B\sin\psi,B_Z=Z_{S2}-Z_{S1}\end{aligned}\right\}\tag{6-6-8}$$

该摄影方式多数用于选择摄影基线比较困难、测区前方空间比较短的情况。

(四)等倾摄影,摄影仪主光轴平行,相对于水平面同时向上或向下倾斜一个相等的角度,通常情况下:

$$\left.\begin{aligned}&\varphi_1=\varphi_2(=\kappa_1=\kappa_2=0)\quad\omega_1=\omega_2=\pm\omega\neq0\\&\psi=0\\&B_X=X_{S2}-X_{S1}\quad B_Y=0\quad B_Z=Z_{S2}-Z_{S1}\end{aligned}\right\}\tag{6-6-9}$$

等倾摄影多用于高山、河谷地区。

由于摄影仪和作业时存在各种误差,在以上各种摄影方式中存在着 $\Delta\varphi$、$\Delta\omega$、$\Delta\kappa$,即使是正直摄影,左、右主光轴亦可能在远处相交,形成一个微小的交向误差角 $\Delta\gamma$,等偏摄影时两主光轴可能不平行,也有个 $\Delta\gamma$ 角。$\Delta\gamma$ 角会引起立体像对的上、下视差,故在内业测图时不应忽视。

由于有多种摄影方式,地面摄影测量不仅可以克服地形及目标的限制,而且可以做到在同一摄站上以不同的方式摄取多张像片,从而扩大摄影覆盖面积,这样既减少了摄影基线数目,又提高了测量精度。有时多种摄影方式需要不同的内业仪器和采用不同的内业处理方法,其产品形式根据用户要求可以是图形的或数字的成果。

模型点 M 在摄测坐标系中坐标的公式

1.交向摄影

$$\left.\begin{aligned} N_\gamma &= B\frac{f\cos(\psi-\gamma)-x_2\sin(\psi-\gamma)}{pf\cos\gamma+(f^2+x_1x_2)\sin\gamma} \\ X_M &= N_\gamma X'_1=\frac{Y_M}{f}x_1 \\ Y_M &= N_\gamma Y'_1=Bf\frac{f\cos(\psi-\gamma)-x_2\sin(\psi-\gamma)}{pf\cos\gamma+(f^2+x_1x_2)\sin\gamma} \\ Z_M &= N_\gamma Z_1'=\frac{Y_M}{f}z_1 \end{aligned}\right\} \tag{6-6-10}$$

在运算式(6-6-10)时可先计算 Y_M,再计算 X_M、Z_M。

2.等偏摄影

$$\left.\begin{aligned} N_\varphi &= \frac{B}{p}\left(\cos\psi-\frac{x_2}{f}\sin\psi\right) \\ X_M &= N_\varphi X_1'=\frac{B}{p}\left(\cos\psi-\frac{x_2}{f}\sin\psi\right)x_1=\frac{Y_M}{f}x_1 \\ Y_M &= N_\varphi Y_1'=\frac{B}{p}\left(\cos\psi-\frac{x_2}{f}\sin\psi\right)f \\ Z_M &= N_\varphi Z_1'=\frac{B}{p}\left(\cos\psi-\frac{x_2}{f}\sin\psi\right)z_1=\frac{Y_M}{f}z_1 \end{aligned}\right\} \tag{6-6-11}$$

3.等偏等倾摄影

$$\left.\begin{aligned} N_{\phi\omega} &= \frac{1}{pf}(fB\cos\psi-B_2x_1\sin\omega-B_{x_1}\sin\psi\cos\omega) \\ X_M &= N_{\varphi\omega}X_1'=\frac{x_1}{pf}(fB\cos\psi-B_Zx_1\sin\omega-B_{x_1}\sin\psi\cos\omega) \\ Y_M &= N_{\varphi\omega}Y_1'=\frac{1}{pf}(fB\cos\psi-B_Zx_1\sin\omega-Bx_1\sin\psi\cos\omega)(f\cos\omega-z_1\sin\omega) \\ Z_M &= N_{\varphi\omega}Z_1'=\frac{1}{pf}(fB\cos\psi-B_Zx_1\sin\omega-Bx_1\sin\psi\cos\omega)(f\cos\omega+z_1\sin\omega) \end{aligned}\right\} \tag{6-6-12}$$

4.正直等倾摄影

$$\left.\begin{aligned} N_\omega &= \frac{1}{pf}(Bf\cos\psi-B_Zx_2\sin\omega) \\ X_M &= N_\omega X_1'=\frac{x_1}{pf}(Bf\cos\psi-B_Zx_2\sin\omega) \\ Y_M &= N_\omega Y_1'=\frac{1}{pf}(Bf\cos\psi-B_Zx_2\sin\omega)(f\cos\omega-z_1\sin\omega) \\ Z_M &= N_\omega Z_1'=\frac{1}{pf}(Bf\cos\psi-B_Zx_2\sin\omega)(f\cos\omega+z_1\sin\omega) \end{aligned}\right\} \tag{6-6-13}$$

5. 正直摄影

$$\left.\begin{aligned}
N &= \frac{B}{p} \\
X_M &= NX_1{}' = \frac{B}{p}x_1 = \frac{Y_M}{f}x_1 \\
Y_M &= NY_1{}' = \frac{B}{p}f \\
Z_M &= NZ_1{}' = \frac{B}{p}z_1 = \frac{Y_M}{f}z_1
\end{aligned}\right\} \tag{6-6-14}$$

五、地面摄影测量中的共线方程式

当摄站点的地面坐标难以测量，而被测目标上又有足够的已知控制点时，可利用第三章所述的航测共线条件方程式来求解摄站坐标和被测目标上新点的坐标，此时由于摄影仪主光轴由铅垂方向变为水平方向，在右手直角坐标系中 x 轴方向未改变，y 和 z、Y 与 Z 轴系均已互换，其方向余弦 a_1、b_1、c_1 的排列与航测的不一样。同时在航测中摄影仪主距在坐标系中为负值，而在地面摄影测量中为正值，所以两者的共线条件方程式在形成上一样，而具体代表的空间方位和数值是不同的，地面摄影测量的共线条件方程式为：

$$\left.\begin{aligned}
x - x_0 &= f\frac{a_1(X - X_s) + b_1(Y - Y_S) + c_1(Z - Z_S)}{a_2(X - X_s) + b_2(Y - Y_S) + c_2(Z - Z_S)} \\
z - z_0 &= f\frac{a_3(X - X_s) + b_3(Y - Y_S) + c_3(Z - Z_S)}{a_2(X - X_s) + b_2(Y - Y_S) + c_2(Z - Z_S)}
\end{aligned}\right\} \tag{6-6-15}$$

式中：

$$\left.\begin{aligned}
a_1 &= \cos\varphi\cos\kappa - \sin\varphi\sin\omega\sin\kappa \\
a_2 &= \sin\varphi\cos\omega \\
a_3 &= -\cos\varphi\sin\kappa - \sin\varphi\sin\omega\cos\kappa \\
b_1 &= -\sin\varphi\cos\kappa - \cos\varphi\sin\omega\sin\kappa \\
b_2 &= \cos\varphi\sin\omega \\
b_3 &= \sin\varphi\sin\kappa - \cos\varphi\sin\omega\cos\kappa \\
c_1 &= \cos\omega\sin\kappa \\
c_2 &= \sin\omega \\
c_3 &= \cos\omega\cos\kappa
\end{aligned}\right\} \tag{6-6-16}$$

且 x、z 为地面摄影像片像点坐标观测值，f、x_0、z_0 为像片内方位元素，X_s、Y_s、Z_s、φ、ω、κ 为像片外方位元素，X、Y、Z 为物点的地面坐标。

六、摄影测量坐标与地面坐标的关系式

上面由式(6-6-10)到式(6-6-16)所求出的模型坐标是模型点 M 在摄影测量坐标系中的坐标，该坐标系在地面摄影测量中均以左投影中心为原点，左主光轴在水平面上的投影为 Y' 轴，铅垂线为 Z' 轴。而地面摄影测量的成果最终则要归化到用户要求的某一地面坐标系，这

两个坐标系之间存在着在水平面上的旋转和三维空间的平移，其坐标转换公式为：

1. 右手摄影坐标系到右手地面坐标系的变换

$$\left.\begin{aligned} X &= X_{S1} + X_M\cos\alpha - Y_M\sin\alpha \\ Y &= Y_{S1} + X_M\sin\alpha + Y_M\cos\alpha \\ Z &= Z_{S1} + Z_M + i - V_M + (\kappa+\gamma) \end{aligned}\right\} \tag{6-6-17}$$

2. 右手摄影坐标系到左手地面坐标系的变换

$$\left.\begin{aligned} X &= X_{S1} - X_M\sin\alpha + Y_M\cos\alpha \\ Y &= Y_{S1} + X_M\cos\alpha + Y_M\sin\alpha \\ Z &= Z_{S1} + Z_M + i - V_M + (\kappa+\gamma) \end{aligned}\right\} \tag{6-6-18}$$

式中：α——主光轴的坐标方位角；

$(\kappa+\gamma)$——地球曲率和大气折光差的高程改正数；

i——左摄站仪器高；

V_M——M 点的觇标高，切准地面时 $V_M=0$。

若在立体测图仪上按地面控制点定向，则所求出的目标点坐标已自然地纳入该地面坐标系，故无需再进行上式解析计算。

七、地面摄影测量的外业工作

地面摄影测量的外业工作主要分四大部分，即踏勘与控制测量、选择摄站与摄影方式、控制点和检查点的布设与测量以及摄站点的控制测量、像片调绘。地面摄影测量外业框图如图6-6-13。地面摄影测量外业控制测量按普通测量方法进行，其精度依成图比例尺而定。而选择摄站与基线有别于航空摄影，下文进行简单讨论。

（一）踏勘与控制测量

与一般野外测量相仿，地面摄影测量的实地踏勘工作必不可少。踏勘之前应分析现有资料，查明大地控制点的分布、等级和精度，抄录三角点及水准点成果和点之记，以便到现场能快速地找到这些控制点。

实地踏勘的任务包括查明各类大地点的状况，根据任务需要制定或修改图根控制的加密计划。加密控制点的方法与一般控制测量相同，应根据测区范围、地形条件、成图比例尺与用途，选择三角网、三角锁、导线网或 GPS 控制网等。

（二）摄站布设与摄影方式的选择

摄站布设与基线选择总的原则是保证精度、重叠度，避免摄影死角和减少摄站数，根据经验应当做到下列几点（见图 6-6-13）：

（1）摄站视野要开阔，以便于摄取目标最大范围。

（2）两摄站形成的基线方向与等高线走向平行，在植被覆盖地区，应尽量选择高处以增加纵距，这样对摄影较为有利。

（3）尽量地采用正直摄影方式，摄影仪主光轴尽量与目标竖直正面垂直，这样可以减少摄影漏洞，提高立体效应和测量精度。

（4）两摄站间应通视，使之能相互照准对方觇牌，以便于确定摄影方式。

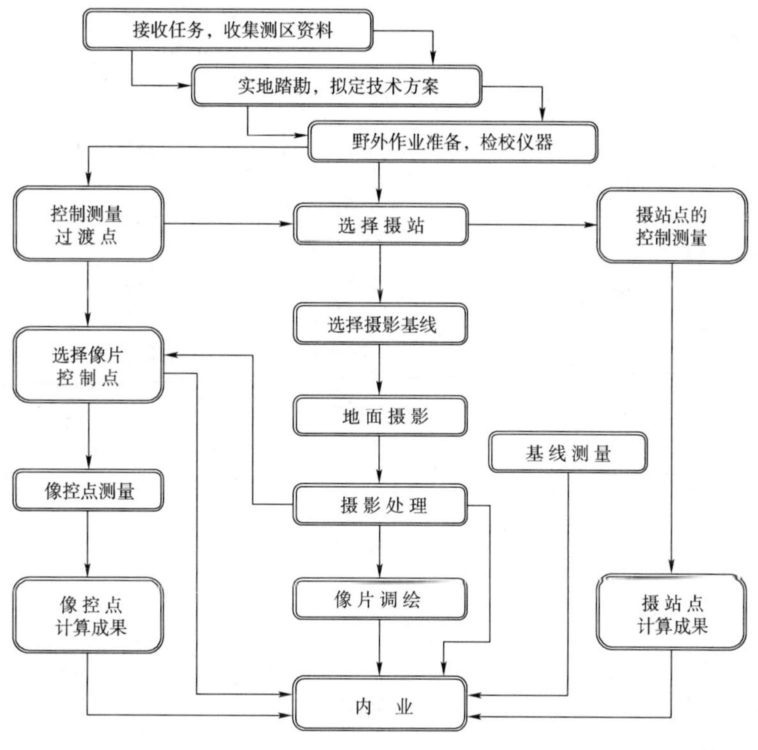

图 6-6-13

(5)两摄站高差尽量小,使像对上同名点的上、下视差小于内业坐标仪上下视差 q 的量测范围。若 S_1、S_2 为两摄站,Y 为摄影距离,B 为摄影基线,f 为地面摄影仪主距,B_Z 为两站高差,坐标仪上下视差为 q 的最大值 B_Z 值,设 $Y_{min}=4B$,则有式(6-6-19)。

$$B_Z=\frac{4qB}{f} \tag{6-6-19}$$

以 HCZ—1 18×18 立体坐标仪为例,$q=10$mm,摄站间允许高差见表 6-6-1。可见摄影仪主距越长,两摄站的高差限差越严。

两摄站高差限值表 表 6-6-1

f	100mm	200mm	300mm
$B_{Z允}$	$\frac{2}{5}B$	$\frac{1}{5}B$	$\frac{1}{8}B$

(三)几种常用的摄影基线

摄影基线可根据地形困难类别选择图 6-6-14 中的一种,它们有标准式、主次结合式、长短结合式、一站固定式、单基线多摄影方式结合式及各种类型的非标准式基线。

(四)摄影基线的允许长度

1. B_{max}的允许长度

讨论 B_{max}的出发点是为了减轻内业立体观测时人眼的劳动强度。提出的问题是 B_{max}与 Y_{min}的比值关系,见图 6-6-15,设人眼的基线为 65mm,立体观察目标为 A,明视距离 Y_{min} = 250mm,则观测交会角

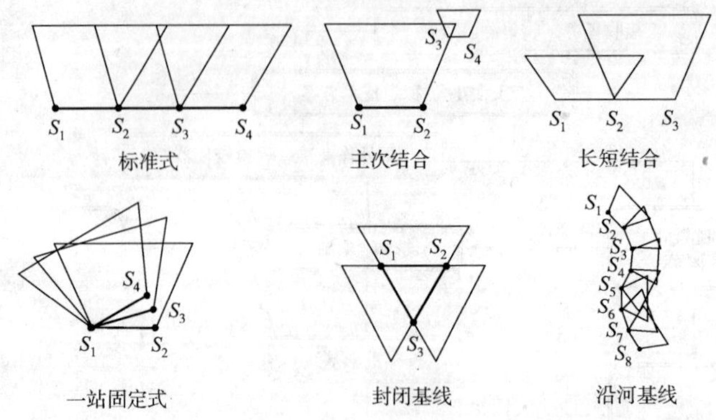

图 6-6-14　常用摄影基线

$$\gamma \leqslant \left(\arctan \frac{\frac{1}{2}B_{max}}{Y_{min}}\right) \times 2 = 15°$$

此时 $Y_{min}:B_{max}=4:1$

则

$$B_{max}=\frac{1}{4}Y_{min} \tag{6-6-20}$$

即最大摄影基线的允许值小于 1/4 最小摄影纵距。

2. B_{min}的允许长度

图　6-6-15

讨论 B_{min}的出发点是为了保证摄影纵方向 Y_{max}处的点位精度和提高经济效益，它提出的问题是 B_{min}与 Y_{max}的比值关系，这是有关地面立体摄影测量的基础问题，现有三种推导结果。

(1)根据 m_Y/Y_{max}相对中误差推导 B_{min}允许值，由基本公式 $Y=\frac{B}{p}f$

微分
$$\mathrm{d}Y=-\frac{Bf}{p^2}\mathrm{d}P=\frac{Y^2}{Bf}\mathrm{d}P$$

转为中误差则
$$m_Y=\pm\frac{Y^2}{Bf}m_p \tag{6-6-21}$$

取 Y_{max}值则有
$$B_{max}=\frac{{Y_{max}}^2}{m_Y\cdot f}\cdot m_p \tag{6-6-22}$$

设立体坐标仪精度 $m_p=\pm0.01$mm，测定摄影纵距 Y_{max}的相对中误差以 1/1000 计算，即 $m_y/Y=1/1000$，由式(6-6-22)推导式(6-6-23)可算出不同主距的摄影经纬仪的 B_{min}的允许值。

$$B_{min}=\frac{10Y_{max}^2}{f}\quad (单位:m) \tag{6-6-23}$$

表 6-6-2 为不同主距的摄影经纬仪 B_{min}的允许值。

不同主距(f)的摄影经纬仪 B_{min}的允许值(一)　　表 6-6-2

f	100mm	200mm	300mm
$B_{min允}$	$\leqslant 1/10Y_{max}^2$	$\leqslant 1/20\ Y_{max}^2$	$\leqslant 1/30\ Y_{max}^2$

实际上 B 和 Y_{max}^2的比值并非像式(6-6-23)那样是线性函数的关系，再则推导公式时亦未

考虑成图比例尺分母的因素，因此不甚严密，但式(6-6-23)便于记忆，实用性好。

(2)直接用最弱点中误差 $m_Y = \pm 0.04\text{mm} \cdot M$ 推导 B_{min}的允许值，0.4mm 是图板测图允许的平面中误差，M 是成图比例尺分母。当量测误差 $m_p = \pm 0.01\text{mm}$ 时，可根据式(6-6-21)推导式(6-6-24)，并计算出不同主距 f 下 B_{min}的允许值，如表 6-6-3。

不同主距(f)的摄影经纬仪 B_{min}的允许值(二)　　表 6-6-3

f	100mm	200mm	300mm
$B_{min允}$	$\leqslant Y^2_{max}/(4M)$	$\leqslant Y^2_{max}/(8M)$	$\leqslant Y^2_{max}/(12M)$

$$B_{min} = \frac{Y^2_{max}}{40M \cdot f} \quad (\text{单位：m}) \tag{6-6-24}$$

式(6-6-24)从生产实际出发，能确保最弱点的平面精度，比较合理，但作业效率因增加基线长度(见表 6-6-3)而降低，经济效益欠佳，因此生产过程中仍多半采用公式(6-6-23)来选摄影基线。

(3)还可以假设 $f = 200\text{mm}$，$m_p = \pm 0.01\text{mm}$，$m_Y = \pm 0.04\text{mm} \cdot M$，而模型比例尺分母 M_m 与成图比例尺分母 M 发生变化时，B_{min}的允许值会如表 6-6-4 变化。

B_{min}随 $M:M_m$ 的变化情况　　表6-6-4

M/M_m	1∶1	1∶1.5	1∶2
B_{min}	$Y_{max}/20$	$Y_{max}/13$	$Y_{max}/10$

可见模型比例尺愈小，对最小摄影基线要求愈长。

(四)最大摄影纵距 Y_{max}的求解

地面摄影与航空摄影不同，有时它的前方景物是无穷远的，为了保证最远点的成图精度，需要确定最大摄影纵深 L，相当于航测中对某成图比例尺限制一个最小摄影比例尺一样。见图 6-6-16，设有摄站 S_1、S_2 对目标 L 进行摄影测量，设点位中误差为 m_L，则

$$m_L = \pm\sqrt{m_X^2 + m_Y^2 + m_Z^2}，当\ m_X = m_Y \approx 0\ 时$$

又定义摄影纵深
$$L_{max} = Y_{max} - Y_{min} \tag{6-6-25}$$

由图 6-6-16 可知
$$Y_{min} = 4B_{min} = \frac{4Y^2_{max} \cdot m_p}{fm_Y} = \frac{fm_Y}{16m_p} \tag{6-6-26}$$

考虑式(6-6-26)后
$$L_{max} - Y_{max} - 4\frac{Y^2_{max}}{fm_Y}m_p \tag{6-6-27}$$

欲求上式的 Y_{max}(它是求 L_{max}的前提)，可用函数求极值的方法解决，见图 6-6-17。设

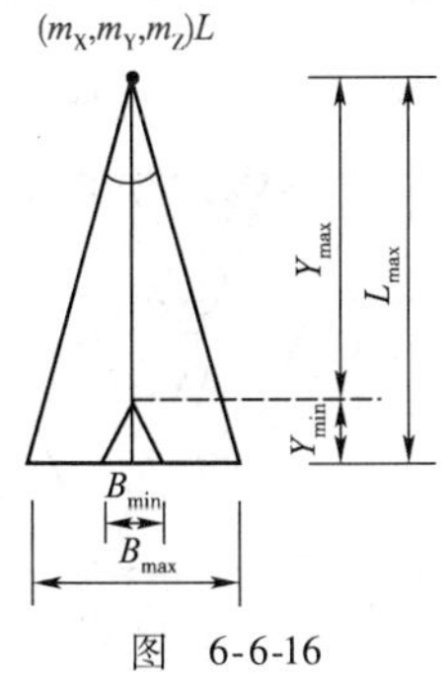

图　6-6-16

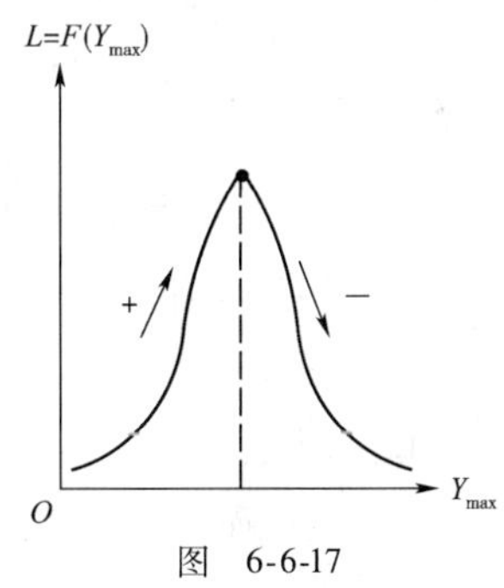

图　6-6-17

$L=F(Y_{max})$,当 $F'(Y_{max})=0$ 时,且在 Y_{max} 左边的一阶偏导数为正,右边的为负时,$L=F(Y_{max})$ 有极大值,即

$$\frac{dL}{dY_{max}}=1-\frac{8Y_{max}}{fm_Y}=0$$

则
$$Y_{max}=\frac{fm_Y}{8m_p} \tag{6-6-28}$$

至此可归纳出地面摄影的一组应用公式:

$$\left.\begin{aligned}Y_{max}&=\frac{fm_Y}{8m_p}=2Y_{min}\\B_{min}&=\frac{Y_{max}}{fm_Y}m_p\\Y_{min}&=4B_{min}=\frac{fm_Y}{16m_p}=\frac{1}{2}Y_{max}\\L_{max}&=Y_{max}-Y_{min}\end{aligned}\right\} \tag{6-6-29}$$

若 $m_p=\pm0.01\text{mm}$,$m_Y=\pm0.04\text{mm}\cdot M$,$f$ 的取值不同时,式(6-6-29)中的最大摄影纵距、最小摄影基线、最小摄影纵距和最大摄影纵深也不同,见表 6-6-5 的系列计算,$Y_{min}=250\text{m}$,$L_{max}=250\text{m}$,见图 6-6-18。

不同主距(f)时摄影纵距、摄影基线、摄影纵深的计算值　　表 6-6-5

f	100mm	200mm	300mm
Y_{max}	$\frac{1}{2}M$	$\frac{2}{2}M=M$	$\frac{3}{2}M$
B_{min}	$\frac{1}{16}M$	$\frac{2}{16}M=\frac{1}{8}M$	$\frac{3}{16}M$
Y_{min}	$\frac{1}{4}M$	$\frac{2}{4}M=\frac{1}{2}M$	$\frac{3}{4}M$
L_{max}	$\frac{1}{4}M$	$\frac{2}{4}M=\frac{1}{2}M$	$\frac{3}{4}M$

注:M 是成图比例尺分母。

表 6-6-5 的规定并非唯一的准则,当内业采用高精度量测设备,作业水平可达到 $m_p=\pm0.005\text{mm}$ 甚至更高时,表 6-6-5 中各数据应予重算,因此地面摄影测量作业之前的准备工作中,首先了解内外业仪器,再根据地形情况、技术水平等因素来拟定方案。

(五)正直立体像对左、右片的重叠度

立体像对左、右片的重叠度 P 是指在 Y_{min} 处横向重叠部分 X_{min} 与单片横向长度 X 之百分比。见图 6-6-19,有下列公式:

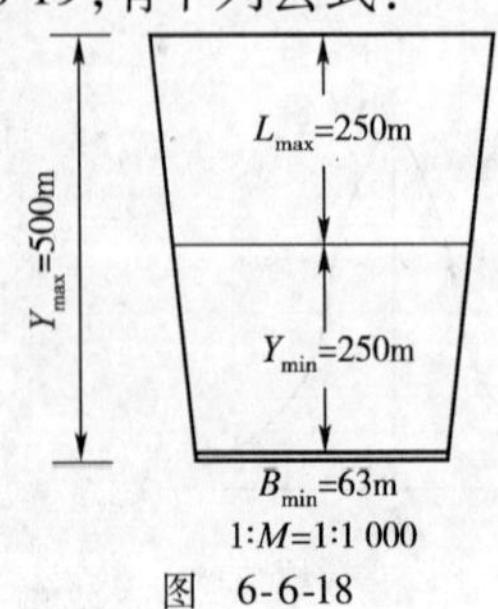

图 6-6-18

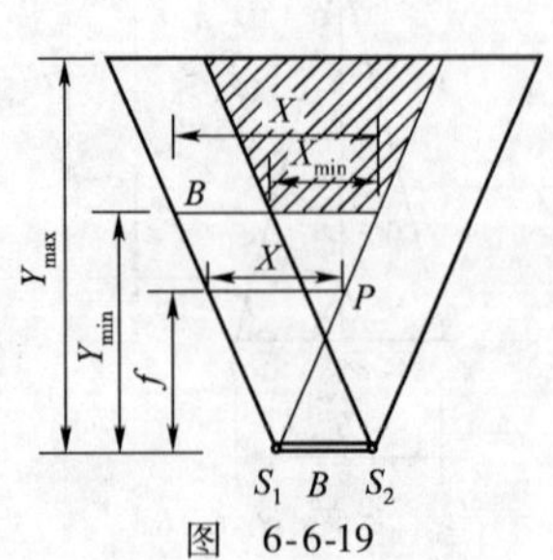

图 6-6-19

$$p = \frac{X_{min}}{X}100\% \tag{6-6-30}$$

考虑摄影基线后

$$p = \frac{X - B}{X}100\% \tag{6-6-31}$$

若 $f = 200$mm，像幅边长 $x = 160$mm，则

$$x : y = x : f = 160 : 200 = 4 : 5$$

即 $X = \frac{4}{5}Y_{min}$，代入式(6-6-31)

$$p = \frac{\frac{4}{5}Y_{min} - B}{\frac{4}{5}Y_{min}}100\% = \left(1 - \frac{5B}{4Y_{min}}\right)100\% = \left(1 - \frac{5B}{16B}\right)100\% \approx 70\%$$

故在 Y_{min} 为 $4B$ 处左片、右片的重叠度不小于 70%，实际作业时，为了相邻立体模型在 Y_{min} 处不产生裂缝，左、右片重叠度加大到 75%。

（六）同一基线上正直摄影和等偏摄影像对的立体重叠

见图 6-6-20，为了保证同一条基线上正直、左偏、右偏三个立体模型在 Y_{min} 处的重叠度，需限制等偏摄影时主光轴的偏角 φ。设有 S_1、S_2 摄站，B 为摄影基线，Y 为摄影纵距，2β 为像场角，S_1b_1 为左偏摄影时像场角右边缘线，S_2a_2 为正直摄影时像场角左边缘线，则有关系式

$$\varphi = \beta + Q \tag{6-6-32}$$

在 Y 处 a_2b_1 为立体像对四度重叠部分的边长

$$a_2b_1 = Y(\tan\beta - \tan Q) - B$$

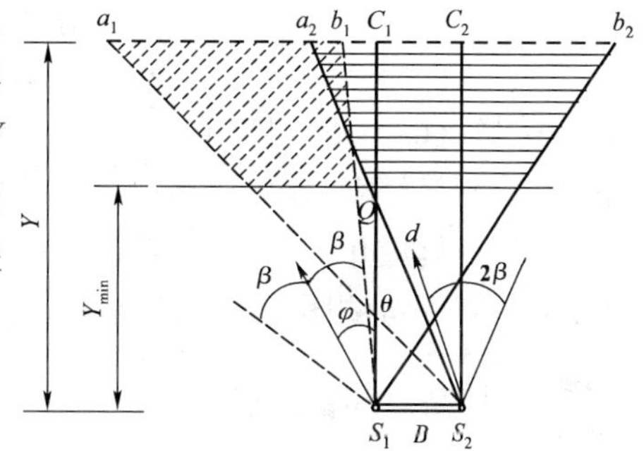

图 6-6-20

$a_2b_1 \geqslant 0$ 时，正直、左偏、右偏三个模型间无漏洞，又 $Y_{min} = 4B$，故

$$\tan Q = \tan\beta - \frac{B}{Y} = \tan\beta - \frac{1}{4}$$

即

$$\tan\theta = \tan\beta - \frac{1}{4} \tag{6-6-33}$$

利用式(6-6-31)和式(6-6-32)可根据常角、窄角摄影仪的 2β 值计算 θ 角和偏角 φ 的允许值，见表 6-6-6。

摄影经纬仪的允许最大偏角 φ 计算表 表 6-6-6

仪器	2β	θ	φ
DJS19/1318	45°	9°32′	31.83°
P31(f=100mm)	60°	14°04′	44.04°
UMK30/1318	30°	1°03′	16.00°

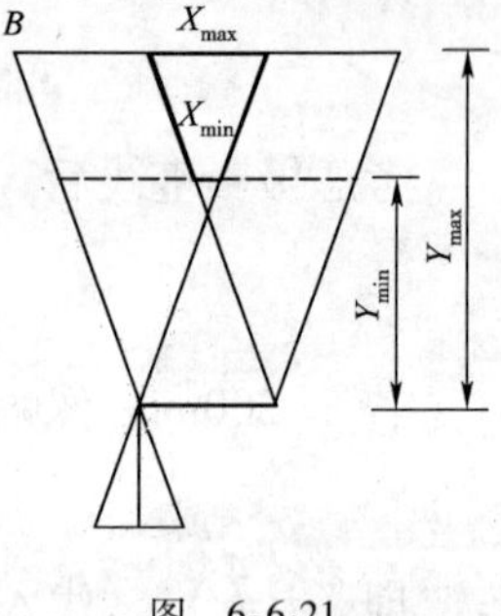

图 6-6-21

上表中 P31 型仪器计算的 φ 角很大(44.04°),实际摄影时仅取 $\varphi=22°30'$,原因是偏角越大,要求 Y_{min} 远的 d 处重叠时,所摄取的基线就越短,因而会降低测图的精度。

(七)地面立体像对的测图面积估算

如图 6-6-21 所示,可以用计算梯形面积的方法计算立体模型的测绘面积。设梯形面积为 ΔS,则:

$$\Delta S=\frac{1}{2}(X_{max}+X_{min})(Y_{max}-Y_{min}) \tag{6-6-34}$$

式中:

$$\left.\begin{aligned}X_{max}&=\frac{x}{f}Y_{max}=\frac{x}{f}\cdot\frac{fm_Y}{8m_p}=\frac{0.4xM}{8m_p}=\frac{xM}{20m_p}\\X_{min}&=\frac{x}{f}\cdot Y_{min}=\frac{x}{f}\cdot\frac{fm_Y}{16m_p}=\frac{xm_Y}{16m_p}=\frac{0.4xM}{16m_p}=\frac{xM}{40m_p}\\Y_{max}&=\frac{fm_Y}{8m_p}=\frac{0.4fM}{8m_p}=\frac{fM}{20m_p}\\Y_{min}&=\frac{fm_Y}{16m_p}=\frac{0.4fM}{16m_p}=\frac{fM}{40m_p}=\frac{1}{2}Y_{max}\end{aligned}\right\} \tag{6-6-35}$$

通过式(6-6-35)可以看出,只要知道摄影仪主距 f、摄影干版尺寸 x、成图比例尺和内业测图仪器的测量精度,就可以迅速算出地面立体像对的测量面积。同时测量面积与像幅尺寸、成图比例尺分母成正比,内业仪器精度越高,允许的测图面积也就越大,这一点与航空摄影测量像片上只有固定测图面积相比要灵活一些。

八、控制点和检查点的布设

(一)问题的提出

在地面摄影测量外业过程中,尽管可以提供像对的内方位、外方位元素,但由于仪器、天气变化、人为的诸多因素,所测的成果都会有测量误差:dx、dy、dz,它们反映在基线误差 dB、$d\varphi$、$d\omega$、$d\kappa$、$d\gamma$、$d\psi$ 及摄影光束的方向误差,这些误差会降低成果精度。反映在测图仪上作业时是不能完全消除同名点的上、下视差,使高程不符值超限。因此在外业每个像对内均应布设一定数量的三维控制点来检查地面摄影测量的成果,此外在许多情况下,可以利用所测控制点进行绝对定向,以便将被测立体模型纳入到统一的大地坐标系中去。

(二)布点的原则

1. 在某一外方位元素影响下产生最大误差的位置上布点,以利于显示误差和进行改正,从而保证整个立体模型的定向精度。

2. 至少应使用三个以上的已知点作为检查点,点位既要满足绝对定向的要求,又要满足消除内外方位元素误差的要求。

3. 确保消除内外方位元素误差的可靠性。

4. 所选点位在内业定向过程中,后一动作不影响前一动作的定向结果。

5. 相邻立体模型应公用控制点。

（三）布点点数的要求

由于外方位元素中物镜的上、下移动 ΔZ 可以在内业仪器上安置出，而且它只影响到高程，可以包括在 Z_S 中，B_Z 可以安置在模型点上，它只影响上、下视差，可通过上、下视差的消除来安置，因此尚留下 9 个待定的外方位元素，它们是 X_S、Y_S、Z_S、B、$\alpha_{s_1s_2}$、α_x、φ、γ、κ，消除它们所引起的误差影响，至少要三个像片高程控制点才能解算出。

（四）布点的点位要求

从误差理论可知，在内业测图仪上进行大地定向时，得出的各点点位不符值反映了基线方位角误差 $d\alpha_{s_1s_2}$ 和因此而引起的横坐标误差 α_x 和 dx_s、dy_s、dz_s、$d\varphi$、$d\gamma$、$d\kappa$ 的影响，所以控制点点位不同，所反映的误差来源也不同，一般规律是：

1. 在 Y_{max} 和 X_{max} 处 $d\varphi$ 是产生误差的主要因素；

2. 在 Y_{max} 处 $d\omega$ 亦是产生误差的主要因素；

3. 交会误差 $d\gamma$ 是地面立体摄影测量的误差根源之一，并且在主光轴附近呈 $d\gamma \propto Y^2$ 的趋势，故在 Y_{max} 外，$d\gamma$ 的影响特别大；

4. 在 Y_{max} 和 X_{max} 处 dB、$d\kappa$ 的影响最大；

5. 在 X_{max} 处 $d\kappa$ 对高程的影响很大。

上述五条规律表明，在模型的远景边缘部分各误差均呈现误差最大，为了利于改正和配赋全模型的误差，根据误差分布情况应在模型远景及边缘布设像片控制点。主要布点方案有下列几种形式（见图 6-6-22），其中以方案 a）最佳。

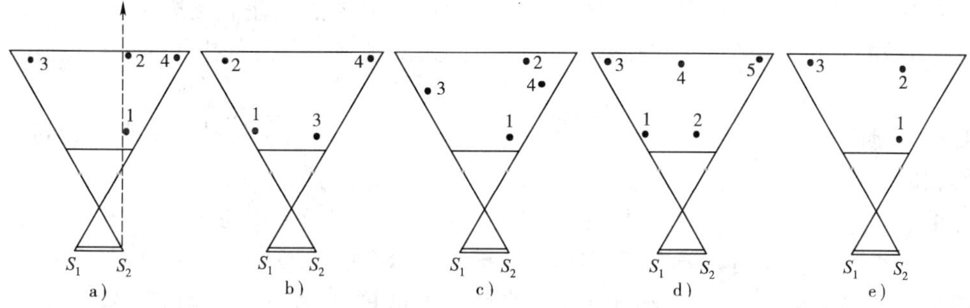

图 6-6-22　布点方案形式

（五）布点的精度要求

像片控制点的测定精度要求与控制测量中对图根点的要求相同，个别点允许放宽到对测站点的精度要求。

（六）像片控制点的标志

像片控制点一般选在明显地物上，尽量不刺点，而要求画好选点略图。若采用标志则作如下要求：

1. 标志的色调与背景的色调反差要大；

2. 标志的形状有利于交会测量，以圆形、筒形为佳；

3. 标志的大小应以成像在 0.02mm 时清晰为好，根据经验，用 19/1318 型摄影经纬仪时，$Y=200$m 以内可以用测旗花杆为像控点标志；Y 在 1000m 以内时，用 600mm × 800mm 的觇牌即可；Y 在 1000m 以上时用立体标志。

九、外业的观测工作

地面摄影测量的外业观测工作主要是指控制测量与像片连测。目前已逐步采用全站仪进行控制测量,或图根点平面坐标 X、Y 采用经纬仪交会法、经纬仪导线测量;高程 Z 采用三角高程测量或经纬仪水准法施测;基线长度可用皮尺、测绳、红外测距仪或用经纬仪观测 2m 横基线尺的视距来测定。测量成果的精度按规范执行,个别困难点可以放宽到测站点精度,通常要求测定像片平面控制点的平面位置中误差 $m_p \leq \pm 0.1$mm(图上),高程中误差 $m_h \leq 1/10$ 基本等高距,如果超限应当检查外业测算中的原因。

十、摄影与摄影处理

摄影像片的一般质量标准应当是影像清晰、细部可测、层次丰富、黑白分明。因此要注意选择感光材料、滤光片、天气、曝光时间、摄影仪参数和显影定影配方。主要原则是:

1. 感光底片颗粒细、感光度低、曝光容度大,针对不同的用途及地面景观可采用盲色片、紫外 I、II、III 型、红特硬型光谱干版和黄特硬、分色片、全色片。

2. 滤色片的选择视被摄景物的光谱特性而定,在农林地区地面摄影时多半采用黄绿色滤光片,可吸收散射的短波光,而在雪山高原地区以黄色滤光片为好。如需突出对某岩体、水域或建筑物摄影又不考虑背景时,可用红色、绿色等滤光片进行分色摄影。一般情况均可用黄色滤光片。

3. 摄影天气以晴天少云为好,可避免阴影造成影像的强烈反差。阴影会使影像失去许多细部,大面积的阴影会产生摄影漏洞。当实在不能避开潮湿天气野外摄影时,可以选用全色片补偿。

4. 摄影时应采用曝光表测定景物色温,再安置干版感光度和光圈值读取曝光时间,并安置到摄影仪时间拨定鼓上,还应当考虑干版的出厂日期,以决定是否加长曝光时间。

光圈的选用对摄影质量起着重要的作用,在地面摄影测量中摄影纵距大,又是静态摄影,应尽量用小光圈摄影来加大景深,采用小光圈摄影必然会成倍增加曝光时间,在采用低感光度干版时便会获得层次十分丰富、细部非常清晰的影像信息,这对于像片判读、选点、刺点、调绘和立体测图十分有利。

5. 摄影处理应当天进行,黑白底片以微粒显影和酸性定影配方为好,药液温度在 20℃ 左右,显影在 4~10min 之间。获得合格的底片后应连同摄影记录一起整理好保存起来。记录内容包括摄站仪器高、φ、ω、κ 记录值及片号(基线号)、基线长、主距值、曝光时间、光圈值、摄影地点名称、日期等。

十一、地面摄影测量的像片调绘

地面摄影测量用的调绘像片与航片调绘相仿,像片调绘在调绘面积内进行。包括实地刺出大地点、控制点、相邻摄站点,绘出地貌要素、地物和各类注记,由于 Y_{max} 和 Y_{min} 的影像比例尺差别很大,而且有近景挡远景的现象,所以给调绘带来困难,因此最好站在摄站上判读像片,可帮助调绘顺利进行。

有航空像片的地区可以直接用航片调绘。

第七章　三维激光扫描技术

第一节　现代公路测量存在问题

公路工程测量是为公路设计服务的,测量手段的改进提高了公路勘测设计水平和效率。另一方面,公路建设规模的不断扩大和提高,又促进了公路工程测量技术的进步和发展。

最初由于测量技术手段比较落后,距离采用钢尺、皮尺或视距测量,角度采用经纬仪测量,测绘大比例尺地形图一般采用平板测图的方法,工作量大、工期长、地形图的精度也比较低,地形图在时间和精度上均不能满足公路勘测设计的需要,更不可能较大面积地测量大比例尺地形图以供选线之用,因此,公路选线和定线基本在现场进行,称之为现场选线或现场定线。选线和定线完成后,采用拉链法、支距法、偏角法等方法放出路线中桩,使用水准仪、经纬仪甚至花杆等测量设备测量公路纵、横断面,公路勘测的水平落后,公路设计的效率低、周期长、作业人员的劳动强度大,一条100km左右的公路勘测设计往往需要耗费几年的时间。

航空摄影测量技术的发展,可以使我们比较容易获取大比例尺地形图,设计人员可以在较大范围的大比例尺地形图上进行路线选线、定线,称之为纸上定线。纸上定线由于“视野”的扩大,提高了公路选线、定线的水平,提高了公路设计质量,这相对于现场定线是一个较大的进步。随着计算机技术的迅速发展,摄影测量进一步发展成为数字摄影测量(DPS),设计人员可以依赖计算机,利用公路数字地面模型(DTM)、公路数字高程模型(DEM)、正射影像地形图(DOM)、数字线划地形图(DLG)以及栅格图像等数字产品,结合遥感(RS)进行方案比选,勘测产品从过去的以模拟纸质地形图为主体的形式,发展到以数字产品为主体的形式,进一步减小了设计人员的工作量、降低了劳动强度。同时由于考虑的因素更广、更全面,因此选线、定线的质量和公路设计的水平得到了显著的提高。

现阶段,随着各项技术的不断进步和公路建设规模的不断扩大,公路勘测正在从传统的“低效率、低精度、全野外”向“高效率、高精度、数字化”的方向迈进,公路设计也将从全野外走向数字化,从单一技术应用走向多技术集成。要实现上述目标,精确地形图的获取是一个至关重要的方面。有了精确的地形图,我们可以很容易地得到精确的公路数字地面模型(DTM)、公路数字高程模型(DEM)、正射影像地形图(DOM)和数字线划地形图(DLG)等产品,可以在4D产品上内插精确的纵、横断面,可以进行路线平面、纵面的优化设计。但目前无论平板测图,还是航空摄影测量生成的地形图产品,由于受其手段的限制,其地形图的精度只能达到表5-2-3和表5-2-4的水平。在这样的精度水平上,1∶2000比例尺的地形图,根据地形类别的不同,平面测量的精度仅能保证小于1.2~1.6m,高程精度小于0.3~2.0m,而公路设计要求中桩测量的精度应小于100mm,横断面测量的精度应小于150mm左右,因此采用现行方法所测绘的地形图的精度是不可能满足数字公路设计要求的,必须采用新的测绘精确地形图的方法。三维激光扫描系统是一种先进的技术,该方法测绘物体表面空间坐标的标称精度可以达到毫米级,有望能解决精确地形图的测绘问题。

第二节　三维激光扫描工作原理

三维激光扫描系统由三维激光扫描仪、数码相机、扫描仪旋转平台、软件控制平台,数据处理平台及电源和其他附件设备共同构成,是一种集成了多种高新技术的新型空间信息数据获取手段。三维激光扫描系统是利用三维激光扫描仪向目标发射激光脉冲,依次扫描被测区域,快速获得地面景观的三维坐标和反射光强,利用相应软件进行三维建模,生成地面景观的三维图像和可量测点阵数据,并可方便地转化为多种输出格式的图形产品。

三维激光扫描系统的工作原理如图7-2-1所示,首先由激光脉冲二极管发射出激光脉冲信号,经过旋转棱镜,射向目标,然后通过探测器,接收反射回来的激光脉冲信号,并由记录器记录,最后转换成能够直接识别处理的数据信息,经过软件处理实现实体建模输出。利用三维激光扫描系统对实体进行扫描时,扫描仪在水平和垂直两个方向上分别有分散的装置用于测量实体的特定部分。首先,调制的激光光束经过电子装置部分(图7-2-2,A)发射出来,在遇到

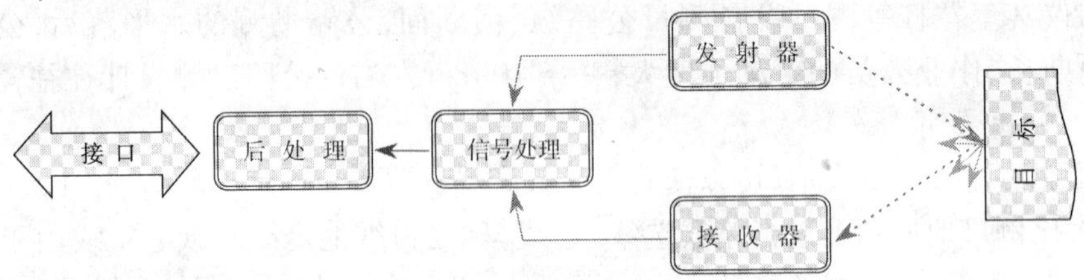

图7-2-1　三维激光扫描系统工作原理

以高速率旋转的光学装置(通常为光学棱镜)(图7-2-2,D)时,在光学装置的表面,光束发生反射并且激光以一个特定的角ζ(图7-2-2,B)发射到实体的表面上,并瞬间接收反射回来的信号。扫描仪在完成了一个ζ剖面的测量后,扫描仪的上部(图7-2-2,C)就会围绕垂直轴以较小的角度($\Delta\alpha$)进行顺时针或逆时针的旋转来进行下一个ζ剖面测量的初始化。这样重复进行ζ剖面扫描测量,连接多个ζ剖面,构成一幅扫描块。一个完整的实体往往需要从不同的位置进行多次扫描才可获取完整的实体表面信息。为实现不同位置的多个扫描块之间的精确合并,通常要求不同的扫描块(点云)在交接处有小区域的重叠。

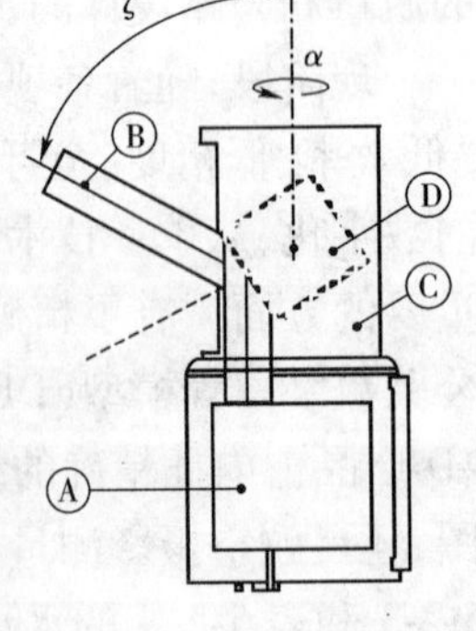

图7-2-2　扫描实现过程

扫描过程中,在每个站点上都可以获取大量的点云数据,点云中每个点的位置信息都在扫描坐标系中以极坐标(α,ζ,d)的形式来描述,其中d为从物体表面反射点到仪器中心的距离。扫描前,可以在待扫描的区域内布设所谓的"扫描控制点",由GPS或者全

站仪等传统测量的手段获取控制点的大地坐标。这样就可以把扫描获得的扫描仪坐标系下的扫描点云坐标转换为绝对的大地坐标，为各种工程应用提供标准通用的数据。目前新型的三维激光扫描系统不仅能够获取实体几何位置信息，还可以附带获取实体表面点的反射强度值(i)。在不同位置进行扫描时，利用内置或外置的数码相机对扫描实体的影像信息进行采集，为点云后处理提供边缘位置信息和彩色纹理信息。

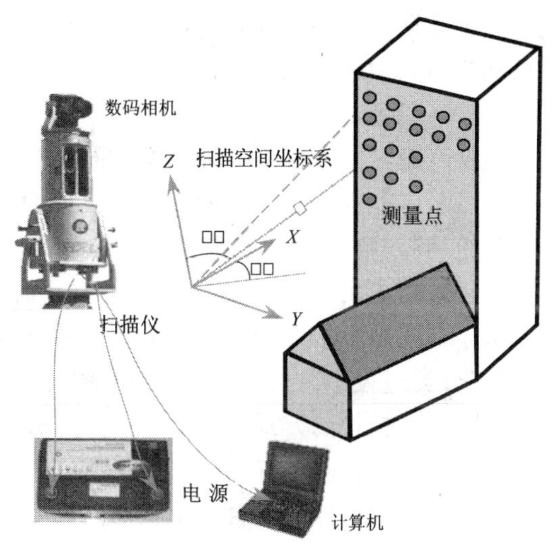

图 7-2-3　三维激光扫描系统工作示意图

数据获取完毕，首要工作就是依靠相应的软件对扫描点云数据进行后处理、建模输出等工作。图 7-2-3 为三维激光扫描系统工作示意图。

第三节　三维激光扫描仪分类

三维激光扫描技术的出现，是以三维激光扫描仪的诞生为代表。三维激光扫描系统在统一的软件平台支持下，与多种不同的传感器集成，运行在不同的硬件平台上，服务于各个应用领域。扫描仪的种类按其种类、功能和性能指标分类如下。

一、按照激光扫描的空间位置和扫描系统运行的平台角度分类

从激光扫描的空间位置和扫描系统运行的平台角度考虑，三维激光扫描系统大致包括如下三种类型：

(一)机载型激光扫描系统

系统由激光扫描仪(LS)，飞行惯导系统(INS)，GPS 定位系统，成像装置(UI)，计算机和数据采集器、记录器、处理软件及电源构成。GPS 系统给出成像系统和扫描仪精确的空间位置坐标，惯导系统给出空中的姿态参数，由激光扫描仪进行空对地式的扫描，来测定成像中心到地面采样点的精确距离，再根据几何原理计算出采样点的三维坐标。

(二)地面型激光扫描系统

地面型激光扫描系统又可划分为两类，一类是移动式激光扫描系统，另一类是固定式的激光扫描系统。移动式激光扫描系统是集成了激光扫描仪，CCD 相机以及彩色数码相机，数据采集和记录装置。基于车载平台(或者其他运行平台)，集 GPS 定位系统于一体，由激光扫描仪和 CCD 相机获取原始数据，作为三维建模的数据源。这类技术的研究是目前国内比较热门的方向。固定式激光扫描系统类似于传统测量中的全站仪测量，系统由一个激光扫描仪集成一个内置或外置的数码相机和配套的软件控制系统及电源组成。它与全站仪的不同之处在于固定式扫描系统采集的数据不是离散的单点三维坐标，而是实体表面一系列的“点云”数据。

这些点云数据可以直接用来进行三维建模,数码相机的功能是提供对应扫描点云数据的纹理信息和实体的边缘信息。

(三)手持型激光扫描仪

手持型激光扫描仪是一种便携式的激光测距系统,它可以在短时间内精确地给出物体的长度、面积、体积等信息。协助用户在数秒内快速地测得精确、可靠的成果,可以广泛地应用于工程建筑、洞穴测量和液面测量等。此类型的仪器需配备联机软件和反射片等辅助设备同时工作进行数据采集。

基于不同思考角度的类别划分会导致不同的分类结果。就地面固定式三维激光扫描系统而言,在分类过程中,通常要考虑的分类因素包括:

——仪器扫描的方式(例如是否水平360°扫描,瞬时视场的大小,扫描的断面);

——仪器的偏差系统(仪器的轴系、镜面旋转方式);

——与其他仪器的融合应用状况,如内置或外置的相机、GPS接收机等。

二、按照扫描仪激光光束的发射方式

按照扫描仪激光光束的发射方式三维激光扫描仪可划分为:

灯泡式扫描仪:如图7-3-1a);

三角法扫描仪:例如坐标测量机就是基于这种原理,图7-3-1b);

扇形扫描仪:此种类型的扫描仪扫描点云的密度和准确度都很高,目前多数主动式的扫描系统都采用这种激光束发射方式,如图7-3-1c)。

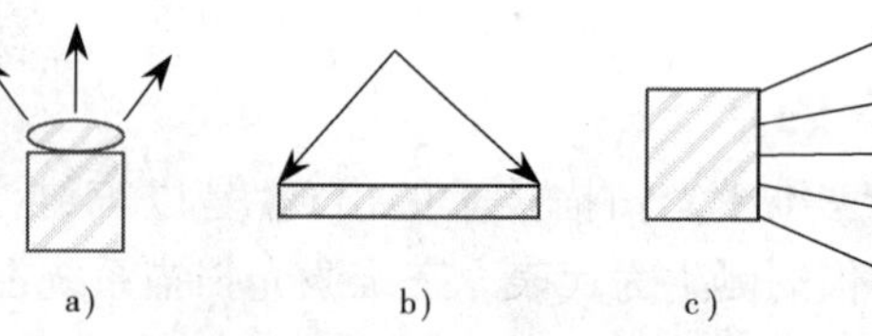

图7-3-1 激光光束发射方式分类

三、按照系统扫描成像方式

按照系统扫描成像方式,三维激光扫描系统可以划分为如图7-3-2所示的几类:

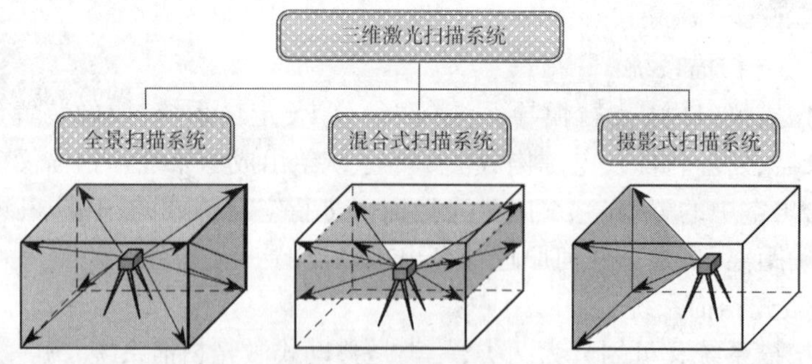

图7-3-2 按扫描成像方式分类

摄影式扫描系统:此类型的扫描系统与摄影测量应用的相机类似,扫描的瞬时视场(FOW)有限。如莱卡的HDS3000和OPTECH的ILRIS—3D扫描系统属于此类型。它适用于室外物体的扫描。尤其是对于长距离的扫描有一定的优势。

全景式扫描系统:此类型的扫描仪视场局限于仪器的自身条件。它适用于室内扫描,例如数字化房屋、设备扫描等。此类仪器有Imager 5003扫描系统。

混合型扫描系统:它集成上述两种扫描类型的优点,在水平方向的轴系旋转不受任何的限制,垂直方向上的旋转受镜面翻转的影响,视场受到一定的限制。GS200(MENSI)和LMS Z420(RIEGL)都属于这种型号。

四、按照扫描系统测距原理划分

按照扫描系统测距原理划分:三维激光扫描系统由一个测距系统和一个成像系统共同组成。与无反射的电子全站仪相类似,扫描时,由测距系统获得扫描仪中心与被扫描物体的表面的两个角度信息和一个距离信息。基于不同的测距原理的三维激光扫描系统分类见表7-3-1。

基于测距原理的分类　　表7-3-1

扫描测距原理	范　围(m)	数据精度(mm)	厂家仪器
时间测量	约1500	>10	Riegl,Cyra,ILRIS-3D
相位测量	<100	<10	Image5003
光学三角激光雷达	<10	<1	Mensi,三坐标测量机

(一)基于时间测量原理(Time-of-flight)

多数的扫描仪测距系统都是基于时间测量原理,这种原理的测距系统测距范围可以达到几百米,甚至上千米的距离(Riegl的产品)。但是在大范围内的扫描测距,精度相对较低。

(二)基于相位测量原理(Phase measurement)

基于相位测量原理主要用于进行中等距离的扫描测量系统中。扫描范围通常限制在100m内,与时间测量原理相比,它的精度可达到毫米量级。

(三)基于激光雷达或光学的三角测量原理(Optical triangulation, Laser Radar)

为保证扫描信息的完整性,许多的扫描仪只扫描几米到数十米的范围。它们主要用于工业测量和逆向工程重建中,它可以达到亚毫米级的精度。三角法测量的基本原理如图7-3-3所示。

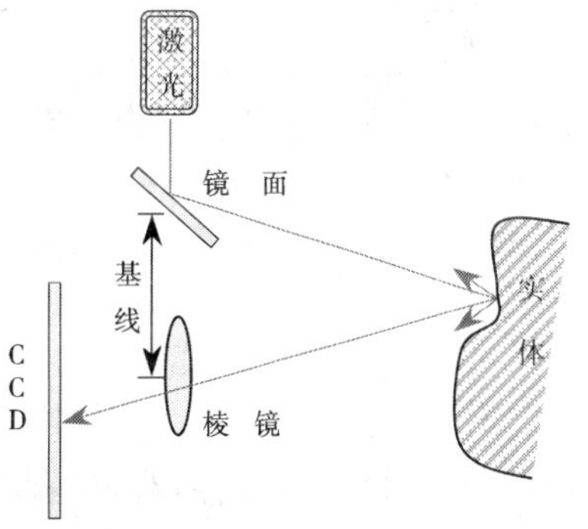

图7-3-3　三角法测量原理

表7-3-2为几种国外常见型号的地面三维激光扫描系统和它们各自的性能参数指标。

常见的地面三维激光扫描系统参数　　表7-3-2

系统	HDS3000	Riegl Z420i	GS200	ILRIS-3D	Imager 5003	I-site 4400
厂家	莱卡公司	Riegl公司	Mensi公司	Optech公司	Zoller&Fröhlich	I-site公司
产地	美国	奥地利	法国	加拿大	德国	澳大利亚
测距精度	±4mm	A:±5mm M:±10mm	±3mm/100m	±7mm/100m	±1mm	50mm/400m

续上表

系统	HDS3000	Riegl Z420i	GS200	ILRIS - 3D	Imager 5003	I - site 4400
测距范围	150m	250 ~ 800m	A:1 ~ 200m M:700m	3 ~ 1500m		3 ~ 400m
采样率	1000p/s	8000p/s	5000p/s	2000p/s	1500p/s	4400/s
测角精度	±12″	H:0.0025° V:0.002°		1.6″	H:0.02° V:0.02°	2mrad
点位精度	±6mm	±5mm	100m ~ 2.5mm	10mm/100m		
扫描视场	V:270° H:360°	V:80° H:360°	V:60° H:360°	V: ±20° H:40°	V:310° H:360°	V:80° H:360°
光斑大小	<6mm/ 50m	30mm/100m	3mm/50m	0.17D + 12mm	3 ~ 5mm	12
激光光源	532nm 3R 级	CLASS - 1 红外光源	绿色 3R 级	CLASS - 1	3R 级	3R 级
软件系统	Cylone/ CloudWo rx	RiScan/ PointCloud,ScanDig3D	RealWords surveyV4, 3Dipsos	PolyWorks		I - site 系列
相机	内置	外置	内置	内置		内置

注:V 表示垂直角度;H 表示水平角度;A 表示平均值;M 表示最大值;D 表示扫描距离;R 表示激光安全等级。

第四节 三维激光扫描系统特点

三维激光扫描系统扫描分辨率可高达毫米量级。系统与数码相机及 GPS 接收机结合应用,给出所测物体的绝对三维位置坐标和高分辨的彩色纹理信息,应用配套的处理软件可以使得用户能够在短时间内对感兴趣的区域如楼房、桥梁、室内等,获取详尽的、高精度的三维立体影像数据,也可根据用户的需要,为用户提供极为丰富的三维立体空间模型(CAD)、立体影像等成果,并由此生成具备三维地理坐标的、真彩色的三维模型。例如:三维公园、三维矿区、三维校园、三维地面等产品。

一、三维激光扫描系统的特点

三维激光扫描系统,顾名思义,系统选择激光作为能源进行扫描测量。系统具有如下特点:

(一)快速性:激光扫描测量能够快速获取大面积目标空间信息。应用激光扫描技术进行目标空间数据采集,可以及时地测定实体表面立体信息,应用于自动监控行业。

(二)非接触性:三维激光扫描系统采用完全非接触的方式对目标进行扫描测量,获取实体的矢量化三维坐标数据,从目标实体到三维点云数据一次完成,做到真正的快速原形重构。可以解决危险领域的测量、柔性目标的测量、需要保护对象的测量以及人员不可到达位置的测量等工作。

（三）激光的穿透性：多脉冲的激光束可以使得三维激光扫描系统获取的采样点能描述目标表面的不同层面的几何信息。通过对不同层次激光反射点云的处理，可以获得地球表面去除植被影响后的真实三维数据。图7-4-1为某地区未去除地面植被影响的扫描点云图，图7-4-2为去除地面植被影响后的点云图。

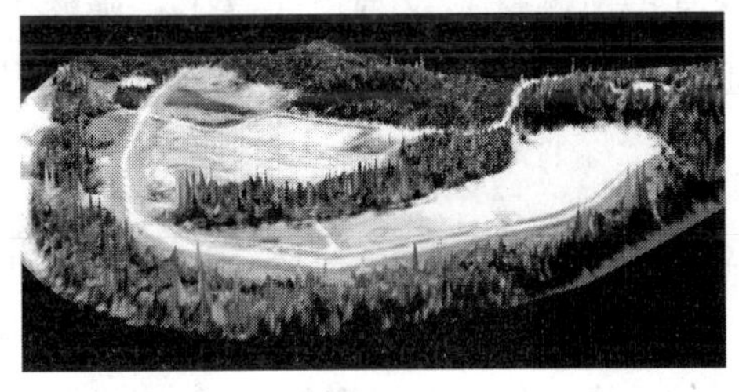

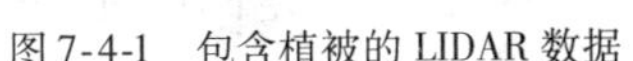
图7-4-1　包含植被的 LIDAR 数据

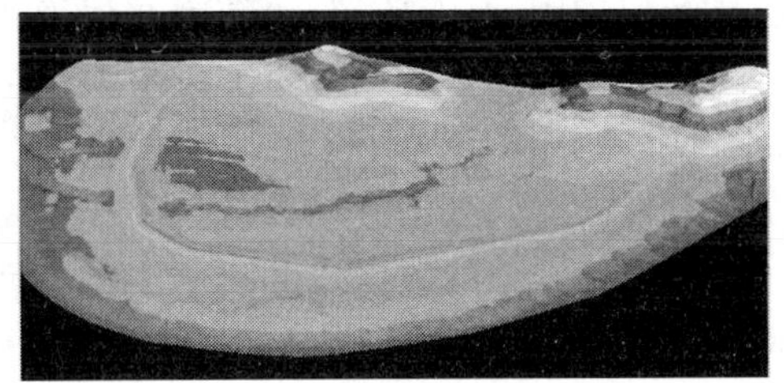

图7-4-2　去除地面植被影响后的点云图

（四）实时、动态、主动性：三维激光扫描系统为主动式扫描系统，通过探测自身发射的激光脉冲回射信号来描述目标形态，使得系统扫描测量不受时间和空间的约束。系统发射的激光束是准平行光，避免了常规光学照相测量中固有的光学变形误差，拓宽了纵深信息的立体采集。这对实景及实体的空间形态及结构属性描述更加完整，采集的三维数据更加具有实效性和准确性。

（五）高密度、高精度特性：激光扫描能够以高密度、高精度的方式获取目标表面特征。在精密的传感工艺支持下，对目标实体的立体结构及表面结构的三维集群数据作自动立体采集。采集的点云由点的位置坐标数据构成，减少了传统手段中人工计算或推导所带来的不确定性。利用庞大的点阵和高密度的格网来描述实体信息，采样点的点距间隔可以选择设置，获取的点云具有较均匀的分布。

（六）数字化、自动化：系统扫描直接获取数字距离信号，具有全数字特征，易于自动化显示输出，可靠性好。扫描系统数据采集和管理软件通过相应的驱动程序及 TCP/IP 或平行连线接口控制扫描仪进行数据的采集，处理软件对目标初始点/终点进行选择，具有很好的点云处理、建模处理能力，扫描的三维信息可以通过软件开放的接口格式被其他专业软件所调用，达到与其他软件的兼容性。

（七）系统随机外置（或内置）的数码相机可以协助扫描工作进行同步的监测、遥控、选位、拍照、立体编辑等操作，有利于现场目标选择、优化及对复杂空间或不友好环境下的工作。在后期数据处理阶段，图片信息可以对数据进行叠加、修正、调整、编辑、贴图。同时，软件通过平台接口对数码相机提供参数校准、定向和控制数码照片的采集功能。使得系统可在二维或三维环境下，以真彩色或色彩编码形式显示点云数据。同步现场操作的摄像校准功能，有利于现场发现问题现场解决，减少后处理工作的不确定性及返工。

（八）三维激光扫描系统对目标环境及工作环境的依赖性很小，其防辐射、防震动、防潮湿的特性有利于进行各种场景或野外环境的操作。系统提供的扫描视场以及低、中、高三种分辨率的扫描方式，可在振荡模式下对物体重复扫描，为用户提供不同精度的扫描选择。扫描的次数决定采集全景空间内容的多少及后处理中数据拼接的次数，控制工作量的大小。用户根据需要,控制扫描的次数,进而改善多次拼接点云所引起的空间变形及拼接的接缝误差。

(九)新型扫描系统集成了GPS接收机等高精度定位装置,通过软件平台的内部坐标转换,可以把点云数据直接输出为大地坐标系下的坐标,从而方便生产需要。

二、三维激光扫描测量与摄影测量的比较

现实应用中,有人认为"三维激光扫描实际上就是摄影测量",这种说法是不正确的。虽然三维激光扫描系统和摄影测量在操作上有许多相似之处,但二者的工作原理是不同的,因此它们在实际应用中也有不少的差别。

1. 获取的原始数据格式不同

扫描系统获取的数据是由带有三维坐标的点所组成的点云集合,可以直接在点云中进行空间量测;而摄影测量所得到的数据是影像照片,单独的一幅影像照片则无法进行空间量测,必须采用立体像对才能生成立体模型,因此对于摄影的角度和位置有一定的讲究,三维激光扫描则相对比较灵活。

2. 拼接各测站间数据的方式不同

扫描系统拼接时采用的是坐标匹配方式,而摄影测量则采用相对定向和绝对定向方式。

3. 测量精度不同

摄影测量建立的模型上各个点的坐标根据像控点的坐标而来,点位测量精度与像控点的精度和位置相关。而采用激光扫描直接测量得到的测点精度高于摄影测量中的解析点,且精度分布均匀。

4. 对外界环境的要求不同

三维激光扫描测量在白天和黑夜都可以进行,光亮度和温度对于扫描没有影响,而摄影测量的要求相对要高一些(如高温会产生影像变形、夜晚无法进行摄影等)。

5. 表面模型建立方式不同

在三维激光扫描系统中模型的建立可以直接对点云操作来实现。而在摄影测量中,首先需要选择特定的软件进行相片间的匹配处理,然后才能进行建模,建模的过程明显要比点云操作复杂。

6. 对实体纹理信息的获取方式不同

三维激光扫描系统是将反射激光脉冲信号的强度与真实色彩相类似的颜色或从数码影像中获取的纹理信息相匹配,然后在模型上粘贴定制的纹理信息;而摄影测量是直接利用获取的影像照片获得真实的色彩信息。

第五节　三维激光扫描系统集成

应用三维激光扫描技术获取数据,实现实体模型几何结构信息和纹理信息的准确描述,数据获取过程是交互式自动化进行的。尽管激光扫描光束可以测量获得实体表面反射的强度信息,然而,强度信息却要受到激光光束波长的限制,故点云只是表征实体表面的位置信息。实际应用中,考虑到单独进行扫描的一些不足,在激光光束的动态扫描测量同时,利用数码相机获取比激光扫描仪分辨率更高的影像数据,来弥补点云数据的高密度带来的处理滞后和纹理

信息丢失的问题，应用数码相机影像和点云数据进行融合应用，实现实体模型的重建输出。

一、多传感器集成应用

为满足细节特征提取和描述，把激光扫描仪和数码相机结合应用，可以说是技术上的完美互补。当前大部分的三维扫描系统都是这两种传感器的集成。集成应用获取的数据是具有彩色信息的多维空间点云数据。根据实际应用中的操作模式，构架一个完整的融合处理模型，如图7-5-1所示。

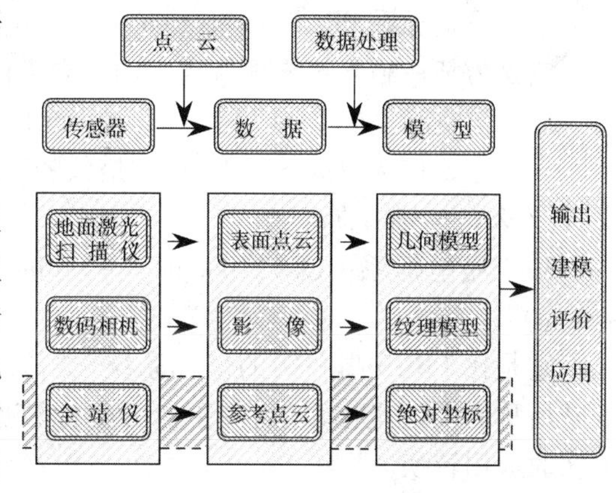

图7-5-1　融合应用的模型

几种传感器的特性，如表7-5-1所示。

传感器的特性　　表7-5-1

特性	激光扫描仪	数码相机	全站仪
空间分辨率	高	高	无
空间覆盖度	好	较好	较好
强度/色彩	有限	好	无
照明设备	主动式	被动式	无
三维点密度	高	依靠纹理信息	随机
景深	高	高	无
数据获取过程	动态	间歇性	离散
三维重建的效率	中等	较高	低
纹理重建效率	有限	高	无
设备价格	高	低	中等

集成的三维激光扫描系统在数据获取过程中，由激光扫描仪获取实体目标的点云数据，由数码相机获取对应点云数据的影像信息，经数据处理后生成实体的三维模型。利用全站仪获取实体的绝对空间坐标，作为建模结果的检核基准以及模型转换的依据，检验点云数据精度及建模后的模型化精度。

二、传感器的定向

多个传感器之间的集成应用，有特定的优势，然而不可避免地也存在着一些问题。硬件及工艺的成熟，使得仪器尽管在精度、可靠性、实用性方面已经达到了很好的水平，但为了使系统运行达到一个最佳的状态，需要解决的主要问题就是传感器的定向。不同的系统在处理这个问题上都是大同小异的，最终的目的是把获取的多元数据转换到统一的物方空间坐标系统中，精确地描述实体的信息。

一般而言，三维激光扫描系统通过定义一系列的坐标系统来实现应用中的传感器定向。常用的坐标系统有：

1. 项目坐标系 PRCS(Project co－ordinate system)

它是为某一独立扫描项目定义的独立坐标系统,一般扫描范围不大于10km。

2. 扫描空间坐标系 SOCS(Scanner own co－ordinate system)

它是原始扫描数据的基准,以扫描仪的几何中心为原点,由扫描仪的旋转轴和参考方向定义 X、Y、Z 坐标轴方向。

3. 全局坐标系 GLCS(Global co－ordinate system)

它是比 PRCS 高一级的坐标系统,类似于通常所称的大地坐标系统,用于点云坐标数据的实时应用转换。

4. 相机参考坐标系统 CMCS(Camera co－ordinate system)

为扫描仪上方绑缚的数码相机获取影像数据定义的坐标系统。

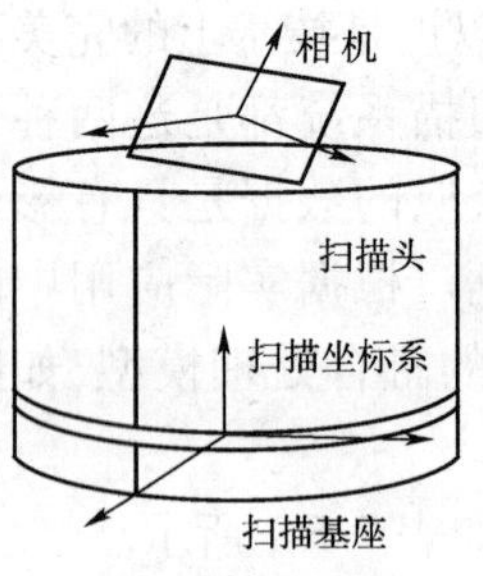

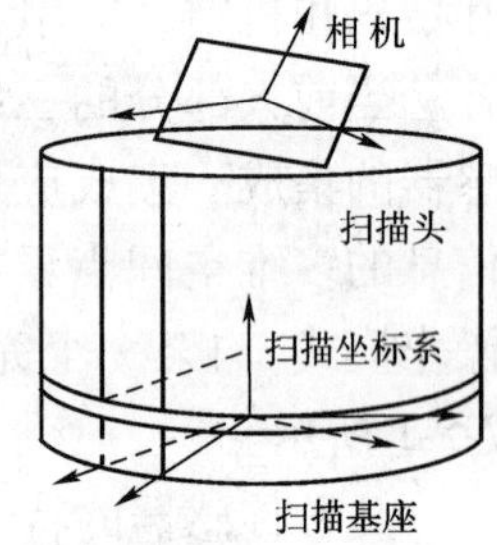

图 7-5-2　扫描定向的坐标系统

扫描系统坐标示意图如图 7-5-2 所示,各个坐标系统之间关系如图 7-5-3 所示。

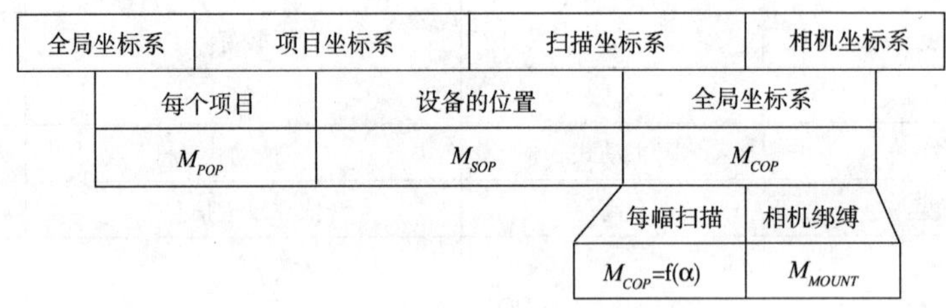

图 7-5-3　坐标系统之间的转换关系

其中 M_{SOP}、M_{POP}分别为扫描坐标系统的扫描点云数据,转换到全局坐标系和项目坐标系的转换矩阵。相机绑缚在扫描仪顶部,随着扫描头的旋转而旋转,因此相机获取的影像数据转换要复杂些,转换矩阵由与扫描系统相关的 M_{COP}矩阵和绑缚矩阵 M_{MOUNT}共同构成。从扫描坐标系统的坐标 $X_{SOCS,n}$和相机坐标系统的坐标 $X_{CMCS,n,m}$转换成全局坐标 X_{GLCS}的转换方程分别描述如下:

$$X_{GLCS} = M_{POP} M_{SOP,n} X_{SOCS,n}$$

$$X_{GLCS} = M_{POP} M_{SOP,n} M_{COP,n,m} M_{MOUNT}^{-1} X_{CMCS,n,m}$$

n 表示扫描仪的位置,m 表示捕获相片时相机的位置,对特定的扫描,M_{MOUNT}为一常数矩阵,可以实时地用相片信息校正扫描点云信息。定向过程中 M_{SOP}矩阵的确定至关重要。系统的软件包提供合适的方法来建立同名点云块和转换矩阵信息的模块,每一扫描块都通过节点连接进行分块校正操作。节点在扫描后经目标识别,可在相片中进行量测。这些操作可以减少测量的时间,提高准确度。激光扫描的点云数据同样也有助于相片中的节点位置的识别,点云的位置信息可以作为已知参数求解未知的定向参数,或者作为仪器校正参数。

三、融合的数据处理

要精确地对获取的多传感器数据进行处理,主要包括两个过程:数据匹配和建模。数据匹配的目的是定义明确的数据绝对坐标,匹配过程基于参考点进行。在集成应用中选择全站仪或者 GPS 接收机来测量参考点准确的位置信息,来校正检验数据融合的准确程度。

点云数据匹配的最终目标是将点云坐标转换到绝对的坐标系统(大地坐标系统)中。转换过程中的三个平移参数(x_i,y_i,z_i)和三个旋转参数(ω,φ,κ),由下式表示:

$$\begin{bmatrix} x_i \\ y_i \\ z_i \end{bmatrix} = R(\omega,\varphi,\kappa)\begin{bmatrix} x_G \\ y_G \\ z_G \end{bmatrix} + \begin{bmatrix} x_t \\ y_t \\ z_t \end{bmatrix} \tag{7-5-1}$$

式中旋转矩阵的定义如下:

$$R(\omega,\varphi,\kappa) = \begin{bmatrix} r_{11} & r_{12} & r_{13} \\ r_{21} & r_{22} & r_{23} \\ r_{31} & r_{32} & r_{33} \end{bmatrix} = \begin{bmatrix} 1 & 0 & 0 \\ 0 & \cos\omega & -\sin\omega \\ 0 & \sin\omega & \cos\omega \end{bmatrix} \cdot \begin{bmatrix} \cos\varphi & 0 & \sin\varphi \\ 0 & 1 & 0 \\ -\sin\varphi & 0 & \cos\varphi \end{bmatrix} \cdot \begin{bmatrix} \cos\kappa & -\sin\kappa & 0 \\ \sin\kappa & \cos\kappa & 0 \\ 0 & 0 & 1 \end{bmatrix} \tag{7-5-2}$$

影像数据匹配的目的是通过计算两幅或多幅影像之间的外方位元素,来获取点的绝对位置坐标。根据摄影测量中的定向方法,由下列方程确定影像中点的空间位置坐标。

$$x_i = x_p - c \cdot \frac{(X_G - X_O)r_{11} + (Y_G - Y_O)r_{12} + (Z_G - Z_O)r_{13}}{(X_G - X_O)r_{31} + (Y_G - Y_O)r_{32} + (Z_G - Z_O)r_{33}} \tag{7-5-3}$$

$$y_i = y_p - c \cdot \frac{(X_G - X_O)r_{21} + (Y_G - Y_O)r_{22} + (Z_G - Z_O)r_{23}}{(X_G - X_O)r_{31} + (Y_G - Y_O)r_{32} + (Z_G - Z_O)r_{33}} \tag{7-5-4}$$

式中:(x_i,y_i)——影像中对应地面绝对坐标(X_G,Y_G,Z_G)的点;

(X_O,Y_O,Z_O)——相机的位置坐标;

r_{ij}——包含三个旋转角度的旋转矩阵。

把未知的转换参数和已知坐标值的参考点作为观测值,建立非线性方程。作为观测值的已知点可以用全站仪测量获得绝对的大地坐标,作为扫描控制点,计算四组变换参数和外方位定向元素。

建模是由最后融合的数据建立实体表面模型,对实体三维几何信息和影像信息进行精确表达。实体表面建模过程如图 7-5-4 所示。

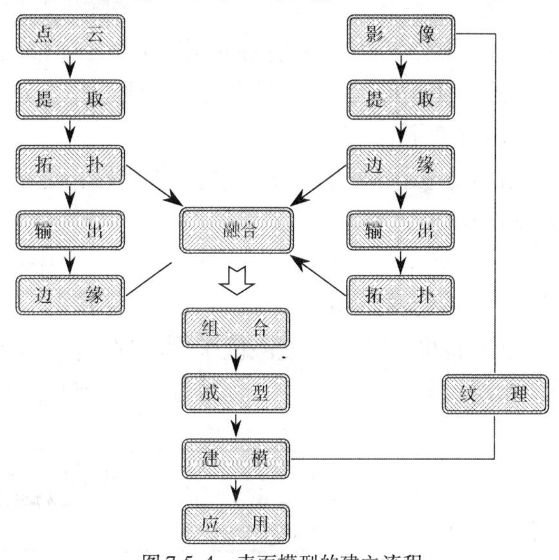

图 7-5-4　表面模型的建立流程

第六节　三维激光扫描数据处理技术

一、点云实体的识别

扫描数据获取完成后,利用获取的点云数据对实体进行细节化的精确描述。对获取的点云数据(不同分辨率的多幅扫描块、不同距离的重叠扫描块等)进行正确的识别是实体精确建模的关键一步。我们知道,对于海量的点云数据,人工的识别操作肯定是不现实的。那么如何实现实体目标点云数据的自动识别便成为许多研究人员讨论的焦点问题,大家所追求的最终目标是寻找一个可靠精确的算法,借助计算机处理实现实体目标点云的识别。

(一)点云的预处理

由于扫描过程中外界环境因素对扫描目标的阻挡和遮掩,如城市建筑物扫描过程中,移动的车辆、行人树木的遮挡及实体本身的反射特性不均匀,导致最终获取的扫描点云数据内可能包含不稳定的点和错误的点。还有一种现象是实体的整体反射,造成点云数据出现"黑洞"或出现实际上不存在的物体。此外,激光测距装置在扫描时快速运转,导致激光光束在不同相位上出现"中间介质点"的现象,造成点位的偏移,这个现象可以形象地比喻成"彗星拖尾",如图7-6-1所示。

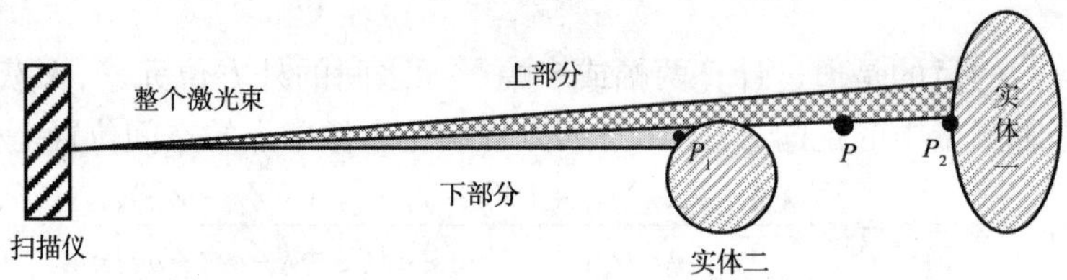

图7-6-1 点云发散图

这些影响导致点云含有粗差,是实际生产应用中所不期望的现象,只有把这些错误的点剔除后,才可以继续进行其他的操作,对实体信息进行细节化精确描述。这个过程被称作为点云的过滤(Filtering)。实际操作中,需要选择合适的过滤算法来配合这一过程自动完成。具体操作步骤如下:

1. 把点云数据按照获取过程中水平角度或垂直角度的增量分成规则的格网结构,格网的大小由操作人员根据数据量的大小决定。

2. 计算点云数据的平均距离,得到一个中值。再分别估算点云数据中的单个点与中值的偏差。如果点的距离偏差值小于扫描系统的分辨率,则该点留用,否则剔除。同时在数据获取过程中,也可以手工设置限值来剔除那些不在研究区域内的点或不属于扫描范围内的点云,如树木、房屋等噪声实体的点云数据。这个过程如图7-6-2所示:

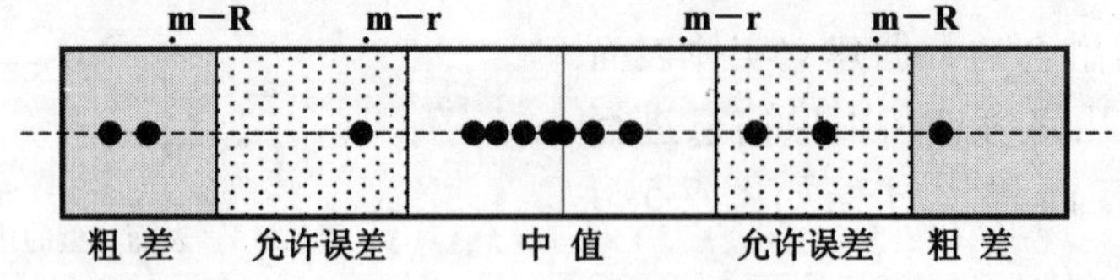

图7-6-2 点云剔除规则

(二)应用模糊聚类的方法识别实体目标

三维激光扫描系统在扫描过程中获取点云目标的回射信号和强度信息,经过相应的软件处理后,可以明确地定义点云的实际中心位置。在数据获取前用户可以预先定义一个目标中心点,之后扫描工作围绕此点进行。扫描后建立点云网格,这些格网数据可用来计算实际目标的中心。确定格网中心位置的几种不同方法。第一种方法是应用具有"最大的反射率"的激光光斑中心来定义目标格网中心位置。第二种方法是利用四个具有强反射辐射点的平均位置来定义格网中心位置。第三种方法是应用所有反射点的位置平均值来定义格网中心位置。然而这几种方法都有各自的缺点和不足。“最大的反射率”和“四个强反射辐射点取平均”的方法不足之处在于具有最大信号强度的点并不总是代表真正的目标中心。同样，扫描过程中受扫描角度的影响，如扫描仪正对目标表面进行扫描和扫描仪与目标表面成一定夹角进行扫描会导致不同的分类结果。当扫描仪正对着目标物扫描时，对所有的点都可以正确地实现分类。而当扫描角度增加时，具有高反射特性的目标和中性反射的目标就容易发生混淆，具有低反射特性点的分类相对是比较稳定的，这表明了对全部点云数据取平均值的算法也是存在弊端的。

一般而言，具有高反射特性的目标物体扫描时通常都伴随很大的噪声（误差），许多的错误点都是由噪声引起。经验发现，这种现象不会发生在具有低反射特性的区域内。为了尽可能正确地描述目标的中心点位置，首先对扫描点云依照反射特性进行分类，这也是目标自动识别的关键所在，因为基于不同的反射特性对点云实现识别分类就要求彻底地分析目标实体的特性。也就是说，掌握目标实体的特性是研究目标自动识别方法的基础。

众所周知，目标实体的反射特性与目标和扫描仪之间的距离以及扫描时的扫描角度有关系。而在扫描过程中的随机性和任意性造成对激光束的反射过程进行模拟很难实现，因此通过设置阈值（限制值）的办法不能很好地解决扫描数据的分类问题。而其他的一些分类方法，如监督分类方法，要求用户预先给定训练样本，这种半自动方法也是不可取的。寻找一种无需用户过多干涉的自动、可行的识别分类方法，这种方法就是模糊聚类技术。对于数字类型数据的聚类构成了点云识别分类和实体建模的基础。聚类的目的是从海量的点云数据中识别有用的数据组合，以精确地表示实体的属性特征。

Fuzzy c－means（FCM）算法，是一种模糊 ISODATA 分类技术，它依据每一个点在一定的规则上都属于由点成员级别来指定的一个簇的特性来对数据进行分类。1981 年 Bezdk 在原始 K－Means 分类方法上作了改进提出的 FCM 算法，可以为构成多维空间的点云数据实现指定数量的多个分类。算法首先假设一个聚类中心点作为线性方程 FCM 初始点进行计算，标注每个聚类的平均位置。这个假设的中心初始值多数情况下是不正确的。对于每一个聚类类别，FCM 为它指定了一个成员级别。通过重复地更新定义聚类中心和每个数据点的成员级别，FCM 算法不断地把聚类中心慢慢地纠正到数据列的实际中心位置上。这种操作是基于随机点与中心点距离最小的原则进行的，随机点的权值由成员级别确定。这个过程中输出的 FCM 线性方程是一系列的聚类中心点和各个数据点的成员级别。

首先来了解一下 K－means 算法，它的分类过程是把 n 个数据列 X_j 分成 c 个类 $G_i, i=1,2,3,\cdots,c$，搜索每一个类别的聚类中心。对搜索的对象关系方程取最小值，例如由欧几里得距离表述的非相似分类可以由下式表示：

$$J=\sum_{i=1}^{c}\Big(\sum_{k,x_k\in G_i}\|x_k-c_i\|^2\Big) \tag{7-6-1}$$

式中：$\sum\|x_k-c_i\|^2$ 是第 i 类的观测方程；$\|x_k-c_i\|^2$ 表示数据点 x_k 到聚类中心 c_i 的距离。每个分类可以由 $c\times n$ 个二元关系矩阵 U 表示。

$$U_{ij}=\begin{cases}1 & \text{若 } \|x_j-c_k\|^2\leqslant\|x_j-c_k\|^2, k\neq i\\ 0 & \text{其他}\end{cases} \tag{7-6-2}$$

FCM 算法和 K－means 算法的不同之处在于 FCM 应用了模糊分类技术，对于给定的数据点，可能属于许多不同的由成员级别(0,1)定义的类。对于 FCM 成员关系矩阵 U，元素值包括 0 到 1 之间所有的值。FCM 算法把 n 个数据列 X_j 分成 c 个模糊类，搜索并计算每个观测方程，使得差值达到最小。

$$\sum_{i=1}^{c} u_{ij} = 1, \forall j = 1, \cdots n. \tag{7-6-3}$$

观测方程为：

$$J(U, c_1, \cdots, c_c) = \sum_{i=1}^{c} J_i = \sum_{i=1}^{1} \sum_{j=1}^{n} u_{ij}^{m} \| x_j - c_i \|^2 \tag{7-6-4}$$

u_{ij}的值为(0,1)，c_i 是模糊聚类 i 的中心，聚类的过程由上述方程重复计算执行，不断更新的成员关系矩阵和聚类中心由下式给出：

$$c_i = \frac{\sum_{j=1}^{n} u_{ij}^{m} x_j}{\sum_{j=1}^{n} u_{ij}^{m}} \tag{7-6-5}$$

$$u_{ij} = \frac{1}{\sum_{k=1}^{c} \left(\frac{\| x_j - c_i \|}{\| x_j - c_k \|} \right)^{2/(m-1)}} \tag{7-6-6}$$

FCM 算法的实现步骤如下：

1. 用(0,1)之间随机的值初始化成员关系矩阵 U，使得满足条件方程(7-6-3)；

2. 用方程(7-6-5)计算模糊聚类中心 C_i，$i = 1, 2, 3, \cdots c$；

3. 由方程(7-6-4)计算观测方程。如果结果低于某个容许值或它的某次迭代小于特定的阈值则停止计算；

4. 应用方程(7-6-6)计算新的矩阵 U，返回第二步。

对于三维激光扫描系统获取的点云数据的识别分类，可以选择如下改进的分类算法进行分类操作处理。第一种改进的算法称为 Fuzzypos 算法。算法先根据反射强度值(i)的不同对目标点云进行分类。利用 FCM 线性方程，把点云分成具有高反射特性、低反射特性、中性反射三类。每一类别中心都由该类内计算的平均值来标识。然后应用具有最大平均反射率的两个类别的均值来计算获得目标实际中心位置坐标。分类涵盖了整个目标反射区域，因为没有权值的影响，所以这种算法计算的结果要比全部点云取均值的算法结果更为精确。

通常一个匹配目标真实表面的平面除具有两个平面参数外，还包括 ω 和 φ 两个旋转参数。利用第一种算法 Fuzzypos 计算获得目标中心点位置后，需要把计算的目标中心转换到实际的目标中心点位置，应用 ω 和 φ 两个旋转参数，把点云数据转换到实体绝对坐标系统中的 XY 平面上。首先根据选定的区域选择计算所需的数据，分类过程重复进行。这个过程就是第二种算法 Fuzzyposfine。Valanis A 等人在研究试验中发现低反射区域的计算中心位置不受权值的影响，始终与实际目标中心吻合得很好，故应用具有低平均反射强度的一类点云数据估计目标中心位置。计算获得分类的中心点位置后，再把它转换到原始坐标系中，即可最终确定真正的目标中心。

此外，还可以根据需要选择其他不同的算法实现点云的识别，如利用格网和表面模型数据开发的简单算法。把数据经过噪声处理，选择与标准点云平面偏差在一定范围之内的点云参与计算。算法的不同之处就是在于选择了不同的分类模型，而最终的目的是实现目标的正确识别，结果没有太大的差异和可比性。

二、边缘信息检测

由于激光的发散特性影响，使得三维激光扫描系统发射的激光束最终到达实体表面的光斑要比实际发射的光斑大很多。通常光斑的大小与扫描的距离有直接关系。正是由于发散特性的影响，在实际应用中，造成了实体边界信息的模糊和丢失，从而影响着目标实体的边缘信息识别，如图 7-6-3 所示，激光光斑中心位置不能正确地代表实体的边缘位置。如何在大量的点云数据中提取实体的边界信息，加以正确地表达，是最终实体精确表达过程中的又一关键问题。

三维激光扫描系统发射的激光脉冲信号及接收到的脉冲信号强度(i)与点云的中心位置有关系。同样还是应用发射激光脉冲的反射强度信息(i)以及空间邻接点之间的关系来估算实体边缘的位置和方向信息。

B. Jutzi 提出通过分析脉冲信号强度和利用强度影像 I_N，应用邻接边界法则来确定区域的边界参数方程的方法来识别实体边缘信息。首先通过参数方程确定强度影像 $I_N(x,y)$ 所在区域 N 的外部边界。记录影像的输出轨迹，构建两条包含行列坐标信息的参数方程 $x_N(s)$ 和 $y_N(s)$，以及距离方程 $z_N(s)$。

为正确地估算边界的方向和位置，对接收的信号强度进行分析，假设实体表面具有相同的反射特性且反射特性仅仅与实体的几何形状有关，也就是假设了一条具有相同反射率的直线边界，由激光光束的曝光也显现出一条边界线，假设实体边界是垂直的，则从光束中心到边界 $\bar{e}$ 的距离可以由 d 表示，如图 7-6-4 所示。如果区域左面(内部)具有高反射特性，而区域的右面具有较低的反射特性，则得到边界的脉冲强度方程如下：

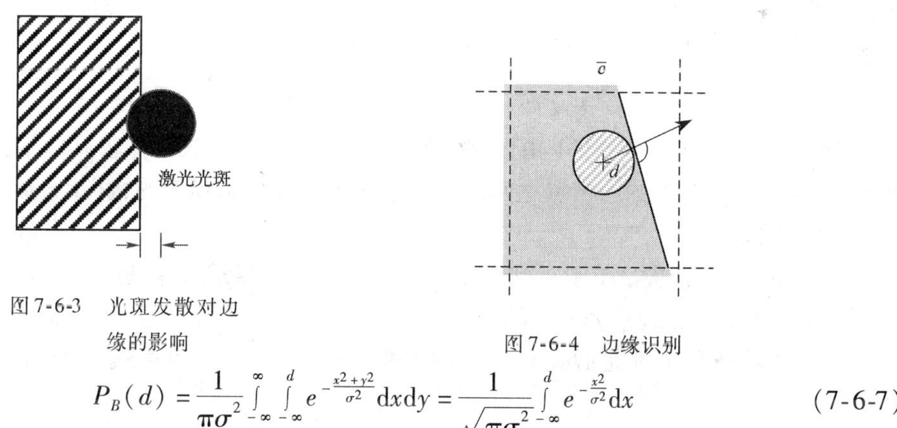

图 7-6-3　光斑发散对边缘的影响

图 7-6-4　边缘识别

$$P_B(d)=\frac{1}{\pi\sigma^2}\int_{-\infty}^{\infty}\int_{-\infty}^{d}e^{-\frac{x^2+y^2}{\sigma^2}}\mathrm{d}x\mathrm{d}y=\frac{1}{\sqrt{\pi\sigma^2}}\int_{-\infty}^{d}e^{-\frac{x^2}{\sigma^2}}\mathrm{d}x \tag{7-6-7}$$

对于水平方向边缘脉冲强度用同样的公式计算。如果 d 在边界象素区域格网内，反射特性可以表示为距离 d 的线性方程。由于光束中心到边界的距离 d 是个固定值，边界的位置就可以根据光束中心的位置确定而确定，接下来的工作是进行边界的定向。

通过分析空间边界的邻接点之间的关系来计算边界的方向。首先估算另外一条边界作为一个圆的切线。同样再假设一条笔直的边界，就可以获取两个半径分别为 d_1、d_2 的圆(0/g)，(0/0)的四条切线，考虑下式中的条件：

$$\bar{x}\cdot\bar{n}=d_1,\text{式中}\bar{n}=\left[\frac{-\dfrac{d_2\pm d_1}{g}}{\sqrt{1-\left(\dfrac{d_2\pm d_1}{g}\right)^2}}\right] \tag{7-6-8}$$

通过计算限制条件和区域边界之间的空间关系，就可以计算邻接点之间的关系，确定区域的内部或外部边界位置和方向。此外，在数据获取过程中由数码相机获取的影像信息同样可以作为边界提取的一个参照框架，用于实体边界信息的提取。

三、点云的匹配连接

由于三维激光扫描系统的扫描视场的限制和实际应用的需要，为了获取实体表面完整的信息，需要从不同的位置对实体的表面进行扫描。因此，不同位置的扫描最终要进行匹配，连接到同一标准坐标系下全面地反映实体信息。这要求寻求可靠、准确的数据配准算法实现点云的快速匹配，一种常用的方法是 ICP(Iterative Closest Point)算法。

(一)ICP 算法与 Chen－Medioni 算法

假设在不同的位置获得两组的点云数据 C_1 和 C_2。其中 C_1 中有 N_{C_1} 个点，$\{P_1^1,\cdots,P_{NC_1}^1\}$，$\|p_i^1-p_j^2\|$ 表示 C_1 中的点 p_i^1 到 C_2 中的点 p_j^2 的距离。设 $CP(p_i^1,C_2)$ 是在 C_2 点云中的对应于 C_1 点云 p_i^1 的同名点。ICP 算法描述如下：

1. 定义在点云 C_2 内到 C_1 中特定一点距离最近的点为该点的同名点。

2. 寻找两幅扫描块中的全部同名点，$C=U_{i=1}^{N_C}\{T_{iter=k}(p_i^1),CP(T_{iter}=k(p_i^1),C_2)\}$，$C$ 是所有的同名点集合，$T_{iter=k}$ 表示第 k 次重复变换，$T_{iter=0}$ 表示初始变换。整个点集合 C 并不能保证点是一对一的匹配。

3. 计算新的变换 $T_{iter=k+1}$，使得匹配点之间的距离平方和最小。

$\sum_{i=1}^{n_{iter=k}}\|p_i^1-\mathrm{CP}(T_{iter=k+1}(p_i^1),C_2\|^2$，$n_{iter=k}$ 是第 k 次变换中的采样。

ICP 算法是基于点到点的匹配计算，在实际应用中，由于 ICP 算法只是基于局部进行同名点搜索，从而使得计算的同名点之间的最小距离平方和也是局部的，这就导致点云聚合缓慢且只能达到局部最优。

Chen-Medioni 算法是基于点到面的匹配计算。算法搜索条件是使得该点与它的同名点所在表面的距离平方和最小。算法的速度比 ICP 方法快，但是它要求对点云数据进行初始的对齐操作。这两种算法都是假设点云 C_2 中到点云 C_1 中某点距离最小的那个值是该点的同名点。

与 ICP 算法相比，Chen-Medioni 算法如果不预先对两幅扫描块作对齐配准，则假设是不成立的。实际处理中，也可以通过其他的方式实现初始点云的大致对齐，但是在条件不具备的情况下，对只有小部分重叠的点云进行匹配是很困难的，所以需要寻求一种优化的算法来解决问题。

(二)改进的匹配算法

我们知道，实体的原始几何信息，如表面的法线向量，曲率和曲率变化信息等可以提供扫描点云块中同名点的信息。我们可以利用原始几何信息，计算表面曲率和曲率变化来搜寻同名点的匹配算法。算法具体描述如下：

1. 计算各点法线向量之间的夹角和曲率变化大小，在点云 C_1 和 C_2 内搜索每个点的 k 个邻接点。对于三维的刚体运动而言，几何曲率和曲率变化是不变的，它的法线向量旋转可以由法线向量夹角和曲率变化值来表示，作为搜索同名点的标准。两个法线向量之间的夹角表示为：

$$\theta_{(p_i^1,p_j^2)} = \cos^{-1}(n_{p_i^1} \cdot n_{p_j^2}) \tag{7-6-9}$$

$n_{p_i^1}$ 和 $n_{p_j^2}$ 是点的法线向量。两点之间的曲率变化描述如下：

$$\beta(p_i^1,p_j^2) = |M_{cc}(p_i^1), M_{cc}(p_j^2)| \tag{7-6-10}$$

$M_{cc}(p_i^1)$ 和 $M_{cc}(p_j^2)$ 分别是点 p_i^1 和点 p_j^2 的近似曲率变化。

(1) 法线向量估算

一点的法线向量可以通过它和邻接点之间协方差关系矩阵的特征向量计算获得。某一点和它邻接的 k 个点的协方差矩阵 COV(p_i^1) 表示如下：

$$\mathrm{COV}(p_i^1) = \frac{1}{k}(p_i^1 - p_{\text{邻接点}\{j=1\cdots k,p_i^1\}}^{\text{质心}})^T(p_i^1 - p_{\text{邻接点}\{j=1\cdots k,p_i^1\}}^{\text{质心}}) \tag{7-6-11}$$

式中：$p_{\text{邻接点}\{j=1\cdots k,p_i^1\}}^{\text{质心}}$ 是 p_i^1 和它的 k 个邻接点的质心。COV(P_i^1) 矩阵的特征值大于等于零。最小特征值对应的特征向量是由 p_i^1 和它的 k 个邻接点构成的表面的近似法向量描述的。其他的特征值都是这个表面的切线向量，如果最小的特征值接近于零，则表示表面是接近平坦的。

(2) 几何曲率变化的估算

表面点的曲率变化也可以由协方差矩阵的特征值估算获取。每个特征值都代表着特征向量方向上的空间变量。COV(p_i^1) 的特征值和特征向量分别表示为 λ_i 和 v_i，其中 $\lambda_1 \leqslant \lambda_2 \leqslant \lambda_3$。曲率的变化表示的是表面与切平面的偏离程度。用最小特征值与特征值之和的比率表示曲率变换：

$$M_{cc}(p_i^1) = \frac{\lambda_1}{\sum_{i=1}^{3}\lambda_i}$$

另外一点的几何曲率 $M_{curv(p_i^1)}$ 还可以由该点和邻接点的法线向量表示：

$$M_{curv}(p_i^1) = \frac{1}{k}\sum_{j=1}^{k} \| n_{p_i^1} - n_{\text{邻接}\{j,p_i^1\}} \| \tag{7-6-12}$$

$n_{p_i^1}$ 和 $n_{\text{邻接}\{j,p_i^1\}}$ 是 p_i^1 与它的第 j 个邻接点各自的法线向量。相应的曲率变化也可以表示为：

$$M_{cc}(p_i^1) = \frac{1}{k}\sum_{j=1}^{k} |M_{curv}(p_i^1) - M_{curv}(p_{\text{邻接}\{j,p_i^1\}}^1)| \tag{7-6-13}$$

2. 选择初始样本点 $p_{\{1,L,n_{iter=i}\}}^1$，它们的曲率变化值要比 $T_{\text{采样}}^{iter=i}$ 大。其中，$n_{iter=i}$ 是第 i 次迭代中样本数量。

3. 搜索 $p_{\{1,L,n_{iter=i}\}}^1$ 的同名点，如果方程满足条件。

$$\theta(p_i^1,p_j^2) \leqslant T_{normal}^{iter=i}, \beta(p_i^1,p_j^2) \leqslant T_{cc}^{iter=i} \tag{7-6-14}$$

则 p_j^2 是 p_i^1 的同名点。

其中 $T_{normal}^{iter=i}$ 和 $T_{cc}^{iter=i}$ 是同名点之间法线向量夹角的阈值和几何曲率变化差值。同名点尺度选择是这一步的其中一项工作，它可以用来作为匹配的质量评估标准，可以认为是评定同名点匹配质量的一个参数。举个例子来说，如果计算得到不正确的匹配信息，则表示这个尺度信息就是不一致的。第 k 次迭代中的尺度因子 $S_{iter=k}$ 可以表示为：

$$S_{iter=k}=\frac{\sum_{i=1}^{n_{iter=k}}p_i^1 T_{iter=k}(\mathrm{CP}(p_i^1,C_2))}{\sum_{i=1}^{n_{iter=k}}\| T_{iter=k}(\mathrm{CP}(p_i^1,C_2))\|^2} \tag{7-6-15}$$

$T_{iter=k}$ 是第 k 次迭代中的变换，$\mathrm{CP}(p_i^1,C_2)$ 是点 p_i^1 的同名点的位置向量，$n_{iter=k}$ 是第 k 次迭代中的采样点数目，这项操作也不能保证点的一对一地匹配。

4. 计算近似变换 $T_{iter=i}$ 和变换点云 C_1，旋转 C_1 中所有点的法线向量。

5. 控制更新阈值，应用更严格的标准来确定可能的同名点集。

$$T_{normal}^{iter=i+1}=T_{normal}^{iter=i}-\Delta T_{normal}$$
$$T_{cc}^{iter=i+1}=T_{cc}^{iter=i}-\Delta T_{cc}$$
$$T_{sample}^{iter=i+1}=T_{sample}^{iter=i}-\Delta T_{sample}$$

算法计算过程中涉及的阈值有很多，其中 $T_{cc}^{iter=0}$ 和 ΔT 是两个关键值，可以由经验值得到 $T_{cc}^{iter=0}=\dfrac{<M_{cc}^1>+<M_{cc}^2>}{2}$，$\Delta T_{CC}=2\sqrt{<M_{CC}^1>_{rms}^2+<M_{cc}^2>_{rms}^2}$，$<M_{cc}^i>$ 和 $<M_{cc}^i>_{rms}$ 是点云 C_i 曲率变化的平均值和均方根值。其他的阈值选择尽管也影响匹配效果，但在算法中的作用和影响都不大。

6. 计算匹配误差 $\varepsilon^{iter=i}$，也就是点到表面距离的均方根值。如果 $\varepsilon^{iter=i}$ 超过了阈值，则重复第二步，否则停止匹配。另外，若 $\varepsilon^{iter=i}$ 小于阈值 $T_{\varepsilon CM}$，则应用 Chen－Medioni 方法。

通常如果初始对齐操作理想，只需较少的点云搜索工作便可以完成点云的精确匹配，否则需要大量的计算工作才可完成。搜索次数的多少由匹配的错误程度决定。由于处理的数据量较大，使得匹配算法速度受到制约。具有高曲率值的点要比低曲率值的点的信息含量高，因为具有高曲率值的点反映的是边界和角落的信息。在算法应用中，迭代初始阶段只考虑高曲率的点的匹配有助于提高算法的速度。

此外，一些推广的 Procrustes 分析方法、最小二乘方法等三维表面匹配算法都可以为海量点云的精确匹配提供数学模型支持，保证匹配的准确度、可信度和效率。

四、坐标转换

在前面讲述了项目坐标系 PRCS（Project co－ordinate system）、扫描空间坐标系 SOCS（Scanner own co－ordinate system）、全局坐标系 GLCS（Global co－ordinate system）和相机参考坐标系统 CMCS（Camera co－ordinate system），实际应用时必须将扫描空间坐标系转换为项目坐标系或全局坐标系才有意义。某些扫描仪已经具有对中和后视定向功能，该类型的扫描仪当应用于面积较小的扫描时可直接应用测站坐标获得扫描点的应用坐标。一般情况下，应选择全站仪或者 GPS 接收机来测量参考点准确的位置信息，来校正检验数据融合的准确程度，进行坐标转换，获取比较精确的应用坐标。

具体步骤为：

1. 在实地采用全站仪或者 GPS 接收机来测量了 N 个参考点准确的位置。

2. 利用三维坐标转换模型对 N 个点进行坐标转换，最佳转换是使转换后各点之间的距离与采用全站仪或者 GPS 接收机来测量的点之间的距离差平方和最小。

五、实体表面模型的建立

数据获取的最终目的就是实现实体目标的表面模型重建,通过模型来准确地描述实体信息。扫描的实体重建通常可以分为两大类:一类是具有规则形状的几何结构,如规则的建筑结构和几何形体。另一种是形状不规则,表面结构复杂的实体重建,如地表表面等复杂实体。前者点云模型重建要远比结构复杂的后者重建容易实现得多。对于获取的不规则的离散点云,寻求的是自动化的点云重建算法,建立逼真、准确的实体几何模型,是最终追求的目标。

(一)规则结构的实体重建

对于具有规则几何结构的实体重建,通常只需要应用基本的几何结构,如矩形、圆形、圆柱、立方体等常规的几何形状来构建实体模型,方法简单直观且容易实现。处理后可以快速获取标准的结果 Z－code True Orthophoto(ZOP)。ZOP 是 2.5D 的数据列,它也是一种数字化的产品,提供了实体的剖面信息,但不同于传统正射影像的图形描述。ZOP 对规则的实体剖面规划有良好的辅助功能,正射投影的平面近似地平行于扫描的主剖面。正射影像的附加层中包含的参考平面的距离信息。ZOP 产品可以像数字地面模型(DTM)产品一样,用于生成虚拟场景,计算轮廓信息,实现三维重现。扫描系统提供了足够的精度使得 ZOP 中细节信息得以表述。数码相机的相片信息可以直接添加到 ZOP 构建的平面上,为规则的建筑物扫描点云提供各种标准的产品图,它可以通过标准的 CAD 程序实现可视化。

(二)复杂结构的实体重建

对于复杂几何形体的表面重建,要考虑的问题有很多。这类实体的离散点云数据,由于没有特定的空间分布规律,其重建工作只能基于点云的点与点之间的邻接关系和局部的表面分段匹配来实现。针对不同的应用和不同特征的点云数据,实现重建的自动化算法也多种多样,如三角网法(构建 TIN 模型)、B 样条法等表面描述方法。总之,表面重建算法有很多,但是算法的设计却不是一个简单的问题。

一种理想的表面重建算法是使得重建的表面能精确逼真地描述实体信息,对于大量的点云数据实现快速地重建,还要尽可能避免卷入大量的计算工作。要求对实体边缘和高曲率的表面的重建具有特殊的处理功能。能实现点云表面的拓扑生成,对残缺的点云数据具有很好的修复效果。然而实际操作中,这种理想化的算法是不可能实现的,一种算法不能兼顾处理所有可能出现的问题,尤其是对数据不完整的点云实现重建有一定的难度。但是无论选择何种算法,表面重建的可靠性一定是由获取点云数据所含的信息量大小决定的。算法不可能对一个采样信息不足的表面实现准确地重建。因此,对于实体表面的重建,采样的点云数据一定要有足够的精密度。同时,为了精确地表达模型与实体的匹配,算法上还依靠于一些全局参数,用户需不断地调整这些参数来获取较好的结果,而这些操作往往又限制了算法的速度。

实体的表面重建过程可以描述如下:要实现三维空间 R^3 的表面 M 的重建,就是通过给定的系列点云 $S=\{P_i=(x_i,y_i,z_i),(x_i,y_i,z_i)\in M\subset R^3,i=l\cdots k\}$ 和数据采集中获取的其他信息,寻找一个表面 M' 尽可能地接近于面 M。对于表面 M 和采样点云 $S_M=\{P_i=(x_i,y_i,z_i),i=l\cdots k\}$,如果表面 M 上的每一个半径为 ρ 的圆都有至少一个 S_M 中的点与之相匹配,则称为 ρ 密度采样。其用空间点的位置信息来表述 S_M。

对于三维激光扫描获取点云数据而言,数据获取过程中应尽可能地多次获取点云数据,使扫描的点云数据具有较高的精密度。这里只考虑点云数据具有较高精密度的情况下算法的实现。

一般表面的重建过程可划分为两大步骤:点云的表面内插构架和模型修正。

内插算法根据点云对表面模型的影响程度分为全局内插和局部内插。全局内插是应用扫描获取的全部点云进行内插。局部内插是只考虑邻接点之间的内插,只对表面的某一个片断进行内插计算。由于全局内插算法的计算量很大,计算的复杂度也较高,实际应用中很少选择,而局部内插方法是多数算法理想的选择。常用的一些内插算法有:

1. 最邻接的图形内插法 NNG(Nearest Neighbour Graph);

2. 欧几里得最小生成树法 EMST(Euclidean minimum spanning tree);

3. Gabriel 图形法 GG(Gabriel graph);

4. Delaunay 辅助四面体法 DT(Delaunay tetrahedralization)。

只有当这个内插算法获得的图形是给定点云的唯一表述时才是正确的。最初的点云表面生成模拟格网后,还需要对这个模拟格网作进一步地处理,不断地删除构建的多余四面体以及不属于实体表面部分的格网,删除不相容的三角形,这个过程称之为模型的修正。即对于给定的点云 P,首先生成剖面 DT(P),然后不断地从 DT(P)中删除多余的四面体,直至所有的顶点都分布在边界面上。当局部内插构造生成表面格网后,所生成的三角形集合 $T(P)$ 中还是有可能出现一些不相容边和实体空缺处的多余三角形,为了完成曲面拓扑重建,要删除不相容的边和若干多余三角形,以使所剩三角形集合准确地描述实体。不相容三角形的删除规则如下:

1. 三角形顶点中至少有一个内点,并且过这一内点有一条边的阶为一;

2. 三顶点均是边界点,一边的阶为 1,而另外两条边处都有夹成锐角的三角形。

其中,某边的"阶"定义为共此边的相邻三角形个数,删除规则也可由限制条件 EMST(P)和 EGH(P)控制。最后还是由 DT(P)集合描述重建的实体表面。

(三)表面格网建立的算法描述

对于三维激光扫描系统获取的点云序列 $P=\{P_i=(x_i,y_i,z_i),P_i\in R^3\}$ 的表面重建,其具体的算法描述如下:

第一步:一幅完整的扫描中可能包含有多个扫描块,扫描块之间的点云有一定的重叠,通常而言,重叠的点云对于扫描块之间的连接匹配和单个点位的精度都有所改善,但是当重复的扫描达到一定的程度时,这些扫描数据就只增加计算的工作量而不会再提高计算成果精度,因此需要对多余的重复扫描数据进行剔除。

定义点云的剔除半径 R_{red},对于任意一点 P_{new},在待剔除的点云集合 P_{red} 中如果没有其他的点比 P_{new} 更接近于剔除半径 R_{red},则把 P_{new} 插入到删除的点云集合 P_{red} 中。否则忽略该点,继续下一点的判断。这个过程与以 R_{red} 作邻接半径寻求 P_{new} 在 P_{red} 的欧几里得邻接点集合操作是一致的。计算 $N_{Pred}(P_{new},R_{red})=\{\}$,如果邻接集合为空,则所有的点都在删除的点云 P_{red} 范围内。其中欧几里得邻接点的定义如下,在点云序列 $P=\{P_i=(x_i,y_i,z_i),P_i\in R^3\}$ 中搜索任意一点 $a=(a_x,a_y,a_z)^T$ 的欧几里得邻接点 b,$N_p(a,r)=\{b\in P,\|b-a\|_2\leqslant r\}$,$r$ 为搜索半径。点的搜索过程与数据的存储结构有直接的关系,存储结构的选择对搜索时间和效率有很大的影响。

第二步,计算各个点的法线向量,最终的目标是建立一个三角化的格网面。如果点 P_{new} 没有被剔除,则通过计算该点和它邻接点之间的协方差矩阵,由最小二乘法则计算法线向量 n_{new}。同样,搜索 P_{new} 的邻接点 $N_{Pred}(P_{new},R_n)$,其中 R_n 是搜索的邻接半径。然后对搜索到的所有邻接点进行如下处理,$\forall p \in N_{Pred}(P_{new},R_n) \cup \{P_{new}\}$。

1. 通过插入 P_{new} 来更新 p 的邻接点集 $N_{Pred}(p,R_n)' = N_{Pred}(p,R_n) \cup \{P_{new}\}$;

2. 估算协方差矩阵 CV;

$$CV = \sum (p_i - c)(p_i - c)^T, p_i \in N_{Pred}(p,R_n)';$$

3. 计算 CV 特征值 λ_i 和特征向量 $\boldsymbol{v}_{\lambda_i}, i=1,2,3, \lambda_1 \leqslant \lambda_2 \leqslant \lambda_3, \boldsymbol{v}_{\lambda_2}$ 和 $\boldsymbol{v}_{\lambda_3}$ 横跨切平面,而 $\boldsymbol{v}_{\lambda_1}$ 是切平面的法线向量;

4. 计算法向量 $n, n = \boldsymbol{v}_{\lambda_1} \text{sign}(\boldsymbol{v}_{\lambda_1}^T, O)$。

然后把各个邻接点集按照选定的内插算法生成三角格网平面。

第三步:在格网的构建初始阶段只有少数的几个点参与计算,在没有正确地估算相关的法线向量之前,新的顶点不能够参与三角网的构建。算法通过计算法线向量之间的平均方向变化来选择新的顶点,然后应用新顶点进一步构建新的表面格网。其中法线方向的变化可以表示为第 i 次更新邻接点时两点法向量之间的夹角 $\alpha_i = \arccos(n_i^T n_{i-1})$。平均的方向变化表示为 $\bar{\alpha} = \frac{1}{k+1}(\sum_{i=2}^{k} \alpha i + \alpha_0)$。变量 k 是更新的次数,α_0 是 $\bar{\alpha}$ 的一个较大的初始值。

第四步:由于所有的顶点都参与了格网平面的建立,又因为重新选择了顶点,使得原来建立的格网结构发生了变化。新插入的顶点影响着它的邻接点集 $N_{p_{net}}(\boldsymbol{v}_{new}, R_{max})$ 的结构,其中 p_{net} 为所有格网顶点集合,R_{max} 是用选择的搜索半径,可用来控制格网最长边的长度,这个过程称为重新三角化。

多次生成的格网,为了避免出现边界的交叉错误,对于顶点向量值超过一定限值 c_t 对应的边界必须进行剔除。

$$N_{p_{net}}(\boldsymbol{v}_{new}, R_{max})' = \{\boldsymbol{v}_i \in N_{p_{net}}(\boldsymbol{v}_{new}, R_{max}) \mid n_{new}^T n_i > c_t\}$$

格网中的所有边都参与测试,对于初始格网没有边连接的区域,新生边界有效。对于区域内所有的交叉边,如果比新生成的边界长,则采用新边界,删除原来区域的交叉边。对格网区域内,如果至少有一条交叉边比新边界短,则新生成的边界无效,仍采用原来的边。重新三角化的过程如图 7-6-5 所示。

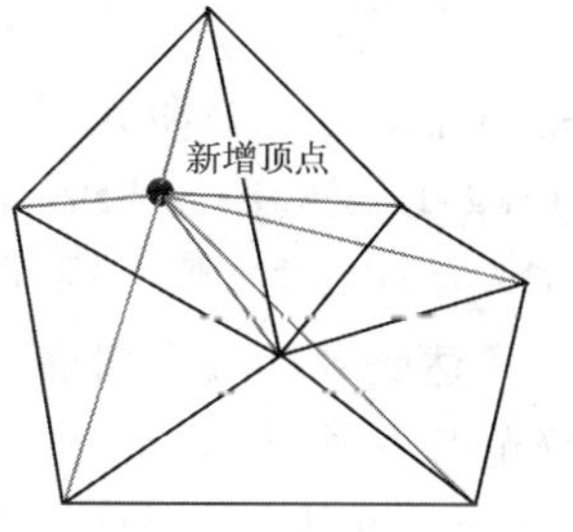

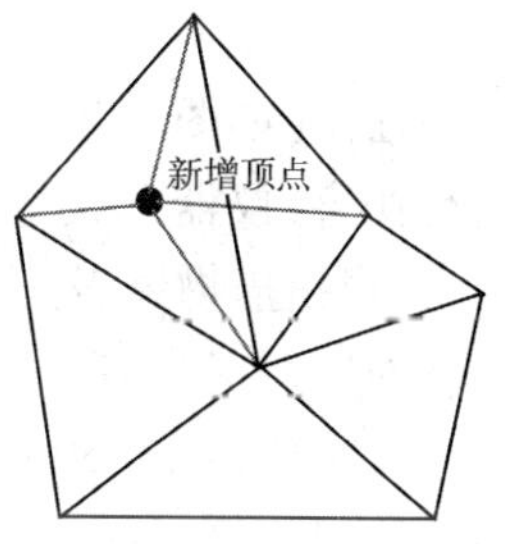

图 7-6-5　重新三角化过程

最后构建的格网经过局部的修整,投影到切平面上来描述实体的三维表面信息。

第七节　三维激光扫描技术应用

三维激光扫描系统具有速度快、精度高、建模快、受天气影响较小等优点,是建立三维立体模型最快捷有效的手段。利用三维激光扫描技术,可以深入到任何复杂的现场环境及空间中进行扫描操作，扫描任何物体或实景，并可以直接实现各种大型的、复杂的、不规则、标准或非标准的实体或实景三维数据完整的采集，进而快速重构出实体目标的三维模型及线、面、体、空间等各种制图数据。同时，还可对采集的三维激光点云数据进行各种后处理分析，如测绘、计量、分析、模拟、展示、监测、虚拟现实等操作。采集的三维点云数据及三维建模结果可以进行标准格式转换，输出为其他工程软件能识别处理的文件格式。

三维激光扫描系统可广泛应用核电站、文物、考古、建筑业、航天、航空、制造、军事、石化、医学、水利、能源、电力、交通、机械、影视、教学、科研、汽车、公安……等领域。在国外，美、德、法、日等国应用较多，在国内，三维激光扫描仪的研究与应用刚刚起步，主要用于文物考古、水坝测量等范围，近期亦有应用于管道和城市规划方面测量的报道。如河北省沧州市文物部门与北京科技大学合作，采用徕卡 Cyra 三维激光扫描系统完成了沧州铁狮子的三维形体测量工作，并首次获得了铁狮子内外表面的高密度扫描测量数据，建立了可以永久保存的数字化“铁狮子”，同时为准确计算铁狮子各部分的受力提供了依据，为进一步的保护和修复工作奠定了基础。国家电力公司采用徕卡 Cyra 三维激光扫描系统对云南大朝山水电站大坝两侧的高陡边坡地形测量，并计算出准确的工程量。

在公路勘测领域，由于航空摄影测量或平板测图的精度不能完全满足公路勘测的需要，从这两种方法测量的地形图数模上截取的纵断面和横断面，其精度均不能满足设计要求。三维激光扫描可以达到厘米级甚至毫米级的精度，那么应用于地形图测量的精度又如何呢？为此中交第一公路勘察设计研究院于 2005 年依托安徽省黄尾至潜山公路项目进行了地面三维激光扫描测量地形图的试验。

黄尾至潜山公路是国家重点公路规划中纵五（东营至香港）的重要组成部分，同时也是安徽省“三纵四横七连”公路主骨架中“西纵”的重要路段。项目建成后，西纵将全线贯通，直接连接连霍国道主干线、上海～洛阳国家重点公路、上海～武威国家重点公路、沪蓉国道主干线、沿江高速公路、杭州～兰州国家重点公路，并构成皖西、皖中地区高速公路主骨架。该项目属重丘、山岭区，纵、横断面测量比较困难。

试验使用的地面三维激光扫描仪为加拿大生产的 ILRIS－3D 激光扫描仪（如图 7-7-1）使用的光源是一级激光，为安全激光，对人体没有伤害，仪器总质量为 12kg，该仪器使用 PDA 无线遥控。测距范围为：当扫描物体表面反射率为 80% 时，距离达到 1500m；当扫描物体表面反射率为 20% 时，距离达到 800m；当扫描物体表面反射率为 4% 时，距离达到 350m。激光点直径（D，mm）大小：$D = 0.17R + 12$，最小点间隔（S，mm）：$S = 0.026R$，R 为扫描距离。扫描视场：水平方向和垂直方向均为 40°，工作温度为 0～40℃，数码相机的分辨率为彩色 640×480，采用 24V 交流或直流供电。数据采样率为 2000 点/秒，标称测量精度为 3mm。该仪器突出的优点为扫描测量距离长，扫描仪标称精度高。

图 7-7-1　ILRIS－3D 激光扫描仪

试验对 4 个工点进行了三维激光扫描，扫描时首先选择具有开阔视野并利于架设仪器的地方设置仪器，然后通过 PDA 无线遥控设定扫描区域、扫描间距。试验一般要求的范围内扫描间距设定为 50mm，点云控制点附近扫描间距为5mm,扫描面积分别为:300m×200m、300m×190m、300m×160m和200m×150m,扫描点共11 494 356个。

进行三维激光扫描的同时,施测了66个测量标志点作为点云控制点进行整个扫描点云的坐标计算。标志点在基础控制点上,使用2秒级全站仪施测,水平角、垂直角、距离均测量1测回,高程采用等外水准测量的方法进行。

另外,为了检查由扫描所测量地形图高程测量的精度,利用2秒级全站仪测量了10 148个地形散点,地形散点在基础控制点上施测,水平角、垂直角、距离均测量1测回。

扫描的点云使用随机软件Ploywork和PifEdit进行处理,最终生成数字地面模型(如图7-7-2),并根据明显地物截取平面、根据坐标截取高程,分别与实测散点进行比较,地形图的平面位置中误差为51mm,最大误差为77mm,最小误差为6mm;高程中误差为102mm,误差最大值为169mm,最小值为0.0mm;中桩高程中误差为101mm,最大高程差为175mm,最小为13mm。用截取的横断面与实际测量的横断面进行比较,横断面中距离最大误差为108mm,最小误差为25mm。

图7-7-2　利用地面三维激光扫描系统生成的数字地面模型

通过试验可以看出:三维激光扫描系统测量的地形图的精度明显高于采用摄影测量和平板测量测绘的地形图的精度,运用该方法可以获得精确的地形图和数字地面模型。平面和高程精度基本满足公路勘测精密地形图测绘、纵断面测量以及横断面测量的要求。

同时,我们也注意到,由于视野和效率的限制,地面三维激光扫描系统仅适用于工点的勘测,大面积精确地形图测绘和DTM的获取还需要依赖于空中三维激光扫描系统应用,在这方面还需进行一些必要的研究和试验。

随着三维激光扫描技术的发展和日益完善,三维激光扫描系统的应用领域将越来越广泛,在桥梁改扩建工程、桥梁结构测量;大坝和电站基础地形测量;隧道、地下工程结构测量;高陡边坡地形测量及工程量计算;公路改扩建项目中对现有公路结构的测量;高架桥施工过程质量检测;半导体工厂内部结构测量;矿山测量及体积计算;电影特殊效果中的三维景观制作;古文物、建筑测量和资料保存;地形测量;电厂、化工厂等大型工业企业内部设备的测量;管道、线路测量等领域都将有极佳的应用前景,并将成为各类大比例尺GIS系统和数据库数据更新的重要手段。

第八章　数字地面模型

第一节　数字地面模型应用的现状和发展

数字地面模型(Digital Terrain Model)就是利用数据采集设备,采集大量地形点的三维坐标,按照一定的数学模型分析和联网,使这些空间点按照一定的规律描述地形起伏的状态。1978 年 F. T. Doyle 在《数字地面模型综述》一文中对 DTM 作出了如下的定义:DTM 是描述地面诸特性空间分布的有序数值阵列,在最通常的情况下,所记的地面特性是高程 z,它们的空间分布由 x、y 水平坐标系统来描述,也可由经度 λ、纬度 φ 来描述海拔 h 的分布。在新近的文献中称,若仅是将高程或海拔分布作为地面特性的描述则称为数字高程模型(Digital Elevation Model 缩写为 DEM)。数字地面模型可以是每三个三维坐标值为一组元的散点结构,也可以是多项式或傅立叶级数确定的曲面方程。特别注意的是,数字地面模型可以包括除高程以外的诸如地价、土地权属、土壤类型、岩层深度及土地利用等其他地面特性信息的数字数据。

数字地面模型最早就是在公路设计领域得到应用的,虽然刚开始的 DTM 技术还不够完善。在 1955 ~ 1960 年期间,美国麻省理工学院的 Chaires. L. Miller 教授在美国麻省土木工程部门和美国交通部门研究工作期间,首次将计算机技术和摄影测量技术结合起来,较为成功地解决了道路工程的 CAD 设计问题。他在利用摄影测图设备建立的光学立体模型上量取沿待定公路两侧规则分布的大量地面点的三维空间坐标,输入到计算机中,利用计算机代替人工进行土方估算、分析比较和选线等繁重的工作,大大缩短了工时、节约了费用,取得了明显的经济效益。Miller 教授的重要贡献是在解决了公路工程计算机辅助设计这一问题的同时,提出了一个非常重要的概念:数字地面模型(DTM),即利用横断面地面数据来描述实际地形表面。随后,数字地面模型技术在众多的领域得到了越来越广泛的应用。

数字地面模拟是一个数学模拟的过程,用于模拟地形的大量采样点的三维坐标是按照一定的精度要求进行采集的,这时,地形表面用一组数字数据来进行表达。如果需要该数字模型表面上其他位置处的属性信息,可以利用一种内插方法来处理该组采集的地面数据。利用内插的方法,可以根据 DTM 得到任何位置处的地面属性值。

数字地面模型(DTM)采集地面原始三维数据时可以附带多种地面的属性信息,因而其包含的地面实际三维信息较为丰富。在大比例尺工程实际应用过程中,设计人员最为关心的是所选定平面位置的地面实际高程值究竟是多少,因此在工程设计的实际应用中,更多的是利用地面的数字高程模型(DEM)技术进行大量的三维内插计算。

在 DTM 发展的初期,特别是在 20 世纪 80 年代以前,DTM 的构建及应用方式主要是建立在规则方格网数字地面模型的基础之上的。在实际工程的应用过程中,内插各种断面的地面线时也大多按等间距的方式进行计算。那时由于受到计算机硬件条件以及软件编程语言的条件限制，一次建立 DTM 模型的地形采样点只能是几千至数万个，以规则方格网的形式构建 DTM 模型，不可避免地会使构建的 DTM 模型以及内插的各种断面地面线中遗漏重要的地形三维特征信息，同时也会造成 DTM 分块模型间的接边困难。这种规则的方格网 DTM 建模方式逐渐演变成现在的混合建模方式（即规则格网 + 局部三角网的 DTM 建模方式）。

在 20 世纪 80 年代中期以后，DTM 的构建及应用方式逐渐发展成为构网方式相对灵活的不规则三角网（TIN）数字地面模型。当三角网形成时，TIN 基本上是假设所有的点都是一个等值，而它需要大量的点来产生一个合理的地表模型。在实际应用过程中，内插各种断面的地面线时可以按等间距的方式或是断面方向线与三角网的交点来计算，这样就可以提高构建 DTM 的精度及各种断面的地面线的内插精度。但这时关于地形三维特征线信息参与构网计算，特别是一次建立 DTM 模型的地形采样点的数据容量限制的问题还没有得到很好的解决。地形数据的粗差探测、三角网模型的优化及增删地形三维点后三角网图形与模型结果数据文件的自动更新等方面还不够完善。

新一代 DTM 是由广泛应用在科学研究、各类工程及军事用途的三角网模型（TIN）演变进化而成的，TIN 可以将存在于模型中各种不同的点与地形三维特征线、断裂线、封闭区域的内部裁切边界线及用于 DTM 优化用的外部裁切边界线等线形加入运算分析，而这类的运算分析结果会对三角网的形成有不同的影响：TIN 的形成是由地形碎部点和地形三维特征线、断裂线来做区分进而完成，使用者可以通过简单的规则来提供点和线的图形特征。

在构建三维 DEM 网时，对一些图形元素的定义如下：

Random—参与构建三维 DEM 网的地形碎部点及地形特征点。

Breakline —地形特征线及地形断裂线等三维的地形骨架线。

Countour —地形等高线三维信息（包括位于不同图层及代码的计曲线及首曲线）。

Interior —封闭型线形元素，即构建三维 DEM 时的内部裁切边界线。通常位于内部裁切边界线以内的水系、封闭居民区等需要等高线断开处的三角形是要依此边界线进行删除的。

Exterior —封闭型线形元素，即构建三维 DEM 时的外部裁切边界线。外部裁切边界线通常对三维 DEM 网的优化起非常重要的作用。

当前的 DTM 软件技术在计算机硬件技术的推动下已经取得了很大的突破。某些在工程实际中广泛应用的 DTM 软件系统或综合了 DTM 技术的软件已经在地形数据的粗差探测、三角网模型的优化及增删地形三维点后三角网图形与模型结果数据文件的自动更新、地形三维特征信息处理等方面取得了长足的进步；特别是有相当部分的软件已经没有了数据容量的限制，可以一次处理海量的地形三维数据，同时对地形三维原始数据的格式和类型的要求也相对灵活了，地形原始信息可以是 ASCII 文件或地形要素分类分层的三维图形文件。只是受到计算机图形系统的限制，无法同时显示利用海量地形三维数据构建的 DTM 模型。

现在在工程领域特别是在公路工程实际中，广泛应用的具有代表性的 DTM 软件有武汉大学测绘学院适普公司全数字摄影测量系统中的 DTM 部分、中交第一公路勘察设计院的纬地三维 CAD 系统（HintCAD）中的 DTM 部分、中交第二公路勘察设计院国家 95 科技攻关成果“GPS、航测遥感、CAD 集成技术开发”中的 DTM 部分（公路数字地面模型系统 BID-Land）、美国 Geopak 设计软件、德国 CARD/1 设计软件等，它们都是较为优秀的三维软件系统，这些软件在处理地形三维特征信息方面均有很强的能力，在地形数据的粗差探测、三角网模型的优化及增删地形三维点后三角网图形与模型结果数据文件的自动更新、地形三维特征信息处理等方面也表现不俗。与国外的优秀软件相比，国内软件的 DTM 构网计算速度要更快，软件的功能设置更符合中国人的设计及使用习惯。现在应用于公路工程设计的主流三维软件，均具有根据公路工程设计的横断面模型和数字地面模型共同组成公路设计方案三维模型的功能，可用于检查和评价设计方案的合理性。

第二节　数字地面模型原理

一、简介

DEM 是地形表面的一个数学(或)数字模型。根据不同数据集的不同方式，DEM 可以使用一个或多个数学函数来对地表进行表示。这样的数学函数通常被认为是内插函数。对地形表面进行表达的各种处理可称为表面重建或表面建模。地形表面重建实际上就是 DEM 表面重建或 DEM 表面生成。当 DEM 表面建模后，模型上任一点的高程信息就可以从 DEM 表面中获得。

二、建立 DEM 表面模型的各种方法

(一) DEM 表面模型的数学表达式

DEM 表面可采用在实践中应用较广的重建 DEM 表面的数学表达式 $Z=f(x,y)$ 进行描述，实现这个表达式的最常用多项式函数为：

$$Z = a_0 + a_1X + a_2Y + a_3XY + a_4X^2 + a_5Y^2 + a_6X^3 + a_7Y^3 + a_8XY^2 + a_9X^2Y + \cdots \quad (8\text{-}2\text{-}1)$$

其中，0 次项(1 项)表示的 DEM 表面性质为平面；1 次项(2 项)表示的 DEM 表面性质为线性；2 次项(3 项)表示的 DEM 表面性质为二次抛物面；3 次项(4 项)表示的 DEM 表面性质为三次曲面。

某一特定建模程序在建立实际表面时，一般只使用函数中的其中几项，并不一定需要这个函数中的所有各项，而某一项的选择与否由系统设计者或实现者决定。只有在极少数情况下，才有可能由用户决定使用哪几项来建立某一特定地形的模型。

通用多项式中每一项的图形都有自己的特征，通过对这些特定项的使用，便可建立具有独特特征的表面。

(二) 数字表面建模的各种方法

表面的建模有四种主要的方法：基于点的建模方法、基于三角形的建模方法、基于格网的建模方法和将其中任意两种结合起来的混合建模方法。

1. 基于点的表面建模

如果只使用多项式的零次项来建立 DEM 表面，则对每一数据点都可建立一水平平面。假如使用单个数据点建立的平面表示此点周围的一小块区域(在地理分析领域也称为这一点的影响区域)，则整个 DEM 表面可由一系列相邻的不连续表面构成。

对每一个单独平面的子面域，其数学表达式可简单表示为：

$$Z_i = H_i \tag{8-2-2}$$

此处 Z_i 指 i 点周围一定范围内水平面的高度，H_i 为 i 点的高程值。

这种方法非常简单，唯一困难之处在于确定相邻点间的边界。由于这种方法是在单个数据点高程信息的基础上形成了一系列的子面，因此这种方法被认为是基于点的表面建模方法。

从理论上说，因为这种方法只涉及独立的点，所以可用于处理所有类型的数据。以此而论，不规则分布的数据可通过建立不规则形状的平面来完成表面建模的过程。至于确定每一点的影响区域，如果使用的数据具有规则的结构，例如正方形格网、等边三角形、六边形等，则计算更为简单。尽管在表面建模时实行这种方法似乎可行，但由于其所建立表面的不连续性，因此并不是一种真正实用的方法。

2. 基于三角形的表面建模

如果使用通用多项式中更多的项，则可以建立更为复杂的表面。只取多项式的前三项（两个一次项和一个零次项）则是一平面，为决定这三项的系数，最少需使用 3 个点，这 3 个点可生成一平面三角形，此三角形决定了一倾斜的表面。

如果每个三角形所代表的平面只用于代表三角形所覆盖的区域，则整个 DEM 表面可由一系列相互连接的相邻三角形组成，这种建模方法通常被称做基于三角形的表面建模。

由于正方形、矩形及其他任意形状的多边形都可以分解为一系列的三角形，因此三角形被认为是在所有图形中最为基本的单元。基于三角形的表面建模可适用于所有的数据结构，而不管这些数据是由选择采样、混合采样、规则采样、剖面采样生成，还是由等高线法生成。由于三角形在形状和大小方面有很大的灵活性，所以这种建模方法也能容易地融合断裂线、地形特征线或其他任何数据。因此，基于三角形的方法在地形表面建模中得到了越来越多的注意，已成为表面建模的主要方法之一。

实际上，对于三角形建模的方法有时会使用高于一次的多项式，在这种情况下形成的三角形已不是平面的三角形，而可能是一曲面。

3. 基于格网的建模

如果通用多项式中的前三项与 a_3XY 项一起使用的话，则至少需要 4 个点以确定一个表面，这种表面称为双线性表面。理论上，任意形状的四边形都可用做这种表面的基础，但考虑实际因素，比如输出的数据结构以及最终的表面形态，正方形格网为最佳的选择。在基于格网表面建模的情况下，最终表面将包含一系列邻接的双线性表面。

从实用的角度来看，格网数据在数据处理方面有很多优点，因此根据规则格网采样方法和渐进采样方法获取的数据，特别是正方形格网数据，最适合基于格网的表面建模，这也是为什么有些 DEM 软件包只接受格网数据的原因。在这种情况下，必须首先对数据进行从随机到格网内插的预处理，以确保输入数据为所要求的形式。基于格网的建模常用于处理覆盖平缓地区的全局数据，但对于有着陡峭斜坡和大量断裂线等地形形态比较破碎的地区，如果不进行特殊处理（增加特征点、线或加大密度），这种方法并不适用。

应当指出，高次多项式也可用于建立 DEM 表面，但它的一个主要问题是：如果对范围较大的区域使用高次多项式函数，则可能导致 DEM 表面出现无法预料的抖动。为减少这种情况的发生，在实际应用中通常只使用二次或三次项。

使用多项式建立 DEM 表面所需要的最少高程点的数目由多项式的项数决定。在实际应用中,用于建立 DEM 表面的几何结构除可使用基本的三角形或正方形格网外,还可使用其他的几何图形。考虑到在数据结构和数据处理方面的困难,原始高程数据能否均匀分布仍然是非常重要的。

4. 混合表面的建模

在地形建模领域通常对经某一特定几何结构构建而成且用于表面建模的实际数据结构称做网络,基于这一点考虑,也可以说 DEM 表面通常是由格网网络或三角形网络建立的。然而在建立 DEM 表面时,也经常用到混合建模方法。例如对格网网络来说,可将其分解为三角形网络,以形成一线性的连续表面;反之,对不规则三角网进行内插处理,也可形成格网网络。

在某些软件包中对混合表面建模方法的应用是首先根据系统格网采样,建立基础的正方形或三角形格网,如果数据中包含结构线(如在混合采样情况下),则规则格网再分解成局部不规则三角网。

混合表面建模的另一种形式是将基于点的建模与基于格网或基于三角形网络的建模结合使用,此时如果数据是规则分布的话,则独立点影响区域的边界可由格网网络或三角形网络决定,如果数据点不规则分布,则影响区域由三角形网络决定。

5. 表面建模方法的选择

建立数字地面模型四种主要的方法,分别对应于某一特定的数据结构。在实际应用中,基于点的建模并不实用,而混合表面往往也转换为三角形网络,因此基于三角形和格网的建模方法使用较多,被认为是两种基本的建模方法。

实际上,从建立数字地形模型表面时的数据来源的角度而言,上述建模方法可区分为两种类型,即根据高程量测数据直接建立和根据派生数据间接建立。

DEM 表面可根据原始数据直接建立,也就是当数据为规则结构时使用规则格网网络或规则三角形网络,而当数据呈随机分布的情况下,使用三角形建模方法建立网络或者使用混合建模方法。而根据派生数据间接建立 DEM 表面的方法是首先根据原始量测数据内插高程点,然后建立 DEM 表面。例如在 DEM 表面建立前先进行从随机数据到格网数据的内插处理就属于这种情况。上面的讨论表明即使对同一种数据,也可使用不同的建模方法建立不同类型的 DEM 表面。另外需要指出的一点是,表面建模方法从不同角度考虑可有不同的分类方法。

第三节　数字高程模型数据获取

DEM 数据包括平面位置和高程数据两种信息,可以直接在野外通过全站仪或者 GPS、激光测距仪等进行测量,也可以间接地从航空影像、遥感图像以及既有地形图上得到。具体采用何种数据源和相应的生产工艺,一方面取决于这些源数据的可获得性,另一方面也取决于 DEM 的分辨率、精度要求、数据量大小和技术条件等。

一、数字高程模型的数据来源

常见的数据来源有以下几种,主要针对的是陆地部分的地面数据采集方法。

(一)影像

航空摄影测量一直是地形图测绘和更新最有效也是最主要的手段,其获取的影像是高精度大范围 DEM 生产最有价值的数据源。利用该数据源,可以快速获取或更新大面积的 DEM 数据,从而满足对数据现势性的要求。

航天遥感也是获取 DEM 数据的一种方式,从一些卫星扫描系统如 Landsat 系列卫星上的 MSS 和 TM 传感器、SPOT 卫星上的立体扫描仪上所获取的遥感影像亦可作为 DEM 的数据来源,但从实验结果来看,所获高程数据的相对精度和绝对精度都太低,除可做某种目的的勘测之用外,在生产实践上并没有太多的应用价值。但是,近年来出现的干涉雷达和激光扫描仪等新型传感器数据被认为是快速获取高精度 DEM 最有希望的数据源(如图 8-3-1 所示)。

图 8-3-1　激光扫描仪所形成的三维立体模型

(二)地形图

从既有地形图上采集 DEM 涉及两个问题:一是地图符号的数字化,再就是这些数字化数据往往不满足现势性要求。因此,对于经济发达地区,由于土地开发利用使得地形、地貌变化剧烈而且迅速,既有地图往往也不宜作为 DEM 的数据源;但对于其他经济落后地区如山区,因地形变化小,既有地图无疑是 DEM 物美价廉的数据源。

涉及地形图一个最重要的方面是地形图的数据质量,特别是它在精度方面的数量指标。利用地形图采集数据时,应选择当地最新的、大比例尺的图,以保证数据采集的精度。等高线地形图表达的可信度主要取决于等高线的密度及其本身的精度。有关等高线密度的一个主要方面是等高线间距。

(三)野外实地测量

用全球定位系统 GPS、全站仪或经纬仪配合袖珍计算机在野外进行观测获取地面点数据,经适当变换处理后建成数字高程模型,一般用于小范围详细比例尺(如比例尺大于 1:2000)的数字地形测图和土方计算。以地面测量的方法直接获取的数据能够达到很高的精度,常常用于有限范围内各种大比例尺高精度的地形建模,如土木工程中的道路、桥梁、隧道、房屋建筑的施工图设计应用等。然而,由于这种数据获取方法的工作量很大、效率不高、加之费用高昂,并不适合于大规模的数据采集任务。

二、数据采集方法

摄影测量的方法和地形图数字化的方法是大规模 DEM 采集最有效的两种方式,也是最为普遍采用的方式。

(一)摄影测量数据采集方法

摄影测量采集空间数据的方法是与摄影测量的发展过程紧密相关的。摄影测量的发展可划分为三个阶段,即模拟摄影测量、解析摄影测量与数字摄影测量。

应当指出,尽管早期的模拟摄影测量相比于现代的数字摄影测量有它无法克服的局限性,但它在特定的历史条件下曾发挥过重要的作用。总的来说,摄影测量是空间数据采集最有效的手段之一,它具有效率高、劳动强度低、精度高且数据精度的均一性好等优点,目前主要采用数字摄影测量的采集方法。

(二)现有的地面数据采样方法

1. 摄影测量采样方法

涉及 DEM 数据采集的摄影测量采样方法包括等高线法、规则格网点法、选择性采样法、渐进采样法、剖面法、混合采样法等,这些方法可以是人机交互式的或自动化的。在这些方法中采用最多的是选择性采样法、混合采样法及近年来迅速发展起来的高精度三维激光空中扫描方法(LIDAR)。

(1)选择性采样

在自动影像匹配之前,应进行数字影像匹配的预处理工作。预处理时应在立体模型中量测一部分特征线(山脊线、山谷线、陡坎、断裂线等)、特征点(山顶、鞍部点、变坡点等)、特征面(湖面、阴影区、林区边界等)作为自动影像匹配的控制。经过上述的预处理,可以明显改善影像匹配的效果并确保地面三维数据量测的质量,对于大比例尺测图,预处理是很重要的。

为了准确反映地形,可根据地形特征进行选择性的采样,例如沿山脊线、山谷线、断裂线以及离散特征点(如山顶点)等进行采集。这种方法的突出优点在于只需以少量的点便能使其所代表的地面具有足够的逼真度,并且由采集的地形三维特征线与地形碎部点联合构建的数字地面模型的精度在所有的采样方法中是最高的。但另一方面,因为它需要受过专业训练的观测者对立体模型进行分析后确定需要采样的位置,所以并非一种高效的采样方法。

但对于对数字地面模型的建模及内插精度要求较高的工程应用领域,由于这种数据采集方法可以重点采集地形的山脊线、山谷线、断裂线等特征线以及离散特征点(如山顶点)等重要信息,将这些特征信息与利用其他方法采集的地形离散点及等高线三维数据联合使用,可以建立起逼真而高精度的 DEM,对于工程质量的保证具有明显的积极作用。这样建立的 DEM 不仅具有高精度的优点,同时也不会有太多的数据冗余。因此,利用该方法建立的数字地面模型在工程领域得到了较为广泛的应用。

(2)混合采样

混合采样是一种将选择采样与规则格网采样相结合或者是选择采样与渐进采样相结合的

采样方法。这种方法在地形突变处(如山脊线、断裂线等)以选择采样的方式进行,然后这些特征线和另外一些特征点如山顶点、谷底点等,被加入规则格网数据中。实践证明,使用混合采样能解决很多在规则格网采样和渐进采样中遇到的问题。利用混合采样方法可建立附加地形特征的规则矩形格网 DEM,也可建立沿特征附加三角网(Grid - Tin)混合形式的 DEM,但显然其数据的存储管理与应用均较复杂。

混合数据是链状数据(即地形断裂线、结构线、水涯线、道路与大坝等人工构造物的上下边线等构造线)与根据规则格网采样获取的数据结合后形成的一种数据。加测地形特征点线的交互式数字摄影测量方法建立的模型(Grid + TIN)要比不加测地形特征点线的全数字自动摄影测量方法建立的模型(Grid)精度要高。该方法具有快速、高效的优点,但建立的 DEM 的整体精度比利用地形三维特征线、点及不规则分布的地形碎部点建立的 DEM 的精度略低,总的数据量也要大。

对于格网与三角网的混合模型(Grid + TIN),地形三维数据的采集方法应以整体规则格网(局部地形起伏较大处用细格网加密)与交互式的地形特征线、断裂线采集的组合方式为主。

在实际应用数字地面模型技术时,技术人员应根据测区的地形类别与本工程测设阶段的具体情况,灵活选用 DTM 的建模方法和地形数据采样密度,在保证质量的前提下提高工作效率。

(3)自动采集(规则格网采样)

这也是数字摄影测量系统最主要的特征。自动采集方法按照像片(航片或高分辨率的卫片立体像对)上的规则格网利用数字影像匹配进行数据采集,若利用高程直接求解的影像匹配方法,也可按模型上的规则格网进行数据采集(规则格网采样方法主要应用于工程可行性研究阶段及 GIS 应用等方面)。全数字化摄影测量系统在市场上已有比较成熟的产品,比如 Leica/Helava 的 HL、Zeiss/Intergraph 的 ZI、中国的 JX - 4 系列和 VirtuoZo 等,这种方法的优点是许多操作是自动化的,用户不需要做太多的干预。但是在自动相关生成 DEM 时仍需要采集地貌特征点线,才能保证 DEM 的高保真度。特别是在平坦地区、森林覆盖地区和房屋密集的城区,仍需要相当多的人工干预和编辑工作,否则,DEM 的精度将难以保证。

(4)沿等高线采样

在地形复杂及陡峭地区,可采用沿等高线跟踪的方式进行数据采集,而在平坦地区,则不宜采用沿等高线采样的方法。沿等高线采样可按等距离间隔记录数据或按等时间间隔记录数据。当采用后者时,由于在等高线曲率大的地方跟踪速度较慢,因而采集的点较密集,而在曲线较平直的地方跟踪速度较快,采集的点较稀疏,故只要选择恰当的时间间隔,所记录的数据就能很好地描述地形,又不会有太多的数据冗余。当利用正常等高距的等高线采样时,有时会出现局部小范围的采样点密度不能很好描述地形起伏的细节情况,这时应该采用在这些局部地方加测少量的间曲线来加密采样数据(见图 8-3-2),间曲线的高程可以是任意值,以能够合理表达地形起伏的实际情况为原则。

(5)剖面法

剖面法与规则格网法类似,它们之间的唯一区别是在格网法中量测点在格网的两个方向上都均匀采样,而在剖面法中,只是在一个方向即剖面方向上均匀采样。在剖面法中,通常情况下点以动态方式量测,而不像在规则采样中以静态方式进行。因此这种方法从速度方面来说具有较高的效率，但其精度将比以静态方式量测的规则格网点的精度低。另外这种方法的固有缺点是如果要保持较小而且重要的地形特征，那就必须保证采样数据有较高的冗余度。大多数情况下，剖面法并非主要为了采集 DEM 数据，而是与正射影像的生产联系在一起的。

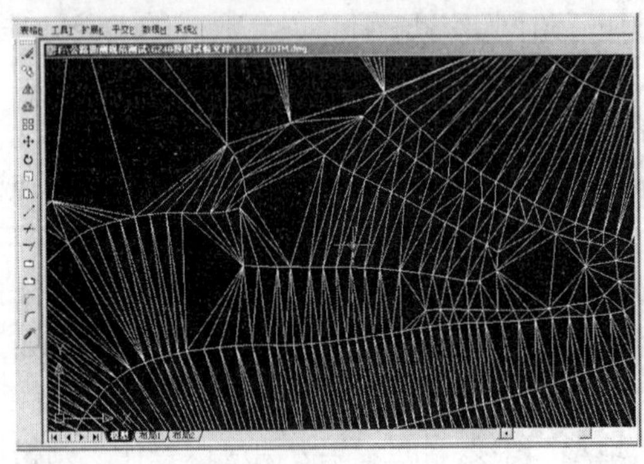
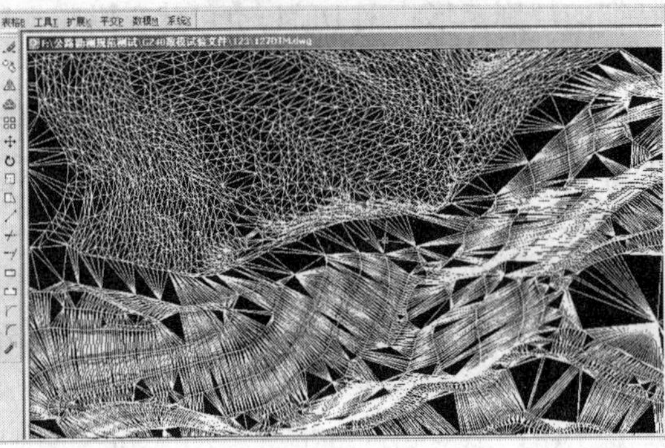

图 8-3-2

(6)渐进采样

为了使采样点分布合理，即平坦地区样点较少，地形复杂地区的样点较多，可采用渐进采样方法。在这种方法中，小区域的格网间距逐渐改变，而采样也由粗到精地逐渐进行。渐进采样能解决规则格网采样方法所固有的数据冗余问题，但这种方法仍然存在一些缺点：

在地表突变邻近区域内的采样数据仍有较高的冗余度；

有些相关特性在第一轮粗略采样中有可能丢失，并且不能在其后的任一轮采样中恢复；跟踪路径太长，导致时间效率降低。

渐进采样方法不仅适用于采用自动相关技术的全数字摄影测量法利用规则格网采集地形数据，同样也适用于利用解析测图仪进行用于建立三角网数字地面模型 TIN 的地形碎部点及特征点的三维数据采集。采集前先由作业人员分析立体模型的地貌三维特征，确定几条能够反映测区实际情况的断面进行预扫描并记录地形三维数据，渐进采样程序就会分析地形的起伏情况并逐次确定需要采样点的平面位置，由计算机控制驱动测标到达相应的位置，由作业员立体切准模型并记录高程信息。如果采集并记录的地形三维点的密度没有达到经过地形断面预扫描后渐进采样程序计算后测区各个局部所应该达到的地形点采样密度，计算机就会控制驱动测标到达局部需要加密测量地形点的位置，循环进行由作业员立体切准模型并记录高程信息的过程，直到测区内所有局部的地方都达到了能够反映地形实际起伏情况的采样密度为止。

通常，当采集用于建立数字地面模型的地形三维数据时，应用到的数据采集方法会是几种分类采集方法的组合。具体使用哪几种采集方法组合，取决于地形的类别等级、起伏的复杂程度、对于构建 DEM 的精度要求以及实际应用的比例尺等决定因素。在大比例尺工程设计应用领域，推荐采用选择性采样、激光扫描采样、利用全数字测图系统按规则格网自动采集与加测地形特征线信息的混合性采样的方法，这三种地形三维数据采样的方法均具有精度高的特点，同时也具有较高的效率。

在植被覆盖严重或阴影严重地区，应去实地野外补测地面三维数据。野外补测数据时，应注意首先采集地形特征线、特征点的三维信息，地形离散点密度根据设计阶段及地形类别确定。

2. 从现有地形图获取数据

不论从哪种比例尺的地形图上采集 DEM 数据，最基本的问题都是对地形图要素如等高线进行数字化处理，如手扶跟踪数字化或者半自动扫描数字化，然后再用某种数据建模方法内插 DEM。而关于地形图要素的数字化处理特别是半自动扫描数字化技术已经很成熟，并已成为地图数字化的主流。

应在图纸定向完成后进行数字化或矢量化，图纸定向时应选择目标清晰、控制范围大、数量最少为 4 个的定向控制点进行，并尽量利用多个（或全部）点位清晰、分布均匀的图廓点及格网点作为定向控制点，应采用最小二乘平差方法进行图纸变形改正和比例尺校正。选择多个定向控制点的目的是为了提高图纸定向及变形改正的精度，目前有的测绘生产单位通常选择 16 个以上的定向控制点来保证作业的精度。

矢量化后采集地面三维数据时应根据地形类别，采用与摄影测量选择性采样相类似的方法，判断并采集图幅范围内的全部地形三维特征线、全部的高程注记点、部分等高线上点的三维数据。等高线上点的采集密度应根据设计阶段及地形类别的实际情况，从等高线上抽取三维数据点（同一根等高线上抽取的点不宜间距过小），以计曲线为主，适当选择抽取首曲线及间曲线上的三维数据点。

（1）手扶跟踪数字化

将地图平放在数字化仪的台面上，用一个带有十字丝的游标，手扶跟踪等高线或其他地物符号，按等时间间隔或等距离间隔的数据流模式记录平面坐标，或由人工按键控制平面坐标的记录，高程则需由人工从键盘输入。这种方法的优点是所获取的向量形式的数据在计算机中比较容易处理；缺点是速度慢、人工劳动强度大。目前，这种采样方法在实际生产应用中已经很少使用了，取而代之的是扫描并矢量化的方法。

（2）扫描数字化或称屏幕数字化

利用大幅面高精度工程应用的平台式扫描仪、滚筒式扫描仪或 CCD 阵列将地图扫描得到栅格形式的地图数据，即一组阵列式排列的灰度或真彩色数据（也就是数字影像）。将栅格数据转换成矢量数据可以充分利用图像处理的先进技术进行曲线自动跟踪和注记符号的自动识别等，因此效率很高。目前主要采用半自动化跟踪的方法，即先由计算机自动跟踪和识别，当出现错误或计算机无法完成的时候再进行人工干预，这样既可以减轻人工劳动强度，又能使处理软件简单易实现。

当采用地图数字化或扫描矢量化方法采集地面三维数据时，首先需要控制的精度就是平面精度，包括图纸的定向精度和地图数字化（矢量化）采集的精度。图纸定向过程中选择控制点时应注意包括图廓点，以使定向控制点所包围的区域面积最大，以利于提高图纸定向的精度。在进行扫描图纸定向选取控制点的过程中，应在屏幕上放人图像仔细选取控制点，这对提高图纸定向精度是非常必要的。

在给数字化的图形元素赋高程值时应该特别仔细，当确认高程有困难时，应缩放图形窗口仔细判定，确认正确数值后再进行高程赋值，避免数据采集粗差的出现。根据地图数字化或扫描矢量化采集时最大限差不得超过 1/2 等高距的要求，相应确定数据采集的高程中误差不得超过 1/4 的等高距。规定地图数字化或扫描矢量化采集时平面及高程方面的精度指标，是为了保证采集数据的质量。

数字化后的等高线数据通过一定的处理如粗差的剔除、高程点的内插、高程特征的生成等便可产生最终的 DEM 数据。

从等高线数据可以直接生成 TIN,也可直接生成格网 DEM,另一方面,格网 DEM 也可由等高线先生成 TIN 再内插而获得。经过实践证明,由等高线先生成 TIN 再内插格网 DEM 的精度和效率都是最好的。

3. 野外实测采样方法

野外实测采样方法有利用全站仪、激光测距仪的电子平板、GPS—RTK 方式以及激光三维扫描方式。野外实测采集三维数据时应根据地形类别,采用选择性采样方式采集密度合理的三维数据。

(1)利用激光三维扫描方式采集数据

三维激光扫描系统由三维激光扫描仪、数码相机、扫描仪旋转平台、软件控制平台,数据处理平台及电源和其他附件设备共同构成,是一种集成了多种高新技术的新型空间信息数据获取手段。这类技术的研究是目前国内比较热门的方向。

(2)利用全站仪野外实测方法采集数据

野外采集数据应包括图根控制测量和碎部测量。碎部点坐标测量可采用极坐标法、量距法与交会法等。碎部点高程采集一般采用三角高程测量。采用全站仪极坐标法测定时,棱镜要放在目标地物(地形特征)点上,尽量保持固定的棱镜高度,当棱镜不能放置在地物定位点时,采取延长距离或距离、角度分别观测的方法,全站仪观测时可记录水平角、垂直角和距离,也可直接读取三维坐标。对仪器无法采集的地物,可采用距离交会法、截距法、延长线法等方法进行补测。

在碎部测量开始前,应事先将控制点坐标输入仪器内存之中,以备设站或定向之用。

观测第一个地形点以后,如果棱镜高没有变化,可以直接测量其他各点,全站仪将自动按步长为 1 的增量改变点号的值。

必须注意,仪器每次迁站后,都要重新设置测站和后视方向,以保证碎部点测量的正确性。

利用全站仪进行野外采集时宜主要采集地形的三维特征线、特征点,以及点位分布合理的地形离散点等三维信息。

(3)利用 GPS—RTK 方式采集数据

GPS—RTK 采集数据是直接测定空间(地面、空中)点位坐标的工作。由于它能实时显示测量精度,实时提供测点坐标,单人作业,定位速度快、工作效率高,因此在地形碎部测量、地籍(或境界)界址点测量、工程勘测、纵横断面测量、GIS 建库空间数据采集等方面得到了广泛应用。

利用野外实测地面数据建立 DTM 的精度是根据地形类别来划分,具体的指标是根据地形类别、采样密度、DTM 内插处理的精度等控制因素综合确定的。根据公路工程项目实际应用野外实测数据建立 DTM 的经验,在采样密度没有明显增加、地面植被较为稀疏的条件下,在重丘区及山区采集地面数据建立 DTM 的精度可以控制在 0.3m 之内。但在地形特别复杂、地面植被密集导致采样密度变小的情况下,要想获得较高的 DTM 精度就比较困难,应设法在地面植被覆盖地区增加采样点,以提高成果的质量。

4. 目前在某些地区尤其是大中城市及其附近地区,已建立起了大比例尺的区域地图数据库或 GIS 系统。据调查,这些数据来源不一,精度也不一定完全一致,因此对于其中可用的地形数据在考虑其精度、内容及适用性和可操作性后,亦可采用。

5. 关于 DEM 采集的几点结论

(1)对 DEM 的采集方法可以从性能、成本、时间、精度等方面进行评价。各种采集方法都有各自的优点和缺点,因此选择 DEM 采集的方法要从目的需求、精度要求、设备条件、经费条件等方面考虑选择合适的采集方法。

(2)摄影测量是 DEM 重要的数据源,由于交互式数字摄影测量自动化程度较高,并可顾及地形特征,同时生成的 DEM 精度也比较高,因此是进行数据库更新及中小比例尺 DEM 三维数据采集的最有效方式之一。

(3)现有地形图是 DEM 的另一重要数据源,经过大量的实践证明,从等高线地形图生产 DEM 的方法已经相当成熟,可以广泛应用于生产。采用该方法的前提是选择本地区最新的大比例尺地图进行采集。

(4)使用全球定位系统 GPS、激光扫描、干涉雷达等新型技术进行 DEM 数据采集是很有发展前景的采集方式,也不应当忽视。

(5)不论从何种数据源获取 DEM 数据,在采集等高线或规则格网点的同时采集重要的地形特征点线,是保证 DEM 质量和提高作业效率的重要措施。

(6)利用基于不规则三角网 TIN 的方法进行数据建模和随机格网转换,是快速可靠地生产高精度格网 DEM 切实可行的方案。

(三)数字高程模型的生产项目设计

数字高程模型作为地球空间数据框架的基本内容,将一直是有关生产单位进行规模化生产的主要任务之一。对于一个 DEM 项目,最终目标是要经济、快速地生产满足一定精度要求的 DEM 产品。换句话说,DEM 的生产涉及三个基本问题,即 DEM 的精度、生产成本和效率,而精度在大多数情况下是最重要的。在 DEM 生产中,首先数据源要有足够的精度和采样密度;其次,表面重建的方法或算法要完美。然而,随着采样密度的增加,成本自然也会提高,还会影响建模的效率,因此采样点的数量应尽量减少,点位的分布要能反映地形起伏特征并且分布合理。为了能更好地完成 DEM 的生产任务,必须制定高效、规范的生产工艺,这就是生产项目计划的主要内容。

1. DEMs 生产技术设计

DEMs 生产技术设计一般包括以下一些基本内容:

(1)项目情况归总

确定项目的内容、承担单位、负责人及项目所涉及的测区概况,如测区范围、地貌水系概况和地形类别等。

(2)资料收集与分析

收集生产 DEMs 所需的所有原始资料,如地形图、航片、图例簿、内外业控制点成果、图幅结合表、不同坐标系统之间的坐标改正量等,并对这些资料进行分类整理。

(3)确定作业依据与技术标准

明确所采用的生产技术规定、技术标准、图幅分幅和编号标准、地形图要素分类与代码标准等,还包括其他各种相关规定。

(4)生产设备及技术力量(包括硬件、软件、技术力量等)的配置确定硬件、软件和技术力量的合理配置。

(5)制定技术路线与工艺流程

在整个 DEMs 的生产过程中,有三条主线贯穿其中,一条是数据流程主线;一条是作业流程主线;一条是质量控制主线。其中数据流程主线与质量控制主线的成果构成了最终成果的主要内容,而这两项恰恰又是作业流程的质量评定的依据。

(6)制定操作规程

对 DEM 生产过程中影响生产效率和产品质量等关键问题的环节,都应做出明确具体的规程,如数据预处理、相邻图幅的接边检查、水文观测值的收集与平差、高程检查点的收集、图纸扫描、定向与几何纠正、等高线矢量化的采样点分布与密度、数据查错与编辑、矢量接边、建立 TIN 和自动增加特征点、DEM 质量检查、元素数据文件录入等。

(7)制定质量控制方案

对 DEMs 应采取多级检查和验收制度,并填写质量跟踪卡。

(8)确定上交成果

包括数据文件、图文件和文档资料等。

(9)进度计划

为了保证能保质保量按期完成生产任务,一般要将组成整个系统的各项任务分解为各个阶段及先后顺序,运用网络技术对系统进行统筹安排,使进度、资源、人力、质量和风险等因素在系统进程中都得到充分考虑。

2. 数字高程模型的生产工艺流程

根据不同的技术条件和不同的精度要求,可以有不同的 DEM 生产技术方案。

(1)全数字自动摄影测量方法

利用全数字摄影测量工作站,可快速获取 DEM。如果与 GPS 自动空中三角测量系统集成,则可以形成从外业控制到内业加密和 DEM 生产高度自动化以及高效的作业流程,如图 8-3-3所示。

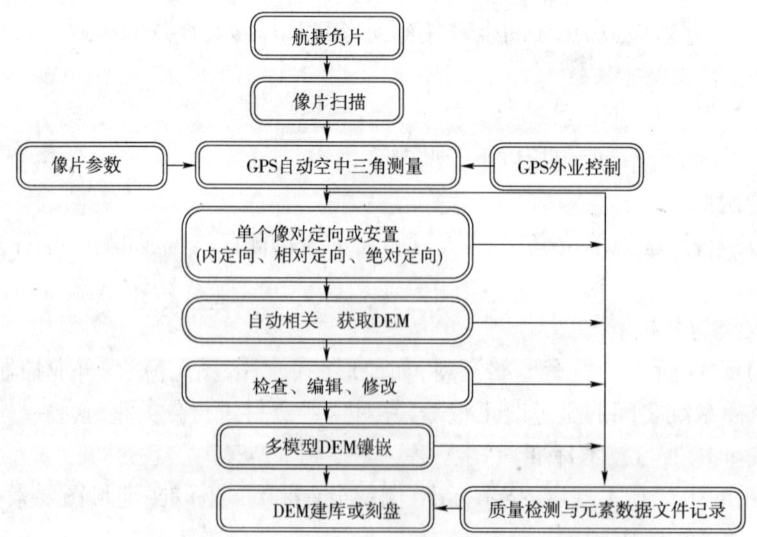

图 8-3-3　全数字自动摄影测量生产 DEM 的方法

根据欧洲实验摄影测量组织 OEEPE 关于“自动生产的 DTM 精度”的实验结果表明，DEM 的精度可以达到航高的 0.012%，而摄影胶片数字化扫描的分辨率在 15～30μm 之间没有什么差别。对于水域、森林覆盖地区和房屋密集的城区等特殊区域，还需要提供简便易行的人工干预和编辑功能。

取计算机自动相关和人工交互相结合的方案。这种方法由于增加了人工干预和编辑的功能，能够获得比较可靠、精度较好的 DEM。这种方案的工艺流程如图 8-3-4 所示。

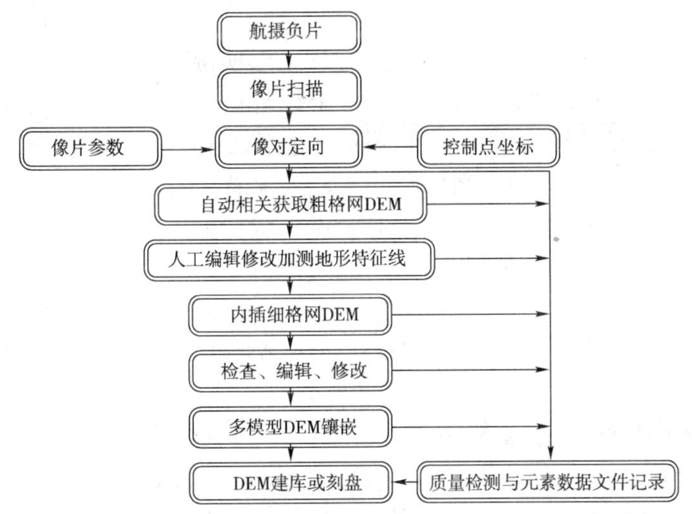

图 8-3-4　全交互式数字摄影测量生产 DEM 的方法

（2）解析摄影测量方法

目前有些生产单位还存在解析测图仪或经过数字化改造的精密立体测图仪，这些仪器仍然可以在小规模数字高程模型的生产中发挥重要作用，而且试验表明它能够获得比较好的精度。解析摄影测量方法有两种作业模式，一种是人工直接切准标准格网点，直接生产 DEM，这种方法的精度较好，地面数据采集时需要作业员考虑的因素相对较少，但相当费时。另一种方法是人工测绘地形特征点线、能够代表地形局部细节的碎部点和等高线，利用这些采集的大量地面三维数据可以构建精度更高的三角网 DEM（TIN），也可以通过内插获得格网 DEM（Grid），这种方法可以更详细更有效地描述地貌形态，其生产流程如图 8-3-5 所示。

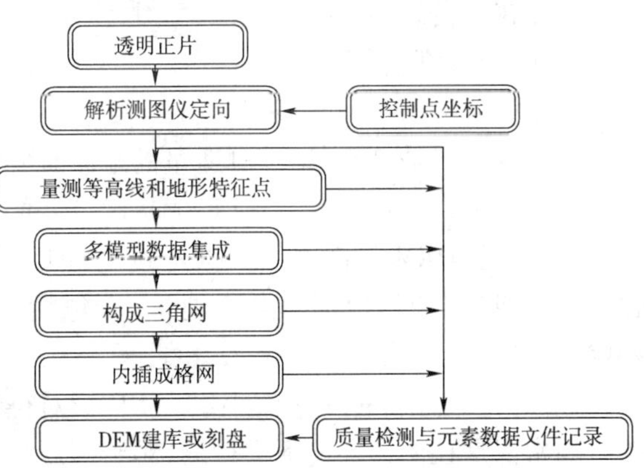

图 8-3-5　利用解析测图仪摄影测量生产 DEM 的方法

（3）从数字线划图 DLG 到 DEM 的方法

数字线划图可以从既有地形图数字化得到，也可以从解析摄影测量和数字摄影测量得到。这种方法的生产工艺如图

8-3-6所示。

对以上四种方法,使用野外实测高程对它们的精度进行了试验和比较,试验表明:解析摄影测量方法和扫描等高线内插得到的DEM精度最好,加测地形特征点线的交互式数字摄影测量方法要比不加测地形特征点线的全数字自动摄影测量方法精度要高,但效率最高的还是全数字自动摄影测量方法。

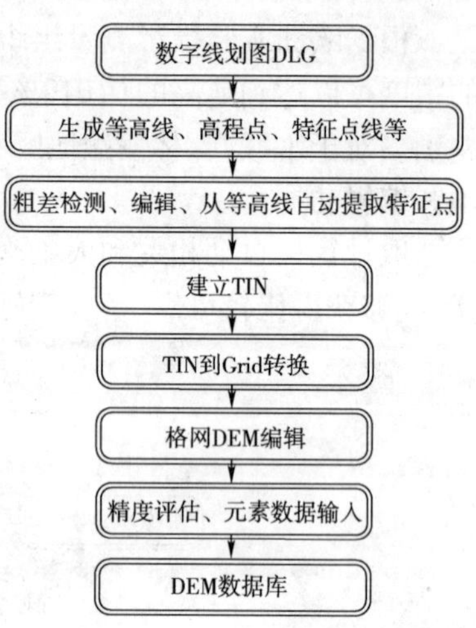

图8-3-6 从DLG生产格网DEM的方法

在将DEM应用于工程实际时,应该对测区的地形实际情况及勘察设计的不同阶段加以区分,明确各个设计阶段及不同类别的DEM应用应该达到的精度指标,根据需要达到的精度指标确定应该采用的地形数据采集方法及采样密度。在条件及时间许可的情况下,可以分别采集和构建同一地区的两组不同密度及精度的DEM,分别提供进行工程方案研究与方案详细设计使用,这样既保证了进行工程设计方案快速比选的需要(经济高效),又满足了工程方案详细设计时利用DEM进行高程内插计算对于结果精确的需要(准确可靠)。

3. 数字高程模型生产中的注意事项

(1)根据DEM生产项目所涉及的具体应用领域,确定需要重点测量的地段。比如,对于生产江河流域的DEM,除了地形DEM外,大江大河两岸的主干堤、人工堤等对桥梁的布设具有较大的影响,这些重点位置应重点进行测量,加大采集的密度,保证最终数据完整、可靠。

(2)高程精度难以达到正常规定精度要求的,应使用一定的方法圈出其范围,作为DEM推测区,这些情况一般是:

地形图上大范围内(图面上50mm^2以上)既无等高线、高程注记点又达不到规定密度(一个格网内不足5个点)的城镇街区、沼泽、乱掘地等;

草绘等高线的范围;

一定树高的密林区;

一定面积的陡石山;

一定宽度的双线河水域。

针对这些区域,应实地补测适量的地面真实三维数据,将补测数据与原始数据进行合并,剔除原始数据中不可靠的点后,形成精度良好的地面三维数据。

(3)由于DEM是由原始数据经过处理后形成的,因此原始数据的质量必须予以保证。也就是说,应对原始数据作严格地检查,包括检测系统误差、偶然误差,以及对粗差数据的剔除。

(4)不论使用哪种工艺流程生产DEM,对得到的DEM进行编辑修改都是必要的。编辑修改时通常都是在图形环境下进行的,对于摄影测量的方法,可以在立体模型上进行编辑修改;对于地形图矢量化的方法,可将DEM叠加在原始的等高线地形图上进行检查。

第四节　数字高程模型数据处理

一、数字高程模型生产的数据预处理

(一)简介

影响DEM精度的因素是多种多样的,其中DEM原始数据的质量是最主要的因素,因此有必要分析控制原始数据质量的方法和过程。众所周知,不管采用何种测量方法,测量数据总会包含各种各样的误差,DEM数据也不例外,这些误差从不同方面影响了DEM原始数据的质量,而DEM原始数据的质量又将严重影响最终DEM产品及其派生产品的精度或保真度,因此必须予以专门的处理。要评定产品的精度或质量、进行生产质量控制,必须首先了解原始数据的误差来源、误差类别及其传播规律,并据此决定采用何种处理方法。

(二)误差来源

DEM的实际精度主要由原始数据的采集误差和高程内插误差两方面决定。数据采集误差来自原始资料的误差、采点设备误差、人为误差、坐标转换误差。对于使用航测内业方法采集DEM来说,原始资料的误差主要表现为航片的误差(包含航摄的各种误差的综合)、定向点误差;采点设备误差包括测图仪的误差和计算机计算有效位数;人为误差包括测标切准地面时的误差(采用数字影像相关时为影像的相关误差)也就是观测误差;坐标转换误差包括相对定向和绝对定向的误差。对于利用地形图等高线和高程点等数字化后生成DEM来说,DEM的误差包括原始地形图的精度、在数字化仪上进行图纸定向的误差、采点误差。由于原始地形图主要通过航测内业成图和编绘手段制作,其误差包括航测内业成图过程中除内插之外的所有误差以及地形图本身的误差,后者包括地图综合(坐标移位)纸张或材料变形所引起的误差;采点设备误差包括地形图手扶或扫描时数字化仪或扫描仪的误差;人为误差包括数字化对点误差及高程赋值误差;图纸定向误差类似于航测内业成图的绝对定向误差,这种误差主要来源于控制点数字化和控制点大地坐标匹配时产生的误差。

DEM的另一误差来源存在于高程内插的过程当中,因为不管采用哪种内插算法,内插点的计算高程与实际量测高程之间总存在差值。高程内插的误差一方面和选用的数学方法(内插算法)有关,另一方面和采点的方式有关。DEM的高程精度与采点方式密切相关,不同的采点方法对高程内插有不同的作用。一般来说,沿等高线采集稀疏高程点(或沿一定的格网或断面采集高程点)加上采集其他特征点(如山脊点、山谷点等)是一般的内插计算方法。

DEM高程内插误差的定量计算和内插方法有关,计算方法有传递函数法和协方差函数法等多种方法。

(三)误差分类

总体而言,可将误差分为三种,即系统误差、偶然误差和粗差。

系统误差的产生常常不是由DEM原始数据所激发的,比如在摄影测量中,系统误差的产生通常跟物理方面的因素有关,也即它们可能源于摄影胶片受温度的影响产生变化或测量仪器本身。另外,测量仪器在使用前没有经过定期的检校,或者因为观测者自身的限制(如不同的作业员观测的立体视觉差异或绝对定向的结果不正确等),也有可能产生系统误差。系统误差一般为常数,也可以互相抵消。

按经典的误差理论,对同一目标的量测由于观测误差的存在,其测量值会有所不同,且不表现出任何必然规律,这种误差便称为随机(偶然)误差或噪声。随机误差均匀分布,一般使用通过量测值计算出来的统计值如 RMSE(均方根误差)来表示。

粗差实际上是一种错误,同随机误差和系统误差相比,它们在测量中出现的概率较小。虽然观测中出现粗差的概率较小,但是如果产生粗差后对数字地面模型的影响却很大,有时可能会是致命的。因此含有粗差的观测值不能与其他观测值一起使用,必须予以剔除。

二、原始数据误差处理

因为 DEM 产品是由 DEM 原始数据经过一系列的计算处理后得到的,所以 DEM 原始数据的质量将极大地影响到通过原始数据建立的 DEM 表面的质量。如果原始数据点位没有合理的分布,则显然可以认为原始数据质量比较低,原始数据点位的密度和分布与采样的过程和方法有关,与此相关的问题可通过合理的采样策略解决。

另一个涉及 DEM 原始数据质量的重要因素是数据点自身的精度。显然数据点精度越低,则数据质量越差。数据精度首先与量测过程有关,数据点经过量测获取后,精度值便可相应获得或估算出来,任何测量数据的精度值都是不同类型误差的综合结果。因此需要提出各种算法与过程,以消除或降低原始数据的某些误差所带来的影响,从而提高 DEM 及其最终产品的质量。

(一)程序自动剔除法

程序自动剔除法能够快速剔除高程值过大或过小的异常点,在已知测区范围内的最大和最小高程值的前提下,利用计算机软件对将要参与构建 DEM 的所有三维地形数据点进行筛选,只需在数据预处理过程中确定本区域内正常高程值的范围,正常高程值范围外的地形点即被数据处理程序自动剔除掉。这种方法能够快速排除高程异常点,但对于高程在正常值范围内的粗差点却无法自动剔除。

(二)使用滤波方法提高 DEM 数据的质量

任何一个空间数据集都可以看做由三部分组成:区域信号、局部信号、随机噪声。在数字高程模型中,第一部分最为重要,因为它描述了地形表面的基本形状;第二部分的重要性随着 DEM 产品的比例尺的变化而有所不同,在大比例尺时,它对于表达地形的细节是非常关键的;第三部分即随机噪声,无论在什么情况下总是会扭曲原始数据的真实性,一般情况下,随机噪声总是作为数据的高频部分而存在,且该部分随机高频噪声是可以通过使用数字滤波的技术剔除的。

数字滤波器可以用来抽取数字集合中的某一类特定信息。如果一数字滤波器可分离低频信息,则此数字滤波器称做低通滤波器,反之,则称为高通滤波器。因为 DEM 数据集的高频信号总是被作为噪声,所以在处理时总是使用高通滤波器。

从利用全数字摄影测量设备采集密集的地面三维数据实验的结果中可以知道,采集密集的数据点尽管对表达地表的细节有很大的益处,但是由影像相关技术等带来的计算误差也伴随而来,这种随机噪声,对生成的 DEM 质量以及生成的等高线质量都有很大的影响,会导致生成的等高线上出现多处的细节波动。因此,对于密集的数据,应当采取滤波技术(比如卷积运算）对数据进行光滑处理从而提高数据的质量。

（三）基于趋势面及三维可视化的粗差检测与剔除

与随机噪声相比，粗差对建立的数字地面模型所产生的空间扭曲更为严重。在有些情况下，粗差的存在会导致 DEM 及其产品严重失真甚至完全不能接受。因此，设计一些算法检测数字高程数据中的粗差并将其消除是完全必要的。然而，传统的粗差处理都是基于平差原理，如果不存在平差的问题，也就不能在平差过程中对粗差进行自动定位并剔除。要检查 DEM 数据可能存在的错误，显然要进行更加妥善的处理，而不能简单借用一般的平差方法。同时，仅仅分析单个独立的数据也是不够的，只有从整体或局部区域来对数据进行分析处理才能使问题得到较好的解决。

按照自然地形、地貌的成因，绝大多数自然地形表面符合一定的自然趋势，具体表现为连续的空间渐变模型，而且这种连续变化可以用一种平滑的数学表面也就是趋势面来加以描述。对粗差的检测，可以通过模型误差即实际观测值与趋势面计算值（模型值）之差来判定其是否属于异常数据，可以采用趋势面分析找出偏离总趋势超过一定阈值的异常数据可疑点。

趋势面分析的优点是：它是一种极易理解的技术，至少在计算方法上是易于理解的。另外，大多数数据特征可以用低次多项式来模拟。但要给复杂的高次多项式赋予物理意义就困难了。

根据处理区域的形状大小，可以灵活选择不同阶次的多项式，对大面积而复杂的区域应采用较高阶次。根据统计规律，常用三倍中误差作为极限误差，即模型误差大于极限误差的观测数据被认为是粗差。然而，由于二次或高次多项式本身的不稳定，有可能产生并不符合实际地形起伏的大或小数字，仅仅依靠这一项判据显然是不能解决所有问题的。趋势面是平滑函数，很难正好通过原始数据点，除非数据点少而且曲面的次数高才能使曲面正好通过原始数据点。实际上趋势面分析最有成效的应用之一是揭示研究区域中不同于总趋势的最大偏离部分。因此趋势面分析的主要用途是：使某种局部内插方法对区域进行内插之前，从数据中去掉一些宏观地物特征，而不把它直接用于区域内插。虽然通过趋势面分析可以找出绝大部分可疑数据，从而把问题局部化、简单化，但是趋势面分析的一个缺点是尽管它可以找出大部分可疑数据，但它不能确定这些数据是否为真正的粗差，因此，需要寻找另一种方法对这些数据做进一步的分析。

一种比较好的方法是提供基于 DEM 的三维表面可视化的方法交互式地来审查这些可疑数据，剔除严重影响数据质量的粗差或者说错误，这样便可以结合区域地貌变化规律对异常点做出快速准确的判定。

三维表面可视化的前提是要建立数字地形模型，为了保证所有分析都基于原始数据，可直接利用原始数据建立不规则三角形网络模型（TIN）。对于一个特定的研究区域，在三维透视图上可疑点是否表现为粗差非常直观，很容易据此做出正确判定。

这种三维可视化检查粗差的方法对于局部区域的数据非常有效，但对于大面积的数据或较长里程的带状地形三维数据建立 TIN 三角网后目视检查粗差及 DEM 的图形显示都较为困难，甚至会出现无法一次显示测区内全部 DEM 网格图形的情况（这种情况主要是受计算机图形系统软件的容量限制）。因此，可将大面积或长里程的地形三维数据分块检查，发现并剔除粗差数据后，再进行全部数据构建三维 DEM 模型的处理及后续的工程应用。

三、检测不规则分布数据中粗差的方法

对于规则格网方式采集的地形数据的检测粗差的算法,可利用基于规则格网数据中某点在邻域附近坡度变化一致性的原理。但如果数据不规则分布,则在检测坡度变化一致性时会碰到困难。因此坡度变化的一致性标准并不适合于不规则分布数据。

在不规则分布数据中,能比较方便地获取数据点的 X、Y、Z 坐标,因此在这种情况下某一点及其邻域点的高程信息仍可作为判断此点高程值是否有效合理的基础。

粗差在数据中可能孤立地分布,也可能成簇地存在。在后一种情况下,对粗差的检测将变得比较复杂。因此先推导检测数据中分布的单个粗差的算法,然后将算法适当修改,扩展后用于检测以簇群形式存在的粗差。

根据检测区域的大小,可将粗差检测的算法分为三种,即全局法、区域法和局部法。

基于全局方法的任何算法都是使用所有的数据点拟合一高次多项式函数,然后计算每一数据点对所建表面的偏差。如果某点的偏差大于阈值,则认为此点可能含有粗差。阈值可以预先设定,也可以通过数据点高程对全局表面的偏差计算出来。此全局方法有一个致命的缺点就是它对所有的地区都同样对待。实际上,地面的起伏状况是极少相似的,甚至是差异极大的。因此使用相同方式对地面进行处理的全局方法在处理起伏不平但无粗差数据的地区时可能认为很多点含有粗差,而在相对光滑的地区又不能有效地将粗差检测出来。

在区域方法中使用的算法与全局方法使用的算法非常相似,也是先用多项式函数拟合一区域表面,然后检验数据点对表面的偏差。它们之间唯一的区别在于选定的地表面积的大小(即判定是否有粗差的一次处理的地面区域范围的大小),是否采用这种方法也部分取决于特定区域面积的大小。

不管是全局方法还是区域方法,通过建立多项式方程拟合地形表面的主要缺点是那些含有粗差的点也被用于建立 DEM 表面。在这种情况下,如果一个点含有很大的粗差,则受它影响,那些在它周围不含粗差的点对于所建表面将会有很大的偏差,从而它们可能都被认为含有粗差。这样一来,有时用全部的地面点参与构建的 DEM 模型可能就和地面的实际情况会有很大的出入,甚至是无法容忍的错误。

(一)关于等高线数据剔除粗差的方法

如果 DEM 原始数据来自等高线地形图,那么对于这些数据中的粗差检测与剔除是可以考虑利用等高线之间的拓扑关系来进行粗差检测与剔除。

由等高线地形图生成 DEM 的一个最重要的误差来源是在等高线的数字化时发生的。在数字化的过程中,一般由人工交互地给数字化的等高线赋高程值,而完全无误地给所有等高线赋高程值几乎是不可能的,因此粗差便不可避免地产生了。等高线高程值配赋错误一个明显的特点是该条等高线上所有点的高程值全是错误的,当错误被改正后,等高线上的所有点的高程值也将全部被改正。由于一条等高线跨越的范围很大,即使存在粗差,其上的高程点也不可能形成簇群粗差。

众所周知,相邻等高线的高程值之间的关系仅有三种情况:递增、递减或相等。根据这些关系,可对等高线的高程值是否有错做出判断。

应当指出,在等高线地形图上由于存在等高线密集、注记的压盖、断崖地形等情况,常常造

成等高线的不连续有时甚至丢失的情形,因此检测所有的可能错误是很困难的。换句话说,仍然不能仅仅依靠等高距来肯定地确定可疑处是否错误。因此,在对所有的可疑处自动检测后,应当对每个可疑处根据等高线的关系由人工交互进行校验并进行修改,剔除粗差。

对于一定面积范围内整体数据出现的错误,则采用图形编辑方法进行编辑改正较为合适。利用现代计算机图形系统的多个视点的显示功能,可以快速确定某些等高线采集时高程赋值的错误,通过与上下相邻等高线高程的对比及等高距的依据,修正等高线的错误高程,然后就可利用软件数据提取的功能生成正确的地形三维数据文件,供随后构建数字地面模型时使用。

也可以利用先将包含三维等高线信息的地形数据构建 DEM(TIN)模型,再利用彩色晕渲图及分层设色法将不同高程范围的 DEM 子面赋上不同的颜色,可以在三维图形空间直观检查 DEM 模型的颜色突变区域,进而可以进行窗口放大或利用不同的三维视点进行快速检查可能的粗差。当然,在 DEM 模型中高程范围的层次划分越细、对应的颜色赋予的越丰富,检查粗差就越方便,效率越高。

(二)DEM 原始数据粗差检测与剔除的讨论

对于 DEM 原始数据的粗差探测与剔除的算法,每种算法都可以单独使用。因为粗差剔除的算法大都源于对数据本身的理解和研究,而数据又是千变万化的,因此找寻一种适合于各种数据而又处理得非常成功的算法是很困难的,但对上述这些算法进行组合使用,效果或许会更好,比如可使用基于趋势面及三维可视化的算法共同对粗差进行检测与剔除。

由于 DEM 有着非常适宜于建立三维可视化的特点,所以可以首先通过目视效果对粗差进行检测,有粗差的地形是很不自然的。因此,在实际应用中,可以首先通过目视与程序自动剔除正常高程范围外数据点的方法组合使用来进行粗差的检测,然后再使用各种方法进行自动或半自动的粗差探测与剔除。这种将不同的粗差探测与剔除的方法组合使用的办法是 DEM 实际应用中的一种行之有效的方法。

四、数字地面模型的数据组织

数字地面模型的构建及后续应用的方便性与效率在很大程度上取决于数据的组织。数字高程模型数据组织的目的就是要将所有相关的 DEM 数据通过数据库有效地管理起来,并根据其地理分布建立统一的空间索引,进而可以快速调度数据库中任意范围的数据,实现对整个研究区域 DEM 数据的无缝漫游。

(一)数据结构

1. 正方形格网数据(Grid)

把数字高程模型的覆盖区域划分为规则排列的正方形格网,DEM 实际上就是规则间隔的正方形格网点或经纬网点阵列,每一个格网点与其他相邻格网点之间的拓扑关系都已经隐含在该阵列的行列号当中。这时,根据该区域的原点坐标和格网间距,对任意格网点的平面位置可以通过相应矩阵元素的行列号经过简单的运算获得。因此,Grid 数据除了每个格网点处的高程值以外,只需要记录一个起算点的位置坐标和格网间距。由于正方形格网 DEM 的存储量很小,结构简单,操作方便,因而非常适合于大规模的使用和管理。但其缺点是对于复杂的地形、地貌特征难于确定合适的格网大小,会产生在地形简单的地区容易产生大量的冗余数据,而在地形起伏比较复杂的地区,又不能准确表示地形的各种细微起伏特征。

一个 Grid 一般包括三个逻辑部分:

①元数据:描述 DEM 一般特征的数据,如名称、边界、测量单位、投影参数等;

②数据头:定义 DEM 起点坐标、坐标类型、格网间距、行列数等;

③数据体:沿行列分布的高程数字阵列。

2. 不规则三角网结构(TIN)

若将按地形特征采集的点根据一定规则连接成覆盖整个区域且互不重叠的许多三角形,就可以构成一个不规则三角网 DEM(TIN)。TIN 与 Grid 的不同之处在于 TIN 能较好地顾及地貌特征点、线,逼真地表示复杂地形起伏特征,并能克服地形起伏变化不大的地区产生冗余数据的问题。但由于数据量大、数据结构复杂和难以建立,TIN 主要应用于小范围、大比例尺、高精度的工程实际应用中的三维地形建模。近年来,借助于计算机软硬件技术的飞速发展,在 TIN 的快速构成、压缩存储及实际应用方面都取得了突破性的进展。

拓扑结构是明确这些空间关系的一种数据方法,也就是用来表示要素之间连通性或相邻性的关系。按照拓扑结构,多边形可用一组封闭的线来定义,而不用列出封闭线上的所有点的坐标。这种结构的优点是,对于每条线来说,只需列出一次的坐标,这不同于那种用封闭线上的坐标来定义每个多边形的方法,从而大大减少了所需要的存储空间。其次,这种结构还克服了定义多边形的坐标数量受到限制的缺点。另一种可以用拓扑描述的空间关系是邻接性,即确定多边形相互之间的邻接关系。邻接性对于许多应用来说都是非常重要的。连通性的拓扑关系与邻接性相似。连通性指的是对弧段连接的判别。这种关系对于路径搜寻以及其他网络应用,如最佳路径计算和全部网络流程分析都是非常重要的。

三角网 TIN 模型是一种典型的矢量拓扑结构,通过边与结点的关系以及三角形面与边的关系可以明显地表示地形参考点之间的拓扑关系。TIN 与 Grid 的存储方式有很大不同,它不仅要存储每个网点的高程值,而且还要存储相应点的位置坐标以及描述网点之间拓扑关系的信息。一般采用最简捷的链表结构:数据由结点列表和三角形列表两组记录组成。

根据数据编辑及快速检索的需要,在简捷链表的基础上还可以增加描述三角形之间邻接关系以及参考点不同特性的信息。TIN 把结点看成数据库中的基本实体,拓扑关系的描述,则在数据库中建立指针系统来表示每个结点到邻近结点的关系,结点和三角形的邻里关系列表是从每个结点的北方向开始按顺时针方向分类排列的。TIN 模型区域以外的部分由“拓扑反向”的虚结点表示,虚结点说明该结点为 TIN 的边界结点,使边界结点的处理更为简单。

由于三角形是最简单的多边形,根据欧拉公式,N 个顶点的三角形网络可达到 $3N-6$ 条边和 $2N-5$ 个三角形。可见,TIN 的结构很复杂,而且数据存储量要比 Grid 大得多。为了能节省表示所有拓扑关系的存储数据,基于各种不规则中点多边形与正中点六边形之间的变换关系和数学形态学理论的规则化变换方法,可以达到 TIN 的规则化压缩存储目的。

3. TIN 与 Grid 混合的结构

TIN 与 Grid 混合的结构即 TIN 与规则格网混合的结构。由于规则格网 DEM 和不规则三角网各有优缺点,因此在实际应用中,在大范围内一般采用规则格网附加地形特征数据,如地形特征点、山脊线、山谷线、断裂线等的形式,构成全局高效、局部精确的三维数字地面模型。

规则格网 Grid 常常被剖分成三角网形式以形成连续的线性面片,这有利于解决等高线跟踪的二义性和图形描述的复杂性问题。在具体的数据组织过程中,由于增加的地形特征线和特殊范围线作为矢量数据具有比 Grid 复杂得多的拓扑结构和属性内容，一般还是采用混合的数据结构分别进行处理。另外，考虑到混合结构将导致数据管理复杂化，并降低数据检索的效率，根据构网区域的大小和软件的性能，应用时常常将混合模型实时地完全转换为 TIN 的数据结构。

（二）数字地面模型的相关建模方法

1. DEM 网络

根据前面的定义，网络指表面建模时一种有特定结构的数据类型。这里需要强调的一点是，网络更多地涉及数据点在位置意义上的相互关系，而不一定涉及第三维，这是网络与 DEM 表面之间的主要区别。DEM 表面根据网络建立，包含一系列一阶导数连续或不连续的子面。由于规则格网本身所具有的独特性质，因而这种区别在很多时候没有被很清晰地理解。与此相反，在基于三角形建模的情况下，这种区别非常清楚——数据点必须先生成确定的三角形网络，然后将第三维加于网络之上，便形成了包含连续三角形面元的连续表面。

三角网被视为最基本的一种网络，它既可适应规则分布数据，也可适应不规则分布数据；既可通过对三角网的内插生成规则格网网络，也可根据三角网建立连续或光滑表面。因此，以下的主要内容将集中于对三角网的介绍。

2. 不规则三角网的形成

在数字地面模型的构建过程中，不规则三角网（TIN - Triangulated Irregular Network）通过从不规则分布的数据点生成的连续三角面来逼近地形表面。就表达地形信息的角度而言，TIN 模型的优点是它能以不同层次的分辨率来描述地形表面。与格网数据模型相比，TIN 模型在某一特定分辨率下能用更少的空间和时间更精确地表示更加复杂的表面，特别当地形包含有大量特征线信息如断裂线、构造线时，TIN 模型能更好地顾及这些特征从而能更精确合理地表达地表形态。

对于 TIN 模型，其基本要求有三点：

（1）TIN 必须是唯一的；

（2）力求最佳的三角形几何形状，每个三角形尽量接近等边形状；

（3）保证最邻近的点构成三角形，即三角形的边长之和最小。

在所有可能的三角网中，狄洛尼（Delaunay）三角网在地形的拟合方面表现最为出色，因此常常被用于 TIN 的生成。

3. 标准（不带约束条件）狄洛尼三角网

狄洛尼三角网为相互邻接且互不重叠的三角形的集合，每一个三角形外接圆内不包含其他的点。这种特性被用做从一系列不重合的平面点建立狄洛尼三角网的基本法则，可称为空圆法则或狄洛尼法则。狄洛尼三角网遵守平面图形的欧拉定理：$N_{regions} + N_{vertices} - N_{edges} = 2$

对于给定的初始点集 P，有多种三角网剖分方式，其中狄洛尼三角网具有以下特征：

（1）狄洛尼三角网是唯一的；

（2）三角网的外边界构成了点集 P 的凸多边形边界；

（3）没有任何点在三角形的外接圆内部，反之，如果一个三角网满足此条件，那么它就是狄洛尼三角网。

（4）如果将三角网中的每个三角形的最小角进行升序排列，则狄洛尼三角网的排列得到的数值最大,从这个意义上讲,狄洛尼三角网是“最接近于规则化的”的三角网。

在建立狄洛尼三角网的过程中,当新点位于三角形外接圆的圆周上时,两种不确定的结果都是有效的,如果以三角网中所有边长总和最小为原则,则具有较短对角线的三角网为最佳选择。尽管狄洛尼三角网并不是最理想的三角网,但总体上它趋于最佳,为最合适的选择。只要不超过三个邻域点在欧几里得平面上共圆,则狄洛尼三角网总是唯一的。

4. 带约束条件的狄洛尼三角网

当不相交的地形特征线、断裂线、扩展边界等被作为预先定义的限制条件作用于 TIN 的生成当中时,则必须要考虑使用带约束条件的狄洛尼三角网模型。带约束条件的狄洛尼三角网与标准狄洛尼三角网非常相似,只是考虑了预先给定的约束条件。只有当三角形外接圆内不包含任何其他点,且其三个顶点相互可视时,此三角形才是一个带约束条件的狄洛尼三角形。这时由两相邻三角形组成的凸四边形的局部最佳对角线才能被选取并进行 Lawson LOP 交换。

狄洛尼三角形网的特征又可以表达为以下特性:

(1)在狄洛尼三角形网中任一三角形的外接圆范围内不会有其他点存在并与其通视,即空圆特性;

(2)在构网时,总是选择最邻近的点形成三角形,并且不与约束线段相交;

(3)形成的三角形网总是具有最优的形状特征,任意两个相邻三角形形成的凸四边形的对角线如果可以互换的话,那么两个三角形 6 个内角中最小的角度不会变大;

(4)不论从区域何处开始构网,最终都将得到一致的结果,即构网具有唯一性。

狄洛尼三角形的本质是反映属性在平面上分布的距离相关性,这一点对于带约束条件的狄洛尼三角形,或者其他改进的狄洛尼三角形同样也是适用的。

5. 根据规则数据生成三角网

如果原始数据以一种规则而系统的方式获取,则所生成的三角网是所有三角网形式中最为简单的一种。从这种规则的数据生成 TIN,一般有两种方式:一种是直接将格网进行分解组合即可得到三角形;另一种方式则是通过一定的法则,选择重要的点(VIPs)来建立三角形。

1)直接方式

在正方形格网的情况下,以一条或两条对角线简单地将格网分解,便形成了一系列规则的三角形。在另外一些不太常用的基于规则三角形的量测数据中,三角网已隐含地建立起来。

显然,以这样的方式根据正方形格网来生成三角网,有时是相当随意的。此时两对角线将格网分成四个顶点相对的三角形。尽管每个格网结点的高程值都相同,但根据格网不同对角线方向形成的不同三角面所内插出来的高程点其高程值将可能相差很大。

这种方式的本质是根据一定的法则,通过选择表示地形曲面“重要”的点,或者移去表示曲面“不重要”的点,建立 TIN 模型来实现的。整个转换过程有两个关键步骤:

第一步　确定格网高程点对于地形模型是否“重要”,或者格网高程点对于表达地形模型特征的程度,判断点是否“重要”。如果每次从 DEM 全局考虑,在所有的点范围内选出最“重要”的点或“不重要”的点,就是一种全局的方法,一般来说,它是全局收敛的;如果根据点与它所相邻的格网的相关关系来确定点是否“重要”,就是一种局部的方法,它只是在局部收敛。多数方法是针对局部的方法。

第二步　确定终止判断的条件。常见的终止条件有两种,一种是达到预设的格网点数,另一种是达到预设的精度。实际应用中往往在这两种方法中采取一种折中的方法，才能达到一种理想的效果。

2）选择 VIPs 方式

常见的选择 VIPs 的方法

（1）地形骨架法

即利用地形特征点、线建立地形的“骨架模型”，然后对其加密内插点，达到预定的精度。

（2）地形滤波法

格网 DEM 可以看做一幅数字图像，可使用空间高通滤波器对其滤波，保留“图像”中的高频信息，即为地形特征点，滤掉低频信息即对地形特征而言不重要的点，在此基础之上建立 TIN 地形模型。

（3）层次三角网法

该方法由 Defloriani 等人于 1984 年提出。其基本思路是：

①连接格网 DEM 边界四个点中任意对角的两个点，形成初始三角形。

②分别对两个初始三角形，找出包含在三角形内的网格点中，与三角面距离最大的点，并分别与包含它的三角形的三个顶点相连形成新的三角形。

③对每个三角形，找到它所包含的网格点中到三角面距离最大的点，内插该点在三角形面上的高程，求出内插高程与该高程之差的绝对值，如果该值小于高差阈值，不将该点插入到三角形中；如果大于高差阈值，将该点分别与包含它的三角形的三个顶点连接形成新的三角形。

④如果插入点的点数大于预定点数，或不再有点到包含它的三角形的高差大于给定的高差阈值，则终止整个过程。

（4）试探法

Lee（1989）提出了一种所谓的“试探法”，这种方法从整个 DEM 点集开始，每次去掉一个最不重要的点，不断反复，直到满足一定的精度要求或达到预设点数。

（5）迭代贪婪插入法

贪婪插入法是一种典型的优化方法，它的基本步骤如下：

①对 DEM 的边界上所有的点组成的多边形进行狄洛尼构网。

②计算出每个三角形内所包含的网格点中距离该三角形面距离（绝对值）最大的网格点，记为该三角形的“候选点”。

③比较所有三角形“候选点”的高差，将高差最大的点插入三角形。用狄洛尼三角形法则重新构网，得到新的三角形，删除被改变的三角形，并分别计算新三角形的“候选点”。

④重复过程②、③，直到满足终止条件。

显然，迭代贪婪插入法避免了寻找“重要点”过程中的重复计算，提高了算法速度，而且保留了地形特征。如果每选择一个点，直接针对所有的点计算，计算量势必增大。启发式法也可参照这种针对每个三角形的“候选点”选择“重要点”的方式，提高算法的效率。应当指出，选择 VIPs 的方式与直接方式相比尽管有很多优点，比如能避免平坦地区的数据冗余而保持地形的细节等，但相对比较复杂，而直接方式比较简单，所以在实际应用中，一般采用直接方式。但在大规模地形可视化的细节层次模型 LOD 中，基于 VIPs 的 TIN 方法已受到广泛重视。

6. 根据等高线生成三角网

从等高线生成三角网一般有三种算法:等高线离散点直接生成TIN方法、将等高线作为特征线的方法、自动增加特征点及优化TIN的方法。

(1)等高线离散点直接生成TIN

这种方法直接将等高线上的点离散化,然后采用从不规则点生成TIN的方法。由于这种算法只单独考虑了数据中的每一个点,并未考虑等高线数据的特殊结构,所以会导致很坏的结果,如出现三角形的三个顶点都位于同一条等高线上(即所谓的"平三角形",见图8-4-1)或者三角形某一边穿过了等高线这样的情况,这些情形按TIN的特性都是不允许的。因此,在实际应用中,这种算法很少直接使用。

图 8-4-1

(2)将等高线作为特征线的方法

这种方法依据的主要原则是将每一条等高线都当做断裂线或结构线来处理,并且规定在这些线上不能有三角形生成。这样就可以避免出现所谓的"平三角形",或者三角形某一边穿过了等高线这样的情况。提高了构建出的三角网的可靠性。

(3)自动增加特征点及优化TIN的方法

这种方法的实质是仍将等高线离散化建立TIN,但采用增加特征点的方式来消除TIN中的"平三角形",并使用优化TIN的方式来消除不合理的三角形比如三角形与等高线相交等,另外对TIN中的三角形进行处理以使得TIN更接近理想化的情况。使用手工方式增加特征点、线,无论在效率方面,还是在完整性、合理性等方面都是很有限的,因此需要设计一定的算法来自动提取特征点。这些算法的原理大都基于原始等高线的拓扑关系。对TIN进行优化则需对三角形进行扫描判断,并以一定的准则进行合理化的处理。

从等高线生成的TIN必须考虑等高线的拓扑关系。也就是说,在生成初始的三角网后,仍有必要对三角网做进一步的优化。这主要在于消除因等高线过于密集或者采样信息缺乏而引起的横跨等高线的三角形以及狭长的、细小的三角形。显然,只利用采集的原始等高线数据构建TIN时出现的"平三角形"扭曲了实际地形,而使用增加了特征点、线的地形骨架数据后的等高线建立TIN并对TIN进行优化后,对地形的表达效果明显逼真了。

7. 根据混合的数据生成三角网

混合数据是链状数据(即地形断裂线、结构线、水涯线、道路与大坝等人工构造物的上下边线等构造线)与根据规则格网采样或渐进采样获取的数据结合后形成的一种数据。在构建DEM模型的过程中,格网首先被分解成规则的三角形,但如果有特征线穿过格网边的话,则格网并不是通过其自身的对角线分解,而是考虑特征线上的点,在格网中生成不规则形状的新三角形。这样的混合数据处理DEM的方法主要应用在利用立体影像自动相关处理采集地形三维数据的全数字摄影测量系统中,具有快速、高效的优点。

8. 格网DEM的生成

基于格网的地形表面建模是建立DEM表面的另一种主要的方法,但是这种方法只适用于规则格网数据。很明显,如果在采样时使用了正方形方式的规则格网采样方法,则采集的结果数据在形成 DEM 模型前不需要进行任何特殊的处理。如果采用了其他形式的采样方法如选择采样、剖面法采样或等高线法采样等,则需要解决怎样形成格网网络的问题。在有关的 DEM 文献中,对于从任何形式的非格网数据生成格网网络的过程称为从随机到栅格的内插,这种从随机到栅格形式的内插常采用的是由生成的 TIN 进行内插快速生成格网 DEM。

规则格网形式的 DEM 通常使用在路线方案研究阶段,通过使用较大范围内的卫片或航片立体像对,以规则格网的形式快速采集地形三维数据,以数据结构简单且模型构建迅速的规则格网方式建立测区的三维数字地面模型。在此基础上内插各个待选路线方案的纵、横断面地面线,进行路线方案的比选和优化。另外,这种规则格网 DEM 在地理信息系统 GIS 中也有较为广泛的应用。

这种规则格网的三维地形的建模方法对于大的路线方案选取及优化是方便而高效的,但由于这种模型自身的精度相对较低,想要在地形很复杂的地区或是进一步的对内插精度要求高的阶段使用就显得不太现实,因此这种规则格网形式的 DEM 主要应用在较为宏观的应用领域。

9. 不规则三角网 TIN 与正方形格网 Grid 的比较

TIN 和 Grid 都是最常用的数字地面模型结构形式,TIN 具有许多明显的优点和缺点。它的最大优点就是参与构建 TIN 的地形点之间的距离是可变的,当地形表面粗糙或变化剧烈时,TIN 中能够包含大量的数据点;而当地形表面相对单一时,在同样大小的区域构建 TIN 则只需要数量最少的地形数据点。同时,TIN 模型对三维地形的表达能力是最强的,精度也是最高的。另外,TIN 还具有考虑地形变化特征点、线的能力;如果在构建三角网 TIN 时同时存储了每个三角形三个顶点与三条边的拓扑关系信息,在随后的数字地面模型应用中还可以快速内插出在三角形范围内的待定点的高程值,正是由于三角网 TIN 模型的这些优点也带来了其数据存储与操作的复杂性的不足。三角网 TIN 模型是目前国内外最主流的三维数字地面模型建立和应用方法。

Grid 模型的优点不言而喻,如结构非常简单、数据存储量小、在 DEM 应用过程中各种分析与计算非常方便有效等。但 Grid 模型同时也存在着精度较低的缺点。

关于 TIN 和 Grid 的比较,可得出如下的结论:

(1)从等高线数据中选取重要的点构成 TIN 并生成正方形格网,在二者数据量相同的情况下,TIN 具有最小的中误差 RMSEs;

(2)三角网 TIN 模型主要应用于对于 DEM 精度要求较高的工程建设项目的勘察设计阶段,适用于对于采集点的精度及位置要求高、点数相对较少的大比例尺实际应用中。

(3)Grid 模型主要应用于利用数字摄影测量系统自动化采集的地形数据建立 DEM,这种模型主要应用于工程建设项目的工程可行性研究及初步设计阶段,具有简单和快速的特点。

(4)根据 DEM 产生的地形晕渲图与正射影像图的比较后我们可以看出,基于 TIN 模型方式生成的图像与正射影像吻合得更好;

(5)当用于建立 DEMs 表面的采样数据点减少时,Grid 的质量明显比 TIN 降低得快。而随着采样点或数据密度的增加,二者之间的性能差别越来越不明显,同时也会带来 Grid 方式采样的大量数据冗余问题。

10. 规则格网(Grid)的改进型模型 - 规则格网与三角网的混合模型(Grid + TIN):

TIN 与 Grid 混合的结构即 TIN 与规则格网混合的结构。由于规则格网 DEM 和不规则三角网各有优缺点,而规则格网与三角网的混合模型(Grid + TIN)则正好结合了这两种建模方法的优点。在地形变化较大的地区采样时,宜采用渐进采样法适当加密采集。在工程项目的大比例尺实际应用中同样占有重要的地位,实际应用也越来越广泛。这种数字地面模型从整体上看是格网模型,但在地形特征线存在的局部地方则是三角网模型。正是由于结合了三角形地面特征信息,则格网采样的密度可以比纯粹的规则格网采样密度大,总体数据量也相应较少。

三角网 TIN 模型及规则格网与三角网的混合模型(Grid + TIN)应用的前提条件均为采集并优先处理了地面的三维特征线、点信息。在实际应用中,在大范围内一般采用规则格网附加地形特征数据,如地形特征点、山脊线、山谷线、断裂线等的形式,构成全局高效、局部精确的三维数字地面模型。这种数据采集和 DTM 建模处理的方法已经成为全数字摄影测量应用的主流方法,该方法正越来越广泛地应用在航片及地面分辨率为米级的高分辨卫片立体像对的 DTM 实际应用中。

(三)数字地面模型的内插方法

内插是数字地面模型的核心问题,它贯穿于 DEM 的生产、质量控制、精度评定和分析应用等各个环节。DEM 内插就是根据若干相邻参考点的高程求出待定点上的高程值,在数学上属于插值问题。任意一种内插方法都是基于原始地形起伏变化的连续光滑性,或者说邻近的数据点间有很大相关性,才可能由邻近的数据点内插出待定点的高程。

按内插点的分布范围,可以将内插分为整体内插、分块内插和逐点内插三类(如图 8-4-2)。而根据二元函数逼近数学面和参考点的关系,内插又可以分为纯二维内插和曲面拟合内插两种。

- DEM 内插
  - 整体内插 - 高次多项式
  - 分块内插
    - 插值
      - 多项式内插
      - 样条函数
      - 双线性内插
    - 拟合
      - 多项式
      - 样条函数内插
      - 多层叠加面内插
      - 最小二乘配置法内插
  - 逐点内插
    - 加权平均值法
    - 移动拟合法
    - 最小二乘配置法

图 8-4-2　DEM 内插分类

1. 整体内插

整体内插的拟合模型是由区域内的所有采样点的观测值建立的。整体内插主要是通过多项式函数来实现,因此又称为整体函数法内插。这些函数模型的特点是不能提供内插区域的局部特性,因此常常被用来模拟大范围的宏观变化趋势。

设描述区域的曲面形式为下列二元多项式:

$$P(x,y) = \sum_{i=0}^{m}\sum_{j=0}^{m} C_{ij}x^{i}y^{j} \qquad (8\text{-}4\text{-}1)$$

式中有 n 个待定系数 $C_{ij}(i,j=0,1,2,\cdots,m)$,为了求解这些系数,可量取区域内不同平面位置的 n 个参考点三维坐标:$P_1(x_1,y_1,z_1)$,$P_2(x_2,y_2,z_2)$,$P_3(x_3,y_3,z_3)$,$\cdots$,$P_n(x_n,y_n,z_n)$,将其代入方程从而使 n 阶线性方程组有唯一解。将待插点的坐标代入上式,可得到待定点的高程值。

整体函数内插法的优点是易于理解,简单地形特征因为参考点比较少,选择低次多项式来描述即可。但当地形复杂时,需要增加参考点的个数并要解算高次的线性方程组,这时参考点测量误差的微小扰动都可能引起高次多项式参数的很大变化，使高次多项式插值很难得到稳定解。由于整体内插方法的这个缺点，而且实际地形复杂多变，整个地形不可能用一个多项式来拟合，因此在实际工作中很少直接应用该内插方法。

2. 分块内插

分块内插是把参考空间分成若干分块，对各分块使用不同的函数。这时应考虑各分块函数间的连续性问题。分块的大小根据地貌复杂程度和参考点的分布密度决定。一般相邻分块间要求有适当宽度的重叠，以保证相邻分块间能平滑、连续地拼接。典型的局部内插有线性内插、局部多项式内插、双线性多项式内插或样条函数内插等。特别是基于 TIN 和正方形格网的剖分法双线性内插是 DEM 分析与应用中最常用的方法。

(1)线性内插

线性内插是使用最靠近插值点的三个已知数据点，确定一个平面，继而求出内插点的高程值。基于 TIN 的内插广泛采用这种简便的方法。

设所求的函数形式为：

$$Z = a_0 + a_1 x + a_2 y \tag{8-4-2}$$

参数 a_0, a_1, a_2 可以根据三个已知参考点如 $P_1(x_1, y_1, z_1)$，$P_2(x_2, y_2, z_2)$，$P_3(x_3, y_3, z_3)$ 计算求得。解算这三个参数可以根据下式进行严密计算：

$$\begin{bmatrix} a_0 \\ a_1 \\ a_2 \end{bmatrix} = \begin{bmatrix} 1 & x_1 & y_1 \\ 1 & x_2 & y_2 \\ 1 & x_3 & y_3 \end{bmatrix}^{-1} \begin{bmatrix} z_1 \\ z_2 \\ z_3 \end{bmatrix} \tag{8-4-3}$$

但当三个参考点所构成的几何形状趋近于一条直线时，这种严密解算会出现不稳定的解，因此宜采用双线性内插方法。

如图 8-4-3 所示，根据三个已知参考点 (A, B, C) 双线性内插 $p(x_p, y_p, z_p)$ 点高程值的算法是：

$$z_l = z_A + (z_B - z_A) \times (x_l - x_A)/(x_B - x_A)$$
$$z_r = z_A + (z_C - z_A) \times (x_r - x_A)/(x_C - x_A)$$
$$z_p = z_l + (z_r - z_l) \times (x_p - x_l)/(x_r - x_l) \tag{8-4-4}$$

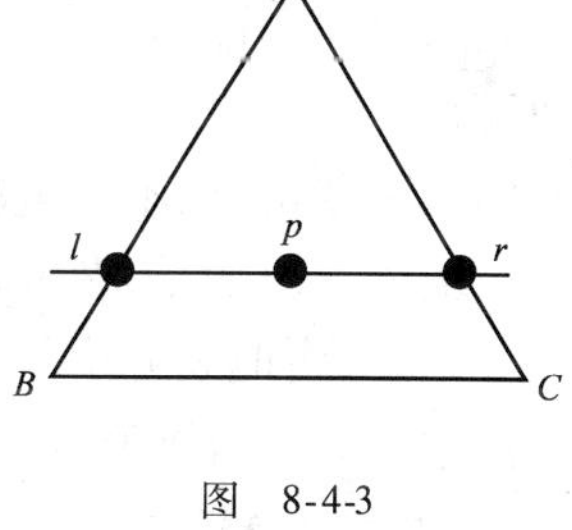

图　8-4-3

其中，$y_p = y_e = y_r$，点 l、r 分别位于直线 AB 和 AC 上。这种方法可以保证稳定可靠的解。

(2)双线性多项式内插

双线性多项式内插是使用最靠近插值点的四个已知数据点组成一个四边形，确定一个双线性多项式来内插待定点的高程。基于格网的内插广泛采用这种方法。

设所求的函数形式为：

$$Z = a_0 + a_1 x + a_2 y + a_3 xy \tag{8-4-5}$$

参数 a_0、a_1、a_2、a_3 可以根据四个已知参考点如 $P_1(x_1, y_1, z_1)$，$P_2(x_2, y_2, z_2)$，$P_3(x_3, y_3, z_3)$，$P_4(x_4, y_4, z_4)$ 代入下式计算求得：

$$\begin{bmatrix} a_0 \\ a_1 \\ a_2 \\ a_3 \end{bmatrix} = \begin{bmatrix} 1 & x_1 & y_1 & x_1y_1 \\ 1 & x_2 & y_2 & x_2y_2 \\ 1 & x_3 & y_3 & x_3y_3 \\ 1 & x_4 & y_4 & x_4y_4 \end{bmatrix}^{-1} \begin{bmatrix} z_1 \\ z_2 \\ z_3 \\ z_4 \end{bmatrix} \tag{8-4-6}$$

如果数据参考点呈正方形格网分布,则可以直接使用如下的双线性内插公式:

$$Z_p = Z_A\left(1-\frac{x}{l}\right)\left(1-\frac{y}{l}\right)+Z_B\left(1-\frac{y}{l}\right)\left(\frac{x}{l}\right)+Z_C\left(\frac{x}{l}\right)\left(\frac{y}{l}\right)+Z_D\left(1-\frac{x}{l}\right)\left(\frac{y}{l}\right) \tag{8-4-7}$$

式中:A、B、C、D 为正方形四个格网点,l 是格网边长。

线性 B 样条和双三次 B 样条两种,其整体解是一系列基函数的线性组合,形式如下:

$$\varphi = \sum_{i=1}^{n} F_i C_i \tag{8-4-8}$$

式中:F_i——基函数;

C_i——系数。

为了求解上述函数的全部系数,须列出与所求问题等价的二次泛函数取极小值的条件,建立并计算系数向量的线性方程组,使上式有确定解。

有限元法的计算量取决于分块内结点的个数,而不是像其他分块内插方法那样,主要与参考点个数有关。所以单元划分越细,有限元法的计算量越大。

(3)二元样条函数内插

用多项式进行整体内插,阶次越高,出现振荡的可能性越大。因此人们利用将区域分块,对每一分块定义出一个不同的多项式曲面。为保证各分块曲面间的光滑性,按照弹性力学条件使所确定的 n 次多项式曲面与其相邻分块的边界上所有 $n-1$ 次导数都连续,这 n 次多项式就称为样条函数。可以用样条函数内插法对规则格网数据的高程重新插值。

与整体内插不同,样条函数保留了微地形特征,拟合时只需与少量数据点配准,因此内插速度快,同时也保证了分块间连接处为平滑连续的曲面,这意味着样条函数内插法可以修改曲面的某一分块,而不必重新计算整个曲面。

应该指出的是,在分块上展铺样条曲面时,对相邻多项式分片曲面间的拼接,采用了弹性力学条件,而地表分块不是狭义的弹性壳体,并不具备采用弹性力学条件的前提,所以,尽管样条函数法有比较严密的理论基础,但未必是数字高程插值的良好数学模型。

(4)多面叠加内插法(多面函数法)

多面叠加法是美国依阿华州大学 Hardy 教授于 1977 年提出的,它的基本思想是任何一个规则的或不规则的连续曲面均可以由若干个简单面(或称单值数学面)来叠加逼近。具体做法是在每个数据点上建立一个曲面,然后在 Z 方向上将各个旋转曲面按一定比例叠加成一张整体的连续曲面,使之严格地通过各个数据点。

多面叠加的数学表达式为:

$$z = f(x,y) = \sum_{i=1}^{n} K_i Q(x,y,x_i,y_i) \tag{8-4-9}$$

这里 $Q(x,y,x_i,y_i)$ 为参加插值计算的简单数学面,又称多面函数的核函数;n 为简单数学面的张数,或多层叠加面的层数,它的值与分块扩充范围内参考点的个数相等;$K_i(i=1,2,3,\cdots,n)$ 为待定参数,它代表了第 i 个核函数对多层叠加面的贡献。为了计算方便,多层叠加

面中的 n 个核函数一般选用同一类型的简单函数,通常是围绕竖向轴旋转的曲面,这条竖轴正好通过某一参考点。

多面叠加法一个主要优点是如果希望对地形增加各种约束和限制,则可以设计某一种函数将其增加到多面叠加的函数体内。比如希望在内插中考虑地面坡度的信息,就可以设计具有坡度特性的函数。在数字高程模型中,如果在数据点密度较小和数据点精度很高的情况下,要优先采用多面叠加的内插方法。但在一般情况下,地球表面特征都很复杂,难以确定某一特定函数严格表示地形变化(人工地物除外)。另外这种方法处理繁琐,计算量大,所以这种多面叠加法在实际工程中并不常用。

(5)最小二乘配置法

由 Moritz 教授提出的最小二乘配置法是一种基于统计的、广泛应用于测量学科的内插方法。在测量中,某一个测量值包含着三部分:①与某些参数有关的值。由于测量值是这些参数的函数,而这个函数在空间是一个曲面,故称为趋势面;②不能简单地用某个函数表达的值,称为系统的信号部分;③观测值的偶然误差,或称为随机噪声。

当去掉趋势面后,如果观测值包含信号和噪声两部分,且信号和噪声的期望值均为 0,两者的协方差也为 0,则可获得信号估值的残差平方和为最小的线性内插方法,包括内插、滤波和推估,统称最小二乘配置。数字高程模型满足该条件,因此可以使用这种方法进行内插计算。

最小二乘配置法数字高程分块内插的关键问题之一,是如何建立 Z 或信号 s 的协方差矩阵。换句话说,是如何解决信号相关性规律的问题。

由数理统计理论得知,二维各态历经性平稳随机过程的协方差仅与不同点间的水平距离有关;最小二乘配置法内插高程时,认为信号 s 和趋势面起算高程 Z 的协方差仅与点间的水平距离有关:距离越近,协方差越大,超过一定的距离,协方差趋近于零值。高斯函数正好满足函数值随距离缩短而增大的条件,所以习惯上以高斯函数作为相关函数,用来计算协方差。

最小二乘配置法有严密的数理统计理论依据,但大量的试验结果表明,它未必能在数字地面模型内插应用中取得良好的拟合效果,原因主要有以下两点:

①应用最小二乘配置法的前提,是处理对象必须属于遍历性平稳随机过程。但地表的实际起伏都十分复杂,各类地貌形态未必都符合各态历经性平稳随机过程的统计规律,地面点间趋势面起算高程的相关度量未必仅与距离有关。实际上,大多数地貌变化都不是各向同性的,地表起伏的相关性不仅与距离有关,更是与方向有明显关系。如果前提条件不符合,就难以保证得到良好的内插质量。

②确定趋势面和协方差函数的参数,是一个循环迭代过程。当迭代收敛速度慢时,其计算量可能比大多数高程内插算法都大,因而此方法在实际工程中不常用。

在数字地面模型高程内插计算的分块内插方法中,线性内插和双线性多项式内插两种方法是在具体工程实际中最常用的方法。

3. 逐点内插法

分块内插的分块范围在内插过程中一经确定,其形状、大小和位置都保持不变,凡落在分块上的待插点都用展铺在该分块上的唯一确定的数学面进行内插。逐点内插法是以待插点为中心,定义一个局部函数去拟合周围的数据点,数据点的选择范围随着待插点位置的变化而变化,因此又称为移动曲面法。

(1)移动拟合法

对于每个待插的点,可选取其邻近的 n 个数据点拟合一多项式曲面,拟合的曲面可选用如下的形式:

$$Z = AX^2 + BXY + CY^2 + DX + EY + F \tag{8-4-10}$$

式中:X、Y、Z 是各参考点的坐标值,A、B、C、D、E、F 为待定的参数。多项式中的各参数可由 n 个选定的参考点用最小二乘法进行求解。移动拟合法的关键在于解决下面两个问题:①如何确定待插点的最小邻域范围以保证有足够的参考点;②如何确定各参考点的权重。

选择邻近点一般考虑两个因素:①范围,即采用多大面积范围内的参考点来计算待插点的数值;②点数,即选择多少参考点参加计算。

这两个因素的确定要根据具体情况而定。当基于范围选点的时候,所选中的点都位于以待插点为圆心,R 为半径的圆内,圆的半径取决于原始数据点疏密程度和原始数据点可能影响的范围。为了保证求解二次曲面方程,要有足够的数据点($n>5$),但又不能太多,否则影响内插精度。为了解决这个问题,可以采用动态圆半径方法,它的思路是从数据点的平均密度出发,确定圆内数据点(平均要有 10 个),以解求圆的半径 R,其公式为:

$$\pi R^2 = 10 \times (A/N) \tag{8-4-11}$$

式中:N——总点数;

A——总面积。

这种方法实际上综合考虑了点数和范围两个因素。

若原始数据点均匀分布,上述方法就足够了,但是有时数据点分布并不理想。此时上述选点原则因为没有考虑点的分布方向,所取的数据点集中在某一侧,其他方向取点很少或根本没有点。这时可以以格网点为中心把平面平均分成 n 个扇面,从每个扇面内取一点进行加权平均,这就克服了数据点偏向的缺点,这种方法称为按方位取点法。

采样点的位置越接近,其相似性越强;距离越远,则相似性越弱。因此,不同的采样点因为相对于待插点的距离不同,对待插点的高程插值影响程度是不同的。所以,在进行移动拟合计算时,一般采用与距离相关的权函数,常用的权函数有:

$$p = 1/r^2;p = (R - r)^2/r^2 \tag{8-4-12}$$

式中:p——参考点的权;

R——圆的半径;

r——待插点到参考点的距离。

(2)加权平均法

在移动拟合法中,往往需要解求复杂的误差方程组,在实际应用中,更为常用的是加权平均法。加权平均法是移动拟合法的特例,它是在解算待定点 p 的高程时,使用加权平均值代替误差方程:

$$Z_p = \sum_{i=1}^{n} p_i Z_i / \sum_{i=1}^{n} p_i \tag{8-4-13}$$

式中:Z_p——待定点 p 的高程;

Z_i——第 i 个参考点的高程值;

n——参考点的个数；

p_i——第 i 个参考点的权重，权函数及参考点范围的选取与移动拟合法相同。

(3) Voronoi 图法

在上面讨论的选点方式中，存在一个很重要却经常被忽略的问题：参考点坐标或参考点所在坐标系统的微小变化都会使选点结果差别很大，结果可能造成数字高程模型表面的不连续。造成这个问题的原因在于仅以距离为基础进行选点和定义权重，而事实上，距离难以很好地描述空间相邻性。显然，对于离散的数据点之间的空间相邻性的描述，需要给出一种较好的数学表达，Voronoi 图就是一种很好的工具。

①Voronoi 图

从计算几何的观点出发，Voronoi 图把平面分成 n 个区，每一个区包括一个点，该点所在的区是距离该点最近的点的集合，这样的区域就是 Voronoi 多边形。用直线段连接两个相邻多边形内的离散点而生成的三角网称为狄洛尼三角网。假设有 n 个离散点，它们对应的 Voronoi 多边形分别为 $V_1, V_2, V_3, \cdots, V_n$。Voronoi 多边形之间除边界外交集为空集，而其并集是二维平面，即：

$$\left.\begin{aligned} &V_i \cap V_j = \Phi \qquad (i,j = 1,2,\cdots,n; i \neq j) \\ &V_1 \cup V_2 \cup V_3 \cup \cdots \cup V_n = R \end{aligned}\right\} \tag{8-4-14}$$

从以上定义可知，Voronoi 多边形的分法是唯一的，每个 Voronoi 多边形均是凸多边形，狄洛尼三角网在均匀分布点的情况下可避免产生狭长和角度过小的三角形。从 Voronoi 多边形的定义可知，相邻两个多边形的边界是相邻两点连线的垂直平分线，因此借助 Voronoi 多边形可找出与待插点相邻的点集。也就是说，在点状 Voronoi 图中，相邻点所在的 Voronoi 多边形彼此邻接，或者说具有公共边的 Voronoi 多边形内的点彼此相邻。

在 Voronoi 多边形中插入点 x 后产生的新的关于 x 的 Voronoi 多边形，记为 V_x。该多边形与原始邻接 Voronoi 多边形相交，相交部分即为定权依据。设点 x 的相邻点集为 p_1、p_2、…、p_n，p_i 为点 x 的任何一个相邻点，p_i 所在的 Voronoi 多边形记为 V_p。可以看出，当点 x 无限接近点 p_i 时，两多边形完全重合，即对点 p_i 赋全权；若采样点 x 逐渐远离点 p_i，V_x 与 V_p 的相交区域以及公共边界都将随之缩小，当点 x 进一步远离 p_i，以至 p_i 不再属于 x 的邻接点集时，V_x 与 V_p 最终分离，这时点 p_i 的权重为 0，对点 x 的内插将不再产生影响。从上述讨论可以看出，权的确定是一个连续的过程，符合权函数的要求。选点定权之后，便可以进行加权平均的计算。将邻接点 p_i 的 Voronoi 多边形与多边形 V_x 的相交区域记为 $V_i (i = 1,2,3,\cdots,n)$，p_i 的高程记为 H_i，用每一个邻接点的高程 H_i 乘以各自相应的相交区域 V_i 的面积，相加后除以整个相交区域 (V_x) 的面积，就得点 x 的高程插值。

$$\frac{\sum_{i=1}^{n} H_i V_i}{\sum_{i=1}^{n} V_i} = H_s \text{，其中} \sum_{i=1}^{n} V_i = V_x \tag{8-4-15}$$

②一维线性的 Voronoi 内插

当选定的用于内插待定点高程的参考点基本呈直线状分布时，内插方法可用一维的 Voronoi 处理，在选定区域中的直线分布着 3 个点，影响区域以相邻两点的中点为界。当加入了待定高程的采样点，采样点的影响区域也延伸至相邻两点的中点。因而采样点的影响区域与其相邻两点各自的影响区域相交。对相邻两点的高程作加权平均:用相邻两点的高程乘以相交区域的长度,相加后除以采样点所辖区域的总长度,就得到待插点的高程。

③考虑地貌特征的逐点内插

没有考虑地貌特征的逐点内插方法,是把拟合曲面当作是一小块连续光滑的地面。但这时拟合面是随机划定的,很可能有概括地形特征的地性线贯穿其中。当拟合面中有地形特征线穿过时,内插的参考点落在山谷(脊)两侧的坡面上。这时,无论是一次平面还是二次曲面都不能有效地逼近地表。例如,为了内插待定点 S 的高程,通过拟合面选定了 M,N,P,Q,T 等参考点,但参考点 T 与其他四个参考点分别位于拟合面内穿过的地形特征线的两侧,且参考点 T 离待定点 S 的距离最近。这时如果采用加权平均内插,按照权函数的要求,参考点 T 比其他参考点距离内插点都近,应赋给点 T 较大的权。但实际上,点 T 位于拟合面内穿过的地形特征线的另一侧,在点 T 与其他点之间,出现地貌突变现象。如果点 T 以较大的权重参与对点 S 的高程内插运算,必将有损于内插结果的精度。

为了防止这种不利情况的出现,一项有效的措施是在内插前先判断拟合面中是否有地性线穿过。对含地性线的拟合面,应按地性线将拟合面再行分割,直到拟合面中不再包含地性线为止。分割后的曲面如果参考点个数不够,可扩展选点的范围。

4. 关于内插技术的小结

当大范围内的地形很复杂,用整体内插法若选取参考点个数较少时,不足以描述整个地形。而若选用较多的参考点则多项式易出现振荡现象,很难获得稳定解。因此在 DEM 内插中通常不采用整体内插法。

相对于整体内插,分块内插能够较好地保留地形的细节,并通过分块间的重叠保持了内插面的连续性,是应用中较常选用的策略。其中双线性内插法由于简单直观,常常用于实际工程。分块内插方法的一个主要问题是分块大小的确定。就目前技术而言,还没有一种运用智能法或自适应法进行地貌形态识别后自动确定分块大小,进行高程内插的算法。

剖分内插属于分块内插的一种。在所讨论的分块内插方法中,大部分都涉及解算复杂的方程组,应用起来较为不便。所以实际应用中人们常常通过建立剖分三角网直接进行内插,也就是用不规则三角网(TIN)完全覆盖平面。由于 TIN 可以适应各种数据分布,并能方便地处理断裂线等不连续的地表数据,所以 TIN 被认为是一种快速准确的随机栅格转换方式。

逐点内插应用简便,但计算量较大。其关键问题在于内插窗口域的确定。这不仅影响到内插的精度,还关系到内插速度。Voronoi 图法被认为是目前较好的一类逐点内插法。特别是考虑地貌特征的逐点内插法由于在内插计算前舍弃了降低内插精度的与待定点不在地形特征线同一侧的参考点,因而内插出的待定点高程准确可靠,是一种可靠的内插方法。这种内插方法特别适用于 TIN 模型及 Grid + TIN 模型方式的 DEM 高程内插。

第五节　数字地面模型精度指标与技术要求

一、数字地面模型的精度指标

由于 DEM 的建立是以利用不同的手段及方法采集的地面三维信息为基础的,采集到的原始地形点、线的质量及构建 DEM 网的方法就决定了最终 DEM 的精度。

在公路工程勘察设计的前期，特别是公路的初步设计及路线方案优化阶段，无论采用何种设备及方法采集的地形三维信息建立的 DEM 在工程项目中实际应用时，DEM 的精度指标，特别是高程精度的指标都要与相同比例尺的地形图的精度指标相匹配。但对于植被茂密的地区、陡坎密集地区或有陡崖的地区，由于可能无法准确采集到地面的正确三维信息，特别是采用摄影测量方法采集的地面三维数据，构建 DEM 的精度就要比利用正常地面数据建立的 DEM 的高程精度略低。

在困难地区数据采集精度较低的情况下，为了保证采集到的地形三维原始数据的质量，在客观条件许可时，应该在实地用野外实测的方法补测地面三维数据，并尽可能保证采集到密度合理的真实地面数据，特别是地形特征数据。补测地面三维数据时，应根据该地的实际情况选用合适的野外测量仪器及作业方法。将补测的地面数据与利用摄影测量方法采集的数据一起进行 DEM 的构网计算，以提高 DEM 的建模精度。如果因为客观条件限制，无法去实地补测地面真实数据，那么在这种情况下，对 DEM 的高程精度的要求可适当放宽，可按表 8-5-1 所列高程精度的 1.5 倍限制；正常地形区域可按表 8-5-1 所列高程精度的 1.2 倍限制。

摄影测量数据的 DTM 高程精度　　表 8-5-1

采集数据的比例尺	地形类别	中误差(m)	地形类别	中误差(m)
1:500	平原区	≤ ±0.2	重丘区	≤ ±0.5
	微丘区	≤ ±0.4	山岭区	≤ ±0.7
1:1000	平原区	≤ ±0.25	重丘区	≤ ±0.7
	微丘区	≤ ±0.45	山岭区	≤ ±1.3
1:2000	平原区	≤ ±0.3	重丘区	≤ ±1.1
	微丘区	≤ ±0.5	山岭区	≤ ±1.6
1:5000	平原区	≤ ±0.4	重丘区	≤ ±2.6
	微丘区	≤ ±0.9	山岭区	≤ ±4.0

数字地面模型原则上可应用于公路勘察设计的各个阶段，但在每一个阶段具体应用的过程中，参与进行 DTM 构网计算的数据来源及构建 DTM 网的方法有明显区别。

在公路工程的工程可行性研究及初步设计阶段，由于对建立的 DEM 的精度要求相对较低，这时更为重要的是大面积 DEM 所占的数据容量及参与构建 DEM 的地形三维数据采集的速度。基于这项要求，最经济合理的地形数据采集方法是：①利用摄影测量设备及方法快速采集地形的等高线三维信息与反映地形起伏真实情况的三维地形特征线信息；②利用摄影测量设备及方法快速采集地形的用规则格网表示的三维信息与反映地形起伏真实情况的三维地形特征线信息；③利用已有的三维数字化地形图或地形图数字化后生成的三维图形文件提取地形三维数据信息，或者从相应比例尺的地形数据库中抽取相应类别的数据来构建 DEM。如果客观条件许可，也可以利用野外实地采集的地形三维数据来构建 DEM，当然这样的工作量相对较大，野外采集方式主要应用于工程项目的技术设计及施工图设计阶段。

在公路工程的施工图设计阶段，根据数字地面模型内插出纵、横断面地面线时必须满足如下条件：

1. 参与构建 DTM 网的原始地面数据是通过全野外测量的方法采集，同时采集了能够反映地形起伏真实情况的三维地形特征线、地形变化特征点、断裂线、水涯线、每侧双线采集的已有道路、大坝、田垄等特征边线，采集的数据经过检查后没有粗差。野外实测数据的 DTM 高程精度应满足表 8-5-2 的规定。

野外实测数据的 DTM 高程精度 表 8-5-2

地形类别	中误差（m）	地形类别	中误差（m）
平原区	≤±0.2	重丘区	≤±0.5
微丘区	≤±0.4	山岭区	≤±0.7

2. 参与构建 DTM 网的原始地面数据是通过激光扫描设备从空中或者在野外地面以较高的点位密度采集的地面三维坐标数据，并且实地的植被较为稀疏，激光束可以直接扫描到地面。

3. 构建 DTM 网的软件包在构网时是以三角网的形式构建，并且必须具备优先考虑地形三维特征线、断裂线、地性线、特征点等地形特征信息；数据粗差检测；三角网优化剔除 DTM 网内不应出现的同一条等高线上点互连的“平三角形”及边界不应出现的错误的大三角形；可交换对角线等确保构网最终质量的功能。

二、数字地面模型的技术要求

建立数字高程模型时的技术要求主要是指数据采集方法及建模方法的要求。在 DEM 应用于工程实际的过程中，并不是每一种数据采集方法及建立 DEM 的方法都能够适用于所有的地形类别与工程设计阶段的。构建公路带状 DTM 时应首先注意以下地形数据采集原则：

采样点平均密度或间距应符合表 8-5-3 的规定。

采样点间距 表 8-5-3

采样方式 \ 地形类别 \ 比例尺		1：500	1：1000	1：2000	1：5000
野外实测（m）	平原、微丘	≤10	≤20	≤40	≤100
	重丘、山岭	≤5	≤10	≤20	≤50
摄影测量 地形图数字化（m）	平原、微丘	≤5	≤10	≤20	≤50
	重丘、山岭	≤2	≤5	≤10	≤30

（一）构建三角网用的优先考虑地形三维特征信息的选择性采样方法

1. 首先分析整个立体模型范围内的地形情况，优先采集对整个 DTM 精度提高影响较大的地形特征线及断裂线三维坐标信息，并要保证线上的点位有足够的密度。采集地形特征线时要注意像已有道路、河岸、陡坎等特殊情况要采集上、下两条双线，这样才能确保构建的 DTM 能准确反映地形的特征起伏变化。采集的三维坐标数据存储成单独的 ASCII 码数据文件，并按国标规定编码。

2. 采集地形特征点三维信息，编码并单独存放。

3. 最好能够以联机图形显示的方式静态采集所有的地形碎部点，或以联机等高线采集方式采集所有的地形碎部点，但要注意以等高线方式采集时要避免过快的采集速度，确保采集数据的质量，编码并存放文件。

4. 采集如居民区边界线、水涯线这样的等高线，需断开区域的三维边界线信息，编码并单独存放文件。

经过这样几步采集的地形三维数据，汇总后构建出的 DTM 能够最大限度地反映地形的真实起伏变化，具有较高的精度，同时也具有相对较少的数据量。

（二）基于全数字摄影测量工作站自动影像匹配相关的混合采样方法

混合数据是链状数据（即地形断裂线、结构线、水涯线、道路与大坝等人工构造物的上下边线等构造线）与根据规则格网采样或渐进采样获取的格网数据结合后形成的一种数据。在构建 DEM 模型的过程中，格网首先被分解成规则的三角形，但如果有特征线穿过格网边的话，则格网并不是通过其自身的对角线分解，而是考虑特征线上的点，在格网中生成不规则形状的新三角形。这样的混合数据处理 DEM 的方法主要应用在利用立体影像自动相关处理采集地形三维数据的全数字摄影测量系统中，具有快速、高效的优点。

1. 利用和建立三角网 DTM 模型同样的采样原则，优先采集对整个 DTM 精度提高影响较大的地形特征线及断裂线三维坐标信息，并要保证线上的点位有足够的密度。还要注意链状数据像已有道路、河岸、陡坎等特殊情况要采集上、下两条双线，这样才能确保构建的 DTM 能准确反映地形的特征起伏变化。采集的三维坐标数据存储成单独的 ASCII 码数据文件，并按国标规定编码。

2. 利用计算机控制，根据相邻像对数字影像匹配的结果以合理的规则格网间距采集规则的地形三维数据，在地形变化较大的地区，也可采用渐进采样法适当加密采集。

3. 地物、地形测绘也称数字测图，通常是基于数字立体影像，按类似于解析测图仪的作业方式，以人工交互式的方法分类对各种地物、地形要素进行测绘，辅以道路等线状地物的半自动提取。

根据上述地形三维数据采集原则获取的两类数据一起进行 DTM 的构网计算，就可以建立起整体是规则格网局部是三角网的 Grid + TIN 模式的数字地面模型。这种地形数据采集方法及构网方式是目前测绘生产过程中一种主要且实用的方法。

三、DEM 生产过程中有关的具体要求

在利用不同的地形三维数据采集及构建 DEM 的方法中，利用地形图矢量化方法、基于 Virtuozo 全数字摄影测量工作站及 JX-4A DPW 微机数字摄影测量工作站进行 DEM 生产的具体技术规定，可参照国家测绘局 1999 年 8 月发布的《1:5万数字高程模型（DEM）生产技术规定》的相应条文执行，但采样的密度与有关流程的精度指标应符合相应工程大比例尺 DEM 应用的精度要求。

利用各种外业测量设备在野外采集 DEM 的原始三维地形数据时，除了要尽可能优先全面采集地形三维特征线、特征点，利用便携式计算机或电子手簿同步、逐点记录每个采集点的三维数据并正确编码外，同时要注意在野外绘制好测区的草图，草图上要注明点号及采样点之间的连接关系与线形。其余的外业测量工作与传统的野外三维测量过程一致，具体的操作规定

及要求可参照本手册第五章(第三节、第四节)关于外业大比例尺测图的图根控制测量、地形图测绘部分的相应内容。外业测量时可以根据用户使用的成图软件系统的各种地物、地形要素编码方法进行编码,但该成图软件要具备将所用的各种编码统一转换为国标统一编码系统的能力。图形文件最终的形式为根据不同要素分层的 DWG 或 DGN 格式的文件,所应用的成图软件还应具备根据要求提取三维数据供后期构建 DEM 的三维信息的功能。

利用解析测图仪采集 DEM 模型的地形三维数据是一种非常重要的采集方法,本手册主要叙述利用解析测图仪的方法采集地形三维数据的技术要求及作业流程。

(一)利用解析测图仪采集地形三维数据的技术要求及作业流程

1. 建立参数文件

(1)建立内定向过程使用的航摄像机参数文件

①航摄像机参数文件用"摄区代号 + 像机编号"的方法命名,具体的文件类型及文件后缀视不同解析测图仪配备的计算机软件系统的要求决定。

②航摄像机参数文件中包括镜头焦距、框标坐标、主点与自准直点坐标、径向畸变差。输入框标坐标、主点坐标时,应特别注意与航摄鉴定表中的坐标对应关系相一致。

(2)建立控制点文件

(1)控制点文件应包括测区范围内所需的外业控制点和内业加密点的平面坐标和高程。

(2)控制点文件为 ASCII 码文本文件,第一行的数据表示控制点的个数,随后每一行为一个点的信息,排列顺序为:

"控制点点号　X 坐标　Y 坐标　Z 坐标"

该文件可在计算机上利用各种文本编辑软件进行编辑。

(3)控制点文件中,X、Y 坐标采用摄影测量坐标系(数学坐标系),在输入坐标值时应注意对调控制点的 X、Y 坐标。如果整体控制点的 X、Y 坐标值输反,可以用软件提供的功能进行对调。

(4)控制点点号至少为四位,点号不能重复。对已有的加密成果,若点号由三位数字组成,为避免与相对定向中相匹配点点号重复,应统一加一个字符;控制成果中点号重复的点应加以区别,并详细记录控制点所在的航片号。

⑤控制点文件用"测区代号. ∗"的方法命名。

2. 定向:包括内定向、相对定向、绝对定向

(1)内定向

内定向过程中,当安装好立体像对并选择像机参数文件后,在计算机的控制下,驱动测标到像片框标的大致位置,作业员手动切准立体像对的四个框标点,并输入相应的框标点号,完成后进行内定向计算。作业员要仔细检查定向误差是否超限,若有超限点,返回量测状态进行单点或全部重测,直至满足精度要求。

(2)相对定向

当内定向完成后,进入相对定向模块,在计算机控制下驱动测标分别到六个标准定向点的位置,输入点号,利用右手轮及脚盘消除各定向点的视差,并用脚踏开关分别记录,完成后进行相对定向计算。检查定向误差是否超限,若有超限点,返回量测状态进行单点或全部重测,直至满足精度要求。

（3）绝对定向

根据控制点在控制片上的位置，首先选取控制点连线封闭区域某一条对角线上的两个容易辨认的控制点，输入点号后，在计算机的控制下，测标被驱动到该点的概略位置，以方便作业员找点，手动分别精确切准并记录这两个控制点。在选取第三个控制点时，应特别注意满足前三个控制点围成的三角形面积为最大的选点原则，输入点号，手动切准并记录第三点。随后分别输入点号，手动切准并记录第四个控制点及两个检查点。完成上述步骤后就可以进行绝对定向的计算了。检查各个定向点的坐标残差及平差后的中误差，若有超限点，返回量测状态进行单点或全部重测，直至满足精度要求。

（4）在进行内定向、相对定向及绝对定向的过程中有一点需要提醒作业员注意：在有的解析测图仪的光学组件中带有不同倍率的光学变焦放大系统，有的光学变焦系统还可以将左、右像片的影像分别放大，便于作业员仔细辨认定向点的位置与特征。作业员在将测标切准定向点的过程中，要尽量利用光学放大系统的功能放大定向点附近的局部影像，仔细切准并记录定向点，这样做可以保证取得更高的定向精度与可靠性。

3. 确定立体像对的 DEM 采集边界

每一个像对的 DEM 数据采集边界以像控点的连线范围控制为宜。DEM 数据采集的边界范围线要在仪器所带的大屏幕图形显示器上以专门定义的彩色线条同步显示。

4. DEM 的数据采集

在进行正式的 DEM 三维地形数据采集之前，作业员要先用较小的光学放大倍率显示整个光学立体模型，选择快速的速度控制挡位，利用手轮驱动测标在整个光学立体模型范围内移动，仔细分析该立体模型的地形三维特征，确定哪些地方需要采集地形特征线、特别是像陡坎、田垄、河流、大坝、路基等需要用双线或每侧双线采集的地方，像地形开挖地方的边界线、已修建公路、铁路等工程填、挖方边坡与地面的交线等地方都要用三维特征线的方式采集数据。

在对地形的基本情况分析结束后，就可以利用构建三角网用的优先考虑地形三维特征信息的选择性采样方法，分类采集并编码存储采集到的三维 DEM 基础地形数据。在实际采集数据的时候，同样不要忘记利用光学变焦放大系统以较高的放大倍率放大光学立体模型，并仔细切准模型进行采集。

在数据采集的过程中，要充分利用计算机图形软件平台的功能分层分色采集各类地形、地物三维信息，并实时将采集到的地形特征线和特征点等信息同步显示在大屏幕的图形显示器上，注意随时放大显示的图形，以确保地形数据不被重复采集；在已有相邻立体模型的图形文件的情况下，还应注意将其同步调入大屏幕图形显示器上，以方便进行图形的接边处理。采集地形三维数据时要尽量用地形特征线及地形特征碎部点组合的采集方式，对于植被及建筑物较为密集的地区，可利用光学变焦组件的功能适当放大光学立体模型，寻找可以看见地面的缝隙，利用测标切准地面并记录三维数据，尽量少用跟踪等高线的方法采集地形数据，以保证采集到的 DEM 原始三维数据具有较高的精度与可靠性。如果要用跟踪等高线的方法采集地形数据，则应该首先适当放大光学立体模型，并将手轮运动速度开关置于较慢的挡位，选择按时间间隔自动记录方式采集、记录等高线地形数据，同时要注意等高线在遇到密林、密集建筑物时要断开。在相邻等高线间如果地形变化较明显，可以在变化的局部加测助曲线，助曲线的空间位置以最能反映地形起伏变化实际为原则，高程值可以是任意值,而不一定非要是整数值。

在采集地形三维数据时还有一个问题作业人员应注意:就是要充分利用计算机图形系统的功能,利用多个视图的窗口随时同步检查采集到的地形三维要素的高程显示是否超出了本模型的正常高程范围,并随时检查是否有异常的显示情况发生。如果发现某处有异常现象,应该立即对照光学立体模型进行检查,发现错误及粗差后应该立即进行更正,并同时更新已经存储的图形及数据文件。

5. 矢量数据接边

①线状要素应终止于理论图廓线,接边误差应满足《公路勘测规范》(JTG C10)和《公路勘测细则》(JTG/T C10)关于相应比例尺的航测内业部分采集限差的规定,如果误差较大,应仔细查明原因并更正。

②原图接边的要素其数据必须接边,位置接边的要素,属性也必须接边。

③跨带接边需将邻带图幅进行投影变换,再做接边。

6. DEM 生成及检查

DEM 生成时可将存储的地形三维数据文件按照工程项目覆盖的区域一次读入并计算处理。当地形情况复杂或路线里程较长时,为了便于粗差检查和图形编辑处理的方便,也可将地形三维数据分段读入并计算处理,分段间应有部分区域的数据是重叠的,便于保证后续的 CAD 设计内插计算的精度与可靠性。具体一次读入多少数据构建 DEM,取决于使用者应用的 DEM 软件的数据容量、计算机的硬件配置及计算机图形系统的容量限制。这时,生成 DEM 模型宜采用基于地形三维特征线信息处理的不规则 TIN 方式构网软件平台。

DEM 模型的粗差的剔除与检查可以利用本手册提到的各种有效方法。

7. 最终产品的形成

①DEM 数据文件;

②矢量数据文件;

③检查点数据文件;

④DEM 项目图形文件。

(二)利用全数字摄影测量设备采集地形三维数据的技术要求及作业流程

全数字摄影测量系统主要是使用数字化后的影像(通常是灰度图像),利用图像处理工作站及专业软件进行计算处理,完成定向作业后以自动或半自动方式采集地面三维数据,并建立数字地面模型。该系统主要是以数字影像的自动相关匹配技术为依托的。在建立起数字地面模型后,全数字摄影测量系统利用数字影像与 DEM 就可以快速正射影像图,并可与数字线划图一起生成正射影像地形图。不同的数字摄影测量系统在 DEM 的数据采集及建立的作业过程细节方面会有所差异,但其主要作业过程都包括以下共同步骤:

1. 影像输入(也称影像数字化或数字影像获取):利用高精度的专业扫描仪对摄影测量像片进行扫描数字化或直接获取数字影像。

2. 定向参数的计算:利用专业软件完成对数字影像的框标进行定位,计算扫描影像坐标系与像片坐标系之间的变换参数;对相对定向用的标准点及绝对定向用的大地控制点进行定位及二维影像自动相关计算,寻找同名像点的影像坐标值;计算相对定向参数、完成像控点的空中三角测量加密计算(在需要的情况下)和绝对定向参数并完成定向。

在数字摄影测量中，自动内定向是指框标的自动识别和定位。从而实现恢复单张像片的内方位元素。利用影像匹配技术和模式识别方法确定框标坐标，根据框标检定坐标，用最小二乘平差方法计算扫描坐标系与像片坐标系间的变换参数，自动完成单张像片的内定向。任一像元的影像扫描坐标，可利用内定向参数变换成像平面坐标系的坐标。

首先在左(右)影像上分区提取特征点，然后利用二维影像匹配算法，自动在右(左)影像上寻找若干个同名点(通常超过 100 个点)，作为相对定向的定向点，确定这些点的像平面坐标，再按解析摄影测量的相对定向算法，解求出立体像对的 5 个相对定向参数。根据相对定向参数就可确定立体影像对左、右影像的相对方位，计算出各点的模型坐标。

绝对定向时控制点的半自动量测方法是，对照外业刺点像片上控制点的位置，在左(右)数字影像上准确标识其点位，由影像匹配自动确定控制点在另一影像中的同名点。

如果预先做了自动空中三角测量，则在 DEM 提取、正射影像纠正或地物采集前，均不需重做影像的内定向、相对定向、绝对定向，相应的定向参数可直接由自动空三生成的结果文件中取得，大大简化了定向作业过程，可明显提高生产效率。

3. 数字影像的重采样(生成核线影像)：就是将原始数字影像按照核线方向重新逐条进行排列，需要根据原始影像灰度值内插计算核线上的像元灰度值，生成按核线排列的立体影像。

4. 预处理：在自动影像匹配之前，可以在立体模型中量测一部分特征线(山脊线、山谷线、陡坎、断裂线等)、特征点(山顶、鞍部点、变坡点等)、特征面(湖面、阴影区、林区边界等)作为自动影像匹配的控制。经过上述的预处理，可以明显改善影像匹配的效果，对于大比例尺测图，预处理是很重要的。

5. 影像自动相关(匹配)：影像匹配，是沿核线进行一维影像匹配，自动确定同名点。影像相关是利用两个相关函数，评价它们的相似性，以便确定同名点。即首先取出以待定点为中心的小区域中的影像信号，然后取出其在另一影像中相应区域的影像信号，计算两者的相关函数，以相应函数最大值对应的相应区域中心点为同名点，即以影像信号分布最相似的区域为同名区域，同名区域的中心点为同名点，这就是自动化立体量测的基本原理。

最初的影像匹配，是利用相关技术来实现的，实际应用中相关分为二维相关($M \times N$ 个像素灰度阵列的面相关)及一维相关(核线相关)，随后发展了多种影像匹配方法，所以影像匹配常常被称为影像相关。

6. 匹配结果的编辑：在影像自动匹配完成后，系统根据相互关系在立体模型中通过显示匹配后同名点的视差(左右视差)断面或等视差曲线，借此可以发现粗差。交互式机助编辑方式有点编辑、线编辑及面编辑。通常先选择编辑范围，然后选择编辑方法，例如平滑计算、表面拟合计算，或给定高程值水平面拟合等。

7. 提取 DTM/DEM：在完成绝对定向和匹配编辑后，根据编辑后的影像匹配结果(视差数据)、定向结果参数及给定用于建立 DEM 的参数，利用移动曲面拟合法，自动内插生成不规则格网的 DTM(影像上规则视差格网投影于地面坐标系)，以及规则格网的 DEM，即数字高程模型。

在生成单个数字高程模型后，再将单个模型的 DEM 拼接起来，建立图幅 DEM，当地形情况复杂或路线里程较长时，为了便于粗差检查和图形编辑处理的方便，也可将地形三维数据分段读入并计算处理，也可采用多模型的批处理方式进行。

8. DEM 的检查:DEM 模型的粗差的剔除与检查可以利用本手册提到的各种有效方法。

9. 数字正射影像纠正

当 DEM 建立后,可进行正射影像的生成。首先逐个模型进行影像的正射纠正。其处理方式,可按单模型,也可按批处理方式对多个模型进行处理(DEM、正射影像及等高线的生成可同时在批处理中完成)。测区的所有单模型处理完后,多影像的拼接工作,将在影像镶嵌中进行。

10. 最终产品的形成

①DEM 数据文件;

②矢量数据文件;

③检查点数据文件;

④DEM 项目图形文件。

(三)数字高程模型的精度评定方法

DEM 精度评定可通过两种不同的方式来进行,一种是平面精度和高程精度分开评定,另一种是两种精度同时评定。对前者,平面的精度结果可独立于垂直方向的精度结果而获得,但对后者,两种精度的获取必须同时进行。在实际应用中,一般只讨论 DEM 的高程精度评定问题。

数字高程模型的精度评定可有三种途径:一是理论分析;二是试验检测;三是理论与试验相结合。理论分析和理论与试验相结合方法的共同特点都是试图寻求对地表起伏复杂变化的统一量度和各种内插数学模型的通用表达方式,使评定方法、评定所得的精度和某些带规律性的结论有比较普遍的理论意义。

对于试验检测分析的方法,是从数据源随机抽取样区或凭检查人员的实际经验选取典型地貌样区,或用各种采点方法,包括对仪器、采点密度、采样点的分布位置和操作人员作业水平等多种采点因素的考虑,并直接依据选用的高程内插数学模型,来估算 DEM 的精度。由于不同的试验对象有其各不相同的特征,试验方法也不相同,所取得的试验结论很少具有普遍的指导意义。特别是各种试验地区千差万别的实际地形情况,对精度的影响尤为明显。在利用试验检测的方法评定 DEM 的精度时,通常都是利用野外实测的地面三维数据或利用航测设备以较高的放大倍率在光学立体模型上静态采集部分有代表性的检查点,将这些检查点的平面坐标输入 DEM 模型,利用 DEM 内插计算这些检查点的高程,再通过比较这些点的内插高程和实测高程的差异来评定 DEM 的精度。

由于影响数字高程模型的因素是多种多样的,因此无论采用哪种途径都不能很好地解决所有的问题。在实际应用中,常用的 DEM 精度评定方法有检查点法、剖面法、等高线法等。

1. 检查点法

检查点法即事先将检查点按格网或任意形式进行分布,对生成的 DEM 在这些点处进行检查。将这些点处的内插高程和实际高程逐一比较得到各个点的误差,然后算出中误差。

这种方法简单易行,是一种最常用的方法。

假设检查点的高程为 $Z_k(k=1,2,\cdots,n)$,在建立 DEM 之后,由 DEM 内插出这些点的高程为 R_k,则 DEM 的精度为:

$$\sigma_{\mathrm{DEM}}=\frac{1}{n}\sum_{k=1}^{n}(R_k-Z_k)^2 \tag{8-5-1}$$

2. 剖面法

剖面法是将一定的剖面量测计算高程点和实际高程点进行比较的精度计算方法。剖面可以是沿 X 方向、Y 方向或任意方向,可以用数学方法(如传递函数法)计算任意剖面的误差,也可以用实际剖面和内插剖面相比较的方法估算高程误差。

传递函数法的基础是傅立叶级数,其原理是任何一个连续曲面的剖面均可表示为一个傅立叶级数:

$$\left.\begin{aligned}\sigma_{z,x}^2&=\frac{1}{2}\sum_{k=1}^{m}[1-H(U_k)]^2C_k{}^2\\ H(U_k)&=\frac{\overline{C}_k}{C_k}=\frac{(\overline{a}_k^2+\overline{b}_k^2)}{(a_k^2+b_k^2)}\end{aligned}\right\} \tag{8-5-2}$$

式中:$\sigma_{z,x}^2$是在断面的高程误差(在 y 断面上和在 x 断面上相同),$\overline{a}_k$ 和$\overline{b}_k$ 为断面实际曲线的傅立叶级数各项的系数,a_k 和 b_k 为断面内插曲线的傅立叶级数各项的系数,采用这种方法可评价 DEM 在任意断面上的精度。

在实际应用中,由于断面高程 Z 中包含量测误差 σ_m^2,它一方面对功率谱 C_k^2 的计算产生影响,另一方面,作为 DEM 内插的原始数据本身是带有中误差 σ_m 的。根据 Tempfli 的研究,在 XZ 坐标系中,用线性内插法内插 DEM 的精度为:

$$\sigma_{DEM}^2=\sigma_z^2+\frac{2}{3}\sigma_m^2 \tag{8-5-3}$$

用抛物双曲面进行双线性曲面内插 DEM 的精度为:

$$\sigma_{DEM}^2=\sigma_z^2+\left(\frac{2}{3}\right)^2\sigma_m^2 \tag{8-5-4}$$

由于 DEM 的精度受多种因素的影响,在评定 DEM 的精度时,不仅要考虑 DEM 的单点误差,还要考虑 DEM 在山区、平原地区、平缓地区和破碎地区的整体形状,使 DEM 不仅在单点的精度达到相当的水平,而且整个 DEM 的形状和实际地形保持一致。

3. 数字高程模型的质量检查

DEM 的质量控制流程是 DEM 生产流程中的一条主线。以这个角度来划分,可以将 DEM 生产项目的质量检查分为三个部分:原始资料质量检查、数据处理的质量检查、最终产品的质量检查。这三部分的质量检查事实上是与 DEM 生产的工艺流程密切相关的,严格地说,只有对要生成 DEM 的原始数据的后续处理才真正属于 DEM 质量检查的范围。

(1) DEM 质量检查的内容

DEM 生产工艺流程和 DEM 的质量检查是密切相关的,不同的工艺流程会导致 DEM 的质量检查有很大的不同,DEM 的质量检查应当包括下列内容:

①检查 DEM 原始的数学基础;

②检查 DEM 数据起止点坐标的正确性;

③检查 DEM 原始数据的质量；

④检查 DEM 的高程值有效范围区是否正确；

⑤检查生成 DEM 的内插模型；

⑥ 检查生成的 DEM 产品的质量；

⑦检查 DEM 的元素数据文件是否正确。

这些内容中，对于 DEM 原始的数学基础、DEM 数据起止点坐标的正确性、DEM 的高程值有效范围区的正确性、DEM 的元素数据文件的正确性等问题的检查一般都比较容易，并非特别困难。相反，对 DEM 原始数据的质量、生成 DEM 的内插模型及生成的 DEM 产品的质量检查是比较困难，也是比较关键的。

对 DEM 原始数据的质量进行检查的实质是检查数据中是否含有误差（包括系统误差、偶然误差和粗差）。误差的产生往往是不可避免的，而对原始数据进行质量检查的重点应该放在粗差的检查上，特别是要注意数值不是巨大的较小粗差的检查。对生成的 DEM 产品的质量检查主要是检查 DEM 产品是否含有误差、整体精度如何、是否准确反映了地形等。还应着重检查 DEM 模型产生突变的位置，分析是否还有粗差存在。对 DEM 的内插模型的检查则要显得相对复杂一些，从数学的角度而言，可从逼近程度、外推能力、平滑效果、唯一性、计算时间等方面进行比较检查和评价。但在实际应用中，无法对内插模型的这些特性进行检查，更为主要的是，大量的实践表明，影响 DEM 精度的主要因素取决于原始数据的质量及顾及地形特征与否，而与内插并无明显的关系，但一般认为，使用双线性内插的效果要比较好，尤其是在建立规则格网及 Grid + TIN 方式的 DEM 模型的情况下，这种优点更加明显。

(2) DEM 质量检查的方法

①目视检查

目视检查法是 DEM 质量检查的一种非常有效和可靠的方法，但需要检查者有较强的空间思维能力和丰富的经验，效率相对较低。该方法主要是由计算机生成 DEM 数据的可视化形式，由人工进行判断与检查。比如在基于地形图扫描矢量化生产 DEM 的方法中，可将 DEM 按高程分层设色，与等高线和扫描影像叠加显示或绘图输出检查，或将 DEM 生成的三维晕渲图与等高线叠加检查，或用 DEM 内插与原始等高线相同等高距的等高线进行套合检查，也就是等高线回放法。

在摄影测量生产 DEM 的方法中，可将 DEM 生成的等高线与正射影像进行叠加，目视等高线是否有突变情况或与地形图比较，当地貌形态、同名点（近似）高程差异较大时说明可能有问题。

②半自动检查（交互式检查）

前面所述的基于趋势面与三维可视化的方法，以及基于等高线拓扑关系的方法都属于此类。在全数字摄影测量及交互式摄影测量生产 DEM 的方法中，使用左、右正射影像零立体对 DEM 的检测手段也属于该类型方法。一般在较成熟的生产 DEM 的软件中，这种人工交互的方法是很多的。

③自动检查

原始数据的质量检查可采用滤波方法及基于坡度信息的方法自动进行。地面坡度信息的计算对于大面积由 Grid 方式构建的模型相对来讲容易实现，并且处理的速度更快。由于原始数据的系统误差与其生成的方法和流程有极为密切的关系，如果不在生产工艺中生成原始数据的前一步对系统误差进行检测与消除，而从数据本身来处理则会很困难，DEM 产品的质量检查也可采用这种方法。

④影像分析检查

DEM 常常是一组用矩阵形式表示的高程组，实际上为栅格数据，和其他栅格数据一样，可以用影像来表达和检查 DEM 的高程误差。用影像来检查 DEM 的手段主要有两种，即使用灰度和彩色影像，两种方法均采用色彩对照表建立各个高程值和灰度或色彩之间的对应关系，对 DEM 的局部进行详细检测，进而计算出局部区域 DEM 的误差。相比而言，利用彩色影像检查 DEM 的高程粗差要比利用灰度影像检查更为直观。

特别是利用彩色晕渲图及分层设色法将不同高程范围的 DEM 子面赋上不同的颜色，可以在三维图形空间直观检查 DEM 模型的颜色突变区域，进而可以进行窗口放大或利用不同的三维视点进行快速检查可能的粗差。当然，在 DEM 模型中高程范围的层次划分越细、对应的颜色赋予的越丰富，检查粗差就越方便，效率越高。实际上将 DEM 作为影像时，许多对影像的操作都可对 DEM 应用，这种利用不同的颜色范围来检查并进一步剔除建立 DEM 的原始数据中粗差的方法，是工程实际中剔除数据粗差并保证 DEM 精度的有效方法。

第六节　数字地面模型在公路勘测中的应用

一、实际应用

三维地形数据的应用可以分为两类，第一类是直接应用，即将 DEM 本身作为测图自动化的重要组成部分和 GIS 系统应用的基础；第二类应用是将 DEM 经过某种变换产生满足各专业应用需求的派生产品，这类应用是面向用户的间接应用。在实际应用中，人们经常用等高线、坡度与坡向、剖面、汇水面积、填挖方体积和三维透视图等派生图形或数据来表达实际地形的各种特性。

数字地面模型在公路设计中的实际应用，是在公路勘察设计中建立 DEM，快速、准确地进行待定点高程插值和对数模进行各种方式的剖切，以快速在室内确定出设计路线方案的纵、横断面的三维地面线。由于有三维的数字地面模型（特别是有精确的带有各类地形特征信息的大比例尺的 DEM）为基础，使得利用计算机技术在室内进行各种路线方案的比选与优化成为现实。将数字地面模型这一测量的高新技术引入到公路工程的勘察设计阶段，其最大的贡献是解决了设计人员实时查询某点的地面高程以及利用 DEM 技术支持，快速进行多个设计方案的比选与优化问题。数字地面模型在公路设计中的实际应用通常包括以下几个方面：

（一）点高程插值

工程设计人员可在计算机屏幕上根据提示在数模边界内点取一点，或在命令行中输入一个 X、Y 平面坐标，DEM 程序通过搜索，确定该平面点位于哪一个三角形或规则格网之中，并通过插值计算准确得到该平面点的高程值。具体的待定点的高程插值计算方法可以根据原始地形三维数据的采集方法及工程设计人员所应用的 DEM 软件包的功能选用线性内插、双线性内插、逐点内插等方法。

(二)计算生成等高线

该功能可以在已构建数字地面模型的基础上内插计算并显示出数模范围内用户指定等高距的等高线。

等高线可以采用摄影测量的方式直接生成,也可以由 DEM 内插计算生成。从 DEM 计算生成等高线,主要包括两个步骤:①利用 DEM 的高程点的高程值内插出等高线点,并将这些等高线点按顺序排列(等高线追踪);②利用这些顺序排列的等高线点的平面坐标进行插补,即进一步加密等高线点并生成光滑的等高线(等高线光滑处理)。

从规则格网 DEM 进行等高线追踪有以下两种方式:①对每条等高线在内插计算的同时进行排序;②对同一条等高线先内插出所有的等高线点,再逐一排列每条等高线上的点。特别要注意的是由于可能有地形特征点、特征线的参与,因此在进行等高线追踪时必须考虑地形特征线。当在一个格网单元的四边都有等高点时,就会导致等高线取向的"二义性"问题,这时可以根据等高线走向的趋势进行判断或在其中心位置内插一个高程点并形成三角形都可以解决这个问题。

从三角网 DEM(TIN)计算生成等高线时可以直接利用原始数据,避免了 DEM 内插的精度损失,因而生成的等高线精度较高,并且由于在生成 TIN 时可顾及地形的三维特征,所以在进行等高线追踪时,不必再考虑地形特征。但是由于 TIN 的存储结构不同,可能会导致不同的等高线追踪方法。

由于 DEM 的分辨率限制,由直接内插计算生成的等高线的美观性都较差,而且数据点越稀这种情况就越严重。因此,为了能获得视觉效果良好的光滑等高线,就需要在这些离散的等高线点之间进行插补,插补的方法很多,具体的要求如下:

1. 曲线应通过已知的等高线点(结点);

2. 曲线在结点处光滑,即其一阶导数(或二阶导数)是连续的;

3. 相邻两个结点间的曲线没有多余的摆动;

4. 同一等高线自身不能相交。

常见的光滑函数有:多项式法、分段三次多项式、张力样条、分段圆弧、三点法、五点法(Akima 法),在这几种曲线光滑方法中,五点法的效果较好。

(三)根据路线的桩号进行高程插值

该功能是对"点高程插值"的扩展,路线设计人员在输入已知路线(当前项目)的任意桩号后,利用设计软件计算得到该桩号的平面坐标,进而可以利用 DEM 插值计算得到该桩号位置的地面高程。

(四)纵、横断面插值

数字地面模型应用的最主要功能是直接从数字地面模型中插值得到路线的纵断面地面线数据,这一功能和下面将要介绍的"横断面插值"功能是数模应用的核心。DEM 系统的这一功能使设计人员不需要通过现场放线、打中桩、测中平、测横断面即可准确方便地获得路线纵、横断地面线数据,一方面大大地节省了外业测量所需耗费的人力、物力,另一方面也使大范围的路线方案比选成为可能。

通常,三维工程设计软件在利用 DEM 进行"纵断面插值"的过程中,其中"桩号范围"默认值为路线的总体长度、或者是在本 DEM 的覆盖面积范围内，设计人员需根据当前数模的边界范围重新确定插值的起终点桩号范围，超出数模边界范围的桩号将不能进行插值计算。

在进行“纵断面地面线插值”以及随后的“横断面地面线插值”计算时，有一个问题需要软件使用者特别注意：即根据当前数模的边界范围重新确定插值的起终点桩号范围时，要尽量舍弃特别靠近 DEM 边界的桩号点，因为在 DEM 边界的个别三角面有可能是不可靠的，甚至是错误的。尤其是使用没有三角网优化功能的 DEM 软件包时，更是要注意这个问题，这样就可以避免内插出错误的结果。

在某些 DEM 软件包中会有更进一步的控制设置，比如设计人员可以利用“插值控制”中的“包含地形变化点”选项用来控制插值计算时是否将地形变化点进行插值。对此有两种设置方式：一是所有网格线交叉点，二是根据设计人员指定的地形变化率。一般将此变化率设置为 0.1 ~ 1.0 弧度之间，设置为 0.1 时其插值结果与所有地形变化点方式时相似，设置为 1.0 时插值结果与 20m 等桩距的桩号数基本接近。通常选择变化率控制方式是不会漏掉地形变化点的，设计人员可以根据需要对其进行设置。

同样，在进行“横断面地面线插值”、“插值方式”控制系统在横向插值计算时（剖切时），包括所有地面变化点，还是只以等间距的方式内插计算。很显然，“包括所有地面变化点”的内插计算方式，比用“只以等间距的方式”内插计算出的路线横断面地面线的精确度和逼真度都要好。这种“包括所有地面变化点”的内插计算方式不会漏掉重要的地形起伏变化信息。“两侧宽度”控制横断面两侧插值计算的宽度；“绘制三维地面线”控制在插值完成后是否绘制所有横断面三维剖切线即三维地面线。

二、数字地面模型的程序操作过程

以纬地道路 CAD 系统 HintCAD 数模版软件为例，具体说明数字地面模型应用程序的作业过程。

（一）开始新数模

第一次建立数模，应先点选“数模”→“新数模”菜单项，进行系统初始化。

用户在点选“新数模”菜单项或键入“newDTM”命令后，将出现如图 8-6-1 所示“点数据高程过滤设置”对话框，其中的“采用高程过滤器”项用于控制是否在读入数据时自动启动高程过滤器，即可将高程为 0 或高程超出用户指定范围的粗差点或废弃点自动剔除，以免影响后面构网。

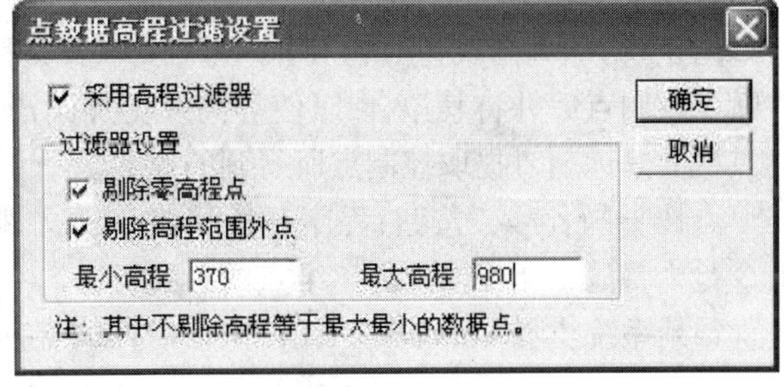

图 8-6-1

（二）三维数据读入

当用户安装纬地道路系统数模板后，系统安装目录下将自动生成“数模”目录，其下又有“asc－pol”、“dwg－dxf”和“pnt－dgx－dlx”等子目录，分别安装有系统所支持的几种三维地形数据接口数据的示例（均为实际工程示例）。

读入 AutoCAD 的 dwg 格式（参见“dwg－dxf”目录下的数据）

纬地系统可直接从 dwg 图形文件中提取并读入三维数据。一般三维地形图文件按规定均将等高线(计曲线和首曲线)、特征线(水系线、断裂线、陡坎线或山脊线等)、地形点等三维数据和图形信息分层存放,用户通过手工或其他数字化软件(矢量化软件)所建成的三维图形信息也应分层存放。

用户点选"数模"→"三维数据读入"→"读入 dwg 和 dxf 格式"菜单项,根据提示选取所要读入的 dwg 文件,程序从中提取出所有的图层,列于图 8-6-2 所示的对话框中。用户依次点选存储有三维地形数据的图层,并分别指定其存储的三维数据信息参加构网时的性质,如"地形点"、"约束线"、"非约束线"等。其中一般"地形点"对应存放所有单个三维散点的图层,而"约束线"对应存放等高线的图层(不论是计曲线还是首曲线)。一般计曲线和首曲线分别存放在不同的图层中,用户需要将这两个图层指定为"约束线"性质,其他的三维地形信息,如山脊线、陡坎线等也应指定为"约束线"性质(纬地系统数模处理模块将所有参与构网并必须沿之构网的等高线、山脊线等统称为"约束线")。

图层设置-[C:\Hint58\数模\15t\15t.dwg]

层名	颜色	设置类型
0	7	
1150	223	
2110	4	
2211	4	
2212	4	
3772	6	
3773	6	
4430	4	
6111	150	
6112	150	
6342	5	
6343	5	
6344	5	
8110	2	约束线
8120	3	约束线
8200	7	
8310	140	地形点
8340	1	
8432	30	
8450	30	

开始读入　取消
数据类型:地形点
SPLINE搜索:○控制点 ⊙圆滑点
□交换X-Y坐标
☑以后不再提问

图 8-6-2

在以上指定工作完成后,还应注意对话框中的"SPLINE 搜索"选项,用户可以在此选择只读入约束线(如等高线)上的控制点或读入约束线上的拟合圆滑点(一般测绘部门会将等高线在赋予控制点后并将其拟合,以使等高线更加圆滑、美观)。请注意,提取拟合圆滑点所得到的点数要远远超过提取控制点所得到的点数。

点按"开始读入"按钮,程序开始从该 dwg 文件中分类提取数据。提取完成后,AutoCAD 命令行中将显示所提取到的三维点的总数目。

纬地系统支持 AutoCAD R14、R2000/2002 和 R2004 - 2006 版的 dwg 格式的三维地形数据。

读入 Card/1 所支持的 asc 和 pol 文本格式的三维数据(参见"dwg - dxf"目录下的数据)。

在纬地系统数模应用模块未开发完成以前,国内利用数模进行设计的单位主要使用德国的 Card/1 软件。该软件主要支持读入 asc 和 pol 文本格式的三维数据。Asc 文件存放所有三维点的点号、X、Y、高程等信息,而 pol 文件中以点号记录来描述所有等高线、断裂线等的关联信息。纬地系统也支持读入此格式的三维数据。

点选“数模”→“三维数据读入”→“asc和pol格式”菜单项，将出现如图8-6-3所示对话框。“同时读入同名pol文件”用于控制系统在读入“ *. asc”文件时是否同时读入“ *. pol”文件。ASC文件中点号前缀长度用于去除 *. asc和 *. pol文件中所有点号的前缀。为了区别点号数据，Card/1支持在每个点号前用数字或字符组成的前缀。而纬地系统为了提高数据点排序、检索、构网的速度，不支持带有字符的点号。用户需在此输入ASC文件中点号字符前缀长度，以便程序在读入时将其去除（众所周知，计算机对字符数据排序、检索速度要远远慢于对整数的检索速度）。

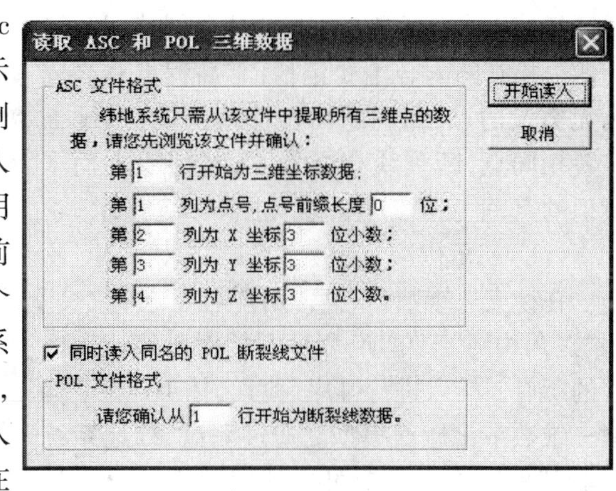

图　8-6-3

在“ASC文件格式”中，需由用户根据 *. ASC文件的具体格式指定每一行中三维点的X、Y、Z坐标和小数位数。

点击“开始读入”按钮，系统弹出文件选择对话框，用户根据需要选取所要读入的 *. asc文件（提示：用户可以一次选择多个文件同时读入然后一次构网，也可以分别读入每个文件建立多个数模添加到一个数模组中），点按“打开”按钮后，程序便显示开始读入数据的过程，并在每一个文件完成后，在命令行中提示已经读入的三维点的总数目。

读入pnt－dgx－dlx文本格式的三维数据（参见“pnt－dgx－dlx”目录下的数据）

该三维数据格式也是国内测绘部门提供的一种，其中 *. pnt文件存放所有地形点的坐标与高程数据；同名的 *. dgx文件中存放所有等高线上的三维点数据；同名的 *. dlx文件中存放所有断裂线的三维点数据。每幅图一般均同时由这三种文件组成。

图　8-6-4

点选“数模”→“三维数据读入”→“PNT、DGX和DLX格式”菜单项，将出现如图8-6-4所示对话框。“同时读入同名DGX和DLX文件”用于控制系统在读入“ *. pnt”文件时是否同时读入“ *. dgx和 *. dlx”文件。点击“确定”按钮，系统弹出文件选择对话框，根据文件的大小，用户同样可以一次选择多个文件同时打开读入，也可以分别读入后建模。

另外，纬地系统也可根据用户的需要，特别定制各种形式的数模接口。

在数模理论中不存在平面坐标相同的点（即X、Y坐标完全相同，高程不一定相同），如果三维数据中存在平面坐标相同点时，系统会自动以第一次出现的点来进行构网，其后出现的点将被滤去。同时系统会将这些平面坐标相同的点记录到纬地安装目录下“/Hint58/lst/Sortpt.err”出错文件中，如果用户需要检查修改这些点，可以依据此文件。

（三）数据预检

为了方便用户在三角构网前对原始三维数据进行检查，纬地系统新开发了“数据预检”功能，用户在读完三维数据之后，可点选“数模”→“数据预检”菜单项，程序开始模拟三角构网，对已经读入内存的所有三维点进行排序、检索等操作，同时检查并逐一记录数据中出现的所有问题。检查的内容主要包括：零高程点和高程为无穷大的点，高程超出合理范围的点，平面位置相同点，断裂线相交点，在断裂线上而未标识的点，平三角形等。参见图 8-6-5 所示。

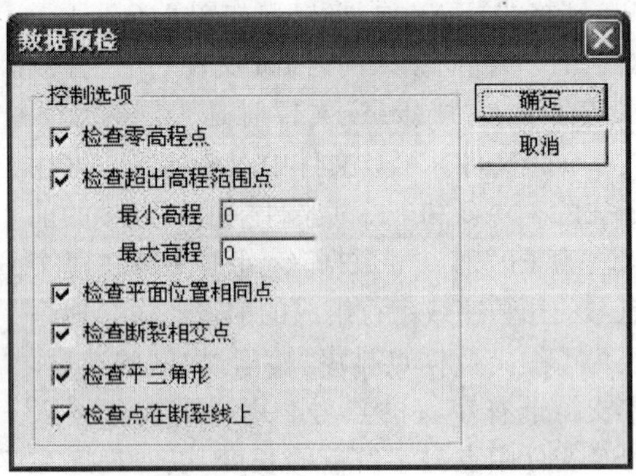

图 8-6-5

（四）三角构网

在读完三维数据之后，用户可点选“数模”→“三角构网”菜单项，程序开始对已经读入内存的所有三维点进行排序、检索、按 DT 理论构建三维数字化地面模型。通过测试，纬地系统“构网”的速度在目前可以处理数模的国内外软件中是最快的。同时系统将显示构网的进度、过程，并在构网过程中自动剔除平面坐标相同的点和其他高程粗差点。因为构网时数据量大，出现问题的几率也很多，纬地系统鉴于一些国外软件在构网时操作过程复杂、构网条件苛刻等问题，自动将平面坐标相同点和一些粗差点进行剔除，并自动处理断裂线相交等情况，大大减小了构网的操作难度和人工修改、纠正的工作量。

（五）网格显示

为了进一步提高 AutoCAD 显示数模图形的速度，纬地系统在显示数模三角网格时用户可以选择“只显示数模边界”，而不显示全部数模中的所有网格线。也可虚拟显示所有网格线，这种情况下只在计算机屏幕上显示网格线，而不在 AutoCAD 中生成图形实体，其显示速度大大加快。另外，用户也可指定网格在显示时“约束线”、“网格线”和“边界”的颜色。参见图 8-6-6所示的“数模网格显示设置”对话框。点按“确定”后，系统开始在当前 AutoCAD 图形窗口中显示所有网格线，或只显示数模“边界线”，或虚拟显示网格线。

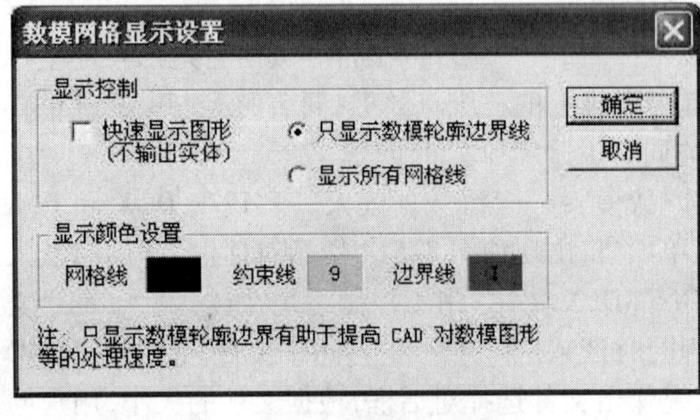

图 8-6-6

因为这里显示出的网格线均带有实际的高程坐标，所以用户可以通过 AutoCAD 的三维显示命令（如“dview”、“ddvpoint”等），从三维立体的角度来观察所形成的整个三维数模。如图 8-6-7 所示为构网完成以后显示所有网格线并通过三维立体角度观看的数字三维地面模型。

（六）网格的编辑与修改（即对数模的编辑与修改）

在显示数模全部实体网格后，系统允许用户对数模进行适当的编辑与修改，主要包括插入或删除三维点、交换三角形对角线和插入约束线等。用户可根据显示的构网结果，并结合实际地形情况，在数模中插入或删除三维点，此时系统将重新构网。另外，对数模中出现的不符合实际地形或出现平三角形等问题，系统提供用户“交换三角形对角线”或“插入约束线”两种修改方式(一般出现这些情况的原因主要是三维数据点采集不足或约束线指定不完整等)。

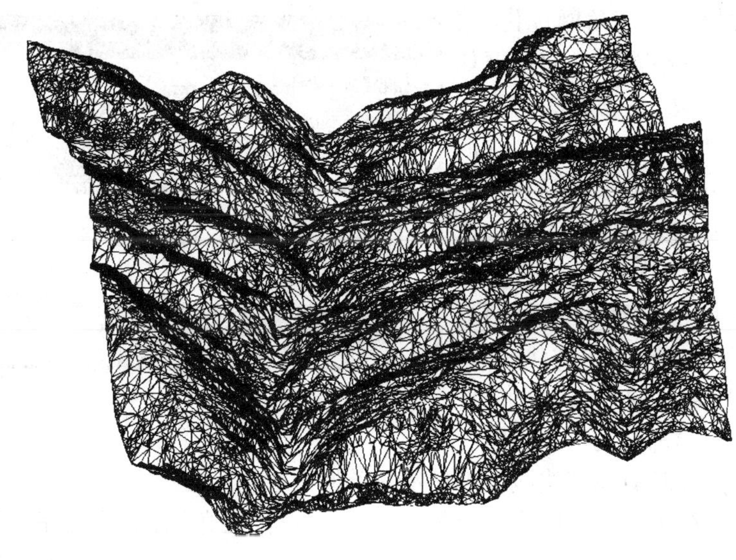

图　8-6-7

注意:纬地不提倡用户对网格线做过多的修改,如发现数模网格中有需要修改的地方,最好由该图的测绘部门和地形图提供者提供修改依据或进行修改地形图或数据文件后重新构网。

图8-6-8a)为未插入三维点的网格线,图8-6-8b)中圆圈内所示为插入一个三维点后系统自动重新构网以后的网格线对比图。

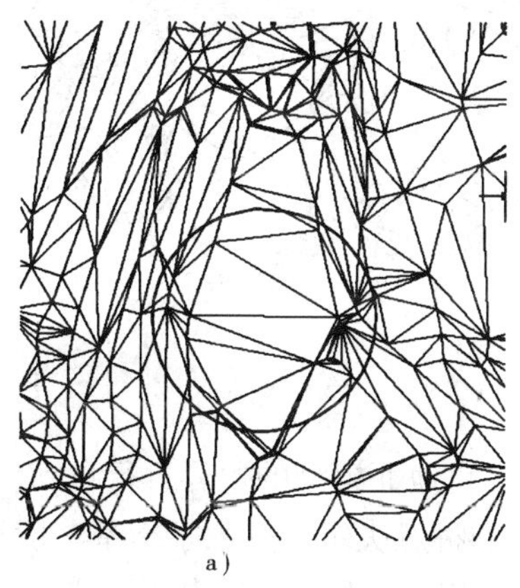

a)

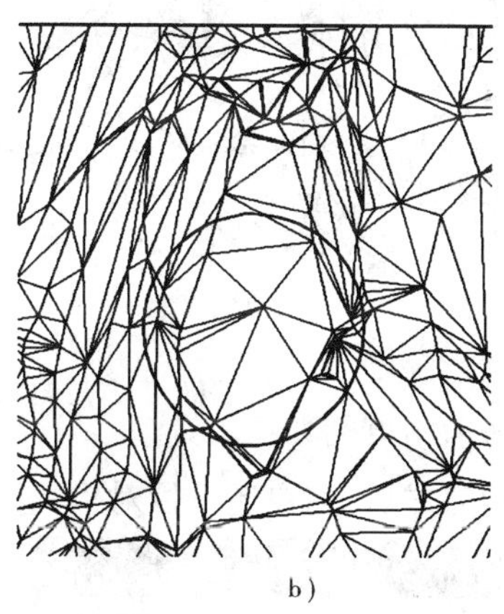

b)

图　8-6-8

(七)数模优化

1.三角网优化

目前处理数模的国内外软件所采用的基本都是二维的平面三角网构网理论,它们都没有考虑Z坐标(高程)对三角网的影响。在三维数据采点的密度和位置不十分理想的情况下,所形成的三角网格就不能更贴切地反映实际地面的变化,如出现平三角形等。其他一些国外软件均需要采用人工加入“约束线”的方法来消除平三角形。

纬地系统数模处理模块特别开发了三角网优化程序,它可以自动消除网格内的平三角形等情况。同时也可以自动剔除不在用户指定范围的高程粗差点、异常点和废点。

用户选取“数模”→“三角网优化”菜单项可启动三角网优化程序，其对话框如图 8-6-9 所示。请注意，自动剔除的高程粗差点不包括高程等于最大(小)高程的数据点，而对话框中出现的最小高程和最大高程是当前数模中搜索得到的最大最小高程值。点按“开始优化”按钮，系统开始对当前数模中的三角网进行优化。优化完成后将在命令行中显示优化结果。一般经优化处理后余留的平三角形以红色显示，这些平三角形都是无法避免的。

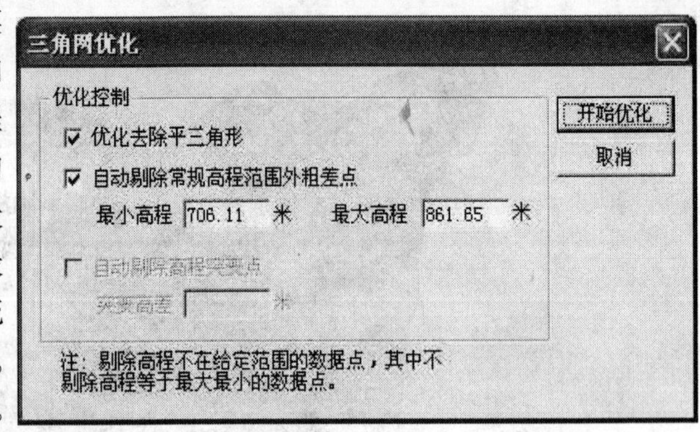

图 8-6-9

请注意，优化程序只有在网格线全部显示的条件下才可以使用。

图 8-6-10a)、8-6-10b)中圆圈内所示部分为用户执行“三角网优化”程序前后的网格线对比图。

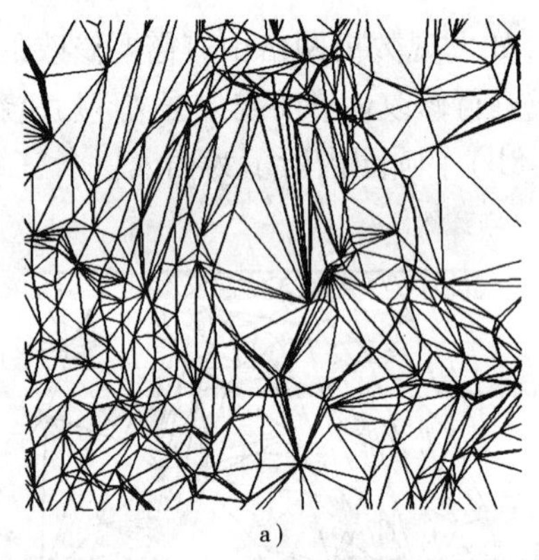

a)

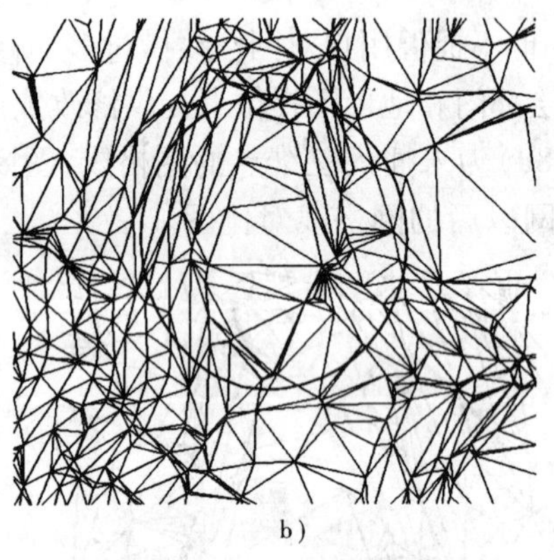

b)

图 8-6-10

2. 优化数模边界

三角构网完成后，用户还可以对构网生成的数字化地面模型的边界进行自动优化的操作。由于公路的特点决定了其数字模型一般均为弯曲的带状地形，使用这种地形的电子地形图或数字地图进行三角构网后，会在模型的边界位置生成一些边长超过正常三角形大小的三角形，而对于使用纵横断面数据构网生成的地面模型，这种三角形可能会很多。纬地系统对此专门开发了“优化数模边界”功能，其对话框如图 8-6-11 所示。执行该命令，系统可自动搜索当前数模边界的长三角形，并在对话框中给出合适的准备剔除的边界长三角形的几何参数：最大高宽比和最小底宽，用户也可以手工修改这

图 8-6-11

两个参数值。点击“开始优化”按钮,系统即对当前数模符合给定优化条件的边界长三角形进行搜索剔除。

根据优化后的数模边界情况,用户可多次使用该功能对数模边界三角形进行优化。这里提请用户注意,系统再次自动搜索列出的优化条件是在前一次数模优化后的数据基础上进行的,所列出的长三角形几何参数肯定小于前一次自动搜索的优化条件,用户需注意防止产生过度剔除。

用户在进行数模边界优化时,还可以指定优化范围,对局部数模边界的长三角形进行优化处理。勾选对话框中的“使用优化范围”选项,即可输入欲进行边界优化处理的矩形范围左下角坐标和右上角坐标,点击“拾取”按钮,可以直接在当前数模网格图中使用鼠标拾取得到优化范围的这两点坐标。接着点击“开始优化”按钮,系统即对用户指定的优化范围进行边界长三角形的优化处理。

图 8-6-12a)、8-6-12b)椭圆内所示部分分别是执行“优化数模边界”程序前后的网格线对比图。

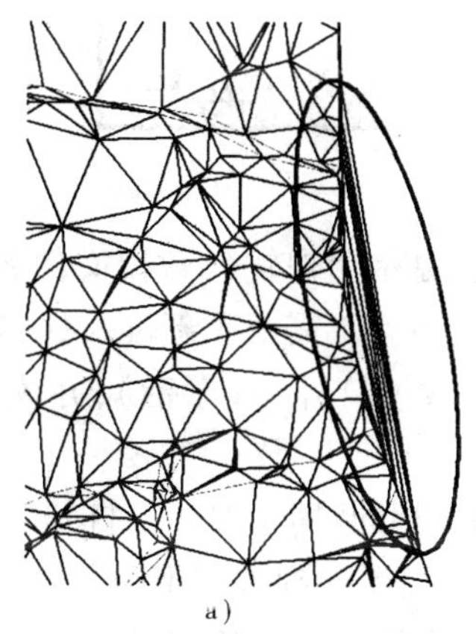
a)

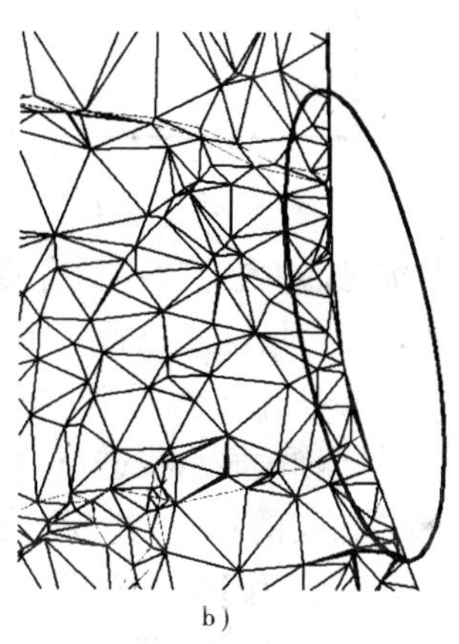
b)

图　8-6-12

(八)数模组管理与保存

1. 关于分段建模

虽然纬地系统数模模块采用独特的数据结构和专门的内存优化管理程序,数十、百公里(超过 100 万个点)可以一次建模,这已经打破了其他国外软件在处理数模时对总点数上限的限制,但考虑到 AutoCAD 图形显示速度等因素,一般仍需用户对整条路线(大于 50km 长度的)进行分段建模。与其他国外软件相比,用户所需分段的数目要少得多。一般用户应将一个数模的总点数控制在 20 ~ 60 万个之间比较理想,当然这还取决于用户计算机的配置情况(主要是内存的大小和 CPU 的速度)。我们测试发现,一般 100 万个点形成数模后的网格图形文件或数模文件的大小均超过 100M(兆),这样大的数据文件对于一般配置的计算机在读写时还是需较长的时间。

2. 数模组管理与保存

在系统中可根据路线的里程等因素分若干段分别建模,同一个公路项目用数模组来管理这若干个数模。用户可以在“数模组管理”中建立、删除、激活某个数模。

用户在点选“新数模”→“三维数据读入”→“三角构网”之后(或在“网格显示”完成后),应点选“数模”→“数模组管理”菜单项,系统显示如图 8-6-13 所示的数模组管理对话框。其中处于激活状态“ ”的一行表示当前刚构网完成的数模,其后的“X 最小”、“Y 最小”、“X 最大”、“Y 最大”表示该数模中 X、Y 的最大、最小值。

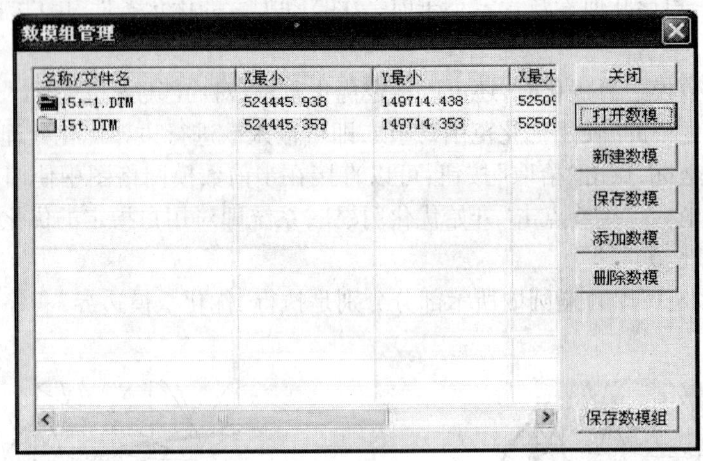

图 8-6-13

在用户点按对话框右侧的“保存数模”按钮后,系统提示用户输入数模文件名(*.dtm),将数模存储到硬盘中指定的位置。下一次再使用该数模时就不需要重新读入数据并构网了。

“打开数模”按钮用于将对话框中用户指定的某一数模打开(即激活),并读入到内存中来,以便对其进行编辑、显示或进行数模的剖切应用。

“新建数模”按钮的功能与“新数模”菜单项功能基本相同,用于关闭已打开的数模。

“添加数模”按钮用于将对话框中用户指定的某一数模添加到数模组中。

“删除数模”按钮仅用于将数模组中某一数模项删去,但并不直接将保存到硬盘上的数模文件(*.dtm)删除。

“保存数模组”按钮将用户在同一个项目中建立的若干个数模的信息保存到*.gtm 文件(系统中称为数模组文件)中,并自动将*.gtm 文件增加到“HPM(项目管理器)”中,这样用户下次重新打开项目时,便可方便地浏览到上次所建立的各个数模。

(九)数模应用

数模应用是公路勘察设计建立三维数模的最终目的,其核心问题在于高程插值和对数模进行各种方式的剖切。

1. 点高程插值

用户点选“数模”→“数模应用”→“点高程插值”菜单项后,根据提示在数模边界内点取一点,或在命令行中输入一个 X、Y 平面坐标,程序通过搜索,确定该平面点位于哪一个三角形之中,并通过插值计算准确得到该平面点在数模上的投影高程值。

2. 输出等高线

该功能可以在数模构网的基础上迅速反推得到数模范围内用户指定等高距的等高线。

3. 桩号高程插值

该功能是对“点高程插值”的扩展，用户在输入已知路线（当前项目）的任意桩号、支距和角度后，系统将计算得到该桩号的平面坐标，进而插值计算得到该桩号位置地面的高程。功能界面如图 8-6-14 所示。

4. 边桩高程插值

该功能又是对“桩号高程插值”的扩展，用以批量计算输出桥位等坐标和地面高程。其桩号来源可以是项目中的桩号序列文件（ * . sta），也可以在用户指定固定的间距后系统自动生成。同样用户在输入插值计算的范围、支距及与路线的夹角后，点击“插值”按钮开始插值输出。一般系统还会提示用户指定输出数据的路径和名称。请参见图 8-6-15 所示界面。

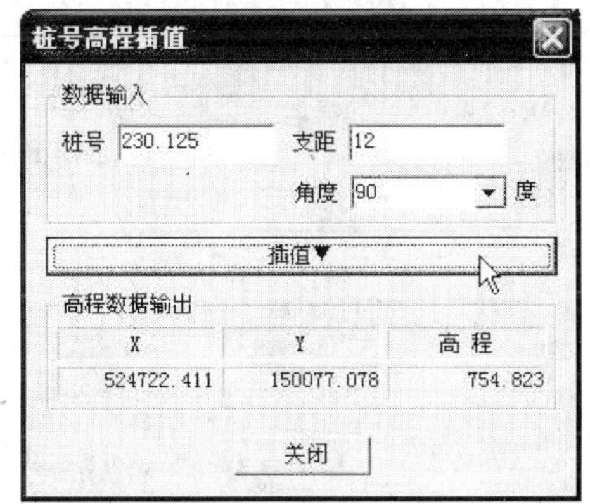

图　8-6-14

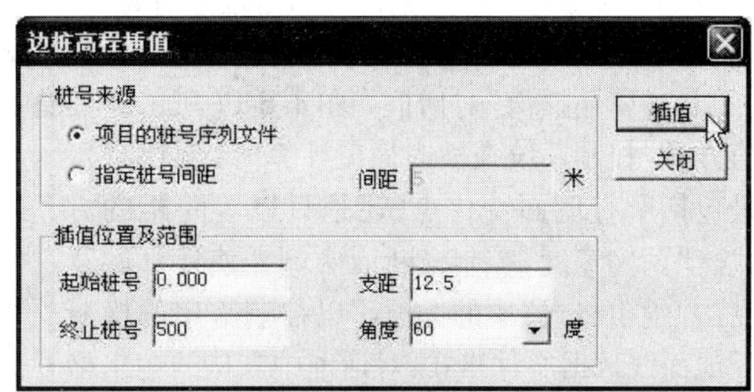

图　8-6-15

5. 纵断面插值

用户点选“数模”→“数模应用”→“纵断面插值”菜单项，将启动数模应用的最主要功能——直接从数模中插值得到路线的纵断面地面线数据，这一功能和下面将要介绍的“横断面插值”功能是数模应用的核心。纬地系统这些功能的实现使用户不需要通过现场放线、打中桩、测中平、测横断面即可准确方便地获得路线纵、横断地面线数据，一方面大大地节省了外业测量所需耗费的人力、物力，提高了勘察设计的效率和精度，另一方面也使大范围的路线方案比选成为可能。用户每完成一条方案平面设计，即刻便可得到该方案全套的纵、横断地面数据。

“纵断面插值”对话框如图 8-6-16 所示，其中“桩号范围”默认值为路线的总体长度，用户需根据当前数模的边界范围重新输入插值的起终点桩号范围，超出数模边界范围的桩号将不能进行插值计算。

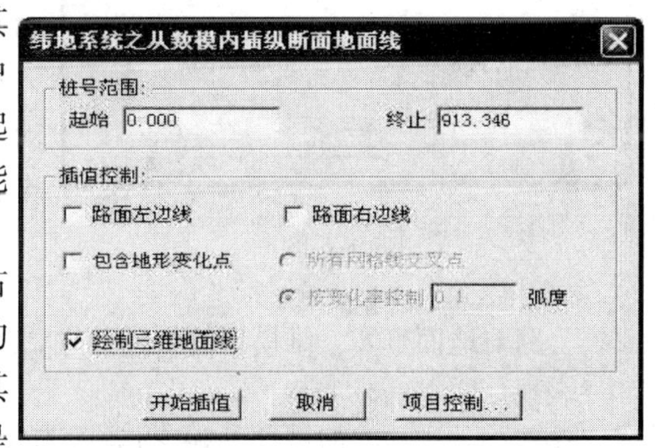

图　8-6-16

“插值控制”中的“路面左边线”和“路面右边线”在选择的同时，可得到路基左右侧边线的对应地面高程插值，以备以后设计参考之用。其中“包含地形变化点”项用来控制插值计算时是否将地形变化点进行插值，对此有两种设置方式:一是所有网格线交叉点,二是根据用户指定的地形变化率。一般将此变化率设置为0.1~1.0弧度之间,设置为0.1时其插值结果与所有地形变化点方式时相似,设置为1.0时插值结果与20m等桩距的桩号数基本接近。通常选择变化率控制方式是不会漏掉地形变化点的,用户可以根据需要对其进行设置(以上插值是在默认包含项目桩号序列文件*.sta中的所有桩号的前提下进行的)。

“绘制三维地面线”控制在插值完成后,可选择是否在数模基础上绘制出插值范围的路线投影到数模表面上的实体图形。

点按“开始插值”按钮,提示用户输入插值后生成的纵断面地面线文件名(*.dmx),如果项目中已存在该文件,那么系统会提示是否覆盖原地面线文件。在开始进行纵断面插值计算时,AutoCAD命令行中将逐桩提示插值进度情况。

6.横断面插值

“横断面插值”对话框如图8-6-17所示,“插值方式”控制系统在横向插值计算时(剖切时),是包括所有地面变化点,还是只以等间距的方式。“两侧宽度”控制横断面两侧插值计算的宽度。“输出格式”中的选项用以控制输出的横断面地面线数据文件格式,对话框中默认的输出格式即为纬地系统所需要的格式。所以这一输出格式的控制主要为其他软件做接口。

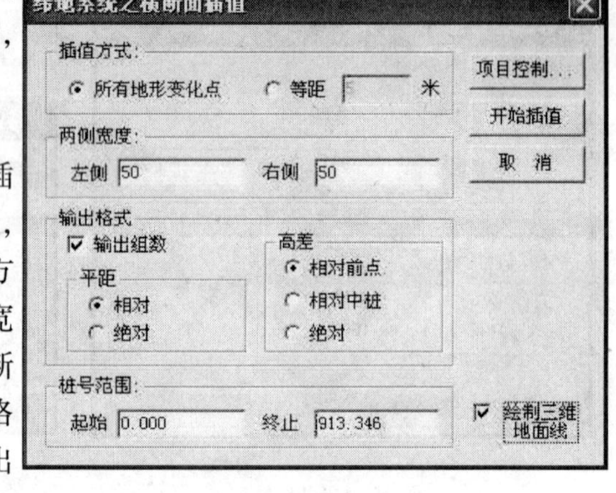

图 8-6-17

“绘制三维地面线”控制在插值完成后可选择是否绘制所有横断面三维剖切线,即三维地面线。用户可以用AutoCAD的三维动态器或视点预置(ddvpoint)命令从任意三维角度来查看三维地面线。

7.横断面补测

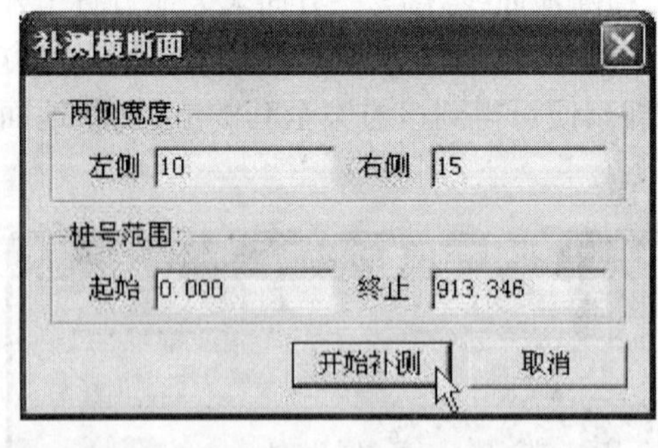

图 8-6-18

纬地系统新版增加了“横断面补测”功能,实现在原始横断面数据的外侧拓宽补测横断面地面线,其对话框如图8-6-18所示。当用户实测的横断面地面线宽度不足时,可使用该功能在对话框的“左侧”和“右侧”编辑栏输入需补测增加的宽度,再输入补测的桩号范围,点击“开始补测”按钮,系统自动从数模中补测需增加部分的横断地面线数据并添加到横断面地面线文件(*.hdm)中,原实测部分的横断面地面线数据不会因此发生改变。

(十)路线与地面三维模型建立

公路与地面真实三维模型的快速建立,是本系统数模应用部分超越其他一些国外软件的又一表现。

在用户完成横断面设计工作之后(请注意必须选择横断面设计对话框“绘图控制”中的“记录横断面三维数据”,这样系统会在横断面设计绘图的同时,将每一断面完成设计后的路基边坡、边沟等的三维数据存储到横断面三维数据文件＊.3DR 文件中)，将数模激活或打开，然后选择“数模”→“三维建模”→“输出公路三维模型”菜单项，系统在读取横断面设计记录的三维数据的同时对原数模进行沿边界挖空，之后先将地面模型以三维实体(3Dface)形式输出到当前的 AutoCAD 图形窗口中，再生成公路路基、边坡、边沟、排水沟、标线、护栏等的三维实体。参见图 8-6-19 所示。用户可以选择“分段输出”的方式，分别生成路基模型、桥梁模型和隧道模型，或者选择“整体输出”的方式，一次性生成路基、桥梁和隧道模型，并可以选择同时输出三维地面模型。

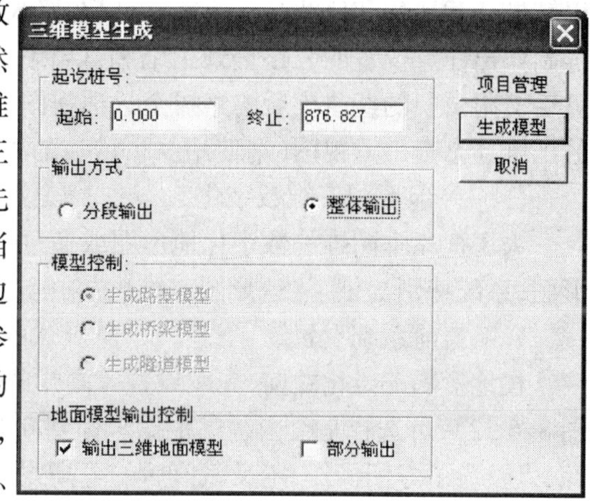

图　8-6-19

由于纬地系统是在横断面设计的基础上输出路线三维模型，所以模型就是设计项目最准确的体现，路基中各位置的高程、坐标、边沟、边坡等的高度尺寸同样也是精确的，任意形式的路基变化、超高过渡也都能如实表达。特别是系统会自动区分公路等级(路基宽度等)生成不同的路面形式、标线、护栏等。这一模型克服了其他软件无法处理路基边坡和地面模型互相切割的难点，路基模型的边缘和地面模型十分吻合，而国外软件只能生成简单的网格状的路线模型。

生成地面模型和路线三维真实模型后，用户可以用 CAD 的三维动态观察器或视点预置(ddvpoint)等命令从任意的角度来浏览查看公路建成的景观；还可以使用“绘图”→“绘制路线概略透视图”菜单项(即 TSTZ 命令)中的“视点设定”功能，从行车时驾驶员的角度观察路线——公路全景透视图，参见图 8-6-20 和图 8-6-21 所示的路线全景透视图。

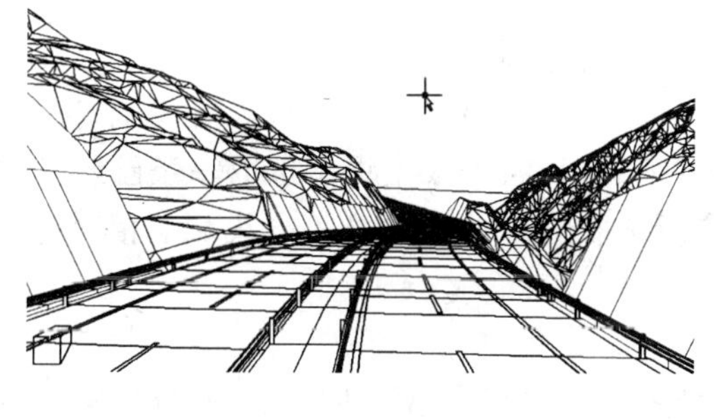

图　8-6-20

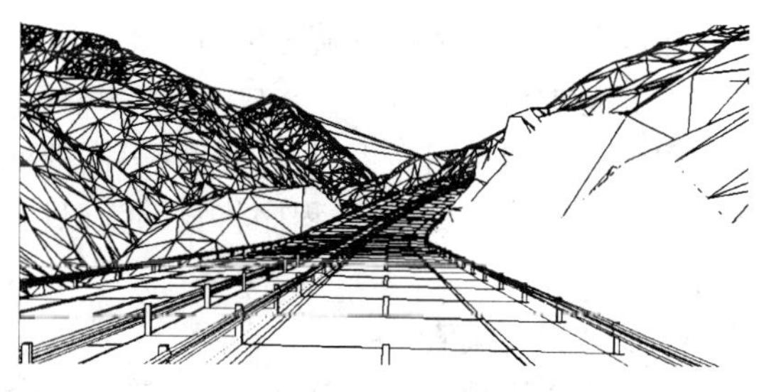

图　8-6-21

用户采用绘制路线概略透视图部分的方法，使用“WMFOUT”和“WMFIN”命令很容易将全景透视图装入可打印输出的图框之中。最有表现力的方法是将 AutoCAD 中的地面、路线模型输出到专业渲染、动画制作软件如 3dmax 等，经过渲染、制作后，即可制作成漂亮的公路全景三维透视图或公路动态全景三维透视图(公路动态仿真模型)。最简单的方法是：将 Hint-CAD 生成的地面、路线三维模型保存为 DWG 格式的图形文件，并读入到纬地开发组最新开发的“纬地道路实时漫游系统”中，即可马上生成经过专业渲染的公路动态全景透视图，用户可以转换任意视角和任意行车速度,可以在路线模型中添加树木、房屋和交通标志等,并可以抓屏制作出任意位置的公路全景三维和 AVI 格式的公路全景三维模型的动画演示。用户可参见后文附录中的经渲染后的路线全景透视图,也可参考浏览光盘中"动画"目录下的 AVI 格式的三维动态全景透视图(请使用 Windwos 的媒体播放器进行浏览)。

(十一)地形图三维数字化

为了把原本两维的数字化地形图或通过矢量化得到的地形图方便地转化为三维数字化地形图,系统特别提供了"地形图三维化"功能,用户通过它直接给等高线和地形点赋高程值。

1. 赋值前系统设置

在地形图三维化之前,先应设置等高线的等高距(参见图 8-6-22),可选择是否由程序根据坐标判断等高的自动跟踪,以及为了方便操作,定义赋值后的等高线的颜色变化。

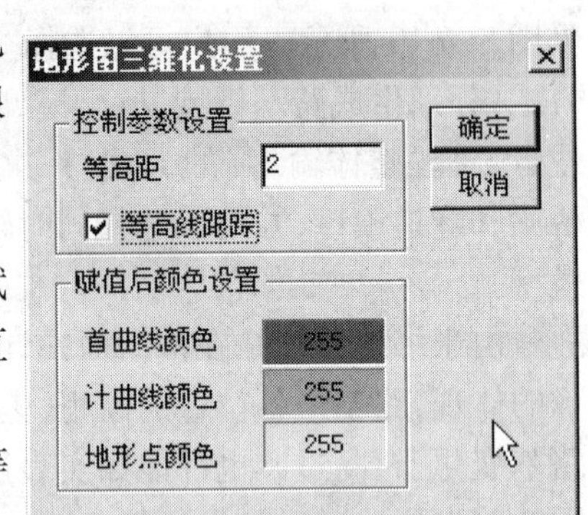

图 8-6-22

2. 等高线赋值

(1)用户选择"数模"→"地形图三维化"→"等高线赋值"菜单项,命令行中将首先提示"点取一等高线",用户直接从图中点取一条等高线;

(2)提示"请输入等高线高程",用户键入所选取的等高线的高程,如 830.0;

(3)回车后程序立即给所选取的等高线赋上高程值 830.0,并将其颜色改变为红色,以示区分;

(4)命令行中继续提示"点取一等高线",用户直接从图中点取一条等高线;

(5)命令行中提示"请输入高程:键入高程(*S*)/加等高距(+)/减等高距(-)/回车取默认当前值 <830.0>",用户输入"*S*"可以键入高程,输入"+"给默认当前高程值增加一个等高距,输入"-"给默认当前高程值减去一个等高距,回车即取用默认当前高程值;

(6)以后从(4)开始反复。

在以上过程中用户可随时按"ESC"键退出等高线赋值功能。

3. 等高线高程刷

用于快速给相同高程但不连续的等高线赋高程值,运行时先根据提示选取一条已经赋过高程的等高线作为高程源,程序将自动为以后用户所选取的每一条(段)等高线赋上相同的高程值。

4. 多等高线赋值(+/-)

以多等高线赋值(+)为例,用户需根据命令行的提示在图中拾取两个点,形成从第一点到第二点的一段直线,该直线段与图中多条等高线成法向交叉,要求从第一点到第二点所跨越的第一条等高线必须已赋有高程值,那么系统将自动为其后的多条等高线赋上相应的高程值(自动增加等高距)。用户可以从命令行的提示中检查赋值具体结果。

多等高线赋值(-)与上述用法相似。

5. 地形点赋值(逐个)

(1)用户选择"数模"→"地形图三维化"→"地形点赋值"菜单项,命令行中提示"点取一高程点:",用户直接从图中点取一地形点;

(2)提示“选取高程标注(手工输入请按回车)”,用户可以直接从图中选取该高程点对应的高程标注,程序将自动把标注中的高程赋给地形点,并将其颜色改为黄色;也可以按回车键后手工键入高程;

(3)提示“点取一高程点:”,重复(2)。

在以上过程中用户可随时按“ESC”键退出等高线赋值功能。

6. 点高程批量赋值(块/组)

有些数字化的地形图,图中的地形点和其对应的高程标注字体文本已经连接形成了一个图块或图组(单元),对于这样的数字化地形图,纬地系统可以一次批量完成整张图纸的地形点的高程赋值,用户只需要选择图中一个高程点(单元)即可。

7. 智能点高程赋值

在某些数字化地形图中,其地形点和高程标注文本并没有组成一个图块或图组,每一个地形点标注都是单独的两个实体(点和文本)。对于这种情况,通过执行“智能点高程赋值”命令,系统将自动搜索每一个地形点就近的高程标注文本,自动对地形点的高程进行批量赋值。注意:系统在搜索标注时,将搜索距离该点最近的高程标注文本对地形点进行赋值,所以用户在使用该命令前须注意检查地形图中的地形点和其对应的高程标注文本是否规范(距离最近)。

8. 智能高程线赋值

在所有地形点的高程赋值完成以后,除了使用前面所讲的等高线赋值方法对等高线赋值以外,还可以使用“智能等高线赋值”命令对所有二维等高线(Z 坐标均为 0)一次性进行批量赋值。系统限制只能对二维等高线进行批量赋值是为了防止对已经正确赋值的等高线再次赋值。注意:“智能等高线赋值”是在系统基于地形点的三维坐标自动快速建立基础数模的基础上进行的,所以用户在进行智能等高线赋值时,需保证图中有相应范围数量的地形点,而且地形点的高程均以正确赋值。

(十二)等高线分色

纬地系统 v5.8 版在“数模”菜单下增加了“等高线分色”功能,实现对电子地形图中的等高线进行自动分色渐变显示,更为直观地表现地形的起伏变化。用户可自行选择不同的变化色谱,在色谱范围内对应设置最大最小高程范围,可得到不同颜色渐变效果的地形图。其对话框如图 8-6-23 所示。

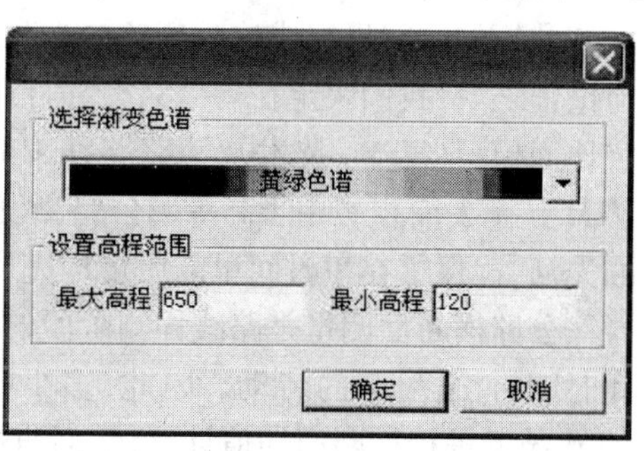

图　8-6-23

(十三)关于纬地系统数模处理部分几个问题的说明

1. 多种数据接口

系统不仅直接支持 AutoCAD 中 DWG 格式图形文件形式的三维地形数据,还可以支持如 CARD/1 等其他软件的典型数据接口,更可以根据用户需要专门定制接口。

2. 平面位置相同点的处理

关于对平面位置相同点的自动处理已经在前面数据读入部分进行了说明。

3. 高程粗差点、废点的处理

系统在数据读入和三角网优化中均设置有高程过滤器,对高程为 0 和高程超出指定范围的粗差点自动过滤。

4. 断裂线(约束线)相交的处理

在三维地形数据中会出现断裂线相交的情况,如山脊线和等高线可能会相交。系统会自动计算交叉点的平面坐标,以后出现的断裂线为基准插值计算交叉点的高程,然后直接在数模中增加三维交叉点参加构网。

5. 点在断裂线上的处理

如果系统判断某一点的平面位置处于一条断裂线上(即点到该线的垂直距离小于0.1mm)时,便直接将此点增加到断裂线上。

6. 网格边界的处理

系统在构网前自动搜索并建立数模边界,一般构网均要求边界为凸多边形。

正是由于纬地系统对以上问题按照测量理论和一般手工处理的常规,进行了软件内部自动处理,从而使构网高速轻松。而其他一些国外软件中对构网要求苛刻,许多问题均需操作者逐一手工处理,否则便不能正常构网。

三、利用 DEM 进行公路纵、横断面地面线内插应用的工程实例

在此将中交第一公路勘察设计研究院于 1993 ~ 1994 年在新疆乌奎高速公路(乌鲁木齐~奎屯公路)工程全线应用 GPS 技术、1:2000 数字地形图、1:5000 正射影像地图、DTM 数据采集及构建、利用 DTM 内插路线全线的纵、横断面地面线等实际应用的结论部分引用如下:

乌奎高速公路东起新疆维吾尔自治区首府乌鲁木齐的乌拉泊,西至奎屯市,路线长256km,另有三坪~上沙河连接线 20km,路线总长度为 276km。此项工程的主要特点是时间短、任务重,外业可作业时间有限。从签订合同起到交初步设计文件的时间一共只有 8 个月,这期间还包括春节。针对这一工程的特殊情况,如果不采取一些特殊的工作方法与技术,要想在如此短的时间里完成这一任务在当时的情况下是无法想象的。经过认真而慎重的技术准备与论证之后,我们决定在乌奎路上综合运用高精度的 GPS 定位技术、航测数字化测图技术、数字地面模型(DTM)技术及公路路线 CAD 技术。此次全线的 GPS 定位、航测数字化测图及 DTM 技术大面积实用于高等级公路测设实际中,开创了我国高等级公路测设中高新技术应用的先河,确保了在短时间里高质量地完成任务。

公路横断面测量是路线详测阶段的重要工作之一,传统的测量方法需要花费大量的人力和时间,付出艰辛的劳动。因此,多少年来,人们一直期盼着新技术、新方法的诞生。应用 DTM 技术进行横断面插值计算,然后直接利用计算机完成横断面图的绘制,是我们在乌奎路测设中所进行的有益探索。采用这个方法,横断面测量只需两名人员,跟随中线测量组,检查特殊地形、地物,其余工作均可在室内进行。路线中桩的实际地面高程直接利用中线组野外高程测量的成果,横断面上其余点相对于中桩点的高差,均采用 DTM 进行插值计算,并用实际核查的特殊地形、地物进行调整修改,这样既保证了测量质量,又提高了作业速度,从根本上改变了横断面的测量方法。

应用结论:

(一)乌奎高速公路全线大面积综合应用测量和路线 CAD 等高新技术,确保了在很短的时间里高质量地完成了任务。

（二）DTM 技术及三维工点彩色透视模型、路线动态全景透视模型的制作，能够快速而客观地对高速公路的设计结果进行直观而科学的评价。

（三）DTM 插值计算结果与中桩高程实测值的偏差与地形类别有关，但关系并不明显。我们认为这主要是由采样密度和采样点位置分布的合理性决定的，山丘区虽然地形起伏较大，但采点密度也相对较大，加上地形特征线、特征点的约束条件，故偏差可能比平原区还要小。

（四）根据乌奎路的详测实际和地形特点，我们分别选取两段不同地貌区的路线中桩水准实测资料与 DTM 的高程内插结果进行对比。统计结果见表 8-6-1。

DTM 内插的高程与水准实测高程比较精度统计表 表 8-6-1

地形类别	实测点数	平均相对偏差（mm）	均方差（m）	偏差大于 500mm	
				点数	比例%
山岭区	203	320	0.421	40	20
平微区	203	379	0.493	65	32
Σ	406	349	0.458	105	26
山岭区	500	415	0.645	171	34
平微区	500	411	0.536	195	39
Σ	1000	413	0.591	366	37

由表 8-6-1 所列结果可以看出：数字地面模型的高程精度满足当时使用的《公路摄影测量规范》和《路线勘测规程》的精度要求。当时在平原微丘区，大部分的像控点的高程是通过解析空中三角测量方法加密计算得出的，因此在平原微丘区利用 DTM 内插出的待定点高程精度不是很高，如果平原微丘区采用高程全野外布点，则构建的 DTM 将会具有更高的精度。

（五）正如 1:2000 地形图上的高程信息不能满足路线施工设计阶段的精度要求一样，直接从 1:8000 航片上采集的 1:2000 DTM 也很难满足施工图阶段的高程精度要求。但由于我们采取了相应的措施，即由 DTM 内插出横断面并形成数据文件，采用等外水准测量中桩高程，最终利用了横断面上每个点相对于中桩的高差、野外实测的中桩高程及地形特征点的高程得到较高精度的横断面，既确保了成果的质量，又提高了工作效率。如果全部的地形信息，特别是地形特征信息都是由野外采集，则 DTM 的精度将更高，就可不经修测直接用于施工图设计中。

第九章　路线测量

第一节　概　述

在路线勘测设计阶段的测量工作称为路线测量。路线测量工作是公路设计的前期工作，是将设计线标定到实地，通过实地纵、横断面测量，对桥涵、隧道、路线交叉、沿线设施、防护工程、筑路材料、路基路面排水、环境保护等进行勘测，为设计提供基础资料。根据路线所处的设计阶段，路线测量工作分为初测与定测。路线初步设计阶段的测量工作称为初测，施工图设计阶段的测量工作称为定测。

路线初测是对工可方案中认为有价值的路线进行控制测量和地形测量，将线路位置标定到实地，并进行必要的中桩、中平、横断面测量和交叉位置、高程测量，以满足各专业勘测、调查的需要。路线定测是在工程可行性、初测阶段踏勘测量的基础上进一步具体和深化，在批准的初步设计所确定的修建原则、初步设计审批意见的基础上，通过详细的中线测量、横断面测量、中平测量以及各专业勘测，提供施工图设计所需要的资料。

第二节　初测阶段测量工作内容和要求

一、准备工作

在正式开始路线勘测前，需要做好以下工作：

（一）根据初测需要，搜集与项目相关的技术、经济、社会及自然条件等资料，具体如下：

1. 三角点、导线点、水准点、GPS 点等测量控制点及各种比例尺的地形图、航测像片等资料。

2. 沿线自然地理概况、水文、气象等资料。

（二）根据批复的工程可行性研究初步拟定的路线起终点、中间控制点及基本走向方案，在地形图、数字地面模型或航测像片上进行研究，初步确定初测的勘测方案。

（三）根据初步确定的勘测方案编写工作大纲和技术设计书。在工作大纲中应写明测设组织形式、测设人员、人员分工、工作阶段划分、各阶段工期、质量保证措施等，在技术设计书中应写明资料搜集及可利用情况、仪器设备状况、测设内容、测设方法、测设深度、采用的技术标准及提供的资料等。

二、现场踏勘

根据准备阶段确定的初拟的勘测方案，对下列主要内容进行现场踏勘：

（一）核查所搜集地形图的地形、地物的变化及对初拟方案的影响。

（二）对沿线重点工程和复杂的大中桥、隧道、互通式立体交叉等，应逐一落实其位置与设置条件，为布设控制点做好准备。

（三）对搜集的国家及有关部门布设的控制点的完好程度及可利用性进行检查，根据测区地形、植被覆盖情况，结合技术条件确定控制测量方案。

（四）通过现场踏勘确定初测路线地形图测图范围。

（五）调查沿线气象及交通条件等，确定外业勘测方案。

（六）调查业主对测量工作的特殊要求。

三、控制测量

（一）根据公路等级或业主要求，确定平面与高程控制测量等级、精度指标等。

（二）根据公路等级、路线所在地区的地形和作业条件、拟投入的仪器设备、国家控制点的数量和分布位置等，确定测量控制网布网方式和作业方式。

（三）选点、埋石、布设，并施测满足公路项目要求的平面和高程控制测量网。按照规范的规定：二级及二级以上公路必须进行平面与高程控制测量。二级以下公路宜进行平面控制测量，应进行高程控制测量。路线平面控制测量宜采用导线测量形式，高程控制测量宜采用水准测量形式。可首先布设首级控制网，然后加密与公路、构造物等级相适应的控制网，亦可一次性布设与公路、构造物等级相适应的控制网。

四、地形图测绘

（一）根据路线所在地区的地形、地物和植被覆盖情况、公路等级及所具备的经济、技术条件等，确定地形图的测绘方式，地形图比例尺、等高距的选择、精度要求、测量过程、方法见本手册第五章。测图比例尺一般应采用 1:2000 或 1:1000，工点地形图可采用 1:500 ~ 1:2000。

（二）地形图的测绘范围应根据公路等级、地形条件及设计需要等合理确定，应能满足线形优化及构造物布置的需要。二级及以上公路中线每侧不宜小于 300m。采用现场定线法时，地形图的测绘范围中线每侧不宜小于 150m。高速公路和一级公路采用分离式路基时，地形图应覆盖中间带；当两条路线相距很远或中间带为大河与高山时，中间地带的地形图可不测绘。

（三）地质条件特别复杂、防护工程规模较大的工点应进行控制测量，并测绘 1:500 ~ 1:1000的地形图。

（四）桥位地形图测绘范围，上游为桥长的 2 ~ 3 倍，下游为桥长的 1 ~ 2 倍，沿桥轴线方向应测至两岸历史最高洪水位或设计水位以上 2m 或洪水泛滥线以外 50m，应能满足桥梁布孔、桥头引道和调治构造物布置的需要。

（五）隧道地形图测绘范围，横向应为中线两侧各 200m 左右，当辅助工程需要或地质情况复杂时，可适当增宽；纵向为估计挖方零点以外不小于 200m，分离式隧道应测至整体式路基汇合点以外 100m，测量比例尺一般为 1:2000。

（六）互通式立交范围应实测地形图，测绘比例尺一般采用 1:2000，有特殊需要时，比例尺可采用 1:500，地形简单、地物较少、互通立交区范围较大时，可采用 1:5000 比例尺地形图，测绘范围应满足互通式立交布置的需要（包括比较方案）。

(七)大型自采料场应测绘1∶1000~1∶5000地形图。

(八)采用平板测图时,其作业方法、技术要求见本手册第五章;采用摄影方法测图时见第六章;当需建立数字地面模型时见第八章。

(九)当公路等级低且无须利用地形图进行纸上定线时,亦可利用纵、横断面资料,配合仪器测量现场勾绘地形图。

五、路线测量

(一)纸上定线应进行的测量内容

1. 点绘纵断面图。路线上一般地形变坡点的高程可从图上判读,对高程要求较严格的路段和地点如河堤、铁路、立体交叉、水坝、干渠、重要管线交叉等应实测其高程。

2. 应对高填深挖地段、大型桥梁、隧道、立体交叉以及需要特殊控制的地段进行实地放桩,进行纵、横断面测量。

3. 应在地形图上点绘或实测控制性横断面。

(二)现场定线应进行的测量内容

1. 现场定线时,可采用直接定交点法、延长直线钉设转点或交点的方法确定路线交点位置。直接定交点法一般可用于地形平坦、地面目标明显、路线受限不严或旧路改建等工程。延长直线钉设转点或交点时应符合以下要求:

(1)交点至转点或转点间距离,宜控制在50~500m之间;当点间距离小于50m时,应设置远视点。

(2)正、倒镜的点位横向偏差每100m不应大于5mm;当点间距离大于400m时,最大点位差不应大于20mm。三级及三级以下的公路,点位差值可放至2倍,符合以上偏差范围时,可分中定点。

(3)延长直线时,前、后视距离宜大致相等。当距离小于100m时,应用测钎或垂球对点;当距离较远时,可用花杆对点,并以杆脚为照准目标,如有困难时至少应照准花杆长度的一半以下部分。

2. 选设的交点和转点作为测量控制点使用时应进行护桩,并按照二级平面控制测量的要求测定选定的交点间的角度和长度。

3. 如交点和转点不作为测量控制点使用,应将交点和转点与路线控制测量点联测,求定交点和转点坐标。

(三)不管是纸上定线还是现场定线,均应根据专业调查需要进行路线放线。高速公路、一、二级公路的路线放线采用GPS—RTK方法、极坐标法放线;三级及以下公路可采用链距法、支距法和偏角法放线;放桩桩位、中桩高程及横断面测量精度要求按定测阶段中桩测量的要求执行。其中采用链距法、偏角法、支距法敷设中线时,应符合表9-2-1的要求。

中线放样闭合差 表9-2-1

项　目	高速、一、二级公路	三级及以下公路
角度闭合差(″)	$30\sqrt{n}$	$60\sqrt{n}$
长度相对闭合差	1/2000	1/1000

当能利用地形图的地形数据构建相当于1∶2000地形图精度的数字地面模型时,中桩的高

程和横断面可在数字地面模型上内插获得。

（四）对高填深挖地段、大型桥梁、隧道、立体交叉以及需要特殊控制的地段进行实地放桩。

（五）根据实际放桩位置进行中桩高程测量，对高程要求较严格的路段和地点如河堤、铁路、立体交叉、水坝、干渠、重要管线交叉等应实测其高程，路线上其他一般地形变坡点的高程可从图上判读，点绘纵断面图。

（六）根据实际放桩位置进行控制性横断面测量，其他一般位置的横断面可在地形图上点绘。

（七）小桥、漫水桥以及复杂涵洞、改沟工程、人工排灌渠道等，一般应放桩并实测高程与断面。当地形及水文条件简单时，可在1∶2000地形图上查取或采用数字地面模型内插获取，但应进行现场校对。

（八）应实地放出大中桥桥轴线、引道和隧道洞口附近中线，进行纵、横断面测量。

（九）布设路线控制网时，应在隧道进出口、桥的两端各布设两个以上平面控制点及2～3个高程控制点，平面控制点间距应大于500m，河宽小于100m的桥梁可只在一岸设置1个高程控制点。同时将布设的控制点纳入路线控制测量进行施测。

（十）分离立交交叉点确定后，应实地放桩。当主线上跨被交叉公路且不改建被交叉公路时，可只测量交叉角度、交叉点高程、被交叉公路的纵断面及横断面等；当被交叉公路需改建时，被交公路的勘测与调查应按相应等级公路勘测的要求进行，测量长度应满足改线及接线要求。

（十一）公路与铁路交叉应实地放桩时，应测量铁路轨面标高及交叉角度；公路与管线交叉时，应测量交叉位置、长度、交叉角度、悬空高度或埋置深度、杆塔高度以及受影响的长度等。

第三节　定测阶段测量工作内容和要求

一、准备工作

根据任务的内容、规模和仪器设备情况拟定测量方案，对初步设计所搜集的资料进行现场核查，对沿线地形、地貌及地物的变化情况进行核查。

二、控制测量

（一）对初测阶段施测的路线平面、高程控制点的点位分布情况进行全面检查。

1. 当控制点的点位分布满足设计要求时，应对其进行全面检测，检测成果与初测成果的较差在限差以内时，应采用原成果作为作业的依据。

2. 当个别段落控制点分布由于损坏或因方案变更而不能满足设计要求时应进行补设，高程控制测量可采用同级控制加密，平面控制测量连续补点不大于3个时可进行同级加密，技术要求与精度按第四章的要求执行。

3. 当检测成果与初测成果的较差超出限差、或控制点分布不能满足设计要求时，应对整个控制网进行复测或重测，并应重新进行平差计算。

（二）桥梁平面控制测量

1. 当路线平面控制测量的精度、控制点分布、控制点的桩志规格不能满足桥梁设计需要时，应在定测阶段布设桥梁平面控制测量网。

2. 桥梁的每一端附近应设置两个以上的平面控制点，并应便于放样和联测使用，控制点间应相互通视。

3. 桥梁平面控制测量精度和等级，应按第四章的要求确定，同时还应满足表 9-3-1 桥轴线相对中误差的要求。对特殊结构的桥梁，应根据其施工允许误差，确定控制测量的精度和等级。

桥轴线相对中误差 表 9-3-1

桥轴线相对中误差	测量等级	桥轴线相对中误差	测量等级
≤1/150 000	二等	≤1/40 000	一级
≤1/100 000	三等	≤1/20 000	二级
≤1/60 000	四等		

4. 桥梁平面测量控制网采用的坐标系宜与路线控制测量相同，但当路线测量坐标系的长度投影变形对桥梁控制测量的精度产生影响时，应采用独立坐标系，其投影面宜采用桥墩、台顶平均设计高程面。桥梁平面测量控制网应采用自由网的形式，选定基本平行于桥轴线的一条长边作为基线边与路线控制点联测，并作为控制网的起算数据。联测的方法和精度与桥梁控制网的要求相同。对特殊结构的桥梁，应根据其施工误差容许限差，确定控制测量的精度和等级。

5. 桥位平面控制测量，可采用多边形、双大地四边形、导线网形式。采用的观测方法、仪器设备、技术指标应满足确定的精度和等级要求。

6. 在桥轴线方向上，可根据需要每岸设置两个及以上桥位控制桩，桥位桩放样精度应达到二级导线精度要求。桥位桩应设于土质坚实、稳定可靠、不被淹没和冲刷、地势较高、通视良好处。一般采用混凝土桩，山区有岩石露头处，可利用坚固的岩石设置，荒漠戈壁、森林、人烟稀少地区也可设置木质方桩。桥位控制桩宜纳入桥梁控制网进行平差计算。

7. 特大桥的桥梁专用控制点宜采用具有强制对中装置的观测墩，观测墩中应埋置钢管至弱风化层，观测墩的高度视通视条件而定，应保证相邻点间互相通视。

8. 在桥轴线方向上，可根据需要每岸设置 1 ~ 2 桥位控制桩；桥位桩应设于土质坚实、稳定可靠、不被淹没和冲刷、地势较高、通视良好处。一般采用混凝土桩，山区有岩石露头处，可利用坚固的岩石设置，荒漠戈壁、森林、人烟稀少地区也可设置木质方桩。桥位控制桩宜纳入桥梁控制网进行平差计算。

9. 初测阶段布设的路线平面测量控制网可以满足桥梁设计需要时，应进行下列工作：

（1）检查和校核初测阶段的勘测资料和成果。

（2）现场逐一检查平面控制点的完好程度。

（3）当检查确认所有标志完好时，方可进行检测。检测成果在限差以内时，采用初测成果；超限时应复测，并重新计算。

(4)只恢复补设个别标志时,采用插网的形式。当恢复或补设的标志较多,应重新布网并施测。

(三)桥梁高程控制测量

1. 当路线高程控制测量的精度、控制点分布、控制点的桩志规格不能满足桥梁设计需要时,应在定测阶段布设构造物高程控制测量网。

2. 桥梁高程控制测量等级,应按第四章的要求确定。

3. 桥梁的每一端附近应设置两个以上高程控制点,并应便于放样和联测使用。

4. 桥梁高程控制测量宜采用独立网,并应采用与路线高程测量相同的高程系统。

5. 桥梁高程控制测量按跨河水准测量的方法进行,采用的仪器设备、技术指标应能满足确定的精度和等级要求。

6. 特大桥的桥梁高程控制点标志中,应埋置钢管至弱风化层。

7. 桥梁高程控制网一般与平面控制网同时布设,并与路线高程控制点联测,但应保持其本身的精度,作业的方法及精度要求见第四章控制测量部分。

8. 初测阶段布设的路线高程测量控制点可以满足桥梁设计和施工需要时,应进行下列工作:

(1)应对初测的水准点进行检查,对丢失、损坏以及位置不合适的水准点应进行补设。

(2)对新布设的水准点应进行补测,对原有水准点应进行检测。检测成果在限差以内时,采用初测成果;超出限差时,必须进行复测并重新计算。

(四)隧道洞外平面控制测量

1. 对于中、长、特长隧道,当路线平面控制测量的精度和控制点分布不能满足隧道设计需要时,应在定测阶段布设隧道专用平面控制测量网。

2. 采用 GPS 测量、三角测量、三边测量、导线测量等方法建立隧道平面控制测量网。

3. 隧道平面测量控制网采用的坐标系宜与路线控制测量相同,但当路线测量坐标系的长度投影变形对隧道控制测量的精度产生影响时,应采用独立坐标系,其投影面宜采用隧道纵面设计标高的平均高程面。

4. 隧道平面测量控制网应采用自由网的形式,选定基本平行于隧道轴线的一条长边作为基线边与路线控制点联测,并作为控制网的起算数据。联测的方法和精度与隧道控制网的要求相同。

5. 各洞口附近应设置两个以上相互通视平面控制点,点位应便于引测进洞。

6. 控制网的选点,应结合隧道平面线形及施工时放样洞口(包括辅助道口)投点的需要布设;结合地形、地物,力求图形简单、坚强;在确保精度的前提下,充分考虑观测条件、测站稳固、交通方便等因素。一般各洞口附近应设置两个以上相互通视平面控制点,并设置 1 个洞口投点,洞口投点位置的选定应便于引测进洞且不影响施工,隧道洞口投点宜纳入控制网内进行平差计算。特长隧道及长隧道预先应作控制测量设计。在地形图上选点,用几种网形作比较,并估算其洞口投点的误差,从而选用合理图形。

7. 特长、长隧道宜进行控制测量设计。应首先在地形图上选点,并估算其洞口投点的误差,选用合理图形。并宜对特长、长隧道横向贯通中误差进行预计,对施工阶段所使用的仪器等级、测量方法作出建议。隧道内相向施工中线的贯通中误差应符合表 9-3-2 的规定。

贯通中误差　　表9-3-2

测量部位	两开挖洞口间长度(m)			高程中误差(mm)
	<3000	3000~6000	>6000	
	贯通中误差(mm)			
洞外	≤±45	≤±60	≤±90	≤±25
洞内	≤±60	≤±80	≤±120	≤±25
全部隧道	≤±75	≤±100	≤±150	≤±35

8.当初测阶段布设路线平面控制测量的精度和控制点分布可以满足设计和施工需要时，应进行检测，检测成果在限差以内时，采用初测成果；当检测成果超出限差时，应复测并重新计算。

9.贯通误差预计

由于隧道洞外控制测量、洞内控制测量、施工放样以及联系测量的误差的影响，使得隧道相向开挖的施工中线产生错位或不能很好的衔接，即所谓的贯通误差。贯通误差按其方向分为纵向误差、高程误差和横向误差。纵向误差是误差在路线中线方向上的投影长度，只要该误差满足中线测量的要求，就不会影响路线纵坡；高程误差是误差在高程方向的投影长度，施工时一般用水准测量方法进行，比较容易实现；横向误差是指误差在垂直于路线中线方向上的投影长度，该误差如果太大，将会引起路线几何线形的改变，严重时会造成部分已开挖隧道报废，严重影响施工质量，造成重大损失，因此该误差有时称为重要方向上的误差。

洞外平面控制测量是隧道贯通测量的基础，其主要作用是保证隧道相向开挖工作面能正确贯通，它的精度要求主要取决于隧道的长度、形状、开挖面的数量以及施工方法等，洞外平面控制测量的精度直接影响贯通测量精度。

横向贯通误差主要取决于洞内导线测角误差，贯通面的横向误差计算公式如下(见图9-3-1)。

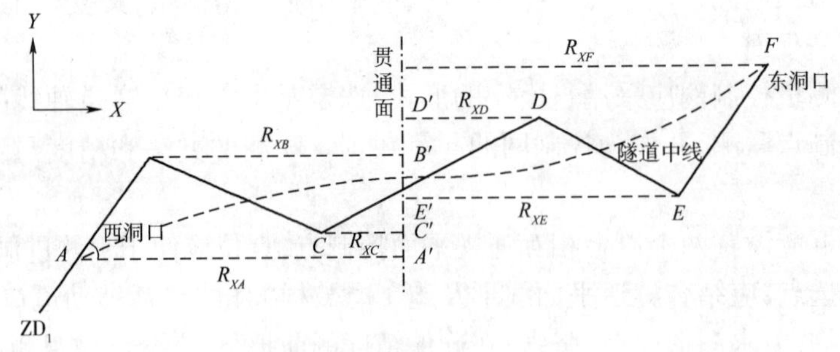

图 9-3-1

(1)由两洞口投点相对点位中误差所引起的横向贯通误差为：

$$m_1 = \pm\frac{\sqrt{2}}{2}m_{AF} \tag{9-3-1}$$

式中：m_{AF}——两洞口投点相对点位中误差(mm)。

(2)由两洞口联系方向误差所引起横向贯通误差为：

$$m_2 = \pm \frac{m_\alpha''}{\rho''}\sqrt{R_{AX}^2 + R_{FX}^2} \tag{9-3-2}$$

式中：m_α''——两洞口连接边的方向中误差，以秒计；

R_{AX}、R_{FX}——两洞口投点 A、F 至贯通面的垂直距离。

(3)由洞内导线测角误差而引起的横向贯通误差为：

$$m_3 = \pm \frac{m_\beta''}{\rho''}\sqrt{\sum R_X^2} \tag{9-3-3}$$

式中：m_β''——导线测角和中误差，以秒计；

$\sum R_X^2$——测角的各导线点至贯通面的垂直距离的平方和；

ρ''——206 265″。

(4)由于导线测距误差而引起的横向贯通误差为：

$$m_4 = \pm \frac{m_l}{l}\sqrt{\sum d_y^2} \tag{9-3-4}$$

式中：$\frac{m_l}{l}$——导线边长的相对中误差；

$\sum d_y^2$——各导线边在贯通面上投影长度平方总和。

(5)贯通面的横向中误差为：

$$m = \pm \sqrt{m_1^2 + m_2^2 + m_3^2 + m_4^2} \tag{9-3-5}$$

10. 贯通测量设计书的编制

(1)编制内容

隧道工程，尤其是长大隧道的贯通工程，其工程规模较大，在隧道施工前必须进行隧道贯通测量预计，确定隧道施工阶段使用的测量仪器、测量方案及测量方法和测量精度，编制隧道贯通测量设计书，隧道贯通测量设计书内容应包括：贯通测量方案，需附有比例尺不小于1:2000的贯通测量设计图；采用的测量方案、方法、仪器及作业精度；隧道贯通测量的误差预计。

贯通测量方案和测量方法选用是否合理，一方面要保证贯通测量的精度满足贯通工程的设计容许限差，另一方面还应实地施测时切实可行。误差预计方法是对贯通误差的一种估算，不是预计贯通实际偏差的大小，而是预计实际偏差可能的限度，因此贯通误差预计具有概率上的意义。根据《公路勘测规范》(JTG C10)和《公路勘测细则》(JTG/T C10)，贯通测量的预计误差可采用中误差的两倍值。根据误差理论可知，实际误差超过两倍中误差的可能性仅占4.6%，因此，凡按规定的方法测量，只要没有出现粗差，贯通的实际误差一般总小于预计误差，大量的贯通实践也证明了这一点。对于特别重要的精确贯通，预计误差可采用3倍中误差，此时实际偏差超过预计误差的概率极小(0.3%)。

(2)选择贯通测量方案和误差预计的一般步骤

①了解情况，收集资料，初步确定贯通测量方案

在进行隧道贯通误差预计前，首先应了解贯通工程的设计部署、工程限差要求和贯通相遇点的位置情况。还要收集与贯通测量有关的测量资料，抄录必要的测量起算数据，并了解其精度。绘制隧道贯通测量设计平面图，并在图上绘出与工程有关的平面测量控制点和高程测量

控制点。然后就可以根据实际情况拟定出可供选择的测量方案,此时可能有几种方案,应根据误差大小、贯通隧道的规模等,结合以往的经验初步确定一个较优的贯通测量方案。

②测量方案初步确定后,选用什么仪器和哪种测量方法,规定多大的限差,采取什么检核措施,都要一一确定下来。这个选择是和误差预计工作相配合进行的,常常有反复的过程,一般是根据现有的仪器和常用的测量方法,或根据规范规定的地面测量所使用的测量仪器和测量方法及精度,凭经验先确定一种,经过误差预计,最后才能确定下来。

③进行贯通误差预计

依据初步确定的贯通测量方案和各种误差参数,就可估算出各项测量误差引起的贯通相遇点在贯通重要方向上的误差。通过误差预计,不仅可以获得贯通测量误差的总预计误差大小,而且还可以知道哪些测量环节是贯通测量的主要误差来源,便于在修改测量方案和测量方法时有所依据,其针对性较强。

④将估算得到的贯通预计误差与设计要求的容许偏差进行比较,若预计误差小于容许偏差,则初步确定的测量方案和测量方法是可行的。若预计误差大于容许偏差,则应调整测量方法或修改测量方法和仪器,进行估算,通过逐步趋近的方法,直到符合要求为止。误差预计有时要多次进行,但通过分析,针对主要产生误差的测量环节进行调整和修改,能比较快的获得满意的结果。

⑤最后,根据测量方案可行、测量方法合理、预计误差小于容许偏差的原则,将贯通测量的方案、使用的测量方法和仪器及独立测量的次数最终确定下来,随后应在贯通测量设计图上详细绘出所选择的测量方案、路线和测点位置等,在设计说明书中应详细说明所选用的仪器、测量方法、测量限差,这些设计图和说明书是施工贯通测量的依据。

(五)隧道高程控制测量

1. 对于长、特长隧道,当路线高程控制测量的等级、精度和控制点分布不能满足设计需要时,应在定测阶段前布设隧道专用高程控制测量网。

2. 隧道专用高程控制测量的等级和技术要求,应根据隧道长度和水准路线长度,按第四章的要求确定。隧道高程控制测量宜采用独立网。

3. 在隧道洞口附近(包括辅助坑道口)应各设置两个及以上水准点。

4. 当路线高程控制测量的等级、精度和控制点分布满足规范要求时,应对初测施测高程控制网进行检测,其高差不符值在规定限差以内时,采用初测成果;超出限差时必须进行复测并重新计算。

5. 隧道轴线与洞外连接线的衔接,应以隧道控制测量为准,对路线控制重新进行平差计算。

三、地形图测绘

(一)对地形图进行现场核对。地形、地物发生变化的路段,应予修测;地形图范围不能满足设计要求时,应进行补测;变化较大时,应予重测。

(二)局部地区地物变动不大时,地形图修测可使用交会法,地形、地物变化较大或采用交会法施测较困难时,应利用导线点、图根点进行。

(三)原有导线点、图根点不能满足修测和补测需要时,应进行导线点(图根点)补测。

(四)隧道按最终确定的洞口位置测绘洞口地形图,比例尺为1∶500,其范围一般为前、后、左、右各宽60～100m;当有引桥、改沟(防护)等工程处理措施时,应根据设计需要扩大测绘范围。

(五)互通式立体交叉、分离式立体交叉、公路与公路及公路与铁路平面交叉、复杂的管线交叉,应测绘比例尺为1∶500～1∶2000的地形图。

(六)沿线占用土地应测绘用地图,结合设计需要提供永久性占地和临时占地数量。用地图比例尺为1∶1000～1∶5000。

(七)根据需要对需要进行特殊设计的集水、排水、输水工程设施,测绘比例尺为1∶500～1∶2000的地形图。

四、路线测量

(一)中桩测量

1. 路线全线包括桥梁、隧道、互通立交等的中桩间距不应大于表9-3-3的规定,路线起终点桩、曲线要素桩包括曲线起终点桩、曲中桩、直缓桩、缓圆桩、圆缓桩、缓直桩等均应准确放出。

中桩间距　　表9-3-3

直　线　(m)		曲　线　(m)			
平原微丘区	山岭重丘区	不设超高的曲线	$R>60$	$30<R<60$	$R<30$
50	25	25	20	10	5

注:表中R为平曲线半径,以米计。

2. 在下列各处应加桩:

(1)路线纵、横向地形变化处;

(2)路线与其他线状物交叉处;

(3)拆迁建筑物处;

(4)桥梁、涵洞、隧道等构造物处;

(5)省、地(市)、县级行政区划分界处;

(6)改、扩建公路地形特征点、构造物和路面面层类型变化处。

3. 互通式立交的匝道和连接线放桩时,中桩间距直线段应不大于20m,曲线段应不大于10m。

4. 中桩测量可采用极坐标法、GPS—RTK法、链距法、偏角法、支距法等方法进行。高速公路、一、二级公路宜采用极坐标法、GPS—RTK法。

5. 采用极坐标法、GPS—RTK方法敷设中线时,应符合以下要求:

(1)中桩钉好后宜测量并记录中桩的平面坐标,测量值与设计坐标的差值应小于中桩测量的桩位限差。

(2)可不设置交点桩而一次放出整桩与加桩,亦可只放直、曲线上的控制桩,其余桩可用链距法测定。

(3)采用极坐标法时,测站转移前,应观测检查前、后相邻控制点间的角度和边长,角度观测左角一测回,测得的角度与计算角度互差应满足相应等级的测角精度要求。距离测量一测回,其值与计算距离之差应满足相应等级的距离测量要求。测站转移后,应对前一测站所放桩位重放1~2个桩点,桩位精度应满足表9-3-4的要求。采用支导线敷设少量中桩时,支导线的边数不得超过3条,其等级应与路线控制测量等级相同,观测要求应符合第四章的规定,并应与控制点闭合,其坐标闭合差应小于70mm。

中桩平面桩位精度指标 表9-3-4

公路等级	中桩位置中误差(mm)		桩位检测之差(mm)	
	平原微丘区	山岭重丘区	平原微丘区	山岭重丘区
高速公路、一、二级公路	≤±50	≤±100	≤100	≤200
三级及以下公路	≤±100	≤±150	≤200	≤300

6.采用GPS—RTK方法时,求取转换参数采用的控制点应涵盖整个放线段,采用的控制点应大于4个,流动站至基准站的距离应小于5km,流动站至最近的高等级控制点应小于2km。并应利用另外一个控制点进行检查,检查点的观测坐标与理论值之差应小于桩位检测之差的0.7倍。放桩点不宜外推。基准站的选择应满足本手册第四章的要求。

7.采用链距法、偏角法、支距法等方法测定路线中桩,其闭合差应小于表9-3-5的规定。

距离偏角测量闭合差 表9-3-5

公路等级	纵向相对闭合差		横向闭合差(mm)		角度闭合差(″)
	平原微丘	重丘山岭	平原微丘	重丘山岭	
高速公路、一、二级公路	1/2000	1/1000	100	100	60
三级及以下公路	1/1000	1/500	100	150	120

供链距法测定中桩的控制桩(公里桩,曲线起、中、终点桩等)应读数2次,其点位互差不得大于20mm,并于桩顶钉小钉以示点位。

(二)中桩高程测量

1.采用水准测量、三角高程测量或GPS—RTK方法,对路线、桥梁、隧道、立交等处所放中桩进行高程测量,进行高程测量时应起闭于路线高程控制点。

2.高程应测至桩志处的地面,读数取位至毫米,其测量的精度指标应符合表9-3-6的规定。

中桩高程测量精度 表9-3-6

公路等级	闭合差(mm)	两次测量之差(mm)
高速公路、一、二级公路	$\leqslant 30\sqrt{L}$	≤50
三级及以下公路	$\leqslant 50\sqrt{L}$	≤100

注:L为高程测量的路线长度,单位km。

3.三角高程测定中桩高程的方法主要应用于山丘地带以及沼泽、水网地区。采用三角高程测定中桩高程时,每一次距离应观测一测回2个读数,垂直角应观测一测回。

4.采用GPS—RTK方法时,求解转换参数采用的高程控制点不应少于4个且应涵盖整个中桩高程测量区域,流动站至最近高程控制点的距离不应大于2km,并应利用另外一个控制点进行检查,检查点的观测高程与理论值之差应小于表9-3-6两次测量之差的0.7倍。

5. 沿线需要特殊控制的建筑物、管线、铁路轨顶等,应按规定测出其标高,其两次测量之差应小于 20mm。

(三)横断面测量

1. 对路线、桥梁、隧道、立交等处所放中桩进行横断面测量,高速公路、一、二级公路横断面测量应采用水准仪—皮尺法、GPS—RTK 方法、全站仪法、经纬仪视距法、架置式无棱镜激光测距仪法;无构造物及防护工程路段可采用数字地面模型方法、手持式无棱镜激光测距仪法;特殊困难地区和三级及三级以下公路,可采用手水准仪法、数字地面模型方法和手持式无棱镜激光测距仪法、抬杆法。

2. 横断面中的距离、高差的读数取位至 0.1m,检测互差限差应符合表 9-3-7 的规定。

横断面检测互差限差 表 9-3-7

路线	距离(m)	高差(m)
高速公路、一、二级公路	$L/100+0.1$	$h/100+L/200+0.1$
三级及以下公路	$L/50+0.1$	$h/50+L/100+0.1$

注:① L——测点至中桩的水平距离(m);

② h——测点至中桩的高差(m)。

3. 横断面测量的宽度应满足路基及排水设计、附属物设置等需要。

4. 采用无棱镜激光测距仪法测量时,其距离和高差应观测两次,两次读数之差不应超过表 9-3-7 的规定时,取平均值作为最终观测值。

5. 横断面测量应逐桩施测,其方向应与路线中线切线垂直。

6. 横断面测量除应观测高程变化点之间的距离和高差外,还宜观测最远点到中桩的距离和高差,其与高程变化点之间的距离和高差总和之差不应大于表 9-3-7 的规定。

7. 高速公路、一级公路的分离式路基和二、三、四级公路的回头弯路段,应测出连通上、下行路线横断面,并应标注相关关系。

8. 横断面测量应反映地形、地物情况,横断面应在现场点绘成图并及时核对;采用测记法室内点绘时,必须进行现场核对。

9. 采用数字地面模型获取横断面数据时,其航空摄影成图及 DTM 建立除应满足各自的要求外,在进行像片控制测量时应对植被茂密的地段适当加密像控点。在像片调绘时应加强对沿线陡坎、植被、建筑物等的调查,并应对植被茂密、峡谷等地段进行横断面抽查,抽查比例应大于 5%。

第四节 曲线测设

一、概述

无论是公路,还是城市道路,平面线形均要受到地形、地物、水文、地质及其他因素的限制而改变路线方向,在直线转向处要用曲线连接起来,这种曲线称为平曲线。平曲线包括圆曲线和缓和曲线两种，如图9-4-1所示，圆曲线是具有一定曲率半径的圆弧。完整的缓和曲线是在直线与圆曲线之间加设的，曲率半径由无穷大逐渐变化为圆曲线半径的曲线。我国公路采用辐射螺旋线，亦称为回旋线。根据《公路工程技术标准》(JTG B01)的规定：当平曲线半径小于不设超高的最小半径时，应设缓和曲线。四级公路可不设缓和曲线，只设圆曲线。

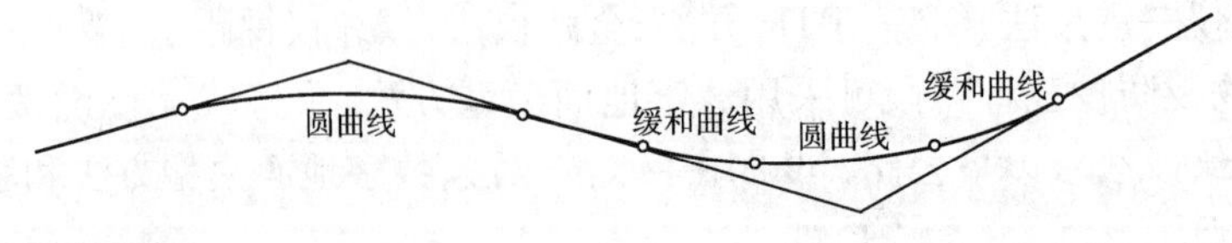

图 9-4-1

中线测量是通过直线和曲线的测设，将道路的中线具体地布设到地面上去。

二、圆曲线的测设

圆曲线是指具有一定半径的圆弧，是路线转弯经常采用的曲线形式之一。圆曲线的测设一般分两步进行，先测设曲线的主点，即曲线的起点、中点和终点；然后在主点之间按规范规定的桩距测设曲线的其他各点。

(一)圆曲线的测设元素

如图9-4-2，交点JD的转角为α，圆曲线半径为R，则曲线的测设元素可按下列公式计算：

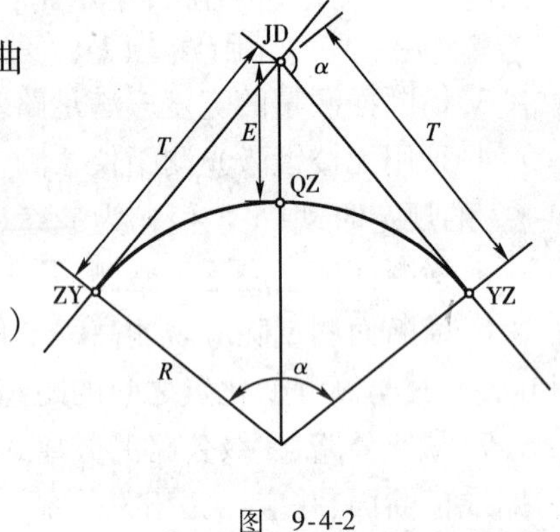

图 9-4-2

$$\left.\begin{aligned}&\text{切线长} \quad T = R\tan\frac{\alpha}{2}\\&\text{曲线长} \quad L = R\alpha\frac{\pi}{180^\circ}\\&\text{外　距} \quad E = R\left(\sec\frac{\alpha}{2}-1\right)\\&\text{切曲差} \quad D = 2T - L\end{aligned}\right\}\tag{9-4-1}$$

(二)主点测设

1. 主点里程的计算

交点JD的里程由中线丈量或计算得到，根据交点的里程和曲线测设元素，即可算出各主点的里程，由图9-4-2可知：

$$\left.\begin{aligned}&\text{ZY 里程} = \text{JD 里程} - T\\&\text{YZ 里程} = \text{ZY 里程} + L\\&\text{QZ 里程} = \text{YZ 里程} - \frac{L}{2}\\&\text{JD 里程} = \text{QZ 里程} + \frac{D}{2}(\text{校核})\end{aligned}\right\}\tag{9-4-2}$$

【例9-4-1】 已知交点的里程为K3+182.76，测得转角$\alpha = 25°48'$，圆曲线半径$R = 300\text{m}$，求曲线测设元素及主点里程。

(1)曲线测设元素

由公式(9-4-1)可得：

$$T = 68.71\text{m}$$
$$L = 135.09\text{m}$$
$$E = 7.77\text{m}$$
$$D = 2.33\text{m}$$

（2）主点里程

由公式（9-4-2）可得：

JD	K3 +182.76	
－）T	68.71	
ZY	K3 +114.05	
＋）L	135.09	
YZ	K3 +249.14	
－）$L/2$	67.54	
QZ	K3 +181.60	
＋）$D/2$	1.16	
JD	K3 +182.76	（计算无误）

2. 主点的测设

将经纬仪置于交点 JD_i 上，望远镜照准后交点 JD_{i-1} 或此方向上的转点，量取切线长 T，得曲线起点 ZY，插一测杆。然后用钢尺丈量 ZY 至最近一个直线桩的距离，如两桩号之差等于所丈量的距离或相差在容许范围内，即可在测钎处打下 ZY 桩。如超出容许范围，应查明原因，以确保桩位的正确性。设置终点时，将望远镜照准前交点 JD_{i+1} 或此方向上的转点，往、返量取切线长 T，得曲线终点，打下 YZ 桩。设置曲中点时，可自交点沿分角线方向量取外距 E，打下 QZ 桩。

（三）圆曲线的详细测设

在圆曲线的主点设置后，即可进行曲线的详细测设。圆曲线按桩距在曲线上设桩，通常有整桩号法和整桩距法。整桩号法是将曲线上靠近起点 ZY 的第一个桩的桩号凑整成为桩距倍数的整桩号，然后按桩距连续向曲线终点 YZ 设桩，这样设置的桩均为整桩号。整桩距法是从曲线起点 ZY 和终点 YZ 开始，分别以桩距连续向曲线中点 QZ 设桩，由于这样设置的桩一般不是整数，因此应注意加设百米桩和公里桩。中线测量中一般均采用整桩号法。

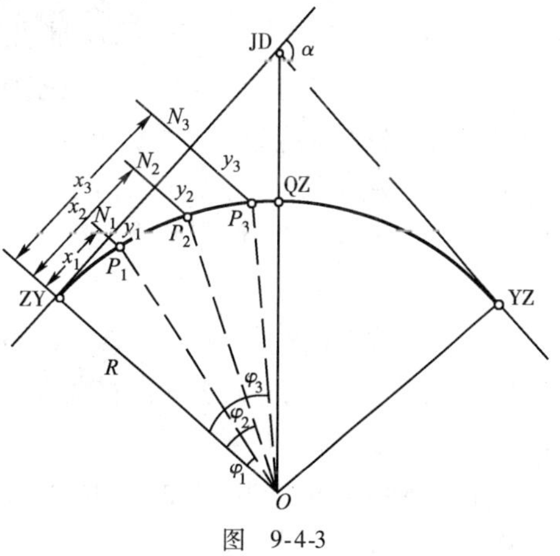

图　9-4-3

1. 切线支距法

切线支距法是以曲线的起点 ZY 或终点 YZ 为坐标原点，以切线为 x 轴，过圆心的半径为 y 轴，按曲线上各点坐标 x、y 设置曲线。

如图9-4-3，设 P_i 为曲线上欲测设的点位，该点至ZY点或YZ点的弧长为 l_i，φ_i 为 l_i 所对的圆心角，R 为圆曲线半径，则 P_i 的坐标可按(9-4-3)式计算：

$$\left.\begin{aligned} x_i &= R\sin\varphi_i \\ y_i &= R(1-\cos\varphi_i) \end{aligned}\right\} \tag{9-4-3}$$

式中：

$$\varphi_i = \frac{l_i}{R} \cdot \frac{180°}{\pi} \tag{9-4-4}$$

【例9-4-2】 例9-4-1若采用切线支距法并按整桩号法设桩，计算各桩坐标。

上例已计算出主点里程，在此基础上按整桩号法列出详细测设的桩号，并计算其坐标，具体计算见表9-4-1。

切线支距法计算主点里程坐标 表9-4-1

桩 号	各桩至ZY或YZ的曲线长度	圆心角（φ）	x_i	y_i
ZY K3+114.05	0	0°00′00″	0	0
+120	5.95	1°08′11″	5.95	0.06
+140	25.95	4°57′22″	25.92	1.12
+160	45.95	8°46′33″	45.77	3.51
+180	65.95	12°35′44″	65.42	7.22
QZ K3+181.60				
+200	49.14	9°23′06″	48.92	4.02
+220	29.14	5°33′55″	29.09	1.41
+240	9.14	1°44′44″	9.14	0.14
YZ K3+249.14	0	0°00′00″	0	0

采用切线支距法测设曲线时，为避免支距过长，一般由ZY、YZ点分别向QZ点施测，其测设步骤如下：

(1)从ZY(或YZ)点开始用钢尺或皮尺沿切线方向量取 P_i 的横坐标 x_i，得垂足 N_i。

(2)在各垂足 N_i 上用方向架定出垂直方向，量取纵坐标 y_i，即可定出 P_i 点。

(3)曲线上各点设置完毕后，应量取相邻各桩之间的距离，与相应的桩号之差作比较，若较差均在限差之内，则曲线测设合格；否则应查明原因，予以纠正。

这种方法适用于平坦、开阔的地区，具有测点误差不累积的优点。

2. 偏角法

偏角法是以曲线起点ZY或终点YZ至曲线任一待定点 P_i 的弦线与切线 T 之间的弦切角(一般称为偏角) Δ_i 和弦长 C_i 来确定 P_i 点的位置。

如图9-4-4，根据几何原理，偏角 Δ_i 等于相应弧长所对的圆心角 φ 之半，即

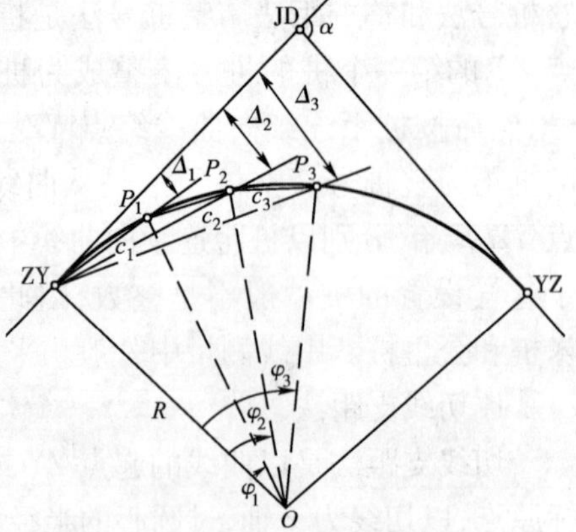

图 9-4-4

$$\Delta_i = \frac{\varphi}{2} \tag{9-4-5}$$

顾及式(9-4-4),则

$$\Delta_i = \frac{l_i}{R} \cdot \frac{90°}{\pi} \tag{9-4-6}$$

弦长 c 可按下式计算:

$$c = 2R\sin\frac{\varphi}{2} \tag{9-4-7}$$

如将式(9-4-7)中 $\sin\frac{\varphi}{2}$ 用级数展开,并以 $\varphi = \frac{l}{R}$ 代入,则

$$c = 2R\left[\frac{\varphi}{2} - \frac{\left(\frac{\varphi}{2}\right)^3}{3!} + \cdots\right] = 2R\left(\frac{l}{2R} - \frac{l^3}{48R^3} + \cdots\right) = l - \frac{l^3}{24R^2} + \cdots \tag{9-4-8}$$

弧弦差

$$\delta = l - c = \frac{l^3}{24R^2} \tag{9-4-9}$$

在实际工作中,弦长 c 可通过式(9-4-8)计算,亦可先按式(9-4-9)计算弧弦差 δ,再计算弦长 c。

【例 9-4-3】 仍以例 9-4-1 为例,采用偏角法按整桩号设桩,计算各桩的偏角和弦长。

设曲线由 ZY 点和 YZ 点分别向 QZ 点测设,计算见表 9-4-2。

偏角法计算主点里程坐标　　　　表 9-4-2

桩　号	各桩至 ZY 或 YZ 的曲线长度(m)	偏角值 ° ′ ″	偏角读数 ° ′ ″	相邻桩间弧长	相邻桩间弦长
ZY K3 +114.05	0	0 00 00	0 00 00	0	0
+120	5.95	0 34 05	0 34 05	5.95	5.95
+140	25.95	2 28 41	2 28 41	20	20.00
+160	45.95	4 23 16	4 23 16	20	20.00
+180	65.95	6 17 52	6 17 52	20	20.00
QZ K3 +181.60	67.55	6 27 00	6 27 00	1.60	1.60
			353 33 00	18.40	18.40
+200	49.14	4 41 33	355 18 27	20	20.00
+220	29.14	2 46 58	357 13 02	20	20.00
+240	9.14	0 52 22	359 07 38	9.14	9.14
YZ K3 +249.14	9	0 00 00	0 00 00	0	0

采用偏角法放桩时应注意,当所放中桩在 ZY(YZ)切线方向右偏时,所拨角度即为计算角度;当为左偏时所拨角度则为 180°减去计算角度。

偏角法的测设步骤如下(以例9-4-3为例):

(1)将经纬仪置于ZY点上,瞄准交点JD,并将水平度盘配置在0°00′00″。

(2)转动照准部使水平度盘读数为桩"+120"的偏角读数0°34′05″,从ZY点沿此方向量取弦长5.95m,定出K3+120。

(3)转动照准部使水平度盘读数为桩"+140"的偏角读数2°28′41″,由桩"+120"量弦长20m与视线方向相交,定出K3+140。

(4)按上述方法逐一定出"+160"、"+180"及QZ点K3+181.60,此时定出的QZ点应与主点测设时定出的QZ点重合。

(5)将仪器移至YZ点上,瞄准交点JD并将度盘配置在0°00′00″。

(6)转动照准部使水平度盘读数为桩"+240"的偏角读数359°07′38″,沿此方向从YZ点量取弦长9.14m,定出K3+240。

(7)转动照准部使度盘读数为桩"+220"的偏角读数357°13′02″,由桩"+240"量弦长20m与视线方向相交得K3+240。

(8)依此逐一定出"+200"和QZ点。

偏角法不仅可以在ZY和YZ点上测设曲线,而且可在QZ点上测设,也可在曲线任一点上测设,它是一种测设精度较高、适用性较强的常用方法。但这种方法存在着测点误差累积的缺点,所以宜从曲线两端向中点或自中点向两端测设曲线。

三、缓和曲线的测设

车辆在曲线上行驶,会产生离心力。由于离心力的作用,汽车由直线段进入曲线时,会突然产生离心力,驶出曲线段离心力又突然消失,这将使驾驶员操作困难,乘客不舒服,行车不安全,为此可采用在圆曲线部分设置超高或在直线和圆曲线之间设置一段回旋曲线的方法,以减缓离心力的变化引起的不利影响。《公路工程技术标准》(JTG B01)规定:当直线与不设超高的最小半径圆曲线相衔接处,应设置回旋线,即在直线与圆曲线之间插入一段曲率半径由无穷大逐渐变化至圆曲线半径的过渡性曲线,这段曲线称为缓和曲线。

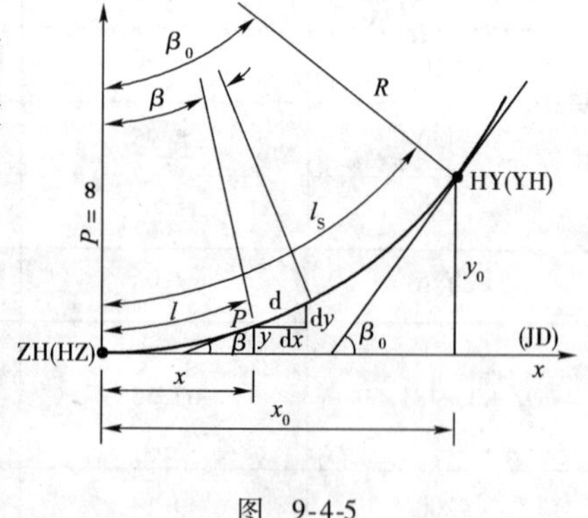

图 9-4-5

(一)缓和曲线公式

1. 基本公式

如图9-4-5,回旋线是曲率半径随曲线长度的增大而成反比地均匀减小的曲线,即在回旋线上任一点的曲率半径ρ与曲线长度l成反比,以公式表示为:

$$\rho=\frac{c}{l}$$

或者

$$\rho l=c \tag{9-4-10}$$

c值可按以下方法确定,在缓和曲线终点即HY点(或YH点)的曲率半径等于圆曲线半径,即$\rho=R$,该点的曲线长度即是缓和曲线的全长l_S,即$l=l_S$,按式(9-4-10)可得:

$$c=Rl_S \tag{9-4-11}$$

c为缓和曲线参数,表示缓和曲线半径的变化率,与车速有关,目前我国公路一般采用:

$$c = 0.035v^3$$

式中:v——为计算行车速度,以 km/h 为单位。

缓和曲线全长:

$$l_s = 0.035\frac{v^3}{R} \tag{9-4-12}$$

2. 切线角公式

如图 9-4-5,设回旋线上任一点 P 的切线与 ZH 或 HZ 切线的交角为β,该角值与 P 点至起点曲线长 l 所对的中心角相等,在 P 处取一微分弧段 $\mathrm{d}l$,所对的中心角 $\mathrm{d}\beta$,于是

$$\mathrm{d}\beta = \frac{\mathrm{d}l}{\rho} = \frac{l\mathrm{d}l}{c}$$

积分得:

$$\beta = \frac{l^2}{2Rl_S} \times \frac{180°}{\pi} \tag{9-4-13}$$

当 $l = l_S$ 时,β以β_0 表示,式(9-4-13)可写成:

$$\beta_0 = \frac{l_S}{2R} \tag{9-4-14}$$

以角度表示则为

$$\beta_0 = \frac{l_S}{2R} \cdot \frac{180°}{\pi} \tag{9-4-15}$$

β_0 即为缓和曲线全长 l_S 所对的中心角即切线角,亦称缓和曲线角。

3. 缓和曲线的参数方程

如图 9-4-5,设缓和曲线起点为原点,过该点的切线为 x 轴,半径为 y 轴,任取一点 P 的坐标为(x、y),则微分弧段 $\mathrm{d}l$ 在坐标轴上投影为:

$$\left.\begin{aligned} \mathrm{d}x &= \mathrm{d}l \cdot \cos\beta \\ \mathrm{d}y &= \mathrm{d}l \cdot \sin\beta \end{aligned}\right\} \tag{9-4-16}$$

将式(9-4-16)中 $\cos\beta$、$\sin\beta$ 按级数展开,并将式(9-4-13)代入,积分,略去高次项得:

$$\left.\begin{aligned} x &= l - \frac{l^5}{40R^2l_S^2} \\ y &= \frac{l^3}{6Rl_S} - \frac{l^7}{336R^3l_S^3} \end{aligned}\right\} \tag{9-4-17}$$

式(9-4-17)称为缓和曲线的参数方程。

当 $l = l_S$ 时,得到缓和曲线终点坐标:

$$\left.\begin{aligned} x_0 &= l_S - \frac{l_S^3}{40R^2} \\ y_0 &= \frac{l_S^2}{6R} - \frac{l_S^4}{336R^3} \end{aligned}\right\} \tag{9-4-18}$$

(二)圆曲线带有缓和曲线的主点测设

1. 内移值与切线增值

如图9-4-6,在直线与圆曲线之间插入缓和曲线时,必须将原有的圆曲线向内移动距离 p,才能使缓和曲线的起点位于直线方向上,这时切线增长 q。公路上一般采用圆心不动的平行移动方法,即未设缓和曲线时的圆曲线为 FG,其半径为 $(R+p)$;插入两段缓和曲线 AC 和 BD 后,圆曲线向内移,其保留部分为 CMD,半径为 R,所对圆心角为 $(\alpha-2\beta_0)$。由图可知:

$$\left.\begin{aligned}p&=y_0-R(1-\cos\beta_0)\\q&=x_0-R\sin\beta_0\end{aligned}\right\}\quad(9\text{-}4\text{-}19)$$

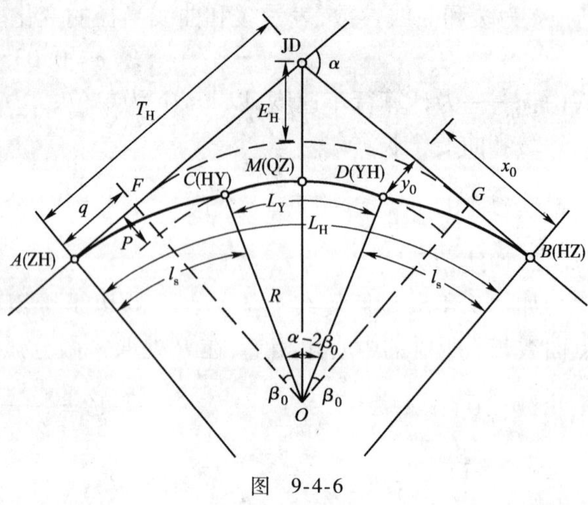

图 9-4-6

将式(9-4-19)中 $\cos\beta_0$、$\sin\beta_0$ 展开为级数,略去高次项,并按式(9-4-14)和(9-4-18)将 β_0、x_0 和 y_0 代入,可得:

$$\left.\begin{aligned}p&=\frac{l_S^2}{24R}\\q&=\frac{l_S}{2}-\frac{l_S^3}{240R^2}\end{aligned}\right\}\qquad(9\text{-}4\text{-}20)$$

由式(9-4-20)与式(9-4-17)可知,内移值 p 近似等于缓和曲线中点纵坐标 y 的2倍;切线增值约为缓和曲线长度之半,缓和曲线的位置大致是一半占用直线部分,另一半占用原曲线部分。

2. 曲线测设元素

当转角 α、圆曲线半径 R 和缓和曲线长 l_S 确定后,即可按式(9-4-14)及(9-4-20)计算切线角 β_0、内移值 p 和切线增值 q。在此基础上计算曲线测设元素,如图9-4-6,曲线测设元素可按公式(9-4-21)计算:

$$\left.\begin{aligned}&\text{切线长}\quad T_H=(R+p)\tan\frac{\alpha}{2}+q\\&\text{曲线长}\quad L_H=R(\alpha-2\beta_0)\frac{\pi}{180^\circ}+2l_S\\&\text{或者}\quad L_H=R\alpha\frac{\pi}{180^\circ}+l_S\\&\text{圆曲线长}\quad L_Y=R(\alpha-2\beta_0)\frac{\pi}{180^\circ}\\&\text{外距}\quad E_H=(R+p)\sec\frac{\alpha}{2}-R\\&\text{切曲差}\quad D_H=2T_H-L_H\end{aligned}\right\}\qquad(9\text{-}4\text{-}21)$$

3. 主点测设

根据交点的里程和曲线测设元素,计算主点里程

$$\left.\begin{array}{ll}\text{直缓点} & ZH = JD - T_H \\ \text{缓圆点} & HY = ZH + l_S \\ \text{圆缓点} & YH = HY + L_Y \\ \text{缓直点} & HZ = YH + l_S \\ \text{曲中点} & QZ = HZ - \dfrac{L_H}{2} \\ \text{交　点} & JD = QZ + \dfrac{D_H}{2}\text{(校核)}\end{array}\right\} \qquad (9\text{-}4\text{-}22)$$

主点 ZH、HZ 和 QZ 的测设方法，与圆曲线主点测设相同，HY 和 YH 点可按式(9-4-18)计算出坐标值，用切线支距法测设。

（三）带有缓和曲线的曲线详细测设

1. 切线支距法

切线支距法是以直缓点 ZH 或缓直点 HZ 为坐标原点，以切线为 x 轴，过原点的半径为 y 轴，利用缓和曲线和圆曲线上各点的 x、y 坐标测设曲线，在缓和曲线上各点的坐标可按缓和曲线参数方程式(9-4-17)计算。

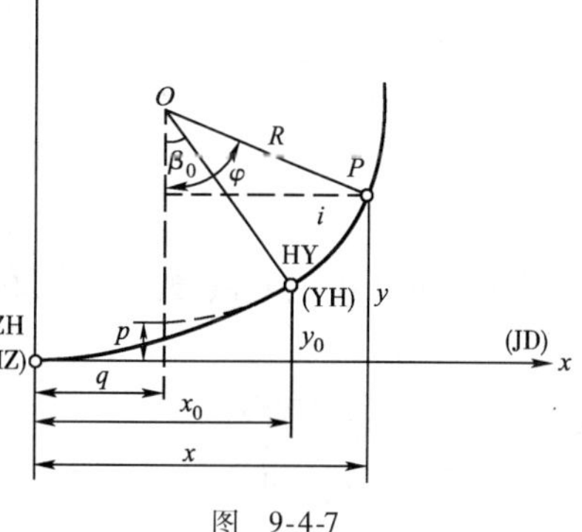

图 9-4-7

圆曲线上 P 点坐标的计算公式可按图 9-4-7 写出：

$$\left.\begin{array}{l} x = R\sin\phi + q \\ y = R(1 - \cos\phi) + p \end{array}\right\} \qquad (9\text{-}4\text{-}23)$$

式中：$\phi = \dfrac{l}{R} \times \dfrac{180^\circ}{\pi} + \beta_0$，l 为该点至 HY 或 YH 的曲线长。$\beta_0$ 为缓和曲线角，见图 9-4-7。

在算出缓和曲线和圆曲线上各点的坐标后，即可按圆曲线切线支距法进行测设。

圆曲线上各点亦可以缓圆点 HY 或圆缓点 YH 为坐标原点，用切线支距法进行测设，此时只要将 HY 或 YH 点的切线定出，计算出 T_d 之长，HY 或 YH 点的切线即可确定。T_d 由按式(9-4-24)计算：

$$T_d = x_0 - \frac{y_0}{\tan\beta_0} = \frac{2}{3}l_S + \frac{l_S^3}{360R^2} \qquad (9\text{-}4\text{-}24)$$

式中 x_0、y_0 为 HY(YH)点在以 ZH(HZ)点为坐标原点，以切线方向为 x 轴的坐标系中的坐标，l_S 为缓和曲线长，如图 9-4-8 所示。

2. 偏角法

缓和曲线上各点可将经纬仪置于 ZH 或 HZ 点进行测设。如图 9-4-9，设缓和曲线上任意一点 P 的偏角为 δ，至 ZH 或 HZ 点的曲线长为 l，其弦近似与曲线长相等，由直角三角形得：

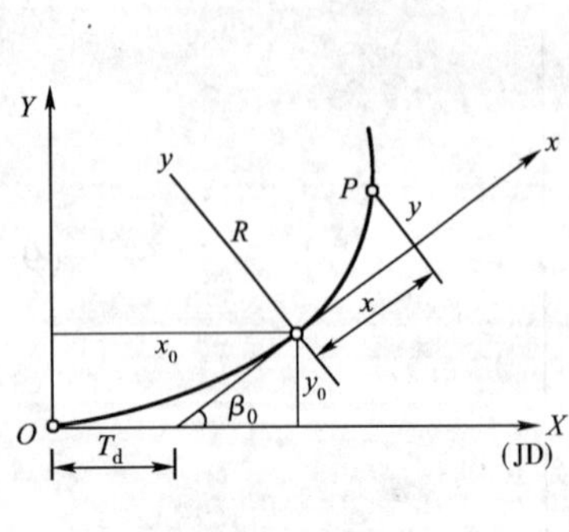

图 9-4-8

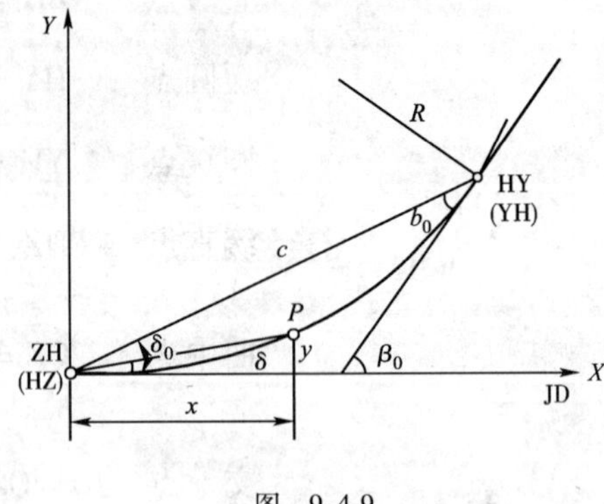

图 9-4-9

$$\sin\delta = \frac{y}{l} \tag{9-4-25}$$

因 δ 很小，则 $\sin\delta = \delta$。顾及 $y = \frac{l^3}{6Rl_S}$，则

$$\delta = \frac{l^2}{6Rl_S} \tag{9-4-26}$$

HY 或 YH 点的偏角 δ_0 为缓和曲线的总偏角。将 $l = l_S$ 代入式(9-4-26)得：

$$\delta_0 = \frac{l_S}{6R} \tag{9-4-27}$$

顾及 $\beta_0 = \frac{l_S}{2R}$，则

$$\delta_0 = \frac{1}{3}\beta_0 \tag{9-4-28}$$

将式(9-4-26)与式(9-4-27)相比，得：

$$\delta = \left(\frac{l}{l_S}\right)^2 \delta_0 \tag{9-4-29}$$

由式(9-4-29)可知，缓和曲线上任一点的偏角，与该点至缓和曲线起点的曲线长的平方成正比。在按式(9-4-29)计算出缓和曲线上各点的偏角后，将仪器置于 ZH 或 HZ 点上，与偏角法测设圆曲线一样进行测设。由于缓和曲线上弦长(见式 9-4-30)近似等于相对应的弧长，因而在测设时，弦长一般以弧长代替。

$$c = l - \frac{l^5}{90R^2 l_S^2} \tag{9-4-30}$$

如图 9-4-9，$b_0 = \beta_0 - \delta_0 = 3\delta_0 - \delta_0 = 2\delta_0$。

圆曲线上各点的测设需将仪器迁至 HY 或 YH 点上进行，这时只要定出 HY 或 YH 点的切线方向，就与前面所讲的无缓和曲线的圆曲线一样测设。

将仪器置于 HY 点上，瞄准 ZH 点，水平度盘配置在 b_0(当曲线右转时，配置在 $360° - b_0$)，旋转照准部使水平度盘读数为 0°00′00″并倒镜，此时视线方向即为 HY 点的切线方向。

四、复曲线的测设

复曲线是由两个或两个以上不同半径的同向圆曲线直接连接而成的。在测设时，必须先

定出其中一个圆曲线的半径,该曲线称为主曲线,其余的曲线称为副曲线。副曲线的半径则通过主曲线半径和测量的有关数据求得。

如图9-4-10,主、副曲线的交点为 A、B,两曲线相接于公切点GQ。用经纬仪测转角 α_1、α_2,钢尺丈量切基线 AB。在选定主曲线的半径 R_1 后,即可按以下步骤计算副曲线的半径 R_2 及测设元素:

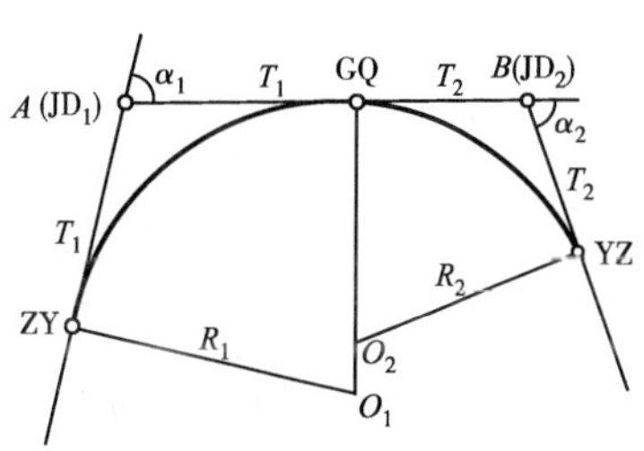

图 9-4-10

1. 根据主曲线的转角 α_1 和半径 R_1 按式(9-4-1)计算主曲线的测设元素 T_1、L_1、E_1、D_1;

2. 根据切基线AB长度和主曲线切线长 T_1,计算副曲线的切线长 T_2;

$$T_2 = AB - T_1 \tag{9-4-31}$$

3. 根据副曲线的转角 α_2 和切线长 T_2,计算副曲线半径 R_2;

$$R_2 = \frac{T_2}{\tan\frac{\alpha_2}{2}} \tag{9-4-32}$$

4. 根据副曲线的转角 α_2 和半径 R_2,计算副曲线的测设元素 T_2、L_2、E_2、D_2。

【例9-4-4】 如图9-4-10,测得 $\alpha_1 = 20°16'$,$\alpha_2 = 30°38'$,$AB = 221.72$m。选定主曲线半径 $R_1 = 600$m,试计算复曲线的测设元素。

(1)根据 $R_1 = 600$,$\alpha_1 = 20°16'$计算主曲线测设元素

$$T_1 = 107.24, L_1 = 212.23, E_1 = 9.51, D_1 = 2.25$$

(2)计算副曲线的切线长 T_2

$$T_2 = 221.72 - 107.24 = 114.48$$

(3)计算副曲线的半径 R_2

$$R_2 = \frac{114.48}{\tan\frac{30°38'}{2}} = 417.99$$

5. 根据 $\alpha_2 = 30°38'$,$R_2 = 417.99$ 计算副曲线测设元素

$$T_2 = 114.48, L_2 = 223.48, E_2 = 15.39, D_2 = 5.48$$

测设曲线时,由 A 沿切线方向向后量 T_1 得ZY点,沿 AB 向前量 T_1 得GQ点,由 B 沿切线方向向前量 T_2 得YZ点。曲线的详细测设仍可用切线支距法和偏角法。

五、虚交

虚交是指路线交点JD落入水中或遇建筑物等不能设桩或安置仪器时的处理方法。有时交点虽可钉出,但因转角很大,交点远离曲线或遇地形、地物等障碍,也可作为虚交处理。下面介绍两种虚交的处理方法。

(一)圆外基线法

如图9-4-11,路线交点落入河里不能设桩,为此在曲线外侧沿两切线方向各选择一辅助点 A 和 B,构成圆外基线 AB。用经纬仪测出 α_A 和 α_B,用钢尺往、返丈量 AB,所测角度和距离均

应满足规定的限差要求。

由图 9-4-11 可知：

$$\alpha = \alpha_A + \alpha_B \tag{9-4-33}$$

$$\left.\begin{aligned} a &= AB\frac{\sin\alpha_B}{\sin\alpha} \\ b &= AB\frac{\sin\alpha_A}{\sin\alpha} \end{aligned}\right\} \tag{9-4-34}$$

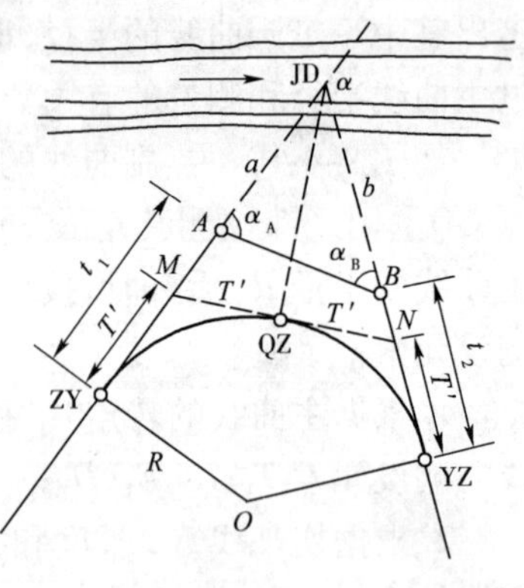

图 9-4-11

根据转角 α 和选定的半径 R，即可算得切线长 T 和曲线长 L。再由 a、b、T 计算辅助点 A、B 至曲线 ZY 点和 YZ 点的距离 t_1 和 t_2：

$$\left.\begin{aligned} t_1 &= T - a \\ t_2 &= T - b \end{aligned}\right\} \tag{9-4-35}$$

如果计算出的 t_1、t_2 出现负值，说明曲线的 ZY 点、YZ 点位于辅助点与虚交点之间。根据 t_1、t_2 即可定出曲线的 ZY 点和 YZ 点。A 点的里程量出后，曲线主点的里程亦可算出。

曲中点 QZ 的测设，可采用以下方法：

如图 9-4-11，设 MN 为 QZ 点的切线，则

$$T' = R\tan\frac{\alpha}{4} \tag{9-4-36}$$

测设时由 ZY 和 YZ 点分别沿切线量出 T' 得 M 点和 N 点，再由 M 点或 N 点沿 MN 或 NM 方向量 T' 即得 QZ 点。

曲线主点定出后，即可用切线支距法或偏角法进行曲线详细测设。

【例 9-4-5】 如图 9-4-11，测得 $\alpha_A = 15°18'$，$\alpha_B = 18°22'$，$AB = 54.68\text{m}$，选定半径 $R = 300\text{m}$，A 点的里程桩号为 K9 +048.53，试计算测设主点的数据及主点的里程桩号。

$$\alpha = \alpha_A + \alpha_B = 15°18' + 18°22' = 33°40'$$

根据 $\alpha = 33°40'$，$R = 300\text{m}$，计算 T 和 L：

$$T = R\tan\frac{\alpha}{2} = 300 \times \tan\frac{33°40'}{2} = 90.77\text{m}$$

$$L = R\alpha\frac{\pi}{180°} = 300 \times 33°40' \times \frac{\pi}{180°} = 176.28\text{m}$$

又

$$a = AB\frac{\sin\alpha_B}{\sin\alpha} = 54.68 \times \frac{\sin 18°22'}{\sin 33°40'} = 31.08\text{m}$$

$$b = AB\frac{\sin\alpha_A}{\sin\alpha} = 54.68 \times \frac{\sin 15°18'}{\sin 33°40'} = 26.03\text{m}$$

因此

$$t_1 = T - a = 90.77 - 31.08 = 59.69\text{m}$$

$$t_2 = T - b = 90.77 - 26.03 = 64.74\text{m}$$

为测设 QZ 点，计算 T' 如下：

$$T' = R\tan\frac{\alpha}{4} = 300 \times \tan\frac{33°40'}{4} = 44.39\text{m}$$

计算主点里程如下：

A 点	K9 +048.53
−）t_1	59.69
ZY	K8 +988.84
+）L	176.28
YZ	K9 +165.12
−）$L/2$	88.14
QZ	K9 +076.98

（二）切基线法

与圆外基线法相比较，切基线法计算简单，而且容易控制曲线的位置，是解决虚交问题的常用方法。

如图9-4-12，基线AB与圆曲线相切于一点，该点称为公切点，以GQ表示。以GQ点将曲线分为两个相同半径的圆曲线，AB 称为切基线，可以起到控制曲线位置的作用。用经纬仪测出 α_A 和 α_B，用钢尺往、返丈量 AB，设两个同半径曲线的半径为 R，切线长分别为 T_1 和 T_2，则

$$AB = T_1 + T_2 = R\tan\frac{\alpha_A}{2} + R\tan\frac{\alpha_B}{2} = R\left(\tan\frac{\alpha_A}{2} + \tan\frac{\alpha_B}{2}\right)$$

因此
$$R = \frac{AB}{\tan\frac{\alpha_A}{2} + \tan\frac{\alpha_B}{2}} \tag{9-4-37}$$

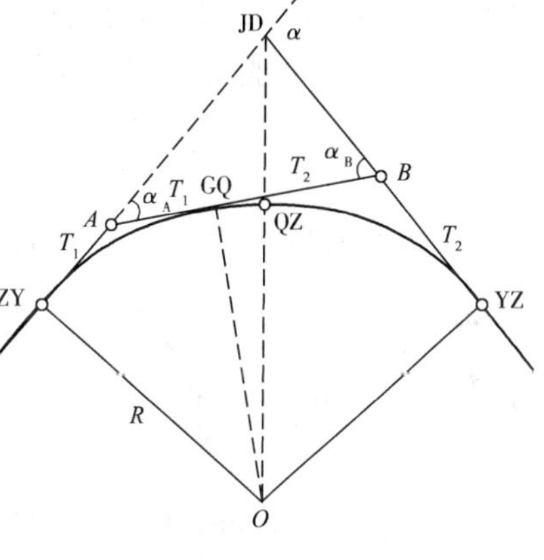

图　9-4-12

半径 R 应算至厘米，R 算得后，根据 R、α_A、α_B，即可算出两个同半径曲线的测设元素 T_1、L_1 和 T_2、L_2。

测设时，由 A 沿切线方向向后量 T_1 得ZY点；沿 AB 向前量 T_2 得GQ点；由 B 点沿切线方向向前量 T_2 得YZ点。

QZ点的测设亦可按圆外基线法中讲述的方法测设，或者以GQ点为坐标原点，用切线支距法设置。

【例9-4-6】　如图9-4-12，测得 $\alpha_A = 63°10'$，$\alpha_B = 42°18'$，切基线长 $AB = 62.52\text{m}$，试计算圆曲线半径。

$$R = \frac{62.52}{\tan\frac{63°10'}{2} + \tan\frac{42°18'}{2}} = 62.42\text{m}$$

校核：
$$T_1 = 62.42 \times \tan\frac{63°10'}{2} = 38.38\text{m}$$

$$T_2 = 62.42 \times \tan \frac{42°18'}{2} = 24.15\text{m}$$

$$AB = 38.38 + 24.15 = 62.53\text{m}$$

六、回头曲线的测设

回头曲线是一种半径小、转弯急、线型标准低的曲线形式。但在路线跨越山岭时，为了减缓坡度而展线，往往需要设置回头曲线。如图9-4-13，回头曲线一般由主曲线和两个副曲线组成。主曲线为转角 α 接近、等于或大于180°的圆曲线；副曲线在路线上、下线各设置一个，为一般圆曲线。在主、副曲线之间一般以直线连接。下面主要介绍主曲线的测设方法。

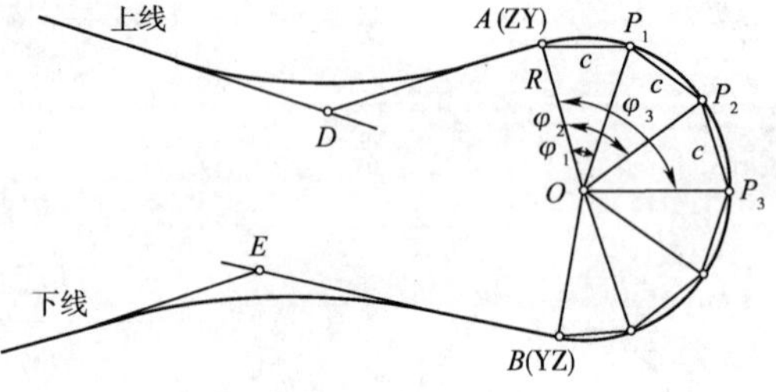

图 9-4-13

（一）推磨法和辐射法

在山坡比较平缓，曲线内侧障碍物较少的地段，设置小半径回头曲线时，可采用推磨法或辐射法。这两种方法一般均是在现场确定主曲线圆心 O 的位置，选定主曲线的半径 R，然后以 O 为圆心，以 R 为半径画圆弧，在圆弧上定出曲线各点，按图9-4-13，具体测设步骤如下：

1. 在选线时，首先确定副曲线的交点 D、E，然后初步定出主曲线起点 A 和终点 B 的位置以及半径 R。

2. 在 A 点用方向架或经纬仪瞄准 D，沿 AD 的垂直方向量取半径 R，定出圆心 O。

3. 如果采用推磨法，从圆心 O 和曲线起点 A 开始，用半径 R 和弦长 c 连续进行距离交会，逐一定出 P_1、P_2、P_3…曲线各点。

如果采用辐射法，将经纬仪置于圆心 O，后视 A 并将水平度盘配至0°00′00″，依次拨 AP_1、AP_2、AP_3…的弧长所对的圆心角 φ_1、φ_2、φ_3…，并自圆心 O 量取半径 R，定出 P_1、P_2、P_3…曲线各点。

在定出曲线各点之后，应检查曲线位置是否符合设计要求，若不符合则可调整 A、O 的位置以至 R 的大小，重新测设直至曲线符合设计要求为止。

4. 在 B 点用方向架或经纬仪瞄准 O 点，沿 BO 的垂直方向观察视线是否对准 E 点，若未对准，则可沿圆弧前后移动 B 点，直至视线通过 E 点，设定 B 点。

5. 将仪器置于圆心 O，测出 AB 圆弧所对的圆心角 α（即曲线转角），根据 α 和 R 即可计算曲线长，并与实测的曲线长核对，符合要求后进行里程计算，测设结束。

（二）切基线法

如图9-4-14，在选线已定出上、下线的基础上，结合地形、地质情况，选择曲线经过的合适位置，据以选定公切线的位置，将公切线与上、下线相交得出两交点 A、B。测出 α_A 和 α_B，丈量切基线 AB，即可按虚交切基线法计算半径式(9-4-37)来测设回头曲线。

（三）顶点切基线法

如图9-4-15，DF、EG 为曲线上、下线，D、E 为两副曲线的交点，F、G 为定向点，四点均在选线时确定。AB 切于曲线中点 QZ，称为顶点切基线。该法的测设步骤如下：

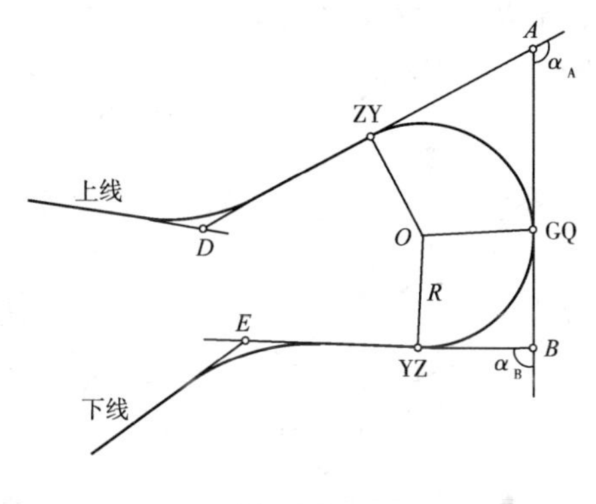

图　9-4-14

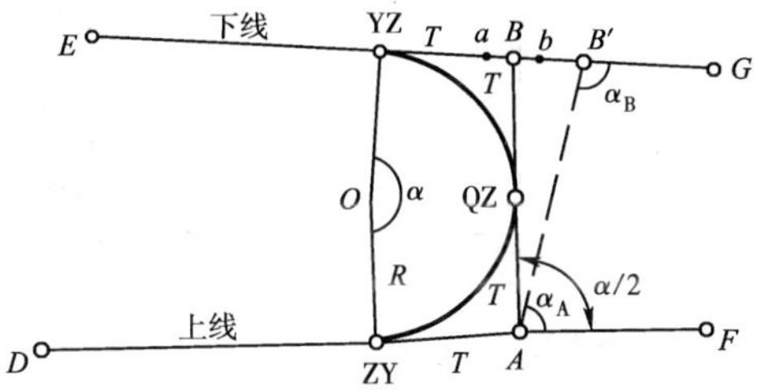

图　9-4-15

1. 根据地形、地质条件，在 DF、EG 上选择顶点切基线 AB 的初定位置 AB'，其中 A 为定点，B'为初定点。

2. 将经纬仪置于 B'，观测 α_B，并在 EG 线上 B 点的概略位置前后标定 a、b 两点。

3. 将仪器置于 A，观测 α_A，则转角 $\alpha=\alpha_A+\alpha_B$。后视 F 点，拨$\dfrac{\alpha}{2}$角值，则视线与 a、b 连线之交点，即为 B 点点位。

4. 丈量 AB 长度，取 $T=\dfrac{AB}{2}$，从 A 点沿 AD、AB 方向各量 T，定出 ZY 和 QZ 点；从 B 点沿 BE 方向量 T，定出 YZ。

5. 计算主曲线半径 $R=\dfrac{T}{\tan\dfrac{\alpha}{4}}$，由 R 和 α 再求出曲线长 L，并根据 A 点里程，求出曲线主点里程。

6. 采用切线支距法或偏角法详细测设曲线。

第五节　中桩测量方法

一、概述

中桩测量是将设计路线敷设到实地的作业过程，公路路线在实地是由每一个中桩连线所组成的，因此中桩测量是公路勘测和调查的重要环节。中桩测量可以通过前面讲述的偏角法、支距法、链距法进行，但在现有技术条件下最常用的中桩测量方法是采用全站仪或测距仪进行极坐标放样，以及采用 GPS—RTK 方法进行中桩测量，这两种方法均需进行中线逐桩坐标计算。

二、道路中线逐桩坐标计算

采用极坐标和 GPS—RTK 的方法放样，首先应计算路线上任一点的坐标。如图 9-5-1，交点 JD 的坐标 X_{JD}、Y_{JD}已经测定（如采用纸上定线，可在地形图上量取，采用现场定线时，可以通过全站仪、GPS 等测出交点坐标），路线导线的坐标方位角 A 和边长 S 按坐标反算求得（计算方法见第五章第三节坐标正反算)。在选定各圆曲线半径 R 和缓和曲线长度 l_S 后,根据各桩的里程桩号,按下列各种方法即可算出相应的路线上任一点的坐标值 X、Y。

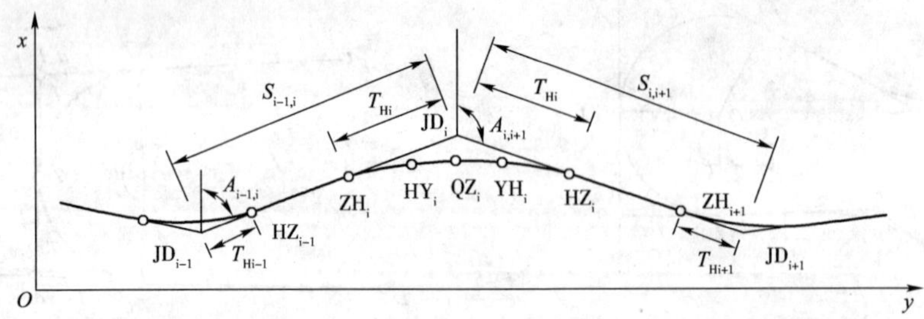

图 9-5-1

(一)HZ 点(包括路线起点)至 ZH 点之间的中桩坐标计算

如图 9-5-1,直线段上中线上任一点的坐标按式(9-5-1)计算:

$$\left.\begin{aligned}X_i &= X_{HZ_{i-1}} + D_i \cos A_{i-1,i}\\ Y_i &= Y_{HZ_{i-1}} + D_i \sin A_{i-1,i}\end{aligned}\right\} \tag{9-5-1}$$

式中: $A_{i-1,i}$——路线交点 JD_{i-1} 至 JD_i 的坐标方位角;

D_i——中桩至 HZ_{i-1} 点的距离,即中桩里程与 HZ_{i-1} 点里程之差;

$X_{HZ_{i-1}}$、$Y_{HZ_{i-1}}$——HZ_{i-1} 点的坐标,由式(9-5-2)计算:

$$\left.\begin{aligned}X_{HZ_{i-1}} &= X_{JD_{i-1}} + T_{H_{i-1}} \cos A_{i-1,i}\\ Y_{ZH_{i-1}} &= Y_{JD_{i-1}} + T_{H_{i-1}} \sin A_{i-1,i}\end{aligned}\right\} \tag{9-5-2}$$

式中:$X_{JD_{i-1}}$、$Y_{JD_{i-1}}$——交点 JD_{i-1} 的坐标;

$T_{H_{i-1}}$——切线长。

ZH 点为直线的终点,除可按式(9-5-1)计算外,亦可按下式计算:

$$\left.\begin{aligned}X_{ZH_i} &= X_{JD_{i-1}} + (S_{i-1,i} - T_{H_i}) \cos A_{i-1,i}\\ Y_{ZH_i} &= Y_{JD_{i-1}} + (S_{i-1,i} - T_{H_i}) \sin A_{i-1,i}\end{aligned}\right\} \tag{9-5-3}$$

式中:$S_{i-1,i}$——路线交点 JD_{i-1} 至 JD_i 的长度。

(二)ZH 点至 YH 点之间的中桩坐标计算

此段包括第一缓和曲线及圆曲线,可按式(9-4-17)和(9-4-19)分别计算出缓和曲线、圆曲线切线支距法坐标 x、y,然后通过坐标变换公式(9-5-4)将其转换为测量坐标 X、Y。

$$\begin{bmatrix}X_i\\ Y_i\end{bmatrix} = \begin{bmatrix}X_{ZH_i}\\ Y_{ZH_i}\end{bmatrix} + \begin{bmatrix}\cos A_{i-1,i} & -\sin A_{i-1,i}\\ \sin A_{i-1,i} & -\cos A_{i-1,i}\end{bmatrix}\begin{bmatrix}x_i\\ y_i\end{bmatrix} \tag{9-5-4}$$

采用式(9-5-4)计算时应注意,当曲线为左偏时,应以 $y_i = -y_i$ 代入。

(三)YH 点至 HZ 点之间的中桩坐标计算

此段为第二缓和曲线,仍可按式(9-4-17)计算支距法坐标,再按下式转换为测量坐标:

$$\begin{bmatrix} X_i \\ Y_i \end{bmatrix} = \begin{bmatrix} X_{HZ_i} \\ Y_{HZ_i} \end{bmatrix} - \begin{bmatrix} \cos A_{i,i+1} & -\sin A_{i,i+1} \\ \sin A_{i,i+1} & -\cos A_{i,i+1} \end{bmatrix} \begin{bmatrix} x_i \\ y_i \end{bmatrix} \tag{9-5-5}$$

同样，当曲线为左转角时，以 $y_i = -y_i$ 代入。

三、极坐标法中桩放样

(一)极坐标法放样的原理

计算出路线中线上任一点的测量坐标，即可采用极坐标法进行中桩放样。所谓极坐标法，是在已知坐标控制点上架设仪器，后视另一已知控制点，根据中桩与测站点反算的方位角和边长测设中桩的方法。如图 9-5-2 所示，已知 A、B 两已知点，需测设任一中桩 P，则 A、B 两点间的坐标增量为：

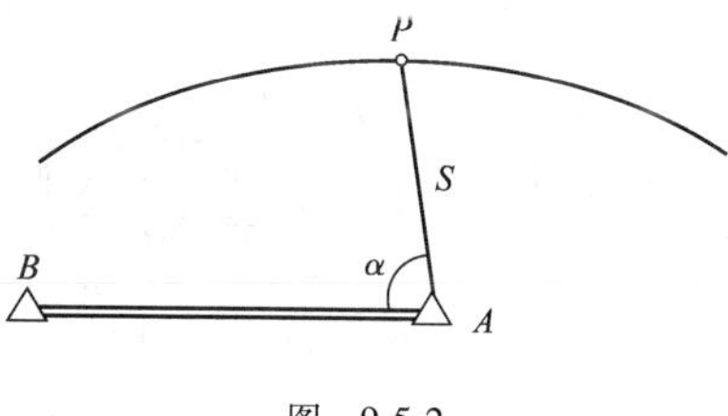

图 9-5-2

$$\left.\begin{aligned} \Delta X_{AB} = X_B - X_A \\ \Delta Y_{AB} = Y_B - Y_A \end{aligned}\right\} \tag{9-5-6}$$

AB 的方位角为：

$$\alpha_{AB} = \arctan \frac{\Delta Y_{AB}}{\Delta X_{AB}} \tag{9-5-7}$$

方位角所在象限的判别见第五章第三节坐标正反算。同理 A、P 两点间的坐标增量为：

$$\Delta X_{AP} = X_P - X_A$$
$$\Delta Y_{AP} = Y_P - Y_A$$

则 AP 的方位角为：
$$\alpha_{AP} = \arctan \frac{\Delta Y_{AP}}{\Delta X_{AP}} \tag{9-5-8}$$

A、P 间的距离
$$S = \sqrt{\Delta X_{AP}^2 + \Delta Y_{AP}^2} \tag{9-5-9}$$

AP 边与 AB 边之间的夹角为：$\alpha = \alpha_{AP} - \alpha_{AB}$ (9-5-10)

根据夹角 α 和边长 S 即可测设中桩 P 的位置。

(二)作业步骤

1. 利用中桩坐标与测站坐标反算放样距离与方位角；

2. 在测站点 A 上设置仪器，后视已知点 B，在仪器上设置后视方位角(一般设为 0°00′00″或 AB 方向上的方位角)；

3. 转动仪器到放样方位后，指挥放样棱镜左右移动，直至棱镜中心与仪器视线重合；

4. 测定测站至棱镜的水平距离，指挥棱镜前进或后退至放样距离，这时棱镜位置即为放样桩号位置；

5. 待钉好中桩后，实测并记录夹角 α 和距离或中桩的坐标。

四、实时动态全球定位系统(GPS—RTK)中桩放样

(一)GPS—RTK 放样原理

计算求得中桩的坐标 x、y 后，同样可采用 GPS—RTK 方法施放中桩。采用 GPS—RTK 放样时，GPS 接收机分为基准站和流动站，作业时将已知的 WGS－84 坐标和观测数据实时用电

台传递给流动站，在流动站实时进行差分处理，得到基准站和流动站基线向量，从而得到流动站的 WGS－84 坐标，通过坐标参数转求得流动站的平面坐标 x、y 和高程 h。

GPS—RTK 系统利用配备的道路放样软件，将放样中桩的计算坐标与实时采集的点位坐标比较，并以点位图显示，当实时采集的点位坐标与计算坐标较差在规范容许范围内时，所测点位即为中桩位置。其作业流程见图 9-5-3。

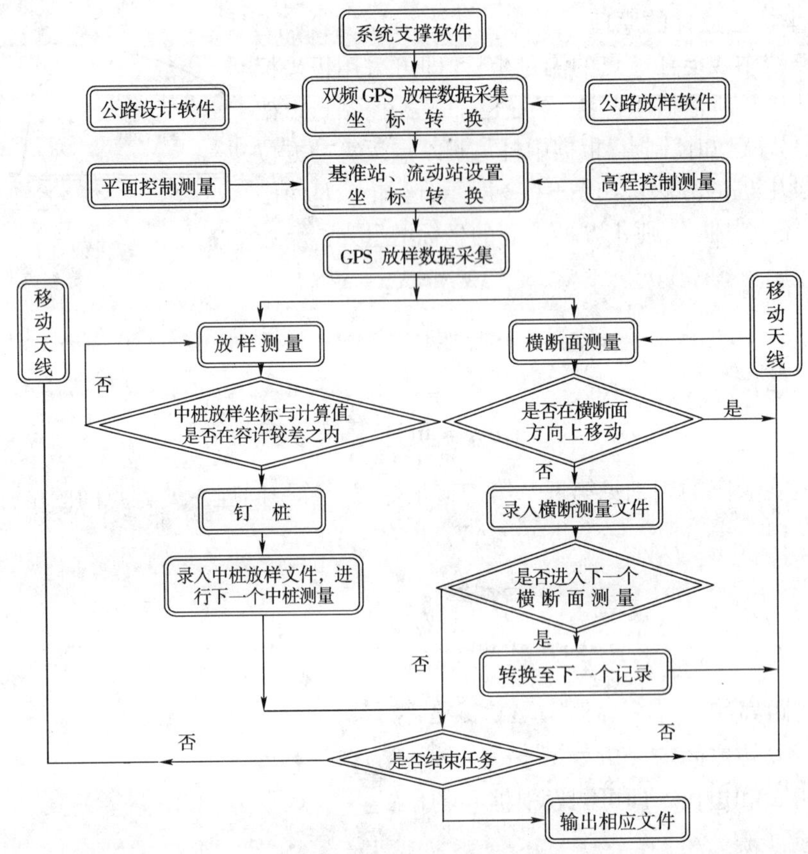

图 9-5-3 原理框图

（二）中桩测量数据准备

在野外进行中桩放样前，应在电子手簿中进行以下准备工作：

1. 清除电子手簿中原有的路线设计数据，建立新的项目文件。

2. 在电子手簿中输入平面和高程控制点坐标或坐标转换参数。

3. 在电子手簿中输入路线设计数据，一般按“直线——第一段缓和曲线——圆曲线——第二段缓和曲线——直线”或“直线——圆曲线——直线”或“直线——直线（折线）”的顺序连续输入，也可分段输入。输入过程中，亦可只需提供交点坐标、圆曲线半径和缓和曲线长度，其他各项参数将自动生成。

4. 设置路线起点桩号。

5. 生成中桩坐标表。

上述平面和高程控制点坐标或坐标转换参数以及路线设计数据亦可在计算机上输入，用数据传输方法下载到电子手簿。

（三）RTK 基准站设置

基准站是 RTK 测量的参考站，可以设在已知控制点或未知点上，其功能是连续观测 GPS 卫星，并将观测数据通过发射电台即时发送给流动站，流动站可随时与其同步，按照相对定位原理实时解算出测点坐标。在基准站操作过程如下：

1. 在地势较高、仪器上方无遮挡、电台有良好覆盖域的地方（如房顶）架设基准站接收机，用数据电缆将电子手簿的串口和接收机串口 A 连接。发射电台与接收机串口 B 连接，电台的天线应架在 GPS 接收天线的北方，防止遮挡卫星（因南北极附近是卫星的空洞区）。

2. 按下列过程设定电台通道与灵敏度，使电台正常工作，在打开电台电源前，务必连好发射天线。

（1）调选采用通道号“Channel：（0/1/2/…/15）”（与流动站电台必须一致）。

（2）调选设定的灵敏度“Sensitivity：（LOW（低）/ HIGH（高）/ MEDIUM（中））”。

（3）将屏上显示所设定的通道号和灵敏度下载给电台。

（4）查询当前的通道号和灵敏度以资检核。

3. 设置基准站接收机参数，包括坐标、点号、天线高，基准站 WGS－84 坐标已知时，输入 WGS－84 纬度值、WGS－84 经度值、椭球高。一般基准站点号只做标识用，如果不参与坐标转换，其相应坐标、天线高可以忽略。

4. 查看基准站接收机的状态信息（属活动屏）和锁定的可用卫星状况。

5. 获取原始单点定位（近似）坐标——适用于基准站 WGS—84 坐标未知的情况，由电子手簿查看基准站接收机获取的单点定位（近似）坐标，当提问是否希望更新基准站经纬度时，予以确认。

6. 将参数与坐标传送给基准站接收机——适用于基准站 WGS－84 坐标已知的情况，用电子手簿设定基准站接收机参数，最后查看一下基准站接收机的状态信息。

7. 基准站设置完毕，此时应检测一下基准站电台，看系统功能是否正常，建议不要急于离开，检测一下流动站的工作是否正常，如果流动站电台的接收灯闪烁，说明已收到基准站发来的信息。

（四）RTK 流动站设置

流动站接收机用于完成测点或放样的实际工作，它随时可与基准站同步观测 GPS 卫星，又能通过电台即时获得基准站同步观测数据，在电子手簿上及时解算出相对于基准站点的基线向量（单边辐射式），经坐标转换为测点的实用（地方）坐标。由于能实时监察定位精度，有效地保证了测设质量。其操作过程如下：

1. 在流动站接收机上进行参数设置（在任一地点均可），包括坐标、点号、天线高等。

2. 将基准站点位坐标传输给流动站接收机。

3. 查看接收机的状态显示。

（五）求解坐标转换参数

求解坐标转换参数的工作是计算地方坐标系与 WGS－84 系之间平移、旋转、缩放的相关数据。此时，至少需提供 2 个平面控制点（多于 2 个，用最小二乘法求解），并同时具有地方坐标和基于某一参考点(或基准站点)WGS-84 坐标。

需要进行高程转换时,至少需提供 3 个高程控制点的高程,并同时具有地方高程系海拔高程与基于某一参考点(或基准站点)的 WGS-84 系下的大地高,如果提供 6 个及以上高程点时则可以进行曲面拟合。

求解转换参数时可以将平面和高程同时进行,也可以分开进行。求解转换参数有以下几种方法:

1. 坐标转换联测法(求解坐标转换参数方法之一)

该方法适用于已知点有地方坐标但无 WGS-84 坐标的情况。当已知控制点只有地方系坐标而无对应的 WGS-84 系坐标(如用电子全站仪建立的控制网)时,只有通过 RTK 坐标联测的方式,取得已知点相应的 WGS-84 系坐标才能求解出坐标转换参数。此时,至少需联测 2 个平面控制点,高程转换至少需联测 3 个高程控制点。

采用此方法,基准站可以设在未知点上,在坐标文件中必须有其对应的点号(其坐标值可以是任意的)。基准站不参与坐标转换计算,待联测求解出转换参数后,基准站坐标便自动换算为本地坐标。具体操作过程如下:

(1)将天线杆置于第一个控制点,输入相应点号、调选参数。为便于外业使用,控制点坐标应事先存于本项目选定的控制点文件之中,此工作可由计算机直接下载到电子手簿,亦可现场手工输入。在第一个控制点上进行观测,随着设站时间的增加,精度逐渐提高,待小于 0.003m时(只要流动站与卫星之间、流动站与基准站之间的信号不中断,初始收敛到可用精度只需 1min 左右,后续工作中精度会收敛得更快),记录当前的点位数据。

(2)第一个控制点上观测并记录结束后,将接收机天线置于下一个联测控制点上,重复第一步中的各项操作,取得第二个控制点的 GPS 观测数据,依次类推,直至完成所有控制点的联测。

(3)编辑联测控制点的坐标。

①查看控制点坐标;

②编辑控制点坐标;

③说明控制点是否用做转换参数的求定;

④文件记盘。

(4)计算坐标转换参数。

(5)在已知点上设站观测检核。

2. 直接输入控制点坐标求解转换参数(求解坐标转换参数方法之二)

该方法适用于已知点既有地方坐标又有 WGS-84 坐标的情况。用 GPS 作控制测量时,同时提供有 WGS-84 坐标系下的控制点坐标。这些点的坐标与参考点的相对关系是一致的,但参考点的绝对坐标不一定准确,这些点同时又具有地方坐标系的坐标,利用同一点的两种坐标便可反求出两个坐标系间的转换参数。需要注意的是,控制点的 WGS-84 坐标是以 WGS-84 椭球为基准的,控制点的地方坐标是以地方坐标系所定义的椭球为基准的。根据测区海拔高程不同,此时 RTK 测量的基线长是以地方坐标系所定义的椭球为基准的,可能比实地用全站仪测得的基线要短,如果地方坐标系采用测区平均高程面为基准,则二者较一致。该方法的操作过程如下:

(1)输入点号、地方坐标(x,y)、高程、注记。将参与坐标转换计算的已知点点号、高程及注记逐个输入。

(2)输入 WGS－84 坐标(Lat,Lng)、椭球高和相应的点号。

(3)设置基准站。在已知点上架设仪器,用手簿将其设定为基准站。此时基准站 WGS－84 系的坐标和地方系坐标都是已知的。

(4)实地虚拟联测(如果电子手簿曾做过坐标联测操作,则此步可跳过)。在任一地点,用电子手簿设为流动站。

(5)坐标转换参数计算(如果电子手簿未曾做过坐标联测操作,此时会出现通信错误)。

3. 直接输入坐标转换参数(求解坐标转换参数方法之三)

该方法适用于已知 WGS－84 系与地方坐标系之间的转换参数的情况。如果知道基准点在 WGS－84 系下的纬度、经度、椭球高,并在室内求得地方坐标转换参数之后,可用此法在电子手簿上直接输入坐标转换参数。

4. 任意点上做坐标转换(求解坐标转换参数方法之四)

该方法适用于自定义假定坐标系的情况。当只有一个已知点或无已知点时,可使用此方法。坐标系定向可取真北方向(以基准点子午线为准),坐标系长度尺度可直接取基于椭球面的尺度,这就是工程上常采用的自定义假定坐标系。如果需要高程,可联测三个以上已知高程点,以便进行高程拟合解算,具体操作过程如下:

(1)在基准点上设站,将电子手簿连接到基准站接收机,获取基准站定位坐标。

(2)在流动站上设站,将电子手簿连接到流动站接收机,并将基准站坐标传送给流动站接收机。

(3)联测坐标已知的控制点(平面和高程)。

(4)坐标转换联测计算。

5. 同一工地多个流动站的坐标转换参数共享

该方法适用于在同一场地有多个流动站的情况下,其时只需要一个流动站进行坐标联测转换工作求取转换参数,然后,将坐标转换参数转抄给其他流动站。

6. 不再做坐标联测工作进行基准站移位

该方法适用于基准站接收机移到新的已知点的情况,其时无须再做坐标转换联测重新设置基准站的位置和转换参数便能继续工作。

(六)RTK 放样

基准站和流动站设置完成后,即可进行中桩测量,其具体操作过程如下:

1. 选定参照方向,常规放样由测站指导棱镜移动而实现,此时是依靠测站与棱镜的视线来指示方向。而采用 GPS—RTK 放样时要保持流动站与基准站通视一般是不可能的,因此也不可能提供流动站与基准站的视线方向作参照方向,一般是根据具体情况选定能与流动站通视的已知控制点或新采集的坐标点作为通视参照方向。如图 9-5-4,经导航解算,手簿屏幕上会显示到下一点的时针方向、平距与方位角值(以北为零方向,可用手簿托架上的罗盘定向)。

2. 输入设计桩号。

3. 移动流动站天线直至点位偏差值符合要求,在测杆处打桩标定,并实测中桩的坐标和高程存入项目文件。

加桩或偏距放样时,按以下流程进行作业:

1. 输入未知点相对于已放点的方位角(与参考方向的夹角)、平距(如图9-5-5)。

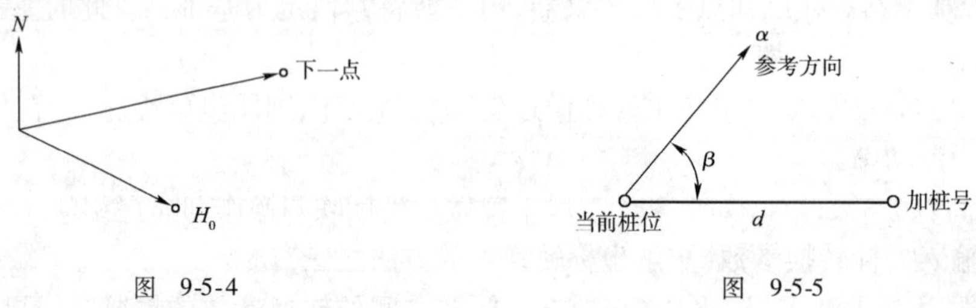

图 9-5-4　　图 9-5-5

2. 解算未知点坐标。

3. 按前述方法进行打桩测设操作。

第六节　中桩高程测量

中桩高程测量俗称中平测量,通过中平测量可以获得所放中桩的高程从而求得路线中线的纵断面,中平测量的方法通常有水准测量、三角高程测量和GPS—RTK测量。

一、水准测量法

(一)中平水准测量原理

中平水准测量是从一个基础水准点测至下一个基础水准点,并同时测定两水准点中间所有中桩的高程。在观测转点时,读数至mm。中桩观测(中间点)时,读数至cm,其测量步骤如下:

1. 如图9-6-1,安置水准仪于测站 Z_1 点上,先后视 BM_1,再前视 ZD_1 并将观测读数分别记入记录簿内的"后视"和"前视"栏里(见表9-6-1)。

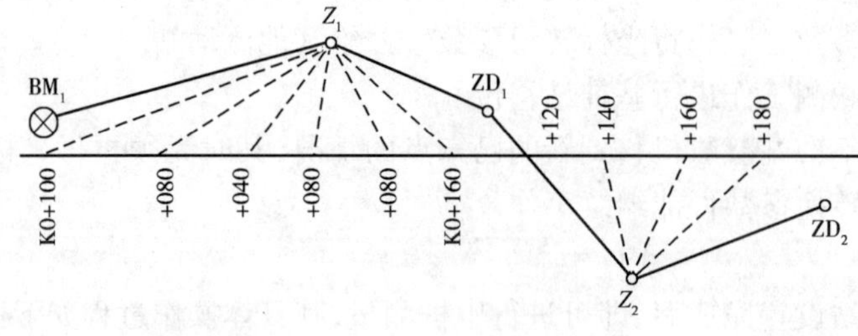

图 9-6-1

2. 然后将后视点 BM_1 上的水准尺,竖立于K0+000,+20,+40,…+100等各中桩上,将每一中桩点上的读数记入记录簿内的"中间点"一栏中。

3. 将仪器搬至测站 Z_2 上,同样先观测后视点 ZD_1 和前视点 ZD_2。

4. 将后视点 ZD_1 的水准尺,依次立于+120,+140,…,+180等中桩点上,按以上步骤继续前进。

(二)计算和记录

中平测量高程的计算,一般用高差法和仪高法两种,但高差法较烦琐,一般不采用,现介绍仪高法。

仪高法(视线高程)是根据后视点的高程和后视点水准尺读数,求得每一测站的仪器高程。仪器高程减去中桩点上水准尺读数即为中桩高程。

$$H_{中桩} = H_{仪器高} - h_{中视} \tag{9-6-1}$$

式中:$H_{仪器高}$——后视点高程与后视点上水准尺读数的和。

具体记录和计算见表 9-6-1。

水准测量记录计算表　　表 9-6-1

测点	水准尺读数			高差		仪器高	高程	备注
	后视	中视	前视	+	−			
BM_1	2.191					514.505	512.314	
K0 +000		1.62		0.571			512.88	
+020		1.90		0.291			512.60	
+040		0.62		1.571			513.88	
+060		2.02		0.171			512.48	
+080		0.91		1.281			513.60	
K0 +100		0.50		1.691			514.00	
ZD_1	3.162		1.006	1.185		516.661	513.499	
+120		0.52		2.642			516.14	
+140		0.83		2.332			515.83	
+160		1.20		1.962			515.46	
+180		1.01		2.152			515.65	
ZD_2	2.412		1.521	1.641		517.552	515.140	

测量结束后,应首先计算出水准测量的闭合差,当闭合差在限差要求范围内时,应将闭合差按测站数平均反号分配于各站,每一测站的仪器高度为:

$$H_{仪器高} = H_{记录值} - H_{闭合差} \cdot i/n \tag{9-6-2}$$

式中:$H_{记录值}$——直接由观测值计算的仪器高度;

i——测站的顺序值;

n——测站总数。

然后根据式(9-6-1)计算出各中桩的高程。

二、光电测距三角高程法

(一)作业原理

采用红外测距仪或全站仪,通过测量测站点与中桩点间的斜距和垂直角来求算两点间的高差,从而求得中桩高程的方法,称为光电测距三角高程测量法。

如图 9-6-2 所示,设测站点为 A,中桩点为 B,在 A 点设置仪器,在 B 点设置棱镜,测量两点间的斜距 S 和垂直角 α,同时测得仪器高 i 和棱镜高 v,则两点间的高差为:

$$h_{AB} = S \cdot \sin\alpha + i - v \tag{9-6-3}$$

中桩高程为:

$$H = H_A + h_{AB} \tag{9-6-4}$$

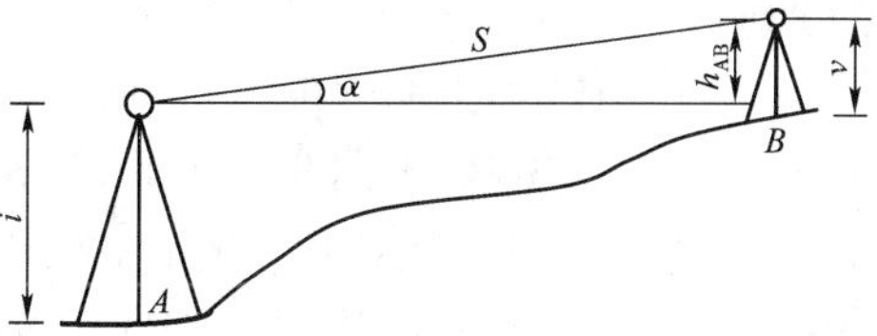

图 9-6-2

式中：H_A——测站点高程。

（二）测量、记录和计算

当采用光电测距仪测定中桩高程时，应测量测站至棱镜斜距和垂直角，当使用全站仪时，亦可将测站高程、仪器高、棱镜高输入仪器中直接测量中桩高程。不管使用何种仪器，均应记录测站点名（号）、仪器高、每一中桩测量时的棱镜高以及相应的观测数据，一般在通视条件较好的地方，将棱镜高的高度固定成仪器的高度，这样既不宜出错，也方便计算。

同样，测量结束后，应计算出三角高程测量的闭合差，当闭合差在限差要求范围内时，应将闭合差按测站数平均反号分配于各段，计算出每一测站的仪器高程。

$$H_{仪器高程} = H_{测站高程} + I - H_{闭合差} \times i/n \tag{9-6-5}$$

式中：I——仪器高度；

i——测站的顺序值；

n——测站总数。

然后，按式(9-6-6)计算出中桩高程。

$$H_{中桩} = H_{仪器高程} - v \tag{9-6-6}$$

式中：v——棱镜高。

不管采用水准测量还是三角高程测量，计算的高程闭合差超限时，均应认真分析原因，当不能找出确切的原因时，应进行重测。

三、GPS—RTK 中平测量

采用 GPS—RTK 方法进行中平测量一般与中桩放样同时进行，当采用 GPS—RTK 方法放出中桩位置后，应立即采用 GPS—RTK 的数据采集模式，采集所放中桩的平面坐标和高程，所测量记录的高程值即为中桩高程。

四、纵断面图的绘制

通过上述方法，可以获得路线的纵断面资料、绘制纵断面图。纵断面图是公路测量中极为重要的原始资料，是中平测量成果的最直观的反映，它的点绘准确与否，将会直接影响路线设计成果。纵断面图一般应示出高程、地面线、设计线、竖曲线及其曲线要素，并应注出桥涵位置、结构类型、孔径（涵洞可只示出位置）、水准点位置及高程，还应注明断链桩、河流洪水位和影响路基高度的沿河路线水位及地下水位等。点绘纵断面图地面线的方法步骤如下：

1. 确定做图比例尺：根据需要确定水平坐标（表示距离）和垂直坐标（表示高程）的比例。纵断面图上距离与高程的比例，一般相差 10 倍。如在平原丘陵区，距离常使用 1∶5000 或 1∶2000的比例，而高程使用 1∶500 或 1∶200 的比例；在山岭区距离则用 1∶2000 或 1∶1000 的比例，而高程用 1∶200 或 1∶100 的比例。

2. 标注直线与平曲线部分：根据“直线、曲线及转角表”在直线及平曲线栏，绘出平曲线位置，并注明交点编号、平曲线半径值、缓和曲线长度、转角等。

3. 点绘地面线：根据中平测量中经核对计算无误的中桩高程，用纵横坐标法，点绘出所有的中桩地面点，连接这些点即构成路线纵断面的地面线图，如图 9-6-3。

地面线点绘完毕，经过整饰，即可进行纵坡设计。纵断面图一般用计算机自动绘制。

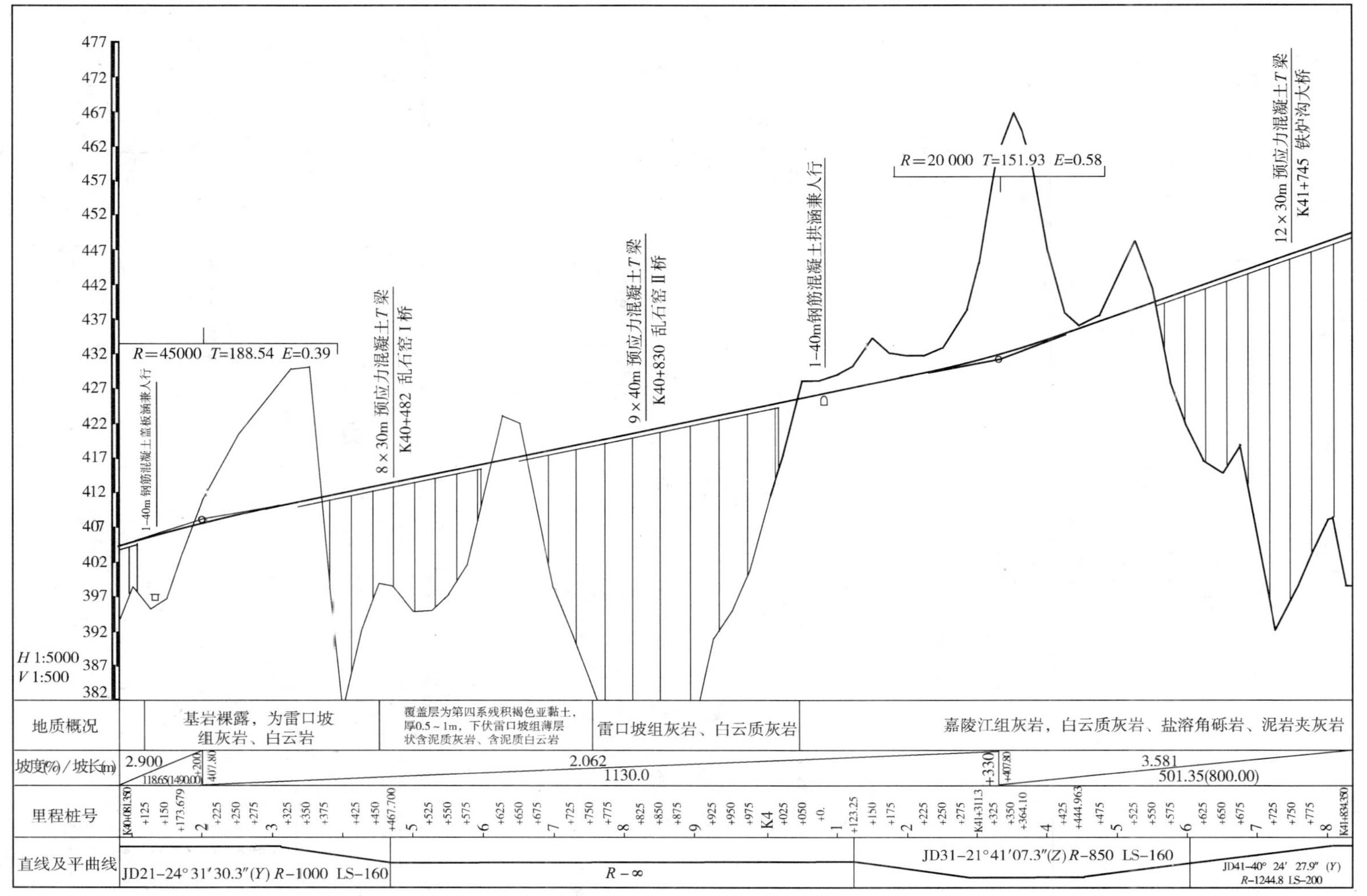

图 9-6-3 路线纵断面地面线图

第七节　横断面测量

公路横断面是垂直于路线中心线（在弯道上垂直于圆曲线上该点的切线）的剖面，如图9-7-1。横断面测量的方法较多，现分别介绍如下：

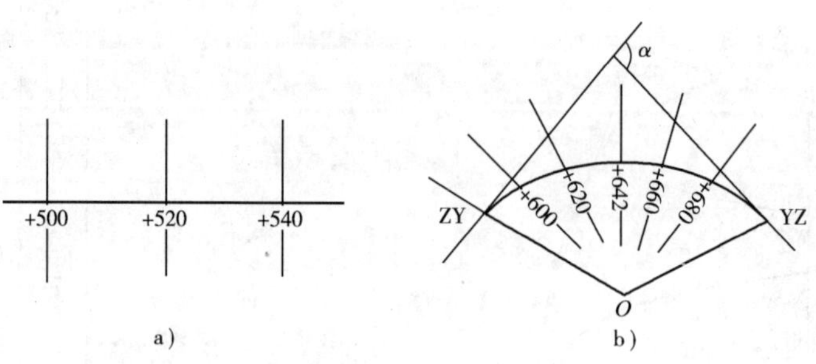

图　9-7-1

a)直线；b)曲线

一、手水准皮尺法

用手水准测量横断面方向线上两相邻变坡间的高差，用皮尺丈量水平距离。其测量方法如图9-7-2所示：观测者手执手水准直立于欲测的中桩A点上，先量出自己的视线高（眼睛距地面的高度）h'，然后沿中线一侧的横断面方向，用手水准读取变坡点B上的水准尺（或花杆）读数h，则A、B两点的高差为$\Delta h = h - h'$。而A、B两点间的水平距离L用皮尺量得。测完A、B两点后，观测者移于B点上，用同样方法继续观测依次各变坡点。该方法一般测量精度较低，可用于低等级公路横断面的测量。

二、钓鱼法

当遇到悬崖或陡峭河崖时，可采用“钓鱼法”。如图9-7-3，欲测悬崖B点至C点的高差和水平距离，先在B点置一水平花杆，并在其上悬挂一垂球，待C'点处于AB方向线上时，则$\overline{BC'}$即为B点到C点的水平距离，CC'即为B点至C点的高差。

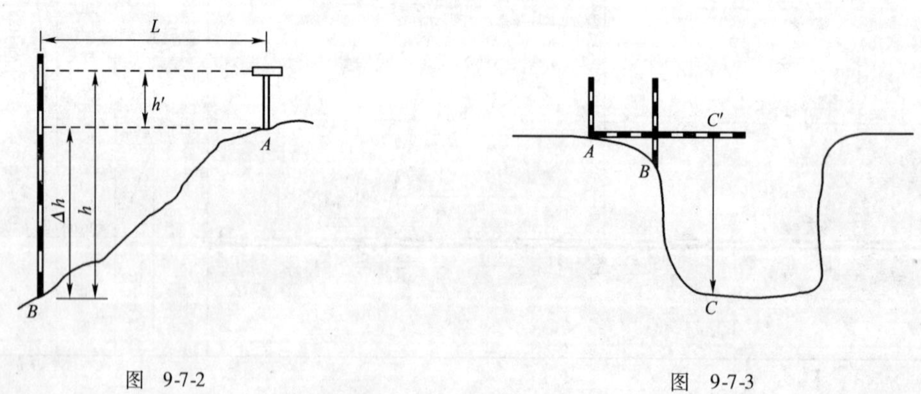

图　9-7-2

图　9-7-3

三、用手水准视距测横断面地面线法

见图9-7-4，测高差时，用手水准的方形口的上、下缘作为上、下丝，方形口上、下缘距离为a，一般为12.5mm，镜筒长度为b，一般为125mm。$n=\frac{b}{a}=\frac{125}{12.5}=10$为常数。

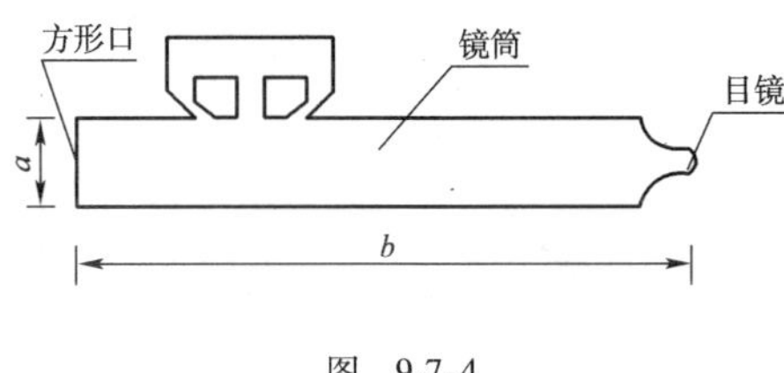

图　9-7-4

由于仪器具有特殊的构造，用相似三角形原理，在测量出水平尺上、下丝读数间距d后，就可计算出距测点的水平距离x。

【例9-7-1】　通过目孔（在仪器水平情况下），读得方形口下缘水平尺读数为1.0m，上缘水平尺读数为1.8m，则$d=1.8-1.0=0.8$

$$\frac{x}{b}=\frac{d}{a}$$

$$x=\frac{b}{a}\times d=10\times 0.8=8\text{m}。$$

可见，由于$\frac{b}{a}$是一个常数，所以只要测出d值乘上常数便是水平距离。

使用这种方法前，首先测定仪器的a和b值，计算常数n值。如果n不是整数，可用缩小方形口a值的办法，使n等于整数。

用此方法，其精度$>\frac{1}{40}$，比用皮尺丈量精度高，且可提高速度、减轻劳动强度。

四、视距法（水准测量法）

如图9-7-5，选择一适当位置设置经纬仪（水准仪），在中桩上竖立水准尺，读取读数为H_0，然后在横断面方向上的地形变化处分别竖立水准尺，并读取读数为$H_1,H_2,H_3\cdots$，同时量取各立尺点到中桩的距离（可采用视距法或皮尺量取），则可得到地形变化点相对于中桩的高差和距离。视距法测量距离和高差的方法见第五章地形图测绘部分。

各点相对于中桩的高差为：

$$\Delta h=H_i-H_0\qquad(i=1,2,\cdots,n)\qquad(9\text{-}7\text{-}1)$$

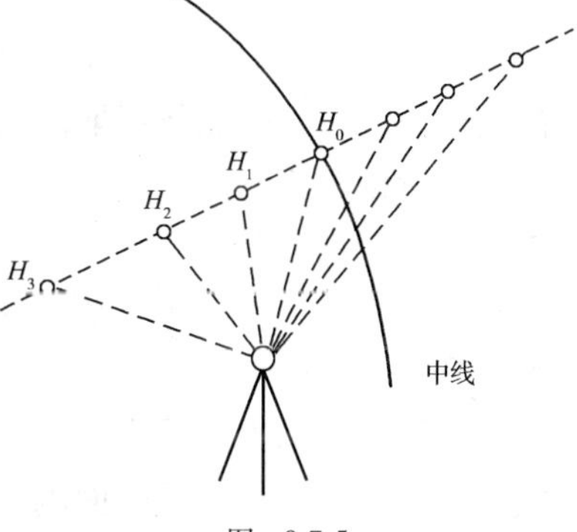

图　9-7-5

五、三角高程测量法

三角高程测量法常用于丘陵、山区等地形变化较大路段横断面的测量。如图9-7-6，选择一适当位置设置激光测距仪，首先在中桩上竖立棱镜，测量测站至中桩的斜距$S_{斜0}$和垂直角α_0，或测量平距$S_{平0}$和高差H_0，然后在横断面方向上的地形变化处分别竖立棱镜，同样测量测站至棱镜的斜距$S_{斜i}$和垂直角α_i，或测量平距$S_{平i}$和高差H_i，同时测量立镜点与中桩间的水平夹角β_i。设仪器高为i，棱镜为v，则任一立镜点与测站的高差H为：

$$H_i = S_{斜i} \cdot \sin\alpha_i + i - v \tag{9-7-2}$$

任一点相对于中桩的高差为：$H_i = H_i - H_0$ (9-7-3)

任一点相对于中桩的水平距离为：$S = S_{平0}^2 + S_{平i}^2 - 2 \cdot S_{平0} \cdot S_{平i} \cdot \cos\beta_i$ (9-7-4)

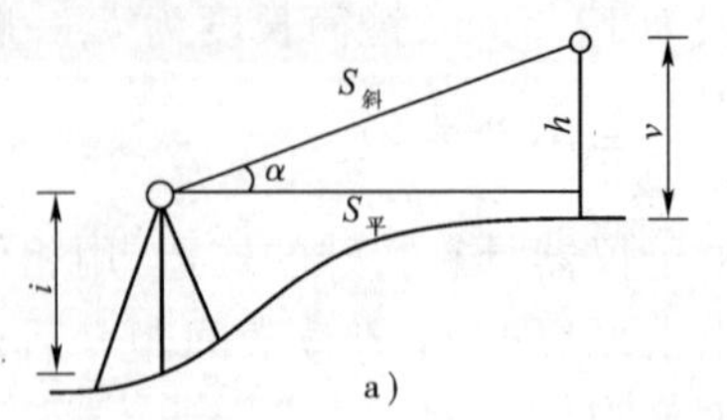

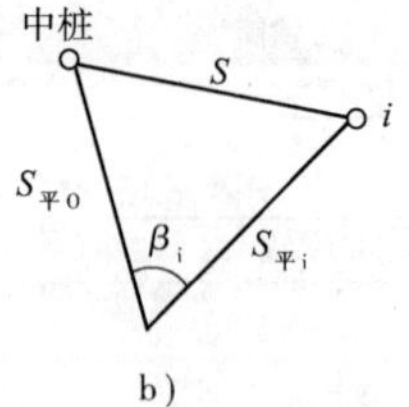

图 9-7-6

六、无棱镜测距仪法

无棱镜测距仪是一种集光机电于一体，以自然表面反射测量为特点，测量空间短程距离的激光测量设备，是近几年面市的一种新型测量仪器，其突出的优点是测量距离时无需棱镜，对于测点难以到达或者根本无法到达地区距离的测量具有非常重要的意义。

无棱镜测距仪从使用方法上分为手持式和架置式，手持式在操作时采用手工端持或放置于操作面上，架置式则将测距仪架设在支撑杆或三角架上。

从仪器设置上可分为独立的无棱镜测距仪和与经纬仪或全站仪结合的复合型无棱镜测距仪。

使用手持式无棱镜测距仪，其测量方法与手水准皮尺法相同。使用前一般先测量出操作时手持仪器的高度，然后，立于中桩上测量各地形变化点间的高差和水平距离。操作时应注意始终使仪器处于同一高度，对于有防护工程、构造物等路段的横断面测量不宜使用该方法。

七、GPS—RTK 横断面测量

随着 GPS 的广泛使用，利用 RTK 的方法测量横断面，在高差比较大或者植被比较密集但不高大的情况下还是比较可取的，其作业过程大致如下：

1. 设置横断面方向。利用偏距测设功能，设定横断面方向上的任一偏距点，以此点与中桩的连线为参照方向。

2. 变坡点的数据采集。在与参考方向一致的方向线上逐点采集各变坡点的坐标和高程，即可得到横断面的地面线数据。

横断面测量的方法较多，除上述各种方法外，还可以利用地形图截取横断面、数字地面模型截取横断面等方法。横断面测量是公路勘测中一项繁重而又十分重要的工作，其成果的质量直接影响公路的工程造价、防护形式等，作业时应根据不同的地形、测设阶段和公路等级选择相应的测量方法。

八、横断面测绘注意事项

1. 中桩两侧左、右方向，是以路线前进方向为依据的。在图纸上桩号次序，应自下而上逐一排列。

2. 为满足路基设计的需要，一般要求测至路幅设计宽度外侧 10m，但遇陡坡或高填深挖路段，则应适当放宽测绘宽度。

3. 横断面测量时应尽可能标注：河流水位及河底、土石分界线、耕地范围及类别、原有公路及构造物、水井、房屋、水渠、坟墓、大车道、人行道等。

4. 当回头曲线上、下线有干扰时，应测通上、下线断面，并注明上、下线位置及所在桩号。

5. 每测完一个断面，应现场核对地面线是否有误（或左、右颠倒等），发现问题，及时纠正。

6. 每天应与有关组核对桩号、发现漏桩及错误桩号应及时补测或纠正。

九、横断面图的点绘

横断面的点绘一般是在现场一边测量、一边根据测量数据进行点绘。这种方法的优点是：外业不做记录，点绘出的图能及时进行现场核对，可避免横断面点错。点绘方法是：根据各变化点的水平距离和高差或倾角和斜距等，由中桩起逐一将各点用纵、横坐标法点绘在横断面图纸上，应随点随连接，绘图比例尺一般为 1∶200 或 1∶100。当采用测记法时，可在内业输入计算机绘制横断面图，但绘制的图形必须再进行现场核对，以免横断面方向左、右颠倒。

第十章 勘测与调查

第一节 公路勘测目的和任务

公路勘测是通过对工程现场的勘察、测绘、调查、试验、协商等手段,搜集与公路设计相关的地形、地物、地貌、水文、地质、生态、气象、自然环境分布等自然环境资料及征地、拆迁、规划等社会环境基础资料,以满足设计方案论证、专业设计和确定工程造价的需要。

公路工程建设项目一般采用两阶段设计,即初步设计和施工图设计。不同的设计阶段有不同的设计重点和目标,因此外业勘测与调查的深度存在着较大差异,但内容基本相同。初步设计的重点是设计方案的比选,通过对有价值的方案的技术经济论证、比较,确定合理的设计方案,勘测与调查工作则紧紧地围绕方案比选这个重点,所搜集的技术经济资料应能满足设计方案论证与比选、编制初步设计及概算的需要,其任务应能满足路线方案比选、专业方案比选及造价控制的需要,侧重于方案比选所需的基础资料。施工图设计是在初步设计推荐方案的基础上,结合自然及社会环境条件,进一步对设计方案进行具体深化及优化,最终确定经济合理的工程实施方案。所搜集的资料应能满足方案优化、细化、定型、定位、工程量计算、编制施工图预算的需要,其任务应是确定的路线方案整个路段所有相关专业详细的勘测与调查。因此掌握各专业在两阶段勘测调查深度时,应首先弄清楚勘测对象对路线方案影响的程度。

在两阶段设计中均应进行路基、路面及排水、防护工程勘测与调查,桥涵勘测与调查,隧道勘测与调查,路线交叉勘测与调查,沿线设施勘测与调查,环境保护与景观勘测与调查,以及筑路材料、征地(包括永久用地和临时用地)、拆迁、概预算调查等内容。

第二节 路线勘测与调查

一、初测

初步设计的勘测与调查工作称“初测”。初测之前应根据工程可行性研究报告及批复意见,对工可阶段路线的推荐方案,在地形图、数字地面模型或航测像片上进行研究,初拟路线方案及比较方案,经现场踏勘取舍后,对初拟路线方案及比较方案进行调整优化,确定需要同等深度的路线方案。具体内容、要求如下:

1. 路线选线时应充分了解并掌握沿线规划,以及地形、地貌、地质、水文、气候、地下埋藏、地面建筑设施等情况。

2. 不管采用纸上选线还是现场选线,均应首先将具有特殊要求和控制的地点、必须绕避的建筑物或地质不良地带、地下建筑和管线等标注于地形图上,选择路线通过的最佳位置,越岭路线或受纵坡控制的路段，并应在地形图上进行放坡，将放坡点标示于图上。

3. 调查收集沿线铁路、公路、航运、城建、农林、水利、电力、通讯、文物、环保、国土资源、国防等部门与本项目有关的规划、设计、规定及科研成果等资料。

4. 调查沿线居民点、农田水利设施、主要建筑设施和不良地质的分布情况及对初拟方案的影响情况。

5. 调查沿线各种地上（下）管线、重要历史文物、名胜古迹、旅游风景区、自然保护区、景观区（点）等的分布情况，并据此调整初拟方案或拟定相应的环保措施。

6. 对沿线控制性路段和桥梁、隧道、互通式立交等控制性工点，应逐一落实其位置与设置条件，并进行初步测量，以满足平面线位拟定和纵坡控制的需要。

7. 对高填深挖地段、大型桥梁、隧道、立体交叉以及需要特殊控制的地段，在实地放桩的基础上进行相关专业调查，以满足确定工点位置和构筑物形式的需要。

8. 不管何种选线、定线方式，均应在路线放线的基础上进行各项专业调查，以满足路线选线、定线和路线调整的需要。

9. 改建公路应对原有道路的路线线形、路基、路面、桥涵、防护和排水系统、交通事故与主要病害情况进行勘测调查，搜集原有公路的测设、施工、养护、路况及交通量等资料。

10. 对重要的路线方案、与地方规划或设施有干扰的方案，应征求当地政府或主管部门的意见。

二、定测

施工图设计阶段的勘测与调查工作称“定测”。在定测之前，应根据批准的初步设计（或技术设计）文件，通过现场核实，对初步设计的推荐方案进行优化，确定实测的路线方案。定测阶段路线专业的主要勘测调查内容如下：

1. 搜集工程可行性研究、初设阶段勘测、设计的有关资料以及审查、批复意见。

2. 对初测调查资料进行核查、更新及补充完善。

3. 对影响路线平、纵及横断面设计的地物（既有及规划）进行详细的调查，并通过测量确定其与路线准确的相对位置。

4. 对确定的路线线位进行平面、高程和横断面测量，涉及构造物设置、地形、地貌变化等应根据相应要求进行加桩或补充测量，以取得路线平、纵、横几何设计所依据的基础资料，并为各专业调查提供依据。

5. 对改（扩）建公路，首先应对原有道路平面、高程进行测量，并对其平、纵面进行拟合设计，局部路段根据拟合后的线位数据进行二次补充测量。

第三节　路基、路面、排水及防护工程勘测与调查

公路路基是一种线形结构物，路面是面状结构物，二者共同点是：共同承受交通荷载作用，而且均有与大自然接触面广的特点。无论路基还是路面，除了自身的因素外，其稳定性在很大程度上由所处的自然条件决定。水对公路路基、路面的影响是至关重要的，如路面排水不畅造成积水，则路面就会很快因水的浸泡而毁坏；路基因排水不当，亦会影响其稳定性和使用寿命。

因此要想正确设计和使用合适的路基、路面材料和结构,选择正确的防护形式及合理的排水系统,就必须深入调查公路沿线的自然条件,从整体(地区)和局部去分析研究,并掌握各有关自然因素的变化规律,分析水温情况对路基、路面稳定性的影响。

一、自然环境资料的调查

(一)地形、地貌、地质构造、水文及水文地质特征

地形、地貌不仅影响路线的选定与线形设计,也影响路基和排水设计。平原地区地势平坦,地面易于积水,有些地区地下水位高,因此应调查路基需要保持的最小填土高度(特别是水稻田地区),选择易于排水的路面结构形式和抗水性强的路面材料,在农田水利设施较多的地区,应认真调查农田水利设施的分布位置和状况,在排水设计时应予以兼顾并与之相协调;丘陵地区地势起伏,山岭区地势陡峻,排水设计不当或地质情况不良,会降低路基的强度与稳定性,出现各种变形与破坏现象,因此应全面调查掌握路线所经过的地区的地形、地质状况。

应调查沿线水文与水文地质条件,如地表积水和保水期的长短,河流洪水位、常水位及其排泄条件,地表径流,地下水的水位、流向、流量、流速、移动规律、季节变化,水系分布以及河岸的冲刷和淤积情况,有无泉水、层间水、裂隙水等,所有这些都会影响路基、路面的稳定性,处理不当往往会导致路基、路面的各种病害。

应调查沿线的地质条件,如沿线岩石种类及风化程度、岩层厚度、走向、倾向和倾角、层理、节理发育程度,以及有无断层、不良地质现象(岩溶、滑坡、泥石流)等,这些都对路基稳定性有一定影响。

(二)气象资料

调查沿线的气温、风速、风向、降水量、日照期、年蒸发量、无霜期、冰冻期及冰冻深度、积雪期及积雪厚度,以及风吹雪和风吹沙等气象资料对路基、路面的影响。

调查项目所在地的气候条件,如气温、降水(包括数量、强度和形态,即雨、雪、冰雹)、湿度、冰冻深度、日照、年蒸发量、风向和风力等,这些都会影响到路基的水温情况和路面的稳定情况。一年之中气候有季节性的变化,路基水温情况也随之变化。气候还受地形的影响,如山顶与山脚、山南与山北就有所不同,即所谓的“小区域地形与小区域气候”,因而路基水温情况也有所差异。在山顶,一日之中气候数变,温度与湿度变化较大,风化较烈,山南日照较山北为多,水温情况也有所差异,在选线与路基设计中应予注意。由于路基水温情况的变化与自然因素和人为因素密切相关,因而路基水温情况不仅地区之间和路段之间有差别,而且路基与原有地面及周围地面之间也有差别。路面结构的选择与气候、气象条件关系密切,选择路面结构类型、沥青混合料类型以及沥青标号等,均应考虑降雨(雪)、气温、冰冻等因素。

(三)地表土的性质

土是建筑路基的材料,地表土的性质随其类别对路基高度确定至关重要,尤其是冰冻地区。一般毛细水上升高度与毛细管直径(或土粒粒径)成反比,上升速度则与毛细管直径(或土粒粒径)成正比,土的粒径愈小(阻力愈大),上升速度愈慢。毛细管直径愈细,毛细水的冻结温度愈低,因而在零下温度时,毛细水仍能移动,促使水分积聚,发生冻结。

地下排水和浸水路堤,要根据土的渗透性或渗透系数进行设计。一般粒径较粗的土渗透

系数较大,粒径较细的土渗透系数较小。具有竖向结构的大孔土(如黄土),竖向渗透系数较水平渗透系数为大,具有水平层理的土,水平方向渗透系数较竖向为大。土经过充分压实,孔隙减小,透水性也因而降低,甚至不透水,故充分压实的黏土层,特别是重黏土层,可以起到隔离层的作用。

土的物理力学性质,砂粒成分多,则以摩擦力为主,黏土成分多,则多以黏聚力为主,水分增加,黏聚力降低。

(四)植被覆盖情况

植被覆盖情况影响地面径流和导热,从而一定程度上影响路基水温情况的变化。

二、路基的勘测调查内容

(一)一般路基的勘测与调查

1. 沿线地形、地貌、地质单元调查,包括地形、地貌、工程地质、水文地质等。

2. 路线所经地区植被的主要种类、茂密程度调查。

3. 沿线农田水利设施的现状、特点、发展规划,农田耕地表土的性质及厚度等对路基、路面的影响调查。

4. 路基边坡防护地段,应现场确定并测量防护工程的位置、起讫桩号,1∶200 横断面,也可以根据设计需要,测绘比例尺为 1∶500 ~ 1∶2000 的地形图。

5. 用种草、铺草皮、撒播草籽、植树等边坡防护的路段,应调查边坡土质的适种性,适宜种植的草种、树种、种植季节及种植方法。

6. 应实地核查,确定排水设施设置的具体位置、起讫桩号、长度、形式、横断面尺寸、加固措施及进出口位置,需进行特殊设计的集水、排水、输水工程设施,应实地放出轴线,进行水准测量和横断面测量,必要时,测绘比例尺为 1∶500 ~ 1∶2000 的地形图。

7. 应实地调查并确定改移河道、渠道、道路的位置和改移方案,实地测量出改移工程的起讫桩号,并进行高程和横断面测量,改移工程的轴线应与路线控制点联测。根据设计需要,测绘比例尺为 1∶500 ~ 1∶2000 的地形图。

8. 应调查河水流向、水位、河势、汇水面积,确定调治构造物的具体位置、长度和形式,实地放出调治构造物轴线,轴线应与路线或导线联测,测量坝头、坝身、坝根横断面及轴线高程。

9. 根据沿线地形、地质、水文等条件,提供路基挖方、填方边坡的高度和坡度。

10. 对挖方路段,尤其是山区岩质挖方边坡,应调查岩体的构造特征、风化、破碎情况。

11. 对取土场、弃土场应进行必要的地形测量和地质勘察。

(二)浸水路基的勘测与调查

浸水路基是指受到季节性浸水或长期浸水的沿河流、河滩以及穿越河塘等路段的浸水路堤或路基。浸水路基除承受普通路基所承受的外力及自重力外,还要承受浮力及渗透水压力的作用,流水对边坡的侵蚀、冲刷和推力作用等,因此,在按一般路基进行勘测与调查的基础上,还应重点做好以下勘测与调查工作。

1. 调查水位的升、降情况,了解最高水位和最低水位以及升降速率,勘测路基内部水位的比降曲线(浸润线)。

2. 勘测路基填料的透水性,收集透水动水压力的计算资料(如渗流水力坡降、水的容重等）。

3. 调查路基填料浸水前、后的黏聚力和内摩擦角。

4. 调查水流对路基的冲刷情况，以便选用适当的防护工程的类型及基础形式。

5. 沿河路基需调查水流的流速和沿河山坡的稳定性，以便确定沿河路基的合理位置。

6. 在严寒地区，还应调查冰块移动的撞击情况和冻胀情况。

（三）水库地区路基勘测与调查

水库地区路基是指沿水库边缘修筑的路基和跨越水库支流修筑的受库水浸泡的路基，除应进行一般路基调查的内容外，尚需进行如下勘测调查：

1. 调查水库设计水位及水库淹没范围。

2. 收集和调查水库的风向、风速、浪高。

3. 水库边岸的地形、地貌及地质情况，并特别注意调查水库水位变化幅度范围内的地貌和地质情况及其受水库影响的程度。

4. 调查峡谷斜坡的稳定情况，判定水库对斜坡稳定的影响。

5. 调查库岸地层层序、岩层产状、地质构造、岩性、风化破碎程度等情况，预测坍岸的可能性及范围，并调查可能坍岸地段土的颗粒组成及其浸水后的物理力学性质的变化。

6. 调查地下水的埋藏情况，预测水库蓄水后地下水壅升对路基的影响。

（四）滨海地区路基勘测与调查

在滨海范围内，公路沿海岸或跨越海峡、海湾修筑的路堤称为滨海路堤。滨海地区修筑路堤时，重点应进行以下勘测调查：

1. 对海面宽度、海底水深、海底地形和海底地质情况进行勘测，以选择海面宽度最小、水深不大、海底平坦与地质良好的地段通过。

2. 对海水的潮汐情况进行勘测和调查，潮位的变化特征是确定滨海路堤各部分高程的重要依据，滨海路堤应根据公路等级、使用要求以及潮位的统计分析，采用具有一定保证率的潮位作为设计水位。

3. 对有关波浪资料进行勘测调查，包括波浪高（波峰与波谷高低之差）、波长（连续两波峰之间的距离）、波浪周期（两相邻波峰通过某一点所需要的时间）、波速（波浪的传递速度）等，波浪资料是滨海路堤设计的主要依据，它直接关系到路堤的高度和断面尺寸的确定。

4. 对海流的情况进行调查。近海海流主要有潮流和沿岸流，潮汐使海面发生周期性升降，海面高度发生变化，迫使海水作水平方向的周期性流动，形成潮流，当海浪以斜向角度到达海岸后，一部分海水以底流方式流回海中，另一部分则沿岸流动，形成沿岸流。必须全面了解附近海域海流的流速、流向等情况，以分析修建路堤后因改变海流情况而引起的在路堤附近冲淤等不良后果。

（五）滑坡地段路基勘测与调查

滑坡是山区公路的主要病害之一，滑坡常使交通中断，影响公路的正常运输，大规模的滑坡可堵塞河道、摧毁公路、破坏建筑物等，对山区建设和交通危害极大。对滑坡的处理，主要采取防治结合、以防为主的原则，因此对滑坡地区进行充分的调查尤为重要。

1. 滑坡体稳定性和滑坡规模的调查。调查滑坡的稳定程度，以确定路线通过的可能性，判断其对公路建设的危害性。路线通过大、中型滑坡又不易防止其滑动的，一般均应绕避。

2. 对整个滑坡的周界和滑坡周界内不同滑坡部分的界线、滑坡的高度、陡度、植被和剥蚀情况、擦痕的方向和倾斜度、弧形裂缝的位置、宽度、长度、产状及贯通情况进行勘测调查；对滑坡台阶的数目、分布位置、形状、长度、宽度、陡坎高度、有无反坡、坎壁植被生长等情况进行勘测调查；对滑坡舌的位置、形状、掩盖和被侵蚀情况、滑坡裂缝的分布位置、形状、长度、宽度、出现的先后顺序、组合特点及连通情况等进行勘测调查；对泉水、湿地的出露位置、类型和与地形、地质构造的关系、流量、水温及变化情况、地下水的补给和排泄关系、基岩层面和顶面的倾向、倾角，裂隙发育程度、产状，层面间有无软弱夹层和裂隙水活动进行勘测调查；对滑坡区内建筑物变形程度、性质、部位和发展过程等进行勘测调查，并绘制滑坡工程地质平面图。

3. 对各滑坡的滑坡壁、台阶、裂缝等滑坡要素的位置和外形进行勘测调查，绘制滑坡主滑断面图，同时，对断面上的地层层序、岩性及岩层结构进行勘测调查，绘制于主滑断面图上。

4. 对滑带土的含水量、天然密度、液限、塑限、抗剪强度等进行测定。

5. 对运动中的滑坡进行位移观测，测定滑坡的移动方向和移动速度。

(六)泥石流地区路基勘测与调查

泥石流的形成与流域地质、地形、水文、气象、植被、土壤、水文地质、地震及人类活动等因素密切相关。弄清泥石流的形成条件和发生原因、性质和活动规律，查明泥石流的规模、危害程度和发展趋势，了解泥石堆积位置、泥石流流量和流速等资料，是在泥石流路段进行路基设计的基础。对下列内容应进行充分的勘测调查：

1. 对泥石流最高洪水位、持续时间、过水断面、容重、流速、流量、松散固体物质的储供量、汇水面积、主沟长度、主支沟比降、糙率、平均粒径、搬运的最大粒径、最大一次淤积量和淤积厚度等进行勘测调查；

2. 勘测泥石流形成区汇水面积、沟谷地形、坡度、植被、松散堆积物的性质、厚度、数量及所处地貌部位、地下水出露位置、坡面径流条件、山坡崩塌、碎落、滑坡及水土流失强度；

3. 勘测流通区与形成区及沉积区的界线、长度、宽度、纵坡、陡坎、急弯、卡口、浪痕、水位、撞擦遗迹、沟岸冲淤幅度、沟岸冲蚀及山坡稳定情况等；

4. 勘测沉积区分布范围、高度、坡度、植被及洪积扇上沟槽的下切或摆动情况，离大河的距离与河面的高差，沉积物的层次组成、粒径、级配及分选情况，淤积速度及最大一次淤积量，当地原有人工构造物的破坏情况，路线与导流构造物的布局等；

5. 对比较重要的泥石流沟应进行长期观测，通过观测泥石流爆发时的动态、流速、流量等数据，掌握其活动规律。

(七)岩溶地区路基勘测与调查

岩溶的种类很多，和路基关系密切的常见岩溶形态有漏斗、溶蚀洼地、坡立谷和溶蚀平原、槽谷、落水洞、竖井、溶洞、暗河、天生桥、岩溶泉、岩溶湖和土洞等，在岩溶地区的路基调查要注意以下内容：

1. 调查岩溶形态、地质、水文地质、发生塌陷的现状与历史、成因与防治、地质环境与人为活动因素等；

2. 调查已发生和潜在的岩溶地面塌陷、岩溶暗河的岩性、流量、水位及季节变化、高程、延伸方向、纵坡变化、溶洞洞顶岩层厚度、裂隙发育程度、岩溶水、溶蚀起伏等情况；

3. 根据工程的重要性和勘察阶段的不同,选择绘制1∶500、1∶2000及1∶10 000比例的地质图;

4. 观测降雨量、水位变化与岩溶地面塌陷的关系;

5. 充分利用航片、卫片判释地质构造线与岩溶发育关系及岩溶负地形的展布规律;

6. 通过钻探、原位测试、试验、体积勘探等方法,测绘隐伏岩溶分布图、岩溶透视图、岩溶地面塌陷分布图、岩溶地质图。

(八)软土及泥沼地区路基勘测与调查

以饱水的软弱黏性土沉积为主的地区称为软土地区,以泥炭沉积为主的地区称为泥沼地区,软土及泥沼地区路基勘测与调查除要进行一般路基勘测调查的内容和项目外,还需对下列方面进行勘测调查:

1. 软土及泥沼的分布范围、最窄地段、微地貌特征;

2. 软土及泥沼的成因、类型、厚度、成层情况和物理力学性质;

3. 软土及泥沼基底的横向坡度;

4. 软土及泥沼的水文地质特征,地表水及地下水水位、流量、补给关系、季节变化、疏导和排泄条件;

5. 泥沼及软土的类型及承载力。

(九)多年冻土地区路基勘测与调查

温度小于等于0℃,且含有冰的土或石称为冻土,在自然条件下,地面以下的冻土保持三年及三年以上的地区称为多年冻土地区。多年冻土地区路基应做好以下各个方面的调查:

1. 一年中冻结和融化的期间;

2. 积雪的时间和厚度(历年的平均值、最大值和最小值);

3. 年降雨量、降雨季节;

4. 年平均气温、年最低气温和最高气温;

5. 按大地貌单元收集多年冻土的历年地温资料;

6. 地形特征、植被状况、路线方案和日照条件;

7. 季节冻融层的厚度、土的种类和融化后的潮湿程度;

8. 多年冻土层的成因、分布、构造、土质和含冰状况,多年冻土层的上、下限;

9. 多年冻土不良地质地段起讫里程和分布范围;

10. 厚层地下冰的成因、厚度、埋藏深度和分布范围;

11. 热融滑坍、热融沉陷及热融湖(塘)发生热融变化的原因,发展阶段及地下冰的分布及暴露情况等;

12. 融冻泥流、寒冻堆塌以及因热融产生的基底松软地段的地质情况;

13. 冰锥的类型及规模,冰锥发育地段的冻土和水文地质情况;

14. 冰丘及爆炸性充水鼓丘的成因,发生、发展的特点,变迁情况及积水量等;

15. 沼泽的成因、类型与地表水和地下水的联系,冻土特点、埋藏深度,植物群落,泥炭和淤泥厚度及其含水量;

16. 渗水土、砂、石材料及保温材料的来源、蕴藏量和运输方法等;

17. 冻土的物理力学试验指标。

（十）膨胀土地区路基勘测与调查

膨胀土是指黏粒成分主要由强亲水性矿物组成，具有显著湿胀干缩和反复湿胀干缩性质的特殊黏性土，膨胀土对工程建筑有很大的危害，公路路面常出现很大幅度的、随季节变化的波浪变形，主要原因就是由膨胀土引起的。因此，对膨胀土地区的路基应特别进行以下方面的勘测调查：

1. 膨胀土的分布范围、地层及时代、层因类型；

2. 膨胀土层次、层位、厚度，有无软弱夹层，土体结构特征；

3. 膨胀土裂隙发育程度、裂隙产状、裂隙面性质及充填物等；

4. 膨胀土物理化学、物理力学及膨胀与收缩等特性；

5. 膨胀土所在地貌单元，自然斜坡稳定状态，沟态发育程度以及植被生长条件等；

6. 地下水分布及其埋藏条件、运动规律等；

7. 膨胀土风化程度及风化层分带；

8. 膨胀土路基环境的工程地质条件；

9. 收集地区多年气象资料，包括降雨量、蒸发量、气温、地温等；

10. 调查筑路材料的种类、产地、储量、运距及其开采价值等；

11. 调查区域内或相邻地区既有建筑物的稳定状况、变形破坏性质及原因，防治措施及其效果。

（十一）黄土地区路基勘测与调查

黄土具有疏松、湿陷及遇水崩解的特性，因此，黄土地区的路基应特别注意排除路基附近的地下水与地面水，其勘测与调查要点如下：

1. 对黄土的分类、结构、地层特征、节理、孔隙率等资料进行勘测调查；

2. 对黄土的抗剪强度、内摩擦角、黏聚力、天然容重、湿陷性、最佳含水量等力学特性进行勘测调查；

3. 对黄土边坡的稳定性等进行勘测调查。

（十二）盐渍土地区路基勘测与调查

盐渍土是一定气温、地形、土质、水文地质条件下的产物，其水—盐状况随着季节不断变化，勘测与调查时间应选择在最不利于路基稳定的期间进行，勘测与调查要点及注意事项如下：

1. 路线通过地带盐渍土的分布范围、界线、地形和地貌特征；

2. 盐渍土的成因、类型、盐渍程度及其在土层不同深度中的变化情况；

3. 地下水位、矿化度、流量、流向及其季节变化与年变化情况，疏导排泄与降低地下水位的可能性；

4. 路线通过地区的水文情况；

5. 年平均降水量、最大降水量及持续时间、气温、湿度、蒸发量、潮湿系数、土的冻结时间、深度及融冻时间；

6. 沿线筑路材料的种类、产地、储量、运距及采运条件；

7. 勘测区内原有道路的情况。

（十三）风沙地区路基勘测与调查

风沙对公路的危害主要是沙埋和风蚀，风沙地区路基勘测与调查要点如下：

1. 收集区域气象资料，包括气温、降水、蒸发、湿度、风向、风速及其季节变化（动力风向图）、起沙风的强度和频率（起沙风矢量图）、出现季节；

2. 风沙地区的分布范围和风沙地貌的形成条件；

3. 沙丘移动的方向、方式和速度等特征；

4. 沙的颗粒组成、矿物成分、盐类及有机质含量、密度和天然含水量、天然安息角、干沙层厚度等沙的物理化学性质；

5. 植物覆盖率、当地沙生植物种类及其生态特征；

6. 下伏地层和地下水埋藏深度；

7. 当地筑路材料（砾石、卵石、碎石及黏土等）的产地、储量和运距等情况；

8. 当地路基防护材料（麦草、稻草、芦苇、沙蒿、芨芨草等）的来源、储量和运输条件及防风治沙的经验等；

9. 沙漠地区的工程用水和生活用水等情况。

（十四）雪害地区路基勘测与调查

1. 调查雪害地区的气象、地形及地貌特点，分析大风及降雪天气的形成原因及其规律；

2. 调查沿线冬季风力、风向及其频率与持续时间，总降雪量、一次最大降雪量、最大及平均积雪深度、冬季气温及冻融时间等资料；

3. 修筑高路堤时，应对开挖储雪场以及整修山坡等地段，进行工程地质和水文地质调查；

4. 冬季现场积雪情况勘测的历史资料；

5. 路线通过雪崩地区的地形（地形图、高差和平均坡度）、地质构造和主要岩性、主要植被类型及其分布资料；

6. 雪崩分布图，最大抛程、气浪影响范围，发生季节，主要原因和历史最大雪崩规模；

7. 勘测雪崩集雪盆地貌、雪崩沟槽、雪崩堆积锥，调查雪崩区的植物特点，绘制雪崩图。

三、路面调查

路面结构形式必须根据因地制宜的原则择优选用，特殊地段的路面结构应通过试验研究确定。如西北地区二级以上公路交通量小的路段可采用薄层路面结构；二级以下近期交通量较小、地形条件较好的路段，可根据情况采用“宽基窄面”的方式；交通量较小的县乡公路，应积极推广便于养护的低造价路面。

（一）路面调查内容

路面类型、结构层次和组成材料的选择，应依据道路等级、交通繁重程度、路基承载能力、当地材料供应情况、气候条件（气温、降水和冰冻等）、施工考虑（设备、工艺、分期修建、施工期限和经验等）、寿命周期费用分析、资金筹措等因素，综合考虑和分析后作出决定，路面调查着重从以下几个方面进行。

1. 行驶舒适性和经济性调查

从路面的角度看，影响行驶舒适性的主要原因是路的平整度。路的平整度可定义为路面表面诱使行驶车辆出现振动的高程变化，路面使用初期的平整度与施工技术水平、施工质量控制、面层构造(如接缝)和材料(如粗集料粒径)等因素有关,车辆运行的经济性亦与路的平整度有关。因此,对于新建公路路面,应对该地区既有路面或相似路面的施工技术、施工控制、面层构造和材料进行调查和分析。

2. 行车安全性和对环境的不良影响调查

路面在行车安全方面的性能包括抗滑(摩阻和漂滑)、溅水和喷雾、夜间亮度或反光性等。影响轮胎与路表面噪声产生的主要因素为表面构造及其声阻抗。

路表面的细构造可为轮胎胎面提供黏结力,路表面的粗构造可加快路表面水的排除。可对路线所在地区已建公路的材料和混合料的性能、抗滑、透水性、路面结构等进行调查。

3. 路面结构性能调查

路面结构的损坏状况,反映路面结构在行车荷载和自然因素作用下保持其结构完整性或完好的程度,因此可对项目所在地区的可比路面,就路面的完整性、损坏程度和路面结构的相关性等方面进行调查。

4. 交通量和交通组成调查

交通量和交通组成是路面结构厚度计算的重要参数,尽管工可阶段进行了详细的 OD 调查,但其调查的基础资料主要为确定公路等级及车道数提供依据。对路面结构而言,需要进一步补充调查交通组成和超载情况。

5. 筑路材料调查

应调查沿线筑路材料分布情况及物理力学性能,包括路面各层所需的材料如碎石、砂砾、石灰、粉煤灰、水泥、砂、矿粉等。

对于高速公路路面面层,寻求高强耐磨的中性火山岩骨料,如玄武岩、安山岩、辉绿岩等尤为重要。

6. 当地路面铺筑科研成果的调查

我国各省(市、区)对路面的科研非常重视,结合铺筑实体工程(试验段)对各层材料及组成、典型路面结构组合等,进行了多方面的研究并取得了相应的成果,积累了丰富的经验(教训),因此对路面设计者而言,借鉴和吸取已建公路成功经验,推广应用科研成果显然是成功设计的捷径。

(二)我国一般地区采用的路面形式

我国西南地区高等级公路的路面结构形式推荐采用沥青路面和水泥路面的比例大致相当,而在西北地区则普遍推荐沥青路面,只有极少数人认为在某些情况下也可修筑水泥混凝土路面。因此,采用何种路面结构形式不仅取决于交通状况,更要根据公路所在地区的地理气候特点、地质状况及材料供应情况因地制宜地确定。即使是在沥青路面结构中,也需要根据具体情况选择不同的面层形式和基层形式(半刚性基层、柔性基层或组合式基层等)。沥青路面是一种多层复合结构,具有多种损坏形态,同时,路面的使用要求包括结构和功能两个方面,因此经济合理的结构形式和厚度设计应谋求各项设计指标的平衡。

对高原冻土、重盐渍土等一些特殊路段的路面结构形式不仅要考虑长期使用条件,还应考虑施工期间的特殊要求。例如,为解决多年冻土融化的问题,吸热少的水泥混凝土路面被认为是合理的路面形式,但这些地区昼夜温差巨大的环境条件对水泥混凝土路面的施工又是严峻的考验。因此,对这些特殊地区或特殊路段的路面设计和施工技术,必须通过试验研究验证后确定。

对于二级以下近期交通量较小、地形条件较好的路段,可根据情况采用“宽基窄面”或薄层路面的方式。内蒙古在一些低等级公路中采用宽路基、窄路面的“小油路”方案,较好地解决了通车需求和投资紧张之间的矛盾,保证了大多数情况下可舒适通行,遇有对向来车时亦可安全交汇的功能,并为以后的公路升级创造了条件,被认为是一条值得推广的经验。在一些气候条件适宜的地区,也可按照“强基薄面”的理论,合理优化路面结构,减薄沥青面层的厚度,使路面结构更加经济合理。

新疆、西藏、青海、内蒙古等省区公路交通的一大特征是点少线长、交通量不大,但出行距离长。同时这些地区建设资金不足、养护资金缺乏且养护技术装备水平差。因此,在这些地区不仅应考虑初期建设投资,还应考虑减小养护工作技术难度和降低养护费用,进行综合分析和比较后选择路面形式,并与路基稳定处置技术相结合,修筑长寿命意义上的低造价路面。因此,建议对这些地区交通量较小的县乡公路,应积极总结成功经验、开展试验研究,开发、推广便于养护的低造价路面,如乳化沥青稀浆封层、土壤固化剂等技术。

四、路基、路面排水勘测与调查

公路排水系统应根据当地降水强度和地形、地貌的实际情况进行综合设计,确保具有较强的汇水、导水、排水功能。重点路段必须根据具体情况进行工点设计,提高路基、路面使用质量和公路的防灾能力。在降水量大和地下水位高的地区,除设置完善的表面排水系统外,应加强内部排水系统的设计,形成完整的防、排水系统,保证路基及边坡的稳定性。应加强对截、排水系统的日常维护,使其保持良好的排水功能。

水损害是路面破坏的主要形式之一。主要原因是路面在使用过程中,雨水将沿裂缝、接缝或沥青面层的孔隙渗入路面结构内,在车辆荷载的作用下,路面结构层受水侵蚀发生冲刷、剥落、松散等水损害。因此,设置路面内部排水系统,将进入路面结构内的水及时排除,对改善路面的使用性能,提高路面的使用寿命具有重要意义。

(一)路基排水

1. 路基排水的目的和要求

路基排水的任务是把路基工作区内的土基含水量降低到一定的范围内。土基含水量过大,便会引起土质松软、强度降低、边坡坍塌、基身沉陷或滑动,影响交通。因此,各级公路应根据沿线的降水与地质水文等具体情况,设置必要的地面、地下、路基边坡排水等设施,并与沿线桥涵配合,形成良好的排水系统,以保证路基的强度及边坡的稳定。

2. 路基排水调查构造物设计一般要求

(1)应注意各种路基排水沟渠的设置和联结,尽量不占或少占农田,并与当地农田水利建设相配合,必要时可适当地加大涵管孔径或增设涵管,以利于农田排灌。一般情况下,不应利用边沟作为灌溉渠道,当不得已灌溉渠须与边沟合并使用时,除应加大边沟外,还应采取必要的加固措施,以防水流危害路基,因此应详细调查路线所经地区的农田排灌情况。

(2)排水沟渠应选择地形、地质较好的地段通过,以节约加固工程投资,对于排水困难和地质不良地段应进行重点勘测。

(3)排水沟渠的出水口应引接至天然(原有)河沟,以减少桥涵工程,不应直接使水流入农田，损害农业生产。

(4)排水构造物的设置，应贯彻因地制宜、就地取材的原则，要能迅速有效地排除路基“有害水”，以免影响路基的强度和稳定性，保证公路运输畅通。

(二)路面排水

通过裂缝、接缝或面层材料孔隙渗入，或者由地下水位毛细上升进入路面结构内的自由水，会降低路基土、路面结构层材料的强度，导致唧泥、错台、断裂(水泥混凝土路面)或者剥落、松散、开裂、坑槽(沥青路面)等病害出现。因此，路面排水对于保证路面使用性能和寿命起着重要作用，是路面设计时应予充分考虑的一项重要内容，同时亦是路面排水调查应注意的方面。路面排水包括表面排水和内部排水两部分。

1. 路面表面排水

降落在行车道和路肩表面的雨水，首先通过横坡向路基两侧排流。在路线纵坡平缓、汇水量不大、路堤较低且坡面不会受到冲刷的情况下，可采用通过路堤坡面横向漫流的方式排除这部分表面水。在路堤较高、边坡坡面未做防护而易遭受表面水冲刷，或者坡面虽已采取防护措施，但仍有可能遭受冲刷时，应沿路肩外侧边缘设置拦水带，汇集路面表面水，然后通过间隔一定距离设置的泄水口和急流槽排离路堤。设拦水带时，在设计降雨重现期内，其过水断面的水面，在高速及一级公路上不得漫过右侧车道的外边缘；在二级及二级以下公路上不得漫过右侧车道的中心线。

2. 路面结构内部排水

为排除渗入并积滞在路面结构内的自由水，可沿路面边缘设置边缘排水系统，或者在路面结构内设置排水基层或垫层。边缘排水系统由透水性填料集水沟、带孔纵向排水管、横向出水管和反滤织物等组成，它使路面结构层层间空隙或透水层内的自由水，横向流入纵向集水沟和排水管，再由横向出水管排引出路基。排水基层排水系统由直接设在面层下的透水性基层、边缘纵向集水沟和排水管、横向出水管及反滤织物等组成。纵向集水沟可设在面层边缘外侧、路肩下或路肩边缘外侧，后者适用于混凝土路肩；集水沟中的填料采用与排水基层相同的透水性材料。

为拦截地下水、滞水或泉水进入路面结构，或者排除因负温差作用而积滞在路基上层的自由水，可直接在路基顶面设置透水性材料(如砂或砂砾)组成的排水垫层，并酌情配置纵向集水沟和集水管以及横向出水管等(如图10-3-1)。

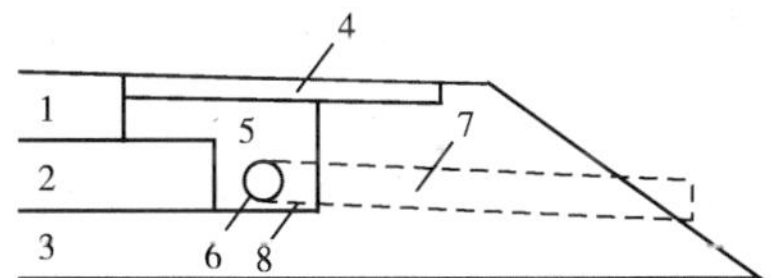

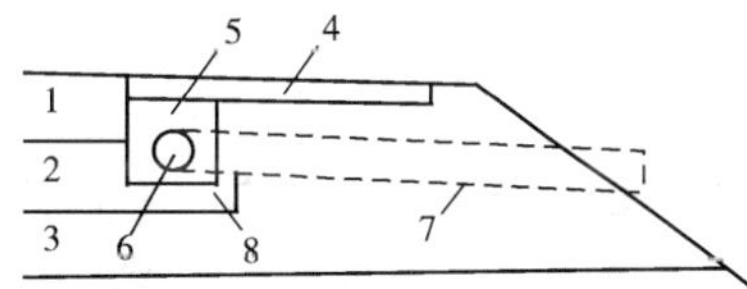

图10-3-1　边缘排水系统

1-面层；2-基层；3-垫层；4-路肩面层；5-纵向集水沟；6-纵向排水管；7-横向出水管；8-反滤织物

(三)路基、路面排水勘测与调查内容

为了正确地选择路基、路面排水的形式，确定排水构造物的尺寸，以有效地排泄路基、路面中的有害水分，应对下列各方面进行勘测调查：

1. 沿线水系的分布及相互关系，各段排水设施汇水面积勾绘计算，汇水区植被、土质条件等调查；

2. 公路通过农田、洼地时，应调查地表水的积水深度、积水时间；

3. 搜集路基、路面排水设计以及构造物水文水力计算所需的降雨量、降雨强度等基础资料；

4. 对路基附近农田排灌现状及其规划进行调查；

5. 对地下水深度、含水层的性质、地下水降落曲线的平均坡度等进行必要的勘察、试验；

6. 对当地公路排水设施使用情况进行实地调查。

第四节　桥梁、涵洞勘测与调查

桥梁、涵洞勘测应配合路线总体布局，调查和研究路线所在地区的农田排灌、河网、路网规划，实地调查路线所经沟渠、河段水文特点、地形、地貌、工程地质及环境等条件，经综合分析比较，达到合理确定桥涵位置、交角、小桥涵结构形式、桥位方案及桥位比较方案。

一、水系分布示意图

水文调查工作应首先对路线所经地区的水系及沟渠、河段水文特点、地形、地貌、工程地质、环境等进行全面的了解，然后根据工程的需要，展开全面、细致的勘测与调查工作。

水系分布示意图是描绘路线所经区域脉络相通的大小河流所构成的系统。具体做法是：利用已有地形图勾绘干、支流，并标注流向、水利设施（水库、堤防、塘坝、灌渠）、主要城镇等。由于农田水利设施的迅速发展，原绘制的地形图上水系分布及流向往往与实际情况不符，因此在利用已有地形图时应进行现场勘察、走访校对，将调查到的新增人工沟渠、水库、堤坝等水利设施的位置、范围及沟渠流向补绘于水系图上。

二、汇水区几何参数的确定

（一）主河沟长度（L）及平均坡度（I_Z）

主河沟长度（L）：表示出口断面沿主河沟到河源（分水岭）的水平距离（以 m 或 km 计）。

平均坡度（I_Z）：表示长为 L 的河沟坡面的平均比降（表示为‰形式）。

1. 有地形图时

主河沟长度根据地形图的比例尺，沿河沟的流经方向，从所求出口断面至主河沟河源（分水岭）直接量出。

主河沟平均坡度（I_Z）的求法：在地形图上从出口断面至河源（分水岭）依等高线逐一查读出主河沟各点高程 Z_i，同时量出相邻两点水平距离 L_i，然后根据作纵断面的等割面积法原理求主河沟平均坡度（I_Z）。这种方法在数学上即为加权平均法，可按下式计算。

$$I_Z=[(Z_0+Z_1)L_1+(Z_1+Z_2)L_2+\cdots+(Z_{n-1}+Z_n)L_n-2Z_0L]/L^2$$

式中：Z_0、Z_1、…、Z_n——从桥涵位至河源（分水岭）沿流程各特征点（或等高线处）地面高程；

L_1、L_2、…、L_n——各特征点（或等高线处）点间距离；

L——河沟长度，$L=L_1+L_2+\cdots+L_n$。

当高程点较多时，为避免计算误差，可采用列表计算。

2. 无地形图时的实测方法

采用气压计与角度手水准（或经纬仪）分别量出出口断面与分水岭之间的高差与俯角，并据以计算其距离（L）及坡度（I_Z）。

具体做法是，在出口断面附近高程基本相同处，先找一个在远处可通视的明显目标，用气压计测得其高程；然后登上分水岭最高点，同样用气压计测得其高程，两处高程差即为分水岭最高点至出口断面处高差（h），再用角度手水准回观出口断面附近的明显目标，测量其俯角（β），则主河沟长度（L）及平均坡度（I_Z）分别为：

$$L = h/\tan\beta$$

$$I_Z = h/L$$

利用激光测距仪（全站仪）时，可直接在出水口架设仪器，在分水岭处架设棱镜，直接测得河沟长度 L 和垂直角 α 以及高差值。

实测主河沟坡度的实际工作中，可采用实测与调查相结合的方法，并选取有代表性的主河沟进行实测，实测方法可采用手水准仪、经纬仪、激光测距仪进行。

（二）汇水区面积

汇水区面积是指出水口断面上游被流域分水线所包围的平面面积（单位为 km^2）。

1. 利用地形图勾汇水面积

利用已有 1:1万～1:5万地形图勾汇水面积，但必须进行现场勘察校对，对新增加的沟渠、水库、堤坝等水利设施进行标注，查明新增沟渠的归入情况，确定新的水系，地形图上难以判别分水岭的地方应现场踏勘确定，准确勾绘出汇水面积。然后可用透明厘米格纸，采用不规则凑整的方法，按地形图的比例，计算出汇水区面积，或采用求积仪求出汇水区面积。

2. 实测或目估

利用测量仪器实地测绘时，一般采用交会法、绕行法或辐射法。实测时可根据具体情况混合使用。施测时要深入汇水区登高瞭望，了解汇水区的全貌。当汇水区较小时可采用实测与目估相结合的方法。采用气压计与角度手水准测量的方法进行测量，测量两点高差与俯角，计算主河沟长度及若干个垂直于主河沟的汇水区宽度，勾绘出汇水区范围并计算出汇水区面积。

（三）汇水区降水重心及平均宽度

汇水区重心指汇水流域几何形心，一般以经纬度来表示。常采用面积对称对折的方法求得。利用重心处的气象、自然地理特征来表述汇水区的水文特征。水文特征如降雨、蒸发、地质、土壤、森林植被等各种因素、自然地理特征都随地理位置而变化。

平均宽度是判断汇水流域水文特征的依据，可通过汇水区重心，垂直主河沟作一条直线，交于汇水区边界的两点，量取此两点间距离，即为汇水区平均宽度。

结合平均宽度及汇水区形状来判断河流为狭长形还是宽阔形，狭长形则出口断面流量小，径流过程的变化较小而历时较长；宽阔形则出口断面流量大，径流过程历时较短。

当无地形图时，采取实测或估测，测出若干个垂直于主河沟的汇水区宽度后，取其算术平均值作为汇水区平均宽度。

随着时代的进步、测量技术的革新，有条件的可采用 GPS—RTK、激光测距仪、全站仪等测量手段，进行现场调查和数据采集。

三、桥位平面图及小桥涵址工点地形图

(一)桥位平面图

1. 一般要求

桥位平面图包括桥位总平面图和桥址地形图,对于河面不宽的中桥可将二者绘在一张图上,比例尺一般为1:1000或1:2000,测绘范围应能满足桥位比选、桥头引道、调治构造物和施工场地轮廓布置的需要。多个桥位方案时,应尽量将各桥位方案测绘在一张图内。一般情况下山区河流上游测绘长度约为洪水泛滥宽度的2倍,下游约为1倍,顺桥轴方向为历史最高洪水位以上2~5m,或洪水泛滥线以外50m。平原区宽滩河流,上游测绘长度为桥长的2~3倍,下游为桥长的1~2倍,顺桥轴线应测至两岸历史最高洪水位或设计水位以上2m或洪水泛滥线以外50m,且应能满足桥梁孔径、桥头引道和调治构造物的设计需要。

对分汊、冲积漫流、河网沼泽地区河流和泥石流地区的测绘范围,可根据实际情况酌情决定。

图内除包括一般平面图上所有的内容外,各方案的桥轴线、水文断面、洪水调查点、历史最高洪水泛滥线、洪水或测时流向、航标位置和船筏走行线等均应在图上标明。扩建和改建桥梁的地形图测绘范围可酌情缩小,测绘内容应增加既有桥梁墩台和调治构造物的位置和高程。测绘比例一般采用1:500,当测绘范围较大时可用1:1000,等高线间距一般用1m,地形平坦地区可用0.5m。

桥位平面图包括陆地和水下地形两部分,陆地部分的地形图测绘其方法、精度指标参照本手册第五章执行。

2. 水下地形测量

水下地形测量可采用测深杆或测深仪配合经纬仪前方交会或全站仪、测距仪、GPS—RTK进行,其深度测量和平面坐标测量应同步进行。

水下地形测量的平面和高程控制系统、图幅分幅、等高距应与该测区陆上地形测量一致,两者应互相衔接。在不考虑平面位移的情况下,测深仪器适用范围与测深点深度中误差应不大于表10-4-1的规定。

测深仪具适用范围与测深点深度中误差 表10-4-1

水深范围(m)	测深仪具	测深点深度中误差(m)
0~5	宜用测深杆(流速小于1m/s)	≤±0.10
2~10 0~10	测深仪(流速小于1m/s) 测深锤	≤±0.15
10~20	测深仪(流速小于0.5m/s) 测深锤	≤±0.20
20以上	测深仪(测船晃动角度不大于4度) 测深锤	≤±0.01H

注:H为水深值。

测深仪具在测前、测后和测深过程中应进行检定和必要的检校，并用其他测深仪具分别在深、浅水处校核水深。测深点的定位可根据实际情况、测图比例尺及设备条件选用交会法、极坐标法、全站仪跟踪定位法、GPS—RTK 定位法。测深点的布测可以是断面的形式，也可以是散点的形式。测深线距及测深点点距不应超过表 10-4-2 和表 10-4-3 的规定。

航道测量测深线距　　表 10-4-2

测量项目	重点水域（cm）	一般水域（cm）	检查测量（cm）
图上测深线间距	1.0～1.5	1.5～2.0	1.0～1.5

断面线上测深点图上最大间距　　表 10-4-3

测 量 仪 器	测 深 仪（mm）	测深杆或测深锤（mm）
重点水域、特大桥断面上	10	10
一般水域、特大桥断面上	10～15	10
测深点点距	35～40	15

水面的高程可直接测定或设置临时水尺测定，较宽的水域（特大桥的江河）应于两岸设置临时水尺，水尺的位置与数量，应能控制整个测区水位的瞬时变化。水尺零点高程或水面高程，应以五等以上水准测量的精度测定。水尺应经常检查有无倾斜，发现倾斜要立即校正并校核高程。测深时有关水尺应同步观测。内陆水域观测次数视水位变化速度而定（两次观测时间内水位变化应小于 0.1m），内河水位平稳每日测深时观测一次；水位变化缓慢每日测深开始和结束各测一次；变化较大或出现缓慢峰谷每日观测四次（02:00，08:00，14:00，20:00），洪水期或水位变化急剧时应每整小时观测一次，潮河段每整小时观测一次。水深测量时，每 10～30min 观测一次（高、低潮前后各 30min 观测一次），海域一般每隔 10min 观测一次潮位。平面位置测量与深度测量应同时进行，特别是水流较急时，应协调一致。作业时选择船体适中、运行平稳的船只为测船，当风浪较大，测深仪显示波峰与波谷之间沿海超过 0.6m、内河超过 0.4m 或测船晃动超过 5 时，应停止作业。

采用 GPS—RTK 测量水下地形或断面时，应选择距江河较近、稳固的、精度高于解析图根点的平面控制点为基准站（参考站），且观测条件较好、地势较高。流动站距离基准站不宜超过 5km。观测时天线应垂直平稳，GPS 天线与测深仪中心应保持一致，不应偏离。GPS—RTK 观测数据与测深数据应同步自动记录，基准站和流动站天线高在测前、测后各量测一次，两次量测较差不大于 3mm，取其中数。基准站的选择和流动站的作业要求见第五章 GPS—RTK 地形图测绘法。水下地形图的测图比例尺一般为 1:1000～1:2000。

（二）小桥涵址工点地形图

一般小桥涵工点的地形图可不做详细测量，当小桥涵址地形比较复杂，上下游涉及改河、改渠，开挖工程范围较大，附属工程困难时，应测绘工点平面地形图，比例尺为 1:500，其等高距采用 0.5m，测图范围应满足构造物设计的需要。一般情况下，上游是跨径总长的 2 倍，下游是跨径总长的 1 倍以上并超过铺砌加固长度，顺路线方向为历史最高水位以上 0.5m 或洪水泛滥线以上水平距不小于10m。对于分叉河流、宽滩河流、冲积漫流、泥石流地区以及改沟地段,按设计需要增加测绘范围。改建工程可酌情缩小。

图内除包括一般平面图上所有的内容外,还应包括设计频率洪水的泛滥线、桥涵平面位置、调治构造物位置及改沟设计位置。

四、断面的测量与调查

(一)小桥涵断面的测量调查

1. 小桥址纵断面和横断面图

小桥址纵断面和涵址横断面图为沿着及平行路线中线的断面。当与河沟水流方向相互垂直时,即为河沟的横断面。

小桥址纵断面图的测绘范围,应能满足桥孔布置和导流防护工程设计的需要;涵址横断面图测绘范围,应能满足进出口布置的需要。测量时应测至历史最高洪水位泛滥线以上0.5m,或河岸洪水泛滥线以上水平距10m以外,比例尺可采用1:50~1:200。在图上标明桥涵位、地貌情况等。

若桥涵址河沟弯曲或河沟纵坡较大时,在桥涵址上、下游加测若干断面,以便全面地考虑桥涵身和上、下游进出口的布设及附属工程的设置等。

若小桥涵为斜交,需加测并绘制垂直于水流方向的河沟横断面,作为水力计算的形态断面。

在涵址中桩及上、下游进出口翼墙处,各测一个垂直于涵位中线的横断面图。平原区较顺直的河沟,可只测涵位中桩一个横断面;山区河沟,当沟形十分曲折、地形起伏较大时,应在上、下游纵面起伏较大处,适当增测几个横断面,以便了解涵位附近的地形全貌,便于检查涵位及其路线的交角是否合适,涵身与翼墙基础有无悬空现象,以便更合理的布设翼墙及洞口加固与缓流设备等。施测范围,自涵位中线分别向两岸测至岸边以外5~10m,并将测点的地貌特征记录下来,标注在横断面图上。改河工程应按布设要求进行纵、横断面测量,原河道相关范围内应进行河床纵坡和河床横断面测量。

2. 小桥涵址河沟纵断面图

为了小桥涵的横向布置和纵向布置及河道开挖、加固等设计的需要,在小桥上、下游和涵位进、出口以外各20m的范围内测绘桥涵址河沟的纵断面图,比例尺可采用1:100~1:200,图上应表示出河沟纵向坡度、桥涵位置、路基设计高、历史洪水位、设计水位的水面线及淤积、冲刷情况。对扩建、改建的小桥涵,应增加对原有小桥涵的涵身、进出口和铺砌等构造物的位置和高程测量。

3. 形态断面图

形态断面是计算流量所依据的河沟横断面,一般选在有较可靠的洪水调查资料的河段内。形态断面应尽可能与流向垂直,宜选在河段顺直、岸坡稳定、床面冲淤变化不大、泛滥宽度小、断面比较规则、河槽在平面上无过大扩散或收缩、河沟床纵坡无急剧变化和无局部死水不流区及壅水影响的地方。

小桥涵址断面如符合以上形态断面条件时,亦可作为形态断面。形态断面一般只选一个,但在水文情况复杂和主要靠形态法确定设计流量时、或当可靠的洪水调查点距小桥涵址有一定距离时,可根据具体情况选 2 ~ 3 个形态断面,以资互相校核。

形态断面的测量范围,为历史最高洪水位以上 0.5m 或历史最高洪水位泛滥线以上水平距 10m 以外。

形态断面处水深较大时,水面以上部分可按一般地形测量,水面以下部分的测量方法为:控制各测深点与河岸某定点的水平距离(起点距),分别测量各点水深。

测深点(测深垂线)的分布,以能较真实地反映整个断面的形状为基本要求。一般测深点是沿形态断面的宽度方向均匀分布的,但在河沟床急剧变化处(如槽、滩分界处)应加设测深点。

形态断面图的横向比例一般为 1:100 ~ 1:200,纵向比例为 1:20。形态断面图包括的内容:河沟床横断面、测量时水位、历史洪水位、滩槽分界线、植被情况、河床地质等。

4. 小桥涵现场调查

(1)小桥涵的野外勘测中,应对桥涵位上游汇水区的地表植被、洼地滞流、土质吸水类别、水库(或湖泊)控制面积等地表特征进行调查,满足径流形成法和暴雨推理法计算流量的需要。

(2)凡拟建小桥涵址的上、下游附近有原建小桥涵时,应对原有小桥涵的结构形式、洞口类型、各部分主要尺寸及埋置深度、修建年代、损毁修复等情况进行调查,并测量桥前水深、桥下泄洪流量、桥涵址间的汇水面积等,以便对拟建桥涵计算设计流量。当改建时还应调查结构形式各部分高程、荷载标准等,并测量其跨径、高度、长度、宽度、位置,通过现场鉴定,以确定其利用的程度。

(二)大、中桥断面的测量调查

1. 桥轴纵断面图

桥轴纵断面和引道的测量,应与路线接线部分一次完成。

桥轴纵断面的测绘范围应测至两岸路线设计高程以上;当河难过宽、洪水漫流时,必须满足设计桥梁孔径、桥头引道、调治构造物的需要。

当地表起伏较大、地质复杂的桥址,应在桥轴线上、下游各 6 ~ 20m 测辅助纵断面,并在墩台基础范围内增测辅助横断面。

桥轴纵断面陆上部分和引道、接线纵断面测量,各测点与起点间量距误差不应大于测段距离的 1/2000,横向偏距不应大于 0.1m。测点高程应用水准测量或三角高程测量,中间点的地面高程读至厘米,其测量精度应满足中桩高程测量的要求。

桥轴纵断面水下部分的测量包括测量水深、测深垂线的起点距、测深期间的水位。对水深超过 3m 或流速超过 1.5m/s 的河流,应记录测量方法、测时风向和风力等有关资料。

测深垂线起点距和各测深垂线间距,应采用直接丈量或光电测距,也可采用经纬仪视距、交会法等方法测定,其限差不应大于距离的 1/200。采用交会法测定距离时,基线长度丈量的限差不应大于基线长度的 1/2000,交会角不小于 30°,并不大于 120°。

断面测深开始及终了时的水面高程,应用水准仪施测,读数至厘米。当水深涨落较快时,应定时测定水面高程,并记录断面上各测点的测深时间。

测深垂线的布置,应能控制河床断面变化,主槽部分应较河滩为密,河床地面变化急剧地段应加密。测深垂线的间距应不超过表 10-4-4 的要求。

测深垂线最大间距 表 10-4-4

水面宽（m）	<5	50～100	100～300	300～1000	>1000
最大间距（m）	3～5	5～10	10～20	20～50	50

测深方法应根据水深、流速大小及河床地质情况，选用测深杆、测深锤或回声仪等工具。用测深杆或测深锤测深时，两次测深的不符值：当水深小于2m时，不应大于0.1m；当水深大于2m时，不应大于水深的1/20。

桥轴纵断面图的横向比例一般为1∶200，纵向比例为1∶2000。桥轴纵断面测量还应调查滩槽分界线、植被情况、河床地质等，以满足桥位设计。

2. 形态断面

形态断面是计算流量所依据的河流横断面，形态断面位置一般选在能较好地反映桥位河段水文特征的河段上，形态断面应尽量与流向垂直，宜选在河段顺直、河床和岸坡稳定、冲淤变化小、泛滥宽度较小、无死水回流、断面比较规则、河滩与河槽的洪水流向基本一致，并且无河湾、河汊、沙洲等阻塞水流的地方。

形态断面一般应在桥位上、下游各选一个，以资互相校核。对河面不宽的中桥可只选一个形态断面。当桥位附近有水文站时，可利用水文站基线断面作为形态断面，一般应联测水文站的基点高程及与桥位的相互关系。

形态断面的测量范围：平原宽滩河流可测至历史最高洪水泛滥线以上水平距离50m以外，山区河流应测至历史最高洪水位以上2～5m。

形态断面陆上及水深测量的要求同桥轴纵断面的测量，在河沟床急剧变化处（如槽、滩分界处）应加设测深点，形态断面测量还应调查滩槽分界线、植被情况、河床地质等，满足水文计算。形态断面图的比例尺可参照表10-4-5选用。

形态断面比例尺 表 10-4-5

泛滥宽度（m）	<100	<500	>500
水平比例尺	1/200	1/500 或 1/1000	1/1000 或 1/2000
垂直比例尺	1/20	1/50 或 1/100	1/100 或 1/200

3. 洪水纵断面水面坡度图

河段洪水纵断面图是用来反映桥涵位河段场次洪水的水面线情况，以此计算形态调查法中需要的场次洪水位、洪水纵坡。可根据调查到的场次洪水的洪痕点高程，以及在水流中泓线上垂直投影得到的洪水点水平距离，绘制成河段洪水纵断面。

河段洪水纵断面图的绘制方法：首先根据桥涵址工点地形图上洪痕点位置和洪痕点调查记录，向中泓线上垂直转移，然后以纵坐标表示洪痕点高程，横坐标表示洪痕点在水流中泓线上的投影距离，分别连接同一次场次的洪痕，得到场次洪水的水面线，不同场次洪水都有各自的水面坡度。

小桥涵洪水纵断面图纵向比例一般为1∶50，横向比例为1∶50～1∶200；大、中桥纵断面图比例尺视河段情况，以能较直观反映水面坡度确定纵、横比例尺。

洪痕点调查困难时，洪水纵坡可用常水位或低水位比降代替。当调查时河沟干涸找不到水痕时，也可用河底平均坡度代替，要注意这段河沟的各横断面不应有较大的收缩或扩张变化。

水面坡度测量时应注意水位的变化，测量时采用瞬时水位测量，即某一时刻的水位。测量可在一岸施测，当设计需要两岸水面坡度时，应在两岸同时施测。

水面坡度施测长度，应根据河段水文特征情况确定，一般不应小于3倍河宽，上游2倍，下游1倍。宽滩河流或大江、大河可适当缩短。对于水面坡度特别平缓的宽滩河流，测量长度上、下游的水位高差不应小于0.1～0.3m。测量时水面坡度的测点间距一般为20～50m，最大不应超过100m；当水面坡度有突变时应加密测点。

五、流速的观测

流速一般以流速仪施测为主，流速仪有旋杯式流速仪及旋桨式流速仪。在漂流物较多、水浅或水流湍急处流速仪测量有困难时，采用浮标法施测。浮标法施测流速可与流向同时进行。当洪峰历时短暂、水位涨落急剧，须缩短测速时间时，可改用中泓浮标法施测。

（一）流速仪法

1. 测速仪的垂线分布

测速垂线分布应与河床断面变化及流速分布相适应。主槽垂线分布比河滩密些，在滩、槽分界处应布设垂线（如图10-4-1）。对宽深比特大或漫滩严重的河道，应适当增加垂线。

每一个枝叉处均应布设垂线，施测各枝叉流量分配情况。通常测深垂线数目不小于表10-4-6的要求。

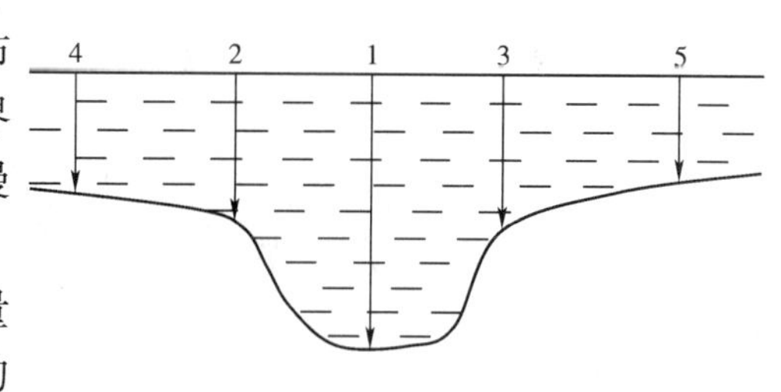

图　10-4-1

断面测速垂线分布　　表10-4-6

水面宽度（m）	<100	100～300	300～600	600～1000	>1000
垂线数目	5	7	9	11	14

2. 测速垂线上的测点布置

测速垂线上的测点数按表10-4-7执行，遇水涨落急剧等特殊情况，可适当减少测点。五点法测点布点如图10-4-2。

测速垂线上的测点布置　　表10-4-7

垂线水深 h（m）	测点相对水深
>10	五点法（0.0、0.2h、0.6h、0.8h、$h-\Delta$）
3～10	三点法（0.2h、0.6h、0.8h）
1.5～3.0	二点法（0.2h、0.8h）
<1.5	一点法（0.6h）

注：Δ为流速仪净空，视工作方法、铅鱼及河底电触器的尺寸而定。

3. 垂线平均流速 V_m 按下列公式计算

五点法：$V_m=(V_{0.0}+3V_{0.2h}+3V_{0.6h}+2V_{0.8h}+V_{h-\Delta})/10$

三点法：$V_m=(V_{0.2h}+V_{0.6h}+V_{0.8h})/3$

二点法：$V_m=(V_{0.2h}+V_{0.8h})/2$

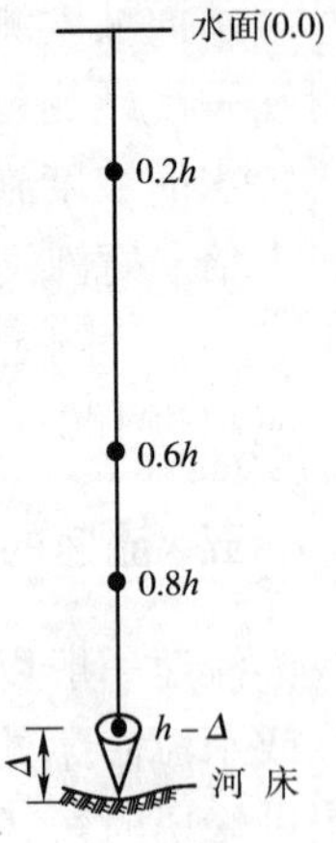

一点法：$V_m = V_{0.6h}$

4. 流量计算

(1)计算各个部分的断面平均流速 V_i。岸边或死水边的部分平均流速，等于自岸边或死水边起第一条测速垂线的垂线平均流速乘以系数 α。系数 α 值，死水边取 0.6，斜坡岸边取0.7，不平整陡坡岸边取 0.8，光滑陡坡岸边取 0.9。断面中间部分的平均流速，等于相邻两垂线平均流速的算术平均值。

$$V_i = (V_{mi-1} + V_i)/2$$

水面(0.0)
0.2h
0.6h
0.8h
h－Δ
Δ
河 床

图 10-4-2

(2)各部分面积的流量 Q_i，等于部分面积 ω_i 与部分平均流速 V_i 的乘积。

$$Q_i = \omega_i V_i$$

(3)计算全断面的流量 Q

$$Q = Q_1 + Q_2 + \cdots + Q_i$$

(4)全断面面积 ω 及断面平均流速 V

$$\omega = \omega_1 + \omega_2 + \cdots + \omega_i$$

$$V = Q/\omega$$

5. 流速仪测速注意事项

(1)悬放流速仪的钢丝绳与垂线方向的偏角读数应准确到 2°；

(2)垂线水深施测相对误差应小于 1% ～3%；河底不平或有波浪影响时相对误差可放宽至 5%；

(3)垂线的平面位置测量可采用经纬仪交会，经纬仪水平交角，读数要准确到 1′。亦可利用 GPS—RTK 方法、激光测距仪法(全站仪)进行，其位置误差不宜大于 0.5m；

(4)流速测量可与断面水深测量同步进行。

(二)浮标测速法

浮标法测速应选在风平浪静、能见度较好的天气进行。

浮标应尽量在全河宽范围内均匀分布，并从一岸向另一岸顺序投放，投放浮标时，主河槽中行走路线一般按表 10-4-8 布设。

主河槽中浮标行走线数 表 10-4-8

水面宽度(m)	<200	200 ~ 500	500 ~ 1000	>1000
浮标行走线数	7 ~ 9	9 ~ 11	11 ~ 13	13 ~ 15

当采用断面控制法时，断面间距参照表 10-4-9。

浮标断面间距 表 10-4-9

最大表面流速(m/s)	中、上断面间距(m)	中、下断面间距(m)	上、下断面间距(m)
1.0	15 ~ 20	15 ~ 20	30 ~ 40
2.0	25 ~ 40	25 ~ 40	50 ~ 80
3.0	40 ~ 50	40 ~ 50	80 ~ 100
4.0	50 ~ 80	50 ~ 80	100 ~ 160

注：秒表计时，用表中较小的间距；手表计时，用表中较大的间距。

当洪水涨落变化急剧时，可在主流部分投放中泓浮标，选用其中历时最短、运行正常、流速最为接近的 2 ~3 个浮标，用其流速的平均值。被选用的有效浮标中，其运行历时相差不得超过 10% ~15%，否则应予舍弃，有效数不足时，应及时补投。

浮标系数一般为 0.8 ~0.9，视风力、风向不同情况并参照上、下游水文站的浮标系数合理选定。

六、洪水调查

调查可靠的洪水位并确定其相应的频率，在形态调查法的水力计算中，有着非常重要的意义。

（一）访问调查

此种调查方法宜选在桥涵址附近或形态断面附近稳定顺直河段，且两岸有较多历史洪痕点处。在两岸上、下游一段范围内，通过访问群众，寻找洪水留下的各种痕迹（简称洪痕），加以辨认确定洪水位。

调查历史洪水情况时，可访问当地老居民并联系生活中印象较深的事（年龄、属相、生育、死亡、结婚、搬家、灾荒和战争等），再结合搜集到的民谚、记水碑文、报刊、历史文献中记载的洪水情况，通过综合分析后确定。

洪痕位置应由目击者指划，同一洪痕需由几个人确认，同一次洪水至少要调查 3 ~5 个洪痕。在确认洪痕时，应注意留存洪痕的标志物有否变动，所反映的洪水位有无受到波浪、漂浮物、水流横向环流引起的水拱以及决堤等影响。

洪痕的可靠程度可参照表 10-4-10 及综合条件评定，综合条件是：

洪痕可靠程度评定标准 表 10-4-10

评定因素	等级		
	1	2	3
	可靠	较可靠	供参考
指认的印象和旁证情况	亲眼所见，印象深刻，情况逼真，旁证确凿	亲眼所见，印象深刻，所述情况比较逼真，旁证材料较少	所传说或印象不深刻，所述情况不够清楚、具体，缺乏旁证
标志物和洪痕情况	标志物固定，洪痕明显，位置具体	标志物变化不大，洪痕位置较具体	标志物有较大变化，洪痕位置不具体
估计可靠误差范围	0.2m 以下	0.2 ~0.5m	0.5 ~1.0m

注：评定时以表内 1、2 项为主，3 项仅作参考，使用时应根据具体情况确定，不能机械套用。

1. 将每个洪痕点绘到河段洪水纵坡图上，核查纵坡图上各个洪痕点是否符合河床形态特征和水力特征。

2. 参照本省、区河流洪水调查资料汇编进行检查。

（二）洪痕调查

在人烟稀少地区，可结合当地具体情况，根据洪水淤积物、河岸受洪水冲刷痕迹，洪水对河岸的物理、化学及生物作用的标志，以判断洪水位或多年平均洪水位（指与多年平均洪峰流量相应的水位）。现场洪水痕迹和特征参考表10-4-11。

现场洪水痕迹和特征辨认表　　表10-4-11

洪水位	洪痕特征描述
历史洪水位	1　在寺庙、老房屋的墙上，常有明显的历史洪水痕迹（如砖、石灰表层腐蚀剥落造成的分界线），但注意与雨水斜打、地面积水浸润的水痕相区别。 2. 岩石河岸和年久的水工建筑物上，受水流多年反复冲刷日晒所遗留的条带痕迹，或岩石上青苔覆盖层的遗留痕迹。条带上缘为频率约 $P=20\% \sim 25\%$ 的洪水位。 3. 地形平缓的河岸或河滩台地上，留有河底纵坡略为接近的断续长条状成层的淤积物（如柴草、带根的灌木、淤泥等），在这些淤积物稍上，为频率约 $P=20\%$ 的洪水位，但注意与迎水面壅高水位相区别。 4. 河沟凹岸水流较缓处，沿岸粗大树干上成束带状的残余漂流物（如小树枝、茅草、植物残渣或淤泥等）。残留物为泥沙、淤泥时，还可在附近岩石裂缝中发现，这类洪痕的频率约为 $P=10\% \sim 5\%$。 5. 两岸树枝、杂草、泥土被冲走而显露出新鲜基岩。砂类土及亚砂土的不太陡河岸，在洪水浸润线处下坍形成一条微曲的直线形。盐碱地带被水浸淹后，冲去地表白色盐碱而呈黑色，洪水线稍低于黑白分界线（但注意区别地表水冲刷），以上分界线都可为某一频率的历史洪水位。 6. 久受阳光暴晒、常年不受水流影响的戈壁滩河沟中的石头常呈发光的黑色，在黑色开始变灰褐色处，可能是稀有的历史洪水位
多年平均洪水位	1. 岩石河岸和水工建筑物上受水流长期反复冲刷所遗留的条带痕迹，或岩石上青苔覆盖物的条带遗留痕迹的下缘。 2. 自然岸坡为1:1～1:2与1:5～1:10的分界线。 3. 平坦河滩的植被分界线，或水草颜色分界线。 4. 戈壁滩上的河沟，灰色和灰褐色分界处
其他洪水位	1. 森林地区：靠河岸的大树向河边一侧表面，洪水期受到漂流树木摩擦而造成的痕迹，可为有漂浮物时洪水位。 2. 若是痕迹较深、斑纹较密，可能是春汛冰块撞击时的流冰水位

3. 其他调查

在洪水调查的同时，还应进行其他水位和河床演变的调查，以及桥位河段上、下游水利设施，已建桥梁的建筑年代、规模和使用情况的调查。其他特征水位调查主要是指枯水位、常水位、流冰水位、凌汛水位的调查，同时还应调查波浪高度，洪水时漂浮物及流冰速度、冰块尺寸和冰密度、冰塞及冰坝水位、江河封冻开河时间及水位，洪水期水流有无水拱及其水拱的横坡度，上游有否分流，凌汛时冰块的大小等。

河床演变调查，主要包括河床的纵向切割、横向拓宽、河（沟）湾发展、岸壁坍塌、沟槽摆动、河流改道、冲淤等河床演变程度，通过调查确定河段的稳定性和变形特征。

4. 历史洪水重现期和洪水频率

调查的历史洪水为自发生年份至调查时的最大洪水，可将发生年份至调查时年数称为重现期 n。所调查到的各历史洪水位痕迹，当判明其发生的年代后，可按经验频率公式进行计算。如某洪水在 n 年内确认仅重现 m 次，则此洪水的累计频率（即每一洪水累计出现的百分数）：

$$p = m / (n+1) \times 100\%$$

七、河床比降图的测绘

桥址附近的河床比降图，可显示出其上、下游沟底纵剖面有无陡坡、跌水及淤积、冲刷等现象，便于考虑是否需要设缓流设备，河床应否开挖和河床应如何加固等，另外，在孔径水力计算中，求河沟的天然水深，亦需河床比降数值。河床比降施测范围：平原区河沟桥址上游一般测200m、下游测100m；丘陵和山岭区河沟上游测100m，下游测50m。如上下游附近有跌水、陡坡者，应适当延长，把跌水、陡坡部分一并测出。

八、涵址测量

（一）涵位中线纵断面测量

当涵位及其与路线的交角选定后，应自涵中桩沿涵洞中线方向分别向上、下游施测纵断面。施测长度一般各为15～20m，但遇有改沟、筑坝，需设缓流设备等附属工程时，应适当延长。每一测点的地貌特征应予记录，注明是沟底还是沟边，以便决定涵底高程和比降。

（二）涵址河沟横断面测量

在涵址中桩及上、下游进出口翼墙处，各测一个垂直于涵位中线的横断面图。平原区较顺直的河沟，可只测涵位中桩一个横断面；山区河沟，当沟形十分曲折、地形起伏较大时，应在上、下游纵面起伏较大处，适当增测几个横断面，借以了解涵位附近的地形全貌，便于检查涵位及其路线的交角是否合适，涵身与翼墙基础有无悬空现象，以便更合理的布设翼墙及洞口加固与缓流设备等。施测范围自涵位中线分别向两岸测至岸边以外5～10m，并将测点的地貌特征记录下来，标注在横断面图上。

（三）涵址平面示意图勾绘

为了便于内业设计时了解涵址附近的地形、地貌现状，当地形复杂、河沟弯曲、涵位与路线斜交、上、下游河沟需改道或与其他构造物有干扰等情况时，必须勾绘出涵址平面示意图。

第五节　隧道勘测与调查

一、概述

隧道是为公路穿越山岭等障碍物而修建的构造物，它应满足安全、经济、合理的要求。一般情况下，当路线方案通过比选确定下来后，该路线上隧道的位置就依从于路线而大体确定，能够移动的幅度和范围较小。但是，如果隧道较长、工程规模较大、技术上有一定难度，属于该路段上的重点、难点控制工程，则该路线的位置一般应依从于隧道的位置。

对控制路线方案的特长、长隧道，应在较大区域内进行调查，凡确有比较价值的方案，均应按同等深度进行勘测比较，并提出推荐意见。

隧道具体位置的选择与该地区的工程地质、水文地质、地形地貌、工程场地、工程难易、环境保护及施工技术水平有关,应结合公路的等级、地形、地质、水文、气象、地震、环保、施工、出渣处理及营运等条件,从技术上、经济上进行综合比较。

二、隧道勘测

(一)隧道测量的内容

隧道是路线的重要控制构造物,隧道的进出口应按地形、地质情况进行中桩和横断面测量,中桩桩距不应大于5m。左、右行分离的隧道连接线起讫点,宜测至分离式路基与整体式路基汇合处以外50m;当为较长分离式路基时,则每幅路基测至一个平曲线以外。

洞顶路线中线桩,除公里桩、转点桩、平曲线特征桩、地形、地质外,其他桩可不测设。在洞口附近,应根据地形、地质情况适当多加设桩,桩距为5~10m。

隧道洞身地段,当洞顶或洞身外侧覆盖层较薄或穿越地质不良地段时,应实测横断面。洞口地段中线上加桩均应施测横断面。连接线横断面测量与路线测量的要求相同。

(二)隧道调查的内容

1. 调查隧道所在位置的地形、地质、水文地质、气象、地震等自然条件以及隧道所在地场地环境、生态环境,隧道修建、营运可能对环境的影响等内容。

2. 根据技术标准和地形、地质条件,确定隧道轴线、洞口、辅助坑道口、洞内中线、连接线等的位置,确定隧道排水、附属设施、施工方案。

三、隧道线形设计

(一)隧道的平面设计

1. 一般公路隧道以直线隧道为宜。直线隧道在排水、衬砌、路面处理上较为简单,同时直线隧道也有利于隧道通风。但山区公路由于受地形、地质条件的限制,隧道内设置平曲线往往不可避免,隧道宜采用不设超高的平曲线半径,并应满足停车视距要求。

2. 当必须设置小于不设超高的平曲线半径的曲线时,应采用超高不大于4%~5%对应的平曲线半径,考虑到隧道施工的简便、快捷,隧道内平曲线半径同时应保证隧道路面不加宽。

3. 为保证隧道内满足行车视距要求,避免隧道内路面超高变化,中、短隧道内不应设置S型反向曲线,长、大隧道必须设置S型反向曲线时,其反向曲线间必须按标准设置缓和曲线或直线段。

4. 隧道外的连接线应与隧道洞身线形相一致。

5. 公路隧道内的平曲线长度除缓和曲线外的圆曲线部分不应小于3s行程的要求;当隧道内路线转角等于或小于7°时,应设置较长的平曲线,其长度应大于《公路路线设计规范》(JTG D20)中规定的一般值。

(二)隧道的纵面设计

1. 隧道的纵坡应不小于0.3%,并不大于3%;独立的明洞和长度小于100m的隧道,其纵坡不受此限制。高速公路、一级公路的短隧道,当条件受限制时,经技术经济论证后最大纵坡可适当加大,但不宜大于4%。

2. 隧道纵坡主要受通风条件及行车舒适性等因素控制,对于长、大隧道的纵坡以小为宜,长度大于 2km 的隧道纵坡宜控制在 2.5% 以下；对于短于 1km 的隧道，一般不需要机械通风，同时随着我国车辆性能的不断提高，车辆产生的 CO 量呈下降趋势，也给隧道内的通风带来较为有利的条件，因此纵坡条件可适当放宽。

3. 为保证隧道内行车在纵面上有较好的行车视距，隧道的竖曲线半径宜大于一般最小值，以满足行车视距要求，隧道内的变坡点不宜过多。

（三）隧道洞口的平、纵线形

1. 隧道洞口两端的平、纵面线形，应与隧道内洞口的平、纵面线形有一段距离保持一致，以满足设置竖曲线和保证各级公路停车或会车视距的要求。隧道洞口的平曲线要素点应与洞门的距离保持一定的长度，距离较小时，车辆进出隧道往往使驾驶员在方向上反应不及时，出现交通安全事故，同时在适应光线的快速变化时，容易产生感官的错觉，诱发潜在的危险，因此隧道洞口段应采用直线段或采用同一半径的平曲线。

2. 紧接隧道洞口不应设置缓和曲线段，由于缓和曲线段线形的曲率是不断变化的，驾驶员在车辆的快速行驶过程中必须通过不断调整方向盘，来保持车辆的正常行驶，另外洞口光线的变化，也影响驾驶员的反应速度，因此洞口段的缓和曲线也应尽量避免，以保证洞口的行车安全。

3. 隧道段洞口设置平曲线时，为保证路线线形有较好的诱导效果，使驾驶员行车操作简单，曲线段的路线转角应大于 7°。

4. 对于洞口的纵坡，宜设置一定长度的直坡段，以使司乘人员有较好的行车视距。隧道洞口附近设置竖曲线，尽管其纵面线形在曲率上是一致的，但由于隧道结构本是一个封闭的较小洞室，凸型曲线上的车辆在接近变坡点时，前方的视距较小，通过变坡点后迅速进洞，安全问题不容忽视，因此隧道的洞口除应采用较大的竖曲线半径，隧道洞口的变坡点应距离洞门一定的距离。

5. 隧道洞口段的平、纵面线形组合，应尽量避免隧道进出口洞内纵坡较大，而洞口设置小半径的平曲线出洞，由于隧道结构不同于路线，驾驶员在进、出隧道口时，生理上、心理上变化较大，容易出现交通安全事故。

四、隧道位置的勘测

（一）地形勘测与隧道位置的选择

隧道位置的选择，首先应考虑地形条件的因素。从地形条件看，隧道可分为越岭隧道与河谷傍山隧道两类。

1. 越岭隧道

越岭线路要解决的问题是如何克服很大的高差，路线长度和平面位置又取决于路线纵坡。因此，选择越岭隧道位置时，应综合分析，慎重比选。

越岭隧道主要应解决的问题是：垭口的选择、过岭高程的确定、垭口两侧线路展线方案的布局，其三者是相互联系又相互影响的，如何处理好三者之间的关系对隧道位置的选择相当重要。因此，要对垭口的位置、高程、地形条件、地质情况和不同的洞外展线方式进行全面的考虑，方能做好方案的比选工作。

（1）地形与隧道平面位置的选择

垭口是越岭隧道路线方案的控制点。应根据路线走向及地形条件选择可供越岭的垭口,一般应以线路顺直、隧道长度最短的垭口作为越岭隧道方案比选的基础。由于地形、地质条件的限制,在路线顺直方向寻找比较满意的越岭方案有困难时,对于稍远离或远离路线方向的垭口,如果该垭口高程较低、山梁较薄、地质情况较好,并有良好引线或展线条件的越岭隧道方案,则应进行周密细致的调查研究,对有比选价值的垭口和沟谷进行方案比较。

(2)地形与隧道立面位置的选择

在同一个垭口越岭时,可以不同的隧道路线高程,定出几个不同长度的越岭隧道方案。其一般规律是:当隧道洞口高程大时,隧道长度短,要求路线拔起高度大,因而展线长,导致两端引线工程增大,运营养护条件较差。若降低越岭高程可减少展线和缩短路线长度,减少拔起高度,改善运营条件,但越岭隧道长度则相应的增长。

拟定越岭垭口和越岭高程是越岭路线选择中的重要环节,随着我国隧道设计和施工水平的不断提高,综合国力的不断增强,在技术可行、经济合理的条件下,应从长远经济发展、营运等多方面充分考虑越岭长隧道的优越性。

2. 沿河、傍山隧道

在沿河、傍山选线时,由于受地形条件的限制,路线平面位置可移动的范围不大。由于沿线河道水流冲刷,河床下切以及地质条件等因素影响,常遇到崩塌、落石、滑坡、坍岸、泥石流等不良地质,如采用隧道及其他工程设施相结合,即可增大线路的自由度,提高路线避免或克服上述不良地质的适应能力。此时应根据地形、地质条件,对沿河傍山的隧道群与靠山内移修建长隧道的各种可行方案进行比选,以求得技术可行、经济合理、便于施工的路线方案。

(1)裁弯取直隧道

河曲地段,沟谷发育,山嘴山洼交错,路线沿河蜿蜒,往往线路增长,桥隧毗邻,工程量大,运营条件差,并常伴有一些不良地质病害工程的出现。若裁弯取直以隧道方案通过,则路线顺直、工程单一、运营条件好。当遇此情况选择隧道位置时,应对沿河绕行短隧道群方案与裁弯取直的长隧道方案,进行技术、经济多方案比选确定。

(2)沿河傍山隧道

沿河傍山路线靠河时,往往出现桥隧相连,隧道短、桥梁高、路基工程大,且隧道洞壁薄,多偏压,施工时常有坍顶露天之虞,各类工程施工相互干扰大;若路线内移,则桥梁可相应缩短,桥高降低,各类工程施工干扰减少,但可能出现路基高边坡防护工程。

(二)地质条件与隧道位置的选择

无论是越岭或沿河傍山路线,在选择隧道位置时,都应力求选择在地质构造简单、岩性较好的稳固地层中通过,尽量避免通过断层、崩坍、滑坡、流沙、溶洞、陷穴以及偏压显著、地下水丰富等地质不良地段,当绕避有困难时,应尽量采取必要的工程措施。

1. 单斜构造与隧道位置的选择

单斜构造是指成层的岩层向一个方向倾斜的地质构造。常见的工程地质问题为不均匀的地层压力、偏压、顺层滑动等现象,故隧道中线以垂直走向穿越最为有利。按岩层的倾角不同,可分为三种情况:

(1)水平或缓倾角岩层

如图 10-5-1 所示,当隧道通过坚硬的厚层岩层时,较为稳定。若通过很薄的岩层,则施工时顶部易产生掉块现象,此时,以不透水的坚硬岩层做顶板为最好。

(2)陡倾角岩层

陡倾角岩层一般有偏压和不均匀压力存在,当有软弱夹层伴以有害节理切割时,易产生坍方和顺层滑动。在此情况下,如以明洞通过时应慎重对待。隧道开挖虽处于约束状态,但当开挖造成临空后,洞壁如有两组及以上结构软弱面或节理裂隙为有害组合时,亦同样将引起较大偏压或顺层坍滑。

当隧道中线可能沿两种不同岩性的岩层走向通过时,应避免将隧道置于两种不同的岩层软弱构造(破碎)带,如图 10-5-2a)所示;而宜将隧道置于岩性较好的单一岩石层中,如图 10-5-2b)。

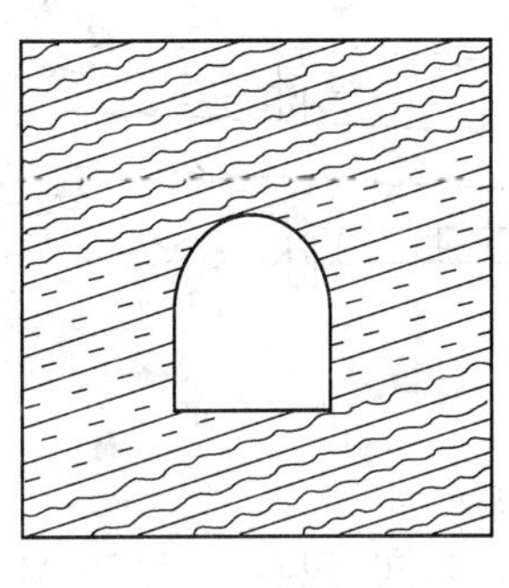

图　10-5-1

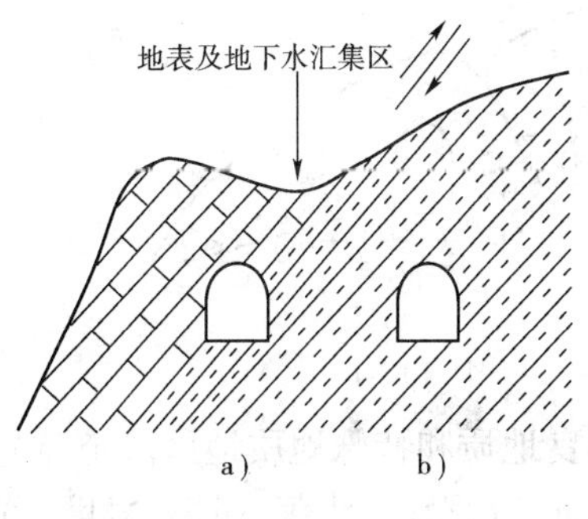

图　10-5-2

(3)直立岩层

隧道通过直立岩层时,其中线宜垂直于岩层的走向穿过,如图 10-5-3 所示。如隧道中线与岩层定向一致时,如前所述,仍应避廾不同岩层接触带。尤应注意的是:当层状岩层较薄,并有软弱夹层,伴有微量地下水活动时,亦可产生不对称压力,在隧道开挖过程中,易产生坍塌(如图 10-5-4 所示),甚至会导致大的坍方,致使地面形成“天窗”,在选择隧道位置时应予重视。

2. 褶皱构造与隧道位置的选择

褶皱构造有向斜和背斜两种基本类型,当隧道通过褶皱构造时,应尽量避免将隧道置于向斜或背斜的轴部,如图 10-5-5a)、c)。而应将隧道置于翼部,如图 10-5-5b),此时隧道所处的地

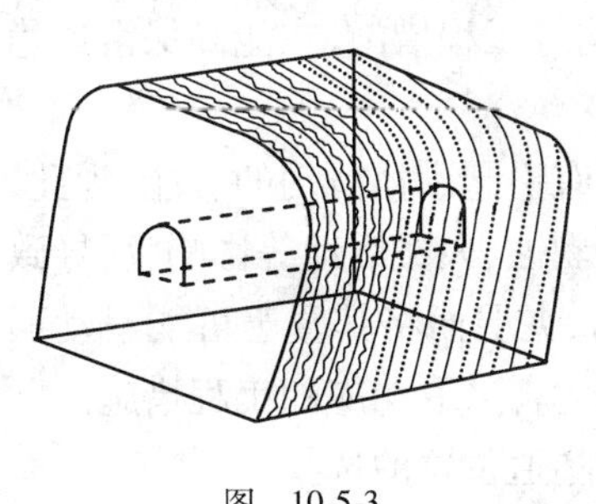

图　10-5-3

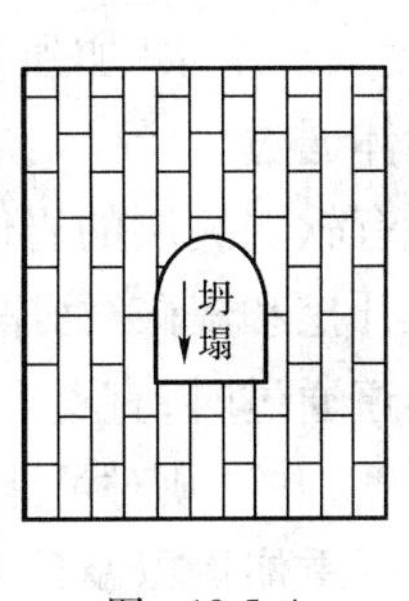

图　10-5-4

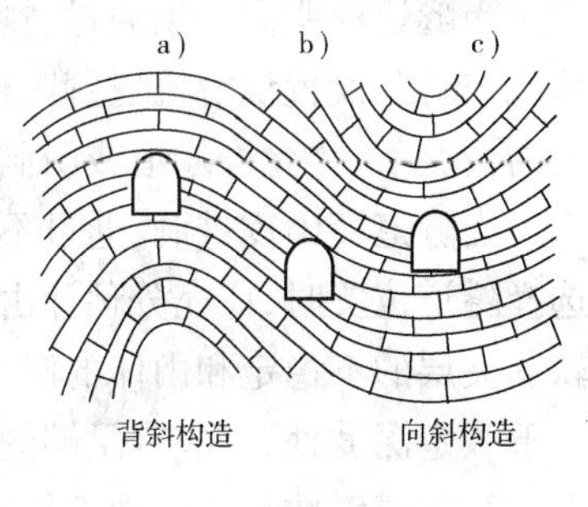

图　10-5-5

质条件类似单斜构造。因背斜或向斜的轴部岩层均比翼部破碎,节理裂隙发育,施工时有坍塌之虞。当对隧道通过向斜和背斜轴部作比较时,则背斜较向斜略好;若向斜轴部处于含水层中,洞身开挖所出现的涌水及坍塌将比背斜严重。

3. 断裂构造、接触带与隧道位置的选择

断裂构造及不同岩层的接触带,其裂隙发育,并有被挤压呈破碎的块碎石角砾及断层泥存在,地下水量也较大,常呈突水涌出,一般在该处开挖隧道易产生坍塌,会给施工带来一定的困难,同时地层压力变化较大,衬砌结构亦难处置,因此,在选择隧道位置时,切忌沿着(或靠近平行)断层带或破碎带修建隧道,如图 10-5-6 所示,特别是对于区域性大断裂,尤应注意绕避。当隧道路线必须通过断层带时,应尽量使路线与断层走向正交,如图 10-5-7 所示,同时应避开严重破碎带,并应使通过断层的地段最短。

图 10-5-6　　图 10-5-7

(三)不良地质和特殊地质地区隧道位置的选择

不良地质是指滑坡、错落、崩坍、岩堆、危岩、落石、岩溶、陷穴、泥石流、流沙、断层、褶皱、涌水及第四纪堆积层等不良地段。特殊地质是指膨胀岩(土)、含盐地层、煤系地层、黄土、多年冻土、地震地区以及水库坍岸区等。当路线经过上述地区时,如果线路难以绕避或绕避方案偏离路线总体走向较远时,在技术条件可行、经济合理的条件下,亦可因地制宜地采取相应工程措施通过。

1. 滑坡地区隧道位置的选择

在山区修建隧道时,经常遇到滑坡,可能会对施工、运营造成极大危害,因此,当隧道路线必须通过滑坡地段时,应使隧道洞身埋藏在可能的滑动面以下一定厚度的稳固地层中,以确保施工及运营过程中滑坡滑动时不致影响隧道安全。当隧道通过古滑坡体时,应确保不致因施工、运营中人为因素导致古滑坡体的复活。

当隧道或明洞必须通过滑坡体时,应在查明滑坡的成因、性质、类型、构造的基础上,采取减载、支挡、设置抗滑桩、拦截、排除地表及地下水、加强衬砌结构等工程措施,在能确保滑坡稳定的情况下,才允许隧道或明洞在滑坡体通过。

当隧道穿山皮进洞,通过不稳定并有软弱夹层的岩体时,多有引起山体滑动的可能,为此,选择隧道位置时,应充分预计由于施工开挖和爆破、河岸冲刷和剥蚀、人文活动等影响,所导致软弱夹层的不稳定和山体的滑动,当隧道通过时,宜避开软弱面、夹层而将其置于可能滑动面以下一定深度处,且应有足够的覆盖厚度,并必须对可能产生的危害采取相应的工程措施。

2. 陡岸斜坡严重张裂不稳、坡体有严重崩塌以及危岩、落石隧道位置的选择

当陡岸斜坡严重张裂不稳或者山坡有严重崩塌时,隧道位置宜往里靠,置于稳定地层中。

如确有困难,应选择在范围最小且相对稳定的地段通过,并提出保证施工和洞身安全的有效措施。

路堑坡外自然坡面的危岩和落石在施工过程中会危及施工安全,在运营期中,常常引起交通中断,危害运营安全。崩坍对隧道的威胁也很大,一旦发生崩坍危及路线时,可导致砸毁隧道洞口或明洞衬砌,中断行车,甚至堵塞河道。

在确认危岩、落石等不良地质灾害的地段,不宜采用深挖方路堑、高边坡防护方案,以采取隧道或明洞方案为宜,以免危害运营。当崩塌地段短,崩落石块小,情况不严重,可采用明洞方案,或与路基防护工程作比较。

3. 岩堆、错落、堆积层地区隧道位置的选择

岩堆表面的坡度一般与该堆积物的休止角接近相等,常处在极限平衡状态或趋于暂时稳定的过渡状态,当基床陡峻时,一经外界某种因素影响(如暴雨、地震、爆破开挖等),即会丧失平衡,向下滑移或坍落。当隧道通过岩堆地区时,极易引起坍塌、衬砌开裂和难以处理的工程事故。

错落在外形和成因方面与滑坡有些类似,但它的错动面或软弱带不像滑坡面那样光滑和有规律,对隧道具有与滑坡相同的危害。

堆积层一般多呈松散状态,隧道开挖后容易引起坍塌,情况严重者常导致地表开裂,洞内压坏支撑或衬砌变形,对隧道威胁较大。

在上述不良地质地区选择隧道位置时,应查明工程地质及水文地质情况,原则上应避免从不稳定的岩堆、错落、堆积层地区中通过,应将洞身置于稳定的基岩中,并留有足够的安全厚度。当隧道必须通过时,首先应分析并确认其具有稳定性,若岩堆紧密稳定,可修建隧道,但应避免洞身置于岩堆与基岩接触面处,且一定要采取有效、可靠的工程措施。

4. 泥石流地区隧道位置的选择

当线路通过泥石流地区时,首先应查明泥石流的成因、规模、发展趋势和冲淤变化规律,并判定工程安全度,以决定隧道方案的可行性。

泥石流地区一般以隧道方案通过较为安全可靠,在决定隧道位置时,应使洞身置于基岩中或稳定的地层内,其顶板覆盖厚度应充分考虑如下因素对隧道产生的最不利影响:

预计河床(主河谷和本沟)最大下切及侵蚀基准面对隧道的影响;泥石流可能的改道和变迁对洞身的影响;泥石流沟床顶板坍顶等最不利情况时的影响;施工爆破可能带来的危害,如顶板塌陷引起超载对施工、衬砌结构安全的影响。

当采用明洞方案穿过泥石流时,其基础必须置于基岩或牢固可靠的地基上。洞顶回填的处理,应考虑河床下切和上涨以及相互转化的各种不利情况。

在受山嘴或洪积扇影响而压缩河床,导致冲刷侧蚀威胁路线安全时,应考虑侧蚀作用对隧道或明洞的危害,在这种情况下,线路位置宜往里靠;当隧道、明洞洞口位置毗邻泥石流时,应注意适当延长隧道、明洞长度,以避免泥石流可能扩散的影响。

5. 岩溶地区隧道位置的选择

当隧道通过岩溶地区时,应尽量避免穿越岩溶严重发育的网状洞穴区、巨大空洞区以及有利于岩溶发育的构造带,尽量避开洞身置于可溶岩与非可溶岩的接触带。当不可避免时,应选择在较狭窄地段,以垂直或大角度穿过,使通过岩溶地段为最短。同时使隧道与岩溶间壁(特

别是顶板及底板)有足够的岩壁厚度或采取相应的工程处理措施,并要选择在岩溶水不发育的地带通过。特别注意岩溶水突然袭击的可能性,这种现象对施工、运营危害极大,须采取合理可行的预防措施。

6. 煤系地层隧道位置的选择

当隧道通过煤系地层时,要注意有害气体、煤窑采空区以及地层膨胀等影响隧道结构安全的问题。有害气体危害施工、运营安全,且易发生燃烧和爆炸事故。煤系地层多含膨胀性岩石,隧道开挖后,围岩压力较大,在含水的情况下,一般水质对衬砌有侵蚀性,这些是引起病害的主要原因。因此,在选择隧道位置时,应设法避开有害气体含量较高和煤窑采空密集地段。当不可避免时,应选择影响最小的方案通过,同时保证底部隔层有足够厚度或预留煤柱,以减少其对隧道工程的威胁,确保施工安全和结构稳定。

7. 黄土地区隧道位置的选择

在黄土地区常见有冲沟、陷穴、滑坡及泥流等不良地质现象,对隧道的危害是不能忽视的,特别是在有地下水活动和陷穴密集的地段,隧道施工时极易发生坍塌,产生较大的围岩压力,导致支撑变形、基础下沉及衬砌开裂等危害。因此,选择隧道位置时,应避开沟壑及有地下水活动和地面陷穴密集的地区。

8. 多年冻土地区隧道位置的选择

多年冻土地区修建的隧道,在洞口地段及衬砌背后会形成一个冻融交替的融化圈,因冻融循环的交替作用,洞门易遭到破坏,融化圈内的围岩强度则有所降低。在冻结时,对衬砌产生冻胀力,影响衬砌结构的安全。当隧道在多年冻土地区通过时,应注意选择好隧道位置和洞口位置,防止隧道病害的产生,减少施工和运营养护的困难。

9. 水库地区隧道位置的选择

水库蓄水水位变化改变了岸边的工程地质和水文地质条件,岸壁受库水的浸润和波浪的冲刷易导致坍塌,还可能引起岩体、土体力学指标的降低、老滑坡体的复活或产生新滑坡等不同程度的危害。

在水库坍岸地区修建隧道时,隧道位置应置于牢固的基岩中或坍岸范围以外具有一定覆盖厚度,并足以保证洞身稳定的土层上。

隧道一般均应设于水库设计正常高水位以上一定高度,如因特殊原因需要设于正常高水位以下时,应根据工程地质、水文等情况,采取有效的工程防护措施。

10. 地震区隧道位置的选择

地震对隧道影响的大小,与地形、地质及隧道埋藏深度有着密切的关系。地震的破坏作用,由地表向地下随深度增加而迅速减弱,故一般对深埋隧道影响较小,对浅埋、偏压的隧道及明洞和洞门等结构的影响较大。另外,一般在松散的山坡堆积层或滑坡地段、断层破碎带、泥石流发育地区、不稳定的悬崖深谷、易坍陷的地下空洞等处,由于地震波的冲击作用,对抗震均属不利地段。一旦地震发生,将可能导致隧道洞口坡面坍塌、衬砌出现开裂破损等病害,直接威胁行车安全。因此,在选择隧道和洞口位置时,应特别注意地形、地质及洞身埋藏深度等问题。对土质松散或地层破碎及地质构造不利的傍山隧道,更应注意采取必要的措施,以保证洞身稳定和洞口工程的安全。

11. 膨胀岩(土)地区隧道位置的选择

膨胀性的岩石种类有：页岩、泥岩，含有长石、云母、辉石等的风化岩，蛇纹岩。其膨胀的原因一般认为有以下三个方面：

(1)吸水膨胀

软岩、变质岩等含有蒙脱土等黏土矿物质时，吸水后会呈现明显的膨胀性。

(2)风化膨胀

围岩接触外界空气引起风化现象，随着岩石的崩坏所呈现的膨胀性。

(3)潜在应力释放引起的膨胀

围岩的内部潜在应力，由于隧道开挖而得到释放，当围岩强度不足时，隧道即承受膨胀性压力。

当隧道通过膨胀岩(土)地区时，应在确认膨胀性围岩的范围后，以通过地段最短、地下水含量最少者为宜。同时应根据支撑变形情况，顶、底板隆起及侧帮的凸出等程度，来分析和测定膨胀力的大小和开挖不同部位相应的变化规律，以便采取相应的施工方法和加强衬砌结构工程措施。

12. 含盐地层隧道位置的选择

含盐地层系指含盐岩石中含有盐类矿物，如岩盐、芒硝、钙芒硝、硬石膏、石膏等矿物成分的可溶岩地层。当其在恒定天然含水量状态下，具有较大的强度，但当含水量发生变化时及变化后，则严重影响岩层的稳定性。

含盐地层对隧道的危害大致有下列三种类型：

(1)膨胀作用的危害，将导致衬砌结构承受附加压力。

(2)湿陷作用的危害，使底板呈现不规则的隆起或沉陷，影响结构稳定。

(3)含有高浓度 SO_4^{-2} 的水溶液和芒硝矿物对混凝土的侵蚀，严重者使混凝土呈豆腐渣状，对钢筋也具有腐蚀作用。

为此，当隧道通过含盐地层时，宜选择在干燥无水或地下水位低、含盐量最小的地段通过，并应对衬砌结构采取相应的加强措施。

五、隧道洞口位置的选择

隧道洞口位置的选择，一般应根据地形、地质、水文等条件，结合工程施工安全、环境保护要求、洞口相关工程(洞口段衬砌形式、桥涵、路基支挡、坡面防护、排水工程、施工场地布置及便道引入、弃渣处理、施工干扰以及洞门结构形式等技术要求和工程大小)加以全面研究，综合比较其经济、技术上的合理性和安全性，方能确定洞口的最佳位置。

(一)根据地形条件选定洞口位置

1. 隧道进、出口路线中线应尽量与地形等高线相垂直或接近垂直，这可减小洞口工程量，对施工亦较为有利。如不能满足上述要求时，要尽量以大角度斜交进洞，尽量避免与等高线平行进洞。

当地形等高线与路线中线斜交角度较大，且岩层整体性较好，又无不良地质现象，可以采用斜交进洞，但在松散地层中，则不宜采用斜交洞口，以采取其他工程措施为宜。其具体要求如下：

(1)III 类及以下围岩以不设斜交洞门为宜。

(2)斜交洞门角度的选定：

围岩类别在Ⅳ类及以上时，可采用斜交洞门，其端墙与路线中线的交角不应小于45°。

(3)地震基本烈度为Ⅶ度地区，应经验算方可采用斜交洞门，地震基本烈度为Ⅷ度以上地区不宜设斜交洞门。

2.傍山隧道洞口当靠山一侧边坡较高时，常有坍方、落石等病害发生，故宜早进洞或加接明洞。对堑坡外自然坡面的稳定性要认真调查、分析，采取相应防护措施。要特别重视洞口段的地层情况及覆盖厚度，对形成偏压地段的衬砌，应采取必要的措施以防止坍顶和破坏山体的稳定。

3.位于悬崖陡壁下的洞口，不宜切削原坡面，如崖壁稳定，则可贴壁进洞。如有落石的可能，应加接明洞或采取其他防护措施。

4.在漫坡地形选择洞口位置时，应考虑洞外路基填挖方情况、排水条件和有利快速施工等因素，结合少占农田、改土造田、环境保护等要求综合分析确定。

5.在沟谷和山凹处，往往是地表水和地下水的汇集处，地质构造也较为软弱。因此，当路线沿沟谷、山凹行进时，洞口位置应避开沟谷、山凹中心，尽量在凸出的山坡附近进洞。当沟底高程较高或横跨路线等情况时，应对地表径流作妥善处理，并加强洞口段的防、排水措施。

6.在桥隧紧接的情况下，应综合考虑洞口与桥跨布局、结构处理的整体性，不能忽视桥隧工程施工相互干扰的因素。

(二)根据地质条件选定洞口位置

选定隧道洞口除考虑地形条件外，在通常情况下，地质条件起着决定性作用。因此，洞口地段岩层的成分、岩性、风化程度、节理裂隙、地下水及其他不良地质现象，均为洞口位置选定的决定因素。

1.洞口位置应选择在坡面稳定、地质条件较好、无不良地质现象处，不应在山体不稳或有明显偏压、滑坡、崩坍、松散堆积体、泥石流沟等地段进洞。

2.当倾斜岩层、层理、片理结合很差或存在软弱结构面时，不宜大挖，防止顺层滑动或坍方，并尽量早进洞或设明洞引进。

3.当要求隧道避开堆积层进洞有困难时，不宜采用清方的办法缩短洞口，必要时，应适当接长明洞或采取其他工程措施，以维护山体稳定和洞口工程的安全。

4.黄土地区选择隧道洞口，当遇干燥无水、密实、稳定的老黄土地层时，可按一定的挖深进洞，有水或新黄土地层则不宜大挖，洞口应避开冲沟，以防止洞口坡面冲蚀产生泥石流等病害。

5.当洞口为软岩或软硬岩互层，要考虑受风化及自然营力的作用。软岩易受侵蚀而剥落，导致掉块、落石，危及洞口安全，故在此类地层中选定隧道洞口位置时，应适当降低边仰坡高度，以减少风化暴露面，同时对软岩坡面可作适当的防护。

六、辅助坑道的选择

修建隧道工程时，根据需要可采用适当的辅助坑道，以增加工作面，改善施工条件，从而起到提高施工进度、缩短工期及妥善处理弃渣的作用。辅助坑道有横洞、平行导坑、斜井及竖井四种类型。

(一)横洞适用于傍山、沿河路段；桥隧相连，施工干扰大或进出口场地狭窄、弃渣困难路段;洞口路堑挖方量大或地质不良、进洞困难的路段。

横洞与隧道中线的平面交角以40°~90°为宜,并应向洞外设不小于3‰的下坡。横洞设备简单,施工、管理方便,在选择辅助坑道时,宜先考虑采用横洞。

(二)较长的深埋隧道当有大量地下水或瓦斯需要排泄、如不宜采用其他辅助坑道时,可采用平行导坑。平行导坑能改善施工通风条件,减少运输干扰,解决排水问题,并起超前探测地质情况和安全通道的作用,但工程造价较高。

(三)隧道较长、埋置不深或虽然埋置较深但隧道适宜位置处旁侧有低洼地形,且地质条件较好时,可采用斜井方案。斜井需有一定的提升设备,斜井与隧道中线平面交角宜采用40°~90°,其倾角视所采用的提升方式而定,宜小于25°,井长不宜超过200m。

(四)隧道较长,无设置横洞、斜井的条件,但洞顶局部地段覆盖较薄、地质条件较好,可设置竖井。设置竖井需垂直提升,设备较复杂,井筒施工进度慢,测量工作难度较大。竖井位置以设在隧道一侧为宜,与隧道中线的间距一般为15~20m,其深度不宜超过150m。

(五)选择辅助坑道方案时主要考虑以下因素:

1. 选择辅助坑道,应根据隧道长度、施工期限、地形、地质、水文等条件,结合通风、排水及弃渣的需要,通过技术、经济比选确定。

2. 一座隧道的辅助坑道方案及运输形式,应与正洞施工方法和施工组织统筹考虑,经技术经济比较确定,可采用单一类型,也可采用不同类型的组合。

3. 辅助坑道洞口应不受洪水威胁,要考虑施工场地布置,注意保护环境,避免弃渣堵塞河道,影响水利、破坏农田等不良后果。

4. 选择辅助坑道时,在方案比选中应分析辅助坑道本身的工期及其对主体工程缩短工期的作用,从而降低工程造价,提高经济效益。

七、公路隧道与环境保护

人类赖以生存的环境是实施可持续发展战略的基础。因此环境保护工作已经受到了公路建设部门的关注,并且贯彻到了公路建设的全过程。目前的公路新、改建项目在工可阶段必须进行环境影响评价,在初步设计中要拟定环境保护总体设计方案并作论证,在施工图设计中要作出环保工程设计。环境保护工程必须做到与主体工程“同时设计、同时实施、同时验收交付使用”。

勘察设计是公路隧道建设中的重要阶段,决定着隧道主体工程的线位、规模大小和形式。在隧道的设计中要始终贯穿环保的思想,合理地选择隧道设计的各种技术参数,使其既能够满足车辆通行的使用功能,又能够满足施工、运营时期的环保要求,尽可能地改善、提高隧道及相关路段的环境质量。具体来讲,在隧道勘测设计中可采取如下措施:

(一)隧道建设前,要开展大量的调查工作。除按规定进行常规的环境调查与评估外,还应结合勘测工作中其他方面的调查,摸清隧道位置的地形地貌、水文地质、工程地质等自然环境情况,以便在设计中因地制宜地采取环境保护措施,避免环境破坏。

(二)隧道选线要避免选在复杂工程地质、水文地质和严重不良地质地段,宜避开瓦斯含量高的地带,以免在施工、运营期间有害气体逸出污染环境。在越岭隧道的选线中,宜优先考虑采用低线位穿越山体,避免开挖山体较多,破坏植被,造成水土流失。

(三)洞口的选择宜避开植被较好的山坡,优先考虑石质坚硬、坡度陡、植被差的山鼻或山崖位置。因为此处地质情况一般较好,有利于开挖进洞。石质好、边坡较陡、开挖量小,并且不易发生边坡滑坍等地质灾害,对植被的破坏也较小。要做好洞口坡面的防护及排水系统,防止坡面滑坍及雨水冲蚀坡面。

(四)公路景观设计也是环境保护措施的一部分,洞口形式设计应美观,与周围的自然环境、人文环境相互协调。隧道进、出口应尽量保持坡面原貌,少开挖切削。隧道的设计应遵循"早进洞,晚出洞"的原则,尽量少扰动山体,以免破坏其平衡。

(五)隧道引道路基及洞口的边坡应减少开挖,并且采取合理的开挖方法,处理好土方调配,不可使弃土随坡滑溜,对生态环境造成破坏。

(六)应合理安排路线与隧道的施工组织计划,隧道施工产生的弃渣应该尽量利用,无法利用的弃渣应选择合适的弃渣场堆放,弃渣场宜选择荒地、冲沟,并可同时填平沟壑造地,增加耕地面积。弃渣场应设置必要的拦挡防护工程,有条件的应进行绿化,防止雨水冲刷形成新的水土流失源,甚至引发泥石流。

第六节　路线交叉勘测与调查

公路的交叉形式按被交叉物的性质分为公路与公路交叉、公路与铁路交叉、公路与乡村道路交叉及公路与管线交叉。其中公路与公路交叉又分为互通式立体交叉、分离式立体交叉及平面交叉。

一、公路与公路交叉

(一)互通式立体交叉

1. 勘测调查要求

被交叉公路勘测采用与路线同等的技术要求,勘测长度应满足设计要求。

2. 勘测调查内容

(1)交叉的位置

被交叉道路的名称、公路等级、地名、里程、修建时间等。

(2)被交叉道路的现状

交叉角度、交叉点高程、平纵线形、横断面形式、路面结构、各层厚度、路面现有状况、病害类型与程度、排水及防护工程、公路养护周期情况。

(3)交叉处的自然地理情况、被交叉道路在路网中的作用及发展规划

(4)交叉范围内有关的工程情况的调查

包括工程地质、水文地质条件、拆迁、防护、排水、其他工程、照明、绿化、环保、占地等。

(5)交通量及交通组成

核查可行性研究报告提供的交通数据。可向交通主管部门搜集资料,亦可进行现场观测,采用人工调查、抽样观测的方法,进行日交通量或高峰小时交通量观测。核查出现差异时,应进行补充调查,分析原因调整预测影响因素或重新进行OD调查。

3. 互通式立交方案选择

(1)收费式互通立交,一般可选用喇叭式,利于集中收费管理。

收费站所在象限以交通量重心所处的象限为最佳,其次为两相邻的象限,最差为其对角象限。交通量较小的匝道采用环形匝道,转向交通量相差不多时,尽量选择A型喇叭式。选择匝道桥上跨通常更利于安全。

(2)不收费式互通立交的形式比较灵活,匝道形式的选择主要由交通量决定,流量较大的方向,赋予较高的设计速度及较短的行程。反之,流量较小的方向,如果工程增加不大时,可采用较高的设计速度,不应片面追求高标准。

(3)枢纽互通式立体交叉交通量大的匝道与主线有时已无分别,一般互通式立体交叉多设有收费站,采用停车收费时,匝道设计速度可随之降低。

(4)对互通式立交范围内的分、合流部分,交织路段及平面交叉,应做交通容量检验及服务水平分析。

4. 互通式立交范围内的路线勘测

互通式立交范围较大、距离主线较远时,应补充控制测量,并应联系于主线控制网上。

勘测内容包括被交叉道路、匝道及连接线,测量长度应能满足设计需要。施工图阶段应对匝道及连接线实地放线,并测量横断面及中桩高程。

5. 交叉范围的地形图测绘

互通式立交方案往往受到特殊地形、地物的控制,一般需测绘较大比例尺的地形图,比例尺通常采用1:2000,有特殊需要时,比例可采用1:1000或1:500。测量方法见本手册第五章。有价值的比较方案亦应测图。

(二)分离式立交

调查被交叉公路提高等级的计划及交叉处的地区发展规划,路面结构及各层厚度,地形、地物、排水等情况。

主线上跨被交叉公路,当不改建被交叉公路时,可只测量交叉点的位置、交叉角度、交叉点高程、路线中线位置、路线纵断面;当需改建被交叉公路时,被交公路的路线应按相应等级公路进行勘测与调查,测量长度应满足设计要求。

纸上确定方案后,尚需现场核实并量测交叉桩号及角度。被交叉道路不改造时,只测量交叉位置、交叉角度、交叉点高程即可,否则应按相应等级公路进行勘测调查,勘测长度应满足设计需要。

分离式立体交叉范围内需设置排水设施或改移水渠时,应确定改移位置,测量纵、横断面;当地形图不能满足设计要求时,应修测或补测地形图。

(三)平面交叉及公路与乡村道路交叉

平面交叉设计应以预测的交通量为基本依据。当缺乏交通量预测资料时,交通量可参考附近类似功能交叉的交通量进行推算。既有平面交叉改建时,还应调查分析包括交通延误及交通事故的数量、程度和原因在内的现有交叉的使用情况。

平面交叉需实地量测交叉桩号及角度、被交叉道路的中线测量、水准测量和横断面测量,测量范围以满足设计需要为准。被交叉公路中桩间距:环式和加铺转角式交叉应小于10m,分道转弯式交叉按路线中桩测量的要求进行。

平面交叉需改道时,应按相应等级公路进行测量调查,必要时应测绘地形图。

二、公路与铁路交叉

公路与铁路平面交叉，应测量交叉处的桩号、交叉角度、铁路股道的内外侧轨顶高程、路基宽度及铁路路线纵坡坡度；调查并拟定铁路道口看守的位置，照明、通信、信号等设施线路接入的方式和位置。应对轨顶高程用水平仪进行闭合测量，满足路线中桩的测量精度。

公路与铁路交叉时，应掌握铁路的现状及发展规划，并征询主管部门对交叉设置的意见。

三、公路与管线交叉

按照管线的性质和用途，管线可分为管道和电缆两大类。管道主要有给水管、污水管、雨水管、热气管、暖气管、输油管、渠道等；电缆包括电力线、电信线、无轨电车及地铁电力线等。根据管线的布设位置，可分为地下埋设和空中架设两种。一般管线都埋设在地下，多数电缆架设在地面杆柱上。公路与管线应尽量正交，必须斜交时交角不宜小于45°，不得已时不应小于30°。

调查测量各种被交叉管线的位置、交叉角度、桩号、管线种类、用途、结构形式、跨越或平行公路的长度、悬空高度或埋置深度和杆柱的倒伏长度。重要的管线有时会成为路线的控制点，应测量其纵、横断面图，并与路线或导线联测，拟定必要的防护和加固措施。悬空管线应测量其对应路中心地面的净空高度。通常可以通过测量仪器至管线的水平距和管线与地面的水平角的差值，来解算管线的净空高度及线塔的高度（即倒杆距离）。

（一）公路与地上杆线交叉

为确保行车安全和架空电缆的正常使用，地上杆线须合理布置，并满足最小净空高度要求，公路与各种地上杆线交叉时，架空线与路面的最小净空高度见表10-6-1。

架空线与路面的最小净空高度 表10-6-1

杆线名称	电信线	照明线	无轨电车线	电力线（kV）					
				配电线		送电线			
				<1	1~10	35~110	154~220	330	500
最小垂直高度（m）	5.5	5.5	6.0	6.0	7.0	7.0	8.0	9.0	14.0

（二）公路与地下管线交叉

对埋式电力电缆应该用管线保护，管顶到路面基底的深度一般不小于1.0m。对埋式电讯电缆，二级以上公路应用管道保护，管顶到路面基底的深度一般不小于1.0m，受限制时应不小于0.8m，三、四级公路不需设管道保护，电缆顶到路面基底的深度一般不小于1.0m，受限制时应不小于0.7m。埋式电缆距排水沟外缘应不小于1.0m。渠道一般应设在路基范围以外，并不致影响路基稳定。

公路与地下管道交叉时，管顶距路面基底的深度不小于1.0m，距排水沟底不小于0.5m。冰冻地区管道应埋设在冰冻线以下。当然石油管道与天然气管道亦可铺设于地面上。

根据设计要求，公路与管线交叉时应调查下列内容：

调查、收集沿线现有的和计划敷设的管线性质、种类、距地面以上的高度和埋设深度，以及它与公路交叉或并行的情况。

根据路线线位布设情况，按规定确定公路与管线交叉或接近并行的类型、交叉角度、距路面的垂直距离和路边的水平距离，以及需要特殊处理的措施，同时与管线主管部门协商，作出妥善处理。

第七节 沿线设施勘测与调查

为保证公路安全、迅速、经济、舒适的营运，除应有必需的路基、路面、桥涵、隧道等主体工程结构物外，还应有必要的沿线设施。公路沿线设施包括交通安全设施、管理养护设施、服务区等。

一、管理及养护设施勘测与调查

（一）管理体制与养护机构

高速公路管理机构应根据项目所在省（市、自治区）的行政管理、经济发展等实际情况，拟定相应的管理设施机构，暂未构成联网的项目其管理设施机构应服从路网的规划管理；已构成联网的项目必须服从路网的管理，高速公路养护体制与机构应服从高速公路管理体制与机构。

高速公路管理与养护设施的管理机构分为交通管理、路政管理、收费管理、监控管理、通信管理、养护管理、运营服务管理、交通安全管理八个部门。

目前，高速公路管理体制全国并未形成统一的模式，即使同一省（区、市）内也是如此，其主要原因是公路建设中投资渠道和建设模式不同造成的。

1. "一路一公司"管理体制模式

每一路段设置一处监控通信收费分中心，当路段长度大于100km且路段分中心不能设置在路段中央附近时，可增设一处监控通信所，监控通信所一般只具有管理功能，不配置监控设备。其体制模式见图10-7-1。

由于此种模式是"一路一公司"体制，故机电上一般只在分中心预留至省中心的接口。

2. 区域管理体制模式

在"一路一公司"管理体制模式基础上，以地市区域为界，将该区域内的公路归入地、市区中心统一管理，各路段根据道路长、短考虑是否设置分中心。

3. 集中管理体制模式

这种管理模式是在全省设置一处监控通信收费总中心，在各项目段内以一定距离（管理处）分别设置监控通信收费分中心，分中心下不再设监控通信所，全部集中到省监控通信收费总中心。如图10-7-2所示。

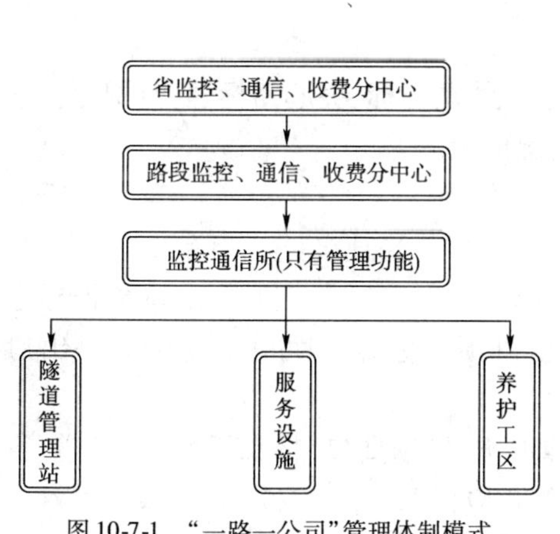

图10-7-1 "一路一公司"管理体制模式

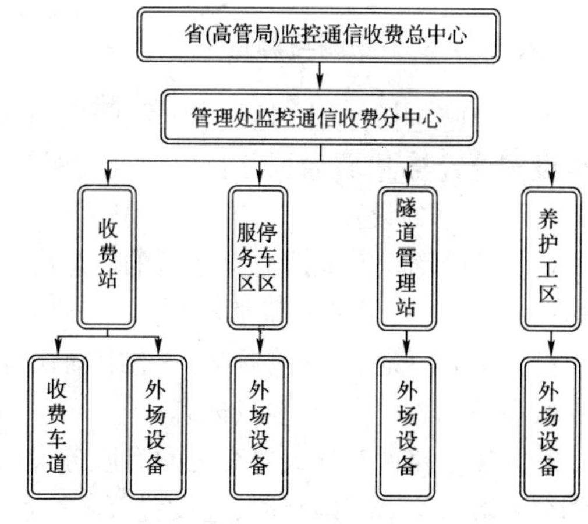

图10-7-2 集中管理体制模式

4.“多路一中心”管理体制模式

为降低管理成本,压缩管理机构层次,实施高效、直接的管理模式,我国高速公路管理模式将逐渐由“一路一公司”向“多路一公司”发展,机电系统由“一路一中心”向“多路一中心”发展,其管理模式在“一路一中心”模式的基础上,将路段监控、通信、收费分中心变为“每路(或多路)监控、通信、收费分中心”。

综上所述,高速公路管理体制模式虽然各省模式不太一样,但思路基本如下:省高管局(省监控、通信、收费中心)统管全省高速公路整个路网;管理处(监控、通信、收费分中心)管理一条路线的一个或几个项目段,其下可根据具体情况设置若干个管理所(监控、通信所),监控通信所一般不配置监控设备。管理站是最基层的管理机构,包括收费站、隧道管理站、服务区、养护工区等。从机电角度讲,管理越集中,对以后全国联网收费越有利,也越节约投资。

(二)关于管理与养护设施设置位置

1.管理与养护设施的位置选定

(1)高管局(省监控、通信、收费中心)应设在省会城市,每省1处。

(2)管理处(路线或项目段监控通信收费分中心)应根据省(市、自治区)公路网规划、行政区划、高速公路里程等设在大城市(或地级市)附近,且宜同互通式立交的管理设施合并设置。管理处的数量应视需要与发展而定。

(3)管理所(路段级监控通信所)应根据高速公路里程、收费体制、城乡分布等情况,同收费站管理设施合并设置,其间距以50~100km为宜。

(4)管理站(收费站级)应设在主线或匝道收费广场的一侧。

(5)养护工区宜随管理处设置。

2.管理养护设施的设置条件

(1)应服从公路网及其发展的布局,便于管理。

(2)应注意同主线线形的关系,选择在平、纵线形指标较高、出入口视线良好的地段。

(3)应同城市联系便利,方便常驻人员生活、工作。

(4)地形、地貌、水文、地质、景观条件好,易于修建,工程难度小,有利于环境保护。

二、安全设施勘测与调查

安全设施包括:标志、标线、护栏、隔离栅、防眩板、视线诱导标、突起路标、防落网等。这些安全设施设置与否、设置段落长短应视勘测与调查情况而定。

(一)标志的设置

1.高速公路两互通式立交之间的标志应按下列顺序设置:高速公路入口预告标志→禁令标志(禁止某些车辆进入高速公路)→高速公路入口标志→限速标志→下一出口预告标志→车道指示标志→地点、距离标志→车距确认标志→出口预告标志→匝道限速标志→出口标志→收费站标志→方向、地点标志;

2.高速公路两互通式立交之间有服务设施、名胜古迹、机场港口、特大桥梁、长隧道、行政区划分界等人文著名地点时,应设置著名地点、旅游等相应标志;

3.高速公路两侧,应设置里程牌、百米牌和紧急电话标志;

4. 高速公路两互通式立交之间距离大于 20km 时，宜重复设置地点、距离标志；

5. 高速公路出口地名应同互通式立交名称相结合，所选地名应为互通式立交所在市、县的名称或当地旅游景点、经济开发区等著名的地名，并应得到建设部门的认可。

（二）护栏的设置条件

1. 边坡 1:1.5 时，路堤填土高度大于 3m 的路段；边坡 1:2时，路堤填土高度大于 4m 的路段；

2. 路侧有江、河、湖、海、沼泽等危险路段；

3. 互通式立交出、入口地带及小半径匝道外侧；

4. 路侧有需要提供保护的构造物（桥墩、大型标志柱、紧急电话等）；

5. 路侧护栏设置最小长度为 80m；

6. 挖方路段应根据路侧边沟形式、规格、路侧障碍物的分布及边沟顶部有盖板与否等因素确定。

（三）隔离栅的设置

1. 高速公路沿线两侧应设置隔离栅，隔离栅设置于公路用地界限以内 200 ~ 500mm 处；

2. 高速公路桥涵两端同隔离栅的衔接应结合地形设计，在保证功能的前提下应注意美观；

3. 高速公路两侧如有天然屏障或高度大于 1.5m 的挡土墙或砌石等，可不设置隔离栅，但设隔离栅与天然屏障或构造物连接处应予以封死；

4. 隔离栅应根据周围环境、人烟情况进行选型。

（四）防落网的设置

1. 防落网

（1）上跨高速公路的桥梁应设置防落网；

（2）高速公路跨越交通量大、人行密度高、城镇住宅区或通航河道时，应设置防落网。

2. 防落石网

（1）在落石较严重路段，应结合防落石栅设置防落石网；

（2）未设置碎落台的挖方路段，应根据落石的可能性确定是否设置防落石网。

三、机电系统勘测与调查

（一）监控设施

1. 确定监控设施规模等级

首先根据交通量及公路技术标准确定公路服务水平等级，再按表 10-7-1 对应关系确定监控设施规模等级。

监控设施规模等级　　表 10-7-1

服务水平等级	一级	二级	三级	四级
监控设施规模等级	一级		二级	三级

除了按高速公路服务水平等级确定监控设施规模等级外，也可根据高速公路所在区的地区类别（见表 10-7-3）、高速公路车道数、主干线预测年平均日交通量来验算规模的确定是否合理。规模的确定如表 10-7-2 所示：

高速公路监控系统规模等级表　　表 10-7-2

地区类别	一、三、四			二			五			六		
车道数 / AADT(万辆)	4	6	8	4	6	8	4	6	8	4	6	8
≤2	一	一	一	一	一	一	一	一	一	一	一	一
2 ~ 3	二	一	一	二	一	一	二	一	一	二	一	一
3 ~ 4	二	一	一	二	一	一	二	一	一	二	二	一
4 ~ 5	二	二	一	三	二	一	二	二	一	三	二	一
5 ~ 6	三	二	一	三	二	一	三	二	一	三	二	二
6 ~ 7	三	二	二	三	二	二	三	二	二	三	二	二
7 ~ 8	三	三	二	三	三	二	三	二	二	三	二	二
8 ~ 9	三	三	二	三	三	二	三	三	二	三	三	二
9 ~ 10	三	三	二	三	三	三	三	三	二	三	三	三
>10	三	三	二	三	三	三	三	三	三	三	三	三

地 区 分 类 表　　表 10-7-3

地区类别	地 区 名 称
一	北京、天津、河北、山西、内蒙古
二	辽宁、吉林、黑龙江
三	上海、江苏、浙江、安徽、福建、江西、山东
四	河南、湖南、湖北、广东、广西、海南
五	重庆、四川、云南、贵州、西藏
六	陕西、甘肃、青海、宁夏、新疆

2. 各级监控设施的设备配置

(1)一级监控设施功能及设备配置

①功能要求

应能采集基本交通流信息，在较短时间内发现交通异常事件，并通知有关部门，排除障碍、恢复交通，具备处理交通异常事件的反应能力。

②设备配置

a. 信息采集系统设备配置

主线、匝道收费站设置车辆检测器。

主线每 1 ~ 2km 设置一对紧急电话。

以人工巡逻为主，视监控力度配备相应数量的巡逻车。

b. 系统设备配置

靠人工巡逻提供信息。

c. 信息决策系统

靠管理人员根据具体情况决策。

(2)二级监控设施功能及设备配置

①功能要求

a. 提高车辆巡逻密度,加强敏感区域的自动感知能力,重点布设一定数量的检测装置;结合具体情况,设置信息帮助子系统,增加控制方法,提高控制效率和增强应变能力;

b. 应实现区域内交通状况早期预测,发现易产生交通阻塞的路段;

c. 应对局部路段异常变化及时告警,具有相当的自动感知能力;

d. 初步判断到准确确认的响应时间不应大于5min,发出指令到处理完毕时间不应大于35min;

e. 应利用已有的信息采集子系统(包括自动和手工数据采集),提供理论和现实的指导性交通控制意见,做到面向发展,解决当前。

(2)设备配置

①信息采集系统设备配置

车辆检测器:在交通量预测易产生交通堵塞的路段附近安装必要的检测装置,以增强监控系统的自动感知能力。

气象检测器、环境检测器:根据当地气象资料以及公路成形后引起的环境变迁情况(如环保评估报告)为依据,在特大桥、临近湖、沟、渠、泽、泊、洼、丘陵等覆盖面积较大,当地传统多风、雨、雪、雾等区域和高速公路互通式立交附近,选择监视点。

摄像机:对互通式立交、陡坡、急弯等交通流复杂、事故多发地段,设置摄像机进行前端监视。

②信息提供系统设备配置

应布设可变信息板、可变限速标志等设备。

(3)三级监控设施功能及设备配置

①功能要求

a. 必须严格控制偶发时间的蔓延,向公路使用者提供安全保障,加强服务的措施;

b. 必须实时监控公路交通状况,发生异常变化应即时发布紧急告警;

c. 必须提高外场设施自动检测的精度(检测设施密布)和准确性(检测设施的性能);

d. 初步判断到准确确认的响应时间不应大于3min,发出信息指令到指示内容刷新时间不应大于1min,现场调度疏导时间不应大于15min;

e. 已有的软件工具应能够不断升级,以适应公路新的增长需要。

②设备配置

a. 信息采集系统设备配置

车辆检测器:必须密集布设车辆检测器,特别是在周期性高峰截流段。在经常性拥挤主干线,应每300~500m距离选取一个断面,布设一组车辆检测器;其他路段每1km或适当地点应布设一组车辆检测器,通过布设点的选取,可以划分出需要受控制的截流路段,构成连续的单元控制流程线。

气象检测器:通过比较全面、准确地掌握高速公路沿线的气象状况资料,对监控方案进行优化和补充。气象检测器和能见度检测器应重点布设在大桥、纵坡较大路段和有冰、侧横风、雨、雪、风沙、高温湿潮、浓雾频发区域以及长隧道等低能见度路段。

监控摄像机:宜适当增加配置摄像机对现场进行远程监视,如果条件允许可以采用高速公路全程闭路电视监视。视频控制矩阵作为分布控制机联入计算机网络,可以实现数据、视频监视的多媒体自动化系统。联网管理的高速公路可采用闭路电视监视系统的联网监控,主要用于监控中心与各个监控分中心之间的分级监控。

b. 信息提供系统

包括可变信息板和可变限速标志,要求必须能够有效疏导交通阻塞,保障道路安全,向公路使用者提供准确、及时的帮助信息。

(二)通信设施

1. 传输网

外业勘测与调查阶段应在确定管理养护设施(监控通信收费分中心、监控通信所和各通信站)位置的基础上,拟定传输接入网络结构,调查与其相连接公路的通信联网方案。传输网应按干线传输网和用户接入网两层设计。

2. 电话交换网

确定程控交换方案,调查与当地市话公网的中继方式,选定并调绘中继线路。

各级通信中心均设置程控数字交换机。

上、下级交换局间应设基干中继电路,相临交换局间宜设直达中继电路,中继电路的数量应根据话务需求设置,但基干电路的数量不应少于 2×2Mb/s。

数字中继应采用 2Mb/s 数字中继接口,局间信令应采用 No.7 信令,模拟中继应采用二线模拟市话中继接口,局间信令采用模拟用户信令。

3. 通信管道

外业期间应调查路基范围以外通信管线埋设的地质条件。

(三)收费设施

1. 高速公路收费设施设计必须服从公路路网规划,减少停车次数,缩短服务时间,提高服务水平,并满足联网收费要求。

2. 收费设施计算年限(见表 10-7-4)。

收费设施的规划年限 表 10-7-4

<table>
<tr><th rowspan="2">设 施</th><th colspan="3">规 划 年 限</th></tr>
<tr><th>主线收费站</th><th>匝道收费站</th><th>合建主线收费站</th></tr>
<tr><td>收费车道设备</td><td>使用开始 10 年</td><td>使用开始 5 年</td><td rowspan="3">使用开始 15 年(一般情况下预留 4 条电子不停车收费车道)</td></tr>
<tr><td>收费岛、天棚、路面、地下通道</td><td>使用开始 15 年</td><td>使用开始 10 年</td></tr>
<tr><td>收费站广场用地、站房区用地、建筑和土方工程</td><td>使用开始 15 年</td><td>使用开始 15 年</td></tr>
</table>

3. 收费车道数的计算（见表 10-7-5）。

AADT 和收费车道数计算表　　　　表 10-7-5

（$K=0.12, D=0.6$）

平均等待车辆数	服务时间 \ AADT（辆/日）	1000	2500	5000	7500	10 000	12 500	15 000	17 500	20 000	22 500	25 000
	AADT×K×D（辆/日）	72	180	360	540	720	900	1080	1260	1400	1620	1800
1.0	6	2	2	2	2	2	3	3	3	4	4	4
	8	2	2	2	2	3	3	4	4	4	5	5
	14	2	2	2	3	4	5	5	6	7	7	8
	18	2	2	3	4	5	6	6	7	8	9	10

注：①合建主线收费站的车道总数一般为 20～24 条，不宜超过 30 条。

②收费广场规划设计时，不考虑往复车道和单岛多亭车道。

交通量采用标准设计小时交通量（DHV），即第 30 位小时交通量。

$$DHV = AADT \times K \times D$$

式中：AADT——设计年限年平均日交通量的绝对值；

K——第 30 位小时交通量与 AADT 之比值；

D——交通量方向不均衡分布系数。

一般情况下，K 标准值为 0.12，D 标准值为 0.6，其他特殊情况，可参考相同地区的实测值。

服务时间：封闭式收费站原则上入口定为 6s，出口定为 14s；当大型货车和拖挂车（集装箱车）占有率达 30% 以上时，入口可定为 8s，出口可定为 18s；开放式和混合式收费站原则上定为 8s。

4. 收费岛、收费车道的设计要求

（1）收费车道宽度（见表 10-7-6）。

收 费 车 道 宽 度　　　　表 10-7-6

收费方式	电子不停车收费		人工半自动收费		
	标准值	一般值	标准值	一般值	高寒积雪地区
内侧车道（m）	3.5	3.2，3.75	3.2	3.0，3.5	3.5
超宽车道（m）	3.5	4.5	3.5	3.5～4.5	4.0～4.5

注：最外侧车道为设置排水井等的侧向余宽 0.5m。

（2）收费岛（见表 10-7-7）。

收 费 岛 表10-7-7

收费方式	电子不停车收费				人工半自动收费			
	主线收费站		匝道收费站		主线收费站		匝道收费站	
	标准值	一般值	标准值	一般值	标准值	一般值	标准值	一般值
计算行车速度	60km/h		40km/h		停车交费		停车交费	
岛长(m)	60	48	48	36	36	28	28	22~28
岛 高 (m)	0.2~0.25		0.2~0.25		0.2~0.25		0.2~0.25	

第八节 环境保护及景观勘测与调查

一、内容与目的

公路环境、景观勘测与调查是做好环境保护设计的基础工作,其主要内容有:社会环境、生态环境、绿化和景观及水土保持等勘测与调查。可行性研究阶段应满足公路建设项目在进行环境影响和地质灾害危险性评价、编制水土保持方案,初步设计阶段可对环境影响进行评价,拟定环境保护总体设计方案并进行论证;施工图设计阶段可根据初步设计审定意见作出环境保护工程设计。

环境、景观勘测与调查应结合公路工程建设条件、社会人文条件、交通需求、地区经济发展等影响因素,以维护生态平衡、治理水土流失、降低环境污染为宗旨,以敏感点为主,点线结合、保护沿线环境为目标,确定工作原则和方法。

(一)环境、景观勘测与调查应考虑的主要因素

1. 路线及其相邻路网交通量增减变化所带来的噪声、废气的影响;
2. 对沿线农田水利设施与水土保持的影响;
3. 开挖与填筑路基对自然植被覆盖的影响;
4. 处理工程地质病害、开挖隧道等,改变水文地质情况后对农作物的影响;
5. 对生态环境分割所带来的影响;
6. 同城镇规划、行政区划的配合,对建筑物的拆迁及其影响;
7. 对文物、遗址、古迹、风景区的影响;
8. 公路交通噪声声源与环境敏感点的距离及其影响;
9. 声屏障的设置条件、类型、范围和规模等;
10. 公路施工和运营中废水、服务区污水的排放方案和处理措施等。

(二)在平原、微丘区进行环境、景观勘测与调查应着重考虑的因素

1. 路基高度对当地居民出行的影响;
2. 取土、弃土方式对农业资源、土壤耕作条件和农田水利排灌系统的影响;
3. 路面径流对养殖业水体的影响。

(三)在重丘、山岭区进行环境、景观勘测与调查应着重考虑的因素

1. 高填深挖对自然景观、植被的影响;

2. 公路的分割与阻隔对珍稀动、植物资源的影响；

3. 路基开挖、取弃土对水土保持的影响；

4. 开挖、废方堆弃、爆破作业等可能诱发的地质灾害。

二、社会环境

为做好公路社会环境保护设计，应充分调查、搜集公路沿线的土地利用现状、农田水利设施、建筑物、行政区划、人文景观等社会环境现状及其城镇发展规划、国土规划等资料。主要内容有：

1. 调查公路通过地带的农田水利排灌系统、人工蓄防洪设施的布局与发展规划；

2. 公路路线压占干渠、支渠的情况，跨越干渠、支渠的桥涵及压缩渠道的过水断面；

3. 路线与道路、电力、电信和输油管道等基础设施发生干扰的情况；

4. 公路沿线两侧村镇和环境敏感建筑物的数量和分布情况，分类登记、造册、统计必须拆迁的建筑物；

5. 调查居民聚集区、学校、乡镇企业的分布位置，了解人群流向；

6. 搜集公路沿线已发现的文物、遗址、名胜古迹、风景区等的位置和保护级别，当地有特殊意义的建筑物和自然景观要素。

7. 服务区、停车场等沿线设施的位置，大型桥梁、互通式立交等大型构造物的形式、布局等。

三、生态环境

调查公路中心线两侧各300m范围内的自然保护区、水源保护地、基本农田保护区、森林、草原、湿地和野生生物及其栖息地等的数量和分布情况。

勘测与调查公路中心线两侧各200m范围内的地表水资源分布以及水体的主要功能，当遇到地方政府部门规定的饮用水源地时，调查范围宜扩大到1000m范围。

当公路在湖泊、水库等地表径流汇水区通过时，应调查公路对地表径流的阻隔情况，注意保护自然水流形态；当公路经过瀑布上游、温泉区等特殊水体时，应了解国家现行的有关规定，以确定避让距离；当公路通过山谷时，应勘测山谷的宽、深及汇水面积等特征，以选择通过方式。

四、景观

充分调查和收集公路通过地带的自然景观点和人工景观点的特点、数量和分布情况，主要内容有：

1. 孤立大树、独立山丘、古建筑等；

2. 风景区或独立景观点等；

3. 林地、果园、绿地等；

4. 海滨、湖滨、风景名胜地等。

当公路两侧有影响视觉的场所时，应勘测调查其分布情况和可以采取的遮蔽或改善措施。

五、绿化

调查当地公路绿化分区、气候、土壤、水源等环境条件以及适宜生长的常用物种。

公路绿化常用的植物有常绿乔木、落叶乔木、常绿灌木与小乔木、落叶灌木与小乔木、藤木及其他植物等。现将有关植物分类列于表10-8-1～表10-8-5中，供调查时参考。

常绿乔木　表10-8-1

名称	生长地区	生长环境		高度(m)	对环境污染的作用	景观
		温度、湿度、阳光	土壤			
罗汉松	华东、中南	温暖、多湿处	沙质酸性土壤	16～25	抗污染，对二氧化硫的抗性强	园景树
白皮松	西北、华北、西南	阳性树种，略耐半阴	酸性或中性黄土、肥沃钙质土	25～30	对烟尘、二氧化硫有较强的抗性	树形多姿，苍翠挺拔
油松	华北、东北、西北	阳光充足北方地区，耐盐碱、水湿、干旱	酸性或中性土壤	25～30	防尘、防风，易受二氧化硫的伤害	园景树
云松	华北、西北	喜冷凉湿润气候	微酸性土壤	20	抗污染，具有良好的吸尘、降噪能力	园景树 风景林
侧柏	华北、华东、华南	喜阳光，气候在8℃～16℃生长良好	各种土壤	20	抗污染	园林树
松柏	华北、华东、四川	喜阳光、耐旱、热		20	抗污染，具有吸尘、降噪作用	园林树
龙柏	长江、黄河流域	喜光、温湿气候	湿润土壤	8	抗污染，具有吸尘、降噪作用	园景树
桉树	华东、华南、西南	喜光、温湿气候	酸性或微碱性土壤，忌石灰质土壤	38	具有中等抗污染能力	叶深绿，冠圆形
细叶榕	华东、西南、华北等	喜阳光、暖热多雨气候	酸性土壤	15～20	抗污染，能吸收空气中有毒物质	树冠广大
银桦	华东、西南	喜光、温暖湿润气候	酸性土壤	20	抗污染强，吸收空气中有害物质	

落叶乔木　表10-8-2

名称	生长地区	生长环境		高度(m)	对环境污染的作用	景观
		温度、湿度、阳光	土壤			
水杉	中南、华东、西南	喜阳光、温暖湿润气候	肥沃沙质土，微酸性土壤	30～40	对二氧化硫的抗性弱，降噪效果好	树干挺拔
金钱松	长江流域		酸性沙质土		对二氧化硫抗性弱	树干挺直、树冠呈圆锥形
白桦	北方地区、高原地区	喜阳光，耐寒	酸性土，适应性强	15		树冠为长圆球形

续上表

名称	生长地区	生长环境		高度(m)	对环境污染的作用	景观
		温度、湿度、阳光	土壤			
毛白杨	黄河流域	喜阳光、湿润气候		20~30	抗污染,吸收空气中有害物质,吸滞尘埃	园景树 风景林
旱柳	全国各地	耐干旱、水湿,喜阳光	通气良好的沙质土	20	抗烟尘,能吸收空气中有害物质,有固沙能力	
馒头柳	北方地区	耐寒,喜阳光,适应性强	通气良好的沙质土	15	抗烟尘	
垂柳	长江流域、华北、陕西等	喜阳光、适应性强	湿润沙土	18	抗污染,能吸收有害物质	
榆树	全国各地	喜阳光、适应性强	肥沃、湿润沙土		抗污染,耐烟尘,吸滞尘埃	
枫杨	南方地区	喜阳光、温湿气候	肥沃深厚的油沙土、酸性及微碱性土	30	抗污染	
槐树	全国各地	喜阳光、耐干冷	排水良好的沙质土	10~15	抗污染,吸收有害气体	
刺槐	全国各地	喜阳光、耐干旱、不耐阴、不耐涝	排水良好的沙质土	10~15	抗污染强,吸收有害物质,吸滞尘埃	
臭椿	全国各地	喜阳光、适应性强		20~30	对烟尘、二氧化硫的抗性弱,能吸滞尘埃,降噪效果好	
杨树	北方地区	喜阳光、耐寒、耐旱	肥沃沙质土壤		对二氧化硫的抗性强	
乌桕	黄河以南各省	喜阳光、不耐阴、喜温暖湿润气候	深厚、湿润、排水良好的土壤	15	对二氧化硫、二氧化氯尘有较强抗性	冠球形、秋叶紫色
泡桐	东北、华北、西北、华东等地	喜阳光、不耐阴、喜温暖气候,耐旱、不耐积水与盐碱	湿润、肥沃、疏松、通气良好的土壤	20	抗污染,能吸收空气中有害物质	开花并有芳香
白蜡	全国各地	喜光、喜温暖湿润气候	喜石灰性土壤,在碱性、中性土壤中也能生长	15	抗烟尘,对二氧化硫有较强的抗性	秋天叶为黄色
合欢	华北、四川、长江以南各地	喜光、能适应各种气候条件,不耐寒、耐涝	对土壤要求不严,干旱贫瘠沙质土均可	15	抗污染,有改良土壤和固沙的作用	树冠扁而阔,盛夏开粉红色花

常绿灌木、小乔木 表 10-8-3

名称	生长地区	生长环境		高度(m)	对环境污染的作用	景观
		温度、湿度、阳光	土壤			
大叶黄杨	长江流域及以南地区	喜阳光、温湿气候	肥沃、湿润土壤	1~3	抗污染较强,吸收有害物质	
夹竹桃	华北以南	喜温暖、湿润气候		2	抗污染强,吸收有害物质	
女贞	华北、西北、西南地区	喜阳光、湿润气候	肥沃、湿润土壤	13	抗污染,吸收有害气体,吸滞尘埃	
海桐	长江以南	喜阳光、温湿气候	湿润土壤	3	抗污染,吸收有害物质	
冬青	全国各地			1~3	抗污染	

落叶灌木、小乔木 表 10-8-4

名称	生长地区	生长环境		高度(m)	对环境污染的作用	景观
		温度、湿度、阳光	土壤			
太平花	华北	喜光、耐干旱	肥沃、排水良好的土壤	3	吸滞粉尘,吸收有害气体,抗污染	花乳白色,开于5~6月
月季	华北、西北、华东、西南	喜光、温暖的气候	对土壤要求不严		对有机物有较好的抗性	花开于5~10月
迎春	华东、华北、西南	喜湿润,耐旱、耐寒,适应性强	肥沃土壤	3	抗污染	花淡黄,开于2~4月
木槿	全国各地	喜温暖湿润气候	酸性土,但要求不严	5	抗污染	花白色或紫色,开于6~9月
黄刺玫	东北、华北、西北	喜阳光、耐旱、耐寒	肥沃、排水良好的酸性土壤			花淡黄色,开于4~5月
龙爪槐	华北等地	喜阳光、湿润气候	肥沃、湿润土壤			树冠伞形,枝似龙爪下垂
紫穗槐	东北、华北、西北	喜阳光、耐寒	排水良好的土壤	4	抗污染,吸收有害气体	花暗紫色
小冠花	全国各地	适应性强,耐旱	适用于偏碱性的土壤		抗污染	根系发达,宜植于公路两侧的路堤边坡,花多色,花期长
结缕草	黄河以南	喜光、耐旱、耐寒	对土壤适应性强			根系发达,宜形成草坪

续上表

名称	生长地区	生长环境		高度(m)	对环境污染的作用	景观
		温度、湿度、阳光	土壤			
天鹅绒草	长江以南	喜温、湿气候，耐踩	肥沃、排水良好的土壤			匍匐茎发达，宜形成草坪
野牛花	全国各地	喜旱，耐寒、耐踩	对土壤要求不严			匍匐茎发达，宜形成草坪
羊胡子草	华北、西北、东北	耐寒、耐阴、不耐踩	对土壤要求不严			绿色期长，宜形成草坪
紫薇	华北以南	喜温暖，有一定的抗寒性	石灰性土壤最好		抗污染强	

藤木及其他植物　　表 10-8-5

名称	生长地区	生长环境		高度(m)	对环境污染的作用	景观
		温度、湿度、阳光	土壤			
蔷微	华北以南	喜光、耐寒	对土壤要求不严		抗污染，对二氧化硫抗性弱	花色多作垂直绿化
紫藤	全国各地	喜阳光，对气候适应性强	肥沃、排水良好的土壤		有一定的抗污染性	花淡紫色，可用作垂直绿化
常青藤	中南、西南、西北	喜温湿气候	对土壤适应性强		抗污染	四季长春，作垂直绿化
金银花(忍冬)	华北、华东、华南、西北、西南	喜阳光、耐阴、耐寒	对土壤适应性强		抗污染	花期长、生长快，垂直绿化
凌霄	华北以南	喜温、湿气候	对土壤适应性强		抗污染	花橙红色
爬山虎	全国各地	耐阴、耐寒，对气候适应性强	对土壤要求不严		抗污染	垂直绿化材料，可用于美化声屏障

六、水土保持

1. 勘测调查公路所在地区的工程地质状况，包括高陡边坡的稳定性、边坡冲刷、风蚀、山体失稳而形成的滑坡、坍塌、泥石流等地质灾害情况；

2. 取、弃土场可采取的临时防护措施和复垦条件；

3. 路基、桥梁、隧道等工程开挖产生的弃土、弃渣的利用情况；

4. 工程与生物防护措施及临时拦、挡设施的应用情况;

5. 工程建设区的土地条件、绿化和植被状况;

6. 水土流失各个分区的主要特点;

7. 路基、路面排水设施(边沟、截水沟、排水沟、跌水及急流槽、蒸发池等)的现状;

8. 在风沙区,应重点调查风力、风向等对公路路肩及边坡影响的程度,采用生物防护、土工材料防护、砌石防护及混凝土等防护措施的效果,适宜于当地植物生长灌、草等植物种类和数量,用于防风、固沙的方法和材料等。

第九节　其他资料调查

一、筑路材料调查

(一)调查内容及规定

筑路材料包括石料、砂、黏土、石灰、粉煤灰、水及其他路用材料,它对路线的造价有很大影响,有时甚至影响路线的选定。

筑路材料应首先向当地主管部门和当地政府调查各种材料产、供、销的有关规定,实际调查并确定哪些材料由厂、场供应,哪些材料必须由自采加工生产,哪些材料必须外购。

厂、场供应的材料在初测时应调查厂、场的生产规模和生产能力、所供材料的品质、供应地点、运输距离、运输方式及供应价格等。定测时应对所有调查的料厂、场进行比较,根据材料的需要量,最后确定采用的材料厂、场,必要时签订协议,对大型的料厂、场通过勘测和试验进行确认。

自采加工生产筑路材料在初测时应调查沿线天然筑路材料的分布、储藏量、成料率、开采条件、料场水文地质条件、产状条件、地质条件和地下水深度、开采方式和开采季节、运输距离、运输方式以及料场的购买价格等。调查其产状时可通过观察地质露头的方法,必要时应清除表土或设试坑并取样试验,定测时应在初测调查的基础上进行核实和补充。

外购材料应调查材料的供应地点、材料价格及上路位置和距离、运输方式等。

此外还应调查料场占地、便道占地及覆盖层废土的堆置场地及其处理办法,料场取料后对环境的影响及处理办法等。

大型料场应测绘1:1000~1:5000地形图及纵、横断面图。

所有材料调查,必须记于材料料场记录簿中,对料场位置,材料成因,主要组成矿物的成分、颗粒组成、成品率,开采难易程度,开采方法,开采季节,蕴藏量,运输方式,支线工程,占用地亩等都应描述清楚,以满足编制设计文件的需要。

(二)料场选择

公路料场分为路侧料场和基地料场两种:路侧料场供应料场附近合理运距范围内的路段;基地料场不仅供应附近的路段,而且可供应几个路段或其他建筑。选择料场时应考虑如下因素:

1. 使用条件

应根据不同工程的需要选择不同的砂石料场。如供应铺筑路面的碎石材料,以质地均一的石灰岩和花岗岩较好,砾石材料宜选用不夹杂扁片,具有棱角状或天然级配的材料。一般用做构造物基础的石料,必须有足够的抗压强度以及稳定性,宜选用高强度致密的岩浆岩作为水上和水下的基础材料。石盖板和拱圈最好选用闪长岩、硬质砂岩等石料。

2. 开采条件

主要应从矿层的产状条件、水文地质条件、开采季节、工作面大小和废土堆置场地等方面考虑。如具有板状或棱柱状节理的岩浆岩和岩层均一平缓的沉积岩,均便于开采和加工。但如节理过分发育,会降低石料强度和开采效率。此外,如有地下水,常常由于涌水给开采带来困难。可见产状条件与水文地质对料场开采影响极大,因此应着重调查。

3. 运输条件

主要考虑运输支线的距离和修筑支线的难易程度,料场和路线的相对高度和运输工具等因素。

(三)料场调查方法

1. 调查方法

料场调查方法一是勘测,二是勘探。在料场范围内,需根据地貌特点布置探坑,勘探线最好成网状。通过勘探决定材料界限、覆盖土层厚度与料层厚度,以估计筑路材料的蕴藏量。开挖探坑的数量、位置和深度,须根据勘探面积的大小、地质构造、材料埋积情况、当地地形以及有无露头来确定。

在筑路材料缺乏地区,为了准确的计算蕴藏量,或料场材料的蕴藏量很大需要大规模开采时,均应详细勘探,绘出等高线平面图和断面图。在等高线平面图上,应注明探坑位置、坑口高程及其间距、料场边界以及至路线的最短距离等。

料场调查时,还应对不同的材料分别取样,以利进行材料试验,进一步了解材料的使用品质,并填写筑路材料料场调查记录簿。

2. 蕴藏量计算方法

确定蕴藏量计算方法应视材料所处地形特点、探坑布置的情况,采用算术平均法、平行断面法、三角形法。

当蕴藏量特别丰富或采集数量不受限制的料场可不计算其蕴藏量,以“丰富”两字表示。

对需要购买或无偿交付使用的材料可根据与有关单位商议的情况和取样试验后计算确定。

筑路材料的蕴藏量计算,在计算前应根据料场平面图或探坑的布置作出地质剖面。计算时应考虑的因素有:不同岩层应分别计算;水位上、下应分开计算。

(1)平行断面法

用相邻两断面面积的算术平均值乘以两断面间的间距,求出材料体积,再总计材料的总体积,此法比较适用于松散岩层的详细勘探。

(2)三角形法

根据勘探网将料场划分若干三角形,用每一个三角形内材料的平均厚度乘以三角形面积,求出体积,再总计为材料的总体积。此法适用于计算材料厚度变化较大而且分布不规则的料场,如石料料场。

(3)算术平均法

直接以料场面积乘以平均厚度而得总体积。适用于材料丰富,不需要精确计算的料场。

以上计算方法均应扣除剥土和废料夹层的厚度,并要考虑材料的成品率等因素。

二、用地调查

公路用地应实地调查或测绘,并提供征用土地及拆迁建筑物等的位置、范围及数量。当需要测绘"用地图"时,只测绘出现征用土地的路段,并同时做好必要的调查和记录。

1. 用地范围包括公路工程用地、管理服务设施用地、安置用地和施工用地、养路材料堆放场地等。

2. "用地图"比例采用1:1000~1:5000,图中需绘制路线中线,并标明中桩桩号,根据用地范围调查各类土地(水田、旱地、菜园、鱼塘、果园等)的分界线、使用宽度、使用人和单位。

3. 应调查各类土地常种作物和近三年平均产量,调查统计独立果树和价值较高的树木的株数、直径、数量及产量。

三、拆迁调查

1. 拆迁建筑物和构造物应调查并测绘其位置、范围及尺寸,结构类型及层数、产权单位或个人。

2. 调查应拆迁的电信、电力设备(电杆、塔架应注明编号)和管道的位置、数量、拆迁影响长度;调查线杆或塔架的类型、编号、数量以及架设高度或埋设深度,并向所属单位核实或到现场落实;调查沿线伐树、挖根、除草的路段长度,并结合工程设计的需要确定工程数量。

3. 与铁路、公路、水利、电力、电信各种管道等发生干扰时,应会同主管部门现场查看,协商处理方案。

四、临时场地调查

1. 应调查沿线可供利用的已有公路、桥梁、便道和应修建的施工便道、便桥等的位置和长度。

2. 应调查沿线可供利用的场地包括预制场、拌和场、施工单位住地等场所和房屋等。

3. 调查沿线电力、电信、供水线路情况,并向有关部门了解路线附近架设公路临时电力、电信、供水线路的可能性,并估计其长度。

五、概、预算资料调查

(一)工资标准调查

调查工程所在省(自治区)、市或地区现行不同工种的人工工资标准(包括各种补贴)及其计算方法。

(二)外购材料的价格及开采运输调查

调查当地生产材料、外购材料的规格、单价、运距、运输方式、可能供应的数量及材料包装情况。

调查当地生产材料的生产能力。

当地运输条件和可能承受的运输能力。

了解各种运输工具的运杂费标准。

(三)占用土地、拆迁建筑物的补偿费用调查

调查当地政府关于土地征用费、青苗补偿费、安置补偿费、建筑物、坟墓、水井、树木等的补偿及相关费用标准。

收集拆迁建筑物、构造物和其他设施的费用标准和办法。

对于应拆迁的重要建筑物,如电信、电力设施及公路与铁路、水利设施发生干扰引起的拆迁处理工程,应根据需要会同有关部门现场查实,并协商处理方案和措施。对所发生的拆迁处理费用,可由主管单位提出有关费用的预算或补偿标准,由测设单位按实际计算列入预算,也可按双方协商的其他解决方案计算列入预算。

(四)临时工程费用

根据工程需要,调查落实沿线可供利用的道路(包括地方道路、大车路等)、桥梁(需落实荷载标准能否满足工程运输需要)情况。

了解沿线可供利用的房屋数量及租用价格。

调查供电电源及电费标准,并向电信、电力部门协商能否利用附近的原有线路、电杆加挂工地临时电信、电力线路。

(五)其他费用调查

1. 施工队伍调遣费

主要调查工程所在省(自治区)或有关部门,对计算专业队伍的调迁费用和民工往、返工地的有关费用的具体规定。

2. 施工机械运输费的调查

主要调查调运地点、运距、运输方式和计价标准等。

3. 冬季、雨季施工限制

主要调查工程所在地在近五年期间每年首次及末次连续5天室外日平均气温在0℃以下的时间,以及在此期间总的日平均气温;近五年期间在每月内连续降雨在10天以上,月平均日降雨量在3.5mm以上的月份;整个雨季内季平均日降雨量。以此作为冬季施工增加施工费用限期和雨季施工增加费用月份的计算依据。

4. 伙食运费补贴

主要调查工程所在地区可能供应施工队伍所需主食、副食、燃料及生活用水的供应点分布情况、运距、运价及运输方式。

5. 职工取暖补贴

应调查工程所在省(自治区)、市或地区对职工取暖补贴费用的规定。

6. 特殊费用

应向有关省(自治区)、市调查其费用标准和计算的具体规定。

第十节　外业勘测时内业工作

这里讲的内业是指外业勘测期间应进行的内业工作。外业期间的内业工作是一项比较重

要且关键性的工作,内业组在整个外业工作中起着核心组织的作用,是沟通各个外业勘测组联系的桥梁,它担负着各外业勘测组的资料复查和汇总、外业工作的协调与平衡、有关勘测图表的绘制、路线方案的设计,以及测绘仪具和技术资料的整理与保管等工作。

一、外业勘测时的内业工作

1. 对外业勘测资料进行复核、检查和整理。

2. 纸上定线时,内业组应将有特殊要求或控制的地点、必须绕避的建筑物或地质不良地带、地下建筑物及管线标注于图上。在地形图上选定路线曲线与直线位置,定出交点,计算坐标和偏角。现场定线时,路线交点资料则由外业组测量所获得。

3. 根据交点资料拟定平曲线要素,计算路线里程和桩号。

4. 纸上定线时,通过等高线内插的方法绘制纵断面和横断面图;现场定线时,根据中平资料和横断面资料绘制纵断面和横断面图,在此基础上进行纵坡设计及横断面设计。

5. 综合检查纸上定线成果,进行现场核对,做适当调整。

6. 计算土石方工程数量,确定人工构筑物的位置、类型及主要尺寸和工程量。

7. 编制设计概算和初步设计文件的有关文字说明。

二、具体工作内容

外业资料应逐日复核检查,在内业工作时,如发现外业资料有差错、超限及遗漏,必须及时重测和补测,并检查向有关单位调查、收集的已有资料是否齐全、正确,如不齐全或有错误之处,应及时补齐或纠正。

(一)内业组应主动向选线人员了解方案情况,掌握各路段的定线意图和布设情况以及对测设工作的意见和要求。其中包括分段定线依据和技术指标,如路线走向、放线坡度、路基填挖高程控制,以及平、纵、横线型配合要求和沿线人工构造物布设等。摸清底细后,据以检查实测结果与原图有无出入,并便于更好地指导内业设计。

(二)内业组应对外业组的勘测质量进行检查,逐日复核外业组当天交给的野外记录和原始资料,检查容许误差,发现错误或漏测和不完善的情况,及时通知有关外业组,迅速纠正或补测,以免贻误工作。内业组在检查和复核各外业组的资料中,应注意的有关事项为:

1. 测角量边

应复核角度、距离读数、计算是否正确,实测转角和采用半径值同选线所定数据有无出入,影响如何?平曲线要素计算有无错误,导线测量的各项技术指标是否满足规范的规定,交点桩等固定资料是否齐全。

2. 中桩测量

中桩测量精度是否符合规定,引用平曲线要素与测量记录是否一致,虚交点计算是否准确,中桩序号与里程推算有无错误,弯道测设和加桩数据有无差错。

3. 水准测量

基平测量是否达到精度要求,中平测量是否闭合,有无漏测、记错或计算错误。

4. 断面

核对横断面桩号与中桩记录是否符合,精度是否符合规范要求,有无漏测或错测,横断面施测宽度是否够用，地物界限及标注是否清晰明确，有无需要加测横断面等情况，如有错、漏应及时补测。

上述外业测量资料，经内业组长复核无误后，均应加以整理，按设计文件规定图表格式和内容填写齐全，存查备用，如直线曲线及转角一览表、水准基点一览表、总里程和断链桩号表、路基设计表等。

（三）外业期间的工作一般是由内业组制订工作计划并组织实施，各外业组分工协同开展工作，并根据各组实际出勤与工作进展情况，按期填报计划表、统计报表，掌握测设进度与外业完成情况。当外业中出现矛盾时，例如测设任务的增减与变更、测量发生差错与返工，以及外业的相互失调，而导致工作不平衡、窝工与脱节时，应会同测设负责人磋商，研究平衡措施，协助做好各组协调工作，保证外业工作的正常开展。

（四）内业组在外业期间应完成纵断面图的点绘与纵坡设计，并到现场进行核实。纵断面的点绘要及时，特别是山区公路以及纵坡控制的定线路段，常常要在定线后，通过实测纵断面来回头检查，检验原定路线是否恰当，纵坡是松还是紧，平、纵、横配合如何，拉坡有无问题，如有问题应及时纠正，避免贻误全局。所以纵断面的点绘，要求随测随绘。

（五）纵断面设计问题，实际上选线人员在现场选线和纸上定线时，已结合平、纵、横断面线形作过较详细的考虑，通常纵坡设计都是由选线人员来确定或将设计意图告诉内业组，由内业组代定。为搞好纵断面设计，内业组应主动向桥涵、地质组分别了解沿线桥涵布设，水文与工程地质情况，征询他们对纵坡设计的建议与要求。例如桥涵高程控制要求，各段路基高程与填、挖建议值等，以便为纵断面设计收集必要的资料，以供设计参考。当设计结果与预期要求有矛盾时，应及时同有关专业组协商，共同研究解决办法。

（六）外业期间的内业设计工作，除重点解决线形设计外，对于其他工程项目，虽然不可能一一都进行详细设计，但起码要求在外业结束前应对有关设计项目有所考虑与研究，并基本做到设计能有所落实，防止日后发现资料短缺不齐而造成被动。通常外业期间应由内业组和其他外业组共同完成以下设计任务：

1. 路线平面设计；
2. 路线纵断面设计；
3. 特殊与一般路基横断面设计；
4. 路基横断面戴帽；
5. 路基设计表及土石方数量计算；
6. 桥涵方案及布设略图；
7. 挡土墙及其他人工构造物略图；
8. 重要路口交叉设计方案略图；
9. 路面分段及采用结构类型。

（七）外业每次搬迁驻地转移前，应进行外业资料、图表的复核、补测与更正工作。

（八）内业组应做好仪具、测绘用品、外业记录簿、设计文件图表、技术资料、标准图及计划报表等领供、保管及管理工作。

经全线外业勘测和进行上述内业设计，提供部分成果后，可转入细部设计，编制图表和设计文件，编制概、预算。

第十一节 各阶段应提供的勘测调查资料

一、资料提交要求

1. 提交的勘测记录应为外业现场工作获得的原始记录(含电子记录文件)。各种图表及资料应清晰,签署完备。提交的勘测图表及资料可为电子文档(应有备份)。外业完成后,应经过主管部门的检查验收,经认可后方能离开现场或开展设计工作。

2. 图表及技术资料应首先由项目的设计任务承担单位进行验收,验收合格后,应编制成果清单,提请项目的交通行业主管部门或业主进行外业验收。

二、初测阶段应提交的勘测调查资料

(一)初测阶段应提交的基本资料

1. 测量成果及计算等资料。

2. 各种调查、勘测原始记录及检验资料。

3. 勘测报告及有关协议、纪要文件。

(二)初测阶段提交的勘测资料和相关图表、技术资料的内容和要求可参照表10-11-1执行。

初测阶段的图表、资料及内容与要求　　表10-11-1

序号	图表、资料名称	内 容 和 要 求	备 注
一	总体材料		
(一)	勘测报告	内容系统齐全;勘测过程描述客观准确,能够反映工程和勘测的实际情况,数据准确;方案论证充分;文句简明通顺	比较方案要同等深度论述
1	概述	项目意义、自然地理环境、任务依据、执行标准及规范、采用的技术标准等	
2	路线概况	路线总体布局与工可布局的关系;路线所处位置的地形、地貌、水文、地质、气象、地震等自然状况;沿线公路、铁路、水利、城镇、文物等分布及规划情况	
3	勘测过程	勘测时间及勘测前的准备工作;采用的仪器设备及软件;测绘基本工作量;勘测过程中出现的问题及解决方法	
4	勘测前资料搜集情况	测前所搜集的沿线地形图、航测像片、国家控制点、地质、水文、气象、地震、各相关部门规划、原有公路建设及运营等资料情况	
5	室内方案研究及现场踏勘	方案研究方法;现场踏勘的重点及发现的问题;对初拟方案的取舍和调整	
6	控制测量及地形图测绘	平面、高程控制测量方法及精度;地形图、工点图测绘方法及检测精度	

续上表

序号	图表、资料名称	内容和要求	备注
7	定线工作情况	定线原则及方法；定线中方案筛选过程；提出比较方案的理由等	
8	沿线工程地质及水系概况	沿线工程地质及不良地质地段概况；沿线主要水系分布情况；对工程的影响	
9	总体设计方案及路线方案比较情况	总体设计原则；总体方案布置；路线走向及主要控制点，通过城镇、垭口、跨河、越岭方案，采用的线形指标；通过图表，详述方案初步比较论证要点及取舍意见，提出需通过设计继续进行深入比较的方案	
10	主要工程规模	包括路线长度、路基土石方估算数量、重点防护及排水工程数量、桥隧数量及长度、主要交叉工程数量、主要交通工程设施数量等	
11	路基路面	总体填挖方情况；初拟边坡坡率；特殊路基方案选择，不良地质条件及初拟处理方案；路面结构选择及材料组成；初拟的排水设计方案及防护工程方案	包括路基、路面比较方案
12	桥涵工程	涵洞数量及密度；桥梁位置、水文分析结论、工程地质条件、拟采用的结构形式、拟进行比较的桥型及桥位，以及初拟桥高、桥长的依据等	
13	隧道工程	隧址及进出口地形、地质及水文条件；初拟断面及衬砌方案；预采用的通风、照明、监控、消防、供电的初步设想；拟进行的隧道方案比选	
14	路线交叉	主要交叉的分布、初拟的与重要公路、铁路、管线等的交叉形式及跨线构造物的结构形式，拟采用的比较方案	
15	交通安全设施	危险路段位置及初拟的安全防护措施	
16	环保设计	环境敏感区分布及初拟的环保方案	
17	沿线设施	初拟的管理、养护、收费、服务设施位置及规模	
18	筑路材料调查	料场分布；材料的品种、规格、产量、质量、运输条件、可供应范围及拟自采料场情况	
19	施工组织及概算	介绍主要的影响工程概算的问题	
20	执行任务书（合同）及技术法规情况	对任务书（合同）中具体要求的落实情况及存在的问题；执行技术标准规范存在的问题	
21	执行工可报告批复情况	说明执行情况，对改变之处应论证，阐述理由	
22	内部自检验收情况	自检验收过程及方法，发现的问题及处理结果	
23	问题与建议	勘测遗留问题；需业主或主管部门协助解决的问题；对业主有利或对提高设计质量、水平有益的建议	

续上表

序号	图表、资料名称	内 容 和 要 求	备 注
(二)	主要技术经济指标表	全线主要技术指标及工程规模	比较线单独列表
(三)	沿线水利、铁路、公路、城建等规划调查记录	与项目相干扰位置的最新规划调查记录;有关协商记录或接线协议	
(四)	水文、气象、地质、地震等资料调查记录		
(五)	沿线水系分布图	准确反映沿线水系分布状态	
(六)	其他图表、附件及资料	任务(合同)书、相关会议纪要(记录)、外业工作日志及与外业工作相关的图表	
二	路线		
(一)	路线平面图	能够准确反映中线与地形、地物的关系,线形要素齐全,曲线主点标注准确	含比较方案
(二)	路线纵断面图(试坡)	试坡基本合理,满足规范要求,能反映纵坡趋势,加注控制高程及地质概况	
(三)	路线概略透视图	能够清晰反映平、纵配合情况,并满足线形评价要求	有特殊要求的路段绘制
(四)	*路线逐桩坐标计算表	按《公路工程基本建设项目设计文件图表示例》要求编制	高速公路、一级公路编制
(五)	直线、曲线及转角表		
(六)	*点之记或导线点固定记录及固定表	点之记或导线点固定记录为原始记录	二级以下公路编制固定表
(七)	水准点表	按《公路工程基本建设项目设计文件图表示例》要求编制	
(八)	*平面控制测量及计算资料	测量记录、平差计算、成果及精度评价资料	高速公路、一级公路编制
(九)	基本勘测资料	中桩调查及纵断面、横断面测量等记录	
(十)	建筑物情况调查记录	详细记录沿线建筑物位置、类型、面积、归属等	可与中桩调查合并记录
(十一)	树木、青苗、土地调查记录	详细记录沿线树木树种、数量、位置、归属,沿线地界、地类及作物类别等	
(十二)	电力、电信调查记录	详细记录沿线电力、电信设施位置、类型、架设条件及归属等	
(十三)	其他管线设施调查记录	详细记录沿线其他各种管线设施的一般情况	
(十四)	现有道路现状调查记录	反映现有道路的一般状况	利用旧路时编制
(十五)	路线复查、自检资料和其他资料	复查、自检的原始记录,测绘的自检资料应进行精度评价	

续上表

序号	图表、资料名称	内 容 和 要 求	备 注
三	路基、路面		
(一)	路基标准横断面图	符合规范要求	
(二)	特殊路基设计方案图	能表达特殊路基的设计思想及意图	
(三)	不良地质地段表	能真实反映沿线不良地质路段的位置及状态	
(四)	路线附近既有工程现状调查记录	具有类比价值的信息,能够作为本工程设计的参考	
(五)	路线附近河流、湖泊水文地质情况调查记录	能为邻水路基设计提供有关水位、地质条件、冲刷及水体可压缩情况等方面的资料	可纳入桥涵水文调查中
(六)	路基土石方数量估算表	能概略反映土方总体平衡及借、弃土状况	
(七)	取土场、弃土场调查记录及一览表	能全面反映取、弃土场的状况	
(八)	路线工程地质、水文地质勘察记录及地质取样试验一览表	能够从总体上反映路线所处位置工程地质和水文地质情况;试验一览表反映土工试验指标等与设计相关的参数	
(九)	取土场地质勘察记录	能够反映取土场土质情况及土类划分情况	
(十)	路基防护工程一览表	各路段初拟的路基防护形式	
(十一)	路基防护工程调查记录	含防护工程的纵、横断面测量及地质调查资料	
(十二)	排水系统布置图	能反映排水系统的总体构想及布局,基本排水形式	可在地形图上完成
(十三)	特殊排水设施调查记录	含需特殊设计的集水、排水、输水工程沿轴线方向纵、横断面测量及地质调查资料	
(十四)	改河工程调查记录	改河处地形图及断面图、地质调查等资料	
(十五)	路基调治构造物一览表	能反映路基调治构造物设置的一般情况	
(十六)	路基调治构造物调查记录	包括地形、地质、水文、植被等的调查资料	
(十七)	路基水文调查、分析、计算资料	包括水文调查原始资料及水文分析计算书	
(十八)	路面结构方案图	初拟的路面结构方案及比较方案	
(十九)	路基、路面复查和自检资料及其他资料	复查自检原始记录;测绘的自检资料应附精度评价	
四	桥梁、涵洞		
(一)	桥梁一览表	包括桩号、孔径、交角、河流名称等勘测过程能够确定的要素	小桥单独列表
(二)	水文调查分析及计算资料	包括水文调查原始资料及水文分析计算书	包括大、中、小桥及涵洞
(三)	大中桥桥位地形图	满足桥位布设和设计的需要	

续上表

序号	图表、资料名称	内容和要求	备注
(四)	桥型方案图	初拟的桥型方案,标明洪水位、桥面高程等资料	有比较方案时一并绘制
(五)	导流防护工程方案简图	完成简图,可有多个方案,可与桥位平面图一并绘制	中桥以上桥梁或特殊小桥绘制
(六)	涵洞一览表	包括涵洞类型、桩号、孔径、交角、净高等	
(七)	桥位测量记录	桥位平面及高程控制测量、地形图测量及桥轴线纵、横断面测量等	控制测量、地形图测绘可与路线合并进行
(八)	桥位控制点一览表	包括各种测量控制点	
(九)	原有桥涵调查记录	能反映旧桥的一般状态及可利用的程度	
(十)	桥涵复查、自检资料和其他相关资料	复查自检原始记录;测绘的自检资料应附精度评价	
五	隧道工程		
(一)	隧道一览表	包括隧道起终点、长度、中心桩号等	
(二)	隧道地形图	满足隧道布设和设计的需要	
(三)	隧道纵断面图	提出初步方案,可与路线纵断面合并绘制	
(四)	隧道纵横断面测量记录	原始记录	
(五)	隧道控制测量记录	包括平面及高程控制测量记录	可与路线合并进行
(六)	隧道断面方案图	初拟断面形式及衬砌方案	
(七)	隧道复查和自检资料及其他有关资料	复查自检原始记录;测绘的自检资料应附精度评价	
六	路线交叉		
(一)	互通式立体交叉表	包括桩号、相交道路等级、跨越方式、互通形式等	
(二)	互通式立体交叉平面图	能反映初拟互通形式、布局及与地形、地物的关系,可能的比较方案	
(三)	互通立交纵断面试坡图		可与路线合并绘制
(四)	跨线桥桥型方案图	初拟的桥型方案,标明控制高程	比较方案单独绘制
(五)	分离式立体交叉表	包括桩号、孔径、交角、跨越形式、相交道路等级等	
(六)	分离式立体交叉桥位平面、纵断面图	能反映初拟交叉桥跨越方式及与地形、地物的关系,交叉的高程协调情况	
(七)	分离式立体交叉桥型方案图	初拟的桥型方案,标明控制高程	
(八)	通道(天桥)一览表	包括桩号、孔径、交角、跨越形式、相交道路等级等	
(九)	通道(天桥)调查记录	含相关书面协议	

续上表

序号	图表、资料名称	内　容　和　要　求	备　注
（十）	通道（天桥）方案图	典型方案图	
（十一）	平面交叉一览表	包括桩号、交角、相交道路情况等	
（十二）	平面交叉方案图	典型和复杂平面交叉方案图	
（十三）	相交道路调查记录		
（十四）	公铁立交一览表	包括桩号、孔径、交角、跨越形式、铁路等级、对应铁路桩号等	
（十五）	公铁立交桥型方案图	初拟的桥型方案，标明轨面高程	
（十六）	公铁平交一览表	包括桩号、交角、铁路等级、对应铁路桩号等	
（十七）	相交铁路调查记录		
（十八）	其他交叉一览表及调查记录	重要交叉应附书面协议	
（十九）	交叉工程复查、自检资料和其他资料	复查自检原始记录；测绘的自检资料应附精度评价	
七	其他工程及沿线设施		
（一）	安全设施表	初拟的安全设施设置的路段、类型、安全级别要求等	
（二）	管理（收费）设施一览表	包括位置、职责范围、规模等。已与建设单位及上级主管部门协商确认的应有书面协议或批文	
（三）	服务设施一览表	包括位置、功能、规模等。已与建设单位及上级主管部门协商确认的应有书面协议或批文	
（四）	其他工程一览表	改河（沟渠）、改道等工程的位置及规模等	
（五）	其他工程布置图	改河（沟渠）、改道等工程的平面布置方案	简单工程可在路线地形图上布置
（六）	其他工程及沿线设施复查、自检资料及其他有关资料	复查自检原始记录；测绘的自检资料应附精度评价	
八	环境保护		
（一）	环境保护工程一览表	拟定的位置、保（防）护的类别、推荐的环保形式	
（二）	典型环保工程布置图	包括主线典型布置图、特殊地段布置图	必须包括环评报告的环境敏感区
（三）	取、弃土场环境调查记录	各取、弃土场的施工前自然情况，并提出初步的环保恢复方案	
（四）	环境保护工程复查、自检资料及其他有关资料	复查自检原始记录	可与路线复查合并
九	工程地质		
（一）	工程地质报告初稿	符合工程地质勘测规范的要求，报告清晰准确，内容翔实，路线工程地质状况描述清晰	

续上表

序号	图表、资料名称	内 容 和 要 求	备 注
(二)	*工程地质平面图	符合工程地质勘测规范的要求	高速公路、一级公路绘制
(三)	不良地质路段调查记录及图表	符合工程地质勘测规范的要求,可满足设计需要	
(四)	深挖方路段地质勘察记录及图表	能基本揭露开挖后可能遇到的地质及水文问题,并可确定开挖土石比例	
(五)	支挡构造物基础地质勘察记录及图表	能基本确定基础承载力,满足结构设计要求	
(六)	特大、大中桥基础地质勘察记录及图表	符合工程地质勘测规范的要求,基本查清地基条件,满足基础设计及绘制地质纵断面图要求	包含跨径属于大中桥的交叉构造物
(七)	小桥、涵洞基础地质勘察记录及图表	能基本确定基础承载力,满足基础设计要求	包含跨径属于小桥涵的交叉构造物
(八)	隧道工程地质勘察记录及图表	符合工程地质勘测规范的要求;能基本满足围岩分类及结构设计要求,对严重不良地质条件应评价其影响范围及程度	
(九)	场地工程地质安全性评价	大型构造物附近存在活动断层、大型滑坡等不良地质条件时,需进行场地工程地质安全评价	
(十)	其他工程地质情况调查资料	管理、服务、收费场地及改河(沟渠)、改道等的工程地质调查资料,应能满足设计要求	
(十一)	工程地质复查、自检资料及其他有关资料	复查、自检资料应对勘测成果进行评价	
十	筑路材料		
(一)	材料料场一览表		
(二)	沿线筑路材料供应示意图	能基本反映路段所需各种材料的供应地点(料场)	
(三)	地产材料料场情况调查记录		
(四)	自采料场情况调查记录		
(五)	材料供应情况调查记录		
(六)	材料取样试验及试验结果一览表	全部取样试验材料均列出取样地点、取样量、拟试验项目	
(七)	筑路材料复查、自检资料及其他有关资料	复查、自检资料应对勘测成果进行评价	
十一	施工组织设计及概算		
(一)	全线便道、便桥总体规划示意图	在路线平面图基础上绘制,能反映整个施工便道布置情况,包括利用现有道路、桥梁及新建便道、便桥情况,核算便道、便桥规模	

续上表

序号	图表、资料名称	内 容 和 要 求	备　注
(二)	临时工程及施工场地一览表	包括施工场地的位置及面积,架设电力、电信线路及打井等临时工程的数量	
(三)	相关协议或意向书	拆迁(厂矿、电力电信、文物等)协议、跨越(铁路、河流等)协议、征地等影响工程方案的书面协议或意向书	
(四)	概算相关调查资料		
(五)	施工组织设计及概算复查、自检资料及其他有关资料	复查、自检资料应对勘测成果进行评价	
十二	其他勘测调查资料	与初步设计相关的其他调查资料	

注:①“*”高速公路及一级公路需编制的图表,一级以下公路也可参照使用。

②此表罗列了一般项目应提交的图表及资料,在使用过程中,应根据工程实际需要确定取舍。有些项目中存在特殊工程,应进行能够满足初步设计要求深度的勘测与调查,并应提供相应的勘测图表及资料。

三、定测阶段应提交的勘测调查资料

(一)定测阶段应提交的基本资料

1. 各种调查、勘测原始记录、图纸及资料;
2. 各专业勘测调查的质量检查及分析评定资料;
3. 路线平、纵面设计及各种底图、底表;
4. 各专业主要计算、分析、论证资料;
5. 各专业主要设计布置图和设计底表;
6. 外业勘测说明书及有关协议和文件。

(二)定测阶段提交的图表和技术资料的基本要求可参照表10-11-2执行。

定测阶段的图表、资料及要求　　表10-11-2

序号	项　目　名　称	技　术　要　求	备　注
一	总体材料		
(一)	勘测设计外业工作报告	内容系统齐全,方案论证充分,文句简明通顺,勘测过程描述客观准确,能够反映工程和勘测的实际情况	如有比较方案要同等深度论述
1	路线总体情况	路线所处位置的水文、地质、气象、地震等自然状况及沿线公路、铁路、水利、城镇、文物等现有布局及规划情况	
2	勘测过程	勘测起止时间,勘测前进行的准备工作,勘测采用的仪器、设备及软件情况,勘测基本控制点情况,勘测过程中出现的问题及解决情况	
3	勘测情况	控制点复测及恢复、增设、放线情况,中桩测量情况,高程测量恢复和补测情况,横断面测量、地形测量或补测(修测)情况	

续上表

序号	项目名称	技术要求	备注
4	沿线工程地质及水系概况	重点说明沿线工程地质总体情况及不良地质地段情况，沿线主要水系分布情况（补充说明）	
5	总体路线方案	路线总体走向，沿线主要控制点，对各种影响路线走向问题的处理情况，通过乡镇方案，垭口、河流等沿线重要地形通过位置及通过方案，初步采用的平面及纵断面指标	
6	主要工程量简介	包括路线长度，路基土石方估算数量、重点防护工程及重点排水工程数量、桥涵数量及长度，隧道数量及长度，主要交通安全设施数量	
7	路基路面	总体填、挖方情况及初拟边坡坡率，不良地质路段情况及初步确定的处理方案，路面结构选择情况，防护工程情况，总体排水设计情况	
8	桥梁工程	主要桥梁设置位置、目的，对附近构造物的影响情况，初步确定的方案及结构形式，桥梁方案比选情况	
9	隧道工程	隧道设置位置，进、出口选择情况，隧道地质条件，隧道方案比选情况	
10	路线交叉	主要交叉的分布及设置情况，初拟交叉方案	
11	交通安全设施	危险路段分布情况及初拟的安全措施	
12	环保设计	环境敏感区分布情况及初拟的环保方案，项目实施后对环境的影响情况	
13	沿线设施	沿线管理、养护、收费、服务设施设置情况及职责分工	
14	筑路材料调查情况	筑路材料的产量及分布情况，现供应范围及产量、可利用产量等情况	
15	施工组织及预算	主要的、影响工程预算的问题	
16	执行任务书（合同）情况	是否正确执行任务书（合同），对任务书（合同）中具体要求的落实情况	
17	执行规范、规程及有关规定情况	正确执行技术标准，严格执行规范、规程及有关规定，精度经检查符合要求	
18	执行初步设计批复（可研批复）情况	说明执行情况，对有变化的地方应认真论证，提出理由	
19	初测资料的利用情况，复检、自检情况	应对外业勘测成果的深度、完整性和精度进行评价	
20	标段划分方案	划分段落合理，规模满足有关要求，便于施工组织和土方调配，方便工程招标	设计文件可不分标段，但必须提出标段划分建议

续上表

序号	项 目 名 称	技 术 要 求	备 注
21	遗留问题或需要重点说明的问题、建议	论述清晰、准确，建议方案有比较价值	
（二）	主要技术经济指标表	全线主要技术经济指标齐全，正确清晰	比较线段落应单独列表
（三）	沿线水利、铁路、公路、城建、文物等部门相关规划补充调查记录	内容齐全、准确，与外省接线时，应通过充分协调，确定好接线点	
（四）	水文、气象、地质、地震等总体资料补充调查记录	内容齐全、准确	
（五）	其他图表、附件及资料	内容齐全、正确，清晰、美观	
二	路线		
（一）	路线平面图（补测）	测绘完整准确，内容齐全，清绘完毕，地类分界清晰	房屋建筑必须实测
（二）	路线纵断面试坡图	内容齐全，绘制正确清晰，纵坡设计基本合理，路线地质标注准确	应有路线地质图
（三）	路线概略透视图	能够清晰反映平、纵配合情况	有特殊要求的路段绘制
（四）	路线逐桩坐标计算表	计算正确	高速公路、一级公路编制
（五）	直线、曲线及转角表	计算正确，书写清晰	
（六）	导线点固定记录及固定表	内容齐全，书写清晰	二级及以下公路编制
（七）	水准点表	内容齐全，书写清晰，计算正确	
（八）	导线点及三角网测量计算资料	内容齐全，书写清晰，计算正确	高速公路、一级公路编制
（九）	基本勘测资料	中桩、纵断面、横断面、地形测量记录齐全、准确	
（十）	建筑物情况调查记录	详细记录沿线建筑物位置、类型、面积、归属等资料	记录整个路线测绘范围内资料，根据工作情况可与中桩记录等资料一同记录
（十一）	树木、青苗、土地调查记录	详细记录沿线树木树种、数量、位置、归属，沿线地界、地类记录准确	
（十二）	电力、电信调查记录	详细记录沿线电力、电信设施的位置、类型、归属等资料	
（十三）	其他管线设施调查记录	详细记录沿线其他各种管线设施等的情况	

续上表

序号	项目名称	技术要求	备注
(十四)	现有道路现状调查记录	调查全面细致,记录准确清晰	利用旧路时编制
(十五)	路线部分的初测资料利用情况,复查、自检资料和其他资料	复查、自检资料应有精度评定情况	
三	路基、路面		
(一)	路基标准横断面图	图纸清晰,符合相关规范要求	
(二)	路基典型横断面图	断面类型齐全,设计合理,图纸清晰	
(三)	特殊路基设计方案图	类型齐全,设计经济合理,内容完备,图纸清晰	
(四)	不良地质地段表	段落齐全,地质情况描述清晰	
(五)	路基土石方数量表	计算基本准确,调配基本合理	
(六)	取土场、弃土场调查记录及一览表	调查数量充足,地形图清晰准确,调查内容齐全,记录准确	
(七)	路线工程地质、水文地质勘察记录及地质取样试验一览表	勘察细致全面,能够从总体上反映路线所处位置工程地质和水文地质情况,地基土质定名、土工试验指标、地下水位及补给来源正确	
(八)	取土场地质勘察记录	勘察细致全面,能够反映取土场土质情况及土类划分情况	
(九)	路基防护工程一览表	包含各路段的路基防护形式,形式选择经济合理	
(十)	路基防护工程调查记录	防护工程的纵、横断面测量准确,地质情况调查清晰	不含植物防护
(十一)	路基、路面排水工程一览表及排水系统布置图	确定各段落拟采取的排水形式,说明排水出口情况,布置图清晰、准确	
(十二)	特殊排水设施调查记录	进行特殊设计的集水、排水、输水工程,延轴线方向纵、横断面测量准确,地质情况调查准确	
(十三)	改河工程调查记录	改河位置准确,改河处地形图测绘准确,地质情况调查准确	
(十四)	路基调治构造物设置一览表	段落齐全,结构合理,经济有效	
(十五)	路基调治构造物调查记录	(1)水流情况调查准确、全面; (2)地形测绘准确; (3)地质情况调查准确	
(十六)	控制洪水位调查记录及水文分析、计算资料	调查段落齐全,数据准确,水文分析计算完整,水文控制参数取值正确	
(十七)	路面结构方案图	结构方案基本合理,路基顶面模量调查基本准确	
(十八)	路基、路面初测资料利用情况,复查和自检资料及其他有关资料	复查、自检资料应有对勘测成果的明确评定	

续上表

序号	项　目　名　称	技　术　要　求	备　　注
四	桥梁、涵洞		
(一)	桥梁一览表	包括桩号、孔径、交角、河流名称	小桥单独列表
(二)	水文调查分析及计算资料	调查资料完整、齐全,分析系统、准确,初步确定洪水流量和设计水位	包括大、中、小桥及涵洞
(三)	大中桥桥位平面图	平面地形测绘准确,范围符合规定,导流及附属工程布设合理	
(四)	桥型方案图	标明洪水位、桥面高程等资料	中桥以上桥梁、特殊小桥绘制
(五)	导流防护工程方案图	完成简图,可有多个方案,可与桥位平面图一并绘制	
(六)	涵洞一览表	包括类型、桩号、孔径、交角、净高	
(七)	过水路面段调查记录	调查资料全面、准确,记录清晰	
(八)	通航河道桥位河床平面图	测绘准确、记录清晰,满足航道和通航管理有关标准、规范规定及管理部门有关要求	
(九)	桥位测量记录	桥位控制测量、高程测量、地形图测绘及桥轴线纵、横断面测量,记录齐全,书写清晰,测量方法和精度符合规范要求	高速公路、一级公路可与路线资料一并进行
(十)	桥位控制点一览表	包括各种测量控制点,记录齐全,书写清晰	
(十一)	原有桥涵情况调查记录	调查资料全面、准确,记录清晰	
(十二)	桥涵初测资料利用情况,复查、自检资料和其他相关资料	复查、自检资料应有精度评定情况,对勘测成果有明确评价	
五	隧道工程		
(一)	隧道一览表	包括隧道起终点、长度、中心桩号	
(二)	隧道地形图	隧道洞口位置前、后、左、右至少各宽 60 ~ 100m,并满足设置附属设施的需要	
(三)	隧道纵断面图	提出初步方案	
(四)	隧道纵横断面测量记录	包括隧道洞顶路线及连接线放线和中桩测量记录、洞顶横断面测量记录	
(五)	隧道控制测量记录	包括平面控制测量、高程控制测量、贯通控制测量记录	
(六)	隧道断面形式图	提出初步方案	
(七)	附属工程方案	初步拟定通风、照明、供电、通信、信号、标志等附属工程方案	
(八)	隧道初测资料利用情况,复查和自检资料及其他有关资料	复查、自检资料应有精度评定情况,对勘测成果有明确评价	

续上表

序号	项目名称	技术要求	备注
六	路线交叉		
(一)	互通式立体交叉表	包括桩号、相交道路等级、跨越形式、交叉形式	
(二)	互通式立体交叉平面图	布设合理,测绘准确	
(三)	互通立交纵断面试坡图	内容齐全,绘制正确清晰,纵坡设计合理。存在比较方案时单独编制	
(四)	跨线桥桥型方案图	桥孔布设合理,资料齐全,方案经济合理。可有比较方案	
(五)	分离式立体交叉表	包括桩号、孔径、交角、跨越形式、相交道路等级	
(六)	分离式立体交叉桥位平面、纵断面图	测绘准确,内容齐全,引道布设合理	
(七)	分离式立体交叉桥型方案图	桥孔布设合理,内容齐全,可提出多种方案供选择	
(八)	通道(天桥)一览表	包括桩号、孔径、交角、跨越形式、相交道路等级	
(九)	通道(天桥)调查记录	设置合理,资料齐全,相关书面协议签署完备	
(十)	通道(天桥)方案图	完成典型方案图,与相交道路衔接合理	
(十一)	平面交叉一览表	包括桩号、交角、相交道路情况	
(十二)	平面交叉方案图	完成典型和复杂平面交叉方案图	
(十三)	相交道路调查记录	相交道路纵横断面现状测绘准确,路况调查翔实,调查范围满足需要	
(十四)	公铁立交一览表	包括桩号、孔径、交角、跨越形式、铁路等级、对应铁路桩号	
(十五)	公铁立交桥型方案图	桥孔布设合理,内容齐全,满足铁路有关技术标准和规范要求	
(十六)	公铁平交一览表	包括桩号、交角、铁路等级、对应铁路桩号	
(十七)	相交铁路调查记录	铁路每股道的桩号、交叉角度、内外侧轨顶高程、纵坡、股道间距、铁路路基宽度、平曲线	
(十八)	其他交叉一览表及调查记录	设置合理,调查资料齐全,有书面协议	
(十九)	交叉工程初测资料利用情况,复查、自检资料和其他资料	复查、自检资料应有精度评定情况,对勘测成果有明确评价	
七	其他工程及沿线设施		
(一)	安全设施表	对每一段落提出具体桩号、安全级别要求	
(二)	管理(收费)设施一览表	包括位置、职责范围、规模,已与建设单位及上级主管部门协商确认,有书面协议或批文	
(三)	服务设施一览表	包括位置、功能、规模,已与建设单位及上级主管部门协商确认,有书面协议或批文	
(四)	管理、服务设施地形图	测绘准确,图纸清晰	
(五)	连接路线、进出口道路勘测	完成,符合相应技术要求	
(六)	其他工程一览表	资料翔实、准确,方案合理	

续上表

序号	项　目　名　称	技　术　要　求	备　　注
（七）	其他工程布置图	布设合理，资料齐全，记录清晰，必要时有书面协议	
（八）	其他工程及沿线设施初测资料利用情况，复查、自检资料及其他有关资料	复查、自检资料应对勘测成果有明确评价	
八	环境保护		
（一）	环境保护工程一览表	提出段落桩号、受影响情况、推荐的环保形式	必须包括环评报告的环境敏感区
（二）	典型环保工程布置图	包括主线典型布置图、特殊地段布置图，绘制清晰准确，方案经济合理	环评报告的环境敏感区必须完成
（三）	路外环保设施平面图	包括蒸发池、声屏障等设施的平面布置图及地形图	
（四）	取、弃土场环境调查记录	各取、弃土场的施工前自然状况，并提出初步的环保恢复方案	
（五）	环境保护工程初测资料利用情况，复查、自检资料及其他有关资料	复查、自检资料应对勘测成果有明确评价	
九	工程地质		
（一）	工程地质报告初稿	报告清晰准确，内容翔实，路线工程地质状况描述清晰	
（二）	工程地质平面图	资料正确，内容齐全，绘制清晰	高速公路、一级公路
（三）	不良地质路段地质情况调查记录及图表	完成全部不良路段的地质情况调查工作，可满足设计工作要求	
（四）	深挖方路段地质调查记录及图表	完成挖方大于8m路段及挖方大于3m的水文地质条件复杂路段地质调查，可以满足确定开挖土石类别比例要求，较全面的揭露开挖后可能遇到的问题	
（五）	大型支挡构造物基础地质调查记录及图表	通过钻孔、挖探等手段确定基础承载力情况，满足结构设计要求	
（六）	特大、大中桥基础地质调查记录及图表	通过钻探、挖探等手段确定地基情况，满足基础设计及绘制地质纵断面图要求	包含跨径属于大、中桥的交叉构造物
（七）	小桥、涵洞基础地质调查记录及图表	通过钻探、挖探等手段确定基础承载力情况，满足基础设计要求	包含跨径属于小桥涵的交叉构造物
（八）	隧道工程地质调查记录及图表	通过钻探、挖探、物探等多种手段结合的方式，确定隧道及施工影响范围内的工程地质情况，深度满足围岩分类划分及结构设计要求，对断层、溶洞等严重不良地质情况应确定其影响范围及程度	

续上表

序号	项目名称	技术要求	备注
(九)	场地工程地质安全性评价	完成特大桥、特长隧道、附近存在活动断层等不良地质条件的大型构造物的场地工程地质安全性评价	两阶段施工图应在初步设计中完成
(十)	下穿构造物水文地质情况调查	完成下穿铁路、公路及其他构造物处的水文地质条件(包括地表水文情况、地下水情况、地表及地下排水条件)调查,满足排水设计要求	
(十一)	其他工程地质情况调查资料	完成,资料满足设计要求	
(十二)	工程地质初测资料利用情况复查、自检资料及其他有关资料	复查、自检资料应对勘测成果有明确评价	
十	筑路材料		
(一)	材料料场一览表	清晰准确,内容齐全	
(二)	沿线筑路材料供应示意图	绘制清晰准确,供应方案合理可行	
(三)	地产材料料场情况调查记录	料场位置、生产方式及技术水平、生产规模及能力、资源储量情况	
(四)	材料供应情况调查记录	包括运输方式、供应地点、生产能力等调查,调查内容齐全,记录准确记录齐全,书写清晰,数据准确	
(五)	自采料场调查、勘测记录及附表	包括拟采用自采料场位置、资源种类、储量、覆盖层厚度、拟采用的生产方式、运输方式等,并附料场地质勘察记录	
(六)	材料取样试验及试验结果一览表	全部取样试验材料均列出取样地点、取样量、拟试验项目,对方案有影响的试验应已完成	
(七)	筑路材料初测资料利用情况,复查、自检资料及其他有关资料	复查、自检资料应对勘测成果有明确评价	
十一	施工组织设计及预算		
(一)	全线便道、便桥总体规划示意图	在路线平面图基础上绘制,要求清晰、准确,反映整个施工便道情况,包括利用现有道路、桥梁及新建道路、桥梁的情况,便道里程、桥长准确	
(二)	临时工程及施工场地一览表	包括综合施工场地、大中桥、隧道施工场地的面积及位置,临时电力、电信、打井等临时工程的数量	
(三)	施工场地平面图	地形复杂、对施工组织有影响的施工场地,应详细测定其平面图	
(四)	相关协议或意向书	拆迁(电力电信、文物)、跨越(铁路、河流等)、征地等影响工程方案的书面或意向书	

续上表

序号	项 目 名 称	技 术 要 求	备 注
（五）	预算相关调查资料	包括人员工资标准、运输条件、可用运输手段、材料单价及供应地点、运距、拆迁补偿标准、农田产值情况、林地林种及生长年限情况	
（六）	施工组织设计及预算初测资料利用情况，复查、自检资料及其他有关资料	复查、自检资料应对勘测成果有明确评价	
十二	其他勘测调查资料	清晰准确，签署齐全	

第十一章　勘测资料检查验收与归档

第一节　勘测资料校审程序及职责范围

一、公路勘测检查、验收与校审的依据

1. 任务委托单位提供的勘测任务书、合同书或相关文件。

2.《公路勘测规范》(JTG C10)和《公路勘测细则》(JTG/T C10)及国家的有关法律、法规。

3. 勘测大纲和技术设计文件。

二、公路勘测检查、验收与校审分类

公路勘测实行三级检查、两级验收、一级校审制度。

"检查"适用于勘测外业实施阶段的质量过程控制。

"验收"适用于勘察外业结束,且提出了各工序勘测的原始资料和阶段性中间成果资料的工作阶段。

"校审"适用于完成了一个合同项目段的勘测报告,内业工作结束,对提出的正式测量报告的校核与审查。

一级检查为自检,即记录人员自行检查。

二级检查为互检(复核),一般为观测人员进行复核。

三级检查为组检,由作业组长(或授权具有相应水平的人)进行的检查。

一级验收是由分院院长(室主任或授权具有相应水平的人)组织进行的验收。

二级验收是院审查人组织进行的验收。

校审由院审查人在正式测量报告提出后组织进行最终质量评定。

三、公路勘测校审程序

公路勘测校审程序按下列顺序执行:

1. 勘测原始记录作业员自检。

2. 勘测原始记录互检(复核)。

3. 作业员将勘测记录连同计算书交作业组长。

4. 作业组长将检查意见填入校审单(见表 11-1-1),返回作业员一次改正。

5. 作业员一次修改后,报送作业组长确认修改情况。

6. 作业组长签署后送分院(室)验收。

7. 分院(室)组织验收,将验收意见填入校审单,并将验收意见返回作业员二次修改。

8. 作业员二次修改后,交分院长(室主任或授权具有相应水平的人)核对、修改后,签署意见送院验收。

9. 院验收意见填入校核单并退回分院(室),分院(室)组织修改。

10. 院审查人(主任工程师)核对修改并签署。

11. 最后对提出的正式测量报告进行校审,并进行质量评定,填写校审单。

公路勘测校审单　　表 11-1-1

第　页共　页

工程项目名称			
勘测阶段		勘测项目	
检查验收级别	检查级别:	级 别:	校 审:
检 查 验 收 意 见		改正处理情况	
检查验收人:　　年　月　日 确　认　人:　　年　月　日		处理人: 年　月　日	

四、公路勘测检查、验收与校审的内容

(一)检查、验收与校审的共性内容

1. 工程使用的各种仪器、设备的技术性能指标应满足项目勘测需要的检查;各种测量仪器应按规定周期进行检校,并应具有检验报告的检查。

2. 任务书要求项目应完成工作量与实际完成工作量的对照检查,包括调查的项目、测量路线长度和工点数等。

3. 勘测的作业方法、作业程序和作业要求应符合《公路勘测规范》(JTG C10)和《公路勘测细则》(JTG/T C10)和勘测大纲要求的检查。

4. 原始资料记录、内容的正确性、完整性及其精度应符合规定要求的检查。

5. 计算方法、计算过程的正确性,计算成果的精度应满足规定要求的检查。

6. 作业成果资料应满足合同任务书深度的检查。

(二)各级检查的工作侧重点

1. 第一、二两级检查

作业员负责原始资料的自检、复核,对原始资料的记录和计算进行全面检查和复核。

对图纸上线条、数字、符号、代号、注记的正确性,表示的合理性以及表格和文字说明正确性检查。

内外业资料检查抽检率均为 100%。

对各级审核意见进行修改。

2. 第三级检查

原始记录的检查、原始记录计算的检查,以及计算数据输入、计算过程和结果的精度检查。

原始资料记录检查、计算和图纸检查抽检率均为 100%。

负责作业组审核意见修改的核对并签署,负责组织分院验收和院验收意见修改。

3. 一级验收

对原始记录的正确性,计算的正确性,成果精度,图纸表示的正确性、完整性、合理性,表格文字说明的正确性、完整性,勘测深度、勘测项目的完整性进行全面验收。

原始资料外业验收抽检率不低于20%,计算资料验收抽检率不低于50%,图纸、成果精度以及资料完整性验收为100%。

负责对分院审核意见修改的核对并签署,负责组织对院审核意见的修改。

4. 二级验收

对测量方法,计算方法,成果精度,图纸表示的正确性、完整性、合理性,表格文字说明的正确性、完整性,勘测深度,勘测项目的完整性进行抽样验收。

原始资料外业验收抽检率不低于10%,计算资料验收抽检率不低于20%,图纸、成果精度以及资料完整性验收为100%。

负责对院验收意见修改的核对并签署。

5. 校审

对测量方法,计算方法,成果精度,图纸表示的正确性、完整性、合理性,表格文字说明的正确性、完整性,勘测深度,勘测项目的完整性等作出定性和定量的评价。

第二节　勘测资料检查验收规定

一、检查验收应逐级进行,不得跳级检查验收。

二、各级检查验收应按规定填写、签署校审单。

三、提交资料审核,必须同时提供前期校核单。无前期校核单或有前期校核单但签署不全者,不得继续下一阶段校审工作,校审人员有权拒绝进一步进行校审。

四、所有勘测资料未经质量评定或虽经质量评定但不合格者,不得提供设计使用。

五、勘测资料的质量评定工作是勘测全过程的重要组成部分,勘测质量检查评定后,应认真填写有关校审单和检查验收意见,随勘测成果一并归档。

第三节　勘测成果质量评定标准

一、一般规定

(一)公路勘测成果质量评定按勘测大纲、GPS 测量、导线测量、水准测量、图根控制测量、像片控制测量、像片调绘、地形图测绘(包括航测地图)、中桩放样、横断面测量、中平测量、专业调查、成果报告 13 个项目分别评定。

(二)被评定为不合格的项目必须全部返工。

二、评定等级

公路勘测成果质量评定采用百分制,分为优、良、合格、不合格四个等级。

1. 优级品:质量综合评定分数 90 分以上。

2. 良级品：质量综合评定分数 80～90 分。

3. 合格品：质量综合评定分数 60～80 分（不含 80 分）。

4. 不合格品：质量综合评定分数不足 60 分或由如下情况之一者：

(1) 所使用的勘测仪器未按规定检测或虽检测但不合格或没有仪器检测报告。

(2) 伪造成果，弄虚作假。

(3) 控制测量（包括 GPS 测量、导线测量、水准测量，像片控制测量、图根控制测量）只要有 1 处其精度指标不满足规定要求。

(4) 中桩放样、横断面测量、中平测量、专业调查有 1% 其精度或调查内容不能满足规定要求。

(5) 地形图测绘（包括航测地图）、绘图 10% 其精度或表示内容不能满足规定要求。

(6) 其他情况，如有相当部分控制点不稳固、不能长期保存，有相当部分控制点距离路线太近、太远或不通视等，验收人员认为已经不能满足设计的需要。

三、质量评定标准

公路勘测质量评定标准　　表 11-3-1

工作项目	工　作　内　容	占项目的%
勘测大纲	1. 勘测的项目、内容、深度满足任务书和技术要求的规定	30
	2. 充分收集测区内已有资料并合理利用，提出的作业方法满足规范的要求	30
	3. 规定的各项技术指标符合规范的要求	30
	4. 大纲内容完整、全面，编写的深度应满足作业的要求	10
控制测量（包括 GPS 测量、导线测量、水准测量）	1. 选点、选线符合规范规定和技术设计要求，埋石坚固稳定	20
	2. 各项观测符合规定，观测数据有 50% 小于 1/2 限差，有 20% 小于 2/3 限差，其他达到限差要求	30
	3. 计算方法正确，成果精度 50% 小于 1/2 限差，有 20% 小于 2/3 限差，其他达到限差要求	30
	4. 各项记录整齐、清晰，资料完整	20
图根控制测量（像片控制说明）	1. 点位均匀、恰当，基本满足测图要求	20
	2. 作业方法正确，记录正确、整齐、清晰	20
	3. 计算正确，各项测量成果有 60% 小于 1/2 限差，其他达到要求	40
	4. 资料完整、整洁	20
像片调绘	1. 无主要地物、方位物及与公路设计密切相关的建筑物遗漏	40
	2. 地物的取舍得当、层次合理	5
	3. 地物、地貌表示正确、清楚	20
	4. 村庄、河流、山梁、沟谷等地名注记正确	20
	5. 调绘面积满足成图要求	10
	6. 版面整齐、干净	5

续上表

工作项目	工 作 内 容	占项目的%
地形图测绘（包括航测地图）	1. 图廓、方格网、展绘控制点完全符合规范要求，图廓外整饰符合规定	10
	2. 散点检查，误差小于2倍限差的点不少于80%，大于3倍限差的点不得超过2%	30
	3. 高程注记点分布均匀，注记位置恰当	10
	4. 地物显示和地貌综合取舍得当，无丢漏，完全反映现状	20
	5. 符号运用及名称注记齐全正确，符合规范图式规定	10
	6. 图幅接边全部达到限差要求，处理得当	10
	7. 图面整洁，清晰美观，线划均匀，图例资料齐全	10
成果报告	1. 采用各项技术参数依据充分、准确可靠，精度统计分析正确	50
	2. 成果、资料齐全，整齐、清晰，方便使用	30
	3. 报告书简明扼要，文字通顺，重点突出，内容完整	20
路线测量（包括中桩放样、横断面测量、中平测量）	1. 测量方法正确，符合规范规定	30
	2. 计算正确，测量精度满足规范要求	30
	3. 测量间距满足设计、规范要求	20
	4. 记录整齐、清晰，无涂改，资料完整	20
专业调查	1. 测量方法正确，精度符合规范规定	20
	2. 调查内容齐全，无丢漏	50
	3. 记录整齐、清晰，无涂改，资料完整	30

第四节　资料归档

勘测资料经外业检查验收、内业整理、资料校审等工作后，应建立工程档案。

一、归档内容

1. 任务书
2. 技术要求
3. 技术设计书
4. 工作大纲
5. 各级校审单
6. 质量评定单
7. 已有资料

8. 观测资料
9. 计算资料
10. 各种图纸
11. 技术报告书和总结
12. 出版的成品资料
13. 所有资料的电子文档

二、归档程序

1. 归档单位根据工程项目性质填写《定密签批单》(见表11-4-1),报资料定密主管单位确定资料密级;

2. 归档单位根据归档资料内容填写《科学技术档案归档接收签证单》和《科学技术档案归档目录》清单(见表11-4-2、表11-4-3)一式二份,经本单位负责人签字后报科技档案管理部门;

3. 科技档案管理部门管理人员按照《科学技术档案归档目录》清单和档案管理有关规定,对归档资料进行检查验收,确认无误后双方签字交接;

4. 科技档案管理部门负责人对归档资料和过程进行审核,确认无误后在《科学技术档案归档接收签证单》上签字认可,签字完备的《科学技术档案归档接收签证单》和《科学技术档案归档目录》资料分别由归档单位和科技档案管理部门各自保存一份。

定密签批单　　表11-4-1

定密单位:

<table>
<tr><td colspan="2">密级事项名称及内容</td><td colspan="5"></td></tr>
<tr><td colspan="2">定密依据</td><td colspan="5"></td></tr>
<tr><td colspan="2">密级和保密期限</td><td></td><td>承办单位领导签字</td><td></td><td>业务主管部门签字</td><td></td></tr>
<tr><td colspan="3">保密主管单位意见</td><td colspan="4"></td></tr>
</table>

科学技术档案归档接收签证单　　表11-4-2

归档目录共　页

保管单位 / 案卷内容	卷	册	袋	盒	页	合　计
文字材料						
图纸						
照片、声像						
合计						

归档单位:　　负责人:　　经手人:
接收单位:　　负责人:　　接收人:

科学技术档案归档目录　　表 11-4-3

项目名称或代号　　共　页第　页

序号	案卷题名	册(页)数	编制单位	编制时间	保管期限	密级	备注

三、归档要求

为适应我国公路建设管理信息化工作的需要，使科技档案现代化与信息化建设同步发展，根据《档案法》和交通部、国家档案局有关档案工作的规定，对科学技术档案归档工作提出如下要求：

1. 科技档案在工程项目、课题、分阶段完成、检查、验收或全部竣工验收后 2 个月内归档；磁盘、光盘档案与有关设计文件一同归档；照片、录音、录像档案可在次年 1 月底前归档，个人拍摄、录制或收集的声像档案可随时归档。

2. 归档的科技文件材料应完整、准确、系统。文件书写和载体材料应能耐久保存。文件材料整理符合规范。归档的电子文件应有相应的纸质文件材料一并归档保存。

3. 对已归档的科技档案，如有变更、作废等情况，承办单位应及时通知档案部门予以注明。

参考文献

[1] 交通部.公路勘测规范(JTJ 061－99).第一版.北京:人民交通出版社,1999年.

[2] 交通部.公路全球定位系统(GPS)测量规范(JTJ/T 066－98).第一版.北京:人民交通出版社,1998年.

[3] 交通部.公路摄影测量规范 (JTJ 065－97).第一版.北京:人民交通出版社,1997年.

[4] 交通部.公路勘测规范 (JTG C10－2007).第一版.北京:人民交通出版社,2007年.

[5] 交通部.公路勘测细则(JTG/T C10－2007).第一版.北京:人民交通出版社,2007年.

[6] 国家质量技术监督局.全球定位系统(GPS)测量规范 (GB/T 18314－2001).第一版.北京:中国标准出版社,2001年.

[7] 国家测绘局.全球定位系统(GPS)测量型接收机检定规程(CH 8016－1995).第一版.北京:测绘出版社,1995年.

[8] 国家技术监督局.中华人民共和国建设部.工程测量基本术语标准(GB/T50228－96).第一版.北京:中国计划出版社,1996年.

[9] 国家质量监督检验检疫总局.手持式激光测距仪检定规程(JJG 966－2001).第一版.北京:中国计量出版社,2001年.

[10] 交通部.公路桥位勘测设计规范(JTJ 062－91).第一版.北京:人民交通出版社,1991年.

[11] 朱永明.公路勘测设计.第一版.北京:人民交通出版社,2001年.

[12] 林孱深等.隧道.第一版.北京:中国铁道出版社,1995年.

[13] 国家技术监督局.国家一、二等水准测量规范 (GB/T 12897－2006).第一版.北京:中国标准出版社,1992年.

[14] 国家技术监督局.国家三、四等水准测量规范(GB 12898－91).第一版.北京:中国标准出版社,1992年.

[15] 武汉测绘科技大学.测量学.第一版.北京:测绘出版社,1989年.

[16] 徐绍铨等.GPS测量原理及应用.第一版.武汉:武汉测绘科技大学出版社,1998年.

[17] 崔明理.控制测量手册.第一版.太原:山西科学技术出版社,1999年.

[18] 交通部第二公路勘察设计院.路基.第二版.北京:人民交通出版社.2001年.

[19] 姚祖康.路面.第二版.北京:人民交通出版社,1996年.

[20] 铁道部第二勘测设计院.铁路测量手册.第一版.北京:中国铁道出版社2001年.

[21] 铁道部第二勘测设计院.隧道.第一版.北京:中国铁道出版社,1995年.

[22] 国家技术监督局.光电测距仪.第一版.北京:中国计量出版社,1991年.

[23] 国家技术监督局.光学经纬仪.第一版.北京:中国计量出版社,1994年.

[24] 张祖勋、张剑清.数字摄影测量学.第一版.武汉:武汉测绘科技大学出版社,1996年.

[25] 李志林、朱庆.数字高程模型.第一版.武汉:武汉测绘科技大学出版社,2000年.

[26] 刘友光等.工程中数字地面模型的建立与应用及大比例尺数字测图.第一版.武汉:武汉测绘科技大学出版社,1997年.

[27] 李清泉、杨必胜、史文中等.三维空间数据的实时获取、建模与可视化.第一版.武汉:武

汉大学出版社,2003 年.

[28] 杨伟、刘春、刘大杰.激光扫描数据三维坐标转换的精度分析.工程勘察.第 3 期.北京:中国建筑工业出版社,2004 年.

[29] 张远智、胡广洋、刘煜彤、王庆洲.基于工程应用的三维激光扫描系统.测绘通报 (1):34-37.北京:中国地图出版社,2002 年.

[30] 郑德华、雷伟刚.地面三维激光影像扫描测量技术.铁路航测.第 2 期.北京:铁道部专业设计院,2003 年.

[31] 曾文宪、陶本藻.三维坐标转换的非线性模型.武汉大学学报(信息科学版).第 28 卷第 5 期.武汉:武汉大学出版社,2003 年.

[32] EPSG. Coordinate Conversions and Transformation including Formulas. OGP Surveying and Positioning Guidance Note number 7, part 2-February 2007. OGP(International Association of Oil & Gas Producers).

[33] Headquarters Department of the Army Washington, DC. Tactics, Techniques and Procedures for the filed artillery survey. 23 September 1993.

[34] Rudolf STAIGER. Terrestrial Laser Scanning Technology, Systems and Applications. 2nd FIG Regional Conference. Marrakech, Morocco, December 2-5, 2003.

[35] Thorsten SCHULZ, Hilmar INGENSAND. Terrestrial Laser Scanning-Investigations and Applications for High Precision Scanning. FIG Working Week 2004.

[36] E. J. Huising, L. M. Gomes Pereira. Errors and accuracy estimates of laser data acquired by various laser scanning systems for topographic applications. ISPRS Journal of Photogrammetry &Remote Sensing 53 (1998)245-261.